STUDIEN ZUR GESCHICHTE DER ÖSTERREICHISCH-UNGARISCHEN MONARCHIE

Herausgegeben von der „Kommission für die Geschichte
der österreichisch-ungarischen Monarchie (1848—1918)“
an der Österreichischen Akademie der Wissenschaften

Band XX

Stanisław Madeyski

1841—1910

Ein austro-polnischer Staatsmann
im Spannungsfeld der Nationalitätenfrage
in der Habsburgermonarchie

Von

VERLAG
DER ÖSTERREICHISCHEN AKADEMIE DER WISSENSCHAFTEN
WIEN 1983

Vorgelegt durch w. M. Adam Wandruszka in der Sitzung vom 25. Juni 1980

Gedruckt mit Unterstützung durch den Fonds zur Förderung der wissenschaftlichen Forschung und die Österreichische Forschungsgemeinschaft

Umschlagbild:
Stanisław Madeyski. Porträt aus dem Bundesministerium für Wissenschaft und Forschung
(Photo: Gerhard Etlinger)

ISBN 3 7001 0568 1

Druck: Ernst Becvar, A-1150 Wien

INHALTSVERZEICHNIS

TEIL 2

Stanisław Madeyski und die Nationalitätenfrage in Österreich

VORWORT

Zur Entstehungsgeschichte einer wissenschaftlichen Arbeit gehören nicht nur Archive und Bibliotheken, sondern auch persönliche Anteilnahme und persönlicher Zuspruch.

Ich danke Dr. Andrzej Madeyski und Frau Zofia Fudakowska für die freundliche Erlaubnis, den bis dato unbekannten und niemals veröffentlichten Nachlaß von Stanisław Madeyski zu untersuchen und in dieser Arbeit erstmals zu verwerten.

Univ.-Prof. Dr. Stefan Kieniewicz von der Universität Warschau danke ich für seine wissenschaftliche Betreuung während meines einjährigen Forschungsaufenthaltes in Polen und seine Hilfe bei der Aufarbeitung der polnischen und insbesondere galizischen Geschichte des 19. Jahrhunderts.

Ferner danke ich dem Warschauer Wirtschafts- und Sozialhistoriker Dr. Jan Kofman für wertvolle Anregungen und persönliche Unterstützung.

Ganz besonders fühle ich mich Univ.-Prof. Dr. Gerald Stourzh zu Dank verpflichtet — meinem langjährigen Lehrer an der Universität Wien, meinem konstruktivsten Kritiker. Seinem Interesse und seinen persönlichen Bemühungen verdanke ich in erster Linie die Möglichkeit, diese Arbeit im Rahmen der Publikationen der Österreichischen Akademie der Wissenschaften zu veröffentlichen.

Die Beschäftigung mit der „austro-polnischen" Frage erforderte in einem entscheidenden Ausmaß die Aufarbeitung und Verwertung polnischsprachiger Quellen und Sekundärliteratur: Alle Übersetzungen in dieser Arbeit stammen von mir. Auf eine Glättung des Stils wurde zugunsten größtmöglicher Texttreue verzichtet. Deutschsprachige Originalquellen wurden allerdings gelegentlich behutsam (insbesondere auf orthographischer Ebene) modernisiert.

Wien, im September 1981 Joanna Radzyner

EINLEITUNG

Mit dem Durchbruch der Nation zur Verkörperung des Staatswillens in der Französischen Revolution des Jahres 1789 erlangt der ethnisch-nationale Faktor in ganz Europa politische Bedeutung: auf seiner Grundlage werden die Völker ihren Kampf um Selbstbestimmung im Rahmen souveräner Nationalstaaten rechtlich legitimieren. In diesem Sinn kann die europäische Geschichte des neunzehnten Jahrhunderts als Geschichte nationaler Freiheitsbewegungen bezeichnet werden: Ethnisch-nationale Gefühle waren es, die den griechischen Unabhängigkeitskampf der 1820er Jahre und die Befreiungskämpfe der Wallonen und Flamen der 30er Jahre nährten; ethnisch-nationale Gefühle ebenfalls, die Ende der 60er und Anfang der 70er Jahre die politische Vereinigung Italiens und Deutschlands zementierten, zur Schaffung Serbiens (1878), Norwegens (1905), Bulgariens (1908), Albaniens (1912) und Finnlands (1917) führten, nach dem Ersten Weltkrieg dann die Wiedergeburt Polens und die Schaffung der Tschechoslowakei, Jugoslawiens oder Irlands erwirkten.

Doch auch jenen „Nationalstaat", in dem die höchste Stufe nationaler Selbstverwirklichung gesehen wurde, belastet heute der wachsende Druck eines wiederauflebenden ethnisch-nationalen Bewußtseins: hinter der Fiktion einer homogen gedachten staatstragenden Nation werden mehr oder minder komplexe polyethnische Strukturen sichtbar.

Gerade in Anbetracht dieser Renaissance nationalen Bewußtseins, das den modernen Nationalstaat ebenso sprengen kann, wie der ältere Nationalismus die dynastisch gekitteten multinationalen Staatswesen des 19. Jahrhunderts sprengte, ist eine historisch angelegte Untersuchung der nationalen (bzw. ethnischen) Problematik von größter Bedeutung für das Verständnis und die praktische Konfrontierung ihrer gegenwärtigen Erscheinungsformen: Man denke an die autonomistischen Forderungen der Bretonen im klassischen Nationalstaat Frankreich, oder an jene der Basken in Spanien; an den Kampf der „ethnics" in den Vereinigten Staaten um einen ihren jeweiligen ethnischen Bedürfnissen entsprechenden „kulturellen Pluralismus" an Stelle einer staatszentralistisch legitimierten „Amerikanisierung", schließlich an die bilingualen und bikulturellen Lösungsversuche in Kanada zur Integration der französischen Separatisten Quebecs.

Die Geschichte der Habsburgermonarchie der zweiten Hälfte des 19. Jahrhunderts liefert eine der ergiebigsten (und immer wieder verwerteten) Quellen zur Erforschung der zahlreichen Aspekte, Entwicklungsmechanismen und Lösungsversuche der Nationalitätenfrage.

Meine Arbeit untersucht die altösterreichische Nationalitätenfrage aus der Perspektive Galiziens, das dem Habsburgerreich bei der ersten Teilung Polens im Jahre 1772 angegliedert wurde. Insbesondere befaßte ich mich mit jener nationalpolitischen Strömung, die zur einzigartigen Schöpfung der galizischen Landesautonomie führte und bis zum Zusammenbruch der Monarchie die herrschende weltanschaulich-politische Richtung im polnischen Galizien blieb: Es handelt sich um die „austro-polnische" Politik der

Krakauer Konservativen[1]) und der sie in den siebziger Jahren ablösenden „Stańczyken“[2]) — eine Politik, die im wesentlichen vom adeligen polnischen Großgrundbesitz und der polnischen Hochbürokratie getragen wurde.

Auf den Weg einer pro-österreichischen Loyalitätspolitik ist die herrschende polnische Elite Galiziens eigentlich getrieben worden: durch die ernüchternde Erkenntnis der Chancenlosigkeit weiterer bewaffneter Unabhängigkeitskämpfe unter den realen Machtverhältnissen in Europa; durch die Angst vor einer eventuellen Annexion durch die zweite Teilungsmacht Polens, das zaristische Rußland, das ihre Landsleute brutal entnationalisierte; schließlich durch die Priorität ihrer schichtegoistischen sozio-ökonomischen und machtpolitischen Interessen in Galizien.

In nationalpolitischer Hinsicht entwickelte diese Politik, die auf wirtschafts- und sozialpolitischer Ebene zum Hemmschuh des sozialen Fortschritts und der politischen Demokratisierung wurde, paradoxerweise eines der interessantesten Modelle der Ver-

---

[1]) Obwohl der polnisch-galizische Konservatismus in mehrfacher Hinsicht nur eine Variante der klassischen konservativen Theorien und Programme darstellt (namentlich auf den Ebenen der Weltanschauung, der „konservierungswürdigen“ Werte und der gesellschaftspolitischen Praxis), läßt er sich doch nicht darauf reduzieren oder unter eine allgemeine — an sich schon problematische — Definition des politischen Konservatismus subsumieren: Allein schon der objektive Rahmen, in dem sich die polnisch-galizische Politik entwickelte, verleiht auch der „konservativen“ Richtung der Krakauer Konservativen und Stańczyken eine spezifische Prägung und qualitativ bedeutende zusätzliche Elemente, die den klassischen konservativen Theorien wesensfremd sind: Politische Entmachtung, territoriale Zerstückelung und nationale Unterdrückung kennzeichnen die Lage der Polen in der Mitte des 19. Jahrhunderts. Vom Überlebenswillen der polnischen Nation zeugen aufeinanderfolgende bewaffnete Aufstände: 1830, 1846, 1848, 1863. Doch mit der Niederlage des Jänneraufstandes 1863 tritt allgemeine Ernüchterung ein und zugleich eine Abwendung vom bewaffneten Unabhängigkeitskampf: Schon Mitte der 60er Jahre kristallisiert sich in Galizien auf der Grundlage alternativer Strategien ein breites politisches Spektrum heraus, in dem die „konservative“ Richtung auch den Gedanken einer politischen Unabhängigkeit aufgibt und durch das Nahziel einer lokalen Autonomie ersetzt: Den Verzicht auf volle politische Unabhängigkeit diktierten hier einerseits zweifellos die konkreten sozio-ökonomischen und machtpolitischen Interessen der herrschenden polnischen Elite — Szlachta und Großgrundbesitz —; andererseits aber kämpften auch die Konservativen — wenngleich im Rahmen des Habsburgerreiches — unnachgiebig um das Über- und Weiterleben der Nation, die Entfaltung der polnischen Nationalkultur und des nationalen Bewußtseins: Dazu verpflichtete sie nämlich wiederum ein spezifisches Verständnis von der „polnischen Staatsraison“, auf das in dieser Arbeit näher eingegangen wird. — Zu den spezifischen Wesenselementen und Ursprüngen des polnisch-galizischen Konservatismus siehe: WOJCIECH KARPIŃSKI und MARCIN KRÓL, Sylwetki polityczne XIX. wieku [Politische Silhouetten des XIX. Jahrhunderts] (Kraków 1974) und insbesondere das Vorwort von HENRYK WERESZYCKI 5—13; zur Problematik der Begiffsbestimmung des politischen „Konservatismus“ siehe GERD-KLAUS KALTENBRUNNER, Der schwierige Konservatismus; in: Rekonstruktion des Konservatismus, hrg. von G. K. Kaltenbrunner (Freiburg 1972) 25—34 sowie WILHELM BÖHM, Die Konservativen in Österreich, ebd. 206—213; zur Bedeutung des nationalen Faktors in den „konservativen“ Theorien siehe auch BÉLA MENCZER, Ungarischer Konservatismus, ebd. 219—240. Menczer bezeichnet alle ungarischen Staatsmänner der Periode um den ungarischen Ausgleich 1867 als „konservative Revolutionäre“, ebd. 233.

[2]) Als „Stańczyken“ bezeichnete man ursprünglich die anonymen Verfasser einer skandalträchtigen politischen Satire, die durch das Sprachrohr des legendären Hofnarren Stańczyk am Hofe des Polenkönigs Zygmunt des Alten scharfe Kritik am „anarchischen Geist“ der polnischen Gesellschaft übte. Nachdem die „Gesellschaftstherapeuten“ bekannt wurden, es waren die Gründer des *Przegląd Polski*, und diese sich langsam in das Lager der ihnen weltanschaulich nahestehenden Krakauer Konservativen integrierten und Mitte der 70er Jahre die Zügel der konservativen Politik übernahmen, wurde der Spitzname aus ihrer Sturm- und Drangzeit zum Namen des gesamten konservativen Lagers. Vgl. unten S. 31 und 37ff. und Piotr WANDYCZ, The Lands of Partitioned Poland 1795—1918 (Seattle 1974) 216.

söhnung von politisch-staatlicher Unfreiheit mit nationaler Selbstverwaltung: Durch das Konzept einer Landesautonomie, in deren Rahmen das Weiterleben der polnischen Sprache und Kultur gewährleistet wurde, gelang es Galizien, sich zum wahrhaftigen „Piemont" des real inexistenten polnischen Nationalstaates aufzuschwingen.

Die „austro-polnische Lösung" ist bisher nicht umfassend untersucht worden: in der modernen polnischen Historiographie wegen ihres „Verrates" am nationalen Unabhängigkeitsgedanken abgewertet, wird sie in der österreichischen Geschichtsschreibung wiederum allzugern apologetisch zum Musterbeispiel einer „gelungenen" Kompromißlösung von Nationalitätenkonflikten im Schoße des Habsburgerreiches stilisiert. Während die polnischen Historiker dazu neigen, die nationale Vergangenheit vorzugsweise aus der Perspektive der patriotischen und insbesondere sozialistischen Opposition darzustellen, mangelt es den österreichischen Kollegen zumeist schon an den erforderlichen Sprachkenntnissen, um den Anforderungen einer ausgewogenen Untersuchung zu genügen.

Aufgrund meiner polnischen Sprachkenntnisse sowie eines einjährigen Forschungsaufenthaltes in Krakau und Warschau habe ich sowohl polnisches als auch österreichisches Quellenmaterial aufarbeiten können; in meiner Analyse wurden die Standpunkte sowohl der polnischen als auch der österreichischen Geschichtsschreibung berücksichtigt.

Um den Gefahren vorzubeugen, die mit dem Privileg historischer Distanz paradoxerweise einhergehen — entweder einer Reduktion der Untersuchung auf bloße Faktengeschichte im Namen eines falsch verstandenen Wertfreiheitspostulates oder aber einer Perspektive, die dem historischen Erfahrungszeitraum fremd bliebe — ist diese Arbeit als politische Biographie eines Repräsentanten der „austro-polnischen" Politik angelegt.

Dank der Einsicht in die bisher unbekannten Memoiren, Tagebücher und Rohentwürfe zu wissenschaftlichen Aufsätzen Stanisław Madeyskis konnte insbesondere auch die individualpsychologische Dimension in den Gesamtzusammenhang der Determinanten integriert werden, die das politische Denken und Handeln dieses Lagers bestimmten.

Doch als statisch darf Madeyskis politisches Profil keinesfalls verstanden werden: ein langer Weg führte vom romantisch-patriotischen Aufstandskämpfer des Jahres 1863 zum resignierten galizischen Provinznotar, vom Gründer einer liberal ausgerichteten Mittelpartei im galizischen Landtag zum aktiven Mitglied des konservativen Lagers der Stańczyken, vom Krakauer Universitätsprofessor zum österreichischen Unterrichtsminister und schließlich zum Mitglied des österreichischen Reichsgerichtes.

Es war der Weg eines einzelnen. Doch es war auch der Weg vieler anderer, die nach der Niederlage des vierten polnischen Aufstandes vom nationalen Unabhängigkeitsgedanken Abstand nahmen und im Geiste der „organischen Aufbauarbeit" das Überleben der polnischen Nation im Schema einer lokalen Autonomie unter österreichischer Schutzherrschaft suchten.

Daß es auch andere Wege gab, Wege, die andere Ideale und andere Interessen leiteten als die eines Madeyski — davon zeugen am besten die Konflikte, in deren Spannungsfeld Madeyski im Anprall an die Opposition der Demokraten und Sozialisten in Galizien, der Deutsch-Liberalen und Christlich-Sozialen in Wien gestanden ist.

TEIL 1

STANISŁAW MADEYSKI 1841—1910
EINE POLITISCHE BIOGRAPHIE

I. GRUNDRISS DER EPOCHE

1. Galizien 1867 bis 1900/14 (Schwerpunkte)

a) Galizien und die Polen

Vom staatsrechtlichen Standpunkt gab es im 19. Jahrhundert kein „Polen“ mehr: mit seiner dritten Teilung im Jahre 1795 war der polnische Staat endgültig von der Karte Europas gelöscht worden.

Doch die polnische Nation war nicht untergegangen: bis in die 1860er Jahre zog sich ihr unermüdlicher Kampf um die Wiedererlangung politischer Eigenständigkeit hinein[1]). Obwohl sich der Widerstand gegen die Teilungsmächte bald als zwecklos erwies, wollten die Polen diesen Kampf nicht aufgeben; denn für das polnische Volk bedeutete ein wiedervereinigtes freies Polen zunächst sein Überleben als „Nation“: Von einem stark ausgeprägten staatlich-politischen Bewußtsein geleitet, das sich im Rahmen des polnischen Nationalstaates entwickelt hatte[2]), empfanden die Polen den Verlust ihrer staatlichen Souveränität gleichsam als Verlust ihrer nationalen Daseinsberechtigung.

Dieses Selbstverständnis war aber an der Wende zum 19. Jahrhundert keineswegs ein Spezifikum der Polen: es entsprach vielmehr jenen Vorstellungen von der Nation, die sich aus der Tradition des westeuropäischen staatsrechtlichen Denkens des 18. Jahrhunderts ableiteten und ihre Verwirklichung erstmals in der Französischen Revolution des Jahres 1789 fanden. Das „vegetative Massenphänomen“ der „Nation“ wuchs in dieser spontanen Explosion zu einer politischen Macht an[3]).

Obwohl die polnische Freiheitsbewegung demnach im zeitgenössischen revolutionären Denken ihre theoretische Unterstützung fand und in den nationalen Revolutionen des Jahres 1830 ihre praktische Bestätigung, zwangen sie die realen Macht- und Kräfteverhältnisse doch zur Aufgabe ihrer ursprünglichen Ziele.

Als Ergebnis der blutigen Niederwerfung der aufeinanderfolgenden Nationalaufstände von 1830, 1846, 1848 und 1863 erfuhr das polnische nationale sowie staatsrechtliche Denken eine radikale Umkehr: Auf die revolutionäre, romantisch-insurektionelle Phase folgte nach 1863 die Phase des pragmatischen Realismus[4]), in der sich auch die „Fort-Entwicklung“ Galiziens vollzog.

Wenngleich in allen drei Teilen Polens das nationale Bewußtsein weiterhin der wesentliche Verwirklichungsraum der polnischen Nation bleiben mußte, ermöglichte die Nationalitätenpolitik der österreichischen Teilungsmacht eine Sonderentwicklung

---

[1]) Henryk Wereszycki, Vorwort zu Karpiński/Król, Sylwetki polityczene [Politische Silhouetten] 6.

[2]) Robert A. Kann, Das Nationalitätenproblem der Habsburgermonarchie. Geschichte und Ideengehalt der nationalen Bestrebungen vom Vormärz bis zur Auflösung des Reiches im Jahre 1918 (Graz—Köln [2]1964) I 214.

[3]) Karl Renner, Die Nation: Mythos und Wirklichkeit. Manuskript aus dem Nachlaß, hrg. v. Jacques Hannak (Wien—Köln—Stuttgart—Zürich 1964) 29, 107.

[4]) Wereszycki, Vorwort zu Karpiński/Król, Sylwetki polityczne [Politische Silhouetten] 9.

Galiziens: Brutale Entnationalisierungspolitik trieb in Preußen und Rußland das nationale Leben der Polen in die Illegalität; historisch gewachsene nationale und soziokulturelle Bindungen wurden systematisch zerstört oder in die Institutionen der fremden Staats- und Verwaltungsapparate kanalisiert. In Galizien hingegen konnte sich die polnische Nation — zumindest teilweise — auch politisch verwirklichen: im Rahmen des Schemas einer „Landesautonomie"[5]).

Katalysatorische Bedeutung in dieser Entwicklung hatte die Niederlage des letzten solidarisch geführten gesamtpolnischen Aufstandes des Jahres 1863: Auf außenpolitischer Ebene büßte die „polnische Frage" damals nicht zuletzt durch den Fall des II. Französischen Kaiserreiches ihre internationale Bedeutung endgültig ein. Im Inneren der polnischen Gebiete führte die Aufhebung der bäuerlichen Leibeigenschaft in allen drei Teilungsstaaten zu einer politischen Kehrtwendung der polnischen Führungsschicht und Trägerin des nationalen Unabhängigkeitsgedankens: Die polnische „Szlachta" (Landadel) sah sich gezwungen, jetzt wo ihr die traditionelle Existenzgrundlage entzogen worden war, zunächst ihren materiellen, sozialen und politischen Besitzstand zu retten. Exemplarisch war in dieser Hinsicht ihre Umdeutung des Schlagwortes von der „praca organiczna" (organische Aufbauarbeit), das ursprünglich zur allgemeinen Reorganisierung der inneren Verhältnisse in allen drei Teilen Polens aufgerufen hatte und nun zu einem Instrument der Erhaltung ihrer politischen Herrschaft in ihren traditionellen Einflußgebieten umfunktioniert wurde[6]).

Die politische Solidarität der drei auseinandergerissenen Teile Polens wich allmählich einer Politik, die sich den innenpolitischen Verhältnissen der jeweiligen Teilungsmacht anpaßte und auch anpassen mußte, wollte die Szlachta nicht ihre gefährdete Führungs-

---

[5]) Bohdan Cywiński, Historia Polski w Polsce. Z powodu „Sylwetek". [Geschichte Polens in der polnischen Geschichtsschreibung. Aus Anlaß der „Silhouetten"]; in: *Znak* [Zeichen] 1975, 280. — Vgl. auch Andrzej Ajnenkiel, Parlamentaryzm II. Rzeczpospolitej [Parlamentarismus der II. Republik] (Warszawa 1965) 52ff.

[6]) Das Schlagwort „praca organiczna" ist noch vor dem Jänneraufstand 1863 aus den Kreisen des „liberalen" polnischen Bürgertums in Warschau hervorgegangen: Auf dem Boden des Legalismus, der einen revolutionär-aufständischen Weg ausschloß, wollte dieses Lager aus eigenen Kräften an Reformen zur wirtschaftlichen Modernisierung und kulturellen Entwicklung Polens arbeiten (schrittweise Aufhebung der Leibeigenschaft, Industrialisierung des Landes, Entwicklung des Vereinswesens und Förderung verschiedener Formen von Selbstverwaltung, der Wissenschaft, Kunst und Volksaufklärung). Nach 1864 wurde dieses Schlagwort vom konservativen Lager übernommen und als Alternativprogramm zum politischen Unabhängigkeitskampf aufgestellt: Großgrundbesitz und Großbürgertum fanden darin einen geeigneten Deckmantel für ihre materiellen Interessen und ihren Versöhnungskurs. Die kollektive Arbeit am wirtschaftlichen Fortschritt unter Führung der traditionellen adeligen Elite sowie die Verteidigung eines polnischen Besitzstandes werden zu höchsten staatsbürgerlichen Tugenden erklärt. In den Kreisen der Intelligenz wird die „organische Aufbauarbeit" als einzig mögliche Form des Dienstes an der nationalen Sache begrüßt, in der Emigration wie im Land selbst werden Volksaufklärung, Sozialarbeit, Förderung des Bürgertums und wirtschaftliche Modernisierung als Waffe gegen die Unterdrückung durch die Teilungsmächte verstanden. Siehe Stefan Kieniewicz, Historia Polski [Geschichte Polens] 128, 317. In der Auslegung der galizischen Szlachta wird die organische Aufbauarbeit zum Inhalt eines fortschrittlichen „konservativen" Programms: „... Wenn man das gesamte Staatssystem nicht mehr oder noch nicht reformieren kann, muß man sich so einrichten, daß man von dem, was man schon hat, nichts verliert und sich doch gleichzeitig in den legalen Grenzen entwickeln kann. Deshalb nahmen sie [die Stańczyken — J. R.] das Programm der organischen Aufbauarbeit an ... und deshalb stellten sie es als ihr eigenes vor ... Damit verwandelten sie sich in das ... Lager der inneren Reform". *Czas*, 2. II. 1879.

rolle einbüßen. Die Wege trennten sich: Während sich aber im preußischen und russischen Teil dieser Weg als verbitterter Kampf gegen Entnationalisierung und Anti-Katholizismus gestaltete[7]), eröffneten sich in Galizien Chancen für eine besondere Entwicklung, die übrigens auf die nördlichen Teilungsgebiete zurückgewirkt hat und auch im Jahrhundert der Staatenlosigkeit die Entfaltung der polnischen Kultur ermöglichte.

Galizien, das als erstes aus dem polnischen Staatskörper herausgerissen und 1772 dem Habsburgerreich einverleibt wurde, erfuhr seine wesentliche Ausgestaltung als eigene Verwaltungseinheit in den letzten Jahrzehnten des 18. Jahrhunderts, als im Rahmen der zentralisierenden Josephinischen Reformen auch die Herrschaft der regionalen adeligen Eliten drastisch zugunsten der Zentralregierung eingeschränkt wurde: Durch die stärkere Bindung der bäuerlichen Untertanen an die Dynastie erzwang der Kaiser auch die Loyalität der adeligen Führungsschichten seiner Provinzen. Eine Strategie, die auch in Galizien ihren Zweck erfüllte: Als im Jahre 1846 zu einem weiteren Nationalaufstand gerüstet wurde, versagten die galizischen Bauern ihren Gutsherren die Gefolgschaft[8]).

Einer harmonischen Entwicklung der Verwaltungseinheit „Galizien" stand allerdings die spezifische Heterogenität dieser Provinz im Wege: Tatsächlich war Galizien, mit 78500 km^2 die größte Provinz des Reiches, keineswegs eine historisch gewachsene Einheit[9]), sondern vielmehr ein künstlich geschaffener Verwaltungskörper, der zwei sowohl in nationaler als auch in wirtschaftlicher und sozialer Hinsicht sehr verschiedenartige Einheiten verband. Trotz der notorischen Unzuverlässigkeit des statistischen Datenmaterials[10]) deutet allein die ethnische Verteilung auf ein strukturelles Ungleich-

[7]) KARPIŃSKI/KRÓL, Sylwetki polityczne [Politische Silhouetten] 120ff.

[8]) KIENIEWICZ, Historia Polski [Geschichte Polens] 302f. — Siehe auch HORST GLASSL, Das österreichische Einrichtungswerk in Galizien 1772—1790 (= Veröffentlichungen des osteuropäischen Institutes München 41, Wiesbaden 1975).

[9]) Innerhalb des polnischen Nationalstaates hatte das als „Galizien" bekannte Gebiet keine eigene Verwaltungseinheit gebildet. Vgl. KONSTANTY GRZYBOWSKI, Galicja 1848—1914. Historia ustroju politycznego na tle historii ustroju Austrii [Galizien 1848—1914. Geschichte der politischen Organisation im Rahmen der Verfassungsgeschichte Österreichs] (Kraków—Wrocław—Warszawa 1959) 186f. — Der Name „Galizien" entstand übrigens in Anspielung auf das ruthenische Königreich Galič [Halyc], das im 14. Jahrhundert kurze Zeit zu Ungarn gehört hatte. Vgl. HENRYK BATOWSKI, Die Polen; in: Die Habsburgermonarchie 1848—1918, hrg. v. Adam Wandruszka und Peter Urbanitsch III: Die Völker des Reiches (Wien 1980) 1, 522, Anm. 1.

[10]) „Die offiziellen Statistiken werden nicht allen Anforderungen auf Zuverlässigkeit gerecht". HUGO HANTSCH, Die Nationalitätenfrage im alten Österreich. Das Problem der konstruktiven Reichsgestaltung (Wien 1953) 25. Allgemein büßten die Ergebnisse der Nationalitätenerhebung in der Habsburgermonarchie aufgrund ihrer national-politischen Implikationen oft an Objektivität ein; besonders starken politischen Manipulationen waren sie in Galizien ausgesetzt. Abgesehen davon hat auch die seit 1880 in Österreich geltende Regelung der Nationalitätenerhebung Schwierigkeiten mit sich gebracht: seit damals galt die Umgangssprache als alleiniges Kriterium der nationalen Zugehörigkeit des Staatsbürgers. Was z. B. die jüdische Minderheit zwang — ihre Umgangssprache, das Jiddische, wurde nicht als eigene Kultursprache anerkannt —, sich einer der anerkannten Sprachgruppen, sprich Nationalitäten, anzuschließen, obwohl über 67% der Juden Cisleithaniens in Galizien konzentriert waren! Die jüdische Bevölkerung konnte somit nur durch die Erhebung der konfessionellen Zugehörigkeit erfaßt werden und betrug demnach ca. 11,7% der Gesamtbevölkerung Cisleithaniens. Siehe HEINRICH RAUCHBERG, Die Bevölkerung Österreichs auf Grund der Ergebnisse der Volkszählung vom 31. Dezember 1890 (Wien 1895) 218—220. — Siehe auch EMIL BRIX, Die nationale Frage anhand der Umgangssprachenerhebungen

gewicht zwischen dem Westen und dem Osten des Landes hin. (Nach 1815 wurde der Landesteil westlich des San-Flusses als „Westgalizien“, der Landesteil östlich des San-Flusses als „Ostgalizien“ bezeichnet): Nach den Ergebnissen der Volkszählung von 1910 bekannten sich im gesamten Landesgebiet 58,6% zur polnischen, 40,2% zur „ruthenischen“ und 1,1% zur deutschen Umgangssprache[11]). Während im Westen aber, wo 36,3% der Landesbevölkerung lebten, mit 87,5% eindeutig die Polen dominierten (gegenüber 4% Ruthenen, 0,5% Deutschen und 8% Juden), überwogen im Osten, wo 63,7% der Gesamtbevölkerung lebten, ebenso eindeutig, nämlich mit 64%, die Ruthenen (gegenüber 21,8% Polen, 1% Deutschen und 8% Juden)[12]).

Disparitäten konfessioneller, insbesondere aber wirtschaftlicher und sozialer Natur vertieften diese Disharmonie: Zwar weist das „Königreich Galizien und Lodomerien“ bis zum Zusammenbruch der Monarchie die typischen Merkmale eines agrarfeudalistischen Gebildes auf: extensive Landwirtschaft, spärliche Geldmittelakkumulation, zahlreiche Elemente der Naturalwirtschaft, schwach entwickelten Binnenmarkt, sehr niedrigen Stand von Industrialisierung und Urbanisierung. Doch der Westen des Landes öffnete sich im Zuge des 19. Jahrhunderts allmählich der modernen kapitalistischen Wirtschafts- und Gesellschaftsordnung. Der Osten hingegen stagnierte: Ungestört konnte hier die herrschende Großgrundbesitzaristokratie (zugleich die polnische Minderheit) die (vorwiegend ruthenischen) Bauern weiterhin ausbeuten und die ruthenische Nationalität diskriminieren.

Die Polen hatten eine lautlose Integration in die fremden Staatskörper zu verhindern gewußt: Ihr voll ausgebildetes Nationalbewußtsein hatte ihnen die nationale Assimilation unmöglich gemacht und wurde zudem zur treibenden Kraft ihres nationalen Überlebenskampfes. Dies, obwohl namentlich die galizische Szlachta bis zum Ausbruch des ersten gesamtpolnischen Aufstandes 1830, der von Warschau ausging, die Entnationalisierungspolitik der Wiener Zentralregierung widerstandslos hingenommen hatte[13]) — und diese Schicht vertrat ja bis zur Mitte des 19. Jahrhunderts die „politische“ Nation (oder „nation légale“) überhaupt.

Anders die Ruthenen: Sie wurden erst im Zuge der Revolutionen des Jahres 1848 in den Bannkreis der um politische Selbstbestimmung kämpfenden Nationalitäten gezo-

---

in den cisleithanischen Volkszählungen 1880 bis 1910, phil. Diss. (Wien 1979) und DERS., Die Erhebungen der Umgangssprache im cisleithanischen Österreich (1880—1910). Nationale und sozioökonomische Ursachen der Sprachenkonflikte; in: Mitteilungen des Institutes für österreichische Geschichtsforschung 87 (1979) 363—440; und BATOWSKI, Die Polen 527.

[11]) HANTSCH, Nationalitätenfrage 30. Bei der Bezeichnung „Ruthenen“ für die galizischen Ukrainer schließe ich mich dem altösterreichischen Sprachgebrauch an, wie er auch im jüngst erschienenen Aufsatz von WOLFDIETER BIHL, Die Ruthenen; in: Habsburgermonarchie III/1, 555—584 beibehalten wird. Zur Geschichte der Ruthenen siehe insbesondere ebd. 555—559 sowie IVAN RUDNYTSKY, The Ukrainians in Galicia under Austrian Rule; in: Austrian History Yearbook 3/2 (1967) 394—429.

[12]) JULIAN ROMANCZUK, Die Ruthenen und ihre Gegner in Galizien (Wien 1902) 4, 8. Es geht aus dem Text nicht hervor, auf welches Erhebungsjahr sich diese Daten beziehen. Nachdem die territoriale Verteilung der Nationalitäten in Galizien aber zwischen 1864 und 1914 relativ konstant blieb, ist dieser Umstand hier weniger bedeutend. Vgl. KRZYSZTOF DUNIN-WĄSOWICZ, Struktura demograficzna narodu polskiego 1864—1914 [Demographische Struktur der polnischen Nation 1864—1914]; in: Historia Polski [Geschichte Polens] (Warszawa 1967) III/1, 99f.

[13]) HENRYK WERESZYCKI, Pod berłem Habsburgów. Zagadnienia narodowościowe [Unter dem Zepter der Habsburger. Nationalitätenprobleme] (Kraków 1975) 55.

gen, als es im ganzen östlichen Mitteleuropa zur Explosion des nationalen Gärens kam und die Anerkennung der Nation als einer zu souveräner Staatlichkeit berufenen Sprach- und Kulturgemeinschaft zum Postulat erhoben wurde. Als „wiederauferstandene" Nation begannen sie jetzt, ihre nationale Eigenständigkeit auch gegenüber den Polen zu verteidigen.

Mit diesem Schritt zerbricht die bis 1848 von den Polen noch als selbstverständlich angenommene nationale Einheitsfront in Galizien, mit diesem Schritt eskaliert der zwar seit langem schon latent gärende, bis dahin aber nur sporadisch aufflackernde polnisch-ruthenische Konflikt zu einem kardinalen Konfliktherd der galizischen Innenpolitik.

Bis 1848 hatte das Schlagwort „gente rutheni, natione poloni"[14]), das die Polen traditionell zur Verleugnung einer Anspruchsberechtigung der Ruthenen auf nationale Eigenständigkeit anführten, seine Wirkung erzielt: tatsächlich hatte sich der Großteil der ruthenischen aufgeklärten Schichten bis 1848 widerstandslos polonisieren lassen. Dies allerdings weniger aus historischer Tradition heraus als vielmehr aufgrund des sozialen Druckes einer über Jahrhunderte hinweg polnisch dominierten Gesellschaft, in welcher sozialer Aufstieg nur über Entnationalisierung und freiwillige Assimilation erfolgen konnte[15]).

Auch die Rolle der „polnischen Nation" veränderte sich unwillkürlich nach dem politischen Erwachen des ruthenischen Nationalbewußtseins: Während sie auf gesamteuropäischer Ebene als „führende revolutionäre Nation" galten[16]), traten die Polen ihrer ruthenischen Minderheit in Galizien ab 1848 als „Herrenvolk" entgegen. Ab 1869, dem Jahr der Erwirkung der Landesautonomie für Galizien, konnte man sie fürwahr schon als

---

14) Ebd. 47. Dieses national-politische Schlagwort war ein Erbe der „Rzeczpospolita obojga narodów" [Republik der beiden Nationen], zu der sich das Kronpolen der Jagellonen und das Großfürstentum Litauen verbunden hatte: zunächst durch die Union von Krewo 1385, die eine Personalunion der beiden Staaten unter Herrschaft der Jagellonen einleitete, schließlich die Realunion von 1569, die auch die politische und administrative Vereinheitlichung schuf. Da das Großfürstentum Litauen neben dem ethnischen Litauen auch riesige ukrainische Gebiete umfaßte, die von Ruthenen und Weißrussen bewohnt wurden, handelte es sich de facto allerdings um eine multinationale Republik: Obwohl die Ruthenen im 17. Jahrhundert noch vergeblich versuchten, ihre Gleichstellung mit Polen und Litauern zu erkämpfen, blieb auch die nationale Gleichberechtigung der zwei „großen" Nationen nur ein formaler Grundsatz. Denn schon im Zuge des 16. Jahrhunderts setzte im terrigenen Adel der litauischen, livländischen und ruthenischen Provinzen des Reiches ein freiwilliger Polonisierungsprozeß ein: Im Jahre 1696/97 wurde das Polnische zur Amtssprache des ganzen Reichsgebietes; aus der polnischen Volkssprache wurde die Reichssprache — die „lingua nationalis". Nach 1750 bedient sich der Adel durchwegs nur der polnischen Sprache: Nahezu ausnahmslos bekennt er sich zur polnischen Nation, wenngleich die traditionelle Unterscheidung zwischen „gens" und „natio" weiterhin bestehen bleibt und in der überkommenen Formel: „gente Ruthenus, natione Polonus" weiterlebte: Sie drückte das gleichzeitige Bekenntnis zur polnischen Nation im politischen Sinne (staatsbürgerliche Zugehörigkeit zur Rzeczpospolita) und zur eigenen Nationalität im ethnischen aus. Siehe Historia Polski [Geschichte Polens] I/1, 318, I/2, 146—148, sowie Jörg K. Hoensch, Sozialverfassung und politische Reform. Polen im vorrevolutionären Zeitalter (Köln—Wien 1973) 87f. und Piotr S. Wandycz, The Lands of Partitioned Poland 1795—1918 (Seattle 1974).

15) Siehe Józef Buszko, Stosunki społeczne w Galicji i na Śląsku Cieszyńskim po uwłaszczeniu [Soziale Verhältnisse in Galizien und in Teschener-Schlesien nach Aufhebung der Leibeigenschaft; in: Historia Polski [Geschichte Polens] III/1, 295.

16) Siehe Friedrich Engels, Brief an Karl Kautsky vom 7. II. 1882; in: Marks i Engels o Polsce [Marx und Engels über Polen] (Warszawa 1960) II, 118ff.

„Staatsvolk" bezeichnen, da die ruthenische Frage jetzt auf ein landesinternes Problem reduziert war! Während die Polen also auf Reichsebene deutschzentralistische Einflüsse bekämpften und nach einer optimalen Verwirklichung ihrer eigenen nationalen und politischen Autonomie strebten, versuchten sie zugleich auf Landesebene die Forderungen der Ruthenen nach nationaler Gleichstellung und Gleichberechtigung abzuwehren, um ihre eigene Herrschaft zu erhalten: Eine widersprüchlich anmutende Strategie, die ihnen aber die Waffe des „historischen" Vorrechts bestimmter Nationalitäten zu überwinden und mehr noch: als logisch kohärent zu rechtfertigen half: Indem sie die ruthenische Nationalität als „geschichtslos" abwerteten[17]) und deren Eigenständigkeit auf den ethnisch-konfessionellen Bereich reduzierten[18]), gelang es ihnen, ihre Vormachtstellung in Galizien zu legitimieren und auch praktisch durchzusetzen.

Allerdings führten politische Überlegungen hier zu einer Kursänderung, als radikale ruthenische Wortführer die Zweiteilung Galiziens in eine östliche ruthenische und eine westliche polnische Verwaltungseinheit forderten[19]): Nicht genug, daß mit einer national begründeten Teilung des Landes die nationale Einheitsfront gegen den deutschen Zentralismus gesprengt und die polnische Freiheitsbewegung erheblich geschwächt würden, nicht genug, daß damit im Osten der griechisch-katholische Klerus die römisch-katholische Kirche verdrängen und die Infiltration russischer Einflüsse erleichtern würde, ja der Osten dem Zugriff der panslawischen Propaganda ausgeliefert würde, sahen die Polen darin auch eine existentielle Bedrohung ihrer politischen Vormachtstellung im östlichen Landesgebiet: Nachdem sie hier quantitativ bloß eine Minderheit waren, würde die Zweiteilung des Landes die bislang bestehenden politischen Verhältnisse radikal zugunsten der ruthenischen Mehrheit umkehren.

Unter dem Druck dieser Vorahnungen gaben die polnischen Führungsschichten ihre radikale „non est"-Einstellung der ruthenischen Minderheit gegenüber also zunächst auf: Zum Leitmotiv ihrer neuen National- und Landespolitik erkoren sie das Postulat der „Einheit" und der historisch verpflichtenden Solidarität von Polen und Ruthenen als „nationaler Schicksalsgemeinschaft". Man versprach, den Ruthenen „im Maße ihrer Bedürfnisse" im öffentlichen Leben des Landes Rechnung zu tragen.

Doch die Praxis widerlegte die beschwichtigenden Phrasen: Kaum war die Landesautonomie verwirklicht, wurden die Rechte der Ruthenen auf allen Gebieten des

---

[17]) OTTO BAUER, Die Nationalitätenfrage und die Sozialdemokratie (Wien 1907) 190—215. Als „historisch" bezeichnet Bauer jene Nationalitäten, die an der Schwelle der Entwicklung kapitalistischer Produktionsverhältnisse eine voll ausgebildete Sozialstruktur vorweisen konnten. Als „geschichtslos" hingegen gilt jede Sprach- und Kulturgemeinschaft, die vom sozialen Standpunkt fast ausschließlich in den untersten Volksschichten vertreten war, deren aufgeklärte Schichten von der herrschenden Sprach- und Kulturgruppe assimiliert worden waren und erst Mitte des 19. Jahrhunderts ihre nationale Wiedergeburt einleiteten.

[18]) Ein beliebtes Argument der Polen für die Begründung der nationalen Zugehörigkeit der Ruthenen zur polnischen Nation bildete der Verweis auf die gemeinsame Vergangenheit in der „Republik der beiden Nationen". Vor 1848 sei der einzige Unterschied konfessioneller Natur gewesen: Der Ruthene war griechisch-katholisch, der Pole römisch-katholisch. Vgl. oben Anm. 14.

[19]) WERESZYCKI, Pod berłem Habsburgów [Unter dem Zepter der Habsburger] 126. Zur Entwicklung der polnisch-ruthenischen Beziehungen in Galizien siehe JAKUB FORST-BATTAGLIA, Die polnischen Konservativen Galiziens und die Slawen 1866—1879, phil. Diss. (Wien 1975) 70—75 und DERS., Österreich im politischen Denken der Polen Galiziens 1848—1914; in: Österreichische Osthefte 20 (1978) 99f.

öffentlichen Lebens im Namen von „historischen Privilegien“ der polnischen Nation systematisch beschnitten und alle Ansätze zu einem nationalen Ausgleich vernichtet.

Obwohl der polnisch-ruthenische Konflikt im Rahmen dieser Arbeit nicht näher behandelt werden kann, spielte er doch eine zunehmend wichtige Rolle in der galizischen Innenpolitik: mehr als einmal bestimmte dieser Konflikt die Politik des galizischen Landtages in Lemberg und der polnisch dominierten Landesvertretung in Wien.

Auch auf wirtschaftlicher und sozialer Ebene blieb das Postulat von der „Landeseinheit“ ohne praktische Auswirkung: Wie schon erwähnt, ergriff die wirtschaftliche Modernisierung nur den Westen. Hier wurden allmählich soziale Umschichtungsprozesse ausgelöst, in deren Folge es dem wachsenden städtischen Bürgertum, der Intelligenz und dem langsam entstehenden Industrie- und Landproletariat doch gelang, die altständische Gesellschaftsordnung zu zersetzen[20]). Im Osten blieb aber die Erhaltung des Status quo das einzige Leitmotiv der Politik des polnischen Agraradels. Galizien hinkte bis zum Zusammenbruch der Monarchie hinter der industriellen und sozialen Entwicklung der übrigen Kronländer nach[21]).

Nur auf politischer Ebene entsprach die „Landeseinheit“ einer Realität: Ungeachtet der soeben umrissenen Disparitäten zwischen beiden Landeshälften mußte sich der zunächst zwangsvereinigte Verwaltungskörper auch politisch als Einheit durchsetzen. Hier war es namentlich der galizische Landtag, dem theoretisch die Aufgabe oblag, die gesamtgalizischen Interessen zu artikulieren und zu lenken, in der Praxis also die mannigfachen Interessengegensätze der heterogenen Provinz zu koordinieren und in eine Politik des Kompromisses zu kanalisieren.

Allerdings verstanden es die polnischen Führungskreise, dieses Symbol der Landeseinheit und des nationalen Kompromisses, wie sie den galizischen Landtag gerne darstellten, zum Instrument ihrer eigenen Interessen umzuformen: Eine raffinierte „Wahlgeographie“, die das geltende Kuriensystem, den Abstammungs-, Intelligenz- und Besitzzensus vervollständigte[22]) und die eine Wahlkreiseinteilung schuf, die das qualitative Gewicht der ruthenischen Vertretung auf ein Minimum herabdrückte, widerlegte drastisch die Politik des „Kompromisses“. Im Namen des „Gemeinwohls“ konnten

---

20) Eine Illustration dieser Entwicklung liefert unter anderem folgende Statistik: zwischen 1870 und 1910 ist die städtische Bevölkerung Galiziens in Städten über 10000 Einw. von 5,6% auf 13,2% angestiegen. Ebenso symptomatisch ist allerdings eine Statistik, die von den Hindernissen zeugt, die der Modernisierung der Gesellschaft in Galizien im Wege standen: 40 Jahre nach Aufhebung der bäuerlichen Leibeigenschaft war der bäuerliche Grundbesitz in Galizien nur um 7% angewachsen. Siehe KIENIEWICZ, Historia Polski [Geschichte Polens] 280, 296.

21) Galizien verfügte nur über 9,2% des gesamten Umfanges an industriellen Unternehmen des Reiches — dies bei einem Bevölkerungsverhältnis von 26,9% zur Gesamtbevölkerung und bei einem Flächenverhältnis von 26,1% zur Gesamtfläche Cisleithaniens. An der großindustriellen Produktion sowie an Fabrikunternehmen war Galizien nur mit 4% beteiligt. Siehe BUSZKO, Stosunki społeczene [Soziale Verhältnisse] 318 und DERS., Zum Wandel der Gesellschaftsstrukturen in Galizien und in der Bukowina; in: Sitzungsberichte der philosophisch-historischen Klasse der Österreichischen Akademie der Wissenschaften 343 (1978).

22) Das Wahlrecht zum galizischen Landtag, das auf den Bestimmungen des Februarpatentes des Jahres 1861 fußte, schuf folgende Verteilung: In der I. Kurie (Großgrundbesitz) wählten etwa 2000 Wahlberechtigte 44 Abgeordnete; in der II. Kurie (Handels- und Gewerbekammern) wählten die 116 Mitglieder der 3 Handelskammern Lemberg, Krakau und Brody je 1 Abgeordneten; in der III. Kurie (Städtische

Szlachta und Großbürgertum ungehindert daran gehen, ihre spezifischen Schichtinteressen durchzusetzen[23]).

Vom Blickwinkel der gesamtpolnischen Frage freilich erhielt Galizien vornehmlich aufgrund dieses legalen Vertretungskörpers den Stellenwert eines nationalen Piemonts für das staatenlose polnische Volk: Über das Organ des Landtages, das die Polen der beiden nördlichen Teilungsgebiete nicht kannten, schwang sich Galizien zum Herzen eines wiedervereinigten Polens und zum Träger der gesamtpolnischen Idee auf.

b) Die galizische Landesautonomie

Mit dem Jahr 1867 setzt im Zusammenhang mit der Neuordnung des Reiches auch in Galizien eine umfassende politische Umwälzung ein, die 1869 in die sogenannte Landesautonomie mündete:

Einerseits beendete die „Autonomie“ endgültig den nun schon fast drei Jahrzehnte währenden Kampf der galizischen Polen um nationale und politische Eigenständigkeit: denn die neue Alternative implizierte die freiwillige Unterwerfung unter die österreichische Teilungsmacht und damit auch die Absage an den Unabhängigkeitsgedanken. Andererseits und gleichzeitig bildete die Autonomie aber auch den Ausgangspunkt eines Kampfes um die möglichst weite Auslegung des Selbstverwaltungsraumes für Galizien innerhalb des österreichischen Staatsgefüges.

Als Katalysatoren wirkten in diesem politischen Wandlungsprozeß die Niederlage des letzten Nationalaufstandes von 1863 und die ernüchternde Erfahrung der daran anschließenden einjährigen militärischen Besetzung Galiziens.

Nach 1865 wurde die Versöhnungs- und Kooperationspolitik — ein Kurs, den der galizische Statthalter Agenor Gołuchowski schon seit 1848 propagierte und den die Szlachta verächtlich als „schwarz-gelb“ höhnte — zum Leitmotiv der galizischen Landespolitik erhoben. Doch mußte mit der „österreichischen Orientierung“ zwangsläufig auch eine entsprechende Reformulierung der nationalen Ziele einhergehen:

Das gewandelte nationale Selbstverständnis der galizischen Polen fand schon im Jahre 1866 seine politische Umsetzung: In der berühmten Adresse des galizischen Landtages an den Kaiser vom 10. 12. 1866 — sie ist noch heute Gegenstand heftiger Polemiken in der polnischen Geschichtsschreibung — schworen die Polen dem österreichischen Herrscherhaus und dem Reich die Treue. Dies allerdings gegen die Zusicherung einer lokalen Autonomie für Galizien und der Polonisierung der Landesverwaltung

---

Gemeinden) wählten die 20000 reichsten Bürger 20 Abgeordnete; in der IV. Kurie (Ländliche Gemeinden) wählten die 500000 reichsten Dorfbewohner 74 Abgeordnete. Als Virilisten saßen zudem 7 ordinierte Bischöfe und die Rektoren der beiden Universitäten Krakau und Lemberg im galizischen Landtag. Vgl. GRZYBOWSKI, Galicja 212—216.

[23]) Eine solche Einrichtung sollte den „halb-feudalen“ adeligen Großgrundbesitzerschichten den Weg zur absoluten Majorität im galizischen Landtag ebnen: Die vorwiegend arme, bäuerliche ruthenische Bevölkerung würde damit nicht mehr als ein Viertel der Mandate für sich gewinnen können, obwohl sie zahlenmäßig fast die Hälfte der Gesamtbevölkerung Galiziens bildete. Siehe BUSZKO, Galicja i Śląsk Cieszyński w dobie walki o autonomię. Program trójlojalizmu [Galizien und Teschener Schlesien im Zeitalter des Kampfes um die Autonomie. Das Programm des Triloyalismus]; in: Historia Polski [Geschichte Polens] III/1, 336f.

sowie gegen das Versprechen des Kaisers, die polnische Frage auf der internationalen Arena aufzugreifen[24]).

Damit war das Konzept der Landesautonomie als künftige Zielvorstellung der galizischen Polen geboren. Nicht, daß diese Lösung damals schon ausgereift war; im Gegenteil: bald stellte sich heraus, daß ihre ungenaue Definition sowie inhaltliche Verschwommenheit den Keim so grundsätzlicher ideologischer Konflikte barg, daß sie eine politische Polarisierung im Landtag auslöste. Dessen ungeachtet aber wurde eben diese „Landesautonomie" zum Kristallisationskern jener Politik, die Galizien bis zum Zusammenbruch des Reiches konsequent verfolgt hat[25]).

Übrigens war es vielleicht gerade die theoretische und inhaltliche Unvollkommenheit der galizischen Landesautonomie, die zur Herausbildung dieses einzigartigen Systems führte, das sowohl polnische als auch österreichische Historiker bis in die Gegenwart hinein zu einer Auseinandersetzung anregt: Obwohl alle Kronländer des Reiches das System der Autonomie gekannt haben, kann in Galizien zweifellos von einer darüber hinausgehenden, also „erweiterten" Autonomie gesprochen werden.

Allerdings läßt sich dieses „mehr" an Selbstverwaltungskompetenzen Galiziens — ein „mehr", das ja zugleich eine neue Qualität der Autonomie hervorbrachte — kaum analytisch isolieren oder systematisch erfassen: denn ungeachtet sogar der theoretischen Komplexität des Konzeptes der Länderautonomie handelt es sich im Falle Galiziens nicht um ein gesondertes Paket von Bestimmungen, die einen staatsrechtlichen Status etwa inhaltlich definieren könnten! Die „erweiterte" Autonomie Galiziens beruht vielmehr auf einer Ausnahmestellung, die sich dieses Land auf dem Wege der politischen Praxis — prozeßartig und unsystematisch — erkämpfen hat können.

Zweifellos trugen verschiedenste Faktoren zu der Herausbildung dieses Sonderstatus bei: Zunächst sei die strategische Bedeutung der geopolitischen Lage Galiziens angeführt: In den Augen der Zentralregierung stellte der lose geographische Zusammenhang dieses Landes mit den übrigen Kronländern des Reiches sowie dessen unmittelbare Nachbarschaft mit der zaristischen Großmacht einen konstanten Unsicherheitsfaktor dar. So konnte die pro-österreichische Orientierung der Polen Mitte der 60er Jahre ja bei weitem noch nicht als selbstverständlich oder von Dauer betrachtet werden, zumal diese Politik offensichtlich das unmittelbare Ergebnis der Enttäuschung der Polen über die anderen Großmächte war! Die Ruthenen ihrerseits zeigten sich damals immer stärker für die von Rußland ausgehende panslawische Propaganda anfällig. Demnach ist der Umstand, daß Wien sich bereit zeigte, die ersten Loyalitätsbeweise der Polen würdig zu entlohnen, sicherlich verständlich, zumal die galizischen Polen die zentrifugalen Tendenzen der Ruthenen — wenngleich aus eigennützigen Motiven — gemeinsam mit der Regierung bekämpfen wollten.

---

[24]) Der genaue Wortlaut der berühmten galizischen Adresse lautete: „Ohne zu befürchten, dadurch von unserer nationalen Idee abzuweichen, im Glauben an die Mission Österreichs und im Vertrauen auf die Dauerhaftigkeit der Änderungen, die Dein Monarchenwort als festen Entschluß verkündet hat, erklären wir aus tiefstem Herzen, daß wir bei Dir, Allergnädigster Herr, stehen und stehen wollen". SPRAWOZDANIE STENOGRAFICZNE z rozpraw galicyjskiego sejmu krajowego [Stenographische Protokolle über die Sitzungen des galizischen Landtages] 10. 12. 1866, IV. Session, 13. Sitzung, 170.

[25]) STEFAN KIENIEWICZ, Adam Sapieha 1828—1903 (Lwów 1939) 190.

Neben diesen Faktoren, die vornehmlich Rücksichten auf die auswärtige Politik bestimmten, ebneten auch innenpolitische Ereignisse im Habsburgerreich einer Sonderstellung Galiziens den Weg. Dies insbesondere seit den militärischen Niederlagen Österreichs gegen Italien 1859 und Preußen 1866: Noch 1859 gestattete die Allerhöchste Entschließung vom 20. August den Völkern des Reiches, die bisher ausschließlich deutsche Unterrichtssprache an den Gymnasien des Reiches in allen Gegenden aufzugeben, wo die Einwohnerschaft überwiegend einem anderen Volksstamm als dem deutschen angehörte. Doch die Polen erwirkten damals zusätzliche Konzessionen: Durch den Erlaß vom 20. 12. 1859, mit dem die Priorität der „Landessprachen" anerkannt wurde, konnte sich die polnische Sprache im Verwaltungsgebiet Krakau als ausschließliche, im Verwaltungsgebiet Lemberg als gleichberechtigte Landessprache neben dem Ruthenischen durchsetzen. Dem Deutschen wurde damit in Galizien der Charakter der Landessprache entzogen, es blieb nur mehr als allgemeine Geschäftssprache für den inneren Korrespondenzverkehr der Behörden in Geltung.

Weitere Zugeständnisse waren die Folge persönlicher Bemühungen des früheren Statthalters von Galizien, Agenor Gołuchowski, der 1860 zum Nachfolger des absolutistischen Innenministers Bach ernannt wurde und der im Rahmen seines Kampfes um die Länderautonomie vorzugsweise für Galizien arbeitete: Anläßlich von Bestimmungen über die Regelung der Geltungsgebiete der zwei Landessprachen Galiziens vom Frühsommer 1860, die zwar bekanntgegeben, nicht aber öffentlich kundgemacht wurden, erwirkte das Polnische zunächst dem Ruthenischen gegenüber klare Privilegien, dann das Monopol in den Grundbucheintragungen des Landes durch die Verordnung vom 27. 8. 1860. Schließlich leitete die Allerhöchste Entschließung vom 4. 2. 1861 — sie betraf nur Galizien — die teilweise Polonisierung der Krakauer Universität und damit die Geburt eines nationalen Hochschulwesens ein. (Die vollständige Polonisierung der Krakauer Universität erfolgte dann durch die Allerhöchste Entschließung vom 30. 4. 1870, die Nationalisierung der Lemberger Universität — mit teils ruthenischer, teils polnischer Vortragssprache — durch die Allerhöchste Entschließung vom 11. 6. 1870.)

Österreichs Niederlage im Rivalitätskampf gegen Preußen (1866) eröffnete den Polen weitere Chancen zur Erlangung einer bevorzugten Stellung: Zum Preis für die Unterstützung der Regierung im Ringen um die Durchsetzung des österreichisch-ungarischen Ausgleichs, der die Zweiteilung des Reiches besiegelte, gewannen die Polen neue Konzessionen: Schon am 10. 6. 1866 konnte ein Landesgesetz durchgesetzt werden, das für das Landesgesetz- und Verordnungsblatt den polnischen Text als authentisch erklärte (mit deutscher und ruthenischer Übersetzung). Kurze Zeit später erhielten zwei weitere Landesgesetze die Kaiserliche Sanktion: Das erste betraf die Regelung der Unterrichtssprache an den Volks- und Mittelschulen des Landes und ermöglichte faktisch die gänzliche Polonisierung des galizischen Schulwesens (22. 6. 1867). Das zweite genehmigte die Schaffung eines „Landesschulrates", der die Leitung des gesamten Schulwesens im Lande übernehmen sollte[26]).

---

[26]) Dieses Projekt ging auf einen Antrag Adam Potockis vom 16. 12. 1865 im galizischen Landtag zurück: Damals handelte es sich um eine Art „Edukationskommission", wie sie im ehemaligen polnischen Königreich zwischen 1773 und 1795 bestanden hatte; diese war auf die Wiederbelebung des „Polentums" auf dem Wege der Schulbildung und Erziehung ausgerichtet gewesen. Siehe GUSTAV STRAKOSCH-GRASSMANN, Geschichte des österreichischen Unterrichtswesens (Wien 1905) 240.

All diese Gesetze schränkten die Einflußmöglichkeit der Zentralregierung auf das galizische Schulwesen ein. Gleichzeitig ebneten sie den Polen aber auch den Weg zu unkontrollierter nationaler Diskriminierung ihrer ruthenischen Minderheit[27]): die Regierung in Wien sah zu diesem Zeitpunkt keinen Grund mehr, ihre ruthenischen Untertanen in Schutz zu nehmen. Zu einem Instrument der Polonisierung des gesamten Landesschulwesens wurde so beispielsweise der „Landesschulrat", obwohl dieser als „gemischtes" Organ der Reichs- und Landesverwaltung verwirklicht worden war: Ungeachtet der Proteste von ruthenischer Seite wurde diesem — in der Praxis vom polnischen Element dominierten — Organ die Ernennung aller Schulinspektoren, Direktoren und Professoren zugestanden. Übrigens liegt hier auch ein weiteres Spezifikum Galiziens: Den entsprechenden Institutionen in den übrigen Kronländern — sie treten erst ab 1868 ins Leben — wurde diesbezüglich nur ein Vorschlagsrecht eingeräumt[28]).

Auf dem Gebiet des Hochschulwesens vermochte sich Galizien ebenfalls einen Ausnahmestatus zu verschaffen, obwohl dieses auch im konstitutionellen Österreich dem Ministerium für Kultus und Unterricht unterstand: Zwar wurde den Universitäten aller Kronländer ein gewisses Maß an Selbstverwaltung zugebilligt[29]); doch bei der Besetzung der Lehrstühle schaltete sich prinzipiell das Ministerium ein. Den Professorenkollegien stand lediglich das Vorschlagsrecht zu, die Ernennung der Professoren nahm auf Antrag des zuständigen Ministers der Kaiser vor. Obwohl das Unterrichtsministerium in der Praxis nur sehr selten in die Entscheidungen der Universitätsbehörden eingriff[30]), so war es doch auch hier Galizien, das diese Ingerenz am wenigsten zu befürchten hatte: Denn im Laufe der Jahre, meint Józef Buszko, hätten in der konstitutionellen Ära die Verbindungen zwischen den Sphären der polnischen Führungsschichten und der Wiener Finanz- und Regierungskreise dem politischen Leben der Polen seine grundlegende Gestalt verliehen[31]).

[27]) So wurde schon im November 1866 der für das ostgalizische Volksschulwesen zuständige ruthenische Inspektor seines Amtes enthoben und durch einen Polen ersetzt. EBD. 239.

[28]) Denn „nur äußerlich wurde der Organismus der Schulaufsicht in Galizien in einige Übereinstimmung mit dem der übrigen Länder gebracht ... damit war die Sonderstellung Galiziens zumindest im österreichischen Unterrichtswesen anerkannt". EBD. 267, 241; — Zum Thema „galizischer Landesschulrat" siehe auch WOJCIECH M. BARTEL, Zur Geschichte des galizischen Landesschulrates 1867—1918; in: Anzeiger der philosophisch-historischen Klasse der Österreichischen Akademie der Wissenschaften 114 (1977) No. 11, 346ff. Auch Bartel stellt fest, daß, wenngleich „der Idee des Zentralismus gemäß ... der Landesschulrat in Galizien von seinen Befugnissen nur im Rahmen der in der ganzen Monarchie geltenden Rechte und unter Oberaufsicht des Ministeriums für Kultus und Unterricht Gebrauch machen konnte, ... von diesem Prinzipe auch gewisse Ausnahmen gemacht wurden, bei denen der Rat die letzte Instanz war". EBD. 349.

[29]) Im Rahmen der Vorschriften des Jahres 1849 und des späteren Organisationsgesetzes vom 27. 4. 1873 blieb die Autonomie der Universität „insoweit gewahrt, als die Organe der Universitätsverwaltung, die akademischen Behörden, fortan durch Wahlen bestellt wurden, den Universitäten die Sorge für den wissenschaftlichen Nachwuchs überlassen, das Recht der Abhaltung der Rigorosen und der Verleihung akademischer Grade vorbehalten, das gesamte Hochschulpersonal der unmittelbaren Disziplinargewalt der akademischen Behörden unterstellt wurden". LUDWIG ADAMOVICH, Hochschulverwaltung und Universitäten; in: 100 Jahre Unterrichtsministerium 1848—1948. Festschrift des Bundesministeriums für Unterricht in Wien (Wien 1948) 45.

[30]) EBD. 45, 46.

[31]) JÓZEF BUSZKO und ANDRZEJ PILCH, Udział Polaków i Polonii w życiu politycznym i gospodarczym Austrii w XIX. i XX. wieku [Die Beteiligung der Polen und der Polonia am politischen und

Auf dem Wege der Praxis also war es den adelig-konservativen Führungsschichten Galiziens gelungen, für Galizien die reichsweit geltenden Machtbefugnisse der Regierung beträchtlich einzuschränken. Auf dem Wege der Praxis hatten sie es verstanden, für Galizien den autonomen Freiraum, der für alle Kronländer gleichermaßen galt, doch noch auszudehnen: Denn neben außenpolitischen wie innenpolitischen Rücksichten, die einer Sonderbehandlung Galiziens förderlich waren, spielte hier auch die „Schlauheit und Geschicklichkeit“ eine Rolle, „mit welcher die parlamentarischen Vertreter des Polenklubs in Wien die Sache ihres Volkes zu führen wußten“[32]).

Wie schon erwähnt, waren beide galizischen Universitäten Anfang der siebziger Jahre zur Gänze nationalisiert. Überdies ersetzte das Polnische mit der Verordnung des Gesamtministeriums vom 5. 7. 1869 die deutsche Geschäftssprache für nahezu den gesamten Bereich der inneren Amts- und Korrespondenzsprache[33]).

Gleichzeitig mit dem Vordringen des Polnischen in Verwaltung und öffentlichem Leben des Landes erfolgte aber auch die allmähliche Polonisierung des sozial-gesellschaftlichen Lebens: So wurden Anfang der siebziger Jahre die deutsche *Lemberger Zeitung* eingestellt und das deutsche Theater in Lemberg geschlossen. Am 2. 5. 1871 setzte der Kaiser schließlich seine Unterschrift unter das Projekt zur Gründung einer polnischen Akademie der Wissenschaften in Krakau[34]).

Ein Privileg von symbolischer Bedeutung für seine Ausnahmestellung erwarb Galizien im Jahre 1871: Als erstes und zunächst einziges Kronland erhielt Galizien einen eigenen „Landsmannminister“, der bei der Zentralregierung die Angelegenheiten des Landes vertrat. Obwohl diesem eine Exekutive fehlte, gestattete die Stellung seines

---

wirtschaftlichen Leben Österreichs im XIX. und XX. Jahrhundert]; in: Polacy w Austrii. Materiały międzynarodowego sympozjum naukowego, które się odbyło w Uniwersytecie Jagiellońskim w dniach 20—22 maja 1975 r. [Die Polen in Österreich. Materialien des internationalen wissenschaftlichen Symposiums, das vom 20. bis 22. Mai 1975 an der Jagellonischen Universität abgehalten wurde], hrg. v. Andrzej Pilch (Kraków 1976) 174. Demnach konnte Strakosch-Graßmann mit einiger Berechtigung sagen, daß „das Ernennungs- und Vorschlagsrecht des Unterrichtsministeriums in Bezug auf Galizien eine leere Formalität“ gewesen sei, und das Unterrichtsministerium in Galizien „nur einen Schein der Verwaltung“ ausgeübt habe. Siehe STRAKOSCH-GRASSMANN, Unterrichtswesen 343.

[32]) EBD. 239.

[33]) Alle k. k. Behörden sowie Landesschulrat und k. k. Gerichte, die den Ministerien des Innern, der Finanzen, des Handels und des Ackerbaus unterstanden, hatten sich demnach sowohl im inneren Dienst als auch im Verkehr mit den landesfürstlichen, nichtmilitärischen Behörden, Ämtern und Gerichten des Landes der polnischen Sprache zu bedienen. Auch die staatsanwaltschaftlichen Behörden waren im dienstlichen Verkehr mit obigen Behörden — unbeschadet der Vorschriften über den Gebrauch der Sprachen bei den Schlußverhandlungen — zum Gebrauch der polnischen Amtssprache verpflichtet. Die deutsche Amtssprache wurde nur für die Korrespondenz mit den militärischen Behörden, Ämtern und Gerichten und jenen außerhalb des Landes befindlichen, sowie mit den Zentralstellen aufrechterhalten. Zu den Bestimmungen über den Gebrauch der Sprachen in Galizien siehe DAS ÖSTERREICHISCHE SPRACHENRECHT, eingeleitet und hrg. v. ALFRED FISCHEL (Brünn ^{2}1910) LX, LXI; — ÖSTERREICHISCHES STAATSWÖRTERBUCH. Handbuch des gesamten österreichischen öffentlichen Rechts, hrg. v. ERNST MISCHLER und JOSEF ULBRICH (Wien^{2} 1907) III 676ff.; — ERNST MAYRHOFER, Handbuch für den politischen Verwaltungsdienst (Wien 1903) I 1198, 16, 50; — KARL HUGELMANN, Das Recht der Nationalitäten in Österreich und das Staatsgrundgesetz über die allgemeinen Rechte der Staatsbürger (Graz 1880) 266f.; KARL LEMAYER, Die Verwaltung der österreichischen Hochschulen 1868—1877 (Wien 1878); — STRAKOSCH-GRASSMANN, Unterrichtswesen.

[34]) STRAKOSCH-GRASSMANN, Unterrichtswesen 285.

Büros, das im Rahmen des Ministerratspräsidiums eingerichtet wurde, eine zumindest ausgedehnte Informationstätigkeit und nicht zuletzt auch eine Art Präventivkontrolle[35]).

Das Nachsehen hatten in diesem Tauschgeschäft die Ruthenen: Für sie war das Interesse der Zentralregierung — sie mochten „vom dynastischen Standpunkt weniger verläßlich erscheinen"[36]) — seit 1848 deutlich abgeklungen: Im Namen des Friedens und der Zusammenarbeit mit den polnischen konservativen Führungsschichten verzichtete Wien jetzt auf jede Ingerenz[37]).

Wie aus diesem doch sehr unsystematisch verlaufenden Prozeß der „Autonomwerdung" Galiziens hervorgeht, kristallisierte sich der Inhalt jenes Konzeptes, das die polnische Szlachta 1868 zur neuen politischen Devise erkoren und als „galizische Landesautonomie" bezeichnet hatte, erst allmählich heraus: Man kann von einem gewachsenen, in mehreren Schüben entwickelten System sprechen.

Grundsätzlich fußte dieses System allerdings auf dem Prinzip des Dualismus des Macht- und Verwaltungsapparates — eine Konzeption übrigens, die seit Anbeginn der Konstitutionalisierung des Reiches im Jahre 1860 in allen Kronländern gleichermaßen verwirklicht worden war. In Galizien lieferte diese Einrichtung den polnischen Politikern jedoch einen besonders günstigen Ausgangspunkt für den Kampf um die größtmögliche Eigenständigkeit des Landes: Denn Galizien konnte — aufgrund seiner soeben dargelegten Sonderstellung — in die Gewichtung der Machtverhältnisse zwischen Reichs- und Landesorganen viel stärker eingreifen. Tatsächlich war die theoretisch gesetzte Unabhängigkeit beider Gewaltenhierarchien eine Fiktion: Die Polen hatten bald erkannt, daß die Landesbehörden in der Praxis weitgehend den Beschlüssen der Regierungsbehörden unterlagen, nachdem erstere vorsorglich nur mit geringer Exekutivgewalt ausgestattet waren. Demnach galt es, auf allen Ebenen der Landesverwaltung und Landespolitik um die Vorherrschaft des autonomistischen Faktors zu kämpfen.

Dieser „tagespolitische" Kleinkrieg, wie man diesen Machtkampf auf Landesebene umschreiben könnte, gestaltete sich auch nicht mehr auf grundsätzlicher Ebene: Auf radikalere Forderungen verzichteten die galizischen Führungskreise im Namen ihrer guten Beziehungen zu Wien und nicht zuletzt auch ihrer eigenen machtpolitischen Interessen: Obwohl die konkrete Ausführung der Landesautonomie sie enttäuschte, versprach auch das „mangelhafte" System, ihre Herrschaft im eigenen Land zu erhalten[38]).

Daß die herrschende polnische Großgrundbesitzaristokratie nicht bereit war, den Kampf um die Autonomie weiter zu führen als es ihren eigenen Interessen entsprach, hatte sich übrigens schon in den sechziger Jahren deutlich gezeigt: Als der galizische

---

35) Buszko/Pilch, Udział Polaków Austrii [Die Beteiligung der Polen in Österreich] 171. Zur Funktion des „Landsmannministers" siehe Walter Goldinger, Die Zentralverwaltung in Cisleithanien — Die zivile gemeinsame Zentralverwaltung; in: Die Habsburgermonarchie 1848—1918 II: Verwaltung und Rechtswesen (Wien 1975) 185f.

36) Strakosch-Grassmann, Unterrichtswesen 285.

37) Ebd. 343.

38) So meint auch Grzybowski, daß „das in Galizien vorherrschende Element innerhalb der gesamtstaatlichen Gesetzgebung das System der Selbstverwaltung in Galizien mehr als einmal umzuformen verstand". Grzybowski, Galicja 276; — Vgl. Kann, Das Nationalitätenproblem in der Habsburgermonarchie I 229; — und Buszko, Galicja i Śląsk Cieszyński [Galizien und Teschener Schlesien] 324.

Landtag im Jahre 1868 einen weiteren Vorstoß zur „Verselbständigung" des Landes einleitete, waren es die traditionellen Eliten, die sich als erste von dieser „Resolution" distanzierten. Mit der Abwürgung der 68er Resolution haben die autonomen Bestrebungen in Galizien ein jähes Ende gefunden: Im Namen kurzsichtiger Standesinteressen schoben die galizischen Machthaber einer weitergehenden Autonomie ihres Landes einen Riegel vor.

So behielt denn auch die galizische Landesautonomie ihren ambivalenten und unfertigen Charakter bis zum Zusammenbruch des Reiches bei: Ein Produkt des langjährigen Tauziehens zwischen zentralistischen und autonomistisch-föderalistischen Konzeptionen, wurde sie im Zuge der siebziger und achtziger Jahre zur Quelle grundsätzlicher Konflikte in den bilateralen Beziehungen zwischen Lemberg und Wien.

2. Der politische Konservatismus in Galizien

a) Die Anfänge der galizischen Landes- und Reichspolitik

Von einer Institutionalisierung des politischen Lebens in Galizien kann man zwar vielleicht schon ab 1848, zweifellos jedoch seit der Eröffnung des galizischen Landtages im Jahre 1861 sprechen. Doch echte parteipolitische Lager kristallisierten sich erst im Zusammenhang mit den Kämpfen um die inhaltliche Ausgestaltung der Landesautonomie heraus.

Mitte der sechziger Jahre hatten sich im galizischen Landtag jedenfalls klare politische Richtungen herausgebildet:

— Die „Autonomisten" oder „Utilitaristen" — verächtlich auch „Mameluki" [Mameluken] genannt — bildeten den Block um den Statthalter Agenor Gołuchowski. Sie rekrutierten sich im wesentlichen aus dem ultrakonservativen ostgalizischen Landadel und einem Teil des liberalen Intelligenzbürgertums. Von der anzustrebenden Landesautonomie erhoffte sich dieses Lager im Grunde nur die Polonisierung der Verwaltung[39]).

— Ihnen diametral gegenüber standen die „Demokraten" — auch „Tromtadraci" [Lärmmacher] gehöhnt — um den Föderalisten Franciszek Smolka und seinen 1868 gegründeten „Nationaldemokratischen Verein". Vorwiegend Vertreter des städtischen liberalen Bürgertums, wollten die Demokraten die Idee der polnischen Unabhängigkeit nicht aufgeben. Auf landespolitischer Ebene forderten sie Mitbestimmung für alle Stände.

— Eine Mittelstellung bezog das Lager der „Krakauer Konservativen", das sich um die Tageszeitung *Czas* [Zeit] gruppierte und als stärkster Konkurrent des Statthalterblocks galt. Sein Programm zielte im Namen eines „wohlverstandenen" Patriotismus auf ein wiedervereinigtes Polen unter der Regentschaft eines Habsburgers — eine logische Konsequenz der Überzeugung, daß die Polen mit Österreich kooperie-

[39]) Kieniewicz, Historia Polski [Geschichte Polens] 310. Diese politische Strömung wurde zum Kern der ultra-konservativen ostgalizischen Adelspartei der „Podolaken". Vgl. Ajnenkiel, Parlamentaryzm [Parlamentarismus] 55 und Forst-Battaglia, Die polnischen Konservativen 99ff.

ren mußten. Auf Landesebene forderten die Krakauer im Interesse von Großgrundbesitz und Adel pazifizierende Konzessionen für Bauern und Ruthenen. Hier gerieten sie allerdings in schärfste Konflikte mit den ostgalizischen Konservativen um Gołuchowski: Obwohl die Klassensolidarität zwischen westgalizischem und ostgalizischem Adel in den siebziger Jahren die Divergenzen auf politisch-strategischer Ebene schließlich überwand, und die Krakauer Konservativen im Maße der Erstarkung von Bürgertum, Bauernschaft und Ruthenen ohnehin ihre ursprünglich liberale und kompromißbereite Haltung aufgaben, distanzierten sie sich in den sechziger Jahren noch mit aller Vehemenz von den ultrakonservativen ostgalizischen „Podolaken“[40]).

Dieser Gegensatz wurzelte in der anders gelagerten Ausgangsposition des polnischen Großgrundbesitzadels in Ost- und Westgalizien: wie schon erwähnt, konnte sich die polnische Minderheit in Ostgalizien nur aufgrund ihrer sozio-ökonomischen Machtstellung gegen die vorwiegend ruthenische Bevölkerung behaupten; jede Konzession bedeutete daher für die Podolaken ein existentielles Risiko. Die Aristokratie des Westens hingegen konnte sich allein schon aufgrund ihrer quantitativen Vorherrschaft eine liberale Sozial- und Minderheitenpolitik leisten, ohne deshalb ihr Machtmonopol zu gefährden[41]).

Obwohl zwischen den Utilitaristen und den Epigonen des nationalen Widerstands Mitte der sechziger Jahre noch eine ganze Palette politischer Schattierungen vertreten war, distanzierten sich im Maße der Erfüllung konkreter nationaler Forderungen immer größere Gruppen vom radikalen Unabhängigkeitskampf.

Die Fronten zwischen den zwei stärksten politischen Lagern verschärften sich allerdings zunehmend in den Jahren der politischen Umwälzung im gesamten Reichsgebiet: Während die Krakauer Konservativen in der Frage nach der Einstellung Galiziens zur Neuordnung des Reiches 1866—1867 noch eine dem föderalistischen Grundsatz treue Abstinenzpolitik an der Seite der Tschechen propagierten, versprachen sich Gołuchowskis Utilitaristen nur aus der Kooperation mit der Regierung Vorteile für Galizien. Die Entscheidung des galizischen Landtages, den Reichsrat zu beschicken (2. 3. 1867), besiegelte das Ende der „entschlossenen“ Politik Galiziens unter dem Banner der Autonomie. Sie eröffnete die Ära einer Politik, die sich an realen Machtverhältnissen orientierte und in erster Linie den Interessen der galizischen Großgrundbesitzoligarchie diente[42]).

---

[40]) Die ostgalizischen Konservativen oder „Podolaken“ wollten ihre intransingente Haltung den Ruthenen gegenüber nicht aufgeben: Den Begriff „Ruthene“ legten sie als territoriale Bezeichnung für die Bewohner der ehemaligen „Ruś Czerwona“ aus; es würde sich aber nicht um die Bezeichnung einer eigenen Nationalität handeln, da die Ruthenen sowohl sprachlich als auch kulturell und politisch Teil der großen polnischen Nation seien. Wie stark diese Überzeugung bei den galizischen Polen verwurzelt war, zeigt auch die Tatsache, daß noch im Jahre 1866 ein Gesetz durchgebracht werden konnte, das nur das Polnische als authentische Sprache für das Landesgesetz- und Verordnungsblatt anerkannte! Vgl. GRZYBOWSKI, Galicja 70f. Die Krakauer Konservativen blieben allerdings noch lange ihrer liberalen Minderheitenpolitik treu. Sie wurden in dieser Frage übrigens von den galizischen Demokraten unterstützt. Vgl. FORST-BATTAGLIA, Die polnischen Konservativen 71.

[41]) FORST-BATTAGLIA, Die polnischen Konservativen 71—75.

[42]) Obwohl die Krakauer Konservativen die Autonomie viel breiter verstehen wollten als die Podolaken, mußten sie auf letztere in der Praxis doch immer stärker eingehen: denn letztlich verband sie mit den

b) Die Krakauer Konservativen und Czas

Die meinungsbildende Presse spielt in der Entwicklung und Artikulierung der einzelnen politischen Strömungen in Galizien eine zentrale Rolle.

Schon der Beginn einer eigenständigen Politik Galiziens hängt mit der Gründung einer der ersten polnischen Tageszeitungen überhaupt, des *Czas*, zusammen.

Seine politische Bedeutung verdankte *Czas* nicht nur seinem landesweiten Einflußbereich, sondern auch und vielmehr seiner langjährigen Monopolstellung im galizischen Zeitungswesen: Bis in die neunziger Jahre hinein blieb das Blatt das mächtigste ideologische Macht- und Manipulationsinstrument des Landes[43]).

Czas war das Produkt des spezifischen geistigen Klimas, das sich in den dreißiger und vierziger Jahren des 19. Jahrhunderts in der Stadt Krakau (Kraków) entwickelt hatte, die im Wiener Kongreß 1815 zum „Freistaat" erhoben worden war[44]): Bis zu seiner endgültigen Annexion durch Österreich (1846) fungierte Krakau als legales Sammelbecken aller aufständischen Bewegungen, die sich in den drei Teilen Polens ja nur im Untergrund betätigen konnten, als Zufluchtsort aller polnischen Unabhängigkeitskämpfer und nicht zuletzt auch als das wichtigste Verbindungsglied zur nationalen politischen Emigration.

Diese Funktionen erhoben den Freistaat Krakau zur symbolischen Verkörperung des freien polnischen Nationalstaates, die lokale Elite des aufgeklärten Krakauer Adels aber zum selbstgekürten „Verwalter" der gesamtpolnischen Idee: *Czas*, ursprünglich als reines Informations- und Kulturblatt gedacht, ermöglichte es dieser Elite, die polnische Idee auch inhaltlich auszufüllen und die nationalen Aspirationen der Polen in eine Richtung zu kanalisieren, die ihren eigenen Vorstellungen entsprach.

Unweigerlich geriet *Czas* unter den Einfluß der alteingesessenen Krakauer Familienclans und ihrer Kreise: Von seinen geistigen Gründervätern schon in den fünfziger Jahren in die pro-österreichische Richtung gelenkt, wurde *Czas* nach 1864 zum offiziellen Vertreter des politischen „Schwarz-Gelbtums". Die gesamtpolnische Idee und der Nationalstaatsgedanke lebten nur mehr in der Phraseologie des Blattes weiter; de facto war *Czas* zum Sprachrohr aller mit dem Status quo versöhnten, besitzenden Schichten Galiziens geworden.

Podolaken mehr als mit den Demokraten! Siehe Wilhelm Feldman, Dzieje polskiej myśli politycznej 1864—1914 [Geschichte des polnischen politischen Denkens 1864—1914] (Warszawa 1933) 60 sowie Ders., Stronnictwa i programy polityczne w Galicji 1864—1906 [Politische Lager und Programme in Galizien 1846—1906] (Kraków 1907) 121.

43) Erst Mitte der achtziger Jahre erhielt *Czas* die Konkurrenz anderer Blätter und politischer Richtungen: Namentlich die liberal-demokratische *Nowa Reforma* [Neue Reform], die 1882 gegründet und von aktiven Politikern (R. Romanowicz, T. Rutkowski und A. Asnyk) geleitet wurde, entwickelt sich zu einer Art weltanschaulicher und politischer Opposition. Vgl. Bożena Krzywobłocka, Prasa polska 1900—1918 [Die polnische Presse 1900—1918]; in: Zarys historii prasy polskiej [Grundriß der Geschichte der polnischen Presse] (Warszawa 1959) II/2, 42ff.

44) Siehe Alfred Regele, Die Einverleibung des Freistaates Krakau 1846; phil. Diss. (Wien 1951). Wie bedeutend der Krakauer „Nährboden" für die Entstehung von *Czas* war, bestätigt auch ein Vertreter des „reifen" galizischen Konservatismus im Rückblick: „*Czas* hat — leider — kein politisches Lager geschaffen ... doch finden in seinen Artikeln gleiche und dauerhafte Überzeugungen und Grundsätze ihren Niederschlag ..." Stanisław Tarnowski, zit. in: Księga pamiętnikowa na dziewięćdziesięciolecie dziennika *Czas* [Festschrift zum 90. Jubiläum der Tageszeitung *Czas*] (Warszawa 1938) 1, 11.

Aber schon 1866 forderte die „Loyalitätspolitik" des *Czas* eine Gruppe enttäuschter Aufständischer zur Gründung ihrer eigenen Zeitschrift heraus: der „organischen Aufbauarbeit" gewidmet, suchte sie konstruktive Alternativen zum bewaffneten Unabhängigkeitskampf.

Der *Przegląd Polski* [Polnische Rundschau], eine sozialpolitische Monatsschrift, löste durch seine „scharfe" Tonart und seine kompromißlose Sprache, in erster Linie aber durch seine Angriffe auf den resignativen Grundtenor des *Czas*, eine heftige Polemik mit dessen Redaktionskomitee aus: Bald übernahm die neue Zeitschrift die Funktion einer Art „lagerinternen" Opposition der Altkonservativen.

Doch innerhalb weniger Jahre entwickelte sich aus der rein negativen Kritik an *Czas* ein eigenständiges Alternativprogramm, das den politischen Realismus predigte und sowohl die patriotische Phraseologie des *Czas* als auch die grobe Demagogie der galizischen Demokraten verurteilte. Einschneidende Wirkung erzielte in diesem Zusammenhang die 1869 im *Przegląd Polski* veröffentlichte politische Satire „Teka Stańczyka" (Briefmappe des Stańczyk): wegen ihrer fürwahr national-masochistischen Verhöhnung des romantischen polnischen Patriotismus wurde sie mitsamt ihren Autoren zum Opfer einer wahren Hetzkampagne.

Den Krieg um die „Teka" beendete erst die öffentliche Inschutznahme der „enfants terribles" des *Przegląd Polski* durch den mächtigen *Czas*[45]). Nüchterne politische Überlegungen führten die beiden konservativen Gruppen bald zur Angleichung der ohnehin verwandten politischen Linien ihrer Organe — eine Entwicklung, die mit der Kooptierung der jungen „Stańczyken", wie sie seit der Affäre um die „Teka" genannt wurden, in das Lager der Krakauer Altkonservativen endete[46]).

Weder die Alten noch die Jungen mußten diesen Schritt bereuen: Die Jungen verdankten ihm einen meteorenhaften politischen und sozialen Aufstieg, schließlich die Übernahme der politischen Führung des Landes in den späten siebziger Jahren. Die Alten gewannen an Stelle bissiger Kritiker engagierte Mitarbeiter und nicht zuletzt auch eine wertvolle Verjüngung ihrer traditionellen politischen und weltanschaulichen Ansichten.

Ende der siebziger Jahre war die Zeit des „Stürmens und Drängens" freilich vorbei[47]): Die politische Praxis, wachsende Anpassung und Zwänge, der gesellschaftliche Aufstieg, hatten die Jungen in Pragmatiker verwandelt. Ihre Wählerschaft — Großgrundbesitz und hohes Beamtentum — forderte die bedingungslose und konsequente Vertretung ihrer Interessen in Landes- und Reichspolitik.

Bis zur Jahrhundertwende stand Galizien im Zeichen einer diktaturähnlichen Herrschaft der Stańczyken: Allerdings wurden die Polen unter ihrer Führung zu einem wichtigen politischen Faktor im Wiener Zentralparlament, wobei bedingungslose

---

[45]) Rückblickend erklärte Stanisław Tarnowski, Eigentümer und Chefredakteur des *Przegląd Polski*: „Als der *Przegląd Polski* zur Zielscheibe der Beschimpfungen und der Rache all jener wurde, die er zu Recht gekränkt hatte, stellte sich *Czas* aus eigenem Antrieb hinter ihn und nahm ihn in Schutz". Zit. in FELDMAN, Stronnictwa [Politische Lager] 134.

[46]) Vgl. KIENIEWICZ, Historia Polski [Geschichte Polens] 314.

[47]) FELDMAN, Stronnictwa [Politische Lager] 134f.

Loyalität zur österreichischen Regierung zum Schlüssel wurde, mit dem ihnen die Stańczyken die Tore zu Einfluß und Macht öffneten[48]).

Eine radikale Verschiebung der bislang herrschenden politischen Kräfteverhältnisse kündigten dabei schon die Ergebnisse der Landtagswahlen 1889 an: Neue Gesellschaftsschichten — städtisches Bürgertum, Land- und Industrieproletariat, Bauernschaft — hatten im Maße der Infiltration kapitalistischer Produktionsverhältnisse an Stärke und politischem Bewußtsein gewonnen und drängten jetzt — in Galizien zwar mit weniger Druck als im übrigen Reichsgebiet — nach politischer Mitbestimmung[49]). Erstmals nach einer langen Pause zogen damals auch Bauernvertreter in den galizischen Landtag ein.

In der Reichspolitik hingegen erlangten die Stańczyken gerade in diesen Jahren den Höhepunkt ihrer Wirksamkeit[50]): Obzwar die politischen Einflüsse der Polen hier schon auf die Anfänge des österreichischen Konstitutionalismus zurückgehen — das Oktoberdiplom des Jahres 1860, mit dem im Sinne einer föderalistisch-autonomistischen Staatskonzeption das politische Schwergewicht in die Landtage der einzelnen Kronländer gelegt wurde, trägt schon den Stempel des galizischen Autonomisten Agenor Gołuchowski! —, wuchsen sie nach dem Berliner Kongreß 1878 und der Verdrängung der Deutschliberalen in die Opposition noch bedeutend an.

In der Ära Taaffe spielten die Polen eine wichtige Rolle sowohl im Schoße des „Eisernen Ringes" als auch in der Regierung, da Julian Dunajewski, eine führende Persönlichkeit des Polenklubs, das Finanzministerium leitete. In der nachfolgenden Koalitionsregierung der Jahre 1893—1895 wurden die Polen abermals zu Mitträgern der Regierung: diesmal war es Stanisław Madeyski, der sie als Minister für Kultus und Unterricht im Regierungskabinett vertrat. Doch kulminierten die polnischen Einflüsse erst unter der Regierung Badeni 1895—1897: Nicht nur stellten die Polen damals den Ministerpräsidenten und zwei weitere Kabinettsmitglieder; außerdem war auch der Gemeinsame Minister des Äußern ein Pole. Nicht ganz zu Unrecht sprach man daher damals von einer wahren „polnischen Regierung"[51])!

Für die innergalizischen Verhältnisse allerdings scheinen diese Erfolge ohne Wirkung geblieben zu sein. Mehr noch: Die Erweiterung des Wahlrechts zum Reichsrat durch die

---

48) Seit 1873 stellten die polnischen Delegierten im Reichsrat 20% aller Abgeordneten. Die Monarchie, in der ein Großteil der Nationalitäten — allen voran die Tschechen — eine fortwährende Kampagne um ihre politische Besserstellung führten, die Monarchie, die sich darüber hinaus mit der Eigenständigkeit der ungarischen Reichshälfte abzufinden hatte, fand gerade in den polnischen Abgeordneten eine politische Stütze. Siehe AJNENKIEL, Parlamentaryzm [Parlamentarismus] 56; Vgl. BUSZKO/PILCH, Udział Polaków w Austrii [Beteiligung der Polen in Österreich] 170.

49) In einem Kommentar zu den Wahlergebnissen dieses Jahres schreibt ein Wortführer der Stańczyken: „In unserer Gesellschaft, die jetzt in neue Daseinsbedingungen und damit in eine neue Phase ihrer Entwicklung getreten ist, setzt ein Prozeß der inneren Umwälzung ein: Zahlreiche neue Elemente treten jetzt in die politische Arena, ohne künstliche, von oben gesteuerte Impulse, lediglich von ihrer eigenen, elementaren Kraft angetrieben. In sechs Jahren wird dieser Prozeß mit noch weit größerer Stoßkraft vorwärts treiben. Heute gelangen diese Kräfte aber erst an die Oberfläche, noch ohne jede Erfahrung, nur schwach entwickelt, oft noch schwankend und jedem Druck nachgebend. MICHAŁ BOBRZYŃSKI, Z chwili rozstroju [Aus einer Stunde der Zerrüttung]; in: *Przegląd Polski* 93 (1889) 352.

50) Vgl. AJNENKIEL, Parlamentaryzm [Parlamentarismus] 57.

51) Im Regierungskabinett saßen damals: als Minister des Innern und Ministerpräsident Kazimierz Badeni, als Minister für galizische Angelegenheiten Edward Rittner, als Finanzminister Leon Biliński; darüber hinaus war auch der Gemeinsame Minister des Äußern Pole: Agenor Gołuchowski (der Jüngere).

Schaffung der V. allgemeinen Kurie, zu der sich die Regierung Badeni unter dem wachsenden Druck der inner- und außerparlamentarischen Opposition durchrang, führte nicht nur in der Regierung, sondern letztlich auch in Galizien zum Fall der Stańczyken[52]).

Tatsächlich konstituierte sich im Jahre 1896 in Galizien das Lager der „Neokonservativen" — ein Resultat der wachsenden Unzufriedenheit jüngerer, der gewandelten politischen und sozialen Bedürfnisse des Landes bewußten Konservativen: Mit einem Programm, das die veralteten Traditionen der Stańczyken erneuern und den veränderten Verhältnissen anpassen wollte, lösten die Neokonservativen schon nach kurzer Zeit die Stańczyken ab[53]). Damit hatte sich innerhalb des herrschenden Lagers in Galizien ein zweiter Schicht- und Generationswechsel vollzogen.

Die neokonservative Kritik richtete sich im wesentlichen gegen die systematische Vernachlässigung wirtschafts- und verwaltungspolitischer Fragen in Galizien: Während jedoch die demokratische Opposition die Durchsetzung entsprechender Reformen nur mehr im Zusammenhang mit radikalen sozialen und politischen Umwälzungen sehen konnte, wollten die jungen Konservativen den Status quo keinesfalls bedroht wissen: Denn im Grunde unterschied sie von den noch hauptsächlich humanistisch ausgebildeten Stańczyken lediglich ihr ökonomisch-positivistischer Ansatz: Während die Älteren noch unter altpolnischen und französischen Kultureinflüssen standen, schöpften die Jungen schon aus den Erkenntnissen der modernen zeitgenössischen Wirtschafts- und Sozialwissenschaften[54]).

In der politischen Praxis hingegen gingen die Neokonservativen kritiklos jenen Weg weiter, den schon die ältere Generation eingeschlagen hatte. Die Polemik bewegte sich also nicht auf der Ebene von Inhalten und Zielen, sondern von Form und Mittel: Dem starren Dogmatismus, der geschichtsphilosophischen und moraltheologischen Axiomatik der Stańczyken, die in der Politik noch einen gottgewollten Kampf um die Erhaltung einer prästabilierten Harmonie gesehen hatten, stellten die Jungen einen nüchternen Realismus entgegen. In ihren Augen war die politische Praxis lediglich der Ausdruck des Machtkampfes widerstreitender Interessen, die Lehre von der Politik eine Theorie der Kompromisse und des Rechtes der Stärkeren[55]).

---

[52]) Der Kreis der Wahlberechtigten zu den Reichsratswahlen wuchs durch die Einführung der V. allgemeinen Wahlkurie um das Dreifache, die Mandatszahl stieg auf 425. Von den 72 Mandaten für die V. Kurie erhielt Galizien 15. Vgl. AJNENKIEL, Parlamentaryzm [Parlamentarismus] 60.

[53]) Der „Konservative Klub" stand unter Führung junger, der gesellschaftlichen Elite angehörender Politiker: W. L. Jaworski, A. Krzyżanowski, J. Hupka und der Brüder P. und A. Górski. Das Selbstverständnis der neuen Gruppierung umschreibt W. L. Jaworski folgendermaßen: „Der Klub versteht sich als konservativ, weil er seine soziale Arbeit auf legale Grundlagen stützt, als demokratisch, weil er bestrebt ist, jedem Individuum gleiche soziale Bedingungen für seine Entwicklung zu sichern; er ist schließlich ein Feind des Liberalismus, weil er sich die harmonische und gesunde Entwicklung der Gesellschaft nicht von der freien Marktwirtschaft erwartet, sondern von der organisierten und in rechtliche Normen gekleideten Sozialarbeit". Zit. in: FELDMAN, Stronnictwa [Politische Lager] 210.

[54]) EBD. 211.

[55]) So meinte der Gründer des neokonservativen Lagers W. L. Jaworski: „Im sozialen Leben entscheidet nicht die Individualmoral über Gut und Böse. Vom sozialen Standpunkt aus kann der ihren Kriterien zufolge schlechteste Mensch mit großem Nutzen Hervorragendes leisten". Diesem Zitat schloß Feldman folgen-

Die Reformprojekte der Neokonservativen, die sich auf Erkenntnisse der zeitgenössischen deutschen Wirtschaftsreformer stützten, peilten die Modernisierung der Landwirtschaft und die Rationalisierung der Landesverwaltung an.

Sie blieben Projekte.

Wie schon vor ihnen die Stańczyken wurden auch die Neokonservativen von den „Älteren" gezähmt[56]): bald war die stolze Parole von der Vervollkommnung der Landesautonomie zu bloßer Demagogie verkommen[57]).

Erst mit der Einführung der allgemeinen Wahlkurie für die Reichsratswahlen setzte auch in Galizien der hartnäckige Kampf um politische Demokratisierung ein: Obwohl im galizischen Landtag das für den Reichsrat seit dem 28. 11. 1905 geltende allgemeine, gleiche, direkte und freie Wahlrecht erst zwölf Jahre später durchgesetzt werden konnte, war auch hier der Demokratisierungsprozeß nicht aufzuhalten[58]).

Czas büßte bald an Popularität ein. Nach 1907 mußte das Blatt seine Auflage unter dem wachsenden Konkurrenzdruck von sozialistischen und volksnahen Zeitungen drastisch einschränken[59]). Der *Przegląd Polski* verlegte das Schwergewicht auf seinen Kulturteil.

---

den Kommentar zur Ideologie der Neokonservativen an: „Es geht nicht darum, eine Harmonie zu fordern ... Die Angst vor möglicher Disharmonie —, das Werk radikaler Elemente aller Richtungen, wie noch die Stańczyken meinten —, ist für die Neokonservativen nur der Ausdruck eines noch latenten, verschwommenen, für verschiedene persönliche Interessen noch mißbrauchten Beginnes einer Vertretung vollkommen legitimer Interessen bestimmter sozialer Schichten. Ihre Existenz ist berechtigt und natürlich, denn — wie die Neokonservativen sagen —, auch wir verstehen unter dem Konzept des sozialen Lebens einen Interessenkampf". FELDMAN, Stronnictwa [Politische Lager] 215.

56) W. L. Jaworski wurde zu einem Redakteur des *Czas* und übernahm auch den Posten des Vizepräsidenten des Landesschulrates, den bis dahin Michał Bobrzyński innegehabt hatte.

57) In diesem Zusammenhang führt Feldman die Worte eines deutschen Abgeordneten zum Reichsrat an (Abgeordneter Lechner), wonach die Autonomie nur ein Regenschirm wäre, den man bei politischem Unwetter aus dem Schrank hole. FELDMAN, Stronnictwa [Politische Lager] 220.

58) Denn nur aufgrund einer künstlichen, sie willkürlich privilegierenden Wahlordnung zum Landtag konnte sich die konservative Mehrheit so lange an der Macht halten: Durch diesen berühmt-berüchtigten Wahlapparat konnte sich der Polenklub lange Zeit als homogene soziale und politische Vertretungskörperschaft stilisieren. Die Kandidaten zum Abgeordnetenhaus mußten ja nicht nur den maßgebenden konservativen Wählern zusagen, sondern auch den zentralen Organen. Auf solche Verhältnisse geht der Begriff der „galizischen" Wahlen zurück: Neben unmittelbarem Druck und Wahlmanipulation wurden in Galizien auch andere Erpressungs- und Bestechungsmethoden von den herrschenden politischen Cliquen angewendet: Die sprichwörtliche „Wahlwurst" bezog sich z. B. auf die Praxis der Großgrundbesitzer, Mandate, die den ländlichen Gemeinden zufielen, durch die Austeilung von Wurst und Wodka an die wahlberechtigten Bauern zu erkaufen — ein so wirksames Mittel, daß bäuerliche und ruthenische Abgeordnete in den 70er Jahren fast gänzlich ausgeschaltet werden konnten. Vgl. AJNENKIEL, Parlamentaryzm [Parlamentarismus] 58; Siehe auch GUSTAV KOLMER, Parlament und Verfassung in Österreich (Wien—Leipzig 1905) IV, 443f. sowie die anonyme Broschüre STRONNICTWA POLITYCZNE W GALICJI w przededniu wyborów [Politische Lager in Galizien am Vorabend der Wahlen] (Kraków 1900) 3f.

59) Anhand von Diagrammen über die Auflagenhöhe des *Czas* zeigt Myśliński das plötzliche Absinken seiner Bedeutung im letzten Jahrzehnt des 19. Jahrhunderts. Siehe JERZY MYŚLIŃSKI, Studia nad polską prasą społeczno-polityczną w zachodniej Galicji 1905—1914 [Studien zur polnischen sozial-politischen Presse in Westgalizien 1905—1914](Warszawa 1970) 52; sowie DERS., Z dziejów konserwatywnej prasy przed 1. wojną światową [Aus der Geschichte der konservativen Presse vor dem 1. Weltkrieg]; in: Rocznik historii czasopiśmiennictwa polskiego [Jahrbuch für die Geschichte des polnischen Zeitschriftenwesens] (Warszawa 1965) IV/1, 21.

Dennoch blieben die galizischen Konservativen noch lange stark — dies nicht zuletzt aufgrund ihrer Einflüsse in den Wiener Regierungskreisen und ihrer Verbindungen zu den höchsten gesellschaftlichen und politischen Sphären der Reichshauptstadt[60]).

Auch das geistige Klima des Landes trug noch lange nach seinem politischen Rückzug den Stempel des Stańczykenregimes:

Im Jahre 1907, als der Sieg der demokratischen Opposition schon gewiß war, mußte der bekannte galizische Demokrat Wilhelm Feldman bekennen, daß dieser politische Sieg solange bedeutungslos bleiben würde, als die Gesellschaft sich nicht von der Weltanschauung der Stańczyken befreit hätte: „... [Man] macht nicht straflos 40 Jahre in ein- und derselben Schule durch, man atmet nicht ohne Folgen eine Luft ein, die von den Taten, der Politik, der Literatur und der Pädagogik eines einzigen politischen Lagers durchtränkt ist. Die gesamte Weltanschauung, der ganze Charakter des Galizianers ... sind heute vom Stańczykentum durchsetzt. Die Befreiung [davon] wird Jahrzehnte erfordern und sie wird nur das Resultat sowohl tiefer politischer Umwälzungen als auch grundsätzlicher Reformen im Schulsystem —, grundsätzlicher Metamorphosen sowohl des gesamten kulturellen Lebens als auch des Lebens des einzelnen sein können“[61]).

Genesis und Inhalt jener Weltanschauung, die letztlich zu einem alle Lebens- und Denkbereiche umspannenden theoretischen System wurde und als solches sowohl das politische Bewußtsein als auch die politische Praxis in Galizien entscheidend geprägt und mitgestaltet hat, sind daher für die Analyse des politischen Selbstverständnisses der galizischen Konservativen besonders aufschlußreich. Mehr noch: Auch Stanisław Madeyski, der sich im Laufe seiner politischen Karriere ja mit den Stańczyken verband, kann nur vor diesem Hintergrund in seinem politischen Denken und Handeln verstanden werden.

c) Die politische Ideologie der Stańczyken

Die genetisch-strukturelle Entwicklung dieser Ideologie läßt zwei wesentliche Etappen erkennen:

— eine erste Phase — sie umfaßt die späten 60er und die frühen 70er Jahre — entspricht der Relativierung des Gedankenguts und der politischen Praxis der Altkonservativen, sowie der Distanzierung von den Unabhängigkeitspostulaten des „Hotel Lambert“. Sie endet mit der Geburt der „Stańczyken“.

— eine zweite Phase — sie reicht bis in die späten 90er Jahre hinein — entspricht der Vollendung und Institutionalisierung der politischen Theorie der Stańczyken, die nach einer teilweisen Revidierung ihrer ursprünglichen Annahmen (infolge der

---

[60]) Vor allem im Bereich der Ideologie blieb ihre Bedeutung noch lange gewaltig, obwohl die Wahrung dieses Einflusses die interne Reorganisation und Erneuerung des konservativen Lagers erforderte. Schon im Jahre 1906 konstituierte sich daher das „Stronnictwo prawicy narodowej“ [Lager der nationalen Rechten], das weiterhin die Interessen des galizischen Großgrundbesitzes vertrat.

[61]) FELDMAN, Stronnictwa [Politische Lager] 226. Ähnliche Ansichten bei Adam Galos: „Im Sinne der herrschenden Politik wurde die Schule in Galizien zum Instrument der ideologischen und politischen Propaganda der Stańczyken. Die Jugend sollte im Geiste des Opportunismus, der Servilität und der billigen Devotion erzogen werden. ADAM GALOS, Vorwort zu MICHAŁ BOBRZYŃSKI, Pamiętniki [Tagebücher] (Wrocław—Kraków 1957) XII.

Integration der Stańczyken in das Lager der „Alten") zum Leitfaden und zum Legitimationsinstrument der Politik des konservativen Lagers in Galizien wird.

α) Das geistige Erbe des „Hotel Lambert"

Die politische Emigration spielte in der Entwicklung des polnischen politischen Denkens des 19. Jahrhunderts eine gewaltige Rolle. Auf Galizien übte insbesondere das „Hotel Lambert" — nur eine von zahlreichen Auslandsorganisationen dieser Art — einen bestimmenden Einfluß aus.

Das „Hotel Lambert" konstituierte sich nach der Niederlage des ersten großen polnischen Aufstands von 1830 unter der Leitung des Fürsten Adam Czartoryski als rechter Flügel der polnischen Emigration in Paris. Seine Aufgabe sah es vornehmlich in der Fortsetzung des nationalen Kampfes um ein wiedervereinigtes souveränes Polen; sich selbst verstand die Organisation als eine Art „Exilregierung" mit der Aufgabe, die Interessen aller drei Teile Polens zu koordinieren und im Ausland zu vertreten.

Vornehmlich auf diplomatischer Ebene tätig, zielte das „Hotel Lambert" auf die Lebendigerhaltung der „Polnischen Frage" im Bewußtsein der öffentlichen Meinung Europas[62]) sowie auf die Suche nach eventuellen Bündnispartnern im Falle eines — heiß ersehnten — Krieges zwischen den drei Teilungsmächten.

Auf die Heimat übte das „Hotel Lambert" zunächst einen ideologischen Einfluß aus: Hartnäckig wurde gesamtpolnischer Patriotismus propagiert und an der Erhaltung der traditionellen ständisch-feudalen Gesellschaftsordnung gearbeitet. Übrigens rechnete man hier insbesondere mit der Unterstützung des galizischen Großgrundbesitzadels[63]).

Einen zentralen Stellenwert in seiner Ideologie nahm die „Moralistik" ein, die den Dekalog der Individualethik mit der gesamtpolnischen Staatsraison gleichsetzte: An Stelle des inexistenten Nationalstaates übernahm die Moral die Funktion der höchsten Autorität. Sie sollte nun die politische Praxis der Polen rechtfertigen und leiten[64]).

Nach den einschneidenden Ereignissen der Jahre 1861—1864 sah sich das „Hotel Lambert" allerdings gezwungen, seine theoretischen Annahmen und politischen Strategien einer grundsätzlichen Revision zu unterziehen: Im Namen einer neuen „polnischen Staatsraison" sollte Galizien im Sinne der neuen Erkenntnisse die Kooperation mit der österreichischen Teilungsmacht anstreben. Zum neuen Leitmotiv der nationalen Politik wurde die „organische Aufbauarbeit" in jedem der drei Teile Polens unter Führung der traditionellen Eliten der Nation erhoben: „Il faut cultiver son jardin", sagte schon Candide nach seiner ernüchternden Odyssee. Von den Interessen eines polnischen Nationalstaates war nach der Niederwerfung von vier Nationalaufständen auch keine Rede mehr.

Die Stańczyken übernahmen vom „Hotel Lambert" nur die Erkenntnisse der letzten Phase, die zu einem Fundament ihrer eigenen Weltanschauung wurden.

---

[62]) Vgl. KIENIEWICZ, Historia Polski [Geschichte Polens] 133, 136, 146. Siehe auch HANS HENNING HAHN, Außenpolitik in der Emigration. Die Exildiplomatie Adam Jerzy Czartoryskis 1830—1840 (= Studien zur Geschichte des 19. Jahrhunderts 10, München 1978).

[63]) WERESZYCKI, Vorwort zu KARPIŃSKI/KRÓL, Sylwetki polityczene [Politische Silhouetten] 33.

[64]) CYWIŃSKI, Z powodu „Sylwetek" [Aus Anlaß der „Silhouetten"] 285ff.

β) Das geistige Erbe der Krakauer Konservativen

Die zweite Quelle, aus der die Stańczyken ihr Gedankengut schöpften, bildete die von *Czas* getragene Weltanschauung der Krakauer Konservativen.

Von ihren theoretischen Prämissen her zwar Anhänger des voraufständischen Kongreßpolens (vor 1831), können die Krakauer Konservativen aus ihren aristokratischen Traditionen und ihren sozio-ökonomischen Schichtinteressen heraus als Legitimisten bezeichnet werden.

Nach dem Scheitern von vier nationalen Aufständen waren sie als Legitimisten schließlich gezwungen, aus ihrer ja an der Basis schon kompromißbereiten Einstellung den Besatzungsmächten gegenüber die äußersten Konsequenzen zu ziehen[65]).

Als Repräsentanten eines im Geiste des katholischen Traditionalismus ausgebildeten Konservatismus, der auf den Säulen von Kirche, Papst und Monarch die ständische Gesellschaftsordnung erhalten wollte, stellten die Krakauer Konservativen das Recht Gottes über jedes positive, vom Menschen erschaffene Gesetz. In diesem Sinne lehnten sie im Namen einer traditionell-dogmatischen Ratio die Omnipotenz der staatlichen Autorität grundsätzlich zwar ab, mußten diese aber in der Praxis letztlich doch als eine ebenfalls von Gott abstammende Macht anerkennen. Die polnische Nation war infolgedessen in ihren Augen moralisch dazu verpflichtet, die gegebenen Machtverhältnisse zu respektieren und sich der Fremdherrschaft zu beugen[66]).

De facto bedeutete diese Einsicht widerstandsloses Einwilligen in die Legitimität der drei Teilungsmächte[67]), woraus sich für Galizien die Verpflichtung ergab, sein politisches Leben innerhalb des gesamtösterreichischen staatsrechtlichen, politischen und administrativen Rahmens zu entfalten.

In den Spalten des *Czas* allerdings feierte man weiterhin die Helden des letzten Nationalaufstandes 1863 und strapazierte die große polnische Idee: aus der politischen Praxis zwar schon längst gestrichen, blieb der Unabhängigkeitsgedanke als traditioneller Bestandteil des patriotischen Phrasenrepertoires auf den Titelseiten zurück.

d) Die Entwicklung der politischen Theorie der Stańczyken

Der jungen Generation der sechziger Jahre war *Czas* zu katholisch, zu besonnen, zu resigniert. Sie hörte auf die revolutionären Parolen der politischen Emigration. Als der Aufstand gescheitert war, machte allerdings auch sie, wie das Hotel Lambert, eine politische Metamorphose durch.

---

[65]) Siehe FELDMAN, Dzieje myśli politycznej [Geschichte des politischen Denkens] 85ff.

[66]) PAWEŁ POPIEL, zit. in FELDMAN, ebd. 87.

[67]) Als Illustration dieser Anschauung eine Aussage des „Krakauers“ Paweł Popiel: „Wir stehen vor der Wahl: entweder verbrauchen wir unter der Führung geheimnisvoller Einflüsse in einem zermürbenden und aussichtslosen Kampf die Reste der uns noch gebliebenen Lebenskräfte, oder aber versuchen wir, auf dem Weg der Legalität ... Bedingungen für eine solche Existenz zu erkämpfen, die uns — wenngleich sie unserem Ideal nicht entspricht — zumindest die selbständige Gestaltung der Form und Grundsätze unserer Gesellschaft sichern kann“. Zit. in FELDMANN, Dzieje myśli politycznej [Geschichte des politischen Denkens] 87; Vgl. DEDAL, Kritik der „Sylwetki polityczne“ [Politische Silhouetten], in: *Twórczość* 1975, Nr. 4, 130.

Unter den Enttäuschten befanden sich auch die Gründer des *Przegląd Polski*, der ab 1866 regelmäßig in Krakau erschien[68]).

Nicht, daß sie sofort die Anschauung der Krakauer Herren übernommen hätten: noch im Jahre 1865 polemisierte Józef Szujski heftig mit dem Wortführer der Altkonservativen, Paweł Popiel, der zur Absage an den Widerstandskampf aufrufen wollte: „Hört nicht auf solche falschen Propheten“!, parierte Szujski damals[69]). Denn während Popiel aus der jüngsten Vergangenheit die Lehre gezogen hatte, daß nur die Stärkung des „vernünftigen“ Elementes der Gesellschaft — nämlich der Szlachta — den revolutionären Geist des polnischen Volkes eindämmen könnte, hörte Szujski durch Popiel nur das egoistische Klasseninteresse des polnischen Adels sprechen. Für ihn hatte die ehrliche Arbeit an der Gesundung des nationalen Bewußtseins im Volke und daher in der Besserstellung des Volkes anzusetzen:

In diesem Sinne forderten die Jungen die faktische Aufhebung der bäuerlichen Fronarbeit, die Berücksichtigung der nationalen Rechte von Ruthenen und Juden, die Aufhebung des ungerechten Kurienwahlrechts.

Nur im Hinblick auf die Beurteilung des letzten Nationalaufstandes stimmten sie mit den Ansichten des *Czas* im wesentlichen überein[70]):

Durch eine gezielte Veränderung der nationalen Bewußtseinslage habe der „anarchische“, aufständische Geist der polnischen Nation ausgemerzt, der romantisch-utopische Patriotismus gezähmt zu werden; dem aufständischen Idealismus habe der Realismus der „organischen Aufbauarbeit“ zu folgen.

Diese allgemeine Bewußtseinswandlung gedachten die jungen Gesellschaftstherapeuten mit Hilfe einer gezielten publizistischen Meinungsbildung durchzuführen, die das traditionelle Geschichtsbild und das nationale Selbstverständnis der Polen erschüttern sollte.

In einer Reihe geschichtsphilosophischer und politikwissenschaftlicher Abhandlungen, die sie im *Przegląd Polski* veröffentlichten, versuchten die jungen Konservativen zunächst, die für die polnische Nation historisch „nachweisbare“ Schädlichkeit der Revolution zum Ausgangspunkt eines Plädoyers für die pro-österreichische Orientierung Galiziens zu nehmen. In einer Broschüre aus dem Jahre 1867 kristallisierte sich ein politisches Credo heraus: In Anbetracht des Bedürfnisses der Polen nach einer „starken“ Regierung habe die österreichische Regierung, so Szujski, als legitime Erbin der polnischen Staatsautorität zu gelten; ihre Anerkennung als solche bilde darüberhinaus eine notwendige Voraussetzung für das nationale Überleben der Polen[71]). Demnach

---

68) Die Gründer des *Przegląd Polski* waren: Stanisław Tarnowski, Józef Szujski, Stanisław Koźmian und Ludwik Wodzicki. Am krassesten stellt sich die „Metamorphose“ Szujskis dar: 1863 redigierte er noch als junger Demokrat den *Naprzód* [Vorwärts], ein Presseorgan der „polnischen Nationalregierung“, das in der Emigration erschien. Nach der Niederlage des Aufstandes 1864, an dem er selbst teilgenommen hatte, rückte er vom demokratischen Lager ab und wurde ebenso wie seine Freunde zu einem Wortführer der Stańczyken.

69) Szujski, zit. in FELDMAN, Dzieje myśli politycznej [Geschichte des politischen Denkens] 89.

70) Für Szusjski war die polnische Tradition des „liberum conspiro“ der Gegenwart für die Nation ebenso verhängnisvoll wie jene des „liberum veto“ aus der Zeit der polnischen Adelsrepublik.

71) Der Titel der Broschüre: Kilka prawd z dziejów naszych ku rozważeniu w chwili obecnej [Einige Wahrheiten über unsere Geschichte zur Betrachtung in der Gegenwart]; — Siehe auch: Kilka słów o Stańczykach i o J. Szujskim, Przyczynek do dziejów i charakterystyki politycznego obozu [Einige Worte

hatte sich also der Pole nicht mehr als Pole allein, sondern gleichzeitig auch als „Galizianer" zu verstehen, der als solcher im „Österreicher" aufging. Ebenso hatte sich die polnische Staatsraison in der österreichischen, die österreichische sich in der polnischen widerzuspiegeln.

Noch war der Leser- und Abnehmerkreis des *Przegląd Polski* bescheiden. Noch hatten die provokanten Thesen der jungen Humanisten ihre erwünschte pädagogisch-therapeutische Wirkung nicht erzielt. Erst das Erscheinen der „Teka Stańczyka" im Jahre 1869 war es, wie schon erwähnt, das ganz Galizien wachrüttelte und die jungen Autoren zu „enfants terribles" stempelte: Als scharfes Pamphlet auf die Bewußtseinslage der galizischen Gesellschaft gedacht, als harte Parodie auf die Sublimierung der nationalen Vergangenheit angelegt und als Kritik an den galizischen Konservativen und Demokraten serviert, war die „Teka" der erste Versuch, die Hypertrophie der nationalen Gefühle (— die Demokraten und Konservative gleichermaßen zu schüren und politisch auszunützen verstanden —) einzudämmen und den Unabhängigkeitsgedanken als „falsch verstandenen" Patriotismus zu entlarven[72]).

Während die Alten im *Czas* weiterhin die traditionellen Werte der Nation verteidigten, zerstörten die Jungen jetzt schonungslos die mit Mühe aufrechterhaltenen nationalen Mythen. Und dennoch: die „Teka" war zu früh erschienen. Noch hatte die Gesellschaft — nur fünf Jahre nach dem gescheiterten Aufstand — den notwendigen Abstand zu ihrer jüngsten Geschichte nicht gewonnen.

Als die „Teka" auch den Aufstand in den Schmutz zog, die Volksmassen als Werkzeug machtpolitischer Ambitionen einzelner demaskierte und die Gutgläubigkeit und Dummheit des polnischen Volkes zum auslösenden Moment der Revolution erklärte, konnte die allgemeine Empörung nicht mehr gebremst werden[73]).

über die Stańczyken und J. Szujski. Ein Beitrag zur Geschichte und Charakteristik eines politischen Lagers] (Kraków 1883) 10, sowie FELDMAN, Dzieje myśli politycznej [Geschichte des politischen Denkens] 57.

[72]) Die „Teka Stańczyka" [Mappe des Stańczyk], die als Serie stilisierter Briefe erschien, die den Korrespondenzstil der Antike nachahmten, ist die fiktive Korrespondenz des legendären Hofnarren des polnischen Königs Zygmunt des Alten aus dem 16. Jahrhundert: Aus Neugierde aus dem Elysischen Gefilde auf die Erde zurückgekehrt, führt der Stańczyk weltanschauliche und politische Gespräche mit den Zeitgenossen des autonomen Galizien. Diese Briefe stellen einen Querschnitt durch alle politischen und ideologischen Strömungen im damaligen Galizien dar, aber auch Charaktere und soziale Schichten in stark karikierter Form. Vordergründig entlarvte die „Teka" die Macht- und Interessenkämpfe hinter den einzelnen politischen Lagern Galiziens. Doch ihr eigentliches Ziel war es, der galizischen Gesellschaft einen heilsamen Schuß an Selbstkritik einzuimpfen und vor allem den „konspiratorischen Geist", der zu einem Selbstzweck geworden sei, endgültig auszurotten. Wie aktuell dieser Wunsch der jungen Autoren war, läßt sich an der Radikalisierung der galizischen Bevölkerung und der Anzahl der Massendemonstrationen im Zusammenhang mit der „galizischen Resolution" des Jahres 1868 erkennen.

[73]) Nicht nur die unverblümt von der „Teka" angegriffenen Demokraten verurteilten die jungen Autoren. Sogar Popiel, der Wortführer der Krakauer Konservativen, meinte rückblickend (im Jahre 1892): „Hat in dieser erinnerungswürdigen, noch heute berühmten Polemik nicht eine falsche Note mitgeklungen? Doch. In einer Stunde der Umwälzung und des Schmerzes war ihr ironischer Ton fehl am Platz. Die Träne konnte dem Witz und der Satire die Pointen verwischen". Zit. in FELDMAN, Stronnictwa [Politische Lager] 139.

Nolens volens war die Satire zu einem politischen Credo und einem politischen Programm geworden[74]): Was als Gesellschaftskritik gedacht war, wuchs zu politischer Weltanschauung an.

Erst jetzt aber erkannten die Alten des *Czas* in ihren zornigen Kritikern Verbündete: sie zogen die verhetzten „Stańczyken" in ihr Lager.

Wie schon erwähnt, hatte der liberale Grundtenor der jungen Stańczyken schon Mitte der siebziger Jahre einem starren Konservatismus Platz gemacht: auch sie setzten jetzt Adel und Großgrundbesitz mit der „moralischen" Nationalregierung gleich; auch in ihren Augen war diese soziale Elite — die „von Natur aus" schon konservativ sein mußte — dazu berufen, als meinungs- und bewußtseinsbildende Vorhut des polnischen Volkes zu fungieren und die polnische „Krankheit" der Anarchie zu kurieren.

Mit dem abstrakten Konstrukt der „moralischen" Regierung als Ersatzautorität für den inexistenten polnischen Nationalstaat gelang es den Stańczyken, die Herrschaft des polnischen Großgrundbesitzes in Galizien theoretisch zu legitimieren und der vom Schichtegoismus getragenen politischen Führung die Immunität des „nationalen Interesses" zu verschaffen[75]).

Der Begriff der „Anarchie" wurde nun im Maße der (wachsenden!) Bedürfnisse auf jede oppositionelle Bewegung ausgedehnt: so konnten die brutalsten Akte der Unterdrückung als „natürliche" und gar notwendige Gesundungsmaßnahmen des gesellschaftlichen Organismus hingestellt und jeder Widerstand im Namen des Gemeinwohls, der Ordnung und Ruhe erstickt werden.

Auch das komplexe Feld der außenpolitischen Beziehungen Galiziens wußte die ausgereifte politische Theorie der Stańczyken abzudecken:

In Anlehnung an die Altkonservativen wurden hier galizisch-österreichische Loyalitätspolitik und radikale Abwendung vom zaristischen Rußland gepredigt. Denn da für Szujski der polnischen Nation nur vom Panslawismus her Gefahr drohte, bot sich ihm Österreich als jene Großmacht an, die das polnische Volk vor dem Zugriff des Zarenreiches am ehesten zu schützen vermochte. Und angesichts dieser gegenwärtigen Bedeutung Österreichs habe man zu „vergessen", so Szujski expressis verbis, daß auch Österreich einst ein Feind der Polen war[76]).

---

[74]) Und ein galizischer Demokrat meinte: „Wenn sich die ‚Teka' auch manchmal um Objektivität bemühte und sogar mit Autosatire nicht geizte, ist sie im ganzen doch von parteipolitischer Verbissenheit durchzogen und somit auch keine rein künstlerische Satire mehr". FELDMAN, Stronnictwa [Politische Lager] 134f. Die politische und weltanschauliche Einstellung der jungen Konservativen ist in der „Teka" zum Beispiel durch die Gestalt des Polonius vertreten, der aus „Chaopolis" (gemeint ist Wien) am 3. 19. 9681 schreibt: „Wer die Sache um ihrer selbst willen liebt und nicht der Leidenschaft verfällt, wer dem Anspruch gerecht werden will, Ritter konservativer Grundsätze genannt zu werden, muß sich jenes Prinzip zur obersten Devise wählen, das die Souveränität und Unverletzlichkeit der Macht (Regierung) und ihrer Vertreter postuliert, von wo auch immer diese kommen mögen". Zit. aus der „Teka Stańczyka" [Mappe des Stańczyk] Abdruck aus dem *Przegląd Polski* (Kraków 1870) 9.

[75]) Kilka słów o Stańczykach [Einige Worte über die Stańczyken] 20f.; siehe auch SZUJSKI, Kilka prawd [Einige Wahrheiten] 8, 13; — Vgl. *Czas*, 27. VI. 1870: „Hinter der Meinung des *Czas* steht ein sehr ernstes Lager, wenn wir es nur als Lager und nicht überhaupt als den vernünftigen Teil der öffentlichen Meinung des Landes verstehen wollen".

[76]) Kilka słów o Stańczykach [Einige Worte über die Stańczyken] 25.

Selbstverständlich gingen mit solchen Prämissen auch praktisch-politische Handlungsanweisungen einher: aus dem früher nur strategisch gerechtfertigten — für die nationale Unabhängigkeit unerläßlichen — Anlehnungspostulat an Österreich wurde jetzt ein klarer Aufruf zur bedingungslosen Loyalität Galiziens zur österreichischen Teilungsmacht, also die grundsätzliche Absage an den gesamtnationalen polnischen Unabhängigkeitskampf. Im Klartext hieß dies, wie *Czas* im Jahre 1883 unverhüllt bestätigte, daß Österreich zwar — „vielleicht" — auf Galizien, Galizien und die Polen aber nicht auf Österreich verzichten konnten[77]). Daß es sich bei dieser eindeutigen Aussage zweifellos auch um eine Reaktion auf das kurz zuvor proklamierte „Linzer Programm" der Deutschnationalen handelte, in dem unter anderem die Loslösung Galiziens vom Habsburgerreich gefordert wurde, ist hier allenfalls für die Schärfe, nicht aber für den Inhalt dieser Worte von Bedeutung[78])!

Ob es demnach verwundern kann, daß sich ein zeitgenössischer Kritiker der Stańczyken allen Ernstes die Frage stellte, ob man es hier noch mit Polen oder schon mit „Austrianern" zu tun hätte[79])?

Der Vollständigkeit halber muß an dieser Stelle allerdings erwähnt werden, daß auch die galizischen Demokraten zunächst auf die österreichische Karte gesetzt hatten: aufgrund der Annahme, daß nur ein auf Österreich gestütztes und von Österreich geschütztes Galizien zum Kristallisationspunkt und „Piemont" eines wiedervereinigten Polens werden könnte.

Die Konservativen hingegen willigten letztlich bedingungslos nicht nur in die Zerreißung Polens, sondern auch in die organische Integration seiner einzelnen Teile in den jeweiligen Teilungsstaaten ein[80]).

Nicht, daß die Konservativen deshalb mit dem Verzicht auf einen polnischen Nationalstaat auch auf die Souveränität der polnischen Nation verzichtet hätten! Tatsächlich verstand es der galizische Konservatismus, die im westeuropäischen Modell grundsätzlich als voneinander untrennbar und sogar synonym gedachten politischen Kategorien von „Staat" und „Nation" auseinanderzuhalten —, den Einigungsfaktor

---

[77]) *Czas*, 20. XI. 1883.

[78]) Im Absatz I des Linzer Programmes, der davon sprach, daß „es sowohl im nationalen als auch im staatlichen Interesse gelegen ist, daß diejenigen Länder der Österreichisch-Ungarischen Monarchie, welche ehemals dem Deutschen Bunde angehörten, für sich ein möglichst unabhängiges, streng einheitlich organisiertes Ganzes bilden", wurde unter Punkt 3 konkret gefordert, daß „die Kronländer Galizien und Bukowina entweder mit Ungarn vereinigt oder aber denselben eine Sonderstellung ähnlich jener eingeräumt werde, wie sie Kroatien innerhalb des ungarischen Staatsverbandes besitzt". Zit. aus dem Text des Linzer Programmes vom 1. IX. 1882; in: ÖSTERREICHISCHE PARTEIPROGRAMME 1868—1966, hrg. v. Klaus Berchtold (Wien 1967) 198.

[79]) Kilka słów o Stańczykach [Einige Worte über die Stańczyken] 42.

[80]) So argumentierte einer ihrer radikalsten Wortführer: „Die ganze Nation verstand, daß es nicht genügte, sein Vaterland zu lieben, sondern daß man darüber hinaus auch die Träume und Illusionen opfern mußte, in denen man sich seit einem Jahrhundert wiegte und für die nationale Entwicklung denjenigen Weg einzuschlagen hatte, den die Bedingungen absteckten, unter die uns die Vorsehung für unsere Sünden und für die Sünden unserer Vorfahren fallen ließ". Einige Seiten weiter dann: „Ebenso wie der Mensch, der in Gesellschaft lebt, seine Unabhängigkeit aufgeben muß, um in ihr zu leben, muß sich auch die Nation für das Leben in der Nationengruppe opfern, zu der sie gehören muß und gehören will, um später einmal die Angelegenheiten des Ganzen, des Reiches, mitgestalten zu können". JERZY MOSZYŃSKI, Rzut oka na politykę austro-polską 1880 [Blick auf die austro-polnische Politik 1880] (Kraków 1880) 4, 15.

„Nation“ vom territorial definierten „Staat“ in die Sphäre des Bewußtseins zu übertragen.

Auch der Kampf der galizischen Konservativen um ihre Landesautonomie muß in diesem spezifischen Kontext verstanden werden: Obwohl ein Großteil der aufgeklärten Schichten der galizisch-polnischen Gesellschaft diese politische Alternative als Verrat an der nationalen Sache, ja als politischen Selbstmord der Nation verwarf, bestätigte die politische Praxis der Landesautonomie wiederum Vernünftigkeit und Daseinsberechtigung, denn die Landesautonomie war es eben, die den Polen die Chance eröffnet hatte, trotz politischer Unselbständigkeit ihre nationale Kultur doch relativ frei zu entfalten.

Andererseits war der Preis dieser relativen Freiheit zweifellos sehr hoch: die politische Souveränität und die Einheit der polnischen Nation mußten aus der Erinnerung gelöscht werden, die staatsrechtliche Politik mußte einer Landes- und Provinzpolitik weichen; der Pole wurde auf den Galizianer reduziert. Und nicht zuletzt trat an die Stelle des Nationalstaates die Katholische Kirche als jene einigende Kraft in Funktion, die der geteilten Nation das Bewußtsein ihrer Verbundenheit vermitteln sollte: die Religion wurde in diesem Sinne zum „wirksamsten und zugleich legalen Ausdruck der nationalen Einheit“[81]).

Die strategischen Erfolge der galizischen Konservativen blieben in den beiden nördlichen Teilen Polens nicht ohne Echo: Schon Mitte der achtziger Jahre gewann der galizische Loyalismus — nicht zuletzt auch infolge der politischen Versöhnung der drei Teilungsmächte — wahren Modellcharakter. Die neue Parole der polnischen Konservativen lautete demnach schon bald „Triloyalismus“, also bedingungslose Loyalität der einzelnen Teile des ehemaligen polnischen Nationalstaates zu ihren jeweiligen Regierungen[82]). De facto war der „Triloyalismus“ aber nur die logische Konsequenz der bitteren Erkenntnis der nationalen Führungsschichten in jedem der drei Teile der zerrissenen Nation, daß die polnische Frage jetzt endgültig auf ein internes Problem der drei Teilungsmächte reduziert worden war.

Allerdings zeitigte das in Galizien so erfolgreiche Modell des politischen Loyalismus im preußischen und russischen Teil Polens nicht die erhofften Resultate: hier betrieben

---

[81]) Stanisław Tarnowski, Program *Czasu* [Programm des *Czas*] zit. in FELDMAN, Stronnictwa [Politische Lager] 166. Die Idee der „Gesamtheit“ der polnischen Frage wurde „in die tiefsten Tiefen des Bewußtseins verbannt und dort unterdrückt, wo sie aufzutauchen drohte. Resultat: Konfiszierungen von Zeitungen, gerichtliche Verfolgungen und Prozesse, Relegierung rebellierender Jugendlicher von Schulen und Universitäten. Denn *Czas* setzte die Idee der polnischen Einheit mit der Anarchie überhaupt gleich“. FELDMAN, ebd. 167.

[82]) Als auf dem Berliner Kongreß 1878 weder Österreich — auf das namentlich die galizischen Konservativen gezählt hatten — noch die anderen Großmächte die „Polnische Frage“ aufzugreifen gewillt waren, wurden die Stańczyken gezwungen, ihre Theorie zu revidieren, sprich den veränderten Bedingungen anzupassen: Tarnowski schrieb unter dem Eindruck dieser großen Enttäuschung in einem Leitartikel des *Czas* im November 1879 vom „Sturz aus dem Sattel“ der bisherigen politischen Annahmen der Gruppe. Das neue Motto vom „Triloyalismus“ gewann unter den Konservativen aller drei Teile Polens schnell an Popularität: 1896 umschreibt der Petersburger Korrespondent des *Czas* das neue Selbstverständnis der polnischen Konservativen unter russischer Herrschaft folgendermaßen: „In unseren Handlungen sind wir völlig loyale russische Untertanen ... Wir wollen uns, als aufrichtige Loyalisten, in den Staat integrieren, in welchem wir leben, indem wir unsere nationalen Bedürfnisse mit den Interessen und der Natur dieses Staates versöhnen“. Zit. in: FELDMAN, Stronnictwa [Politische Lager] 169.

die Regierungen ungehindert ihre traditionelle Entnationalisierungs- und Antikatholizismuspolitik[83]) weiter. Dennoch hielten auch dort die konservativen polnischen Kräfte am Loyalitätspostulat fest: Denn wertvoller als die Erkämpfung nationaler Rechte erschien ihnen die durch eine Kooperation mit ihren jeweiligen Regierungen zumindest erhöhte Wahrscheinlichkeit, ihre sozialen und nicht zuletzt auch wirtschaftlichen Interessen zu wahren.

Auf geistig-ideologischer Ebene erhielt der Triloyalismus seine Legitimation von der Katholischen Kirche: Als Erbin der polnischen Staatsautorität hatte sie den Polen ausdrücklich empfohlen, sich widerstandslos in die Dreiteilung der Nation und ihre Implikationen zu fügen[84]).

In Galizien führte die kirchliche Anerkennung des neuen politischen Kurses zu einer weiteren Verschärfung des Stańczykenregimes: der Landesschulrat wurde nun unverschleiert zu einem Kontrollinstrument der politischen Loyalität von Schüler und Lehrer umfunktioniert. Der öffentlichen Meinung wurde mit Hilfe eines gut organisierten Propagandaapparates die Identität von nationalem Interesse und Staatsloyalität suggeriert.

Ende der achtziger Jahre schien das „Wunder" — wie ein polnischer Demokrat dieser Jahre zynisch bemerkte — vollbracht: „Ein neuer Mensch ist entstanden, ein Menschentypus ist verwandelt worden. Der galizische Pole, den 1863 noch ungesunder Romantismus prägte, ist zum Muster von Nüchternheit und Resignation geworden"[85]).

Auf sozialem Gebiet versuchte man im Namen der an Grund und Boden haftenden Interessen der Szlachta einer „Hypertrophie der Intelligenz"[86]) durch bewußte Hintanhaltung der Volksaufklärung vorzubeugen: Die unteren Volksschichten, insbesondere aber die Bauern, könnten ohne Bildung politisch ohnmächtig und sozial immobil gehalten werden. So lautete zumindest das klassische Kalkül[87]).

---

83) In Preußen wurden zwischen 1872 und 1885 die sprachlichen Grundrechte der Polen verleugnet, ihre staatsbürgerlichen Rechte eingeschränkt. Von 1885 bis 1890 wird der Exterminierungskampf gegen die polnische Nationalität eingeleitet und — nach einem kurzen Waffenstillstand zwischen 1890 und 1894 — bis 1914 schwächer oder stärker weiterverfolgt. Im russischen Teil des ehemaligen Polens herrscht während dieser ganzen Zeit eine systematische konfessionelle und politische Unterdrückung der Polen und eine extreme Russifizierungspolitik.

84) Papst Leo XIII. in seiner Epistula Encyclica vom 19. III. 1894 an die polnischen Bischöfe: Der Papst erinnerte Klerus und Laien in diesem Zusammenhang an ihre Untertanenpflicht. Übrigens schlug die katholische Kirche mit dieser Empfehlung einen neuen Kurs ein: Noch unter Papst Pius IX. hatte sie die antirussische Politik der Polen unterstützt. Leo XIII. war es indes gelungen, die Lage der katholischen Kirche in Rußland durch den Abschluß entsprechender Verhandlungen mit den Zaren Alexander II., Alexander III. und Nikolaus II. zu verbessern. Siehe HANDBUCH DER KIRCHENGESCHICHTE, hrg. v. HUBERT JEDIN (Freiburg—Basel—Wien 1973) VI/2, 178.

85) FELDMAN, Stronnictwa [Politische Lager] 174.

86) EBD. 197.

87) MICHAŁ BOBRZYŃSKI, W sprawach naszych gimnazjów [Zu Angelegenheiten unserer Gymnasien]; in: *Przegląd Polski* 69 (1883) 438. Für eine Verkürzung der Schulpflicht von sechs auf vier Jahre hatte schon Szujski im Jahre 1880 plädiert: „Füllt man den Kopfes eines Kindes mit ... Kenntnissen, wird dieses Kind nur die Hochschulbildung anstreben. Wieder wäre also der Zweck nicht erreicht: denn das Wissen hätte, statt für die Praxis nutzbar gemacht zu werden, nur dazu gedient, den Großteil der Schüler mit Aspirationen ‚zu Höherem' anzustecken, sie dem Bauernstand abspenstig zu machen, dem sie doch angehören, und sie, über alle Stufen der Wissensleiter hindurch, zur Hochschule klettern zu lassen". Zit.

Es fällt nicht schwer, die Bilanz des dreißigjährigen konservativen Regimes in Galizien zu ziehen: Der Kult des Status quo, dem die herrschende Elite im Namen ihrer vitalsten Interessen gefrönt hatte, war mit wachsender Provinzialisierung und sozioökonomischer Stagnation erkauft worden: „Der Kult des Szlachzitz'schen Hofes ... hatte Rückständigkeit und Rückschritt" erzeugt[88]). Das Land war arm geblieben, seine Sozialstruktur unterentwickelt; die Analphabetenquote war eine der höchsten im gesamten Reichsgebiet.

Die politische Opposition, die durch die herrschende konservative Partei und das sie unterstützende Wahlsystem zwar stark gehemmt wurde und erst im Zuge der reichsweiten politischen Umwälzungen der neunziger Jahre die legalen Mittel erhielt, um die Stańczyken herauszufordern, darf aber auch schon zur Zeit des konservativen Regimes in Galizien nicht unterschätzt werden: Wenn es letztlich auch radikalere Strömungen waren, die den Stańczyken das Zepter entrissen — allen voran die in Galizien im Jahre 1892 legalisierte sozialdemokratische Partei[89]) — bewährte sich auch schon das liberaldemokratische Lager in den siebziger und achtziger Jahren als aktiver Wegbereiter alternativer weltanschaulicher, sozialer und politischer Programme.

---

in: ANDRZEJ ZAGOZDA, Ugoda, praca organiczna i myśl zaprzeczna [Versöhnung, organische Aufbauarbeit und kontroversielles Denken]; in: *Więź* (1975) 9, 22.

88) EBD. 28.

89) Die galizische Sozialdemokratie verstand sich jedoch immer als integrierter Bestandteil der gesamtösterreichischen Sozialdemokratie (im Gegensatz zu der tschechischen Sozialdemokratie, die ihre Eigenständigkeit erklärte!). Sogar, als die gesamtösterreichische Sozialdemokratie Anfang des 20. Jahrhunderts beschloß, das nationale Kriterium zu ihrem Organisationsprinzip zu wählen, stellte sich die galizische Sozialdemokratie entschieden dagegen und bekämpfte die zentrifugalen Tendenzen der ruthenischen Sozialisten. Siehe BUSZKO/PILCH, Udział Polaków w Austrii [Beteiligung der Polen in Österreich] 174f.

II. VORAUSSETZUNGEN UND ANFÄNGE EINER KARRIERE

„Wielkie i ważne są dobrodziejstwa, jakie
zabieramy od zakładów naukowych.
Bez nich bylibyśmy jako sieroty ...
jako okręt na morzu, puszczony bez
sternika ...“
[Groß und wichtig sind die Wohltaten, mit
denen uns die Unterrichtsanstalten beschenken.
Ohne sie wären wir wie Waisen ... wie ein
steuerloses Schiff auf dem Meer ...]
STANISŁAW MADEYSKI, Rede zur Maturafeier 1860

1. STANISŁAW MADEYSKIS JUGENDJAHRE

Während im ersten Abschnitt der sozialpolitische und weltanschauliche Rahmen skizziert wurde, in dem sich die aufgeklärten Schichten des polnischen Galiziens in der zweiten Hälfte des 19. Jahrhunderts bewegten, um vor diesem Hintergrund den Entstehungsprozeß einer spezifisch galizisch-polnischen Landes- und Reichspolitik nachzuzeichnen, steht dieses Kapitel schon im Zeitraum ihrer inhaltlichen Ausgestaltung. An ihrer Verwirklichung arbeiteten mehrere polnisch-galizische Politikergenerationen.

Stanisław Madeyski ist ein Vertreter jener Generation, die aus den ernüchternden Erfahrungen der sechziger Jahre heraus der galizischen Politik die „austro-polnische“ Ausprägung verlieh und damit zur eigentlichen Trägerin der polnischen Loyalitätspolitik in Österreich wurde.

Wie das Leben vieler seiner Landsleute ist auch Madeyskis Leben engstens mit der Verwirklichung der galizischen Landesautonomie und der relativen Emanzipation der Polen aus dem zentralistischen Staatsgefüge der Habsburgermonarchie verbunden[1]). Auf Reichsebene umspannt es die Jahre der rapiden Eskalation der österreichischen Nationalitätenfrage, die nicht zuletzt auch zur politischen Stärkung der Polen in Österreich beitrug, zugleich aber die Ausformung einer spezifisch galizischen Nationalpolitik der staatenlosen Polen förderte[2]): Denn eine „staatstragende“ Funktion, wie sie die Polen in den achtziger und neunziger Jahren im Cisleithanischen Reichsrat erlangten, verpflichtete auch zu einem entsprechenden nationalen Selbstverständnis.

---

[1]) Vgl. Kapitel I zur galizischen Landesautonomie S. 22ff.

[2]) Mit der Eskalation der nationalen Konflikte wurde die Nationalitätenfrage zum Schlüsselproblem der cisleithanischen Innenpolitik: Die Polen nahmen darin — nach Erlangung ihrer Landesautonomie — eine mit den übrigen slawischen Nationalitäten Österreichs immer weniger solidarische Haltung ein und versuchten sich als Vermittler zwischen den Hauptantagonisten — Tschechen und Deutschen. Durch diese Rolle wurden sie nicht nur zu einem bedeutenden Faktor in den verschiedenen nationalen Lösungsversuchen der einzelnen Regierungen, sondern darüber hinaus auch bald zu „Mitträgern“ des Staatsgedankens der Monarchie. Zugleich führte diese Position aber auch zu einer radikalen Umwertung im nationalen Denken und einer Wandlung des politischen Selbstverständnisses der galizischen Polen.

a) Kindheit und Erziehung (1841—1860)

Stanisław Madeyski, geboren am 24. April 1841 in Sieniawa in Westgalizien, war jüngster von fünf Söhnen des Gutsverwalters der Potockis[3]), Michał Madeyski, und der Schwester des obersten Gutsverwalters Józefa ze Stechlińskich.

Zu seiner Kindheit und Jugend gibt es kaum biographische Hinweise. Nur sein persönlicher Nachlaß[4]) — ein gewichtiges Konvolut von unveröffentlichten Arbeiten und Aufsätzen, in dem auch seine umfassenden Memoiren („Moje wspomnienia", im Folgenden zitiert als „Erinnerungen") enthalten sind — konnte diese bedeutende Lücke ausfüllen:

Stanisław Madeyskis Kindheit, Erziehung und Ausbildung waren typisch für den verarmten polnischen Kleinadel: Um sich den sozialen Status zu bewahren, der ihm aufgrund adeliger Herkunft in der altständischen Gesellschaft zwar zustand, dem zu entsprechen er jedoch nicht mehr imstande war, trat der verarmte Adel oft in die Dienste des reichen Großgrundbesitzadels[5]): dieser sicherte ihm weiterhin die traditionelle Lebensführung der Szlachta und fing so die Folgen seiner objektiven Deklassierung auf.

Auch wenn Madeyski also in seinen Erinnerungen das soziale Ansehen der Madeyski von Poraj herausstreicht, die Bedeutung der Stellung seines Vaters[6]) oder seine adelige Herkunft und Erziehung betont, waren es in erster Linie doch die objektiven Bedingungen und materiellen Verhältnisse, in denen seine Familie lebte, die seinen eigenen Lebensweg bestimmten: Sie lenkten ihn in die Berufsbahnen des Beamtentums, das mit der Entwicklung des modernen bürokratischen Staats- und Verwaltungsapparates der verarmten Szlachta und dem sich langsam herausbildenden städtischen Intelligenzbürgertum neue Daseinsmöglichkeiten bot.

Madeyskis Herkunft allein war also keine hinreichende Garantie für eine entsprechende Zukunft: diese war er gezwungen, sich selbst zu erkämpfen: durch harte, ausdauernde Arbeit, Strebsamkeit und Ehrgeiz[7]).

Solange Stanisław noch in seinem Elternhaus lebte, wachte die Mutter über seine Erziehung. Sie erfüllte diese Pflicht im patriarchalischen, streng katholischen und

---

[3]) Ein Irrtum unterläuft hier dem Biographen Madeyskis im *Słownik Polski biograficzny* [Polnisches biographisches Lexikon] (Wrocław—Kraków—Warszawa—Gdańsk 1974) XIX/1, 124: Czesław LECHICKI schreibt nämlich, daß Michał Madeyski Gutsverwalter der Czartoryskis gewesen wäre.

[4]) Handschriftlicher Nachlaß von Stanisław Jerzy Madeyski, im Privatbesitz von Andrzej Madeyski, wohnhaft in Warschau, Żolibórz, ul. Żeromskiego 4E/3. Zum Inhalt des Nachlasses siehe Bibliographie S. 333.

[5]) Infolge der Aufhebung der bäuerlichen Leibeigenschaft und dem damit einhergehenden Verlust einer kostenlosen Arbeitskraft, sowie aufgrund der beginnenden Industrialisierung, war der polnische Kleinadel in der Regel gezwungen, an der Seite des städtischen Intelligenzbürgertums in die Beamtenkader einzutreten. Vgl. KIENIEWICZ, Historia Polski [Geschichte Polens] 44.

[6]) STANISŁAW MADEYSKI, Moje wspomnienia [Meine Erinnerungen]; in: Nachlaß Nr. I, I 1f.

[7]) MADEYSKI, Erinnerungen I, 31f. Seiner Darstellung zufolge verzichtete er freiwillig auf die materielle Unterstützung seiner Eltern: „... als jüngster von fünf Brüdern hatte ich Gelegenheit zu erkennen, daß die Ausbildung junger Leute sehr kostspielig ist und den Eltern viele Sorgen bereitet. Ich beschloß daher, zu einem solchen Kummer keinen Anlaß zu geben".

autoritätsfürchtigen Geist der traditionellen polnischen Adelskultur[8]). Madeyskis Erinnerungen aus dieser Zeit kreisen hauptsächlich um Pilgerfahrten und sonntägliche Meßgänge, um erste Lebenserfahrungen im Kontakt mit seiner unmittelbaren Umwelt und den sie prägenden Autoritätspersonen, zu denen er auch seine vier älteren Brüder zu zählen lernte[9]).

Als der „Völkerfrühling" anbrach, die seit fast zwei Jahrzehnten begrabenen nationalen Hoffnungen der Polen wieder erwachten und die Nation sich erhob, war Stanisław sieben Jahre alt.

Seine Schulzeit allerdings stand wieder im Zeichen des siegreichen, ab 1851 mit verschärfter Gewalt einsetzenden zentralistisch-germanisierenden Absolutismus[10]), im Zeichen der Resignation und politischen Apathie der galizisch-polnischen Gesellschaft.

In der „Trivialschule" in der näheren Umgebung seines Elternhauses wurde Stanisław schon in der dritten Klasse mit der deutschen Sprache und der österreichischen Germanisierungspolitik konfrontiert: Denn an allen Volksschulen des Reiches galt damals die deutsche Sprache ab der dritten Stufe als ausschließliche Unterrichtssprache für alle Gegenstände.

Obwohl es ihm nicht schwer fiel, die deutsche Sprache zu erlernen, verurteilte Madeyski im Rückblick die Methode, die an seiner Schule im Sprachunterricht angewendet wurde: „Anfangs lernten wir wie Papageien"[11])! Der Unterricht ähnelte einer wahrhaftigen Zwangseintrichterung unverständlicher Worte: Als sich Stanisław einmal einen Satz nicht einprägen konnte, den man ihm im Religionsunterricht beigebracht hatte — es handelte sich um „Engel sind pure Geister" — und nach der Bedeutung des Wortes „pur" fragte, soll niemand eine Antwort gewußt haben[12]).

Von der Schärfe der Germanisierung an den galizischen Volksschulen — sie schrak auch vor dem Einsatz brutalsten psychischen und physischen Terrors nicht zurück — zeugt auch Madeyskis Erinnerung an das „Sprachzeichen", mit dessen Vergabe jene Schüler bestraft wurden, die untereinander polnisch sprachen. Das „Sprachzeichen" war ein Täfelchen, an dem ein roter Stofflappen in Form einer symbolischen Zunge hing: ein wirksameres Mittel, den Kindern eine negative Einstellung zu ihrer eigenen Muttersprache einzuimpfen, war wohl schwer zu erfinden[13])!

Einen weiteren Einblick in die herrschenden Verhältnisse an einer galizischen Provinzschule gewährt auch seine Erinnerung an die Schikanen des Schuldirektors: Auch Stanisław wurde zu ihrem Opfer, als der Direktor von Madeyskis Vater ein Beste-

---

8) „Vor Verweichlichung hat uns nur die Strenge unserer Mutter bewahrt. Zielbewußt und unbeirrt verfolgte sie ihre Anstrengungen, uns Gottesfürchtigkeit, Gehorsam den Eltern gegenüber und Achtung der Älteren einzuimpfen". MADEYSKI, Erinnerungen I, 2f.

9) In bewegten Worten schildert Madeyski seine bitteren Erfahrungen als jüngster von fünf Brüdern, die alle ihre Autorität ihm gegenüber als Ältere geltend machen wollten und seine Schwäche ausnützten. Nach dieser persönlichen Erfahrung mit blinder Autoritätshörigkeit habe er beschlossen, Autorität „nur so lange anzuerkennen, als das, was sie mir auferlegte, auch mir vernünftig erschien". MADEYSKI, Erinnerungen I, 3.

10) Siehe ERICH ZÖLLNER, Geschichte Österreichs (Wien [5]1974) 348—404.

11) MADEYSKI, Erinnerungen I, 9.

12) EBD.

13) EBD. 10.

chungsgeschenk herausfordern wollte — Brennholz. Madeyski litt noch lange unter dieser Behandlung[14]).

Nach Abschluß der Grundschule begann ein neuer Abschnitt in Stanisławs Leben. Seine Eltern schickten ihn auf das Gymnasium in Rzeszów. Nur schweren Herzens trennte er sich von der vertrauten Umgebung: „... es tat mir leid um alles, was mich bis dahin umgeben hatte, um alles, in dem und mit dem ich aufgewachsen bin ...“ Doch bald hatte er sich in das neue Milieu eingefunden: Er war ein fleißiger, strebsamer Schüler, ein geselliger Kamerad. Sein persönlicher Ehrgeiz forderte ihm auf allen Gebieten Höchstleistungen ab[15]). An ein polnisches Sprichwort anknüpfend, kommentierte er: „Ich wollte der erste sein beim Tanze und beim Rosenkranze“. War dieser Zwang zur ständigen Selbstbestätigung aber nicht die verständliche Reaktion eines Kindes, das bis dahin immer das schwächste, weil jüngste in der Familie war?

Die Rzeszówer Jahre waren für die Ausformung seiner Persönlichkeit und seines Charakters von entscheidender Bedeutung: Am Gymnasium, wo er den Einflüssen des Elternhauses nicht mehr unterstand, entwickelten sich neue Kräfte und Fähigkeiten, entstanden erste Freundschaften:

Rivalität und innige Freundschaft verbanden ihn damals mit Józef Pelezar, dem späteren Bischof von Przemyśl: ihn bewunderte und beneidete Stanisław um sein historisches Wissen und seinen literarischen Stil. Ihm selbst bereitete der Geschichtsunterricht große Schwierigkeiten — ein aus der Perspektive seiner späteren Laufbahn vielleicht überraschendes Geständnis. Wie er ausführt, habe er „kein Gedächtnis für Zahlen und Daten“ gehabt und sei nicht imstande gewesen, „logische Zusammenhänge“ zwischen ihnen zu erkennen[16]). Seinem Mangel an poetischen Talenten allerdings gewinnt Madeyski im Rückblick auch positive Aspekte ab: Gerade die Nüchternheit seiner Formulierung und die Bescheidenheit seines Wortschatzes hätten ihm in seinem wissenschaftlichen und politischen Leben wertvolle Dienste erwiesen[17]).

Auch am Gymnasium dominierte die deutsche Sprache im Unterricht. Nur die Fächer Religion, Polnisch und Naturgeschichte wurden in polnisch abgehalten, obwohl die Professoren fast ausnahmslos Polen waren.

Für Madeyski war vor allem der polnische Religionsunterricht von grundsätzlicher Bedeutung: „Ich hätte es nicht verstanden, wenn der Religionsunterricht für polnische Schüler in einer anderen als der Muttersprache abgehalten würde, nachdem dieser Gegenstand doch nicht nur Wissen vermittelt, sondern auch und vor allem Glauben in Herz und Denken der Jugendlichen einflößen soll ...“[18]). Doch „vielleicht“ — fügte er hinzu — „stützt sich diese Überzeugung auch nur auf meine subjektiven Erfahrungen;

---

[14]) Wie stark sich dieses Erlebnis dem jungen Madeyski eingeprägt haben muß, zeigt allein schon die Tatsache, daß er sich noch im hohen Alter — als er seine Erinnerungen niederschrieb — an die Schikanen des „Direktors Schulze“ erinnerte! Vgl. MADEYSKI, Erinnerungen I, 11.

[15]) EBD. 15.

[16]) EBD. 21. — Diese spezifische Abneigung gegen Zahlen und Daten bestätigt auch sein Nachlaß, in dem nur äußerst selten Zeitangaben aufscheinen.

[17]) Den Grund dafür sah Madeyski in seiner Abneigung gegen die Belletristik, die ihn niemals interessiert habe, aber zweifellos „die Erwerbung eines leichten, flüssigen Stils fördere“. EBD. 21.

[18]) EBD. 27. — Trotzdem flicht Madeyski ein, daß sein Sohn Jerzy ein tiefgläubiger Mann sei, obwohl er den Religionsunterricht nur in deutscher Sprache genossen hatte.

denn in meinem Fall hatte der polnische Religionsunterricht einen so bestimmenden Einfluß auf die Begründung und Vertiefung meines Glaubens, auf die bewußte Ausgestaltung meines Charakters auf Grundlage der Gebote der Religion, daß ich mich in den Jugendlichen nicht hineindenken kann, den der fremdsprachige Vortrag eines polnischen Kaplans in seine polnische Seele und seine polnische Gefühle trifft"[19]).

Im Jahre 1860 legte Stanisław die Matura ab. Wertvolle Hinweise auf seine damalige geistige und psychische Verfassung enthält die Rede, die er bei der Abschlußfeier in der Schule hielt[20]): Hinter überschwenglichem Pathos und barockem Stil, die wohl der Feierlichkeit des Anlasses gerecht werden sollten, verbirgt sich vermutlich ein zum Großteil aufrichtiger Inhalt: Zweifellos war die Schule für ihn „Vater und Mutter", wie er es in seiner Ansprache ausdrückte:

Sie hatte die ethischen und weltanschaulichen Grundsätze gefestigt, die ihm sein Elternhaus überliefert hatte, seinen Wissensdurst und seinen Ehrgeiz gefördert, und ihm nicht zuletzt auch jenes „Steuer" gegeben, das ihn tatsächlich sein weiteres Leben hindurch leiten sollte. Für immer wurden ihm hier die Werte der traditionellen polnischen Adelskultur eingeprägt — Werte, die mehr oder weniger bewußt seine Persönlichkeit geformt und sein Weltbild bestimmt haben: An erster Stelle Liebe und Achtung der Familie, Treue zur katholischen Kirche und im engsten Zusammenhang damit die Gleichsetzung von Katholizismus und Polentum.

Aus Madeyskis Rede aus dem Jahre 1860 spricht die Überzeugung von der organischen Harmonie der Natur, von der prästabilierten Harmonie der Gesellschaftsordnung, von der Legitimität weil „Natürlichkeit" der hierarchischen Struktur des sozialen Organismus; der Glaube an die Vorbestimmung des individuellen Schicksals und die Fügung in das von Gott bestimmte Dasein[21]).

b) Hochschule und Partisanenkampf (1860—1864)

Die nächste Etappe in Madeyskis Leben bildet seine Studienzeit an der Jagellonischen Universität in Krakau und an der Lemberger Universität.

Wie der Großteil der Jugendlichen aus der „Intelligenz" wählte auch Madeyski die rechtswissenschaftliche Ausbildung[22]), die in den damals in Galizien herrschenden sozioökonomischen Verhältnissen die größten Berufs- und Aufstiegschancen bot: Juristische Berufe eröffneten nicht nur Karrieren im höheren Staatsdienst; auch in der öffentlichen Meinung standen sie auf einer der höchsten Sprossen der Prestigeskala. Darüber hinaus garantierte dieses Studium eine zumindest materiell gesicherte Zukunft und ebnete

---

19) Ebd. 22. — Vielleicht spielt auch die Erinnerung an seine eigenen Erfahrungen mit dem deutschsprachigen Religionsunterricht hier eine Rolle: Bekanntlich hatte Madeyski vieles von dem nicht verstanden, was ihm eingetrichtert wurde.

20) Madeyski hob die Reinschrift seiner Maturarede sorgfältig auf und legte sie seinen „Erinnerungen" bei.

21) Vgl. Zagozda, Ugoda [Versöhnung] 28f. Zagozda umschreibt diese „Adelskultur" als Pflege des „Eigenen", als Tradierung möglichst unveränderter Werte. Ein anderer Autor, Cywiński, umschreibt sie mit der „Quasireligiosität im nationalen Denken", die zu einer Identifizierung von nationaler Gesellschaft mit religiöser Gemeinschaft geführt habe und zu einer weltanschaulichen Grundlage des polnischen Konservatismus geworden sei. Siehe Cywiński, Z powodu „Sylwetek" [Aus Anlaß der „Silhouetten"] 277, 282.

22) Wie stark dieses Phänomen unter der Jugend des Adels und des Großbürgertums war, davon zeugt auch der Umstand, daß allein in Madeyskis Familie drei der fünf Kinder das Rechtsstudium wählten.

ehrgeizigen Juristen nicht selten den Weg in die Politik: Denn durch eine Professur an der juridischen Fakultät der Jagellonischen Universität wurde es für Gelehrte, die sich in der Gesellschaft allgemeiner Hochschätzung erfreuten, auch möglich, politische Mandate zu erobern: dies allerdings nur mit Hilfe der Stańczyken, die auch die Universität beherrschten[23]). Nach diesem ersten Durchbruch stand einer politischen Karriere nichts mehr im Wege[24]).

Noch vor Beginn seiner Studien träumte auch Stanisław von einer Professur an der Jagellonischen Universität[25]).

In Krakau angekommen, fand Madeyski eine ihm bis dahin fremde Euphorie vor — eine politisierte Atmosphäre, eine politisierende und politisch engagierte Jugend, die ihren Patriotismus unverhohlen zur Schau stellte[26]).

Seine ersten Eindrücke hielt er auch in den „Erinnerungen" fest: „Was die patriotische Erziehung anbelangt, gab es damals einen großen Unterschied zwischen der galizischen Jugend einerseits und der Jugend aus Krakau und den anderen polnischen Gebieten andererseits. In unserem Land herrschte nach 1846 und 1848 eine derartige politische Repression, daß sich der Patriotismus in sich selbst kehrte. Ebenso wie das Heer, gehörte auch das Beamtentum im Lande einer fremden Nationalität an. Die Amtssprache war überall das Deutsche, die Unterrichtssprache an allen Schulen des Landes das Deutsche. Es florierten Korruption und Denunziantentum. In nationaler Beziehung wurde jede patriotische Äußerung in geheimen Berichten als ‚polakisch verdächtig' festgehalten. Eine solche Notiz war imstande, den Polen in Schule und Amt, in der Armee oder wo auch sonst immer sie mit den k. k. Behörden in Berührung kamen, alle Wege zu versperren".

„Es war untersagt, die nationale Tracht und den sogenannten ‚Emigrantenbart' oder ‚Knebelbart', wie die Deutschen ihn nannten, zu tragen[27]). Ein solcher politischer Zustand ließ die Gesellschaft nicht frei atmen und mußte — zumal in einem Land, das in materieller Hinsicht seit der Teilung Polens vorsätzlich vernachlässigt wurde und zur Organisierung einer geheimen nationalen Untergrundbewegung nicht die notwendige Unabhängigkeit hatte — auch auf die Erziehung der Jugend zurückwirken. Der Patriotismus mußte gedrosselt werden, also erzog man die Jugendlichen zu braven Untertanen und zu friedlichen Bürgern. Von einer echten Loyalität jedoch konnte man damals keineswegs sprechen: derjenige, der die Regierung umschmeichelte, wurde ‚Schwarzgelber' gehöhnt. Dennoch hütete man sich gleichzeitig vor jeglicher Manife-

---

[23]) *Zeszyty naukowe Universytetu Jagiellońskiego* (U J). Dzieje wydziału prawa UJ. [Wissenschaftliche Hefte der Jagellonischen Universität (UJ). Geschichte der juridischen Fakultät der UJ] (Kraków 1964) XIII 444.

[24]) Ein Zeitgenosse Madeyskis, der spätere Unterrichtsminister Kazimierz Chłędowski, schreibt in diesem Zusammenhang nüchtern: „... überhaupt liegt die größte Schwierigkeit im öffentlichen Leben in der Erlangung der allerersten Würden, also nur im Sprung auf die erste, unterste Sprosse der Ämter- und Würdenhierarchie. Denn das Hinaufklettern geht dann schon von selbst und ist sehr einfach". Kazimierz Chłędowski, Pamiętniki [Memoiren] (Kraków 1957) 122.

[25]) Madeyski, Erinnerungen I, 34.

[26]) Als Madeyski an die Universität kam, schrieb man das Jahr 1860 — das Jahr der ersten Vorbereitungen zum nationalen Aufstand der Polen im russischen Teilungsgebiet. Der Widerhall blieb in Krakau nicht aus.

[27]) Madeyski, Erinnerungen I, 37.

stierung seines Patriotismus[28]). ... Ein ganz andere politische Stimmung herrschte in Krakau, besonders unter der Jugend. Hier waren die Polen erst vor kurzem ihrer nationalen Freiheit beraubt worden, und der Boden war für Germanisierungsversuche unfruchtbar. Hinzu kam noch die unmittelbare Nähe zum russischen Kongreßpolen, kamen die ständigen bilateralen Kontakte. Diese entzündeten den Geist der Krakauer Jugend mit solcher Vehemenz, daß sie ihren Patriotismus nicht mehr verhehlte, und das politische Klima in Krakau revolutionär wurde. In diesem Unterschied wohl steckt auch die Wurzel der Verachtung der Krakauer für die ‚Galiläer'"[29]).

Vielleicht war es eben die „galiläische" Erziehung, die Stanisław die ihm fremde Euphorie der Krakauer Studentenschaft nur mit größtem Mißtrauen begegnen ließ; jedenfalls lehnte er die Mitgliedschaft in einem von den Studenten organisierten „patriotischen Geheimbund" ab. Danach mußte er sich noch einige Zeit von den Kollegen „Spion" rufen lassen[30]). Daß der Verdacht, Madeyski wäre ein Konfident der Regierung, jedoch nicht allzu ernst war, bestätigt Madeyskis kurz danach erfolgte Aufnahme in die Studentenvereinigung der „Brüderlichen Beihilfe".

Als Student zeichnete sich der junge Galiläer, wie schon zu seiner Schulzeit, durch Fleiß und Ehrgeiz aus: „Ich ließ keine einzige Vorlesung aus, machte mir immer Notizen und entwickelte sogar eine eigene, der späteren Stenographie verwandte (natürlich sehr primitive) Kurzschrift"[31]).

Im ersten Studienjahr lebte Madeyski noch von Nachhilfestunden, im zweiten fand er eine Stelle bei einem Krakauer Anwalt. Auch die Tore zur Krakauer Gesellschaft begannen sich ihm zu öffnen: „Ich wurde in den Häusern des wohlhabenden Bürgertums und der Intelligenz empfangen"[32]). Nur die Eskalation der Ereignisse in Kongreßpolen und die Niederlagen der polnischen Aufständischen vereitelten seine weitere Integration in die Krakauer Sozietät: Krakau trug Nationaltrauer.

Den zweiten Studienabschnitt absolvierte Madeyski auf der Lemberger Universität. Seinen eigenen Angaben zufolge wollte er den ihm noch unbekannten Osten des Landes und einige dort lebende Familienangehörige kennenlernen. Wahrscheinlicher jedoch ist die Annahme, daß Madeyski sich in Krakau nicht mehr wohlgefühlt hatte; trotz neuer Freundschaften und Bekanntschaften, trotz seiner Tätigkeit im Studentenverein hatte er sich nicht vollständig in das „übermäßig" revolutionäre Klima im Krakauer Studentenmilieu integrieren können.

Lemberg enttäuschte ihn. Allein schon die Physiognomie der Stadt, aber auch die „weiche, singende, schlampige Aussprache des Polnischen, das Mischmasch von Polen,

---

28) Ebd. 38.

29) Auch andere empfanden diese spezifische Verachtung der Krakauer für ihre Landsleute aus Galizien: Chłędowski stellt in seinen Memoiren fest, daß Krakau „alles verachtete, was galizisch war oder ins Schwarzgelbe fiel". Chłędowski, Pamiętniki [Memoiren] 196. Madeyskis Darstellung der Verhältnisse, die damals im Krakauer Studentenmilieu herrschten, vergegenwärtigt nicht nur das spezifische Klima, in dem er damals lebte, sondern deutet auch auf die Probleme hin, mit denen er — vermutlich aufgrund seiner „galiläischen" Erziehung — an der UJ zu kämpfen hatte. („Galiläer" wurde als herabsetzender Ausdruck für Galizianer gebraucht).

30) Madeyski, Erinnerungen I, 41.

31) Ebd. 36.

32) Ebd. 42.

Ruthenen, Juden und Armeniern, die vernachlässigte Kleidung und das Benehmen der unteren Bevölkerungsschichten"[33]) waren ihm zuwider. Überdies waren die Studenten „kastenartig" gruppiert und kontaktfeindlich.

Auch hier wurde die Studentenschaft allmählich vom revolutionären Enthusiasmus erfaßt: Man begann, Geheimbünde zu schließen und den Solidaritätskampf mit den Brüdern in Rußland vorzubereiten. Auch Madeyski wurde von einer solchen studentischen Organisation angeworben und legte schließlich das patriotische Gelübde ab. Kurze Zeit später wurde er in die Delegation gewählt, die im Namen der Lemberger Studentenschaft zum Landmarschall Florian Ziemiałkowski gesandt wurde, um dessen Meinung über einen militanten „Solidaritätskampf" in Kongreßpolen einzuholen. Die Bezeichnung „Solidaritätskampf" sollte dabei offensichtlich darauf hinweisen, daß es sich nicht um einen Aufstand Galiziens gegen die österreichische Regierung handelte. Die Delegation erhielt eine ausweichende Antwort, und die Studenten beschlossen, sich den Partisanen anzuschließen und in den Aufstand zu gehen.

Madeyski versucht in seinen „Erinnerungen" herauszustreichen, daß der nationale Solidaritätskampf Galiziens keineswegs den Interessen der österreichischen Regierung zuwiderlief, diese vielmehr mit der polnischen Aktion sympathisiert hätte[34]). Man muß sich hier jedoch vergegenwärtigen, daß dieser Abschnitt der „Erinnerungen" eines der heikelsten Kapitel der nationalen Geschichte der Polen Galiziens betrifft und Madeyskis diesbezügliche Aussagen aus der zeitlichen Perspektive der „Erinnerungen" heraus betrachtet werden müssen: Aus Madeyskis — retrospektiver — Darstellung sprechen die Rechtfertigungs- und Legitimierungsversuche eines „austrianisierten" Politikers und die Apologie eines ernüchterten Mannes, der seine Teilnahme am nationalen Aufstand des Jahres 1863 im Lichte seiner späteren Erfahrungen und Erkenntnisse motiviert und beurteilt. In dieser im Rückblick rekonstruierten Analyse seiner „aufständischen Jahre" stellt Madeyski den galizischen Aufstand als eine von der österreichischen Regierung gutgeheißene, in seinen Augen also legitime Aktion dar[35]). Daß dem jedoch nicht so war, davon zeugt allein schon seine brutale Niederwerfung und der „Ausnahmezustand", den die Regierung dann über das Land verhängte[36])! Unmißverständlich allerdings zeigt Madeyskis Darstellung, daß er selbst sich eher aus patriotischem „Pflichtgefühl" und aus nationalem Verantwortungsbewußtsein, denn aus wahrem Engagement und überzeugtem Idealismus dem Partisanenkampf anschloß.

Viele Seiten widmet Madeyski seinen persönlichen Erlebnissen als junger Aufständischer. Für das Verständnis seiner Psyche und Persönlichkeit scheint aber nur ein einziger Satz bedeutend: „Die Ansicht eines verwundeten oder toten Kameraden machte

---

[33]) Ebd. 44.

[34]) So erwähnt Maadeyski, daß einige österreichische Offiziere an der aufständischen Kampagne teilgenommen hätten, einige von ihnen sogar in seiner eigenen Kompanie.

[35]) Vgl. Madeyski, Erinnerungen I, 50.

[36]) Die Haltung der österreichischen Regierung war zumindest ambivalent: Strategische und taktische Momente, Rücksichten auf die auswärtige Politik, Angst vor einem Umschlagen des antirussischen Aufstandes gegen Österreich machten ihr eine eindeutige Stellungnahme unmöglich. Im Endeffekt — das steht fest — verhängte sie über Galizien den „Ausnahmezustand". Siehe Henryk Wereszycki, Historia Austrii [Geschichte Österreichs] (Wrocław—Warszawa—Kraków—Gdańsk 1972) 246f. und Kieniewicz, Historia Polski [Geschichte Polens] 260ff.

erstaunlich wenig Eindruck auf mich. Ich hatte das Gefühl, daß ein jeder von ihnen genau gewußt hat, auf was er sich — weil er selbst es wollte — einließ. Ich selbst fürchtete keinen Augenblick, im Kampf zu fallen, denn ich hatte mich ja entschlossen, in den Kampf zu gehen"[37]). In diesen Worten konzentriert sich vielleicht die ganze Substanz des Charakters dieses Mannes: Viele spätere Schritte und Reaktionen, Verhaltensweisen und Anschauungen werden aus ihnen heraus verständlich: Denn mit voller Schärfe manifestiert sich hier Madeyskis überaus stark entwickeltes Pflicht- und Verantwortungsbewußtsein, das auch das Gefühl der Verantwortung für die Konsequenzen seines Tuns einschloß: Mit der Entscheidung übernahm Madeyski auch alle Implikationen, die sich aus ihr ergeben konnten, bis zum Schluß stand er für das einmal Befürwortete oder als richtig Erkannte ein.

Diese Eigenschaften kennzeichnen den Großteil seiner politischen Handlungsweisen: vielleicht wurzeln hier seine Vorsicht und Überlegung in Momenten der Entscheidung, seine Beharrlichkeit und Standfestigkeit in Fragen, in denen er einmal Stellung bezogen hatte[38]).

Die Bilanz seiner Erfahrungen als Partisan war ernüchternd: „... diese erste Kampagne heilte mich zur Gänze vom aufständischen Fieber. Vieles erkannte und durchschaute ich jetzt und gelangte zu der Überzeugung, daß unsere hitzige Jugend — angeheizt und gestoßen von den Älteren — zumindest leichtsinnig versucht hat, nach dem Mond zu greifen. Seither fühle ich mich von meinem Gelübde entbunden"[39]).

Nicht nur Madeyski war enttäuscht[40]): Resignation und Entmutigung hatten eine überwältigende Mehrheit der Polen erfaßt. Entpolitisierung und Mißmut waren ein allgemeines Phänomen[41]).

Dennoch kann Madeyskis Enttäuschung auch persönliche Ursachen gehabt haben — etwa seine Enttäuschung über den Partisanenkampf? Dafür würden etwa folgende Worte sprechen: „In der Schlacht lud ich das Gewehr und schoß; ich lud das Gewehr abermals und schoß ein zweites Mal: So führte ich mein neues Handwerk aus und zählte dabei mit den Augen einer feurigen polnischen Seele die fallenden Moskalen [= Russen. J. R.]"[42]). Oder lagen diese Ursachen vielmehr in der „galiläischen" Ausprägung von Madeyskis „patriotischer Erziehung"?

---

[37]) MADEYSKI, Erinnerungen I, 59.

[38]) Als typisches Beispiel kann hier sein Verhalten als Minister für Kultus und Unterricht 1893—1895 in der „Cillier Frage" angeführt werden. Vgl. unten S. 146ff.

[39]) Nicht stichhaltig ist Madeyskis Behauptung, wonach die Jugend nicht aus eigenem Antrieb in den Aufstand gegangen sei; im Gegenteil: es waren zum Großteil Jugendliche, die den polnischen Aufstand in Russisch-Polen entfachten. So meint auch Chłędowski, daß „nur" die Jugend nach 1848 nicht „eingeschlafen" sei und bereit gewesen sei, durch einen Aufstand für ihr Vaterland zu kämpfen. Seiner Darstellung zufolge war der polnische Aufstand der sechziger Jahre eindeutig eine Jugendbewegung. Vgl. CHŁĘDOWSKI, Pamiętniki [Memoiren] 193; zum Partisanenkampf 1863 siehe auch KIENIEWICZ, Historia Polski [Geschichte Polens] 256ff.

[40]) Seinen eigenen Angaben zufolge nahm Madeyski an den Kämpfen noch ein zweites Mal teil: dies jedoch nicht, wie er betont, aus Patriotismus oder Überzeugung, sondern „um seinen stark kurzsichtigen Bruder Leon nicht alleine gehen zu lassen". MADEYSKI, Erinnerungen I, 77f.

[41]) Auch Chłędowski analysiert dieses Phänomen der „politischen Metamorphose": „Nach 1863 fühlte man in unserer Gesellschaft gefährliche Symptome einer nervösen Überspannung und einer Apathie, die fast an Inertie grenzte". CHŁĘDOWSKI, Pamiętniki [Memoiren] 184.

[42]) MADEYSKI, Erinnerungen I, 58.

Als der Aufstand endgültig gebrochen war, beschloß Madeyski, mit vollem Einsatz seinem unterbrochenen Studium nachzugehen[43]). Unmittelbar nach seinem Gerichtsexamen kehrte er auch wieder nach Krakau zurück: Lemberg war ihm, wie er schreibt, „unsympathisch". Darüber hinaus „... wollte ich meine Spuren verwischen und alle Kontakte abbrechen, die ich dem Aufstand zu verdanken hatte"[44]).

c) Erste Schritte im Staatsdienst (1864—1871)

Ernüchtert und gereift beschreitet Madeyski eine neue Etappe seines Lebens: 1864 tritt er in den Staatsdienst[45]).

Binnen kürzester Zeit absolviert er die obligatorische Praxis in verschiedenen Zweigen des Gerichtswesens und beginnt, die ersten Sprossen der juristischen Dienstleiter hinaufzuklettern. Zunächst Protokollführer, dann Auskultant bei einem Untersuchungsrichter und einem Strafrichter, kommt er bald an das Landesgericht für Zivilsachen und schließlich an das kollegiale Oberlandesgericht. Gleichzeitig schließt er sein Studium ab und erhält 1866 den Doktorgrad[46]).

Ein Jahr darauf heiratet Madeyski Konstancja z Kozubowskich, eine Krakauer „Kleinstadelige". Madeyskis einziger Kommentar: „Ich habe mich um eine Gattin bemüht"[47]). Er wird Gerichtsschreiber am Bezirksgericht von Podgórze bei Krakau. Noch im selben Jahr kommt seine Tochter Zofia zur Welt. Bis 1872 bleibt Madeyski in Podgórze[48]). Sein bescheidenes Gehalt zwingt die Familie zu einem frugalen Leben.

Einen bedeutenden Einschnitt in der nationalen und politischen Geschichte Galiziens stellt das Jahr 1869 dar: Im Rahmen der Landesautonomie wird das Polnische Amts- und Verwaltungssprache sowie Unterrichtssprache an allen Schulen des Landes. An der Jagellonischen Universität wird das Polnische im Jahr darauf endgültig zur ausschließlichen Vortragssprache erklärt.

Auch für Madeyski spielten diese Ereignisse eine wichtige Rolle; er hatte diese Entwicklung vorausgesehen und der Zeit vorgearbeitet: „Aus meiner gewissen Vorahnung heraus habe ich ein Jahr früher begonnen, mir die polnische Fachterminologie anzueignen. Ich erweiterte sie dann für die praktische Anwendung im Gerichts-

---

43) Auch dieser scheinbar individuelle Entschluß Madeyskis, in den Alltag zurückzukehren, entsprach einem in Galizien allgemein beobachtbaren Phänomen: im Geiste der Devise von der „organischen Aufbauarbeit" wird das Leben des einzelnen in den gegebenen Daseinsbedingungen gestaltet, die individuelle Arbeit soll in den Dienst der Nation und des Landes gestellt werden.

44) Madeyski, Erinnerungen I, 96.

45) „Der Aufstand hatte mich zwar aus den üblichen Geleisen meiner Ausbildung geworfen; doch unter dem Druck aller Erfahrungen, Beobachtungen und Eindrücke, die ich dank ihm gewonnen habe, war ich als Mensch und als Mann in meinen Anschauungen über die Welt, die Menschen und die Zukunft unserer Nation gereift". Madeyski, Erinnerungen I, 98.

46) Personalakte Madeyskis: Archiv der Jagellonischen Universität, Kraków S II, 619. Madeyski promovierte am 7. 5. 1866.

47) Lechicki, Madeyski 121, sowie Madeyski, Erinnerungen I, 102.

48) Alle Angaben zu Madeyskis Tätigkeiten im Staatsdienst in den Jahren 1864—1872: Archiv der Jagellonischen Universität, Kraków, Personalakte Madeyskis S II, 619; insb. ein Brief vom damaligen Privatdozenten und Notar Madeyski an das Dekanat der juridischen Fakultät der UJ vom 29. 4. 1886.

wesen"[49]). Als Produkt dieser Studien erschien — im Eigenverlag — Madeyskis erstes Buch: Es besteht im ersten Teil aus einem Gerichtshandbuch mit Modellen zu Referaten aus dem Zivilrecht, im zweiten Teil aus einem deutsch-polnischen juristischen Fachwörterbuch[50]).

Dieser Veröffentlichung folgte 1871 seine Wahl in den ständigen Rechtsausschuß der Krakauer Akademie der Wissenschaften. Darüber hinaus verfaßte Madeyski in dieser Zeit auch eine Reihe von Artikeln für verschiedene polnische und deutsche Fachzeitschriften[51]). Schon 1869 war seine erste Broschüre — „Über die Einrichtung von Bezirksgerichten in Galizien"[52]) — erschienen, in der er seine Erfahrungen und Erkenntnisse aus der Praxis der galizischen Gerichte verwertete und Vorschläge zu einer Reform ihrer Organisation anbot[53]).

Als im Jahre 1870 sein Landsmann Alfred Potocki zum Ministerpräsidenten einer gemäßigten Regierung ernannt wurde, beschloß Madeyski, sein Glück in Wien zu

---

[49]) Madeyski, Erinnerungen I, 110; — Mit der Allerhöchsten Entschließung vom 30. 4. 1870 wurde nach mehreren Vorstößen in diese Richtung die Polonisierung der Jagellonischen Universität beschlossen. Nur für die deutsche Sprache und deutsche Literatur blieb das Deutsche als Vortragssprache aufrecht. Siehe Lemayer, Hochschulverwaltung 139. Durch die Allerhöchste Entschließung vom 2. 10. 1868 war das Polnische schon an der Jagellonischen Universität zur Vortragssprache für das österreichische Zivil- und Strafrecht, sowie für das Zivil- und Strafverfahren erklärt worden.

[50]) Es handelt sich um das zweiteilige Werk: Podręcznik sądowy [Gerichtliches Handbuch] (Kraków 1870) und Niemiecko-polski słownik prawniczy cywilny [Deutsch-polnisches zivilrechtliches Wörterbuch] (Kraków 1871).

[51]) *Przegląd sądowy* [Gerichtsrundschau], Warszawa, März 1870, 341—372, Mai 1870, 129—163, März 1871, 246—260, September 1871, 277—288, Januar 1872 sowie *Prawnik* [Jurist] Lwów, 1870, Nr. 11 bis 16, 41, 45, 49, 51, 57, 61; 1872 Nr. 49—51 und *Czasopismo prawnicze* [Rechtszeitschrift] hrg. vom Professorenkolleg der juridischen Fakultät der UJ. Alle angeführten Artikel betreffen Fragen und Probleme aus dem Bereich des Zivilrechts.

[52]) Orig.: O urządzeniu sądów powiatowych w Galicji (Kraków 1869).

[53]) Anhand konkreter Beispiele aus der Gerichtspraxis und einer vergleichenden wissenschaftlichen Studie des österreichischen, deutschen und französischen Zivilrechts kritisiert Madeyski das österreichische Regierungsprojekt von 1866 und 1867 zur Reform des Zivilprozeßverfahrens in Hinblick auf die Institution der Einzelgerichte: In diesem sah Madeyski das Produkt der veralteten und falschen Ideologie von der „patriarchalischen Gerichtsbarkeit", die einer gerechten und parteilosen Rechtspflege seiner Ansicht nach nicht genügen konnte. Am Beispiel der galizischen Provinzgerichte weist Madeyski nach, daß eine Institution, in welcher der Richter drei verschiedene Funktionen gleichzeitig ausübt (Ankläger, Verteidiger und Urteilsverkünder), das Vertrauen des einfachen Volkes in die Autorität der Gerichte untergräbt und es in die Arme der „Winkelschreiber" treibt. Madeyski fordert daher eine Reform der galizischen Gerichtsorganisation in Richtung auf eine personelle Aufteilung der drei gerichtlichen Funktionen, also eine kollegiale Gerichtsbarkeit. Auf die Notwendigkeit dieser Reform ging Madeyski auch in späteren Aufsätzen ein, insbesondere in seiner Artikelserie „Die Handhabung des mündlichen Zivilprozeßverfahrens"; in: *Zeitschrift für Notariat und freiwillige Gerichtsbarkeit in Österreich* 1881 Nr. 44, 251—253, Nr. 45, 259—261, Nr. 46, 267—268, Nr. 47, 273—274, Nr. 48, 281—283, Nr. 49, 288—289, Nr. 50, 295—296, Nr. 51, 301—302, Nr. 52, 307—308 sowie in derselben Zeitschrift: „Die Reform des österreichischen Zivilprozesses" 1885 Nr. 1, 2—5, Nr. 2, 9—11, Nr. 3, 15—17, Nr. 4, 24—25, Nr. 5, 27—29 und schließlich seine Artikelserien im Lemberger *Prawnik* [Jurist]: 1870 „O zasadach sterujących projektu procedury cywilnej w Austryi" [Leitende Grundsätze des Entwurfes zu einer Zivilprozeßordnung in Österreich], 1871: „O reformie postępowania cywilnego" [Über die Reform des Zivilverfahrens], 1872: „O znaczeniu pisma w ustnym postępowaniu cywilnym" [Über die Bedeutung der Schrift im mündlichen Zivilprozeßverfahren].

suchen und sich um eine Stelle „an irgend einem Ministerium" zu bewerben[54]): „Der Gerichtsdienst konnte mir nämlich nicht die materielle Aufbesserung bieten, der ich bedurfte und auf die ich einen berechtigten Anspruch erhob"[55]).

Auch als sein Gesuch aus Mangel an offenen Stellen abgelehnt wurde[56]), ließ sich Madeyski nicht entmutigen: Er fuhr selbst nach Wien[57]), um an Ort und Stelle eine Audienz beim Justizminister zu erbitten[58]). Die Reise hatte sich gelohnt. Madeyski erhielt eine Stelle im „Departement für galizische Angelegenheiten" am Justizministerium und trat noch am 28. August 1870 seinen Dienst an[59]).

In Wien verbrachte Madeyski nur ein Jahr. Neben seiner Arbeit im Ministerium besuchte er Vorlesungen an der Wiener Universität und dachte an eine Habilitation aus dem Bereich des Zivilrechts[60]).

Wien ist zunächst eine Episode geblieben: „... ich gelangte immer mehr zu der Überzeugung, daß ein Pole in dieser Zeit in den Ministerien keine Chance hatte. Uns mißtraute man, und die Ministerien betrachtete man als die exklusive Domäne der Deutschen. Im Galizischen Departement, wo man die Polen nun doch nicht entbehren konnte, wurde man nicht pragmatisiert"[61]).

Er war gescheitert. Die Zukunftsaussichten in Galizien waren ebenfalls nicht günstig[62]). Wieder stand Madeyski an einer Wegscheide.

2. Die Anfänge einer Karriere

a) Galizien: Notariat und erste Würden

Nach langem Zögern suchte Madeyski um eine Einstellung als Notar in Galizien an und erhielt über die Vermittlung des Leiters des „Departements für Galizische Angele-

---

[54]) Madeyski, Erinnerungen I, 112. Siehe Gesuch des Ritter Dr. von Madeyski um Verleihung einer Stelle beim Justizministerium, 6. 7. 1870; in: Präsidialakten des Justizministeriums, Nr. 307, Allgemeines Verwaltungsarchiv Wien (AVA).

[55]) Madeyski, Erinnerungen I, 113.

[56]) Offensichtlich glaubte Madeyski nicht an die Endgültigkeit dieser Absage: Dachte er vielleicht an eine mögliche Protektion vom Ministerpräsidenten Alfred Potocki, dessen Familiengüter ja Madeyskis Vater verwaltete?

[57]) „Diese Antwort befriedigte mich nicht. Ich beschloß, selbst nach Wien zu fahren und kaufte mir eine Fahrkarte der III. Klasse ... Nur meine Frau erfuhr von dieser Eskapade". Madeyski, Erinnerungen I, 113.

[58]) Es ist nicht von der Hand zu weisen, daß sein Gesuch tatsächlich aufgrund einer Protektion Potockis erhört wurde: Wenngleich Madeyski ein tüchtiger Jurist war, konnte doch der Umstand, daß sein Vater die Güter der Potockis verwaltete, zur Wendung der Dinge zumindest beigetragen haben.

[59]) Präsidialakten des Justizministeriums, Nr. 276 (AVA) — In einer Notiz wird betont, daß sich Madeyski für eine Stelle im Departement für galizische Angelegenheiten „vollkommen eigne", da er ja schon seit November 1864 im Justizdienst tätig sei.

[60]) Madeyski, Erinnerungen I, 117.

[61]) Ebd. 118.

[62]) Ebd.

genheiten" eine neue Notariatskanzlei in Liszki, einem kleinen Provinzbezirk des Landes[63]).

Wenn Madeyski auch zugibt, anfangs den Beruf des Notars als den „niedrigsten aller juristischen Berufe" angesehen zu haben, ja „nur die mit diesem Beruf verbundene größere Selbständigkeit, aber auch das bessere Einkommen" ihn bewogen hätten, diesen Weg einzuschlagen, korrigierte er dieses negative Urteil, als er zur Überzeugung gelangte, „daß man jeden Beruf durch die Verbindung von Praxis und Wissenschaft und eine Orientierung am Gemeinwohl veredeln kann"[64]).

Von dieser Einsicht geleitet, verstand Madeyski es auch wirklich, während seines Notariats die Erfahrungen und Erkenntnisse aus der Praxis — oder, wie er selbst oft sagte, „aus dem wirklichen Leben" — in den Dienst der Wissenschaft zu stellen. In diesem Sinne arbeitete er an einer allgemeinen Reform der bestehenden Rechtsinstitutionen: er wollte diese stärker den tatsächlichen Bedürfnissen der Gesellschaft — insbesondere hier der bäuerlichen Landbevölkerung anpassen, mit der er ja in seiner Praxis hauptsächlich in Berührung kam.

Madeyskis Entschluß, diesen Beruf zu ergreifen, war schwer gewesen. In seinen Augen glich er einer Niederlage. Jeder Weg, im Beamtentum Karriere zu machen, schien ihm für immer verschlossen. Der Umzug nach Liszki im Dezember 1871[65]) war traurig. Das Ausmaß seine Bitterkeit illustrieren wohl die vielsagenden Worte am deutlichsten, die er seine Frau aussprechen läßt: „Von Wien nach Liszki"[66])!

Drei Jahre lebte die Familie Madeyski in Liszki. Das Glück schien sich von Madeyski abzuwenden. Zwei Töchter, Ewa und Maria, starben im Alter von wenigen Wochen.

In dieser Zeit gründete und leitete Madeyski neben seiner Notariatskanzlei die lokale Creditanstalt[67]).

Im Sommer 1875 übersiedelte die Familie nach Brzeżko, einem größeren, auch politisch bedeutenden Bezirk, wo eine Notariatskanzlei frei geworden war. Schon bald erfreute sich Madeyski großer Beliebtheit, guter Reputation und reichlicher Kundschaft. Nach kurzer Zeit mußte er seinen Bruder als Konzipienten zu sich rufen, um die Arbeit zu bewältigen, die sich ja um die Leitung der Creditanstalt bereichert hatte, zu deren Vizepräsidenten er gewählt wurde.

Zu Madeyskis Ansehen und seinen beruflichen Erfolgen trug zu dieser Zeit vor allem sein Kampf gegen den Wucher in Brzeżko entscheidend bei:

In den siebziger Jahren hatte die „Wucherplage" in Galizien infolge der gesetzlichen Aufhebung des Teilungsverbotes bäuerlicher Grundbesitzungen im Jahre 1868 einen Höhepunkt erreicht. Das Land befürchtete die Atomisierung des Bodens und — wie die Mitglieder der herrschenden Großgrundbesitzerschicht empfanden — den „Nieder-

---

[63]) Gerade zum Zeitpunkt seiner Bemühungen um eine offene Stelle im Notariatswesen des Landes war dieses reformiert worden; u. a. war die Zahl der Notariatskanzleien erhöht worden: Madeyski erhielt so eine neu entstandene Kanzlei. Siehe Präsidialindex des Justizministeriums 1870—1871, Bd. 36, Berufung Madeyskis zum Notar durch Ministerpräsident Alfred Potocki (AVA).

[64]) MADEYSKI, Erinnerungen I, 119f.

[65]) EBD. 120.

[66]) EBD. Rückblickend erwiesen sich diese Jahre, die Madeyski als Provinznotar in Galizien verbrachte, allerdings vielleicht als die lehrreichsten seines Lebens.

[67]) EBD. 123.

gang" des Bauernstandes. Als weitere Konsequenzen drohten die Senkung der Produktivität des Bodens und das Entstehen eines landwirtschaftlichen Proletariats[68]. Im Wiener Reichsrat liefen schon Ausschußberatungen über die Wiedereinführung eines Gesetzes, das die Teilungsfreiheit zumindest einschränken und die wucherische Ausbeutung eindämmen würde.

Madeyski selbst war von der Effizienz eines solchen Gesetzes nicht überzeugt. Wie er in einem späteren Artikel erklärte, hätte die Geschichte gezeigt, daß die Bauern das Teilungsverbot auch dann ignorierten, als das Gesetz noch bestand[69].

Da Brzeżko das Musterbeispiel eines vom Wucher zersetzten Gebietes war[70], sah Madeyski sich verpflichtet, in seinem Bezirk eine weitere Ausbeutung der Bauern zu unterbinden: Durch die scharfsinnige Auslegung eines im Parlament noch diskutierten Gesetzentwurfes erreichte er bald, daß alle Grundstückstransaktionen in seinem Bezirk über seine Kanzlei vollzogen wurden: durch einen maximalen Zinsfuß, dessen Höhe Madeyski bestimmte, wurde der Wucher tatsächlich gebannt.

Allgemein versprach sich Madeyski nur von radikalen Maßnahmen die Rettung des „chronisch" verschuldeten Bauernstandes in Galizien: An erster Stelle dachte er hier an die Schaffung einer eigens die Bauern versorgenden Creditanstalt, die ihnen über einen vom Notar ausgestellten Schuldschein langfristige Kredite gewähren würde[71].

Nicht zuletzt diesen erfolgreichen Reformen zur Sanierung des galizischen Bauernstandes verdankte Madeyski 1877 seine Wahl in die Bezirksvertretung von Brzeżko und

---

[68] Galizien war nicht das einzige Kronland, das unter der Aufhebung des Teilungsverbotes bäuerlichen Grundbesitzes litt: Im gesamten Reichsgebiet trat diese Frage immer stärker in den Vordergrund der Agrar- und Sozialpolitik der Länder. Eine der wichtigsten Folgen war — namentlich in Galizien — der gewaltige Anstieg der Emigrationsbewegung zunächst in die industrialisierten Gebiete Preußens, dann immer stärker in die Vereinigten Staaten. Da im Rahmen dieser Arbeit auf diese Frage nicht näher eingegangen werden kann, sei nur auf ein ausgezeichnetes Werk zu diesem Thema hingewiesen: BENJAMIN P. MURDZEK, Emigration in Polish Social-Political Thought 1870—1914 (New York 1977) insb. 79—130.

[69] Vgl. MADEYSKI, Zu der Agrar-Reform in Österreich; in: *Zeitschrift für Notariat und freiwillige Gerichtsbarkeit in Österreich*, 1884, Nr. 17, 81—84. Im Zuge seiner Ausführungen präzisierte er seine Anschauungen: „Im Hinblick nun auf die Erfahrungen, welche wir in der ... Schilderung der älteren Agrargesetze kennenzulernen Gelegenheit hatten, können wir nicht umhin, unseren Bedenken dahin Ausdruck zu geben, daß, soferne es nicht möglich sein sollte, ein weiteres wirksames Mittel ausfindig zu machen, um die Sanktion der Unteilbarkeit zu sichern, als nur die civilrechtliche Nullität der dagegen verstoßenden Acte, wir dem ganzen Institute der Gebundenheit eine günstige Prognose zu stellen nicht vermögen. Denn die Erfolglosigkeit der Nullitätssanktion haben wir nachgewiesen; wir wissen, daß bestandene Verbotsgesetze teils in verhüllter Form umgangen wurden, sowie daß eine an sich gewiß legale, daher formell berechtigte Strenge der Verbotgesetze doch schließlich an denselben Rücksichten zerschellen mußte, welchen die Verbotsgesetze selbst zu dienen bestimmt waren, nämlich an Rücksichten der Socialpolitik". Ebd. Nr. 18, 89f.

[70] „Die Juden haben den Bezirk in Sektionen aufgeteilt, von denen jede den Einflußbereich der einzelnen Wucherer abgrenzte". MADEYSKI, Erinnerungen I, 126.

[71] Konkret führt Madeyski seine Vorstellungen über eine entsprechende Reform in zwei Broschüren aus: O zubożeniu włościan w Galicji [Über die Verelendung des Bauernstandes in Galizien] in *Prawnik* Nr. 24ff. (Lwów 1877) und Sprawa krajowego zakładu hipotecznego dla włościan [Zur Frage einer Landeshypothekaranstalt der Landwirte] (Kraków 1879).

in den Gemeinderat von Krakau; kurze Zeit später wurde er auch zum Vizebürgermeister von Krakau gewählt[72]).

Trotz der zahlreichen Verpflichtungen, die ihm seine wachsenden Ämter und Funktionen auferlegten, fand Madeyski in diesen Jahren auch die Zeit, seinen wissenschaftlichen Studien nachzugehen[73]): Am 6. Oktober 1879 habilitierte er sich zum Privatdozenten für österreichisches bürgerliches Recht an der juridischen Fakultät der Jagellonischen Universität[74]).

Einen neuen Wendepunkt im Leben Madeyskis brachte das Jahr 1879, in das die — erstmals direkten — Wahlen zum österreichischen Reichsrat fielen[75]).

Zwar schreibt Madeyski in seinen „Erinnerungen", er hätte sich damals von jeder Wahlaktion ferngehalten und seine Aufstellung zum Kandidaten zum Reichsratsabgeordneten mit größtem Erstaunen aufgenommen; tatsächlich jedoch gehörte er zu dieser Zeit schon dem Bezirkswahlkomitee von Brzeżko an, das sich vorwiegend aus Mitgliedern des Bezirksrates wie ihn zusammensetzte[76]).

Die Aufgabe des Bezirkswahlkomitees bestand darin, eine Kandidatenliste aufzustellen, wobei es allerdings konkret nur darum ging, bäuerliche Kandidaten zugunsten von Vertretern des adeligen Großgrundbesitzes auszuschalten. Madeyski, der einerseits adeliger Herkunft war, andererseits als Notar auch das Vertrauen der bäuerlichen Landbevölkerung gewonnen hatte, schien die notwendigen Voraussetzungen mitzubringen, um einen Bauernkandidaten zu besiegen. Er wurde aufgestellt. Allerdings wies der Präsident des Zentralwahlkomitees, das die Kandidaturen zu bestätigen hatte, Mikołaj Zyblikiewicz, Madeyski zunächst zurück: man würde im Reichsrat keine „Causiperden", also Causenverlierer, brauchen. Schließlich aber setzte sich das Bezirkswahlkomitee durch: In einem harten Wahlkampf, von dem sogar der *Przegląd Polski* berichtete, besiegte Madeyski einen populären Bauernvertreter[77]).

Madeyskis retrospektive Schilderung seiner Wahlwerbungskampagne entbehrt übrigens nicht des Humors: Wählerversammlung und Wahlrede fanden — so war es üblich

---

72) Das Amt des Bürgermeisters übte Madeyski allerdings nur sehr kurze Zeit aus: Er habe „keinen Sinn für die damit verbundenen Bagatellen" gehabt. Er legte diese Würde freiwillig nieder. Siehe MADEYSKI, Erinnerungen I, 130.

73) 1878 veröffentlichte Madeyski die Broschüre: O układaniu kontraktów. Systematyczne studia z prawa cywilnego [Über die Befestigung von Verträgen. Systematische Studien zum Zivilrecht] (Kraków 1878).

74) Der Titel seiner Arbeit: Die Conventionalstrafe und ihre Anwendungsarten bei Verträgen. Sie erschien in deutscher Sprache in der *Österreichischen Allgemeinen Gerichtszeitung* 1880, Nr. 68—77. Vgl. Habilitationsakte Madeyskis, Archiv der Jagellonischen Universität, Protokolle der Sitzungen der juridischen Fakultät 1879/80, 16. 6., 28. 6. und 11. 7. 1879, WP II, Kraków. Der Beschluß des Professorenkollegs auf Zulassung Madeyskis als Privatdozent wurde durch einen Erlaß des Justizministeriums vom 6. 10. 1879 bestätigt. Siehe Przypomnienie urzędowe w przedmiocie obsadzenia katedry prawa cywilnego austriackiego [Amtliches Memorandum betreffend die Besetzung der Lehrkanzel für Österreichisches Zivilrecht] vom 10. 6. 1886; in: Personalakten Madeyskis, Archiv der UJ, Kraków S. II. 619.

75) 1873 wurde die Wahlordnung zum Reichsrat novelliert: Die Abgeordneten zum Reichsrat wurden seit damals nicht mehr von den Landtagen entsendet, sondern direkt in den Reichsrat gewählt.

76) *Czas*, 25. 5. 1879.

77) „. . . der Konservatismus der Bauern offenbarte sich am stärksten im Wahlkreis Bochnia-Brzeżko, wo er den vom Komitee aufgestellten Kandidaten [es war Madeyski, J. R.] fast besiegt hätte . . ." *Przegląd Polski* 53 (1879), 256.

— im Hause des in einen Gastwirt verwandelten Kandidaten statt[78]). Bei Schmaus und Trank, worauf sie sich „freudig stürzten", lauschten die Bauern seiner Ansprache[79]). Nach eigenen Angaben machte Madeyski den Bauern keinerlei Versprechungen[80]). Er wollte ihnen aber, wenn sie ihn wählten, regelmäßig über seine Tätigkeit in der polnischen Delegation des Reichsrates Bericht erstatten und sein Mandat freiwillig zurücklegen, sollten seine Wähler nicht zufrieden sein.

Die vielleicht erwartete Reaktion auf seine Rede blieb aus. Madeyski erinnert sich, daß nur ein einziger Bauer die Stimme erhob, um mißtrauisch zu fragen: „Und das soll auch wirklich wahr sein"[81]) ? Madeyskis eigenes Resumee seiner Kampagne ist ebenfalls nüchtern: „Die Bewirtung hat mich 400 Gulden gekostet"[82]).

Aber nicht anders erfolgte in Galizien der übliche Beginn einer politischen Karriere. Mit der „Wahlwurst" und den Vorwahlkomitees erkaufte sich die galizische Szlachta Anhänger und Wähler unter der bäuerlichen Landbevölkerung.

Der vollen Tragweite seines Wahlsieges wurde sich Madeyski erst später bewußt:

Seine beruflichen Pläne, sein Traum von der Professur an der Krakauer Universität, alles hing plötzlich in einem luftentleerten Raum. Die Zukunft lag in Wien, wo er schon einmal gescheitert war, und sie lag in der Politik, zu der er „keinerlei Prädispositionen und Fähigkeiten mitbrachte", ja mit der „er sich niemals befaßt hatte"[83]).

Mit der Ernüchterung kam auch die Angst: „Es überfiel mich plötzlich eine seltsame Traurigkeit, eine Traurigkeit, die ich lange nicht zerstreuen konnte: ich mußte fortwährend an den Eindruck denken, den ich bei meiner ersten Bahnfahrt auf den Semmering hatte. Vor mich hinblickend, sah ich keinen Weg; ich fühlte nur, daß ich immer weiter fuhr. Um mich herum sah ich tiefe Abgründe, ich selbst aber kletterte, gefährlichen Viadukten entlang, immer höher. Ich wußte nicht, wie, und ob überhaupt ich von einer solchen Höhe jemals zurückfinden würde können"[84]).

b) Wien: Das Abgeordnetenhaus — Die politischen Lehrjahre

Als Madeyski die Arena der „Hohen Politik" betrat, war er achtunddreißig Jahre alt. Als „Neuling" war er sich im klaren darüber, daß er seine ersten Schritte auf diesem Fremdland mit äußerster Vorsicht setzen mußte. Nur allzu verständlich also sein Entschluß, sich den Weg in die Politik über sein juristisches Fachwissen zu bahnen[85]). Tatsächlich erarbeitete sich Madeyski auf diese Weise schon innerhalb eines Jahres ein über den Polenklub hinausreichendes Ansehen und verschaffte sich auch als Rechtsexperte allgemein anerkannte Geltung.

---

[78]) Die „Wahlwurst" gehörte, wie schon erwähnt, zu den beliebtesten Wahlwerbungsmethoden des ländlichen Großgrundbesitzes in Galizien.

[79]) Madeyski, Erinnerungen I, 135.

[80]) Ebd.

[81]) Ebd.

[82]) Ebd.

[83]) Ebd. 137.

[84]) Ebd. 136.

[85]) Seine Karriere als Fachexperte entsprach vollkommen seinen ursprünglichen Wünschen: „Ich beschloß, der Politik, so weit es ging, aus dem Weg zu gehen und im Reichsrat nur mein juristisches Wissen auszuspielen". Madeyski, Erinnerungen I, 136.

Das politische Desengagement, das die erste Phase seiner parlamentarischen Tätigkeit charakterisiert, förderten auch die herrschenden Statuten des Polenklubs, die eine „nationale Einheitsfront" postulierten und individuelle oder fraktionsgebundene Meinungsäußerungen der einzelnen Mitglieder unterbanden[86]). Somit war Madeyski nicht gezwungen, sich zu einer bestimmten Parteipolitik zu bekennen oder einem politischen Lager beizutreten[87]); er konnte selbständig und unabhängig in den Fachausschüssen des Hauses arbeiten. Für seine Tätigkeit im ständigen Rechtsausschuß setzte er damals den Großteil seiner Zeit und Energie ein[88]). Unter diesen Bedingungen gelang es ihm auch, die ersten Jahre ganz nach seinen persönlichen Überzeugungen zu handeln: den Klubstatuten nach hatte nämlich jedes Klubmitglied als Mitglied eines speziellen Ausschusses das Recht, in Fragen, die dieser Ausschuß auf die Tagesordnung der Parlamentsberatungen setzte, eigenständig das Wort zu ergreifen und für sich allein zu sprechen[89]). Madeyski wußte diese Chance zur freien Meinungsäußerung auch maximal zu nützen, zumal seine eigenen Klubkollegen ihn nur „als einfachen Rekruten" behandelten — wie der ehrgeizige Jungabgeordnete empfand.

Nach ersten Erfolgserlebnissen in den Ausschüssen — sie hoben seine Selbstsicherheit — galt es, sich auch im Plenum des Hauses zu behaupten. Nicht mehr als Jurist, sondern

---

86) Der Polenklub war für seine strenge Disziplin allgemein bekannt: Die Mißachtung seiner Statuten hatte im Jahre 1878 einigen Abgeordneten allgemeine Kritik seitens der öffentlichen Meinung Galiziens eingebracht. Ihr Versuch, das Postulat des solidarischen Vorgehens zu übergehen und zu durchbrechen, ging als „Sezession" in die Geschichte ein. Noch 1879 schrieb daher JÓZEF KLECZYŃSKI im Rahmen seines Aufsatzes „Wybory do Rady państwa" [Wahlen zum Reichsrat]: „Das Land fordert entschieden die Solidarität"; und einige Seiten weiter: „Der Polenklub darf als solcher kein Programm haben, denn jedes politische Programm widerspricht seinem gesamtnationalen Charakter". *Przegląd Polski* 53 (1879) 263, 268.

87) Im Zusammenhang mit der Politik des Zentralwahlkomitees für Westgalizien schrieb Madeyski dem damaligen Redakteur des *Dziennik Polski* [Polnische Tageszeitung] und Führer der galizischen Demokraten Tadeusz Romanowicz einen Brief, in dem er diesen seiner Sympathie versicherte: Madeyski hatte Romanowicz zu seinem Artikel gratulieren wollen, in dem das willkürliche Vorgehen des Wahlkomitees verurteilt wurde. Nachdem Madeyski aber u. a. geschrieben hatte, daß er mit Romanowicz „unter dem selben Banner" kämpfe, soll ihm dieser im Wiener Parlament einen Sitz unter den galizischen Demokraten angeboten haben. Als Madeyski ablehnte, beschuldigte ihn Romanowicz, seine „politischen Überzeugungen geändert" zu haben. Es kann nicht ausgeschlossen werden, daß Madeyski seine Solidaritätserklärung wirklich nur in Hinblick auf die Kritik des Zentralwahlkomitees abgegeben hatte: Vermutlich hatte er die Demütigung nicht vergessen, die er erfuhr, als das Zentralwahlkomitee seine eigene Kandidatur zum Reichsratsabgeordneten mit dem Argument nicht bestätigen hatte wollen, daß er ein Causenverlierer sei! Noch in seinen letzten Lebensjahren wirft Madeyski dem Zentralwahlkomitee übrigens vor, daß „die in ihm vertretenen politischen Kräfte entweder grundsätzlich falsch handeln oder aber den Wählern — und zwar allen Wählern — ihren eigenen Willen aufzwingen: nämlich nicht nur dem Volk, das diesen Fragen gegenüber damals noch gleichgültig war, sondern auch den Wählern aus der Intelligenz". MADEYSKI, Wybór do sejmu 1883. O przekonaniach politycznych [Wahl in den Landtag 1883. Über politische Überzeugungen]; in: Nachlaß III, 4. Auf seine Auseinandersetzung mit dem Demokraten Romanowicz kommt Madeyski noch an anderer Stelle zurück, als er den verhängnisvollen Satz vom Kampf „unter dem selben Banner" retrospektiv auszulegen versucht: „... die Politik war mir fremd, und ich hatte so wenig Ahnung von der Tragweite parteipolitischer Slogans, daß ich nicht ahnen konnte, wieviel mich der ‚gemeinsame Banner' noch kosten würde". Ebd. 7.

88) FREDERYK ZOLL, Stanisław Poray Madeyski (Lwów 1912) 11 (Sonderdruck aus den *Przegląd prawa i administracji* 1912).

89) MADEYSKI, Erinnerungen I, 138.

als Redner wollte er die Aufmerksamkeit auf sich lenken, um auch im Klub ein höheres Ansehen zu erlangen[90]). Seine ersten Sporen verdiente sich Madeyski schon bei seinen ersten Auftritten im Plenum, so zum Beispiel anläßlich eines Antrages des Budgetausschusses im Mai 1880 im Zuge der Debatte über die Ausgaben des Justizministeriums[91]). Madeyski sprach bei dieser Gelegenheit als Generalredner des Budgetausschusses von der Notwendigkeit der Reform der Zivilprozeßordnung, deren gegenwärtige Handhabung nicht den Bedürfnissen des überwiegenden Teiles der Bevölkerung Galiziens entspreche.

Schon einige Monate früher hatte sich Madeyski gegen ein Regierungsprojekt ausgesprochen, das die Reformierung des seit 1871 rechtsgültigen allgemeinen Gesetzes über das Hypothekenwesen und die Einführung eines Legalisierungszwanges vorsah. Er forderte damals im Namen des Rechtsausschusses, in dieser Frage die Meinung der betroffenen Landtage zu berücksichtigen. Er selbst lehnte das Projekt hauptsächlich mit Rücksicht auf das Prinzip der Autonomie der Kronländer ab[92]).

Seine ersten Reden brachten ihm allgemeine Sympathie und Anerkennung[93]). Madeyski selbst gesteht, erst nach diesen Erfolgen begonnen zu haben, Lampenfieber zu empfinden, wenn er zum Sprechen ansetzte: Denn „in den ersten Reden dachte ich nicht daran, ob das, was ich nun sagen würde, gefällt oder nicht. Ich redete, weil ich es als meine Pflicht erachtete, die Ergebnisse von Ausschußabstimmungen zu begründen, und ich sagte nur das, was meine Überzeugung mir zu sagen diktierte“[94]).

Bald zählte Madeyski zu den besten Rednern des Hauses. Seine Zeitgenossen und Parlamentskollegen lobten die Tiefe seiner Argumentation, den Scharfsinn und die Überzeugungskraft seiner Begründungen, die Klarheit seiner Formulierungen und die inhaltliche sowie formale Logik seiner Sätze. Man hob die Eleganz und die Ruhe hervor, mit denen er seine Polemiken führte und durch die er sich auch die Anerkennung der Kollegen der gegnerischen Parteien verschaffen konnte[95]).

Von den zahlreichen Reden, die Madeyski im Laufe der ersten drei Jahre seiner parlamentarischen Tätigkeit hielt, sind seine Stellungnahmen zur Reform der Zivilprozeßordnung von besonderem Interesse:

Mit der Frage der Gerichts- und Justizreform in Österreich hatte sich Madeyski schon vor seinem Eintritt in das politische Leben auseinandergesetzt: In verschiedenen

---

90) Laut Madeyski waren es die deutschen Kollegen, die den Polenklub auf seine Fähigkeiten in den diversen Fachausschüssen des Parlaments aufmerksam gemacht hätten. Siehe MADEYSKI, Erinnerungen I, 138.

91) MADEYSKI, 5. 5. 1880, STENOGRAPHISCHE PROTOKOLLE ÜBER DIE SITZUNGEN DES HAUSES DER ABGEORDNETEN des österreichischen Reichsrates, IX. Session, 88. Sitzung 3020.

92) ZOLL, Madeyski 12.

93) EBD. 11.

94) MADEYSKI, Erinnerungen I, 138.

95) Vgl. ZOLL, Madeyski 12 und TARNOWSKI, Nekrolog für Madeyski im *Czas* vom 21. 6. 1910; — Auch Madeyski selbst weist mit Stolz darauf hin, daß ihn die Deutschen einen „vornehmen Gegner“ genannt hätten. Siehe MADEYSKI, Erinnerungen I, 189. Bereitwillig gibt Madeyski auch über die Entstehungsart seiner vielgerühmten Reden Auskunft: „Reden, die keinen politischen Charakter hatten, verfaßte ich schon im vorhinein und trug sie dann mühelos — nahezu wörtlich — aus dem Gedächtnis vor. Gewöhnlich sah ich niemals in meine Notizen, obwohl ich diese immer bei der Hand haben mußte für den Fall, daß mich mein Gedächtnis plötzlich im Stich lassen sollte und ich stecken bliebe ... War die Rede hingegen polemischer Natur, notierte ich mir in der Regel vorher stichwortartig die wichtigsten Gedanken, um sie erst dann zu ordnen, wenn ich an die Reihe kam. Grundsätzlich gruppierte ich die losen Gedanken unter bestimmte prinzipielle Punkte“. MADEYSKI, Erinnerungen I, 140.

Fachzeitschriften wies er darauf hin, daß es notwendig sei, das noch auf dem Prinzip der „formalen Wahrheit" fußende Recht stärker an die Bedürfnisse des „wirklichen", in Rechtsakten nicht faßbaren Lebens anzupassen.

Sein persönlicher Einsatz für die Einführung eines mündlichen und öffentlichen Zivilprozeßverfahrens in Österreich trug allerdings erst sechzehn Jahre später seine Früchte. Bis dahin versuchte er, die öffentliche Meinung in unzähligen Artikeln, Ansprachen und Polemiken von der Zukunftsträchtigkeit dieser Reform zu überzeugen und die Regierung zu einer entsprechenden Entscheidung zu bewegen.

Schon 1880 wurde Madeyski in Zusammenhang mit einem Referat für den Justizausschuß vom damaligen Justizminister Alois von Pražak auf eine Forschungsreise nach Deutschland entsendet, um sich in der Praxis von der seit 1873 dort geltenden Zivilprozeßordnung überzeugen zu können und ihre Übertragung auf österreichische Verhältnisse auszuarbeiten. Seine positiven Eindrücke veröffentlichte Madeyski kurze Zeit später in einer Fachzeitschrift[96]).

Innerhalb eines Jahres hatte Madeyski also das Parlament erobert — durch die Investition seines einzigen Kapitals: Fachwissen, Eifer, Intelligenz und Ehrgeiz. Zwei Jahre nach seinem ersten Auftritt war sein Name kein unbekannter mehr[97]).

Doch das Parlament war kein „Juristentag"[98]), sondern eine Arena der politischen Konfliktaustragung, ein Forum, auf dem auch Madeyski als Mitglied des Polenklubs verpflichtet war, die politischen Standpunkte dieses Lagers zu vertreten.

Aus diesem Blickwinkel allerdings erscheint die zunächst naheliegende Vermutung, Madeyski sei lediglich aus Mangel an politischer Erfahrung oder wegen seiner noch zu schwach profilierten Stellung im Klub allen politischen Fragen ausgewichen, zumindest unbefriedigend:

Obwohl sich Madeyski in öffentlichen Stellungnahmen niemals zur damaligen Klubpolitik geäußert hat, beweisen die Erklärungen, die er diesbezüglich in seinen „Erinnerungen" abgab, daß seine damals offenkundige politische Gleichgültigkeit sehr wohl mit der Politik des Polenklubs in Zusammenhang stand: die politische Abstinenz rechtfertigte er hier mit seiner persönlichen Ablehnung des politischen Kurses der polnischen Delegation im Wiener Zentralparlament.

Aufgrund dieser Zeugnisse verwandelt sich Madeyskis vermeintliche Passivität in eine bedeutende politische Aussage, das ostentative Schweigen erhält politische Bedeutung: Da Madeyski als Mitglied des Polenklubs keine Möglichkeit hatte, seine persönliche Kritik und seine Zweifel an der politischen Linie dieses Lagers öffentlich auszusprechen, gleichzeitig aber diesen Kurs nicht befürworten oder gar vertreten wollte, war er den Weg der stillen Opposition gegangen.

Madeyskis Opposition war grundsätzlicher Natur: Er verurteilte die Mitwirkung des Polenklubs an der neuen Regierungsmajorität, die aus den Neuwahlen zum Reichsrat

---

[96]) Vgl. MADEYSKI, Die Handhabung des mündlichen Zivilprozeßverfahrens. Siehe auch oben Anm. 53.

[97]) ZOLL, Madeyski 8.

[98]) Anläßlich einer Debatte über das Budget des Justizministeriums gab Madeyski seiner Freude darüber Ausdruck, daß die Frage der Zivilprozeßreform reges Interesse erwecke und die Diskussionen zu diesem Thema zum Glück keine „Juristentage" mehr seien. Siehe MADEYSKI, 12. 12. 1891, STEN. PROT. Abgeordnetenhaus, XI. Session, 87. Sitzung 4048.

1879 hervorgegangen war und sämtliche „autonomistische" und konservative Gruppierungen des Abgeordnetenhauses phalanxartig in sich vereinigte[99]). An der Basis dieser „autonomistischen Koalition" habe nämlich die Verdrängung der deutschen Elemente von der Beteiligung an der Staatsführung gestanden, und darin habe er eine „Bedrohung des Staates" gesehen: Denn für Madeyski bildeten gerade die Deutschen das „natürliche" Fundament des Staates und somit den staatstragenden Faktor in Österreich. Als „Paradoxon" empfand er demnach eine Situation, in der die nichtdeutschen Parteien die Regierung geschlossen gegen die Deutschen unterstützten: „Das darf nicht ihre Rolle in Österreich sein" — das dürfe noch weniger die Rolle der Polen sein[100]). Denn die einzig realistische Zunkunft lag für die österreichischen Polen — so Madeyski — in der Festigung der galizischen Landesautonomie bei gleichzeitiger Förderung eines starken und vereinten Österreich — solange dieser Staat auf der Achtung der nationalen und politischen Rechte aufbaute: „Die Herrschaft der parlamentarischen Rechten war mir nicht sympathisch und erschien mir nicht vernünftig; auch entsprach sie der österreichischen Idee nicht, die für mich ein grundlegendes politisches Axiom bildete, da den Polen in meinen Augen nur zwei Alternativen offenstanden: Entweder lag die Zukunft in einer Föderation durch die Angliederung der restlichen polnischen Gebiete (oder zumindest Kongreßpolens) an Österreich oder in einem starken, trotz Autonomie vereinigten und gefestigten Österreich ... Doch die Herrschaft der Rechten entspricht jedenfalls nicht dem wahren Wesen dieses Staates und ist auch nicht imstande, die natürliche Entwicklung seiner Kräfte zu fördern"[101]).

Allerdings verschweigt Madeyski nicht, daß auch seine Meinungsdivergenzen mit seinem Landsmann und Klubkollegen, dem damals amtierenden Finanzminister, zu seiner politischen Passivität beitrugen: Während Madeyski gegen die Deutschen grundsätzlich keine Antipathie empfand, galt Dunajewski als verbissener Feind jeder Kooperation mit den deutschen Liberalen und als konsequenter Befürworter der Herrschaft von Slawen und Klerikalen in Staat und Parlament[102]). Aufgrund seines überaus starken Einflusses auf den Polenklub — so Madeyski — sei es Dunajewski auch gelungen, diesem seine eigenen politischen Richtlinien aufzuzwingen. Tatsächlich setzte sich Dunajewskis Kurs zwölf Jahre lang erfolgreich durch; eine wichtige Rolle spielte in diesem Zusam-

---

99) Siehe GUSTAV KOLMER, Parlament und Verfassung III (1879—1885) (Wien 1905) 7, sowie ALOIS CZEDIK, Zur Geschichte der k. k. Ministerien 1861—1916 I (1861—1893) (Wien—Teschen—Leipzig 1917) 240. Die neue Regierungsmehrheit enthielt den Böhmischen Feudaladel, die Alttschechen, die Deutsch-Klerikalen und den Polenklub: Zum ersten Mal in der Geschichte des konstitutionellen Österreich standen die deutschen Liberalen in der Opposition.

100) Diese Anschauungen stehen auch mit Madeyskis grundsätzlicher Überzeugung von der kulturellen und zivilisatorischen Höherwertigkeit der deutschen Nationalität in Österreich in Zusammenhang: „Die Weltbedeutung ihrer Kultur, ihrer geistigen und technischen Fertigkeiten auf allen Gebieten des sozialen Lebens" hätten in seinen Augen „unbedingt und uneingeschränkt zum Wohl des gesamten Staates genützt und verwertet" zu werden. Doch die neue Regierungsmehrheit werde dieser den Deutschen in der Führung der Staatsgeschäfte zustehenden Prioritätsstellung nicht gerecht: „Diese Konstruktion, die den Vertretern aller dem Staate angehörenden Elemente die Teilnahme und Teilhabe an der Staatsführung einräumt, außer den Deutschen, die doch das Fundament und die Grundlage dieses Staates bilden, entspricht nicht dem wahren Wesen und den wahren Bedürfnissen dieses Staates". MADEYSKI, Erinnerungen I, 185.

101) MADEYSKI, Erinnerungen I, 181f.

102) EBD.

menhang das „Exekutivkomitee der Rechten", das die Politik der einzelnen Mitgliederparteien koordinierte[103]).

Für Madeyski, auf dessen Meinung damals wohl kein großer Wert gelegt wurde, gab es daher nur einen Ausweg, da er ja grundsätzlich durch die Klubdisziplin gebunden war: „Solange Dunajewski im Kabinett war, spielte ich meine Polemiken mit den deutschen Liberalen ohne Aggression oder Provokation durch. Vielmehr versuchte ich, mich auf sachliche Argumente zu beschränken"[104]).

Es ist nicht ausgeschlossen, daß Madeyski schon damals an eine breitere parlamentarische Koalition von Slawen und Deutschen dachte: War dem so, mußte er Dunajewskis antideutschen Kurs auch als schwerwiegendes Hindernis auf diesem Wege empfunden haben. Feststeht allerdings nur, daß dieser Gedanke, der in Madeyskis Überzeugung von der staatstragenden Rolle der Deutschen in Österreich gründete, erst viele Jahre später im sogenannten Koalitionskabinett zum Tragen kam und unter Madeyskis aktiver Mitwirkung verwirklicht wurde.

Erst die Wahl in den speziellen „Sprachenausschuß" des Abgeordnetenhauses im Jahre 1881 führte Madeyski aus seiner erzwungenen Passivität heraus. Mehr noch: Aus der historischen Perspektive kann dieses Ereignis sogar als „Ursprung" seiner späteren politischen und wissenschaftlichen Karriere bezeichnet werden.

Die Entstehung des Sprachenausschusses stand im engsten Zusammenhang mit einem Antrag der deutschen Liberalen, den der Abgeordnete Gundacker Wurmbrand am 10. Mai 1881 im Abgeordnetenhaus einbrachte: Es wurde darin im Rahmen einer grundsätzlichen Forderung nach eigenen Ausführungsgesetzen für Artikel XIX des Staatsgrundgesetzes über die allgemeinen Rechte der Staatsbürger vom 21. Dezember 1867 verlangt, daß das Deutsche als Staatssprache festgestellt werde.

Auf die Tragweite der deutschen Forderung und ihre möglichen politischen Folgen weist allein schon die Tatsache hin, daß die bedeutendsten Persönlichkeiten aus dem politischen Leben in den Sprachenausschuß gewählt wurden, der diesen Antrag zu prüfen hatte.

Zweifellos war es für Madeyski unter diesen Umständen eine große Ehre, in den „Prominentenausschuß" aufgenommen zu werden, obwohl er doch, wie er schreibt, damals „noch ein sehr junger Abgeordneter war" und sich „nicht in die Politik gedrängt" habe[105]).

Gegen seinen Willen vielleicht zog ihn diese Wahl aber in den Strudel des politischen Geschehens und direkt in die Schlüsselfrage der cisleithanischen Innenpolitik hinein: die österreichische Nationalitätenfrage, die Madeyski dann bis zu seinem Lebensende vornehmlich beschäftigte.

Politische Rücksichten und taktische Vorsicht[106]), nicht zuletzt auch die allgemeine Hochschätzung für Madeyskis juristische Fachkenntnisse, seinen Fleiß und seine Einsatz-

---

[103]) Kolmer, Parlament und Verfassung III, 9.

[104]) Madeyski, Erinnerungen I, 189.

[105]) Ebd. I, 153.

[106]) Da eine starke Exponierung der einzelnen Parteien durch ihre jeweiligen führenden Persönlichkeiten in einer so gravierenden Frage offensichtlich nicht im Interesse der Beteiligten lag, beschloß der Polenklub höchstwahrscheinlich, die Berichterstattung über die Ergebnisse der Beratungen der Ausschußmehrheit

bereitschaft, waren wohl jene Faktoren, die seine Wahl in den Sprachenausschuß und sogar zum Generalberichterstatter der Ausschußmajorität (in der sich ja der Polenklub befand) bestimmt haben. Der Akzent lag dabei vermutlich auf strategischer Ebene: Denn Madeyski will nicht verschweigen, daß es der Präsident des Polenklubs Kazimierz Grocholski war, der sein Referat als Generalberichterstatter „betreute" und dessen Richtlinien bestimmte. Grocholski habe seinem Referat nach Durchsicht der ersten Fassung schließlich auch die politische Aussage und den diplomatischen Schliff gegeben[107]).

Madeyskis Erfolge im Wiener Abgeordnetenhaus fanden auch in Galizien Widerhall: Mit Berufung auf seine politische Tüchtigkeit im Zentralparlament wurde Madeyski bei den kommenden Wahlen zum galizischen Landtag im Jahre 1883 als Kandidat des Krakauer Großgrundbesitzes aufgestellt. Mit seiner Wahl zum Landtagsabgeordneten verlagerte sich das Schwergewicht seiner Tätigkeit in die galizische Landespolitik: Anders als der Polenklub, dessen politischen Kurs Madeyski ja nicht billigte, eröffnete ihm der Landtag größere Möglichkeiten für persönliches politisches Wirken. Bis zum Jahre 1891 wird sich Madeyski hauptsächlich mit der galizischen Landtags- und Landespolitik befassen und auf Landesebene seine politischen Vorstellungen zu verwirklichen versuchen.

c) Wahl in den galizischen Landtag 1883 — Erste parteipolitische Bindungen

Aufgrund der Revision der Wahlordnung zum österreichischen Reichsrat vom Jahre 1873 war Madeyski 1879 nicht mehr — wie das bisher zu geschehen pflegte — über den Landtag, sondern unmittelbar von der Landesbevölkerung in das Parlament gewählt worden.

Der galizische Landtag verstand diese Revision als Einschränkung seiner Kompetenzbefugnisse und als Attentat auf die Landesautonomie: Tatsächlich strebte diese Reform eine größere Unabhängigkeit der Parlamentsabgeordneten von der Landespolitik an. Indem jetzt auch solchen Kandidaten der Eintritt in das Parlament ermöglicht wurde, die von den Landtagen nicht bestätigt sein mußten, würde die Ingerenz der Länder im Zentralparlament geschmälert und die Reichspolitik von der Provinzpolitik getrennt werden können.

Der galizische Landtag verstand es allerdings, den vom zentralistischen Geist getragenen Plan zu durchkreuzen und die Neuordnung zumindest für Galizien durch die Postulierung der Interdependenz und Kooperation zwischen Landtag und Polenklub zu entschärfen:

Einerseits wurde durch die Institution der Zentralwahlkomitees, die das Recht erhielten, Kandidaten abzulehnen oder zu bestätigen, die Liste der Kandidaten im Sinne der Interessen der Landtagsmehrheit gesäubert. Damit wurde das Eindringen von Abgeordneten verhindert, die die „nationale Solidarität" der polnischen Parlamentsdelegation gefährden konnten. Andererseits stellte der Landtag das Dogma von der

einem parteipolitisch noch nicht „verbrauchten", zugleich aber fähigen Abgeordneten anzuvertrauen: Madeyski hatte sich als Rechtsexperte und sachlicher Politiker schon auszeichnen können und schien über jede parteipolitische Verblendung erhaben.

[107]) Über seine Meinungsdivergenzen mit dem Präsidenten des Polenklubs Kazimierz Grocholski berichtet Madeyski ausführlich. Siehe MADEYSKI, Erinnerungen II, 152f. Vgl. auch unten S. 221f.

bedingungslosen Pflicht des Polenklubs auf, den Landtag in allen Fragen zu kontaktieren, die auf der Tagesordnung des Abgeordnetenhauses standen und auch der Stimme des Polenklubs bedurften. In jenen Fragen, die der Polenklub in das Plenum des Zentralparlaments einbrachte, nahm der Landtag sogar das Initiativrecht für sich in Anspruch.

Auch Madeyski erkannte rasch, daß der Polenklub in Wien de facto nur eine Verlängerung, wenn nicht ein Exekutivorgan des galizischen Landtags war, und das Schwergewicht der polnischen Politik demnach in Lemberg lag, wo der Landtag residierte. Was ihn betraf, erkannte er, „daß man die polnische Politik in Österreich nicht anders als durch den Kontakt mit dem Landtag und die Arbeit im Landtag führen konnte“[108]).

Aus diesem Grunde nahm er im Jahre 1883 mit Freude das Angebot des Präsidenten der Wahlkurie des Krakauer Großgrundbesitzes an, sich als Kandidaten zum Abgeordneten im Landtag aufstellen zu lassen[109]): „... Ich war für die Arbeit im Landtag hauptsächlich aus zwei Gründen geeignet und vorbereitet: erstens habe ich als Gerichtsbeamter und Notar in der Provinz die Gelegenheit gehabt, die rechtlichen, wirtschaftlichen und sozialen Verhältnisse der bäuerlichen Landbevölkerung des westlichen Landesteiles kennenzulernen und zu studieren; zweitens habe ich als Bürgermeister von Brzeżko und Vizepräsident des Bezirksrates unsere Gemeinde- und Bezirksautonomie aus nächster Nähe kennengelernt“[110]).

Als der Wahltermin heranrückte, begannen in Galizien die Werbetrommeln zu schlagen.

Das offizielle Organ des konservativen Großgrundbesitzes, *Czas*, rief seine Leser am 25. April 1883 eindringlich auf, „... nur politisch sichere, vernünftige, gebildete Männer ... zu wählen, die mit den lokalen Verhältnissen und Problemen vertraut und darüber hinaus fähig sind, die Lösung ihrer konkreten Aufgaben mit höheren nationalen Pflichten zu verbinden, also mit der Gegenwart und Zukunft der Polnischen Frage zu vereinen ... Wir wollen Delegierte, die das Ansehen des Landtages ... im Einklang mit den Grundsätzen und Axiomen unseres öffentlichen Lebens ... heben“[111]).

---

108) MADEYSKI, Wybór do Sejmu [Wahl in den Landtag]. Diese Überzeugung präzisierte Madeyski in seiner Wahlrede: „Im Widerspruch zu den natürlichen, historischen und politischen Verhältnissen unserer Nation hat die vom zentralistischen Prinzip getragene österreichische Verfassung das Schwergewicht der politischen und sogar legislativen Arbeiten in das Zentralparlament gelegt. Doch gibt es kein Gesetz, das stärker wäre als das natürliche Bedürfnis. Für uns ist ein solches Bedürfnis aber, den Schwerpunkt unserer Politik in den Landtag zu legen. Denn die Grundlage unserer Politik kann nur national sein. Hier, wo das Herz der Nation und der Puls des politischen Lebens schlagen, hier, im Landtag, muß die politische Tätigkeit ihren Anfang nehmen. Dem Landtag steht es zu, Initiativen zu setzen: der Landtag ist es, der die politischen Postulate aufstellt; und wenn ihm die Verwirklichung und Durchsetzung dieser Postulate auch nicht zugestanden wird, so ist es dennoch er, der sie in die Hände der Delegation in Wien legen muß, damit letztere die Forderungen des Landtages zum Ziel ihrer Arbeit und ihrer Anstrengungen macht“. MADEYSKI, Wahlrede; in: *Czas*, 4. 6. 1883.

109) Alfred Milieski, Präsident der Kurie des Krakauer Großgrundbesitzes, war zugleich auch Präsident des Brzeżkoer Gemeinderates, dem auch Madeyski seit einigen Jahren angehörte. Vgl. MADEYSKI, Wybór do Sejmu [Wahl in den Landtag] 2.

110) EBD. 2f.

111) An dieser Stelle erscheint es angebracht, daran zu erinnern, daß *Czas* unter „politisch sicheren, vernünftigen ... Männern“ selbstverständlich nur Mitglieder des polnischen Großgrundbesitzes und des

Am 4. Juni, zwei Tage vor den Wahlen, fand die Vorwahlversammlung des Krakauer Großgrundbesitzes statt:

Im Anschluß an eine kurze Rede des Präsidenten des Wahlkomitees, der Madeyskis Kandidatur mit überschwenglichen Worten empfahl[112], sprach Madeyski. Er definierte in seiner Wahlrede die „Mäßigung" als sein einziges politisches Bekenntnis und erhob die gemäßigte Linie zu seinem politischen Programm:

„Der Radikalismus ist mir fremd. Ich bin weder Anhänger der Reaktion noch der Stagnation; ich wünsche die nationale, die politische, die bürgerliche Freiheit, ich wünsche den Fortschritt ... Wer auf einem solchen Standpunkt steht und aus reinen Motiven und ohne Vorurteil handelt, dessen politische Farbe hängt dann eher von seinem Temperament und seiner politischen Vorbildung ab ... Ein Politiker, der die gegenwärtigen Verhältnisse aus ihrer historischen Entwicklung heraus untersucht und zu erkennen fähig ist, welches ihrer Elemente gesund ist und die Grundlage des organischen, schrittweisen, sprunglosen, evolutionären Aufbaus bilden kann, der wird in der Mitte stehen. Seine Farbe heißt Mäßigung, seine Farbe heißt Vernunft und Überlegung. Sie ist die einzige Farbe — daran glaube ich ganz fest —, die imstande ist, als sicheres und langlebiges Steuerrad zu dienen, und sie ist daher meine politische Farbe"[113].

Der Inhalt der Rede sollte vor den Wählern das Bild eines künftigen Delegierten entwerfen; demgemäß bemühte sich Madeyski, seinen allgemeinen politischen Standort durch kurze Stellungnahmen zu grundsätzlichen Fragen wirtschaftlicher, sozialer und politischer Natur abzustecken.

Anders als der Großteil der politischen Wahlreden stellt sich die Madeyskis als sachliches und logisch aufgebautes Referat dar, das, über jede Demagogie und parteipolitische Verblendung erhaben, den Wählern das Bild eines zwar schon an die aktive Politik gebundenen, von ihr aber noch nicht verdorbenen, nüchternen Mannes vermittelt.

Schon in der Abgrenzung seiner politischen und implizit weltanschaulichen Position weicht Madeyski jeder doktrinär-ideologischen Stellungnahme aus. Seine konservative Linie (Madeyski steht vor den Wählern des konservativen Großgrundbesitzes) definiert er vom wirtschaftstheoretischen und wissenschaftlichen Standpunkt — durch ihre Abgrenzung vom ökonomischen Liberalismus —, ohne auf die politisch-ideologische Konnotation seiner Ausrichtung einzugehen. Als „konservativ" wollte sich Madeyski also durch seine Ablehnung des doktrinären Liberalismus verstehen, für den „die formelle Gleichheit aller Individuen in der Gesellschaft auch die Grundlage ihrer Gleichheit im wirtschaftlichen Kampf ist ... Denn die Individuen gruppieren sich entweder um den Boden oder um die Arbeit oder um das Kapital — und diese sind

Adels verstand, also Bürger grundsätzlich konservativer und klerikaler Prägung und bedingungslos loyale Untertanen des österreichischen Kaiserhauses, Anhänger des österreichischen Staatsgedankens.

112) „... es ist überhaupt überflüssig, für diese Kandidatur viele Worte zu verlieren, denn die hervorragenden Leistungen dieses Staatsmannes im Wiener Reichsrat sind schon allgemein bekannt. Wer im Reichsrat eine so bedeutende Stellung einnimmt und so fruchtbare Arbeit für das Wohl unseres Landes leistet, dem gebührt auch ein Sitz im Landtag ..." Alfred Milieski, *Czas* 4. 6. 1883.

113) Ebd. Vgl. Madeyski, Wybór do Sejmu [Wahl in den Landtag]: „Der gemäßigte politische Standort, der Standort der Mitte entsprach der Ausrichtung des Berufes, den Gott mir in die Wiege legte; ich habe diesen Standort stets gewahrt und als schöpferisch, fortschrittlich und fruchtbar erachtet".

keine gleich starken wirtschaftlichen Faktoren. Jawohl, denn vom Kapital hängt die Produktivität sowohl des Bodens als auch der Arbeit ab, und wenn der Schwächere hier keine vernünftige Unterstützung ... vom Staat erhält, muß er im Kampf gegen den Stärkeren unweigerlich unterliegen ... Es wäre verhängnisvoll, das Kapital zu unterdrücken, man muß aber diejenigen sozialen Gruppen, die sich um den Boden und die Arbeit gruppieren, vor seiner Hegemonie und vor seiner Ausbeutung schützen. Diese sozialen Gruppen müssen erhalten werden und als notwendige Komponenten der Harmonie des sozialen Organismus konserviert werden. Demnach ist auch dieser so verstandene Konservatismus ein Mittelding zwischen Liberalismus einerseits und Allmacht des Staates andererseits"[114]).

Eindeutig geht aus dieser Erklärung die Ablehnung der führenden Rolle des kapitalistischen Bürgertums in der Gesellschaft hervor, eindeutig auch Madeyskis Überzeugung vom „natürlichen" Primat des Bodens, also der Landwirtschaft, deren Träger das Bauerntum ist: Er bezeichnet es als „das Fundament unserer Zukunft". Natürlich impliziert diese Einstellung auch die leitende Funktion des Agraradels, der dieses „Fundament" zu erhalten und zu führen berufen ist.

Aus diesen Prämissen fließen auch konkrete Forderungen für die politische Praxis: „Aus dieser Überzeugung heraus habe ich für das Gesetz gegen den Wucher und für die industrielle Reform gestimmt, aus dieser Überzeugung heraus bin ich für die Aufhaltung der immer weitergehenden Grundstückzerstückelung, aus dieser Überzeugung heraus bin ich im Prinzip auch mit der Institution der Landesbank einverstanden, und aus dieser Überzeugung auch werde ich immer für die wirtschaftliche Förderung aller sozioökonomischen Klassen im Maße ihrer Bedürfnisse eintreten"[115]).

---

[114]) *Czas*, 4.6. 1883; — Schon 1879 hatte Madeyski diese Anschauungen in einem Artikel ausgedrückt, in dem er vom Widerspruch zwischen der „theoretischen Richtigkeit" des Gesetzes vom Gleichgewicht und von der Harmonie der drei wirtschaftlichen Faktoren einerseits und dem „wirklichen Leben, den Erfahrungen des Alltags" sprach: „Wenn das Capital eine unbeschränkte Freiheit genießt, versetzt es den Boden und die Arbeit in solche Abhängigkeitsverhältnisse, daß diese ihre eigene Freiheit zum großen Teil einbüßen. Insofern daher durch eine derartige Hegemonie des Capitals der Boden oder die Arbeit an ihren Produktionskräften geschädigt und somit das wirtschaftliche Gleichgewicht der Staatsgesellschaft erschüttert werden, erscheint der Staat berufen, durch ein der Natur entsprechendes Mittel ... die Freiheit des Capitals einzuschränken". MADEYSKI, Die neue Wuchergesetzgebung vom Standpunkt des Notariats; in: *Zeitschrift für Notariat und freiwillige Gerichtsbarkeit in Österreich* 1879, Nr. 45, 273. In einem anderen Artikel, der fünf Jahre später in derselben Zeitschrift erschien, erklärte Madeyski: „Mit den Ideen der Freiheit und der Gleichheit fielen die hemmenden Bande der ‚Stände' im politischen Sinne des Wortes. Allein den Ideen zum Trotz blieben in dem realen Leben die ‚Stände' als Berufsklassen zunächst in wirtschaftlicher Bedeutung des Wortes aufrecht. Die materiellen und geistigen Bedingungen des wirtschaftlichen Lebens üben aber notwendigerweise ihren bestimmenden Einfluß in sozialer Richtung, und unumstößlich bleibt die Wahrheit, trotz gesetzlicher und politischer Anerkennung des Prinzips der Freiheit und Gleichheit, daß die staatsbürgerliche Gesellschaft nicht aus gleichen Individuen besteht, sondern aus sozialen Gruppen (Klassen oder Ständen im nichtpolitischen Sinn), die tatsächlich ungleichartig sind und welche gerade zu dem Zwecke, um durch eine ungerechte formelle Gleichheit nicht in materielle Abhängigkeit gegeneinander zu verfallen, vielmehr um erst recht die Fähigkeit zum Ringen nach den Gütern der Freiheit zu erlangen, einer manche Unebenheiten ausgleichenden, zahlreichen Gegensätze aussöhnenden, daher formell ungleichen Behandlung seitens der Gesetzgeber bedürfen". MADEYSKI, Zu der Agrar-Reform in Österreich, EBD. 1884, Nr. 17, 82.

[115]) *Czas*, 4.6. 1883.

Auf die Ebene der Politik kommend, tritt Madeyski für eine bessere Verwertung des derzeit bestehenden gesetzgebenden Kompetenzbereiches des Landes ein, fordert jedoch für eine spätere Phase der politischen Entwicklung auch die Erweiterung des Umfanges der legislativen Autonomie. Denn: „... der Prozeß unserer rechtspolitischen Bestrebungen ist noch nicht abgeschlossen". Unter dieser Erweiterung versteht Madeyski aber nur eine vorsichtige Korrektur des bestehenden Systems der Landesautonomie, „das einen wesentlichen Teil der von den Polen erkämpften nationalen Freiheiten darstellt, und von dem nichts aufgegeben werden darf"[116]).

Grundsätzlich also will Madeyski das optimale Ausmaß an Autonomie innerhalb der vom gesamtstaatlichen System abgesteckten Grenzen sehen.

Gemäßigter Konservatismus, gemäßigter Fortschritt, gemäßigte Reform — kurzum: ein gemäßigtes Programm.

Ein gemäßigter und maßvoller Politiker, ein parteiloser Staatsmann — so präsentiert sich im Jahre 1883 Madeyski seinen Wählern[117]).

Auf die Dauer hat sich diese Position in ihrer ursprünglichen Grundsätzlichkeit nicht durchsetzen können: Als Madeyski sechs Jahre später abermals vor seinen Wählern stand, war von einer gemäßigten Linie nicht mehr die Rede. Auch der gemäßigte, parteiunabhängige Politiker war verschwunden. An seiner Stelle stand der Autor von „Nasza opozycja" [Unsere Opposition], der verbissene Feind der „Fortschrittlichen Demokraten" Galiziens, das Redaktionsmitglied des Parteiorgans der Krakauer Stańczyken *Przegląd Polski.*

Doch wir wollen den Ereignissen nicht vorgreifen. Im Jahre 1883 war die politische Silhouette, die Madeyski in seiner Wahlrede entwarf, noch die einzige, mit der er sich identifizieren zu können glaubte: Das Produkt der Erfahrungen, die er in seiner politischen „Werkstatt" im Wiener Zentralparlament im Laufe von drei Jahren gesammelt hatte, wurde auch zur Grundlage seiner politischen Tätigkeit der folgenden Jahre.

Die Ergebnisse der Landtagswahlen des Jahres 1883 hatten eine Umstrukturierung im galizischen Landtag nach sich gezogen: Zusammensetzung und Kräfteverhältnisse waren wesentlich verändert.

Während der *Przegląd Polski* in diesem Zusammenhang von einer „Verjüngung" des Landtags sprach[118]) — tatsächlich war das Gremium um eine beträchtliche Anzahl „frischer", in der Regel junger Abgeordneten bereichert worden —, sprachen andere — im Hinblick auf die bedeutende Verstärkung der Vertreter des Adels — von einem „wahren Szlachzitzen-Landtag"[119]).

---

116) Ebd.

117) Selbstverständlich darf nicht außer acht gelassen werden, daß das Konzept der „Mäßigung" kein absolutes ist: Madeyskis Position ist nur in ihrer Abgrenzung vom radikalen Konservatismus der Stańczyken einerseits und vom Liberalismus der galizischen Demokraten andererseits — also relativ — als gemäßigt zu verstehen.

118) Tarnowski, Sesja sejmowa 1883 roku [Landtagssession 1883]; in: *Przegląd Polski* 69 (1883) 496.

119) Der Ausgang der Wahlen 1883 brachte dem Adel den seit 1861 höchsten Prozentsatz der Mandate im Landtag. Vgl. Kieniewicz, Adam Sapieha 340. Nicht nur hatte das konservative Lager jetzt die überwältigende Mehrheit; darüber hinaus war es ihm gelungen, die ruthenischen Vertreter aus den östlichen Wahlbezirken — insbesondere aus der Kurie der Landgemeinden — auf ein nie zuvor erreichtes Minimum zu reduzieren. Vgl. Kolmer, Parlament und Verfassung III, 83.

Die galizische Regierungsschicht konnte aufatmen: Für weitere sechs Jahre war ihr die politische Herrschaft im Lande sicher; unbehindert konnte die von ihr vorgezeichnete und von ihr getragene Landespolitik weiter verfolgt werden[120]).

Da mit dem Jahre 1879 die Zeit der Kämpfe um die Landesautonomie im Sinne der herrschenden Großgrundbesitzaristokratie endgültig vorbei war, stand der Landtag erstmals vor der Aufgabe, die inneren Verhältnisse Galiziens auf die Tagesordnung seiner Beratungen zu stellen — erstmals auch vor der Möglichkeit, eine friedliche Sozialpolitik in Angriff zu nehmen. Denn: „Seine politische Linie, seine Stellungen zur österreichischen Monarchie, zur Dynastie und zur Nationalität, sind heute schon genau festgelegt und bilden integrierende Bestandteile seiner neuen Tradition. Der Landtag kann sich infolgedessen voll und ganz den Landesangelegenheiten widmen und am Wohl des Landes arbeiten. Für diesen Landtag ist die Existenz dieser gegenwärtigen, so hart erkämpften, heute aber schon gefestigten politischen Grundlage eine Wohltat"[121]).

Demnach war Madeyski also kein Vertreter des galizischen Landtages der vorangehenden Legislaturperioden mehr: Er gehörte der Generation der „Kämpfer" und „Pioniere der Autonomie" nicht mehr an; seine eigene Generation arbeitete am Ausbau und an der Erweiterung des Erkämpften.

Im neuen Landtag hatte das politische Postulat von der „nationalen Einheitsfront" seine Daseinsberechtigung verloren: Nun, da es galt, die bislang zugunsten der „Großen Politik" vernachlässigten Landesangelegenheiten aufzugreifen, traten die politischen Differenzen innerhalb der nationalen Landesvertretung wieder deutlicher hervor. Sie wurden zur Grundlage der Reorganisierung der parteipolitischen Formationen. Daß eine solche politische Neustrukturierung nach den Wahlen auch notwendig geworden war, zeigte allein schon die nie zuvor erreichte Anzahl von „wilden", also parteilosen Abgeordneten[122]).

Auch Madeyski konnte sich mit keinem der bestehenden politischen Lager identifizieren: „Da ich kein politisches Lager fand, das mich zufriedenstellen würde, betonte ich nur meine mittlere und gemäßigte Position"[123]).

Da er gleichzeitig jedoch erkannte, daß individuelle Politik ebenso unwirksam war, begann er ernsthaft an die — in seinen Augen notwendige — Bildung eines neuen politischen Lagers im Landtag zu denken.

Die Chancen für die Entstehung einer neuen politischen Gruppierung standen tatsächlich sehr gut: die bestehenden Großparteien hatten an Stärke und Zusammenhalt eingebüßt:

Aus dem „Klub der Reform", so hatten sich die Krakauer Konservativen in der vorangegangenen Legislaturperiode genannt, war eine Gruppe gemäßigter Abgeordneter ausgetreten, die eine Annäherung an den „Klub der Athener" suchten[124]); überdies

---

120) Vgl. TARNOWSKI, Sesja sejmowa 1883 [Landtagssession 1883] 528.

121) Przegląd polityczny [Politische Rundschau]; in: *Przegląd Polski* 68 (1883) 473.

122) Ihre Zahl ist nach diesen Wahlen auf 40 angestiegen: Die „Wilden" rekrutierten sich im wesentlichen aus den „Neulingen", aus Splitterresten der „Sezessionisten" und einigen überzeugten Einzelgängern. Vgl. KIENIEWICZ, Adam Sapieha 322.

123) MADEYSKI, Wybór do Sejmu [Wahl in den Landtag] 6.

124) Der „Klub der Athener" wurde von Wojciech Dzieduszycki angeführt. Siehe MADEYSKI, Wybór do Sejmu [Wahl in den Landtag] 7 und TARNOWSKI, Sesja sejmowa 1883 [Landtagssession 1883] 510f.

waren durch die Neuwahlen eine Reihe ostgalizischer Abgeordneter in den Landtag eingetreten, die sich keinem der bestehenden Lager anschließen wollten.

Dieser Auflösungsprozeß der bestehenden politischen Formationen und der Abfall der „gemäßigten" Elemente überzeugten Madeyski jetzt von der Notwendigkeit, eine gemäßigte Mittelpartei zu gründen: „Zwischen den Konservativen (Podolaken und Krakauer)[125]) einerseits, den Ruthenen oder Bauern andererseits lag ein zu tiefer Abgrund. Ein Klub der „Mitte" könnte hier die Funktion eines Verbindungsgliedes erfüllen und auf organischem, schrittweisen, nicht abruptem Wege den Fortschritt fördern"[126]).

Madeyskis Vorstellung wurde Wirklichkeit: Noch in den ersten Sitzungen des neuen Landtags konstituierte sich das „Zentrum". Der neue Klub setzte sich aus ehemaligen Mitgliedern des „Klubs der Athener", aus den gemäßigt konservativen Abtrünnigen des „Klubs der Reform", hauptsächlich jedoch aus den „Neulingen" — unter ihnen auch Madeyski — zusammen[127]).

Bei den etablierten Parteien stieß der neue Klub anfangs nur auf Unverständnis und Antipathie; großes Mißtrauen begleitete seine Anerkennung[128]): Führende Persönlichkeiten aus dem konservativen Lager verglichen das Zentrum mit einem „politischen Hamlet"[129]), Stanisław Koźmian sprach gar von einem „Reservoir katalinarischer, destruktiver Existenzen". Madeyski hingegen hielt noch zur Zeit seiner „Erinnerungen" an der Berechtigung, ja Notwendigkeit dieser Gruppierung fest: „Das Zentrum war eine in thesi richtige, den Bedürfnissen des Landtags adäquate Organisation"[130]).

Das Programm des Zentrums[131]), mit dessen Ausarbeitung und Ausformulierung

125) TARNOWSKI, Sesja sejmowa 1883 [Landtagssession 1883] 513. Die beiden konservativen Lager hatten sich jetzt verbunden. Vorher hatten die „Krakauer" den Westen, die „Podolaken" den Osten des Landes vertreten. Für Tarnowski, einen westgalizischen Konservativen, bedeutete die Verbindung einen politischen Erfolg des Konservatismus. Denn er sah darin den Ausdruck der Überwindung der lange Zeit manifesten politischen sowie sozialen und wirtschaftlichen Antagonismen zwischen beiden Landesteilen.

126) MADEYSKI, Wybór do Sejmu [Wahl in den Landtag] 9.

127) „Den neuen Klub kennzeichneten vor allem einige seiner Mitglieder, die durch ihren Ernst und ihre Fähigkeiten hervorstachen — so etwa Stanisław Madeyski oder Apolinary Jaworski ..." TARNOWSKI, Sesja sejmowa 1883 [Landtagssession 1883] 514.

128) Tarnowski will zwischen dem Zentrum und dem konservativen Lager keinen wesentlichen Unterschied erkennen. EBD. 515.

129) So meinte der konservative Abgeordnete Smarzewski, daß das Zentrum „eher edle Absichten als Entschlußkraft im Handeln" hätte. Zit. in KIENIEWICZ, Adam Sapieha 322.

130) MADEYSKI, Wybór do Sejmu [Wahl in den Landtag]9.

131) Das Programm des Zentrums wurde im *Przegląd Polski* wörtlich abgedruckt. Es lautet: „Gefordert wird:
1. Die Erhaltung des bestehenden gegenseitigen Vertrauens zwischen Land und Krone. Dieses Vertrauen ist der Ausdruck und die Folge unserer Dankbarkeit für die Berücksichtigung unserer nationalen Rechte, und seine Erhaltung gründet in einem wohlverstandenen nationalen Interesse.
2. Die Festigung und Erweiterung der legislativen und administrativen Autonomie unseres Landes.
3. Die Beibehaltung der Verbindungen zwischen Landtag und polnischer Delegation im Reichsrat.
4. Die schrittweise Verbesserung der sozialen Verhältnisse im Lande und die Beseitigung bestehender Mißstände in den gegebenen Bedingungen durch ausdauernde Arbeit innerhalb wie außerhalb des Landtages. Gefordert wird vor allem, unter ständiger Berücksichtigung und Achtung der Rechte der ruthenischen Sprache und der unierten Kirche, im Hinblick auf die vitalsten Bedürfnisse des Landes:
a) Die Hebung der Volksaufklärung in einer Richtung, die die praktischen Bedürfnisse der Gesellschaft reflektiert.

Madeyski betraut wurde[132]), empfand man allgemein als so neutral, daß „wirklich alle ihren Namen hätten darunter setzen können“[133]). Und Stanisław Tarnowski sprach dem Zentrum sogar jede Daseinsberechtigung ab, da sich sein Programm im wesentlichen mit jenem der Rechten decken würde[134]).

Von diesem Standpunkt aus wurde dem Zentrum unterstellt, nur zur Befriedigung des persönlichen Ehrgeizes seiner — tatsächlich zum Großteil jungen und noch unbekannten — Mitglieder gegründet worden zu sein: Zweifellos würden die jungen Abgeordneten im Zentrum viel rascher zu Einfluß und Prestige gelangen als in den saturierten, an führenden Persönlichkeiten reichen Lagern[135])!

Allerdings hatte diese Verharmlosung, wenn nicht Bagatellisierung der politischen Bedeutung des Zentrums auch eine andere Funktion: sie erleichterte den großen Parteien die strategische Annäherung an einen Parteikörper, der für die künftigen Mehrheitsverhältnisse im Landtag entscheidend sein würde. Und so verwandelte sich ursprüngliches Mißtrauen rasch in wohlwollendes Entgegenkommen:

Auf der Rechten versicherte man jetzt, daß das Programm des Zentrums die „Weiterführung der traditionellen Landespolitik in Wien“ garantiere[136]). Man hoffte auf eine Verbindung mit dem neuen Klub: Im Falle eines politischen Bündnisses war dieser rechten Koalition eine ständige Mehrheit im Landtag sicher[137]). Die Attraktivität dieses Gedankens ließ ihn bald spruchreif werden: Tarnowski sprach von einer „fruchtbaren politischen Kombination“ und betonte, daß „das gegenseitige Aufeinanderwirken der beiden Lager“ für beide Teile nur ersprießliche Folgen hätte: die Älteren würden dem Zentrum als „Bremse“, das Zentrum den Älteren als „Sporen“ dienen[138]).

Doch nicht allein die Rechte hatte die politische Bedeutung einer Verbindung mit dem Zentrum erkannt: auch auf der Linken begann man, um sein Wohlwollen zu werben, da nur durch eine Koalition mit dem Zentrum die sichere Majorisierung durch die Rechte verhindert werden konnte.

Stanisław Tarnowski übrigens beeilte sich — wie könnte es anders sein —, die freundliche Aufnahme des Zentrums durch die demokratische Presse als taktisches

---

b) Die Entwicklung aller Produktionszweige unter ständiger Bedachtnahme auf das zu erhaltende soziale Gleichgewicht.

c) Die Korrektur der Verwaltungsorganisation im Geiste der Selbstverwaltung mit dem Ziel, die soziale Ordnung durch eine richtige Verteilung der öffentlichen Lasten zu festigen.

d) Die Reform des Gerichtswesens zur Sicherung einer raschen, gerechten und allen Schichten der Bevölkerung zugänglichen Rechtspflege einerseits, zur Festigung des Rechtsgefühls in der Gesellschaft andererseits.

e) Den Schutz der Steuerkraft der Bevölkerung und der Sparsamkeit in der Wirtschaft des Landes.

5. Die Unterstützung derjenigen Regierung, die die Achtung der Rechte und die gerechte Berücksichtigung der Bedürfnisse der einzelnen Länder der Monarchie zu fördern gewillt sein wird“. Zit. in Tarnowski, Sesja sejmowa 1883 [Landtagssession 1883] 515.

132) Madeyski, Wybór do Sejmu [Wahl in den Landtag] 8.

133) Kieniewicz, Adam Sapieha 332.

134) Tarnowski, Sesja sejmowa 1883 [Landtagssession 1883] 515f.

135) Ebd. 517.

136) Ebd.

137) Ebd.

138) Ebd.

Manöver zu entlarven, um einen „Keil zwischen die Konservativen zu treiben, sie zu zersetzen und dann die Geschwächten zu überwältigen“[139]).

Unter solchen Vorzeichen war das Schicksal des Zentrums schon besiegelt. Und auch Madeyski erkannte rasch, daß seine „in thesi richtige“ Mittelpartei unter den konkret im Landtag herrschenden Bedingungen nicht lebensfähig war.

Als Spielball der zwei mächtigen Blöcke auf der Linken und der Rechten des Hauses überlebte das Zentrum keine zwei Sessionen: Infolge der immer schneller voranschreitenden Polarisierung der politischen Linien hatte eine Mittelpartei tatsächlich keine Chance, eine eigenständige und produktive Politik zu führen. Ihre grundsätzlich denkbare Funktion als Vermittlungs- und Versöhnungsfaktor erwies sich bald als unrealistisch, undurchführbar und überhaupt sinnlos: Die ursprünglich mäßigende und vereinende Rolle des Zentrums wurde auf die Funktion eines passiven, von beiden Polen ausgenützten Züngleins an der Waage der Mehrheitsabstimmungen im Landtag reduziert. Doch in dieser traurigen Eigenschaft trug das Zentrum letztlich nur zur Labilität der Kräfteverhältnisse, zum Schwanken der politischen Linie des Landtags und nicht zuletzt auch zur eigenen Zersetzung bei.

In der zweiten Session dieser Legislaturperiode versuchte das Zentrum noch, durch eine Reorganisierung seiner Klubstatuten am Leben zu bleiben[140]). Stimmen erhoben sich, die den Überlebenskampf der Mittelpartei unterstützten und ihre Daseinsberechtigung als eigenständiger politischer Faktor zu beweisen versuchten: „Wenn die politische Struktur des Landtags eine natürliche sein soll, dann müssen die einen immer auf der Rechten, die anderen auf der Linken, noch andere aber in der Mitte des Sitzungssaales Platz nehmen. Man kann sich doch überhaupt kein menschliches Handeln vorstellen, das den Mittelweg nicht kennen würde. Ebenso schwer kann man sich eine politische Konstruktion vorstellen, in der es nur eine Rechte und eine Linke gibt. Alle Parlamente der Welt haben ein Zentrum, und niemandem würde es einfallen, seinen Sinn und seine Daseinsberechtigung in Frage zu stellen. Erst auf dem Lembergerforum hat man ein solches Zentrum nicht anerkennen wollen ... Aber man kann die Idee einer Mittelpartei nicht ersticken — denn sie ist ein Naturrecht und wird daher ewig leben und alle Landtage überleben. Für die Idee der Mittelpartei ist es gleichgültig, ob sie heute oder morgen, von diesen oder anderen Personen vertreten wird. Die Idee der Mitte muß also leben, genauso, wie die Ideen der Rechten und Linken leben ...[141]).

Der verbissene Macht- und Parteikampf zwischen den zwei politischen Polen im galizischen Landtag, das Tauziehen um die Stimmen des Zentrums währten aber weiter. Bis die Mittelpartei zertrampelt wurde und endgültig zusammenbrach. Madeyski trat allerdings noch vorher aus ihrem Verband aus[142]).

---

[139]) Ebd. Interessant die hier schon vorweggenommene Verbindung zwischen Zentrum und Konservativen!

[140]) Bis dahin hatte ein Direktorium bestanden, in dem sich die Präsidenten täglich abwechselten. Nun wählte der Klub einen ständigen Präsidenten, um die Kontinuität der politischen Linie zu sichern: Erster Präsident wurde der damalige Vizepräsident des Polenklubs Apolinary Jaworski, Vizepräsident Madeyski. Vgl. Stanisław Starzyński, Sejm galicyjski 1885—1886 [Der galizische Landtag 1885—1886] (Lwów 1887) 223.

[141]) Ebd. 224.

[142]) Starzyński kann für Madeyskis plötzlichen Austritt aus dem Zentrum keine plausible Erklärung finden: „Was war geschehen? ...“ Ebd. 200, Anm. 25.

Wie aus seinen eigenen Angaben hervorgeht, waren die Beweggründe sehr unterschiedlicher Natur:

Grundsätzlich waren seine Bedenken einer Partei gegenüber, die nur im Sitzungssaal des Landtages eine politische Richtung vertrat: Von einer vollen Daseinsberechtigung des Zentrums hätte man nämlich nur dann sprechen können, argumentiert Madeyski, wenn seine politischen Postulate auch von einem Teil der öffentlichen Meinung getragen wären und somit den Interessen eines Teiles der Bevölkerung entsprechen würden. Voraussetzung dafür wäre aber ein eigenes Presseorgan gewesen: „Denn nur mit Hilfe einer Zeitschrift können politische Grundsätze propagiert und eine politische Partei im Lande selbst organisiert werden“[143]). Tatsächlich soll Madeyski eine solche Aktion auch eingeleitet haben: sie sei aber am Mangel an materieller Opferbereitschaft seiner Klubgenossen gescheitert.

Madeyski konnte seine Erbitterung über das unseriöse Verhalten seiner Kollegen nicht verwinden. In seinen Augen hatten sie das Zustandekommen eines dem Landtags-Zentrum adäquaten Landes-Zentrum vereitelt und damit allein schon jede Hoffnung auf eine produktive Rolle der Mittelpartei zunichte gemacht.

Der unmittelbare Anlaß seines Austritts aus dem Zentrum war aber ein anderer: Anläßlich seines Antrages auf die Reorganisierung des Landesschulrates — auf den später noch eingegangen wird[144]) — kam es im Jahre 1886 zu einer klubinternen Auseinandersetzung, als das Zentrum beschloß, gegen einen in Vorbesprechungen noch unterstützten Antrag seines Vizepräsidenten Madeyski zu stimmen, Madeyski diesen aber ungeachtet dieses Beschlusses im Plenum verteidigte: „Ich ging zu unserem Präsidenten Jaworski und teilte ihm meinen Entschluß mit, aus dem Klub auszutreten, bat ihn jedoch gleichzeitig, dem Klub erst nach Abschluß der Debatte davon Mitteilung zu machen“[145]).

Madeyskis Antrag fiel (nur die Rechte hatte ihn unterstützt) — Madeyski trat aus dem „Zentrum“ aus[146]). Trotz der Bitte seiner Kollegen, er möge dem Klub doch

---

[143]) MADEYSKI, Wybór do Sejmu [Wahl in den Landtag] 11.

[144]) Madeyski wollte die Effizienz des galizischen Landesschulrates durch eine bessere Arbeitsaufteilung, eine Erweiterung der Kompetenzen des „autonomen“ Faktors und schließlich durch die Einsetzung eines leitenden und koordinierenden Organs erhöhen. Siehe MADEYSKI, STEN. PROT. Galiz. Landtag 22. 1. 1886, III. Session, 27. Sitzung, 976f.

[145]) MADEYSKI, Wybór do Sejmu [Wahl in den Landtag] 13.

[146]) „... Der Gedanke ist nicht gestorben, auch wenn der Antrag gefallen ist ... Heute wird er in frischen Geistern nach Anerkennung streben, und er wird diese Anerkennung auch finden; denn er ist gesund, und ihm gehört die Zukunft“. MADEYSKI, Po sejmie. Sprawy szkolne [Nach dem Landtag. Schulfragen] in: *Przegląd Polski* 80 (1886) 169. Im darauffolgenden Jahr, am 14. 12. 1887, brachte Madeyski seinen — diesmal etwas abgeänderten — Antrag abermals in den Landtag ein. Tatsächlich wurde der Antrag diesmal einstimmig und ohne Debatte angenommen. Wie ein Mitarbeiter an diesem Projekt — Michał Bobrzyński — in einem späteren Artikel erläuterte, sei der Antrag aufgrund einer Akzentverschiebung angenommen worden, nämlich von der Notwendigkeit einer allumfassenden inneren Reorganisation des Landesschulrates auf jene eines ständigen Direktors. Doch inhaltlich sei der Antrag unverändert geblieben, da die Schaffung eines Direktorenpostens „aus der Natur der Sache allein schon die innere Reorganisation des Landesschulrates erforderlich“ mache. Jedenfalls habe die neue Fassung des Antrages diesen „in einem neuen Licht“ erscheinen lassen, und der Opposition sei es jetzt schwer gefallen, „ihn als Attentat auf die Autonomie zu verwerfen“. BOBRZYŃSKI, Po sejmie. [Nach dem Landtag], in: *Przegląd Polski* 88 (1888) 152f. Zwei Jahre später baute Madeyski seine Reform noch weiter aus: er forderte die Erweiterung der

wieder beitreten, ließ er sich nicht umstimmen: „In erster Linie war es wenig wahrscheinlich, daß der Vizepräsident eines Klubs, der ihn öffentlich desavouiert hat, in seiner Mitte noch das notwendige Ansehen und den entsprechenden Einfluß bewahrt. Auch habe ich bei dieser Gelegenheit erkannt, daß dieser Klub viel zu heterogene Elemente in sich vereinte, als daß ihre vereinigte publizistische Aktion eine seriöse politische Stellung unseres Klubs im Lande hätte erringen können. Ich jedenfalls sah in diesem Klub — so wie er sich mir darstellte — keine Zukunft"[147]).

In die endgültige Entscheidung Madeyskis haben noch verschiedene Momente einfließen können, die, obwohl er sie nicht anführt, als mögliche Beweggründe nicht außer acht gelassen werden sollten:

Schon sein Charakter, der sich durch außerordentlich stark ausgeprägten Individualismus und ebenso stark entwickeltes Verantwortungs- und Selbstbewußtsein auszeichnete, hat es Madeyski vielleicht unmöglich gemacht, auf die Verteidigung eines Antrages zu verzichten, den er für richtig hielt.

Ebenso können hier Rücksichten auf seine Karriere eine gewisse Rolle gespielt haben: An der Jagellonischen Universität — an der Madeyski seit 1879 Privatdozent war und die Professur anstrebte — herrschten, wie in allen Bereichen des öffentlichen Lebens in Galizien, die Krakauer „Stańczyken". Von einem Übertritt in dieses Lager konnte sich Madeyski also berechtigte Hoffnungen auf eine Beschleunigung seines Aufstiegs an der Universität gemacht haben.

Wie dem auch tatsächlich war — der Entschluß, aus dem Zentrum auszutreten und sich dem konservativen Lager anzuschließen, stellte sich als konsequenzenreich, für Madeyski vorteilhaft heraus: Noch im Jahr seines Übertritts wurde ihm die Professur zuerkannt und die Lehrkanzel für österreichisches Zivilrecht an der Jagellonischen Universität übergeben. Mehr noch: gleichzeitig nahm ihn der *Przegląd Polski* in sein Redaktionskomitee auf[148]).

Diese Erfolge, diese Tatsachen sprechen für sich — und für Madeyski ... Um es mit seinen eigenen Worten zu kommentieren: „Im politischen Handeln", schreibt er in seinen „Erinnerungen", „muß man nehmen, was gut ist, ohne Rücksicht darauf, woher dieses Gute kommt"[149]).

Machtbefugnisse des Landesausschusses im Schulwesen und die Kooperation zwischen Landesschulrat und Landesausschuß, die auch in den Statuten des ersteren verankert werden müßte. Siehe Przegląd polityczny [Politische Rundschau]; in: *Przegląd Polski* 98 (1890) 345.

[147]) MADEYSKI, Wybór do Sejmu [Wahl in den Landtag] 14.

[148]) Madeyski gehörte dem Redaktionskomitee des *Przegląd Polski* 7 Jahre lang an (1886—1893). Er legte diese Arbeit nach seiner Berufung in die Regierung Windischgrätz nieder. Vgl. LECHICKI, Madeyski 125.

[149]) MADEYSKI, Wybór do Sejmu [Wahl in den Landtag] 18.

III. DER WEG NACH OBEN

„. . . ich fühlte nur, daß ich immer weiter fuhr. Um mich herum sah ich tiefe Abgründe, ich selbst aber kletterte, gefährlichen Viadukten entlang, immer höher . . .“

MADEYSKI, Erinnerungen I, 35

1. POLITISCHE WANDLUNG

Die ersten drei Jahre im galizischen Landtag ermöglichten es Madeyski, seinen eigenwilligen politischen Standort, der im „solidarischen“ Polenklub in Wien nicht zum Tragen kommen konnte, ungehemmt zu entwickeln und auszuprägen. Doch mit dem Jahr 1886 bricht eine Zeit der fortschreitenden Wandlung in seinem politischen Denken an — eine Wandlung, die mit seiner Integration in das konservative Lager der Stańczyken und der Rezeption ihrer weltanschaulichen und politischen Grundsätze im Jahre 1889 abgeschlossen ist.

Dem Prozeß dieser Wandlung, die ihren Ausgangspunkt und ihren Niederschlag zunächst im galizischen Landtag gefunden hat, wird im folgenden große Aufmerksamkeit geschenkt: denn nicht zuletzt dieser Wandel hat Madeyskis allgemein politischen Standort auf dem Forum des Zentralparlaments bestimmt, wo er im Jahre 1891 seine eigentliche politische Tätigkeit im Rahmen des Polenklubs aufnahm.

a) Politischer Lagerwechsel

Im Zeitraum eines Jahres vollzog sich der Prozeß einer schrittweisen Eingliederung Madeyskis in das herrschende konservative Lager Galiziens und damit auch in die Oligarchie des galizischen Großgrundbesitzadels.

Als Mitglied des Zentrums und als naher Beobachter der politischen Szene im galizischen Landtag war Madeyski zur Überzeugung gelangt, daß der „Fortschritt“ nicht grundsätzlich das Monopol der Linken, der „Konservatismus“ nicht grundsätzlich das Kennzeichen der Rechten war. Er selbst strebte einen „gemäßigten“ Fortschritt an, den er in der Arbeit an der Durchsetzung systemimmanenter, also das bestehende System zwar korrigierender, nicht aber grundsätzlich verändernder Reformen auf allen Gebieten des öffentlichen Leben sah. Nun war aber sein eigenes Reformprojekt, das er selbst als fortschrittlich empfunden hatte, von seinen eigenen Klubkollegen sowie den Mitgliedern der Linken abgelehnt, von den sogenannten Konservativen hingegen unterstützt worden.

In einem Kommentar, in dem Madeyski das Scheitern seines Antrages zum Ausgangspunkt allgemeiner Erwägungen über die „Reformfeindlichkeit“ der sogenannten Fortschrittlichen nahm, beschrieb er das „paradoxe“ Bild, das sich ihm bei der Abstimmung über dieses Projekt bot, als eine „leibhaftige Illustration für die Leere all jener Phrasen und Doktrinen, auf deren Grundlage sich alle politischen Parteien gliedern" würden. Denn „für die Reform des bestehenden Zustandes stimmte in erster Linie das Lager der Rechten, das sich doch von seinen Doktrinen her als ‚konservativ' bezeichnet, gegen sie und für die Erhaltung der bestehenden Ordnung stimmte die Linke, der man allgemein den Namen ‚fortschrittlich' gibt"[1]). Für Madeyski bedeutete dieses Abstimmungsergebnis eine bewußte und „vorsätzliche Hemmung der Reform" und „das Einfrieren aller Initiativen". Mit dem Fall seines Antrages, schreibt er, habe „die Stunde der experimentellen Politik in Galizien geschlagen"[2]).

Diese persönlichen Erfahrungen blieben nicht ohne Folgen: in Madeyski vollzog sich ein entscheidender Wandlungsprozeß, im Zuge dessen sein politisches Denken eine grundsätzliche Umwertung erfuhr. Ebenso wie sein eigenes Reformprojekt nur durch die Vereinigung der Stimmen aller konservativen Fraktionen durchgesetzt werden könnte, würde auch allgemein eine „reformfreundliche" Politik nur durch die Schaffung eines vereinten und solidarisch vorgehenden „konservativen Lagers" eingeleitet werden können. Denn eine derartige Organisation, führte Madeyski aus, wäre imstande, die Funktion der bislang nur von der Linken repräsentierten Opposition zu übernehmen und als solche — im Gegensatz zu letzterer, die „zwar mit populären Schlagworten, aber auf einem fiktiven Boden" arbeiten würde — zum wahren Träger des Fortschritts zu werden[3]).

Madeyski war es hier nicht ausschließlich um die Durchsetzung seiner eigenen Vorschläge zu tun: Die Reformfeindlichkeit, die er der Linken vorwarf, würde nämlich — zu seinem Schmerz — auch die anderen Fraktionen des Landtages kennzeichnen und sei das Grundübel überhaupt der galizischen Landtagspolitik: Diese werde immer noch in der Tradition der „alten Schule" geführt, die sich in den Tagen der Verfassungskämpfe in Österreich entwickelt hätte, die aber — trotz mancher wertvoller politischer Grundsätze — in seinen Augen den Bedürfnissen der Gegenwart nicht mehr genügen konnte[4]).

---

[1]) Madeyski, Sprawy szkolne [Schulfragen] 166. Ähnlich argumentierte er in seinem Aufsatz „Nasza opozycja" [Unsere Opposition]: „Ich weiß nicht, wie sich ein solcher, dem polnischen Wesen übrigens vollkommen fremder, Formaldogmatismus bei uns einnisten hat können; politische Überzeugungen, wie sie sich individuell gestalten und ausformen, lassen sich niemals mit den schematischen Bezeichnungen erfassen, die gewöhnlich zu diesem Zweck verwendet werden ... so z. B. Bezeichnungen wie ‚Konservatismus', ‚Mäßigung' oder ‚Fortschritt'. Unsere spezifischen Bezeichnungen, wie ‚Stańczyken' oder ‚Podolaken' sind aus dem Augenblick heraus entstanden und waren von ihrer Natur her allein schon nur so lange gerechtfertigt, als die politischen Bedingungen bestanden, welche diesen Augenblick gekennzeichnet haben. Bei uns wird auf diesen Umstand jedoch wenig Wert gelegt. Wir lieben zu verallgemeinern wie die Deutschen, zu übertreiben wie die Franzosen, die Form zur Tradition erheben wie die Engländer; auf diese Weise gelangen wir dann zu solchen Verirrungen, daß jeder, der sich als ‚konservativ' bezeichnet, schon zum ‚Reaktionär' gestempelt wird, jeder ‚Fortschrittliche' unbedingt ein roter Radikaler sein muß und ein ‚Gemäßigter' als politische Kokotte abgeurteilt wird. Die ‚Podolaken' identifizieren wir mit bedingungsloser Reformfeindlichkeit, im ‚Stańczyken' sehen wir den Inbegriff und die Verkörperung alles Unpopulären. Und dennoch sind es gerade die hier auch aufgezählten sogenannten Konservativen, die seit Anbeginn der konstitutionellen Ära in Österreich unser aller Fortschritt tragen". Madeyski, Nasza opozycja [Unsere Opposition]; Sonderdruck aus dem *Przegląd Polski* (Kraków 1889) 27.

[2]) Madeyski, Sprawy szkolne [Schulfragen] 168.

[3]) Ebd. 169.

[4]) „Das Charateristicum dieser Schule liegt in einer Reihe taktischer Grundsätze, die sich in den Tagen der Kämpfe um die Verwirklichung der österreichischen Verfassung bewährt haben und dann zu unfehlbaren

„Meine Herren", rief er aus, als sich ein Sturm der Entrüstung gegen seinen Antrag auf die Reform des Landesschulrates erhob, „unsere Vorfahren haben schwer gesündigt. Noch heute leiden wir unter den Folgen dieser Sünde, die Übermut heißt. Wir aber sind, fürchte ich, im Begriff, eine ebenso verhängnisvolle Sünde zu begehen, wenn wir in das andere Extrem — Furchtsamkeit und Zaghaftigkeit — fallen ... Ich verstehe ja Vernunft und Ausgewogenheit, meine Herren; daß aber im Grunde nur Mut zum Sieg führt und nur Entschlossenheit wirkliche Resultate bringt, das beweist doch unsere eigene Geschichte wohl am besten. Es wird mir doch keiner einreden wollen, daß das Prinzip der Ängstlichkeit Erfolge erzielt! Das stimmt wohl nur in den seltensten Fällen und in der Politik gar — ich bitte um Vergebung — niemals"[5]).

Schärfer noch fällt diese Kritik in seinem Artikel „Po sejmie. Sprawy szkolne" [Nach dem Landtag. Schulfragen] aus: „Nur konkrete, immerfort sich wandelnde Bedingungen und Umstände, in denen eine Frage auftaucht, bestimmen den Maßstab der Nützlichkeit oder Schädlichkeit der Reform ... daher darf es im politischen Leben keine unerschütterlichen, über alle Zeiten hinweg gültigen und unveränderlichen Regeln der Beurteilung geben"[6]).

Die tiefe Überzeugung von der Notwendigkeit, historisch bedingte und somit auch zeitgebundene Regeln der Politik zu relativieren, bildet einen Kardinalpunkt in Madeyskis politischem Credo: Hier gründete sein Entschluß, jeder Parteipolitik fernzubleiben und sein eigenes Programm auf dem Grundsatz der Mäßigung aufzubauen, — hier lag auch ein Grund für seinen Austritt aus dem Zentrum und seinen Eintritt in das Lager der Stańczyken.

Als Madeyski im Jahre 1886 erkannte, daß die politische Organisation seines Klubs nicht mehr dem ideologischen Anspruch gerecht wurde, den „schrittweisen, gemäßigten Fortschritt"[7]) zu fördern, und er sein eigenes Reformprogramm in ihrem Rahmen nicht mehr durchsetzen konnte, da auch das Zentrum vom Geist der „alten Schule" beherrscht war[8]), beschloß er — als „Feind der Reaktion und der Stagnation"[9]), wie er sich selbst bezeichnete —, den Klub zu verlassen.

Es scheint jedoch, daß Madeyski zu diesem Zeitpunkt noch nicht entschlossen war, dem konservativen Lager beizutreten: Entschieden wehrte er sich vor jedem Schritt, der ihn eventuell mit den Stańczyken in Zusammenhang bringen konnte. Obwohl er unmittelbar nach Schließung dieser für ihn so wichtigen Session des Landtags auf den Vorschlag des Redaktionskomitees des *Przegląd Polski* hin einen Artikel für die in dieser Zeitschrift seit Jahren laufende Reihe „Po sejmie" verfaßte, unterließ er es nicht, im Vorwort mit Nachdruck zu betonen, daß er selbst kein Mitglied des politischen Lagers

---

Dogmen erhoben wurden ... Ein grundlegender Umstand muß allerdings heute ihren Wert relativieren: die ununterbrochene, fortwährende Bewegung des Lebens, seine Veränderlichkeit und sein ewiger Fortschritt ..." MADEYSKI, Sprawy szkolne [Schulfragen] 164.

[5]) MADEYSKI, 22. 1. 1886, STEN. PROT. Galiz. Landtag, III. Session, 27. Sitzung 976f.

[6]) MADEYSKI, Sprawy szkolne [Schulfragen] 163.

[7]) Es sei daran erinnert, daß Madeyskis Verständnis vom „gemäßigten" Fortschritt im Rahmen eines konservativen Weltbildes steht.

[8]) MADEYSKI, Sprawy szkolne [Schulfragen] 164.

[9]) Vgl. Madeyskis Wahlrede 1883; in: *Czas* 4. 6. 1883 und MADEYSKI, Wybór do Sejmu [Wahl in den Landtag] 17.

war, das der *Przegląd Polski* vertrat[10]: „Ich greife gerne zur Feder, um der Bitte des Redaktionskomitees nachzukommen; der Umstand allein, daß alle bisher veröffentlichten Artikel aus der Serie „Po sejmie" ausnahmslos von Abgeordneten unterzeichnet worden sind, die einem anderen politischen Lager angehören als ich, soll mich daran nicht hindern. Da nämlich jeder von ihnen nur in seinem eigenen Namen schreibt, muß er sich auch nur für seinen eigenen Aufsatz verantworten und solidarisiert sich daher noch keineswegs mit den Aufsätzen der Kollegen. Nein, ein anderer Umstand ist es, der mich zwingt, meiner Arbeit eine persönliche Bemerkung vorauszuschicken. Im jüngsten Artikel von Herrn Bobrzyński befindet sich nämlich unter anderem die mit den Tatsachen übrigens vollkommen übereinstimmende Feststellung, daß ich gegen Ende der Session aus dem „Zentrum" ausgetreten sei. Wenn mein Name also ohne Erklärung unter eine Abhandlung gesetzt wird, die im Rahmen einer Serie erscheint, deren Autoren ausschließlich Mitglieder der Rechten sind, könnte der Anschein erweckt werden, ich hätte nach meinem Austritt aus dem Zentrum meine politischen Überzeugungen geändert. Aus diesem Grunde erkläre ich an dieser Stelle, daß eine solche Vermutung unbegründet ist. Auch wenn ich aus der formalen Organisation des Klubs ausgetreten bin, habe ich deshalb noch lange nicht aufgehört, diesem als „Landespartei" verstandenen politischen Lager anzugehören[11]. Denn nicht die parteipolitische Organisation, sondern die Grundsätze und Überzeugungen dieses Klubs sind es, die mir meinen politischen Charakter gegeben haben. Und diese haben sich nicht geändert"[12].

In seinen „Erinnerungen" bemerkt Madeyski darüber hinaus, daß sich seine politischen Überzeugungen niemals in das Korsett parteipolitischer Grundsätze zwängen hätten lassen und sein Individualismus immer zu stark gewesen sei, um sich einer Partei- und Klubdisziplin zu unterwerfen[13].

Diese Aussagen würden die These untermauern, daß Madeyski nicht aus ideologischen, sondern vielmehr aus pragmatischen Motiven das Zentrum verließ: Tatsächlich trat er jedoch nur kurze Zeit später formell dem Lager der Stańczyken bei. Welche Motive mochten ihn dazu bewogen haben?

Madeyski begründet diese Entscheidung mit dem Hinweis auf sein privates Naheverhältnis zu einigen Mitgliedern der Stańczykenpartei an der Jagellonischen Universität, wo er damals ja als Dozent tätig war[14], sowie mit der knappen Feststellung, daß es ihm unmöglich gewesen sei, als „Wilder" d. i. parteiloser Abgeordneter im Landtag noch Produktives zu leisten[15].

---

[10]) MADEYSKI, Sprawy szkolne [Schulfragen] 146.

[11]) Seinen eigenen Angaben zufolge arbeitete Madeyski zu dieser Zeit noch zusammen mit einigen seiner ehemaligen Kollegen aus dem Zentrum an der publizistischen Propagierung der ideologischen Grundsätze und der politischen Zielsetzung dieses Klubs im *Dziennik Polski* [Polnische Tageszeitung]. Vgl. MADEYSKI, Wybór do Sejmu [Wahl in den Landtag] 16.

[12]) MADEYSKI, Sprawy szkolne [Schulfragen] 146.

[13]) MADEYSKI, Wybór do Sejmu [Wahl in den Landtag] 18.

[14]) Sie war schon seit den sechziger Jahren von den Krakauer Konservativen monopolisiert. Vgl. JOZEF BUSZKO, Społeczno-polityczne oblicze Uniwersytetu Jagiellońskiego w dobie autonomii galicyjskiej 1869—1914 [Sozialpolitisches Antlitz der Jagellonischen Universität im Zeitalter der galizischen Autonomie 1869—1914] (Kraków 1963) 8.

[15]) MADEYSKI, Wybór do Sejmu [Wahl in den Landtag] 16.

Bei näherer Betrachtung zeichnet sich allerdings ein weitaus komplexeres Motivationsbild ab als jenes, das Madeyski zu entwerfen versuchte: Denn schon kurze Zeit nach seinem denkwürdigen Artikel im *Przegląd Polski* wurde Madeyski zum ordentlichen Professor an der Jagellonischen Universität ernannt (im Juli 1886) und in das Redaktionskomitee des *Przegląd Polski* aufgenommen — jener Zeitschrift gerade, in der er sich nur einige Monate davor von der politischen Linie der Rechten distanziert hatte!

Der nicht von der Hand zu weisende Zusammenhang zwischen Madeyskis endgültigem Eintritt in das konservative Lager und diesen beiden Ereignissen legt eine neue Motivationsebene frei: Die politische Entscheidung war, zumindest teilweise, auch von eigennützigen Momenten bestimmt gewesen: Tatsächlich geschah es in dieser Zeit nur äußerst selten, daß Nichtangehörige der Stańczykenpartei so hohe soziale Stellungen erlangten, wie eine Professur an der Krakauer Universität. Auch Madeyski, der ja schon lange von einer eigenen Lehrkanzel träumte, war sich zweifellos im klaren darüber, daß die Verwirklichung dieses Traumes durch seinen Eintritt in die herrschende Landespartei zumindest erleichtert würde. Die folgenden Zeilen, die Madeyski noch in den letzten Jahren seines Lebens niederschrieb und mit denen er sich vor dem (doch naheliegenden) Vorwurf rechtfertigen wollte, er hätte aus weltanschaulichen und ideologischen Motiven das politische Lager gewechselt, scheinen diese These zu untermauern: „... Im konservativen Klub spiele ich keine große Rolle, und ich habe mich um eine solche auch niemals bemüht, da ich diesem Lager nie von ganzem Herzen angehörte"[16]). Es fällt schwer, aus diesen Worten nicht den Schluß zu ziehen, daß Madeyski tatsächlich aus Opportunismus und Eigeninteresse zu den Stańczyken überwechselte, zumal folgende Worte diese Vermutung noch erhärten: Politische Grundsätze, meint Madeyski, würden die wahre Pflicht des Abgeordneten nur verfälschen, denn sie „machen das Mittel zum Zweck und entstellen damit auch schon den Zweck selber"[17]).

Es wäre allerdings nicht richtig, dem pragmatischen Moment in Madeyskis Lagerwechsel eine rein materielle, am eigenen Nutzen orientierte Bedeutung zu geben. Denn Madeyskis Pragmatismus war nicht zuletzt auch ein wesentlicher Bestandteil seines politischen Credos und ein zentrales Postulat seines politischen Handelns.

In diesem Verständnis gründet das pragmatische Moment in der Überzeugung von der Notwendigkeit eines elastischen, realistischen politischen Denkens wie auch einer taktisch bedingten Flexibilität in der politischen Praxis, die provisorische Konzessionen, teilweise Verzichte und strategisch gerechtfertigte Übergangsbündnisse zuläßt[18]). Auch die Reform als solche, die Madeyski doch als Mittel der ständigen Anpassung der

---

16) Doch ist Madeyski bereit zuzugeben, daß die Konservativen ihn ebenfalls niemals „voll und ganz" als einen der „Ihren" betrachtet hätten. Und, wie er sofort hinzufügt: „... mit Recht". Siehe MADEYSKI, Wybór do Sejmu [Wahl in den Landtag] 16. — Diese Selbstdarstellung scheint mit den Tatsachen nicht übereinzustimmen: man denke nur an die bedeutende Rolle, die Madeyski im Polenklub in den neunziger Jahren innerhalb des führenden konservativen Lagers gespielt hat!

17) MADEYSKI, Wybór do Sejmu [Wahl in den Landtag] 19.

18) Wie Madeyski erklärt, sei das „Reservoir" der politischen Weisheiten, die das Wesen der „alten Schule" der galizischen Politik bilden würden, nur von relativer, weil zeitgebundener Gültigkeit. Unter den gegenwärtigen Bedingungen sei es jedenfalls nicht mehr geeignet, das politische Handeln zu leiten. Vgl. MADEYSKI, Sprawy szkolne [Schulfragen] 163f.

grundsätzlich unangefochtenen sozialen und politischen Ordnung an gewandelte Bedürfnisse und Ansprüche der Gesellschaft begriff, aber ebenso sein spezifisches Verständnis vom Fortschritt stehen mit diesem politischen Pragmatismus in engstem Zusammenhang.

Madeyskis Devise auf Landes- wie auf Reichsebene war das Streben nach einer nach allen Seiten hin offenen, dogmenfreien und praxisorientierten Politik: In allen Gremien, denen er angehörte, versuchte er in diesem Sinne eben die praktischen Bedürfnisse der Gesellschaft und seines Landes zum Ausgangspunkt seiner eigenen Arbeit zu nehmen.

Der politische Lagerwechsel blieb nicht ohne Nachwirkungen: Madeyski mußte sich auch mit den weltanschaulichen und ideologischen Implikationen seiner Entscheidung auseinandersetzen:

Drei Jahre nach seinem Beitritt zu der Stańczykenpartei stand Madeyski neuerlich vor seinen Wählern, als der Termin für die Landtagswahlen 1889 heranrückte. Diesmal jedoch schon als offizielles Mitglied der Rechten.

Nach Jan Popiel, der in seiner Rede die Wähler daran erinnerte, daß einzig die nationale Tradition, die nur der Adel verkörpere, das Rückgrat der galizischen Gesellschaft bilde und infolgedessen nur der Adel zur Führung dieser Gesellschaft berufen sei und diese Mission nicht an weniger Befugte abtreten dürfe[19]), sprach S. Tarnowski:

Seine Rede beschränkte sich darauf, die seit den letzten Wahlen 1883 bedeutend angewachsene demokratische Bewegung in Galizien zu analysieren und als Gefahr für den Adel zu verurteilen. Denn dieser Strömung würde es ja, wie er wissen wollte, „weder um demokratische Grundsätze noch um wirklichen Fortschritt, sondern ausschließlich um die Vorherrschaft und die Machtübernahme in Galizien gehen". Es sei notwendig, diese Bestrebungen radikal zu bekämpfen, schloß Tarnowski, da gerade die Demokraten das Land „schon seit jeher ins Verderben warfen und versuchten, das Volk gegen den Adel aufzuwiegeln"[20]).

Die Reihe kam an Madeyski. Anders als seine Vorredner, die sich auf die reine Kritik der neuen Opposition beschränkt hatten, bot Madeyski eine konstruktive Lösung des Problems an: Angesichts der wachsenden Gefahr von „links" rief er zur Organisierung der „Rechten" auf. Denn „engerer Zusammenschluß" und „solidarisches Vorgehen" aller konservativen Fraktionen würden eine rechte Einheitsfront schaffen, die sowohl Stańczyken als auch Athener und Podolaken enthielte und auch dem Zentrum offenstünde, falls dieses dem Bündnis beitreten wollte.

Nur eine solche Abwehrfront konnte nach Madeyskis Dafürhalten wirksam jene Kräfte bekämpfen, die sich — so Madeyskis Analyse — „nur durch Kritik, kompromißlose und bedingungslose Verurteilung alles Bestehenden bei gleichzeitigem Fehlen eines Alternativprogramms, und ... durch reine Negation" auszeichnen würden[21]). Doch die größte Gefahr dieser Opposition — eine Gefahr, die der Politiker im Namen des Gemeinwohls zu bannen habe — liege in ihrem „städtischen Kastenegoismus und ihrem Kastenhaß gegen den Adel". Diese Grundeinstellung führe zu einer „Ausartung" des politischen Kampfes in reinen Klassenkampf: „Denn die neue Schule der Demokraten

---

[19]) *Czas* 10. 7. 1889.

[20]) Ebd.

[21]) Ebd.

versucht aus ökonomischen Klassen soziale Gegner zu machen und die Kastenstruktur der Gesellschaft aufzudecken, um zwischen den einzelnen Gruppen brutalste Kämpfe zu entfesseln"[22]).

Angesichts solcher Desintegrationsversuche müsse eine Opposition aufgestellt werden, die „alle Freunde der Ordnung, der Ruhe und der sozialen Harmonie, in einem Worte, das Lager der vernünftigen, organischen Arbeit erfaßt, eine Opposition, die alle Farbtöne der gemeinsamen Grundvorstellungen von Ordnung vereint und imstande ist, die neue Schule, dieses Lager der Malkontenten, Pessimisten, der Vertreter der reinen Kritik, der Verunsicherung, der Verirrung, des Zweifels und der Negation" zu besiegen.

Zwar würden diese zwei Fronten im Landtag schon existieren, dieses Gremium ja in eine „Mehrheit" und eine „Minderheit" aufspalten; es sei aber darüber hinaus notwendig, meinte Madeyski, den Kampf auch außerhalb dieses Forums, in der Gesellschaft weiterzuführen. Ebenso wie die Demokraten, die einen organisierten Propagandakampf im Lande eingeleitet hätten, müßten auch die Konservativen beginnen, außerhalb des Landtags Parteiwerbung zu betreiben und ihren ideologischen Kampf gegen die Demokraten in der Gesellschaft anzusetzen.

Am Schluß seiner Rede rief Madeyski noch einmal aus: „Wir brauchen unbedingt eine neue Organisation; im Lande muß die Politik der Sippschaften endlich von der einheitlichen Politik eines geschlossenen, mächtigen konservativen Lagers abgelöst werden"!

Einmal mehr offenbart sich in diesen Gedanken die konservative Weltanschauung Madeyskis: Er tritt in dieser Rede als Verfechter der Herrschaft der adelig-agrarischen Elite Galiziens auf, als Anhänger des Ancien régime und Feind der sozio-ökonomischen sowie politischen Emanzipation der noch unterdrückten, aber langsam erwachenden Schichten des Bürgertums und der Bauern. Auf ideologischer Ebene leugnet er im Namen einer „sozialen Harmonie" und einer „Solidarität aller Schichten der Nation" die Existenz von ökonomisch und sozial bedingten Interessengegensätzen und Klassenantagonismen innerhalb der nationalen Gesellschaft. Im Namen der Einheit hätten interne Gegensätze bewußt ignoriert zu werden, zumal die Bevölkerung, wie er ausdrücklich sagte, solche Gegensätze gar nicht spüre: Vielmehr hätten sich die Demokraten nur „aus dem Westen einströmende Ideen angeeignet", um durch Theorien über die ökonomisch bedingte Schichtung der Gesellschaft „soziale Ordnung und Harmonie zu zerstören".

In einem Wort — Madeyskis Rede enthielt alle Komponenten des klassischen Argumentationsreservoirs des politischen Konservatismus.

Sechs Jahre waren vergangen, seitdem Madeyski zum ersten Mal vor seinen Wählern gestanden und die Mäßigung zu seinem Programm erhoben hatte. Allerdings waren es Jahre, die das politische Klima in Galizien stark verändert hatten[23]):

Die Kräfte der Opposition waren wesentlich stärker geworden: die Demokraten hatten in den Städten an Einfluß gewonnen, auch die Ideen des Sozialismus waren nach Galizien gedrungen und unterwanderten allmählich das Szlachzitzenregime. Sogar die

22) Ebd.

23) Vgl. Kap. II.

Bauern erwachten jetzt aus ihrem säkularen Schlaf und leiteten die ersten Schritte zu einer organisierten Volksbewegung ein.

Die Ära der uneingeschränkten, allmächtigen Herrschaft des Großgrundbesitzadels schien endgültig vorbei zu sein, die Zeiten der kleinen, schrittweisen Reformen von oben der Vergangenheit anzugehören. Zusehends zerbröckelte die altständische Gesellschaftsordnung.

Vor diesem allgemeinen Hintergrund erhält aber auch Madeyskis Postulat von der Reorganisierung und Solidarisierung aller am Status quo interessierten politischen Faktoren eine neue Bedeutung:

Nicht der Lagerwechsel und die Mitgliedschaft in der Stańczykenpartei haben Madeyskis politischen „Rechtsrutsch" bewirkt — wenn sie auch zweifellos dazu beitrugen. Vielmehr hatten ihn neue politische Umstände und die veränderte politische Umwelt in Galizien gezwungen, seine gemäßigte Position allmählich aufzugeben.

Hatte er sich noch sechs Jahre früher mit aller Deutlichkeit vom „Extremismus" der Konservativen distanziert und im Namen eines „gesunden" Fortschritts an die Zukunftsträchtigkeit einer Partei der Mitte geglaubt, die von den gemäßigten Elementen aller politischen Lager getragen würde, so mußte er 1889 — angesichts der Bedrohung der etablierten Ordnung (an der er ja grundsätzlich festhielt) durch die demokratische Bewegung — zum Abwehrkampf und somit zur Solidarisierung aller erhaltenden Kräfte aufrufen.

b) Festigung der neuen Grundsätze

Madeyskis Wahlrede fand bei der konservativen Wählerschaft großen Anklang. Daß ihr Inhalt und ihre konkrete politische Aussage jedoch keineswegs nur auf dieses spezielle Publikum und diesen Anlaß zugeschnitten waren, davon zeugt der Aufsatz, den Madeyski nur kurze Zeit später im *Przegląd Polski* unter dem Titel „Nasza opozycja" [Unsere Opposition] veröffentlichte. Hier hatte er noch einmal die Gelegenheit, seine neuen Ansichten darzulegen und seine Vorschläge zu präzisieren.

„Unsere Opposition" erschien im Anschluß an zwei Artikel von S. Tarnowski und M. Bobrzyński, die sich ebenfalls mit der demokratischen Bewegung auseinandersetzten und hauptsächlich der Analyse der politischen Lage in Galizien und im galizischen Landtag nach den ersten „Zerrüttungsversuchen" der Opposition zur Zeit der Landtagswahlen gewidmet waren.

Wie Tarnowski war auch Madeyski überzeugt, daß das Überleben der staatenlosen polnischen Nation nur durch Aufrechterhaltung und Festigung ihrer inneren Bande und Traditionen möglich war. Im Namen dieses Überlebens galt es also, diese nationalen Traditionen — die in der konservativen, vom Adel getragenen Weltanschauung auch die althergebrachte gesellschaftliche und politische Struktur enthielten — systematisch zu verteidigen[24]).

---

24) Vgl. Karpiński/Król, Sylwetki polityczne [Politische Silhouetten] 93ff. So meinte Tarnowski: „Die einzig konstruktive Politik eines Staates, der seiner Unabhängigkeit beraubt wurde, liegt im ethischen und philosophischen Handeln. Dieses soll die Stütze festigen und entwickeln, die durch Geschichte, Glauben und bestimmte Werte ausgebildet wurde, nicht zuletzt aber auch der staatenlosen Nation ihr Selbstverständnis geben" (ebd.).

Wie schon Tarnowski und Bobrzyński, widmete auch Madeyski seinen Aufsatz der Analyse der demokratischen Opposition. Doch im Unterschied zu beiden Autoren ging er die Problematik tiefer an, denn er analysierte diese Opposition auf zwei grundsätzlich verschiedenen Ebenen: der politischen und der sozialen.

Vom streng politischen Standpunkt sah Madeyski in der „neuen" Opposition keineswegs einen destruktiven oder gefährlichen Faktor. Im Gegenteil: unter gewissen Umständen könne sie — so Madeyski — im Beratungssaal des Landtags eine konstruktive Rolle spielen, wenn sie fruchtbare Beiträge zu der legislativen Arbeit leistete. Erst auf der sozialen, gesellschaftlichen Ebene fürchtete Madeyski die „neue" Opposition: die galizischen Demokraten würden die natürliche Gesellschaftsordnung untergraben, Fermente der „Zersetzung" unter die Bevölkerung streuen, die natürlichen Bande zwischen Bauer und Adel zerreißen, die traditionellen Strukturen und nationalen Werte negieren[25]). Schwerwiegender noch sei aber ihr Versuch, den politischen Kampf, der sich traditionell auf das Forum des Landtags beschränkte, in die Gesellschaft „hineinzutragen": mit Hilfe ihrer Presseorgane und anderer Propagandamethoden würden sie den Parteikampf auf sozialer Ebene systematisch weiterführen und damit — so Madeyski wörtlich — „nach der Zerstörung des sozialen Gleichgewichts trachten"[26]).

Madeyskis Schlußfolgerung: „Nur gegen diesen Charakter unserer Opposition muß aus der Natur der Sache eine Front all jener aufgestellt werden, die in der Anarchie eine Bedrohung der nationalen Sicherheit sehen"[27])!

Trotz dieser zweifellos differenzierteren Argumentation, die der Opposition vordergründig auch positive Züge zugestand, verfolgte Madeyski in seinem Aufsatz im Grunde die gleichen Ziele wie seine Parteikollegen. Denn die Aussage des Aufsatzes läßt sich auf eine einfache Formel reduzieren: auf die Forderung, den Demokraten als Faktoren der sozialen Zersetzung und Gefahr für den Status quo den kompromißlosen Kampf anzusagen. Auch wenn er nämlich von ihrer positiven Funktion im Rahmen der legislativen Arbeiten des Landtags spricht, bedeutet seine Verurteilung des demokratischen Kampfes auf gesellschaftlicher Ebene gleichsam die Aufforderung zu ihrem politischen Selbstmord:

Denn innerhalb des institutionellen Rahmens des Landtags war die linke, demokratische Opposition ja schon a priori schwächer als die konservativen Gruppierungen, die als Landtagsmehrheit auch die Landtagswahlen beherrschten. Daher lag die einzige Chance, in diesem legalen Vertretungskörper größeren Einfluß zu erringen, eben darin, ihren Kampf außerhalb dieses Forums weiterzuführen: Erst durch die Einbeziehung der öffentlichen Meinung in den politischen Machtkampf konnte auch sie sich Gehör verschaffen und darüber hinaus versuchen, die breite Bevölkerung zum Widerstand gegen das bestehende Kurienwahlrecht zu mobilisieren, das grundsätzlich nur dem adeligen Großgrundbesitz diente.

Wie schon in seiner Wahlrede, schlägt Madeyski auch in seinem Aufsatz vor, eine Abwehrfront aller konservativen Schattierungen und aller gemäßigten Abgeordneten

---

25) Madeyski, Nasza opozycja [Unsere Opposition] 23.

26) Ebd.

27) Ebd. 24.

von rechts nach links zu organisieren[28]), die — nach dem Muster der demokratischen Massenagitation — mit Hilfe gezielter Propaganda die breite Öffentlichkeit anzusprechen hätte: „Nicht im Landtag, nicht in diesem von der lebendigen Gesellschaft hermetisch abgeschlossenen Gremium muß gegen die neue Opposition gekämpft werden, sondern in der Gesellschaft selbst, mit Hilfe einer gut organisierten Presse und eines fähigen Journalistenstabes. Das Pressewesen ist nämlich das lebendige und treue Bindeglied zwischen den Abgeordneten und jenem Bevölkerungsteil, den sie als Abgeordnete vertreten und dessen Sprachrohr sie darstellen"[29]).

Zwar dringt in dieser Anregung Madeyskis deutlich sein altes Postulat von der politischen Kooperation aller gemäßigten Elemente aller Lager wieder durch; doch sein konkretes Aktionsprogramm für die neue Abwehrfront enthält auch ein bemerkenswertes Novum: Madeyski tritt hier nämlich als Propagator eines modernen Verständnisses von Parteipolitik im allgemeinen auf. Seine Kritik an der bis dahin nicht in Frage gestellten strategisch-taktischen Tradition der galizischen Konservativen und sein Aufruf, das politische Organisations-, Kampf- und Propagandamodell der demokratischen (wie übrigens auch sozialistischen) Parteien zu übernehmen, zeugen von nüchternem Realismus: Die Zeiten einer elitären Elfenbeinturmpolitik waren endgültig vorbei, die Massen begannen, die politische Entwicklung zu bestimmen. Schlußfolgerung: Auch die Parteien bedurften jetzt stärker der Unterstützung durch die breite Öffentlichkeit als der bloßen Stimmenmehrheit im Landtag.

Der Wahlkampf, der zwei Jahre später (1891) anläßlich der Neuwahlen zum österreichischen Reichsrat in Galizien stattfand, vertiefte die Antipathie Madeyskis gegen die demokratische Opposition.

In einer Analyse dieser Wahlkampagne und der Wahlergebnisse in Galizien rechnete er mit den Demokraten ab. Allein der Titel des Aufsatzes, den er im *Przegląd Polski* veröffentlichte, war diesbezüglich unmißverständlich: „Rachunek sumienia", also „Bilanz des Gewissen". Unmittelbarer Anlaß seiner Empörung war die neue Wahlpraxis, die sich bei diesen Wahlen nach dem Beispiel der Demokraten durchgesetzt hatte und darin bestand, die vom Landtag bestimmten Zentralwahlkomitees zu übergehen und eigene Kandidaten aufzustellen, um so das Monopol des herrschenden konservativen Blocks zu brechen.

Madeyski sah in der Mißachtung der Autorität der Wahlkomitees die Vergewaltigung einer zwar ungeschriebenen, aber gewohnheitsrechtlichen politischen Tradition. Mit dem rücksichtslosen Bruch dieser „nationalen" Tradition hätten die Demokraten, schreibt er, einen kompromißlosen, brutalen Kampf auf gesamtgesellschaftlicher Ebene ausgelöst und den Parteikampf, der sich auf die Kampfarena des Landtags zu beschränken habe, in einen wahren sozialen Kampf verwandelt. Sie hätten „eine moralische, soziale und politische Verwüstung im Land angerichtet"[30]) und „ihren Mangel an politischem Gewissen offenbart"[31]).

[28]) Ebd. 27.

[29]) Ebd. 29. Auch Tarnowski betonte, daß die publizistische Propaganda das einzige Mittel sei, „das von unserem Willen abhängt, das in unseren Händen liegt, das wir benützen können und das uns — wenn wir es richtig anwenden — retten kann". Zit. in Karpiński/Król, Sylwetki polityczne [Politische Silhouetten] 96.

[30]) Madeyski, Rachunek sumienia [Bilanz des Gewissens]; in: *Przegląd Polski* 100 (1891) 129.

[31]) Ebd.

Darüber hinaus wirft Madeyski den Demokraten in diesem Zusammenhang „nationalen" Verrat und Verrat an den autonomistischen Grundsätzen vor: „Diese Partei hat durch den Bruch der nationalen Tradition, durch die Vergewaltigung dieses zwar ungeschriebenen, aber bisher geltenden Rechts des Landtages und des Zentralwahlkomitees, die Kandidaten aufzustellen, die nationale Grundlage verlassen und sich auf die gesamtösterreichische Ebene gestellt"[32]). Denn, führt Madeyski aus, „die Pflicht eines Landes wie Galizien ist es, die infolge der Revision der Wahlordnung zum Reichsrat reduzierte Bedeutung der legislativen Körperschaft des Landes aus eigener Initiative wieder zu heben, also im Lande durch eine strenge Solidarität und ein solidarisches Vorgehen des Landtags und der Delegation im Reichsrat diesem politischen Vertretungskörper das ihm zustehende Schwer- und Übergewicht wiederzugeben"[33]). Ausdrücklich schreibt Madeyski, daß die Demokraten mit ihrer Mißachtung dieser Tradition „alle Toleranzgrenzen" überschritten hätten, zumal ihr Parteikampf, der sich seit den Landtagswahlen des Jahres 1889 noch verschärft habe, zu einer Aufspaltung des Landes in zwei antagonistische ideologische und politische Blöcke führe[34]).

Besonders schmerzlich berührte Madeyski, daß sich auch die Bauernschaft der Emanzipationsbewegung der Demokraten angeschlossen hatte: „... das Gift, das die Demokraten gestreut haben, um die Bauern im Namen antagonistischer Kasteninteressen gegen die Szlachta aufzuwiegeln und dadurch unsere Gesellschaft zu zerstören, hat seine Wirkung nicht verfehlt. Nicht nur die Demokraten, auch die Bauern haben ein eigenes Wahlkomitee gewählt und eigenmächtig Kandidaten aufgestellt, die nur eine einzige Bedingung erfüllen müssen — die Bedingung, Bauern und Bauernsöhne zu sein ... Und hier liegt schon das Wesen der gegenwärtigen sozialen Zerrüttung, die wir nur den fortschrittlichen Demokraten zu verdanken haben; denn es ist ja ihre Ideologie, die da besagt, daß nur der Demos, weil er demos ist, zur Herrschaft befähigt und berufen wäre"[35])! In Madeyskis Augen stellt dieser Akt der Verselbständigung der Bauernschaft die vollkommene Umkehr der für ihn bis dahin selbstverständlichen Beziehung zwischen Adel und Bauerntum dar: In seinem Weltbild war der Adel doch „von Natur aus" berufen, das „unmündige, hilfebedürftige Kind", wie Madeyski den Bauernstand gerne bezeichnete, durch die Geschichte zu führen. Mit Bitterkeit schreibt Madeyski: „Die fortschrittliche Demokratie hat auch eine andere staatsbürgerliche Tradition unserer Nation vorsätzlich zu zerstören versucht, nämlich jene, die den Bauern zu schützen und zu führen verpflichtet, um auf diese Art für die soziale Harmonie zu arbeiten ..."[36]).

Daß allerdings auch seine eigene Verurteilung der Demokraten als Verräter der Nation und der autonomistischen Traditionen des Landes nur der Ausfluß einer schichtspe-

---

32) Ebd. 138.

33) Ebd. 136.

34) Die Wahlergebnisse der galizischen Landtagswahlen 1889 brachten eine Schwächung aller konservativen Fraktionen. Bitter stellte Tarnowski eine weltanschauliche und politische Polarisierung im Landtag fest: nämlich in das Lager der „anachronistischen, falschen Losung von Demokratie und doktrinärem Liberalismus" (!) einerseits und das Lager „der Ordnung, der organischen Aufbauarbeit, der Losung von Harmonie und vom Gleichgewicht aller sozialen und politischen Kräfte". Tarnowski, Początki nowego sejmu [Anfänge des neuen Landtages]; in: *Przegląd Polski* 95 (1890) 164f.

35) Madeyski, Rachunek sumienia [Bilanz des Gewissens] 143.

36) Ebd. 144.

zifischen Ideologie war, seine Visionen von der polnischen Nation und von der galizischen Autonomie nur die altständische Weltanschauung des konservativen adeligen Großgrundbesitzes widerspiegelten — das wollte Madeyski nicht wahrhaben: Für ihn bedeutete daher der Wahlsieg der konservativen Kräfte im Jahre 1891 einen Sieg der „Wahrheit" über die subversiven Zersetzungsversuche einer radikalen, umstürzlerischen Minderheit: „Das gesunde Bewußtsein und der gesunde Verstand des Volkes, das dem Adel trotz der Agitation der Demokraten sein Vertrauen nicht entzogen hat, waren stärker als das Gift ... die Ergebnisse der Wahlen haben bewiesen, daß das Volk sehr gut wußte, was es tat[37]), ... daß das Land ein größeres Maß an politischer Reife besitzt, als angenommen wurde"[38]).

Die Stańczyken konnten also beruhigt aufatmen. Und Madeyski durfte stolz vermerken: „Anders als in den anderen parlamentarischen Parteien in Wien, in denen die gemäßigten Elemente ihre Mandate an die Radikalen abtreten mußten, ist es dem Polenklub gelungen, die radikalen Elemente dank diesem gesunden Volksverstand auf ein Minimum zu reduzieren"[39]).

Sowohl „Unsere Opposition" als auch „Bilanz des Gewissens" sind Zeugnisse der Wandlung, die Madeyskis Anschauungen seit den frühen achtziger Jahren erfahren hatten. Die zwei Jahre, die zwischen beiden Aufsätzen liegen, haben diese Wandlung noch vertieft und Madeyskis neue Position radikalisiert. Beide sind eindeutige Bekenntnisse zur Ideologie des herrschenden konservativen Lagers, beide klassische Manifeste der feudaladeligen Oberschicht Galiziens.

Es wäre allerdings zu einfach, aus diesen zwei Aufsätzen auf eine rein persönliche, innere, von jeder Fremdbestimmung unabhängige Wandlung Madeyskis schließen zu wollen: diese war nämlich nicht nur in Madeyskis politischem Denken erfolgt, sondern illustriert vielmehr eine für das gesamte politische Lager der galizischen Konservativen typische Entwicklung:

Die Stańczyken, die Anfang der achtziger Jahre noch Verfechter von Reformen (wenn auch nur sehr bescheidenen Ausmaßes) waren, gelangten nach den Wahlen der Jahre 1889 und 1891 zu der Überzeugung, daß es an der Zeit war, mit allen zu Gebote stehenden Mitteln ihre eigene Machtstellung gegen den wachsenden Ansturm neuer politischer und sozialer Kräfte zu verteidigen. Seit damals fürchteten sie, durch die Billigung größerer sozialer oder politischer Reformen den Lauf der historischen Entwicklung — wie sie sich schon 1889 abzuzeichnen begann — lawinenartig zu beschleunigen und den Ausbruch revolutionärer, ihre eigene Macht zu brechen entschlossener Bewegungen auszulösen. Angesichts dieser Überlegungen zogen es die Stańczyken vor, dem Fortschritt und der Demokratisierung im Namen ihrer eigenen Interessen den Kampf anzusagen und den historischen Entwicklungsprozeß allenfalls gewaltsam aufzuhalten[40]). So verschanzte man sich denn hinter die traditionellen Doktrinen und verschloß die Augen vor den tatsächlichen Bedürfnissen der Landesbevölkerung.

---

37) Ebd. 149.
38) Ebd. 152.
39) Ebd. 153.
40) Vgl. Karpiński/Król, Sylwetki polityczne [Politische Silhouetten] 96.

In diesem Sinne waren auch Madeyskis politische Grundsätze der allgemeinen Radikalisierung der politischen Umwelt zum Opfer gefallen. Für jenes gemäßigte Fortschrittsprogramm, das er Mitte der achtziger Jahre im Zentrum zu verwirklichen versucht hatte, war in den neuen politischen Verhältnissen kein Platz mehr: So weit war schon die politische und ideologische Polarisierung der Gesellschaft vorgeschritten, daß es zwischen den Extremen — dem konservativen Block einerseits, dem demokratischen andererseits — weder Kompromisse noch eine dritte Alternative mehr gab. Gezwungen, zwischen Status quo und unbekanntem Umbruch zu wählen, hatte sich Madeyski für die erste Lösung entschieden. Er trat der Stańczykenpartei bei.

Somit bildet das Jahr 1891 in Madeyskis politischem Leben einerseits den Endpunkt der Periode der „gemäßigten Reform", wie man die politische Linie überschreiben kann, die er seit 1879 vertrat —, andererseits aber und gleichzeitig den Beginn einer mit der Ideologie der Stańczyken konformen Orientierung.

Für die konservativen, systemerhaltenden Elemente war es 1891 an der Zeit, den Kreuzzug gegen die „Anarchie" anzutreten. Auch Madeyski unterzog seine ursprünglichen Grundsätze einer Revision. Bis dahin konnten seine grundsätzlich konservativen politischen Überzeugungen innerhalb dieses weltanschaulichen Rahmens doch als fortschrittlich gelten: Bis dahin hatte er sich bemüht, seine konservativen Vorstellungen von den Grundlagen und Mechanismen der Gesellschaft mit dem gleichzeitigen Verständnis für ihre veränderten Bedürfnisse zu verbinden, seine Weltanschauung an die neuen historischen Verhältnisse anzupassen. In diesem Sinne war für Madeyski bis dahin nur jene konservative Politik erstrebenswert und fruchtbar, die auch Fortschritt und Anpassung in ihr Programm aufzunehmen bereit war.

Anfang der neunziger Jahre aber führte ihn die Überzeugung, daß die von den „anarchischen" Demokraten ausgehende — für ihn weniger politische als vielmehr weltanschauliche, ethische und soziale — Gefahr gebannt werden mußte, zu der Schlußfolgerung, daß Demokratisierung und Fortschritt an sich schon den Keim der Anarchie und der Revolution in sich trügen.

Seit damals setzte Madeyski jeden Schritt, der nicht vom konservativen Lager ausging, undifferenziert mit Subversion, Nihilismus und Umsturz gleich.

Je mehr sich das Tempo des sozialen Wandels beschleunigte und bei den erhaltenden Kräften das Gefühl der Verunsicherung vertiefte, desto mehr wurde die Apologie der traditionellen Werte zum Selbstzweck.

Vom wachsenden Radikalismus bedrängt, suchte auch Madeyski jetzt Zuflucht in den Werten und Autoritäten, die er bis dahin oft in Frage gestellt hatte: Er suchte und fand sie im ideologischen Reservoir der Stańczyken. Madeyskis weitere politische Laufbahn hat diesen Entschluß nur mehr illustriert.

2. Karriere an der Jagellonischen Universität — Kampf gegen den Sozialismus

Die Krakauer Jagellonische Universität, die eigentlich schon seit ihrer Gründung (1364) in hervorragendem Maße zur Heranbildung der polnischen Eliten beitrug und auf eine stolze Tradition zurückblicken konnte, spielte in der zweiten Hälfte des 19. Jahrhunderts darüber hinaus auch eine entscheidende politische Rolle:

Obwohl sie schon zur Zeit des „Freistaates" Krakau als polnische Hochschule nationale Bedeutung errungen hatte, wurde sie im Rahmen der Landesautonomie Galiziens zum Symbol der gesamtpolnischen Hochkultur überhaupt. Sie verdankte diese neue Rolle nicht nur der ihr jetzt zugestandenen Selbstverwaltung und ihrer endgültigen Polonisierung im Jahre 1870. Wichtiger vielleicht noch war in diesem Zusammenhang die Sperrung der einzigen außergalizischen polnischen Hochschule, der Warschauer Universität, durch die zaristischen Behörden nach 1830[41]).

Analog zu den übrigen autonomen Institutionen des Landes, die schrittweise zu Bausteinen eines „Ersatzstaatsapparates des polnischen konservativen Großgrundbesitzes umfunktioniert wurden"[42]), erhielt auch die Jagellonische Universität den Stempel der polnischen konservativ-klerikalen Adelskreise aufgedrückt: Bis zur Jahrhundertwende bleibt sie Sprachrohr ihrer politischen Anschauungen und Sammelbecken ihrer Vertreter und Anhänger. Nicht zuletzt bildete sie die letzte Stufe der Integration der galizischen Jugend in das herrschende gesellschaftspolitische System.

Das Professorenkolleg der Jagellonischen Universität rekrutierte sich aufgrund eines strengen Kooptierungs- und Auslesesystems[43]) fast ausnahmslos aus Mitgliedern des

---

[41]) Laut Buszko war diese politische Rolle Ausfluß weder ihrer rechtlichen noch administrativen Stellung unter den autonomen Institutionen des Landes; sie lasse sich „weder konkret erfassen noch unmittelbar nachweisen". Siehe Buszko, Społeczno-polityczne oblicze UJ [Sozial-politisches Antlitz der UJ] 5f. Zur Geschichte der Jagellonischen Universität (UJ) siehe auch Günther Wytrzens, Materialien zur Geschichte der Universität Krakau aus den österreichischen Archiven; in: Österreichische Osthefte 6 (1964) 246—259 und Józef Buszko, Die kulturelle und sozial-politische Rolle der Krakauer Universität zur Zeit der Autonomie Galiziens 1869—1918; ebd. 260—272. Zur Geschichte der UJ unmittelbar vor der Konstitutionalisierung Österreichs siehe Waltraud Heindl, Universitätsreform und politisches Programm. Die Sprachenfrage an der Universität Krakau im Neoabsolutismus; ebd. 20 (1978) 79—98. Übrigens befand sich auch die zweite Hochschule, der nach 1869 die polnische Vortragssprache zugestanden wurde, in Galizien. Doch die Lemberger Universität, die zwischen 1805 und 1812 überhaupt geschlossen war (zwei Hochschulen im Lande wurden vermutlich nicht als notwendig erachtet) und 1817 als deutsche Hochschule mit deutscher Vortragssprache wieder geöffnet wurde, spielte keine für die Polen derart symbolträchtige Rolle: Zwar war die Jagellonische Universität zwischen 1795 und 1809 ebenfalls österreichisch und als solche dem Druck der Germanisierungspolitik der österreichischen Regierung ausgesetzt gewesen; doch: „niemals ...gab es auch nur einen Augenblick, in dem an der Jagellonischen Universität nicht auch in polnischer Sprache gelehrt wurde ... In der verworrenen und dramatischen Geschichte Polens, in der sich Dauer und Tradition der Institutionen immer wieder bewähren mußten, ist dies eine Ausnahme". Karol Estreicher, 600 Jahre Geschichte der Jagellonischen Universität und ihr Verhältnis zu Österreich; in: Österreichische Osthefte 6 (1964) 189. Vgl. Buszko, Die kulturelle und sozialpolitische Rolle der Krakauer Universität 261 und Stanisław Grodziski/Andrzej Partyka, Die Polen in der österreichischen Rechtspflege 1772—1914; in: Studia Austro-Polonica 1 (1978) 96. Die Warschauer Universität wurde 1862 unter dem Namen „szkoła główna" [Haupthochschule] mit vier Fakultäten (medizinische, juridische, mathematisch-physikalische und philosophisch-historische) wieder reaktiviert. 1869 wurde sie geschlossen, im gleichen Jahr als Warschauer Universität wieder geöffnet — allerdings bis 1918 mit russischer Vortragssprache. Siehe Kieniewicz, Historia Polski [Geschichte Polens] 114, 242. Zu den Verhältnissen an der Warschauer Universität in der zweiten Hälfte des 19. Jahrhunderts siehe Kazimiera Janina Cottam, Bolesław Limanowski (1835—1935). A Study in Socialism and Nationalism (New York 1978) insb. 22—45.

[42]) Buszko, Społeczno-polityczne oblicze UJ [Sozial-politisches Antlitz der UJ] 7.

[43]) Durch ein ausgeklügeltes Habilitationssystem konnten politisch, ideologisch oder wissenschaftlich abweichende Wissenschaftler von der Jagellonischen Universität ferngehalten werden. Typisch und besonders bekannt ist der Fall des polnischen Soziologen Ludwig Gumplowicz, dessen Habilitationsschrift an der UJ durchfiel. Seine antiklerikale Einstellung hatte dem akademischen Senat nicht zugesagt. Siehe Buszko,

Lagers der Krakauer Konservativen und der Stańczyken; ebenso der Rektor, dem auch im galizischen Landtag eine Virilstimme zustand[44]).

Zu Opfern dieser überaus wirksamen Inzuchtpolitik wurden all jene Wissenschaftler und Akademiker, die den herrschenden politischen Kräften unliebsam waren oder die herrschenden geistigen Strömungen und Lehrmethoden gefährden konnten[45]).

Aus der nationalen Hochschule wurde aufgrund dieser Selbstschutzpolitik allmählich eine ideologische Schulungsanstalt und ein Propagandainstrument der galizischen Stańczyken.

Tatsächlich nahmen die Professoren und Rektoren der Jagellonischen Universität in der Regel aktiv an der Landespolitik teil:

Sie waren es, wie Józef Buszko schreibt, die das „Rohstoffhinterland und Kräftereservoir" der Stańczykenideologie bildeten; denn als intellektuelle Vorhut der Gesellschaft arbeiteten sie am stärksten an der galizischen Ausprägung des politischen Konservatismus. Sie waren es daher, die der Parteipolitik der Stańczyken ihren theoretischen Überbau lieferten[46]). Ihre sozial hoch angesehene Position ermöglichte es ihnen überdies, auf breite Bevölkerungsteile einen bedeutenden Einfluß auszuüben[47]).

Noch stärker als den humanistischen Fächern (hier an erster Stelle der Geschichtswissenschaft)[48]) wurde den Rechtswissenschaften der Stempel der konservativen Ideologie aufgedrückt: Dieser Ausbildungszweig zielte im damaligen Österreich schon grundsätzlich auf die Festigung der Autorität der österreichischen Rechtsinstitutionen[49]); diesem

---

Społeczno-polityczne oblicze UJ [Sozial-politisches Antlitz der UJ] 9 und Vgl. DZIEJE WYDZIAŁU PRAWA UJ [Geschichte der juridischen Fakultät der UJ] 445f.

44) BUSZKO, Społeczno-polityczne oblicze UJ [Sozial-politisches Antlitz der UJ] 14.

45) Auf diese Weise seien die „aus Westeuropa einströmenden positivistischen und materialistischen Denkrichtungen bis fast zum Ende des 19. Jahrhunderts an den wohlgeschützten Mauern der Jagellonischen Universität abgeprallt". BUSZKO, ebd. 12.

46) EBD. 15.

47) Das betont auch einer der bedeutendsten Vertreter der Stańczyken und des Professorenkollegiums der UJ: „Die Jagellonische Universität hat auch andere Aufgaben zu erfüllen als die im Bereich der Wissenschaft und Lehre, nämlich wichtige Aufgaben sozialpolitischer Natur". Dies werde der Universität zwar vorgeworfen, weiß er, doch die Universität „kann und darf nicht der Gesellschaft fremd bleiben, in der sie wirkt ..." BOBRZYŃSKI, Z uroczystego dnia [Aus Anlaß eines feierlichen Tages]; in: *Przegląd Polski* 85 (1887) 18f. Es handelte sich hier um einen Aufsatz aus Anlaß eines Jubiläums der Jagellonischen Universität.

48) Bobrzyński und Szujski zogen aus der nationalen Geschichte sowohl weltanschauliche als auch grundsätzliche politische Schlüsse, die sie zu Direktiven des politischen Handelns für die Zukunft instrumentalisierten: Anerkennung der österreichischen Regierung, Konservatismus als Gegenmittel zur verhängnisvollen „Anarchie", soziale Harmonie unter Führung der Szlachta — das sind nur einige jener Grundwerte, die sie mit Hilfe ihrer geschichtsphilosophischen Thesen zu legitimieren versuchten. Dies im Namen eines ethischen Postulats, das Bobrzyński so umschrieb: „... nicht irgendwelche erhebenden Theorien dürfen die oberste Maxime des Historikers bilden, sondern das gegenwärtige Wohl der Nation, deren Schicksal er untersucht und niederschreibt". Siehe KARPIŃSKI/KRÓL, Sylwetki polityczne [Politische Silhoutten] 106.

49) „Der Staat hat an keinem akademischen Studium mehr Interesse als an dem der Rechts- und Staatswissenschaften, insofern nämlich hier gerade jene Praxis ausgebildet wird, welche zur Wahrnehmung der unmittelbaren Staatsaufgaben berufen ist. Nirgends kann der Staat einen Einfluß für legitimer halten, als an den Anstalten, wo die staatlichen Einrichtungen selbst den Gegenstand der Unterweisung bilden und die Männer herangezogen werden, von deren Einsicht künftig das Funktionieren der ganzen Staatsein-

Ethos diente aber auch in Galizien der Großteil der Vertreter dieses Faches. Als eine logische Konsequenz dieses Selbstverständnisses pflegte die juridische Fakultät der Jagellonischen Universität nachweislich intensive Kontakte zu der Wiener Rechtsfakultät und ihren Organen[50]).

Da das Rechtsstudium allgemein als zukunftsträchtigster Bildungsweg galt, erfreute es sich auch in Galizien in der Regel der höchsten und konstant steigenden Hörerzahlen[51]).

Auch politisch spielte die juridische Fakultät der Jagellonischen Universität eine wichtige Rolle: Über die Professur gelang ehrgeizigen, der herrschenden politischen Elite genehmen Juristen sehr oft der Sprung in die aktive Politik, da, wie schon erwähnt, die Gelehrten in Galizien hohes Sozialprestige genossen und mühelos ein Mandat zum Reichsrat oder Landtag gewinnen konnten[52]). Eine politische Karriere wiederum bedeutete weiteren sozialen Aufstieg.

Ihr soziales Ansehen verschafften sich galizische Gelehrte in der Regel durch Publikationen in populären Fachzeitschriften, Tageszeitungen und Periodica — man denke an den *Czas* oder an den *Przegląd Polski* —; allmählich erhielten ihre Artikel auch politisches Gewicht. Daß eine solche Verknüpfung von Wissenschaft und aktiver Politik, wie sie den Charakter der Jagellonischen Universität prägte, offiziell gebilligt und sogar gefördert wurde, illustriert wohl am besten der folgende Auszug aus einem Artikel, den der Gründer der „Krakauer Historischen Schule", der Universitätsprofessor Michał Bobrzyński im *Przegląd Polski* veröffentlichte:

„Ein Professor an der juridischen Fakultät, der die Absicht hätte, sich von den aktuellen Fragen der Tages- sowie Gesetzgebungspolitik zu distanzieren, würde damit nicht nur als Bürger seine Pflichten vernachlässigen, sondern auch als Professor, der ja in der nationalen Aufbauarbeit eine strategisch sehr wichtige Funktion zu erfüllen hat. Überdies ist die Teilnahme am öffentlichen Leben eine notwendige Voraussetzung seiner fachlichen Weiterbildung und seiner persönlichen Entwicklung. Nehmen wir nur das — zweifellos extreme — Beispiel jener Professoren, die zugleich im Wiener Reichsrat als Abgeordnete tätig sind. Natürlich ist ihre politische Arbeit mit gewissen Nachteilen verbunden — so etwa, daß sie ihren Verpflichtungen an der Hochschule oft über längere Zeit hinaus nicht nachkommen können ... Dank diesen Professoren nimmt die Jagellonische Universität aber an der Lösung der wichtigsten Fragen des Reiches teil

---

richtung abhängen soll". LEMAYER, Verwaltung der Hochschulen 179. Vgl. auch HEINDL, Universitätsreform 80.

[50]) BUSZKO, Społeczno-polityczne oblicze UJ [Sozial-politisches Antlitz der UJ] 18. Die austrophile Grundeinstellung der juridischen Fakultät der Krakauer Universität hatte Tradition: So stellt Heindl in ihrer Analyse der Verhältnisse der UJ im Zeitalter des Neoabsolutismus fest, daß „erstaunlicherweise" die damaligen Germanisierungsversuche der Regierung und sogar die generelle Einführung der deutschen Vortragssprache an der Universität von der juridischen Fakultät „gewünscht und einstimmig unterstützt" wurde. Siehe HEINDL, Universitätsreform 84.

[51]) BUSZKO, Społeczno-polityczne oblicze UJ [Sozial-politisches Antlitz der UJ] 18. Siehe auch GUSTAV OTRUBA, Die Universitäten in der Hochschulorganisation der Donaumonarchie. Nationale Erziehungsstätten im Vielvölkerreich 1850—1914; in: Student und Hochschule im 19. Jahrhundert. Studien und Materialien, hrsg. v. Christian Helfer und Mohammed Rassem (= Studien zum Wandel von Gesellschaft und Bildung im 19. Jahrhundert 12, Göttingen 1975) 75—158.

[52]) Vgl. DZIEJE WYDZIAŁU PRAWA UJ [Geschichte der juridischen Fakultät der UJ] 442.

und dank ihnen übt sie in Land und Reich den ihr angemessenen und ihr gebührenden politischen Einfluß aus. Auf diese Weise verteidigt die Jagellonische Universität auch ihre eigenen Interessen, denn über diese wird ja bekanntlich im Zentralparlament entschieden"[53]).

Madeyski, der bekanntlich schon als Gymnasiast von einer Professur an der Jagellonischen Universität geträumt hatte, begann die wissenschaftliche Laufbahn erst nach dem Scheitern seines Versuches, im Staatsdienst Karriere zu machen. Ungestillte Ambitionen in der Notariatskanzlei waren in diesem Zusammenhang katalysatorisch[54]): „Ein seltsamer innerer Drang führte mich wieder zur Wissenschaft ... Als die polnische Sprache an der Universität als Vortragssprache eingeführt wurde, erwachte auch mein alter Traum von einer Professur wieder"[55]).

Wie schon erwähnt, habilitierte sich Madeyski 1879 an der Krakauer Universität als Privatdozent für österreichisches bürgerliches Recht[56]). Obwohl er als Dozent wenig verdiente — deshalb auch seine Notariatskanzlei nicht aufgab —, bedeutete dieser Titel zunächst die Aufnahme in die Elite der Intelligenz und damit hohes Sozialprestige.

Engstens damit verbunden waren die gesellschaftlichen Implikationen, die der Zeitgenosse Kazimierz Morawski mit folgenden Worten schildert: „Im Salon der Dunajewskis, die mit anderen Professorenfamilien (wie Estreichers und Madeyskis) verwandt oder bekannt waren, konzentrierte sich der Geist des alten Österreich — oder, besser gesagt, der Geist Austro-Polens"[57]).

Und nicht zuletzt eröffnete die Dozentur auch die Chance, wichtige Funktionen im öffentlichen Leben zu übernehmen, die Chance, eine neue Laufbahn zu beginnen.

Madeyski war selber ein Produkt der Jagellonischen Universität — ihrer wissenschaftlichen und ideologischen Ausrichtung: Sowohl die zahlreichen Aufsätze, die er regelmäßig in einer Fachzeitschrift veröffentlichen durfte, die das Professorenkolleg der juridischen Fakultät herausgab, als auch die positive Bewertung seiner Habilitationsschrift sind Zeugnisse der Konformität seiner Thesen mit den herrschenden Denkschemata[58]).

---

[53]) BOBRZYŃSKI, Z uroczystego dnia [Aus Anlaß eines feierlichen Tages] 204. Gerade in Hinblick auf die negative Einstellung der Universitätsbehörden zu einer politischen Tätigkeit der Hochschulprofessoren ist diese Aussage bemerkenswert!

[54]) „Ich erkannte, daß ich immer schon die Tendenz hatte, die Wissenschaft mit der Praxis zu vereinen, um mit Hilfe wissenschaftlicher Erkenntnisse praktischen Fortschritt in unsere Lebensverhältnisse hineinzutragen und so das Niveau der polnischen Zivilisation anzuheben. Als Gerichtsadjunkt habe ich Erfahrungen aus der juridischen Praxis gesammelt und wünschte, in irgend einem Ministerium unterkommen zu können, um mir diesen Horizont zu erweitern. Als man mir diese Erweiterung aufgrund einer uns feindlichen politischen Konstellation unmöglich machte, wollte ich von diesen Erfahrungen zumindest wissenschaftlichen Gebrauch machen. Ich begann also mit dem Studium der Zivilprozeßordnung, um mich aus diesem Fachbereich zu habilitieren. Auch dieses Ziel erreichte ich nicht, da es mir an den notwendigen materiellen Mitteln fehlte. Also kehrte ich in die Heimat zurück und verdiente hier als Notar mein Brot. Doch tat ich dies nur bis zu dem Augenblick, in dem mein Einkommen mir endlich die Möglichkeit gab, mich von dieser rein professionellen Tätigkeit loszureißen". MADEYSKI, Luźne uwagi [Lose Bemerkungen]; in: Nachlaß IX, 1.

[55]) EBD. 2.

[56]) Vgl. oben S. 59, Anm. 74.

[57]) KAZIMIERZ MORAWSKI, Kraków przed trzydziestu laty [Krakau vor dreißig Jahren] (Warszawa 1932) 57.

[58]) Vgl. DZIEJE WYDZIAŁU PRAWA UJ [Geschichte der juridischen Fakultät der UJ] 444. Wie schon erwähnt, schafften Wissenschaftler, deren Denken sich nicht in das Schema der herrschenden konservativen

Einer ungeschriebenen Tradition der Jagellonischen Universität entsprechend, wurde Madeyski nur kurze Zeit nach diesem wissenschaftlichen Durchbruch zum Kandidaten für die Wahl der galizischen Reichsratsabgeordneten aufgestellt.

Noch war der große Sprung aber nicht geglückt: Sieben Jahre mußten vergehen, bis er endlich in das Professorenkolleg der Universität aufgenommen wurde und endgültig in die soziale Elite Galiziens aufsteigen konnte. Der lang geträumte Traum erfüllte sich erst mit seinem formellen Eintritt in die Stańczykenpartei 1886:

Auf den Vorschlag der Hochschulprofessoren M. Bobrzyński und F. Zoll — seiner neuen Parteifreunde[59]) — wurde Madeyski die Lehrkanzel für österreichisches bürgerliches Recht angeboten, die nach dem Tode des Professors Maximilian Zatorski freigeworden war[60]).

Madeyski nahm das Angebot allerdings erst nach langwierigen finanziellen und politischen Verhandlungen mit dem Dekanat der juridischen Fakultät an[61]).

Zunächst gab Madeyski auf Wunsch des Dekanats seine Notariatskanzlei auf; über die Forderung, sein Mandat zum Reichsrat niederzulegen, setzte er sich allerdings hinweg[62]). Die Befürchtungen der Universitätsbehörden erwiesen sich als berechtigt:

Anschauungen fügte, in der Regel keine Karriere an der Krakauer Universität. Übrigens sei an dieser Stelle bemerkt, daß auch Madeyski diese Praxis befolgt hat: Die Habilitationsschrift von W. L. Jaworski, dem späteren Anführer der Neokonservativen, verwarf er 1892 als einziger Rezensent, da ihre Thesen von den traditionellen rechtswissenschaftlichen Annahmen abwichen. Die Arbeit Jaworskis wurde erst zwei Jahre später — von einer anderen Kommission — angenommen; doch auch da fühlte sich der damalige galizische Statthalter, Kazimierz Badeni, verpflichtet, in einem Bericht an das Unterrichtsministerium darauf hinzuweisen, daß Jaworskis Thesen radikal und sogar gefährlich seien. Ebd. 376. Wie groß die Bedeutung dieses „Konformismus" war, illustriert auch eine Arbeit Grodziskis, in der anhand zahlreicher Biographien „arrivierter" polnischer Staatsbeamter, Wissenschaftler und Politiker nachgewiesen werden konnte, daß diese Karrieren alle nicht „zufällig", sondern der out-put einer strengen Selektionspolitik der herrschenden konservativen Elite waren: den obersten Grundsatz dieser Politik bildete die „strikteste Unterwerfung" unter ihre eigenen politischen und ideologischen Überzeugungen. Erst mit der Demokratisierung des Wahlrechts zum Reichsrat 1897 und dann 1907 wurde auch weiteren Kreisen der städtischen Intelligenz, des Bauernstandes und der Arbeiter der wissenschaftliche oder politische Aufstieg möglich. Siehe Grodziski, Udział Polaków w centralnych organach austriackiej administracji i sądownictwa [Die Polen in den zentralen Organen der Verwaltung und des Gerichtswesens in Österreich); in: Polacy w Austrii [Die Polen in Österreich] 185.

59) Vermutlich haben hier auch politische Überlegungen hineingespielt: Ohne deshalb Madeyskis fachliche Qualifikation mindern zu wollen, war die Professur von beiden Hochschulprofessoren zweifellos auch als zusätzliches Attraktionsmoment für Madeyskis Eintritt (und damit Einbindung) in das konservative Lager der Stańczyken gedacht.

60) Madeyski, Wybór do Sejmu [Wahl in den Landtag] 12.

61) Madeyski stellte folgende Bedingungen: die Zusicherung des höchstmöglichen Gehaltes für einen ordentlichen Hochschulprofessor und die Gutschreibung von fünf Dienstjahren bei allfälliger Pensionierung. Nach langen Verhandlungen mit dem Ministerium für Kultus und Unterricht wurden beide Bedingungen erfüllt, wobei dieser Beschluß mit dem Argument begründet wurde, daß Madeyski als Notar viel mehr verdient hatte als ein Hochschulprofessor und ihm daher eine Kompensation für den Verzicht auf diese Einkommensquelle zustehe. Siehe Korrespondenz Madeyskis mit dem Dekanat der juridischen Fakultät der UJ; in: Personalakten Madeyskis S, II 619 und Przypomnienie urzędowe w przedmiocie obsadzenia katedry prawa cywilnego austriackiego [Amtliches Memorandum betreffend die Besetzung der Lehrkanzel für österreichisches Zivilrecht] vom 10. 6. 1886, ebd., Archiv der UJ, Kraków.

62) Ebd. und vgl. Dzieje wydziału prawa UJ [Geschichte der juridischen Fakultät der UJ] 375; — Inwieweit diese Forderungen des Dekanats auf entsprechende Weisungen des Unterrichtsministeriums zurückgehen,

Immer stärker engagierte sich Madeyski in der aktiven Politik, immer öfter mußten andere Professoren und Dozenten seine Vorlesungen übernehmen[63]).

Weder in seinen „Erinnerungen" noch in anderen persönlichen Aufzeichnungen erörtert Madeyski seine Tätigkeit an der Jagellonischen Universität. In einem Nachruf seines Universitäts- und Parteikollegen Franciszek Zoll vom Jahre 1912 wird erwähnt, daß sich Madeyski als Professor großer Anerkennung erfreut habe: „... die Jugend war von seinen Vorträgen begeistert. Seine Vorlesungen zeichneten sich nämlich durch außerordentliche Klarheit aus. Herr Madeyski selbst erfreute sich im Kreise seiner Kollegen einer so großen Sympathie und Hochschätzung, daß er schon im akademischen Jahr 1889/90 zum Dekan der juridischen Fakultät, in den zwei darauffolgenden Jahren zum Rektor der Jagellonischen Universität gewählt wurde"[64]).

Am konkreten Beispiel der Hochschulkarriere Madeyskis wird deutlich, wie eng im damaligen Galizien politischer und akademischer Aufstieg zusammenhingen: die Dozentur öffnete Madeyski die Tore zur politischen Laufbahn, diese wiederum trug erheblich zu seiner Ernennung zum Professor und zu seiner Wahl zum Rektor bei.

Madeyskis Amtszeit als Rektor fällt in die Jahre der rapiden Eskalation der seit den frühen achtziger Jahren anwachsenden „fortschrittlichen", insbesondere sozialistischen Studentenbewegung auf den galizischen Hochschulen[65]).

Diese Bewegung war engstens mit der in Galizien gleichzeitig einsetzenden sozialistischen Arbeiterbewegung verbunden und nahm seit Beginn der neunziger Jahre einen explizit ideologischen und politischen Charakter an: Immer stärker verlegte sich der Kampf der Studenten gegen das ideologische Gebäude der Stańczyken vom Boden der Universität auf die Ebene der Gesellschaft[66]).

Wie in einem anderen Zusammenhang schon erwähnt wurde, wirkten die Landtagswahlen des Jahres 1891 für die herrschenden konservativen Kräfte als „Alarmsignal". Danach rüsteten sie zum Kampf gegen die Anarchie (unter die sie übrigens alle Bewegungen subsumierten, die den Status quo in Frage stellten) und zum Widerstand gegen alle ihre Erscheinungsformen und potentiellen Gefahren.

Auch die Studentenschaft wurde im Geiste der neuen Devise streng kontrolliert: Studentenzeitungen, deren Aussagen den Behörden nicht zusagten oder Flugblätter mit

---

kann anhand des aufliegenden Materials zwar nicht eindeutig festgestellt werden. Doch da das Hochschulwesen Sache des Reiches war und die Praxis der juridischen Fakultät eindeutig darauf hinweist, daß solche Weisungen umgangen wurden, handelt es sich vermutlich nur um eine Formalität, um den Anforderungen des Ministerium zu genügen. Siehe Anm. 63.

63) Madeyskis Fall ist keine Ausnahme: 1887 schreibt Bobrzyński, daß in der Regel außerordentliche Professoren oder Dozenten die „Lücken" ausfüllten, die durch die politische Tätigkeit der Hochschulprofessoren entstanden. Siehe BOBRZYŃSKI, Z uroczystego dnia [Aus Anlaß eines feierlichen Tages] 205. Vgl. ferner DZIEJE WYDZIAŁU PRAWA UJ [Geschichte der juridischen Fakultät der UJ] 377.

64) ZOLL, Madeyski 8.

65) HENRYK DOBROWOLSKI/MIROSŁAW FRANČIĆ/STANISŁAW KONARSKI, Postępowe tradycje młodzieży akademickiej w Krakowie [Fortschrittliche Traditionen der akademischen Jugend in Krakau] (Kraków 1962) 45.

66) Diese Studentenbewegung war um die Studentenorganisation „Ognisko" [Lagerfeuer] gruppiert, die ihren Namen von der Hochschulzeitschrift „Ognisko" übernommen hatte. Einer ihrer bedeutendsten Repräsentanten und Anführer war in ihren Anfängen der galizische Demokrat Wilhelm Feldmann. EBD. 10.

politischen Inhalten wurden Opfer der Zensur; Studentenvereine, die mit der sozialistischen Bewegung sympathisierten, wurden aufgehoben.

Noch in den frühen neunziger Jahren erreichte der Kampf der Konservativen gegen die offizielle sowie die informelle linke Opposition einen ersten Höhepunkt: *Czas* und *Przegląd Polski* riefen ihre Leser auf, im Namen der Nation, des Landes, der Ordnung und der sozialen Harmonie, den Kreuzzug gegen Nihilismus und Anarchie, Gottlosigkeit und Sozialismus anzutreten. Gleichzeitig begann der Akademische Senat der Jagellonischen Universität zu radikalen Maßnahmen zu greifen, um die „sozialistische Verschwörung" einzudämmen, die immer größere Kreise der Studentenschaft mitriß:

1890 kam es in Krakau, dieser „Festung der galizischen Reaktion"[67]) — wie ein sozialistisches Studentenblatt einmal schrieb —, zu einem der größten „sozialistischen" Schauprozesse. Auf der Anklagebank saß auch eine große Anzahl Jugendlicher, die mit der sozialistischen Bewegung sympathisiert hatten. In den folgenden Jahren verschärfte sich die Zensur, häuften sich Verhaftungen, polizeiliche Verfolgungen, Konfiskationen. Nicht nur sozialistische Aktivisten, auch Studenten, die nach der drastischen Einschränkung der Unabhängigkeit ihrer Zeitschriften und Vereinigungen durch den Akademischen Senat ihren Kampf in der breiten Öffentlichkeit fortsetzten, wurden Opfer gnadenloser Sanktionen[68]).

Als auch diese Verschärfungen keine Wirkung zeitigten, die Studenten weiterhin sozialistischen Organisationen beitraten und an Kundgebungen der organisierten Arbeiterschaft teilnahmen, beschlossen Universitätsbehörden, Akademischer Senat und Rektor Madeyski, radikal durchzugreifen.

Denn auch seine Aufgaben als Rektor erfüllte Madeyski ganz im Geiste der herrschenden Tradition der Jagellonischen Universität[69]). Seine eigenen Reden und Ansprachen an die Studenten illustrieren die Studentenpolitik, die von den Universitätsbehörden schon seit einem Jahrzehnt geführt wurde — auf eine einfache Formel gebracht: Anprangerung und starre Verurteilung der wachsenden „radikalen fortschrittlich-demokratischen" Bewegung innerhalb der Universitätsmauern.

So machte der Rektor Madeyski anläßlich der feierlichen Eröffnung des akademischen Jahres 1891/92 vor der versammelten Studentenschaft auf bedenkliche und schädliche Aspekte der positivistischen und materialistischen Strömungen aufmerksam: „Es gab eine Zeit, in der die Zivilisation im Zeichen des Idealismus stand. Da sie sich diesem aber oft sogar zu einseitig hingab und dem menschlichen Geist daher auch vielleicht mehr Macht zugestand, als er tatsächlich besitzt, mußte sie eine bittere Enttäuschung erfahren. Anstatt sich jedoch nach dieser Erkenntnis der eigenen Einseitig-

---

[67]) *Promień* [Strahl] 11 (1900) 246f.

[68]) Dobrowolski/Frančić/Konarski, Postępowe tradycje [Fortschrittliche Traditionen] 15.

[69]) „Sowohl im Kreis der Professoren als auch im Akademischen Senat dominierte die Gruppe der Anhänger des politischen Lagers der Stańczyken. Doch glich dieses Lager weniger einer politischen Partei als vielmehr einer Art sprichwörtlich gewordenen ‚Bruderschaft der gegenseitigen Anbetung'. Es bildete einen exklusiven, homogenen Clan, den verschiedene verwandtschaftliche Bande, enge soziale Kontakte und sehr oft auch die gemeinsame politische Tätigkeit im Rahmen dieser spezifischen Ausprägung des Konservatismus zusammenhielten". Buszko, Społeczno-polityczne oblicze UJ [Sozial-politisches Antlitz der UJ] 78.

keit bewußt zu werden und sich von dieser zu befreien, sieht es so aus, als ob sie jetzt die gesamte Richtung verwerfen wollte!

Immer mehr wendet sie sich vom Geist ab und greift an seiner Stelle nach der Materie ... Doch der herrschende Materialismus hat nur den fieberhaften Wunsch wecken können, die heutigen Verhältnisse zu ändern, jedoch weder neue Ziele aufgestellt noch die Mittel zu ihrer Verwirklichung angeboten. Im Namen der Vernunft begnügt er sich damit, Gott — die Quelle selbst der Vernunft — und den Geist des Menschen in Frage zu stellen. Im Namen des Glücks strebt er die Verfügungsgewalt über den größten Teil aller materieller Güter an und zerstört dabei alles, was in unserer Gesellschaft Sicherheit und Beständigkeit gewährleistet und dem Glück erst seinen Inhalt gibt: ich meine das persönliche Eigentum und die Bande der Familie.

Im Namen des Fortschritts der Menschheit schließlich negiert er all das, was die Menschen zueinander führt und verbrüdert, fördert all das, was sie entzweit.

Aus all diesen Gründen lasten auf der Universität heute stärker denn je ihre pädagogischen und erzieherischen Aufgaben.

Das Alter und der Reifegrad der Studenten, die Würde akademischer Bürger, nicht zuletzt aber auch das System unserer Universität, ihre Mission und ihre Lehrgrundsätze — all dies eignet sich nicht dazu, auf die Jugend durch unmittelbaren Zwang einzuwirken oder einwirken zu wollen. Ebenso sind wir nicht dazu berufen, der Jugend gegenüber als polizeiliche oder richterliche Gewalt aufzutreten. Die Disziplinargewalt wiederum, das kann nicht geleugnet werden, hat mit dem normalen, gesunden Weg der Ausformung eines Charakters nichts mehr zu tun. Nur der Unterricht, das ist das Mittel, mit dessen Hilfe wir solche Eigenschaften in den jugendlichen Herzen wecken und festigen können, die das Fundament des Charakters eines wahren Mannes und eines rechtschaffenen Bürgers bilden sollen“[70]).

Gutes Zureden, Mahnungen und Ordnungsrufe erwiesen sich als fruchtlos. Madeyski beschloß, nun doch auf das System der Disziplinarstrafen (diese schlossen auch die Relegierung von der Universität ein)[71]) zurückzugreifen, von dem er sich ja zunächst distanziert hatte.

Bevor er seine Entscheidung vor den Akademischen Senat brachte, sprach er zu diesem Thema noch im Plenum des Abgeordnetenhauses: er plädierte insbesondere dafür, jene Studenten, deren „Vergehen“ nicht krimineller, sondern politischer Natur wären, nicht den öffentlichen Gerichten, sondern den Universitätsbehörden zu überantworten und vor den Disziplinarausschuß der Universität zu stellen[72]). Da aus diesen

---

[70]) MADEYSKI, 8. 10. 1891, Ansprache zur Eröffnung des Akademischen Jahres 1891/92; in: Kronika Universytetu Jagiellońskiego [Chronik der Jagellonischen Universität] 21 f. Zu Brauchtum und Tradition der Krakauer Universität siehe ESTREICHER, Geschichte der Jagellonischen Universität 189 und STANISŁAW NAHLIK, Die juridische Fakultät der Jagellonischen Universität; in: Österreichische Osthefte 6 (1964) 191—196.

[71]) Diese wurden schon unmittelbar nach Beschlußfassung des Akademischen Senates vom 25. 1. 1890 angewendet: Wie weit dabei die Strenge der Universitätsbehörden ging, illustriert der Fall eines Studenten, der einem Disziplinarverfahren unterzogen wurde, nachdem er bei einer Studentenfeier einen Toast auf die Revolution ausgerufen hatte. Siehe BUSZKO, Społeczno-polityczne oblicze UJ [Sozialpolitisches Antlitz der UJ] 22.

[72]) MADEYSKI, 12. 12. 1891, STEN. PROT. Abgeordnetenhaus, XI. Session, 87. Sitzung, 4046 ff.

Worten unter anderem hervorgeht, daß damals durchaus auch öffentliche Gerichtsverfahren gegen Studenten erwogen wurden, erscheint Madeyskis Entscheidung, auf universitätsinterne Disziplinarverfahren auszuweichen, zunächst milder.

Den absoluten Höhepunkt antisozialistischer Politik in Galizien brachte das Akademische Jahr 1892/93: von entscheidender Bedeutung für die Verhärtung der politischen Fronten war die Legalisierung der sozialdemokratischen Partei Galiziens 1892.

Am 22. Oktober 1892 rief Madeyski in einem Grundsatzreferat vor dem Akademischen Senat endlich zur Tat auf: Es könne kein Zweifel darüber bestehen, erklärte er zunächst, daß die Mitwirkung von Studenten an der Agitationskampagne der Arbeiterschaft nicht ihrer wahren Berufung entspreche und nur vom Unterricht ablenke. Diese Mitwirkung sei aber umso schädlicher, als es im Schoße dieser Agitationsbewegung interne Reibungen gäbe, an denen sich der noch unreife Geist der Studenten erhitze, da diese noch nicht fähig seien, sich ein selbständiges Urteil über den Wert der Partei zu bilden, der sie dienten[73]). Auch das Unterrichtsministerium, fuhr Madeyski fort, habe dem Akademischen Senat nahegelegt, mit größter Strenge gegen Akademiker vorzugehen, die an sozialistischen Versammlungen teilnahmen oder sozialistischen Vereinen angehörten[74]). Nachdem es ihm selbst jedoch ungerecht erscheine, die Studenten für die Mitgliedschaft in legalen Vereinen zu strafen, beantrage er die Herausgabe einer universitätsinternen Verordnung, die die Zugehörigkeit zu sozialistischen Organisationen verbieten und bei Übertretung dieses Verbotes Disziplinarstrafen zulassen würde.

Tatsächlich gelang es dem Rektor Madeyski, die Legitimität eines solchen Disziplinarverfahrens allein aus dem geltenden Universitäts-Disziplinargesetz abzuleiten: Aus

---

[73]) DOBROWOLSKI/FRANČIĆ/KONARSKI, Postępowe tradycje [Fortschrittliche Traditionen] 46.

[74]) Daß die strengen Verordnungen letztlich unter dem Druck der obrigkeitlichen Gewalten in Wien durchgesetzt wurden, beweist allein schon der Umstand, daß ähnliche Verordnungen auch an der Lemberger Universität und am Polytechnikum in Wirksamkeit traten. Man bedenke, daß die sozialistische Bewegung auch im übrigen Reichsgebiet begann, die herrschenden politischen und sozialen Kräfte zu beunruhigen. Siehe BUSZKO, Społeczno-polityczne oblicze UJ [Sozial-politisches Antlitz der UJ] 23; — Allgemein habe die „politisch-polizeiliche Behandlung und Überwachung der Hochschulen, besonders der Studenten, unter den Maßregeln der Staatsbehörden einen sehr erheblichen Raum eingenommen". Siehe PAUL MOLISCH, Die deutschen Hochschulen in Österreich und die politisch-nationale Entwicklung nach dem Jahre 1848 (München 1922) 12. Die Regierung war gesetzlich ermächtigt, gegen politische Vereine von Studenten einzuschreiten: Studentenvereine mußten unpolitisch sein, da gesetzlich nur Großjährige politischen Vereinen angehören durften. Nachdem das Gesetz jedoch nicht bestimmte, wodurch ein Verein einen politischen Charakter annahm, „blieb der Regierung in der Auslegung dieses Begriffes ein ... breiter Spielraum offen, von dem sie nicht nur ausgiebigen, sondern auch einseitigen Gebrauch machte". EBD. 102. Obwohl sich Molisch hauptsächlich mit der deutsch-nationalen Bewegung an den Universitäten beschäftigt, läßt sich aus Bemerkungen zu anderen Richtungen der Studentenpolitik entnehmen, daß Regierung und Unterrichtsministerium sehr wohl auch aktiv an der Verfolgung radikaler politischer Strömungen an den Hochschulen beteiligt waren. Siehe z. B. zum Eingreifen des Unterrichtsministers Madeyski anläßlich einer politischen Kundgebung der deutsch-nationalen Studentenschaft im Jahre 1895, EBD. 109f. sowie allgemein über die Beziehung der Regierung zur sozial-demokratischen Studentenbewegung, EBD. 141—143. Daß es Madeyski als Rektor der Krakauer Universität dennoch vorzog, auf universitätsinterne Maßnahmen zurückzugreifen, hat vermutlich zwei Gründe: zunächst wollte er öffentliche Prozesse von Jugendlichen vermeiden (diese waren ja unumgänglich, sobald reichsgesetzliche Bestimmungen herangezogen wurden); weiters kann angenommen werden, daß Madeyski als Rektor einer autonomen Behörde, wie es die Universität ja war, auch politische Fragen universitätsintern, also im Geiste der Autonomie regeln wollte.

dem § 12 dieses Gesetzes, demzufolge der Akademische Senat berechtigt war, die Teilnahme ihrer Studenten an bestimmten Vereinigungen oder Gruppen, die nicht reine Studentenorganisationen waren, zu verbieten, wenn es das „Wohl der Universität" erforderte, konnte nämlich ohne weiteres auch die Legalität einer Verordnung abgeleitet werden, die den Studenten die Mitgliedschaft in sozialistischen Organisationen verböte. Im Falle der Übertretung dieses Verbotes war die Bestrafung daher rechtmäßig[75]). Nach einer längeren Debatte nahm der Akademische Senat schon am 29. Oktober den Vorschlag Madeyskis an: noch am selben Tag hing die neue Verordnung an den Wänden der Jagellonischen Universität.

Durch seine juristische Spitzfindigkeit war es Madeyski — diesem „verbissenen Spürhund der fortschrittlichen sozialistischen Studentenbewegung", wie ein Kritiker schreibt[76]) — gelungen, die sozialistische Bewegung an der Jagellonischen Universität zu unterbinden: Die Universitätsbehörden wurden jetzt durch polizeiliche Ermittlungen über jede Übertretung der Verordnung informiert, die angezeigten Studenten mußten sich vor einem Disziplinarsenat der Universität verantworten. Durch diese Lösung konnten auch öffentliche Prozesse vermieden werden, die die Bevölkerung in Aufruhr versetzt hätten: die universitätsinterne Regelung ermöglichte ein Verfahren, das der Kritik der öffentlichen Meinung enthoben war. Nicht zuletzt wurde so, zumindest formell, die sozialistische Studentenbewegung von der allgemeinen Arbeiterbewegung abgespalten.

Die konservative Presse enthielt sich bezüglich der neuen Universitätsverordnung jeden Kommentars. Nur das Organ der galizischen Demokraten, der *Kurier Lwowski* [Lemberger Kurier], griff diesen Vorfall auf und verurteilte die Verordnung als eine „in der Geschichte der Jagellonischen Universität noch nie dagewesene Ungeheuerlichkeit"[77]).

Im Dezember desselben Jahres kam Madeyski anläßlich der Immatrikulationsfeier auch auf den Sinn der Oktoberverordnung zu sprechen: „Die Universität ist keine Fachschule ... ihre höhere Aufgabe ist es, Euch die Chance zu geben, die dem menschlichen Wesen möglichste Perfektion des Geistes zu erreichen ... Vom Westen und vom Norden schlagen Wellen eines erregten Meeres auf unsere polnische Jugend ein. Die Gewässer werden sich beruhigen, aber für die Nation ist der Verlust jedes Mitgliedes, das von den schäumenden Wellen fortgerissen wird, schmerzhaft: denn aus den lichtlosen Tiefen des Meeres gibt es keine Rückkehr ... Meine Aufgabe, meine Pflicht ist es, im Namen meines Amtes, meines Gewissens und meiner patriotischen Liebe zu unserer Jugend, Euch die Richtlinien für das Verhalten unserer Universität diesen Strömungen gegenüber — dem Sozialismus gegenüber — zu geben"[78]).

Obwohl Madeyski in dieser Rede behauptete, die Schönheit und den Edelmut der Leitgedanken des Sozialismus nicht bestreiten zu wollen und dem Enthusiasmus der Jugend für diese Ideale volles Verständnis entgegenzubringen, versuchte er diesmal, vor den Mitteln zu warnen, die zu der Verwirklichung dieser an sich edlen Ideale

---

[75]) Siehe Disziplinarakten der UJ, IV, k. 133—138, Archiv der UJ, Kraków.

[76]) DOBROWOLSKI/FRANČIĆ/KONARSKI, Postępowe tradycje [Fortschrittliche Traditionen] 53.

[77]) *Kurier Lwowski* [Lemberger Kurier] 2. 11. 1892.

[78]) MADEYSKI, Ansprache an der UJ vom 6. 12. 1892; in: *Czas* 8. 12. 1892.

angewendet würden, hier in erster Linie vor dem illegalen Kampf, „... der für die Jugend am schädlichsten ist ..., da es nichts gibt, was dem Charakter einer jugendlichen Seele so widerspricht, wie die Geheimnistuerei, die die reine, klare Aufrichtigkeit des jugendlichen Wesens mit der Last der Unfreiheit erdrückt, indem sie die Freiheit und Unabhängigkeit seines Geistes mit Eisenketten fesselt“[79]).

In der Zwischenzeit war, unmittelbar nach dem Erlaß der neuen Verordnung, das erste Disziplinarverfahren gegen zwei Studenten eingeleitet worden, die sich ihr widersetzt hatten. Als es im Laufe der Behandlung dieses Falles an Beweismaterial fehlte, zögerte der Rektor Madeyski nicht, die Polizei einzuschalten, um weitere belastende Informationen zu ermitteln[80]).

Der Kampf gegen den Sozialismus hatte an der Jagellonischen Universität damit seinen Höhepunkt erreicht: die Universitätsbehörden kooperierten mit Polizei und Landesbehörden[81]).

Madeyskis persönliche Rolle in der Bekämpfung der sozialistischen Studentenbewegung an der Jagellonischen Universität veranschaulicht einmal mehr, wie sich im Anprall mit der Wirklichkeit seine theoretischen Postulate zerschlugen: Vom Grundsatz der Toleranz, den er noch in seinem ersten Auftritt als Rektor zum Leitfaden seiner Universitätspolitik erklärte hatte, war in der Praxis keine Rede mehr: kurzsichtige Standesinteressen und weltanschaulicher Traditionalismus haben die Kompromißbereitschaft widerlegt[82]).

3. Politisches Wirken als Landtags- und Reichsratsabgeordneter 1883—1893

Madeyskis persönliches Wirken im ersten Jahrzehnt seiner politischen Tätigkeit in Lemberg und Wien kreiste hauptsächlich um drei Fragenkomplexe: die Justiz- und Gerichtsreform, die soziale Frage mit besonderer Berücksichtigung der Verhältnisse des galizischen Bauernstandes und den Kompetenzkonflikt zwischen Landtag und Reichsrat, also die Frage der Länderautonomie.

---

79) Ebd. Madeyski erinnerte in diesem Zusammenhang an die nationalen Aufstände in Galizien 1860—1863, wobei er den Studenten auch gestand, daß er an ihnen teilgenommen habe. Allerdings, setzte er fort, seien die Verhältnisse damals andere gewesen, und die damalige Bewegung hätte nichts mit der gegenwärtigen Jugendbewegung zu tun: Damals habe noch die „romantische Poesie des Polens nach den Teilungen geblüht“, damals sei der „unterdrückte polnische Patriotismus zu neuem Leben“ erwacht. Vgl. auch Madeyski, Ansprache zur Eröffnung des Akademischen Jahres 1892/93; in: Kronika UJ [Chronik der UJ] 13.

80) Madeyski, Brief an die Polizeidirektion in Krakau vom 12. 5. 1893. Siehe Buszko, Społeczno-polityczne oblicze UJ [Sozial-politisches Antlitz der UJ] 26.

81) Ebd. Auch das Präsidium der Statthalterei war an der Unterdrückung der sozialistischen Studentenbewegung interessiert: Es wurden Weisungen an die Polizei gerichtet, darüber Bericht zu erstatten, ob die Disziplinarverfahren an der Jagellonischen Universität auch tatsächlich stattfanden; vom Rektor wurde über die Vermittlung der Polizei gefordert, die Urteile des Disziplinarausschusses unverzüglich der Statthalterei zu übermitteln.

82) Daß Madeyskis Verhalten eigentlich nur der Ausdruck der herrschenden Einstellung der konservativen Führungsschichten im ganzen Reichsgebiet war, kann allerdings nicht über seinen persönlichen Einsatz im Kampf gegen den Sozialismus hinwegtäuschen. Denn schon damals fehlte es nicht an Professoren, die zur Mäßigung mahnten!

Zielsetzung und Ausrichtung seiner Tätigkeit in diesem Zeitraum tragen einen eindeutig reformatorischen Charakter: Sie sind der konkrete Niederschlag seiner schon besprochenen spezifischen Vorstellung vom „Fortschritt", den er nur als schrittweise, vorsichtige Anpassung der sozialen Infrastruktur an die historisch bedingten Bedürfnisse der Gesellschaft verstanden wissen wollte. Für die Praxis ergab sich daraus das Bestreben, begrenzte, von oben gesteuerte Reformen zu fördern, die einerseits dem „realen Leben" der Gegenwart gerecht würden, andererseits aber und zugleich den Rahmen der bestehenden sozio-ökonomischen und politischen Ordnung nicht sprengten. Denn Sinn und Zweck solcher Reformen lagen für Madeyski nicht in der Veränderung, sondern — im Gegenteil — in der Konsolidierung und Perfektionierung des gegebenen Gesellschaftssystems.

Im galizischen Landtag standen in den achtziger Jahren sozialpolitische und sozialökonomische Fragen im Mittelpunkt der Beratungen. Als Notar war Madeyski, der sein Berufsethos in der „Leitung des Rechtslebens des Volkes" sah[83]), in erster Linie am rechtlichen Aspekt und an der legislativen Lösung der sozialen Probleme der bäuerlichen Landbevölkerung interessiert: Viele Jahre hatte er in kleinen Provinzbezirken verbracht und kannte die Lebensverhältnisse der Bauern.

Seine wichtigsten Forderungen in diesem Bereich betrafen Reformen der Gerichtsorganisation und des bäuerlichen Erbrechts sowie die Gründung eines eigens für die Bauern gedachten Hypothekenkreditwesens, von dem er sich die Gesundung des chronisch verarmenden Bauernstandes versprach: Nicht nur würde eine solche Institution die fortschreitende Verschuldung der Bauern und damit die wachsende Grundstückzerstückelung aufhalten; in einem weiteren Kontext konnte sie dazu beitragen, die Entwicklung eines ländlichen Proletariats zu unterbinden.

Gleiche Zwecke verfolgten sein Antrag auf Einführung eines Gesetzes, das die Teilungsfreiheit des bäuerlichen Bodens einschränken würde, und seine Forderung nach einem legislativen Schutz der Bauern gegen die Wucherplage[84]).

Im Rahmen der Volksaufklärung im weiteren Sinne sprach sich Madeyski für eine praxisorientierte Grundausbildung aus, um die landwirtschaftliche Entwicklung zu fördern und so den Bauern an die Scholle zu binden.

---

83) Madeyski, 1. 10. 1883, Sten. Prot. Galiz. Landtag, I. Session, 8. Sitzung, 194.

84) Die letzte Forderung stand übrigens in einem gesamtstaatlichen Kontext und betraf Prozesse, die in den Landgemeinden aller Kronländer die bestehenden Besitzverhältnisse bedrohten. Die liberale Agrargesetzgebung der sechziger Jahre hatte in der Praxis einer übermäßigen Teilung und Fraktionierung des bäuerlichen Grundbesitzes Vorschub geleistet, was sich u. a. auch auf ihre Produktionskraft negativ ausgewirkt hatte. Deshalb wurde in den siebziger und achtziger Jahren der Ruf nach Wiedereinführung eines Gesetzes zur Einschränkung der Teilungsfreiheit sowohl in den Landtagen der von der Atomisierung des bäuerlichen Grundbesitzes betroffenen Kronländer als auch im Zentralparlament immer lauter. Siehe Werner Ogris, Rechtsentwicklung in Zisleithanien; in: Die Habsburgermonarchie 1848—1918 II, 627ff. sowie Murdzek, Emigration 80—95 und Franciszek Bujak, O naprawie ustroju rolnego w Polsce [Über die Reform des landwirtschaftlichen Systems in Polen] (Warszawa 1918) 22ff., weiters Tarnowski, Porcje [Parzellen]; in: *Przegląd Polski* 10 (1874) 163—179; Zdzisław Ludkiewicz, Ziemia i ludność rolnicza [Boden und landwirtschaftliche Bevölkerung]; in: Dzieje gospodarcze Polski porozbiorowej w zarysie [Grundzüge der Wirtschaftsgeschichte des geteilten Polens] hrg. v. A. Kempner (Warszawa 1920) II, 102ff.

a) Zur sozialen Frage in Galizien

Hinter Madeyskis konkretem, weitgefächertem Katalog von Reformanträgen zur Sanierung des galizischen Bauernstandes stand allerdings ein theoretisches Gerüst sozialpolitischer und ideologischer Prämissen:

So suchte Madeyski die tieferen Ursachen für die chronische Verelendung der galizischen Bauern weder in der rücksichtslosen Machtpolitik der lokalen Großgrundbesitzoligarchie, die an der Erhaltung eines ohnmächtigen und gänzlich von ihr abhängigen Bauernstandes interessiert war (stellte dieser ja ihre eigentliche Existenzgrundlage dar!), noch in der rechtlichen Diskriminierung dieses Standes. Er suchte und fand diese Ursachen vielmehr in der „Einmischungspolitik" der österreichischen Regierung der vorkonstitutionellen Ära, die den galizischen Bauernstand aus seiner „natürlichen Entwicklungsbahn" geworfen hätte:

Durch die Aufhebung der Grunduntertänigkeit im Jahre 1848 — argumentierte Madeyski — habe die österreichische Regierung dem Bauern — diesem „unmündigen, unreifen Kind" — die politische Freiheit geschenkt und ihn „zum Manne erklärt". Damit habe sie den historischen Entwicklungsprozeß des galizischen Bauernstandes unterbunden, die natürliche Kontinuität der sozialen und rechtlichen Verhältnisse in Galizien zerrissen[85]). Nicht erkannt habe sie nämlich, daß der galizische Bauer für die politische Freiheit noch nicht reif war: „Er war ein Kind, das bis dahin von seiner Kinderfrau[86]) an der Hand geführt wurde; ein Kind war es, dem der österreichische Gesetzgeber — ohne abzuwarten, daß es tatsächlich erwachsen würde, ohne ihm für die Übergangszeit zumindest eine vernünftige Hilfe angedeihen zu lassen — verkündete, daß es von nun an erwachsen war"[87]). Einem solchen „widernatürlichen Eingriff", folgerte Madeyski, habe sich sogar die Natur „widersetzen müssen". Und das Recht der Natur, wie er wissen wollte, war „stärker als jedes geschriebene Gesetz"[88]).

Denn „Gesetze, welche von einem Extrem unvermittelt in ein entgegengesetztes überspringen und die Rechtskontinuität unterbrechen", würden den Fortschritt hemmen, „indem sie den Keim einer Reaktion schon in sich tragen", das Rechtsgefühl des Volkes erschüttern, „indem sie ihm Einrichtungen aufnötigen, welche seinen An-

---

85) „Mit der Aufhebung der Untertänigkeitsverhältnisse und des rechtlichen Begriffes des Bauern glich die Regierung den Bauern den übrigen Staatsbürgern der Gesellschaft mit Gewalt und ohne jeden Übergang an ... Die Regierung gab ihm damit die politische Freiheit, unterließ es zugleich aber, ihm auch die entsprechende Hilfe zu geben, damit er sich dieser neuen Freiheit überhaupt würdig zeigen könne ... Diese so notwendige Hilfe hätte in der Neudefinition und in der Einschränkung dieser Freiheit bestanden ... denn ohne Kontrolle und Einschränkung ist Freiheit in einer Gesellschaft nicht denkbar". MADEYSKI, 7. 12. 1887, STEN. PROT. Galiz. Landtag, V. Session, 7. Sitzung, 97.

86) Denkt Madeyski hier nicht an die Szlachta?

87) MADEYSKI, 7. 12. 1887, STEN. PROT. Galiz. Landtag, V. Session, 7. Sitzung, 98.

88) Diese Ansicht fügt sich harmonisch in Madeyskis allgemeinen Standort in der rechtswissenschaftlichen Theorie: Er stand in der Rechtstradition des 18. Jahrhunderts, die das „Naturrecht" zur Quelle und zum Maßstab des positiven Rechts erklärte. Vgl. ZOLL, Madeyski 5. Übrigens fußten schon Madeyskis frühe Arbeiten auf diesem wissenschaftlichen Credo. Siehe u. a. MADEYSKI, Zu der Agrar-Reform in Österreich 81, wo er ausdrücklich erklärt, daß das materielle Leben des Alltagsmenschen nicht jene Elastizität besitzen würde, welche dem Geiste innewohnt: „Es ist nicht imstande, unvermittelte Sprünge auf die Dauer zu ertragen. Und wird er durch die Macht der positiven Gesetze dazu gezwungen, so sind dann krankhafte Zustände in seinem Organismus eine unerbittliche Folge der Mißachtung der Naturgesetze".

schauungen weit vorangeeilt sind und welche unter Verletzung der Traditionen der Rechtssitte die Grundlagen der Rechtsbildung vernichten“[89]). Daher war auch die Bauernbefreiung in seinen Augen eine Vergewaltigung natürlicher Entwicklungsprozesse: „Das Kind war von den neuen Lasten, die ihm aufgebürdet wurden und die zu tragen es nicht imstande war, ... von der Flut der Rechte, die ihm aufgeworfen wurden und in denen es weder Vorteile noch Gefahren zu erkennen vermochte, so erdrückt, daß es zu verkümmern begann, erkrankte, und auch seine Existenzgrundlagen chronisch verwesten“[90]).

In dieser grundsätzlichen Kritik an der österreichischen Regierungspolitik lag auch ein wesentliches Motiv für Madeyskis Kampf um die Erweiterung der gesetzgeberischen Kompetenzen des Landtags. Nur so würde eine Fortsetzung der traditionellen Bauernpolitik des polnischen Landadels gewährleistet.

Als daher in der Frage der Freiteilbarkeit des bäuerlichen Grundbesitzes in das Abgeordnetenhaus eine Gesetzesvorlage eingebracht wurde, die auf ihre Einschränkung abzielte, stellte sich Madeyski grundsätzlich auf den Standpunkt, daß allein die Länder diese Frage zu lösen hätten: Nur die von der Atomisierung des bäuerlichen Grundbesitzes betroffenen Landtage würden berechtigt sein, über die Wiedereinführung einer gesetzlichen Einschränkung der Freiteilbarkeit zu entscheiden und diese Frage der spezifischen Situation ihrer jeweiligen Länder entsprechend zu regeln[91]). Für Galizien befürwortete Madeyski die Wiedereinführung eines Teilungsverbotes nicht: er befürchtete, daß es in der Praxis ohnehin übertreten würde[92]).

Aus Madeyskis Beobachtungen in der galizischen Provinz folgten allerdings nicht nur Schlüsse staatsrechtlicher, sondern auch ideologischer Natur: Aufgrund seiner Erfahrungen mit der galizischen Landbevölkerung meinte er grundsätzlich behaupten zu können, daß eine einzige soziale Schicht „von Natur aus“ berufen wäre, die Gesellschaft zu leiten, da sie allein fähig wäre, alle staatsbürgerlichen Pflichten und Lasten zu tragen, die — erinnern wir uns — die Bauern ja überforderten[93]).

Es muß wohl nicht näher ausgeführt werden, daß er mit dieser „sozialen Schicht“ weder die Bauern noch das städtische Bürgertum im Sinne hatte: Schon im Jahre 1884 hatte Madeyski sich dahingehend ausgesprochen, daß trotz der „schönen Phrasen von

---

[89]) Ebd.

[90]) Als unausbleibliche Folgen dieser Überforderung des galizischen Bauern zählt Madeyski in erster Linie auf: die Unsicherheit und den Wankelmut der Bauern, zerrüttete und durch materielle Bereicherung und Geiz vergiftete Familienverhältnisse; im Rechtsleben ununterbrochen Prozesse und Gerichtsverhandlungen. Siehe Madeyski, 7. 12. 1887, Sten. Prot. Galiz. Landtag, V. Session, 7. Sitzung, 98.

[91]) Madeyski, 13. 11. 1888, Sten. Prot. Abgeordnetenhaus, X. Session, 252. Sitzung, 9596.

[92]) Für Galizien empfahl Madeyski die Schaffung einer Art „Zwangsgenossenschaft“ von Bauernhofbesitzern, welche die Aufgabe hätte, die Idee der Unteilbarkeit des Grundes unter den Bauern zu propagieren. Er erwartete sich eher davon „eine völlige Annahme in dem Leben der Bauern“, als von einem entsprechenden, ihnen „aufgezwungenen“ Gesetz. Wie schon erwähnt, hatte Madeyski aufgrund der Erfahrungen aus der Zeit des gesetzlichen Teilungsverbotes den Schluß gezogen, daß solche Gesetze von den Bauern in der Praxis übertreten würden. Einmal mehr also zeigt sich hier Madeyskis Interesse am psychologischen Aspekt des positiven Rechtes: Gesetze allein waren für ihn noch keine Garantie für ihre praktische Befolgung. Siehe Madeyski, 13. 11. 1888, Sten. Prot. Abgeordnetenhaus, X. Session, 252. Sitzung, 9934.

[93]) Madeyski, Wahlrede vor der Wählerschaft des Krakauer Großgrundbesitzes; in: *Czas*, 10. 7. 1889.

Gleichheit und Freiheit", trotz gesetzlicher und politischer Anerkennung dieses Prinzips die Wahrheit eine andere sei und „die staatsbürgerliche Gesellschaft nicht aus gleichen Individuen" bestehe[94]). In Wirklichkeit bestehe die Gesellschaft nämlich aus tatsächlich ungleichartigen „sozialen Gruppen (Klassen oder Ständen in nichtpolitischem Sinne ...), welche gerade zu dem Zwecke, um durch eine ungerechte formelle Gleichheit nicht in materielle Abhängigkeit gegeneinander zu verfallen, vielmehr um erst recht die Fähigkeit zum Ringen nach den Gütern der Freiheit zu erlangen, einer manche Unebenheiten ausgleichenden, zahlreiche Gegensätze aussöhnenden, daher formell ungleichen Behandlung seitens der Gesetzgebung" bedürfen[95]).

Diese „Angleichung" aber, von deren Notwendigkeit Madeyski fest überzeugt war, sei durch die österreichische Regierung sowohl auf dem Gebiet der Agrargesetzgebung als auch im Bereich der Sozialpolitik vorsätzlich vernachlässigt worden und hätte, zumindest in Galizien, nie stattgehabt. Gerade auf dieses Versäumnis müßten daher, sprach Madeyski offen aus, alle gegenwärtigen Nöte der galizischen Bauern zurückgeführt werden.

Auch Madeyskis Forderung nach einer Gesetzgebung, die sich stärker nach den Interessen und Bedürfnissen des Bauernstandes richten würde, baute auf dieser Überzeugung auf: Nur mit Hilfe einer aktiven Unterstützung durch Staat und Gesetzgebung könnte, seiner Ansicht nach, die bisher verabsäumte „Angleichung" nachgeholt werden[96]): „Jetzt, wo das Land nicht mehr vom obrigkeitlichen Bevormundungssystem beherrscht wird" — schreibt Madeyski im Jahre 1891 — „sondern die Selbstverwaltung erhalten hat, muß unser Bauernstand auf organischem Wege, durch schrittweise Reformen und unter der beständigen Obhut, der brüderlichen Fürsorge und Führung des Adels auch die innere Würde erlangen, um tatsächlich rechtlich und politisch frei zu sein"[97]).

---

[94]) MADEYSKI, Zu der Agrar-Reform in Österreich 82. „Idee und Wirklichkeit" würden niemals imstande sein, gleichen Schritt zu halten. Doch der österreichische Gesetzgeber habe aus dem Freiheitsprinzip die äußersten, „doktrinären" Konsequenzen gezogen: „Mit einem Zauberschlage der Gesetzgebung wähnte man plötzlich den Bauernstand aus der Welt geschafft und die Gesamtsumme der freien Staatsbürger um Millionen von gleichen Individuen bereichert zu haben, um in der freien Entfaltung ihrer Kräfte nach den theoretischen Regeln über die Begriffe ‚Mensch', ‚Freiheit' und ‚Gleichheit' dem allgemeinen Wohle, dem Fortschritte und der Zivilisation unermeßliche Schätze zu erschließen ..." Der deutsche Gesetzgeber hingegen habe diesen Fehler nicht gemacht: „Mit der Emanzipation des Bauernstandes gab man denselben nicht schutzlos den Gefahren der Freiheit preis, denn man sah es ein und man rechnete damit, daß die geistigen Anlagen desselben sowie seine materiellen Kräfte noch nicht danach sind, als daß ihm die Entfaltung der in der Freiheit liegenden Macht eine Widerstandskraft gegen die Gefahren ihres Mißbrauches zu bieten vermöchte. Die deutschen Gesetzgeber schmiegten sich den tatsächlichen Bedürfnissen des Bauernstandes möglichst an, sie forschten nach dem gesunden Kern ihrer Rechtssitte und seines volkstümlichen Charakters und förderten durch entsprechende agrarische Maßregeln den Zweck einer kräftigen Erhaltung der Bauernhöfe als Nährstellen von Bauernfamilien — und niemandem fiel es daselbst ein, darin eine freiheitswidrige Bevormundung oder eine dem Fortschritt widersprechende Aufrechterhaltung der Ständescheidung anzuerkennen". EBD.

[95]) EBD.

[96]) „Ich bin zu der Überzeugung gelangt, daß der Ausgangspunkt, der heute oft für die Reform des Privatrechts genommen wird, nämlich die Interessen des Bauernstandes, nur allzu berechtigt ist ... da die österreichische Regierung auch in ihrer Politik gegenüber den galizischen Bauern kardinale Fehler begangen hat". MADEYSKI, 7. 12. 1887, STEN. PROT. Galiz. Landtag, V. Session, 7. Sitzung, 97f.

[97]) MADEYSKI, Rachunek sumienia [Bilanz des Gewissens] 42—43.

Madeyskis Vorstellungen im Bereich der Sozialpolitik illustrieren auf plastische Weise jenes klassisch-konservative Weltbild, das seine gesamte politische Tätigkeit leitete: In diesem Weltbild war im Namen einer als „natürlich" gesetzten Gesellschaftsordnung allein die Szlachta berufen, den Volkswillen zu vertreten; die berechtigten Bedürfnisse anderer sozialer Schichten und namentlich der Bauern wurden hier nur im Maße der Interessen des adeligen Großgrundbesitzes berücksichtigt. In diesem Weltbild schließlich galt es, durch eine spezifische Auslegung des Naturrechts ein Gesellschaftssystem zu rechtfertigen und zu erhalten, das der Vergangenheit angehörte.

Diese Weltanschauung der adeligen Oberschicht Galiziens leitete auch Madeyskis Überlegungen im Bereich der galizischen Schulpolitik. Als ständiger Berichterstatter über das Schulbudget des Landtages beschäftigte sich Madeyski in erster Linie mit dem Problemkomplex der Kompetenzabgrenzung zwischen Landes- und Reichsgesetzgebung, zumal dieses Thema dank des „gemischten" Landesschulrates regelmäßig auf der Tagesordnung stand. Mit vollem Einsatz kämpfte er hier um die Erweiterung der Kompetenzen der lokalen Agenden in der Leitung des galizischen Schulwesens[98]). Dennoch mußte er sich im Rahmen seiner Tätigkeit auch des öfteren mit Fragen des eigentlichen Unterrichtswesens auseinandersetzen:

Auch für die „traurigen Zustände" im galizischen Schulwesen ist in Madeyskis Augen die vorkonstitutionelle österreichische Regierungspolitik verantwortlich: durch ihre „vorsätzliche Vernachlässigung" der galizischen Volksaufklärung hätte sie „dem Fortschritt des Landes ein bedeutendes Hindernis in den Weg gestellt", da für Madeyski — in der Theorie — kein Zweifel darüber bestand, daß die „Volksaufklärung und insbesondere die Aufklärung der untersten und breitesten Schicht der Bauern die Existenzgrundlage der Gesellschaft und die Quelle ihrer Macht und Stärke" bilden würde[99]). Daß auch das autonome Galizien es dann lange Zeit verabsäumte, die notwendigen Sanierungsmaßnahmen zu ergreifen, wollte Madeyski zwar nicht verschweigen[100]); doch habe „das Land seinen Irrtum erkannt" und eine Volksschulpolitik eingeleitet, die „vollkommen sowohl den Bedürfnissen unseres Volkes als auch den materiellen Kräften unseres Landes" entsprechen würde[101]):

An die Stelle einer in seinen Augen „wirklichkeitsfremden" Schulpolitik, die in den siebziger Jahren geherrscht habe, sei ein Kurs getreten, der stärker den „praktischen" Bedürfnissen der Bevölkerung angepaßt sei und weniger die qualitative Perfektionierung als vielmehr die quantitative Ausdehnung des Schulnetzes anstrebe — also seiner eigenen Forderung nach einer „zunächst extensiven, dann erst intensiven Entwicklung des Landesschulwesens" nachkomme[102]).

---

98) Vgl. zu Madeyskis Reformprojekt des galizischen Landesschulrates oben S. 75f.

99) Doch ignoriert Madeyski dabei (bewußt?), daß in Wirklichkeit die Agraroligarchie des Landes — der adelige polnische Großgrundbesitz — für das katastrophale Niveau der galizischen Volksaufklärung verantwortlich war: Sie hatte es verstanden, die Hebung der unteren Volksschichten durch eine entsprechende Sozialpolitik vorsätzlich zu verhindern — dies im Namen ihrer eigenen sozio-ökonomischen Interessen. Vgl. BATOWSKI, Die Polen 53f.

100) „... Als dann die Verfassung das Volksschulwesen dem Lande übertrug, mußten alle Kräfte gesammelt werden, um schrittweise wieder gut zu machen, was die Vergangenheit verbrochen hatte". MADEYSKI, Sprawy szkolne [Schulfragen] 157.

101) EBD. 160.

102) EBD. 156, 160.

Allerdings lagen dieser offiziellen Rechtfertigung der praktischen Ausrichtung der Schulbildung, die Madeyski übrigens schon als Kandidat zum Landtagsabgeordneten des Krakauer Großgrundbesitzes zu einem Programmpunkt erhoben hatte[103]), auch andere Motive zugrunde: Denn zweifellos ging es der konservativen Landtagsmehrheit hier weniger um den Wunsch, die Bildung zu demokratisieren, als vielmehr um den Versuch, einer „Hypertrophie der Intelligenz" vorzubeugen, wie sich Michał Bobrzyński einmal ausdrückte[104]): Die Schaffung spezialisierter landwirtschaftlicher und gewerblicher Fachschulen würde eine Aufsaugung der ländlichen Jugend durch allgemeinbildende höhere Schulen hintanhalten und nicht zuletzt auch den sozialen Aufstieg der Bauern abblocken: Der Bauer durfte seiner „natürlichen Berufung" nicht entfremdet werden. Seine Ausbildung hatte demnach im Dienst der Landwirtschaft zu stehen. Gleichzeitig sollte diese Politik es der aufgeklärten Elite des Landes ermöglichen, eine entsprechend „intensive" Ausbildung an den Landesgymnasien zu erhalten.

Einmal mehr also sprach Madeyski für die galizische Adelspartei — einmal mehr wurde für ihre Zwecke der Grundsatz der Autonomie mißbraucht.

b) Zur Justiz- und Gerichtsreform

Trotz seiner Tätigkeit in den verschiedensten Arbeitsbereichen des Landtags war Madeyski Jurist geblieben: Von seinen Interessen her, seiner Ausbildung, seinem Beruf, standen ihm juristische, rechtspolitische und -administrative Fragen am nächsten. Auch galt er auf diesen Gebieten als konkurrenzloser Experte, so daß es ihm hauptsächlich aufgrund dieser Fähigkeit gelang, sich als Politiker zu profilieren.

Als ständiges Mitglied des Rechtsausschusses des Landtages und des Wiener Abgeordnetenhauses konnte Madeyski die fachlichen und beruflichen Erfahrungen verwerten, die er als Wissenschaftler, Gerichtspraktikant und Notar gesammelt hatte. Hier konnten seine persönlichen Überlegungen in die Praxis umgesetzt werden und zur Verbesserung der bestehenden Rechtsverhältnisse in Galizien sowie im ganzen Reich beitragen.

Wie bereits erwähnt, war Madeyski schon 1880 im Auftrag der Regierung in Deutschland, um die seit drei Jahren dort geltende mündliche Zivilprozeßordnung in Hinblick auf ihre eventuellen Übernahme durch Österreich zu untersuchen.

---

[103]) MADEYSKI, Wahlrede 1883; in: *Czas*, 4. 6. 1883.

[104]) Bobrzyńskis „Ängste" waren nicht ganz unbegründet: Wie sich anhand von Statistiken nachweisen läßt, besaß Galizien einen der höchsten Prozentanteile an Gymnasien in Cisleithanien — einen Anteil, der darüber hinaus konstant anstieg. Ein bemerkenswertes Faktum, zumal wenn man bedenkt, daß Galizien trotz seines territorialen Umfanges zu den wirtschaftlich rückständigsten Ländern der österreichischen Reichshälfte zählte und seine Industrialisierung und Urbanisierung nur sehr schwach entwickelt waren: Im Stichjahr 1881/82 besaß Galizien von insgesamt 165 Gymnasien 24, in denen 11140 Schüler (von insgesamt 53142) unterrichtet wurden. Im Stichjahr 1897/98 besaß Galizien von insgesamt 192 Gymnasien 30, in denen 15543 Schüler (von insgesamt 62570) unterrichtet wurden. Im Stichjahr 1913/14 besaß Galizien von insgesamt 372 Gymnasien 118, in denen 41335 Schüler (von insgesamt 111861) unterrichtet wurden. Trotz der geplanten „Aufsaugung" eines Teiles der Jugend durch landwirtschaftliche und gewerbliche Fachschulen genoß also — gemessen am Durchschnitt im ganzen österreichischen Reichsgebiet — ein sehr hoher Prozentsatz der galizischen Jugend einen Gymnasialunterricht. Statistiken bei BERTHOLD SUTTER, Die Badenischen Sprachenverordnungen von 1897 (Graz—Köln 1960) I, 199, 201.

Die Einführung des mündlichen Verfahrens im Zivilprozeß stand zwar schon seit 1867 auf der Tagesordnung der Parlamentsberatungen in Wien[105]), hatte sich aber trotz zahlreicher Reformentwürfe (1867, 1870, 1876, 1880) nicht durchsetzen können, da sich im Parlament — wie auch in der Fachwelt — zwei entgegengesetzte Theorien bekämpften: Während die erste Strömung für eine radikale Reform plädierte und die vollständige Aufhebung des schriftlichen Verfahrens im Zivilprozeß forderte, trat die zweite für eine schrittweise Ausdehnung des mündlichen Verfahrens in einzelnen Teilbereichen der Rechtspflege ein.

Madeyski war ein Verfechter der radikalen Lösung und entschlossen, mit allen ihm zu Gebote stehenden Mitteln für ihre Durchsetzung zu kämpfen. Daß dieser Kampf fünfzehn Jahre dauern würde, konnte er damals allerdings nicht ahnen: Erst 1895 wurde diese Reform, die „mit einem Schlage die österreichische Zivilgerichtsbarkeit auf die Höhe der Zeit stellte“[106]), endgültig in Österreich eingeführt!

Seine eigene Position steckte Madeyski schon in einer seiner ersten Reden im Abgeordnetenhaus ab: „Wenn ich als Volksvertreter das geltende Recht in seiner Rückwirkung auf die Interessen der Bevölkerung betrachte, wobei ich mich natürlicherweise nur auf das in meinem Heimatlande gesammelte Erfahrungsergebnis stützen kann, so finde ich, daß dasselbe die Bevölkerung belästigt und bedrückt, ohne den praktischen und wahren Bedürfnissen derselben zu entsprechen ... Der bekannte Grundsatz des österreichischen Zivilprozesses, ein scholastisches Überbleibsel vom vorigen Jahrhundert: Quod non est in actis, non est in mundo, hat sich so sehr und so tief in alle unsere Einrichtungen des formalen Zivilrechtes eingelebt und eingebürgert, daß tatsächlich für unser Rechtsleben unvermerkt eine doppelte Welt geschaffen wurde: es ist dies einerseits unser wirkliches Alltagsleben, welches mit der Lage der gerichtlichen Akten nicht übereinstimmt und daher rechtlos ist; andererseits dagegen eine gerichtliche Aktenwelt, welche zwar gesetzmäßig zu sein scheint, die aber eben im wirklichen Leben nicht existiert. Dieser Gegensatz zwischen Wirklichkeit und dem abstrakten Aktenleben ... tritt in dem primitivsten Rechtsleben unseres Landvolkes ... grell und schroff zum Vorschein“[107]). Eine Angleichung der „Rechtswelt“ an die „Wirklichkeit“, meinte Madeyski, könne nur durch die Reform des gerichtlichen Verfahrens erfolgen.

Denn, führte er kurze Zeit später im Landtag aus: „... nur die Rede, nur die lebendige Stimme hat die Eigenschaft, in kürzester Zeit und mit größter Präzision allen Interessierten, also auch der gegnerischen Partei und dem Richter, zur gleichen Zeit das gleiche Informationsmaterial zu liefern. Nur das mündliche Verfahren wird — im Gegensatz zum Prinzip der formalen Wahrheit des schriftlichen Verfahrens — dem wirklichen, wahren, mit den Akten sich aber niemals deckenden tatsächlichen, ungenauen Leben gerecht ... Nur eine grundlegende Reform unserer Prozeßordnung auf

---

105) Zwar hatte der Deutsche Bund 1862 eine gemeinsame Kommission zur Ausarbeitung einer neuen Zivilprozeßordnung eingesetzt. Doch 1866 trennte sich die Monarchie vom deutschen Rechtsraum, noch bevor ein Projekt ausgearbeitet werden konnte. In Deutschland wurde 1877 ein neues zivilrechtliches Verfahren in Anlehnung an das seit Anfang des 19. Jahrhunderts in Frankreich geltende Vorbild eingeführt. Vgl. OGRIS, Rechtsentwicklung 572, 576.

106) EBD. 575.

107) MADEYSKI, 5. 5. 1880, STEN. PROT. Abgeordnetenhaus, IX. Session, 88. Sitzung, 3020ff.

mündlicher und öffentlicher Basis wird unser Volk vor den ungesunden Verhältnissen, in denen es lebt, zu retten vermögen"[108]).

Obwohl Madeyski sich der Widerstände, die einer solchen Reform im Wege standen, völlig bewußt war — bitter bemerkte er in einem Artikel, den er der Verteidigung dieser Reform widmete: „... wir leben nun in den Zeitläufen einer natürlichen Reaktion gegen den mündlichen Zivilprozeß ..."[109]) — und nicht zuletzt auch in der „ängstlichen Zaghaftigkeit" der österreichischen Gesetzgebung ein Hindernis auf dem Weg zu ihrer Durchführung sah[110]) —, war er entschlossen, sich für ihre Verwirklichung einzusetzen.

In einer Rede, die er im Jahre 1887 im Landtag hielt, zögerte Madeyski auch nicht, an der ambivalenten Haltung der Regierung offen Kritik zu üben und sie der „Halbheit" zu beschuldigen[111]).

Sein eigentlicher Angriff galt aber den Verfechtern der schrittweisen Teilreform und damit „halber Mittel", die er grundsätzlich ablehnte: „Eine chronische Krankheit" — hatte er schon einige Jahre früher erklärt — „kann nur mit Hilfe einer radikalen Therapie geheilt werden. Halbe Mittel hingegen sind noch verhängnisvoller als gar keine"[112]).

Engstens mit der Reform der Zivilprozeßordnung verbunden war die Reform der Gerichtsorganisation, die Madeyski ebenfalls aufgrund seiner beruflichen Praxis anstrebte: Das Prinzip der Mündlichkeit für das Zivilprozeßverfahren erfordere auch die Reform in der Kompetenzverteilung im Justizwesen und damit eine „Dezentralisation der Ziviljustiz"[113]).

---

108) Madeyski, 1. 10. 1883, Sten. Prot. Galiz. Landtag, I. Session, 8. Sitzung, 188f.

109) Madeyski, Die Handhabung des mündlichen Zivilprozeßverfahrens 251.

110) Madeyski sah darin einen charakteristischen Zug der österreichischen Gesetzgebung im allgemeinen. Vgl. Madeyski, Zu der Agrar-Reform in Österreich 81.

111) Madeyski, 7. 12. 1887, Sten. Prot. Galiz. Landtag, V. Session, 7. Sitzung, 100: „Österreich hat in Hinblick auf seine Gesetzgebung eine Eigenschaft, die teils von Vorteil, teils allerdings von Nachteil ist, nämlich die Eigenschaft, daß jede Neuheit, die in irgend einem anderen Staat eingeführt wird, einen starken Reiz auf sie ausübt und sie sofort die Hand danach ausstreckt und diese Neuheit übernehmen will. Nun hat Österreich aber auch eine zweite — diesmal nur negative — Eigenschaft, nämlich einen Mangel an Mut, an Energie und an Entschlossenheit — Merkmale, die man als „Halbheit" bezeichnen kann. Diese Eigenschaft bewirkt wiederum, daß die Gesetzgebung diese Neuerung nicht voll übernimmt, sondern vor Übernahme noch „halbiert". Die Folgen davon äußern sich in der Praxis dann dadurch, daß diese Neuheit bei uns nicht so wirksam ist wie anderswo". Ebd.

112) Madeyski, O zubożeniu włościan w Galicji [Zur Verelendung des Bauernstandes in Galizien]; in: *Prawnik* [Der Jurist] 8 (1877) Nr. 31 242.

113) Madeyski, 19. 3. 1885, Sten. Prot. Abgeordnetenhaus, IX. Session, 422. Sitzung, 14741. Denn „der Übelstand besteht eben darin, daß der gerichtliche Organismus, wie er heute besteht, ungerecht entwickelt ist, nicht in allen Ländern einheitlich, nicht in allen Ländern gleichförmig". Deshalb müsse auch seine Reformierung formal ungleich, nämlich „ausgleichend" sein, nachdem ja die bisher benachteiligten Länder jetzt besonders gefördert werden müßten, um eine „einheitliche" Gerichtsorganisation zu schaffen: „Nur dann, wenn die Staatsverwaltung sich entschließt, den gerichtlichen Organismus aller Länder auf eine gleichförmige Stufe zu bringen, nur dann ... erfüllt sie in der Tat ihre Pflicht, welche darin besteht, daß jedem Staatsbürger ohne Unterschied der Nationalität, ohne Unterschied der Landesangehörigkeit, die Wohltaten einer guten Justiz im gleichen Maße zugänglich gemacht werden". Ebd. 14742f.

In diesem Sinne beantragte Madeyski im Abgeordnetenhaus, daß „... zugleich mit der neuerlichen Vorlage eines Gesetzentwurfes über die Zivilprozeßordnung diejenigen Korrekturen an dem gerichtlichen Organismus vorgenommen" werden, die die Regierung „in den diesfalls zurückstehenden Ländern vorzunehmen gedenkt"[114]).

Er selbst erklärte sich in dieser Rede bereit, zugunsten einer reichsweiten „Gleichförmigkeit" des Gerichtswesens, die er in diesem Zusammenhang postulierte, ausschließlich das galizische Gerichtswesen betreffende Forderungen zurückstellen, da diese nicht alle Länder gleichermaßen betreffen würden: „Ich weiß meinen gewiß an sich nicht unberechtigten, provinziellen Wunsch zu unterdrücken, wenn es gilt, ein allen gemeinsames Ziel der Reform der Justizpflege zu erreichen"[115]). Wie Madeyski in diesem Kontext betonte, verstehe er diesen Verzicht als eine Pflicht der Loyalität, die sich aus der Forderung ergebe, die Verschiedenartigkeit der Verhältnisse in den einzelnen Ländern des Reiches zu berücksichtigen[116]).

Wie schon in sozial- und schulpolitischen Fragen, erscheint auch auf dem Rechtssektor die österreichische Regierung in Madeyskis Analyse auf der Anklagebank: Im Zeitalter des Absolutismus habe sie die natürliche Rechtsentwicklung in Galizien willkürlich zerrissen, die Rechtssitten des Landes „zerstört", das „natürlich Gewordene" aufgehoben und das „im Werden Begriffene" im Keim erstickt[117]) — eine Politik, faßte

---

[114]) Ebd.

[115]) Der „spezielle" Wunsch betraf die Einrichtung von „Bezirkskollegialgerichten", die zwischen die Kreis- und die Landesgerichte gestellt werden sollten. Ebd. 14743. Übrigens handelt es sich hier um eine alte Forderung Madeyskis. Vgl. oben S. 55 Anm. 53.

[116]) Im gleichen Jahr veröffentlichte Madeyski auch einen Artikel zu diesem Thema. Vgl. Madeyski, Die Aussichten unserer Zivilprozeßreform; in: *Zeitschrift für Notariat und freiwillige Gerichtsbarkeit in Österreich* 1885, Nr. 1, 2—5, Nr. 2, 9—11, Nr. 3, 15—17, Nr. 4, 24—25, Nr. 5, 27—29.

[117]) „Mit dem Beschreiten des Territoriums der polnischen Adelsrepublik beging die österreichische Regierung ihren schwersten Fehler. Mit Gewalt durchschnitt sie den historischen Faden des volkstümlichen Rechtes, anstatt daran anzuknüpfen und ihn im Maße der Bedürfnisse und des Fortschritts, unter ständiger Berücksichtigung der Eigenheiten der spezifischen Gesellschaft und ihrer spezifischen Bedürfnisse zu erhalten ... damit hemmte sie die natürliche Rechtsentwicklung und pflanzte an seiner Stelle, in diesen Boden, künstlich ein fremdes Recht ein, das in einer anderen Gesellschaft und unter anderen Bedingungen entstanden war". Madeyski, 7. 12. 1887, Sten. Prot. Galiz. Landtag, V. Session, 7. Sitzung, 98. Wie auch eine Untersuchung Grodziskis und Partykas zeigt, sind Madeyskis Argumente nicht von der Hand zu weisen (unabhängig von ihren politischen und ideologischen Absichten): Denn der Anschluß „Kleinpolens" (des späteren Galizien) an Österreich habe „das Ende der Selbstverwaltung der Szlachta sowie der landadeligen Rechtspflege bedeutet: „diese Institutionen stimmten mit der Idee eines absolutistisch regierten Staates nicht überein". Unter Joseph II. begann die österreichische Monarchie, die neue Provinz „nach eigenen Vorstellungen umzubauen", was einen „bewußten Bruch mit jeder polnischen staatlich-juristischen Tradition" dargestellt habe: „der Verfall der Adelsrepublik brachte auch einen Verfall der Rechtskultur des polnischen Adels mit sich". Auch war Madeyskis Kampf um eine stärkere Berücksichtigung der historischen Rechtskultur Polens in der galizischen Rechtspflege kein Sonderfall: Die Polen seien nämlich, so Grodziski und Partyka, unabhängig von ihrer Loyalität, noch in der konstitutionellen Ära von einer Rechtstradition geprägt gewesen, die in der Habsburgermonarchie schon längst überwunden war und auf Privilegien für die Szlachta aufbaute: „In den obersten Organen der Rechtspflege vertraten die polnischen Juristen stets ihre Provinz. Dieses Verhältnis bildete den Ausgangspunkt aller Kodifizie-

Madeyski zusammen, die an der Wurzel aller Übel im galizischen Gerichtswesen liege. Doch habe die österreichische Regierung auch nach 1867 ihre Vergewaltigungspolitik nicht eingestellt: „Sie hat ihren Fehler nicht wieder gutgemacht; ganz im Gegenteil: sie hat ihn legalisiert und zur Institution erhoben. Denn alle Angelegenheiten, die in das Gebiet des Privatrechts fallen, sind in den Kompetenzbereich und die Verfügungsgewalt des Reichs gestellt worden. Die Verfassung des Jahres 1867 ist es auch, die jene Doktrin zum Dogma erhob, derzufolge das Privatrecht für alle Länder das gleiche und dasselbe zu sein hat"[118]).

Madeyskis letzter Vorwurf enthält ein bemerkenswertes Novum: denn er richtet sich auch gegen das konstitutionelle Österreich — ein Moment, das bei Madeyski äußerst selten anklingt. Dementsprechend groß mußte wohl seine Enttäuschung über die praktische Verwirklichung der so heiß ersehnten und vielversprechenden Verfassung gewesen sein, die „von der Berücksichtigung der Individualität der einzelnen Länder zwar gesprochen hat, diesen Leitsatz in der Praxis aber systematisch ignoriert"[119]).

Entsprechend dieser Überzeugung von der Verschiedenartigkeit der Bedürfnisse, Interessen und Verhältnisse in den einzelnen Kronländern forderte Madeyski daher zumindest für Galizien die Einführung der Zivilprozeßreform, da sie ihm in seiner Heimat am dringlichsten erschien. Trotz der einschränkenden Bemerkung, es würde sich dabei nur um einen provisorischen Versuch handeln, wurde sein Antrag abgelehnt.

Im Jänner 1889 hatte sich Madeyskis Erbitterung über die sukzessiven Niederlagen seiner Reformanträge zu einer fast aggressiven Globalverurteilung der parlamentarischen Praxis in Österreich gesteigert: Die Gesetzgebung werde im Parlament systematisch vernachlässigt, „zwischen hoher Politik und kleinen Parteikämpfen" vergesse man auf die höchste und wichtigste Pflicht der Gesellschaft, nämlich auf die Beschäftigung mit ihrem Rechtsleben"[120]). Ohne Scheu zog er für diese bewußte Verschleppung der Justizreform „das Überbleibsel der alten Clique der österreichischen Bürokraten der vorkonstitutionellen Ära" zur Verantwortung, die er kurzerhand mit einem „Parasiten" verglich, der auf dem Gebiet der Justizverwaltung immer noch wirksam sei und die Reform zu verhindern suche[121]).

---

rungsarbeiten, an denen die Polen teilnahmen. Daher spielten die polnischen Juristen unabhängig von ihrer Loyalität die Rolle eines stark dezentralisierend wirkenden Faktors". Siehe Grodziski/Partyka, Polen in der Rechtspflege 86, 95, 105 und Grodziski, Polen in den zentralen Organen 180.

118) Madeyski, 7. 12. 1887, Sten. Prot. Galiz. Landtag, V. Session, 7. Sitzung, 98.

119) Ebd. 99.

120) Madeyski, 23. 1. 1889, Sten. Prot. Galiz. Landtag, VI. Session, 36. Sitzung 269.

121) Diese „Clique" habe im Ausbau der Justizverwaltung der einzelnen Kronländer nur einen Schritt zur Föderalisierung der bis dahin zentralistisch organisierten Justizverwaltung und in letzter Konsequenz die Bedrohung der Staatseinheit gesehen. Madeyski verglich diese „Clique" mit einem „Parasiten", der seinen „Kopf in Wien" hätte, dessen Arme sich aber nach allen Kronländern ausstrecken und dort ausbreiten würden und der in jedem Kronland alle strategischen Positionen und Funktionen monopolisiere, für die Länder selbst aber kein Herz hätte und ihre Kräfte systematisch aussaugen würde. Ebd. 271.

Den Problemkreis um die Reform der Zivilprozeßordnung erörterte Madeyski erneut im Winter und Sommer 1891 im Abgeordnetenhaus[122]). Die ersehnte Reform wurde erst vier Jahre später durchgesetzt[123]).

Obwohl Madeyski nicht der einzige Politiker war, der in diesen Jahren um die Reform der österreichischen Zivilprozeßordnung kämpfte, illustriert seine hartnäckige Beschäftigung mit dieser Frage sehr plastisch die fundamentale Bedeutung, die er der Rechtspflege im allgemeinen, nicht zuletzt aber auch als wesentlichem Instrument zur Sanierung sozialer Mißstände beimaß[124]).

c) Zur „Autonomie"

Das rechtspolitische Konzept der Autonomie spielte im Galizien der zweiten Hälfte des 19. Jahrhunderts die Rolle einer Drehscheibe der polnischen Politik in Österreich: Nach vier gescheiterten Nationalaufständen ersetzte dieses „Nahziel" das illusorisch gewordene „Endziel" der nationalen und politischen Souveränität.

Auch als sie dann, nach jahrelangen Kämpfen, endlich Wirklichkeit geworden war, hörte die Autonomie nicht auf, die Politik des galizischen Landtags und der polnischen Delegation im Reichsrat bestimmend zu beeinflussen: Zunehmende Abnützung ließ sie zwar bald zu einer willkürlich dehn- und ausfüllbaren ideologischen Kategorie und einer beliebig auslegbaren Leerformel werden; gleichzeitig wurde die Autonomie aber zum populärsten „Alibiargument" in parteipolitischen Auseinandersetzungen: Jede konkrete Frage — sei sie politischer, wirtschaftlicher, verwaltungstechnischer oder sozialer Natur —, die auf der Tagesordnung der Landtagsberatungen stand, konnte mit Hilfe des „autonomistischen Prismas" zu einer virulenten ideologisch-politischen Grundsatzfrage erhoben werden.

---

122) Am 15. 7. 1891 betonte Madeyski in einer Parlamentsrede, daß es kaum ein anderes Gebiet der Staatsverwaltung gäbe, auf dem sich so bedeutende Rückstände, Versäumnisse und Unterlassungen manifestieren würden. Hier seien sowohl die Regierung als auch das Parlament zur Verantwortung zu ziehen. Siehe MADEYSKI, 15. 7. 1891, STEN. PROT. Abgeordnetenhaus, XI. Session, 47. Sitzung, 2253f. und Vgl. DERS., 12. 12. 1891, STEN. PROT. Abgeordnetenhaus, XI. Session, 87. Sitzung, 4048. Im gleichen Jahr veröffentlichte er überdies einen Artikel dazu: siehe MADEYSKI, Ustny proces cywilny niemiecki w świetle doświadczenia [Der mündliche deutsche Zivilprozeß im Lichte der Erfahrung]; in: *Przegląd sądowy i administracyjny* [Gerichts- und Verwaltungsrundschau] 1891, Nr. 4, 145—159 und Nr. 5, 193—204. Er plädierte darin auf wissenschaftlich-theoretischer Ebene für die Übernahme der deutschen Reform durch Österreich.

123) Auch mit dem Gesetz vom 1. 8. 1895 war Madeyski nicht ganz glücklich: es erfaßte nicht den in seinen Augen ebenso reformbedürftigen Bereich des außerstreitigen Verfahrens. Noch im Juli hatte er versucht, bei Verabschiedung der Gesetzesvorlage eine entsprechende Abänderung durchzusetzen. Siehe MADEYSKI, 10. 7. 1895, STEN. PROT. Abgeordnetenhaus, XI. Session, 410. Sitzung, 20343. Allgemein zur österreichischen Zivilprozeßordnung siehe SERGIJ VILFAN, Die österreichische Zivilprozeßordnung von 1895 und der Gebrauch der slowenischen Sprache vor Gericht (Graz 1970) und KURT EBERT, Die Anfänge der modernen Sozialpolitik in Österreich (Wien 1975).

124) „Ich bin der Ansicht, daß die Ursachen des Übels, die bisher sehr oft in Verwaltungs- oder Wirtschaftseinrichtungen gesucht wurden, in Wirklichkeit in unserem Gerichtswesen liegen ... Aus diesem Grunde ist die Reform dieses Bereiches für die Besserung unserer materiellen, sozialen und ethischen Verhältnisse von weit größerer Bedeutung, als es zunächst den Anschein haben mag". MADEYSKI, 7. 12. 1887, STEN. PROT. Galiz. Landtag, V. Session, 7. Sitzung, 103.

Stanisław Madeyski, ein Politiker der autonomen Ära, sah es als die höchste Aufgabe eines polnisch-galizischen Abgeordneten an, die erkämpfte Autonomie zu festigen und zu stärken; allerdings wehrte er sich entschieden dagegen, ihre gesetzlichen Bestimmungen zum absoluten Maß politischen Handelns zu erheben: Sein eigenes Postulat lautete vielmehr, die Autonomie innerhalb der ihr gesteckten Grenzen so weit auszubauen, daß sie veränderten Bedürfnissen des Landes und dessen Bevölkerung immer gerecht würde.

In diesem Verständnis verteidigte Madeyski das autonomistische Prinzip in Landtag und Reichsrat gleichermaßen konsequent. Den Ausgangspunkt seiner verschiedensten Reformanträge zur „Erweiterung" der Autonomie bildete dabei seine wiederholte Kritik an der passiven, reformfeindlichen Haltung des Landtags, in der er den Niederschlag eines dogmatisch-starren Festhaltens an den institutionellen Bestimmungen der Autonomie sah:

So forderte Madeyski im sozialen Bereich, und hier insbesondere in der virulenten galizischen Bauernfrage, die Befreiung der Landesgesetzgebung aus der umklammernden Abhängigkeit von der Reichsgesetzgebung, die in seinen Augen die historische Individualität der einzelnen Kronländer ignorierte[125]): „Ich glaube, es ist nicht richtig, wenn eine solche legislatorische Aktion immer beim Reichsrate begonnen wird und nicht bei den Landtagen. Denn erst wenn das Landesgesetz das Bild liefert, sollen wir den Rahmen schaffen. Man sollte überhaupt immer denselben Weg gehen, den wir in unserem Privatleben gehen: Wir schaffen nicht den Rahmen an, bevor wir das Bild haben, weil wir nicht wissen, ob dann das Bild hineinpaßt. Hätten die Landesgesetze die Hauptfrage bereits gelöst, so wäre es leicht für uns, den Rahmen zu finden, in dem die Landesgesetze ihren Platz finden. Wenn aber der Rahmen im voraus gemacht wird, weiß man nicht, ob das, was dieser oder jener Landtag zu beschließen für gut findet, in diesen Rahmen hineinpaßt"[126]).

In der unscharfen Abgrenzung der Kompetenzen zwischen Landtag und Reichsrat, diesen doch eigenständigen Gesetzgebungskörpern — wie er betonte —, sah Madeyski übrigens auf allen Gebieten der Gesetzgebung und Verwaltung ein Grundübel. Für dieses „verhängnisvolle Versäumnis" machte er die österreichische Verfassung des Jahres 1867 verantwortlich: Sie nämlich habe eine „zentralistische Dezentralisation" — in seinen Augen ein „widerspruchsvolles, logisches Unding" — geschaffen[127]): „Eine und dieselbe Staatsgewalt verteilt sich in zwei ganz verschiedene Gesetzgebungskörper und man überweist nicht jedem von diesen Gesetzgebungskörpern ein eigenes ausschließliches Gebiet, sondern man faßt gewisse Gesetzgebungsgegenstände in Aussicht, bei welchen eine kooperative, nicht gleichzeitige, getrennte, stückweise Arbeit von zwei verschiedenen Gesetzgebungskörpern notwendig ist, um erst auf diesem Weg zu einem ganzen Gesetz zu gelangen. Hat man aber schon einmal ein so künstliches Prinzip annehmen zu müssen geglaubt, so hätte man wenigstens die Scheidegrenze zwischen der gegenseitigen Kompetenz der Landtage und des Reichsrates mit der Sorgfalt und Schärfe ziehen sollen, daß mindestens die wesentlichen Kompetenzzweifel und -bedenken ein für allemal ausgeschlossen wären. Auch dies hat man unterlassen. Warum? So zentralistisch,

---

125) Ebd. 97—103.
126) Madeyski, 13. 11. 1888, Sten. Prot. Abgeordnetenhaus, X. Session, 252. Sitzung, 9596f.
127) Madeyski, 1. 12. 1888, Sten. Prot. Abgeordnetenhaus, X. Session, 270. Sitzung, 9934.

wie man es sich damals gewünscht hätte, durfte man die Verfassung nicht ausgestalten, und so autonomistisch, wie man es hätte tun können und sollen, wollte man sie nicht machen"[128]).

In Anbetracht der Tatsache allerdings, daß „das widersprüchliche logische Unding" nun „einmal da war", habe es in der Gesetzgebung „vernünftig verkörpert" zu werden: Konziliantes und maßvolles Entgegenkommen sei demnach der Schlüssel, mit dem man sich aus diesem verschlungenen Kompetenzenlabyrinth befreien könnte. Für das Funktionieren des Staatsorganismus bedürfe es nämlich der harmonischen Zusammenarbeit von Landes- und Reichsgesetzgebung[129]).

Auch im Rahmen seiner Beschäftigung mit der galizischen Schulverwaltung nahm Madeyski als Verfechter des „autonomistischen Prinzips" bekanntlich die Gelegenheit wahr, um das praktische Ungleichgewicht zwischen Reichs- und Landesorganen im „gemischten" Landesschulrat zu beklagen: So beantragte er im Jahre 1886 die Abänderung der seit 1867 geltenden Statuten des Landesschulrates aufgrund der Beobachtung, daß in der Praxis „von den sieben sogenannten autonomistischen Mitgliedern ... drei k. k. Beamte" waren — eine Sachlage, die ihn ausrufen ließ: „So sieht also diese unerhörte Autonomie aus, die wir nicht anfassen dürfen, weil sie schon in thesi heilig ist"[130])!

Diese Ansicht bekräftigte Madeyski auch in einem Aufsatz, der zu beweisen versuchte, daß die Wurzel der Diskriminierung des autonomen Faktors im Landesschulrat in der Art der Verbindung der beiden Gesetzgebungskörper lag[131]). Daß der galizische Landtag diesen Sachverhalt widerstandslos hinnahm, konnte sich Madeyski nur mehr psychologisch erklären: „Ist es der Mangel an Routine und die Eingewöhnung in das konstitutionelle System, der den Landtag in den ersten Tagen der Ausgestaltung unserer autonomen Institutionen davon abhielt, sich dieser ungerechten Verteilung zu widersetzen? Oder ist es ein Überbleibsel des Glaubens an die Unfehlbarkeit und absolute Vernunft der Regierung, der noch im Absolutismus herrschte"[132])?

Doch war Madeyski selber auch nicht immer bereit, den autonomistischen Grundsatz zu verteidigen: In Fragen, die ihm entweder unwesentlich oder umgekehrt von gesamtstaatlicher Tragweite erschienen, stellte er sich im allgemeinen auf einen reser-

---

[128]) Ebd.

[129]) Ebd. Ähnlich Madeyski in seinem Artikel: Die Aussichten unserer Zivilprozeßreform 10.

[130]) Madeyski, 16. 1. 1886, Sten. Prot. Galiz. Landtag, III. Session, 23. Sitzung und Vgl. Madeyski, 14. 1. 1887, Sten. Prot. Galiz. Landtag, V. Session, 10. Sitzung, 197—201.

[131]) „Die Regierung wurde mit Befugnissen und Kompetenzen viel reicher ausgestattet als das autonome Element. Daraus erklärt sich das Übergewicht der ersteren, daraus ergibt sich auch ein ungleicher, wenn auch gemeinsam angetretener Marschweg. Dieses Verhältnis entspricht nicht dem Ideal von Gleichgewicht und Harmonie ..." Madeyski, Sprawy szkolne [Schulfragen] 155.

[132]) Ebd. Das Problem der Abgrenzung von Landes- und Reichskompetenzen stand auch anläßlich der Landtagsberatungen über Spezialgesetze betreffend die Gemeindeverwaltung im Mittelpunkt der Debatte: In einer scharfen Polemik gegen den galizischen Statthalter forderte Madeyski für den betreffenden Spezialparagraphen eine Auslegung, die dem autonomistischen Grundsatz entsprechen und die Autonomie stärken würde: denn in Hinblick auf die Gemeindegesetzgebung stelle die Reichsgesetzgebung „nur den Rahmen" dar; alles, was innerhalb dieses Rahmens stehe, gehöre hingegen in den „ausschließlichen Kompetenzbereich des Landtages". Madeyski, zit. in: Starzyński, Sejm galicyjski 1885/86 [Der galizische Landtag 1885/86] 149.

vierten, abwartenden und kompromißbereiten Standpunkt[133]). Allerdings muß dabei einmal mehr erwähnt werden, daß ja eigentlich jede Frage und jeder Gegenstand, die im Landtag oder Reichsrat auf der Tagesordnung standen, von den Vertretern des konservativen, sich selbst als „autonomistisch" verstehenden Lagers zum Vorwand genommen werden konnte, das breite Problemfeld der Autonomie ins Spiel zu bringen und Grundsatzdiskussionen einzuleiten.

Ein Beispiel für die kompromißbereite Haltung Madeyskis liefern die parlamentarischen Beratungen über das Arbeiterunfallversicherungsgesetz[134]): Madeyski legte damals den Standpunkt des Polenklubs dar: Grundsätzlich war man hier bereit, den Entwurf zu unterstützen, da das Versicherungssystem darin nach territorialen (im Gegensatz zu berufsgenossenschaftlichen) Gesichtspunkten organisiert wurde. Gegenstand der Kritik bildete aber die Methode, die für die praktische Durchführung der Unfallversicherung in Aussicht gestellt wurde: Madeyski forderte, daß sie auf föderalistischer, somit den Bedürfnissen der einzelnen Länder angepaßten, Grundlage durchgeführt werde. Man habe hier die entsprechenden Beschlüsse der jeweiligen Landesorgane zu berücksichtigen und die Unfallversicherung im Einvernehmen mit den einzelnen Landesausschüssen zu verwirklichen[135]).

Seinen konkreten Antrag stellte Madeyski dann auch in einen grundsätzlichen Begründungszusammenhang:

„Die in dem Reichsrate vertretenen Königreiche und Länder sind ... keineswegs willkürlich und etwa beliebig verschiebbare Bezirke des Reiches. Sie sind eigene Staatengebilde von relativer Selbständigkeit, und dieser staatsrechtlichen Selbständigkeit entspricht ja doch eine gewisse administrative Selbständigkeit, welche sich insbesondere und zunächst darin äußert, daß jedes Land für sich in seinen territorialen Grenzen eine Verwaltungseinheit, ein Individuum in Ansehung der Verwaltung bildet"[136]).

---

133) Etwa, als im Landtag eine Gesetzesvorlage über die Einführung eines zusätzlichen Amtes neben dem „Gemeindeschreiber" diskutiert wurde, diese aber kaum die Chance hatte, die kaiserliche Sanktion zu erhalten: Hier zog es Madeyski vor, den Standpunkt der Nachgiebigkeit zu vertreten. Siehe MADEYSKI, 9. 11. 1889, STEN. PROT. Galiz. Landtag, VI. Session, 15. Sitzung, 502.

134) Dieses Gesetz „bildete den Glanzpunkt der Entwicklung in der Beschäftigung mit der sozialen Frage, die auch in Österreich wie in anderen Ländern mit vergleichbaren Verhältnissen seit der Mitte des 19. Jahrhunderts heftig und eindringlich an die Tür des liberalen Staates pochte und zu einer Hauptfrage des 19. Jahrhunderts wurde". Es wurde am 28. 12. 1887 verabschiedet und in enger Anlehnung an die deutschen Vorbilder ausgestaltet. Bis zu seinem Inkrafttreten war die Frage der Entschädigung der durch Betriebsunfälle verunglückten Arbeiter durch das ABGB geregelt worden. Jetzt aber gab es eine Kollektivversicherung, die jeweils das gesamte Personal eines bestimmten Betriebes erfaßte: Als Träger der Unfallversicherung fungierten die nach dem Territorialitätsprinzip jeweils für ein Kronland oder für mehrere Kronländer gemeinsam gebildeten Versicherungsanstalten. Von den Beiträgen hatten die Versicherten 10%, die Unternehmer 90% zu tragen. Ausgeschlossen von dieser Versicherung waren das Kleingewerbe, sowie ein Großteil der Land- und Forstwirtschaft. Siehe OGRIS, Rechtsentwicklung 543, 630f.

135) „Ich werde nicht den Antrag stellen, daß in diesem Falle die Landtage um ihr Gutachten angegangen werden, denn ich begreife wohl, daß die Coulanz der Verwaltung der Versicherungsanstalten es nicht ertragen kann, daß man die Landtage in Anspruch nimmt; aber der Landesausschuß ist das Organ, dessen Stimme bei solchen Angelegenheiten gehört werden sollte ..." MADEYSKI, 29. 5. 1886, STEN. PROT. Abgeordnetenhaus, X. Session, 72. Sitzung, 2721.

136) EBD. 2720.

Obwohl sich Madeyski ausdrücklich gegen eine politische Auslegung seiner Forderungen verwahrte — es würde sich hier um rein pragmatische und verwaltungstechnische Fragen handeln —, können die Bedenken nicht von der Hand gewiesen werden, die sich für den deutschen Abgeordneten Neuwirth ergaben: In einer vielleicht etwas überspitzten, im wesentlichen aber begründeten Polemik warnte dieser vor der Annahme der Anträge Madeyskis: Denn „... so harmlos der Herr Vorredner seinen ... Antrag zu begründen versucht, so wenig täuschen wohl wir und die Herren auf der Gegenseite uns darüber, daß es sich hier darum handelt, im Wege des Durchdringens durch eine kleine Seitentür einen Gedanken in dieses Gesetz hineinzubringen, welcher demselben bis zu diesem Augenblicke eigentlich ferne ist"[137]). Mit diesem „Gedanken" meinte Neuwirth den politischen Föderalismus, dessen Grundsätze er insbesondere aus Madeyskis Worten von der „relativen Selbständigkeit" der einzelnen, als „eigene Staatengebilde" verstandenen Kronländer herauszuhören glaubte: „... soweit ... die vorliegenden Verfassungsgesetze die Selbständigkeit der Kronländer garantieren, wird es auch auf dieser (linken) Seite des hohen Hauses niemandem einfallen, diese Selbständigkeit tangieren zu wollen. Allein aus dieser verfassungsmäßigen Sachlage folgern zu wollen, daß, was die einzelnen Kronländer betrifft, nichts in Österreich vor sich gehen dürfe, ohne daß man die autonomen Landesorgane fragt, das ist die direkte Auflösung des Reiches. Was lassen Sie dann noch dem Staate"[138])?

Madeyski lehnte eine Polemik mit Neuwirth mit dem Hinweis auf den „Selbstzweck"-Charakter des Streites entschieden ab[139]).

Der offizielle Standpunkt des Polenklubs hatte sich allerdings erst als Ergebnis eines mehrtägigen Konfliktes im Schoße der galizischen Vertretung durchgesetzt:

Während Madeyski trotz punktueller Kritik[140]) zu denjenigen Mitgliedern des Polenklubs gehörte, die sich zumindest grundsätzlich für die Annahme der Gesetzesvorlage aussprachen, hatte eine zweite Gruppe den Entwurf zunächst verwerfen wollen: Sie verlangte, daß der Geltungsbereich des Arbeiterunfallversicherungsgesetzes auf Fabrik- und Industriearbeiter eingeschränkt werde, um so die gerade in Galizien besonders stark repräsentierten landwirtschaftlichen Arbeiter aus seinen Bestimmungen ausnehmen zu können. Namentlich dem Präsidenten Grocholski gelang es zunächst, für diesen Standpunkt die Mehrheit des Klubs zu gewinnen: Die Vermittlung von Regierungsorganen in den Beziehungen zwischen früheren „Herren" und „Untertanen" hätte sattsam bekannte Folgen in Galizien nach sich gezogen. Die neuerliche Einmischung der Regierung in die Beziehungen zwischen Großgrundbesitzern und Landarbeitern würde

---

137) Abg. NEUWIRTH, EBD. 2721.

138) NEUWIRTH, EBD.

139) MADEYSKI, 31. 5. 1886, STEN. PROT. Abgeordnetenhaus, X. Session, 73. Sitzung, 2751.

140) Madeyski forderte: a) die Mitbestimmung der Landesorgane bei der verwaltungstechnischen Zusammenlegung der Länder in der Versicherungsfrage und bei der Ernennung eines Teiles der Mitglieder des Vorstandes. b) die Mitbestimmung der Landesorgane bei der Statuierung von Ausnahmen vom Gesetz, d. h. bei der Entscheidung, ob konkrete Betriebe unter das Gesetz fallen und versicherungspflichtig sind oder nicht. Denn „hier können nur genaueste Kenntnis und Beurteilung der konkreten individuellen Fälle entscheiden — und dazu ist in erster Linie ein autonomes Organ berufen, ein Urteil abzugeben". MADEYSKI, 29. 5. 1886, STEN. PROT. Abgeordnetenhaus, X. Session, 72. Sitzung, 2721 ff.

zweifellos nur die Antagonismen wiederbeleben, die sich in Galizien erst langsam wieder verwischten[141]).

Wie der *Przegląd Polski* berichtete, hätte sich dieser Standpunkt zweifellos durchgesetzt, wenn nicht eben wieder soziale Unruhen in Galizien ausgebrochen wären, die den Polenklub schließlich dazu bewogen, Madeyskis Ansicht zu übernehmen und ihn zum Sprecher des Klubs im Abgeordnetenhaus zu wählen:

Madeyski hatte schon früher erklärt, daß „soziale Fragen schon als solche einer überaus rücksichtsvollen, umsichtigen und vor allem besonders vorsichtigen Behandlung" bedürften[142]). Auch in seiner Empfehlung der Vorlage zum Arbeiterunfallversicherungsgesetz soll er insbesondere auf die öffentliche Meinung in Österreich und ganz Europa aufmerksam gemacht haben — was in Anbetracht der gespannten Lage in Galizien seine Kollegen schließlich überzeugte: Immer stärker würde sich diese öffentliche Meinung, argumentierte Madeyski, für die Sozialpolitik und die Sozialgesetzgebung einsetzen; allein schon aus Rücksicht auf diesen Trend müßten die Polen aus Galizien daher über dem Verdacht stehen, daß aus ihnen „Kasten- und Szlachzitzengeist" spreche[143]).

Der Kommentar des *Przegląd Polski* zu dieser Streitfrage entbehrt nicht des Zynismus: „... ein Widerstand gegen die Vorlage wäre im Parlament ohnehin sinnlos gewesen ..."[144]).

Für die Charakteranalyse Madeyskis allerdings ist diese Episode von großem Interesse: einmal mehr zeigt sich hier seine überaus starke Empfindlichkeit für die Ansprüche und Bedürfnisse einer sich unter seinen Augen ständig verändernden sozialen und politischen Umwelt:

So hatte er erkannt, daß namentlich im Bereich der eskalierenden „sozialen Frage" eine passive oder gar bewußt repressive Gesetzgebungspolitik reichsweite Erschütterungen auslösen würde. Schon allein aus Rücksicht auf das Staatswohl und die Erhaltung der bestehenden Ordnung meinte er daher, für die Annahme des Versicherungsgesetzes eintreten zu müssen, obwohl damit auch eine schwere finanzielle Belastung der herrschenden Schichten (Großgrundbesitzer und Unternehmer) verbunden war. Gegenüber den nicht voraussehbaren Folgen der Unzufriedenheit der galizischen Landarbeiter stellte dieser Aspekt in seinen Augen das zweifellos geringere Übel dar.

Wenn man Madeyskis einzelne Stellungnahmen zur Frage der Autonomie vergleicht, verdichten sich die jeweils nur in Umrissen erkennbaren Grundzüge einer autonomistischen Position zu einem abgerundeten Gesamtbild:

Obwohl sich Madeyski als loyaler Staatsbürger der österreichischen Monarchie verstand, begriff er sich darüber hinaus und gleichzeitig auch als galizischer Pole: die Autonomie ist daher jene Basis, auf der er sein nationales Credo aufbaute. Obwohl Madeyski grundsätzlich der gesamtstaatlichen Idee verhaftet war, arbeitete er in erster

---

141) Vgl. *Przegląd Polski* 80 (1886) 590. Grocholski dachte hier vermutlich an den berühmten Bauernaufstand unter Jakób Szela in Galizien im Jahre 1846: von diesem „Aufstand" sagten die „Herren", daß in ihm die Regierung ihre Hände im Spiel gehabt hätte. Vgl. KIENIEWICZ, Historia Polski [Geschichte Polens] 163ff.

142) MADEYSKI, 1. 10. 1883, STEN. PROT. Galiz. Landtag, I. Session, 8. Sitzung, 187.

143) *Przegląd Polski* 80 (1886) 400.

144) EBD.

Linie auf die Verteidigung und — in bestimmten Bereichen des öffentlichen Lebens — auch die Erweiterung der Eigenständigkeit Galiziens hin.

4. Madeyski und der neue Kurs des Polenklubs

Nach den Reichsratswahlen des Jahres 1891, die auch den Sieg der Jungtschechen über die mit den Polen im Eisernen Ring verbündeten Alttschechen brachten, lockerte der Polenklub seine Beziehungen zur alten Majorität: Denn als saturierte Nationalität wollten sich die Polen mit den nationalpolitischen Zielen der Jungtschechen nicht mehr solidarisieren[145]).

In einer stark veränderten parlamentarischen Konstellation[146]), die sich namentlich durch das Fehlen einer ständigen Regierungsmehrheit auszeichnete, eignete sich der Polenklub daher als einziger von den ehemaligen Majoritätsparteien des Eisernen Ringes als möglicher Verbündeter der Regierung: Und „mit Recht", meinte der *Przegląd Polski*, denn „unsere Postulate haben nichts an sich, was andere Parteien provozieren oder zu einer Konfliktquelle werden könnte"[147]).

Unabhängig davon manifestierte zur gleichen Zeit auch die „Vereinigte Deutsche Linke" ihre Bereitschaft, die Rolle der Opposition aufzugeben, die sie jetzt über ein Jahrzehnt lang im Parlament gespielt hatte.

Als dann im gleichen Jahr auch der Finanzminister Julian Dunajewski zurücktrat, der als einflußreiches Mitglied des Polenklubs ein verbissener Verfechter der slawisch-autonomistischen Politik des Eisernen Ringes war und dessen Zerfall nicht verwinden konnte[148]), war auf polnischer Seite das letzte große Hindernis auf dem Wege zu einer eventuellen Verständigung mit der Deutschen Linken beseitigt.

Nun galt es, den freigelegten Weg auch zu betreten und Verhandlungen mit den deutschen Liberalen einzuleiten: Wie der *Przegląd Polski* sofort konstatierte, war der Polenklub jetzt das „Zünglein an der Waage im Spiel zwischen dem Ministerpräsidenten Taaffe und der Vereinigten Deutschen Linken"[149]).

Noch schärfer sah ein anderer Beobachter die politische Lage: „... Die Rechte ist durch den Ausgang der Wahlen leicht geschwächt, die Linke ist nicht stärker geworden. Beide bedürfen, um eine Majorität zu bilden, der Ergänzung durch die polnische

---

[145]) Vgl. *Przegląd Polski* 101 (1891) 528.

[146]) Die Reichsratswahlen 1891 führten zu einer starken Verschiebung der politischen Kräfteverhältnisse: Während im „Eisernen Ring" 57 Polen, 54 Tschechen und Konservative die Mehrheit bildeten und 150 deutsche Liberale in der Opposition gestanden hatten, waren 1891 im Abgeordnetenhaus 109 deutsche Liberale, 29 deutsche Konservative, 14 Christlich-Soziale, 17 Mitglieder der deutschen Volkspartei, 37 Jungtschechen, 12 Alttschechen, 18 Mitglieder des böhmisch-feudalen Großgrundbesitzes, 8 Mitglieder der Mittelpartei, 58 Polen, 8 Ruthenen, 11 italienische Liberale, 4 italienische Konservative, 16 Slowenen, 7 Kroaten, 1 Serbe, 4 Rumänen. Siehe Hugo Hantsch, Die Geschichte Österreichs II (Wien [2]1953), 430 und Oswald Knauer, Das österreichische Parlament 1848—1966 (Wien 1969), Annex.

[147]) *Przegląd Polski* 101 (1891) 528.

[148]) Laut Kolmer löste dieses Ereignis „Verstimmung bei der Rechten, Jubel bei der Linken" aus. Siehe Gustav Kolmer, Parlament und Verfassung V (1885—1891) (Wien—Leipzig 1908) 2.

[149]) *Przegląd Polski* 100 (1891) 187.

Delegation, die sie nur unter stillschweigendem Verzicht auf die Verwirklichung ihrer liebsten Programmpunkte erlangen können"[150]).

Zu einer Klärung der verworrenen politischen Verhältnisse kam es erst nach der Verkündung des neuen Regierungsprogramms des Kabinetts Taaffe im April 1891: Die unmittelbar darauf angesetzte Budgetdebatte bot allen Parteien die Gelegenheit, ihren politischen Standort in Hinblick sowohl auf das Regierungsprogramm im allgemeinen als auch auf die konkrete politische Lage im besonderen zu präzisieren:

Die Polen befanden sich in einem schwierigen Dilemma: Einerseits hatten sie sich deutlich von der Politik der Jungtschechen distanziert und erste Schritte in Richtung einer Verständigung mit den deutschen Liberalen unternommen.

Andererseits fürchteten sie den definitiven Bruch mit den alten Bündnispartnern: dieser hätte nicht nur ihre Isolation zur Folge, sondern auch den Verlust vieler Vorteile, die sie als Realpolitiker im Schoße des Eisernen Ringes zu schätzen gelernt hatten. Ein zusätzliches Moment bildete die Verunsicherung, die sie gegenüber dem neuen taktischen Manöver der ehemaligen Verbündeten ergriff: Tatsächlich hatte der Liechtensteinklub unmittelbar nach dem Zusammenbruch des Eisernen Ringes mit dem Hohenwartklub fusioniert und bemühte sich jetzt um die Kooptierung des „Böhmischen Feudaladels". Angesichts dieser Vorgänge hielten es die Polen schließlich für günstiger, ihre Verhandlungen mit den Deutschen wieder abzubrechen.

In der offiziellen Presse wurde dieser Schritt mit dem Argument gerechtfertigt, daß „die Polen immer schon in erster Linie mit Rücksicht auf das allgemeine Staatsinteresse und die Wünsche der maßgebenden Kreise in Wien" gehandelt hätten, eine Devise, der sie nicht zuletzt „ihre wachsende politische Bedeutung in Österreich verdanken" würden[151]).

Am 16. Juni mußte die endgültige Entscheidung fallen: Als Obmann des Polenklubs verkündete Apolinary Jaworski im Plenum des Abgeordnetenhauses das Programm der galizischen Delegation: Drei Punkte bildeten das Gerüst des neuen politischen Kurses: grundsätzliche Unterstützung des Regierungsprogramms und der Regierung[152]), Festhalten am autonomistischen Prinzip, und schließlich, was die unmittelbare Zukunft anbelangte, die Devise einer „Politik der freien Hand". Letztere postulierte die Kooperation mit allen gemäßigten Kräften im Parlament — in thesi also auch mit den Deutschen: „Wer den Polen zur Seite steht, den wollen sie unter Angelobung der Reziprozität als willkommene Gefährten betrachten. Sie würden das Schlimme, das sie erfahren haben, vergessen, das Gute stets treu im Gedächtnis bewahren. Die angekündig-

---

[150]) Alois Liechtenstein, 17. 7. 1891; zit. in Kolmer, Parlament und Verfassung V, 12.

[151]) *Przegląd Polski* 100 (1891) 187.

[152]) „Unerschütterlich festhaltend an den von uns seit jeher einbekannten Grundsätzen der Landesautonomie, immer bereit, für die Machtstellung des Reiches einzutreten, stimmen wir dem Regierungsprogramm zu ... Wir wollen die Regierung unterstützen, weil wir in dem Regierungsprogramm die Realisierung des Programmes des Landes, unseres Programmes sehen ... Wir werden die Regierung unterstützen, so wie wir dies auch bis jetzt getan haben, ehrlich und loyal, aber unter der Voraussetzung, daß die Regierung nicht nur den guten, festen Willen, sondern auch die Möglichkeit hat, das, was sie beabsichtigt, durchzusetzen". Apolinary Jaworski, 16. 6. 1891, Sten. Prot. Abgeordnetenhaus, XI. Session, 22. Sitzung, 787.

ten Reformen erfordern fortdauernde Kompromisse, niemandem vorzugsweise zuliebe, aber auch niemandem zuleide“ [153]).

Wie aus einem Brief hervorgeht, den Madeyski am 11. Juni an seinen Freund Michał Bobrzyński [154]) richtete, war Jaworskis Programmrede nur unter großen Spannungen im Polenklub angenommen worden: Unmittelbar vor dem Termin der Plenarrede soll eine Kampagne gestartet worden sein, die darauf abzielte, Jaworski zu zwingen, den Grundsatz der Autonomie als vorrangigen Programmpunkt anzuführen [155]). Erst die Drohung Jaworskis, überhaupt keine Erklärung abzugeben, habe den Klub dazu bewogen, auf eine Revision des Programmentwurfs zu verzichten [156]).

Offensichtlich sollte ein interner Bruch des Polenklubs in den unklaren parlamentarischen Verhältnissen vermieden werden.

Jaworskis Ausführungen wurden allgemein als zu vage empfunden. Vier Tage später erhielt Madeyski vom Polenklub den Auftrag, die Grundgedanken des neuen Programms näher zu umschreiben:

Es war kein Zufall, daß in diesem schwierigen Augenblick gerade ihm das Grundsatzreferat anvertraut wurde, denn aus seiner Korrespondenz mit Bobrzyński geht deutlich hervor, daß Madeyski sich für den neuen politischen Kurs des Polenklubs stark eingesetzt hatte und seit langer Zeit an diese Neuorientierung dachte.

Schon im Mai hatte er seinem Freund die Gedanken anvertraut, die er sich über die Implikationen des Zusammenbruchs des Eisernen Ringes machte: „Der Polenklub, der im Laufe seiner zwölfjährigen Mitgliedschaft im Eisernen Ring gelernt hat, sich auf einer

---

153) Vgl. KOLMER, Parlament und Verfassung V, 45 sowie *Przegląd Polski* 101 (1891) 532.

154) Es handelt sich um Madeyskis Brief aus Krakau vom 11. 6. 1891; in: Korrespondenz von Michał BOBRZYŃSKI, 8077 III, k. 328—329, Handschriftensammlung der Jagellonischen Bibliothek (Kraków). Da sich Madeyskis Korrespondenz mit Bobrzyński über lange Jahre hinweg erstreckte, zunächst eine Kurzbiographie dieses Mannes: Von bürgerlicher Herkunft, Jahrgang 1849, war auch Bobrzyński zunächst Jurist. Es folgte eine meteorenhafte Karriere an der Jagellonischen Universität (seit 1877 Univ.-Professor), ab 1885 die politische Laufbahn in Landtag und Reichsrat. Seine Leidenschaft galt der Geschichte und insbesondere der Geschichtsphilosophie, durch die er auch zu einem Chefideologen der galizischen Stańczyken avancierte. Siehe KARPIŃSKI/KRÓL, Sylwetki polityczne [Politische Silhouetten] 105—119, 144 sowie STEFAN ESTREICHER, Michał Bobrzyński (Warszawa 1936) und BOBRZYŃSKI, Pamiętniki [Tagebücher] (Wrocław—Kraków 1957). Während Bobrzyński in seinen Erinnerungen seine Freundschaft mit Madeyski nicht erwähnt, spricht Madeyski freimütig von dieser Beziehung: Bobrzyński „ist ein Mann von großen Fähigkeiten und großer Bildung. Er ist liberaler und fortschrittlicher, als es den Anschein hat und als man allgemein annimmt. Zu einem disziplinierten und gehorsamen Mitglied der Stańczyken wurde er nur, weil er in den damals herrschenden Verhältnissen kein besseres Lager hatte finden können und sich von seiner Mitgliedschaft größere Einflußnahme auf die Politik dieses Lagers versprach. Und tatsächlich beeinflußte er und beeinflußt er noch immer diese Partei, wenngleich nicht in dem Ausmaß, das er gewünscht hatte ... Bobrzyński wurde zu einem Vermittler zwischen Demokraten und Konservativen ... Um so länger wir gemeinsam im Klub weilten, desto harmonischer und einträchtiger war unsere Zusammenarbeit“. MADEYSKI, Erinnerungen II, 178. Inwieweit dieses Urteil stimmt, muß dahingestellt bleiben.

155) Madeyski maß dieser Kampagne nur die Bedeutung einer klubinternen Kraftprobe mit Jaworski bei: diese habe den Zweck gehabt, Jaworski darauf aufmerksam zu machen, daß er mit seiner geplanten Erklärung auf massiven Widerstand eines Teiles der Klubmitglieder stoßen würde. (Man erinnere sich, daß ja tatsächlich ein bedeutender Teil des Polenklubs für die Kontinuierung des altbewährten Kurses der Ära des „Eisernen Ringes“ plädierte!). Siehe MADEYSKI, wie Anm. 154.

156) EBD.

vorgezeichneten Bahn zu bewegen, beginnt nun, wo diese Bahn nicht mehr existiert, zu torkeln ... Die bislang geführte Politik und Strategie der polnischen Delegation in Wien haben ihre Daseinsberechtigung eingebüßt. Seit dem Beginn der XI. Session hat sich die parteipolitische Konstellation im Abgeordnetenhaus grundsätzlich verändert“[157]). Zwei Faktoren waren es namentlich, die nach Ansicht Madeyskis diesen politischen Umschwung ausgelöst hätten: der Rücktritt Dunajewskis und die interne Ablösung im tschechischen Lager, die es den Polen letztlich unmöglich gemacht habe, in der alten Majorität zu verbleiben. Auch Madeyski hoffte, daß sich die verworrene Lage bei den kommenden Budgetberatungen klären würde.

Eindeutig geht aus diesem Brief hervor, daß Madeyski Jaworskis Programm unterstützte. Allerdings verschwieg er nicht seine Bedenken bezüglich einer „Politik der freien Hand“: „... dieses Lavieren zwischen Rechter und Linker hat auch mich mehr als eine Nacht gekostet ... da sich aber der Klub und namentlich Jaworski auf diese Lösung schon versteift haben, darüber hinaus auch schon der Boden für die Annahme des gesamten Programms Jaworskis im Klub geebnet wurde, ... ist jede weitere Diskussion zwecklos“[158]).

Grundsätzlich aber, erklärte er seinem Freund, habe der Zusammenbruch des Eisernen Ringes den Polen erstmals die Chance gegeben, „sich vom Druck der rechten konservativen Koalition zu emanzipieren und auf eine Annäherung zu seinen bisherigen Feinden hinzuarbeiten“; außerdem würde die Politik der freien Hand der gesamten Politik des Polenklubs endlich „neue Impulse“ geben können[159]).

Psychologisch interessant ist in diesem Zusammenhang auch Madeyskis politische Selbsteinschätzung, die er in seine allgemeine Analyse einflocht: Seine Argumentation würde zwar immer provozieren, im Endeffekt aber — „und darum geht es doch letztlich“ — würden die Klubkollegen doch für das stimmen, was auch er befürwortete. Allerdings würde es ihn dennoch nicht wundern, meinte er abschließend, wenn man ihn von den „so wichtigen“ Wahlen in den Parlamentsausschuß ausschlösse. Madeyski wußte also sehr gut, daß er trotz seiner Autorität und Überzeugungskraft sehr vorsichtig vorgehen mußte, wenn er den neuen Kurs des Polenklubs verteidigte. Denn bei vielen seiner Kollegen erweckte seine Befürwortung einer eventuellen Annäherung an die Deutschen — für ihn die wichtigste Konsequenz der Politik der „freien Hand“ — schon seit langem Mißtrauen: „Schließlich hat die alte, traditionelle Strategie des Polenklubs ja tatsächlich ein solches Maß an Anerkennung in den allerhöchsten Kreisen gewinnen können, daß mir eine offene Darlegung meines Standpunktes Angst macht. Und ich selbst stehe ja seit langem schon mit einem so heiklen Standpunkt in der Öffentlichkeit da, daß ich bei einer neuerlichen Verkündigung dieser Ansichten allzu leicht ausrutschen könnte“[160]).

Seinem Freund Bobrzyński allerdings wollte Madeyski seine Prognosen und politischen Hoffnungen nicht vorenthalten. Wie richtig seine Annahmen im Prinzip waren, zeigten die folgenden Jahre.

---

157) Madeyski, Brief an Bobrzyński vom 9. 5. 1891 aus Wien; in Korrespondenz Bobrzyńskis 8077, III, k. 268—271.

158) Ebd.

159) Ebd.

160) Ebd.

Die künftige Parlamentsmajorität dachte sich Madeyski als breite Parteienkoalition, in der die Polen, die „Vereinigte Deutsche Linke" und der „Coroniniklub" den harten Kern bilden würden, aber auch der „Böhmische Feudaladel", die mährischen Tschechen und die Bukowiner vertreten wären. In der Opposition sah er in erster Linie den Klub der Jungtschechen und die „Deutsch-Nationalen". Leider maß Madeyski diesen Fraktionen nicht die entsprechende Bedeutung bei, was sich in der Folge verhängnisvoll auswirkte.

Voraussetzung für die praktische Entstehung einer solchen Mehrheit war seiner Ansicht nach eine Korrektur in der Zusammensetzung des amtierenden Regierungskabinetts: auch in seinem Schoße hätten die wichtigsten parlamentarischen Koalitionsparteien aufzuscheinen.

Allerdings sah Madeyski auch die Schwierigkeiten voraus, die sich auf dem Weg zur Verwirklichung dieser Bedingung ergeben würden: Insbesondere Taaffe, meinte er, würde sich nur schwer zu diesem — „übrigens wirklich unangenehmen" — Schritt entschließen, selbst im Kabinett zu verbleiben, seine Kollegen aber hinauszuwerfen. Die einzige Möglichkeit, diese Vorbedingung zu erzwingen, bestünde darin, „auf Taaffe im Laufe der kommenden Session — die gegenwärtige muß noch irgendwie überstanden werden — stärksten Druck auszuüben"[161]).

Welche Gründe auch immer ihn davon abhalten mochten, öffentlich die Gedanken auszusprechen, die er in seinem Brief an Bobrzyński ohne Scheu äußerte — ob die Angst vor dem eventuellen „Ausrutscher" oder einem Prestigeverlust bei seinem Kollegen, oder vielleicht die Befürchtung, mißverstanden zu werden —, jedenfalls geizte auch seine offizielle Plenarrede vom 20. Juni nicht mit entsprechenden Anspielungen, obwohl Madeyski den „heiklen" Punkten tatsächlich geschickt auszuweichen wußte.

Da diese Rede nicht nur Madeyskis erstes wirklich politisches Referat war, sondern auch seine letzte Stellungnahme als „einfacher" Abgeordneter, überdies nicht zuletzt diese Anschauungen es waren, die sein politischen Handeln in den folgenden Jahren leiteten, wird sie hier näher untersucht:

Den Ausgangspunkt seiner Ausführungen bildete ein historischer Rückblick auf die politische Stellung der Polen in Österreich, die auch die gegenwärtige Haltung des Polenklubs bestimmen würde:

Seit der Verfassung von 1867, die den galizischen Polen „das erlösende Wort der von ihnen längst ersehnten politischen Freiheit" gebracht habe, und seit der Anerkennung ihrer historischen Rechte durch den Kaiser, wodurch sie auch ihre nationale Freiheit wieder erhalten hätten, präge diese Stellung „eine tiefgefühlte Dankbarkeit, allgemeine und innige Verehrung, Anhänglichkeit, Liebe und unerschütterliche Treue an den erhabenen Monarchen, unseren Kaiser und König, sowie an die Dynastie Österreichs"[162]).

Noch vom galizischen Landtag in den Reichsrat entsendet, hätten die polnischen Abgeordneten ein „politisches Glaubensbekenntnis" abgelegt, das ihrem Selbstverständnis „als treue Söhne der katholischen Kirche, als Vertreter der polnischen Nationalität und als unentwegte Verfechter des politischen Prinzips der Länderautonomie" ent-

---

161) Ebd.

162) Madeyski, 20. 6. 1891, Sten. Prot. Abgeordnetenhaus, XI. Session, 26. Sitzung, 997f.

sprach[163]). Unter diesem Zeichen hätten die Polen dann zur Zeit der Ausgestaltung der Verfassung gekämpft und unter diesem Zeichen auch deren endgültige Fassung „loyal“ anerkannt, obwohl sie — wie Madeyski nicht verschweigen wollte — den Ansprüchen und Wünschen der polnischen Abgeordneten nicht in vollem Maße Rechnung getragen hätte. Seit dieser Zeit seien die Polen stets bestrebt gewesen, „ehrlich, nach ihrem besten Wissen und Gewissen an der politischen und legislatorischen Arbeit des österreichischen Zentralparlamentes mitzuwirken“. Und dennoch, fügte Madeyski mit spürbarer Erbitterung hinzu, habe man ihnen oft ungerechtfertigtes Mißtrauen entgegengebracht, ihre Reichstreue und ihren Patriotismus angezweifelt[164]).

Offensichtlich beabsichtigten diese einleitenden Erwägungen, eventuelles Mißtrauen auf deutscher Seite abzubauen und die grundsätzliche Priorität des gesamtstaatlichen Interesses in der Politik des Polenklubs nachzuweisen.

Nun konnte Madeyski zur Darlegung der Motive übergehen, die den Polenklub zu seinem Programm vom 16. Juni bewogen hatten: Zunächst galt es, Jaworskis Ankündigung von der grundsätzlichen Unterstützung der Regierung und ihres Programmes zu begründen: „... es begann die Ära, die man in der Regel die Ära des Grafen Taaffe zu nennen pflegt ... Ein großer Erfolg dieses Systems ist bis jetzt schon zu verzeichnen, und dieser Erfolg ist von bleibender Dauer und hoher Bedeutung für den historischen Prozeß der inneren Entwicklung Österreichs. Er besteht darin, daß durch dieses System die Kontinuität der Idee, als ob in Österreich nur eine Nationalität und nur eine Partei berufen wäre, die Staatsgewalt auszuüben und ihr ihren einheitlichen Charakter aufzuprägen, unterbrochen wurde und daß an Stelle dieser Idee eine andere Platz genommen hat, nämlich die Idee, welch einzig und allein dem inneren Wesen des Staates und den auswärtigen Aufgaben desselben entspricht, die Idee einer Koalition, einer auf breiter Basis angelegten Koalition, bestehend aus verschiedenen Nationalitäten, aus verschiedenen Parteien“[165]).

Dringt in diesem Worte nicht schon jenes Projekt der Koalition durch, das Madeyski in seinem Brief an Bobrzyński entworfen hatte? Er wurde noch deutlicher: „Die Polen ... haben in dieser Zeit ihren Sinn und ihr Verständnis für die Staatszwecke und für den Staatsgedanken eingeschärft und sind zu dem Punkte gelangt, an welchem sie sich, wie ich glaube, mit Recht als eine Partei betrachten können, für die ich die Bezeichnung einer *Staatspartei* in Anspruch nehme“[166]).

Das Konzept der „Staatspartei“, das Madeyski jetzt einführte, diente vordergründig der logischen Untermauerung des neuen politischen Kurses des Polenklubs; an erster Stelle allerdings sollte diese Konstruktion dem Polenklub den Eintritt in die Zusammensetzung einer eventuellen Koalition mit den deutschen Liberalen ermöglichen, ohne dabei das politische „Gesicht“ zu verlieren. Diese Absicht war es auch, die Madeyskis Definition dieser „Staatspartei“ leitete: „Ich verstehe darunter durchaus nicht eine Regierungspartei etwa in dem Sinne, als ob die Polen gewillt oder auch geneigt wären,

---

163) Ebd. 998.
164) Ebd.
165) Ebd.
166) Ebd. (Hervorhebung im Original).

eine jeweilige Regierung oder auch eine bestimmte Regierung unbedingt zu unterstützen. Ich verstehe darunter eine Partei, welche, wiewohl sie sich dessen bewußt ist, daß sie als die Vertretung eines Landes ihre separaten Bedürfnisse vorzubringen hat, ungeachtet dessen stets mit wachsamen Augen verfolgt, was denn vor allem die Zwecke und Bedürfnisse des Staates sind"[167]).

Aus einem solchen Selbstverständnis würden sich auch, wie Madeyski sodann ausführte, weitreichende Folgen ergeben, die er in „Rechte" und „Pflichten" einer Staatspartei einteilte:

Zum wichtigsten Recht der galizischen Staatspartei, einem Recht, das er als unmittelbaren Ausdruck der „grundlegenden historischen Rechte" und der „staatserhaltenden Tendenz" der Polen verstand, erklärte Madeyski die legitime Berechtigung, dem Staate gegenüber ihre Ansprüche bezüglich Galizien zu stellen: Denn Galizien sei „in einer Weise vernachlässigt und verwahrlost worden, daß wir schon als integrierender Bestandteil des Staates allein schon das Recht hätten zu verlangen, man möge für uns dasjenige tun, was nötig ist, um uns ebenbürtig an die Seite anderer Länder dieses Staates zu stellen"[168]). Zur höchsten Pflicht der galizischen Staatspartei erhob Madeyski dann die verstärkte Befolgung der Grundsätze der „Reichstreue" und „Regierungsloyalität", die seit jeher schon die polnisch-galizische Politik geleitet hätten.

Aus der Thronrede vom 11. Juni griff Madeyski nur jenen Passus heraus, der von der Notwendigkeit sprach, die „Parteibestrebungen" zurückzustellen: Diesen Programmpunkt, der von vielen Seiten angegriffen und sehr unterschiedlich ausgelegt wurde, wollte Madeyski als „Friedensprogramm" verstanden wissen[169]). In diesem Sinne parierte er den Vorwurf, daß durch diesen Programmpunkt jeder Gegenstand von Parlamentsberatungen automatisch Fragen allgemein politischer Natur auslösen würde, mit den Worten: „Ich bin allerdings der Ansicht, daß Fragen, welche ihrem Inhalte nach politischer Natur sind, niemals sich aus dem Parlament entfernen lassen. Aber ... etwas ganz anderes ist es, wenn bei Aufstellung eines politischen Kampfprogrammes irgend eine Frage, welcher politischer Natur ist, zur Lösung gebracht wird, und etwas verschiedenes, wenn dieselbe Frage incidentaliter bei Ausarbeitung eines Fachgegenstandes hervortritt und ihre Lösung nicht aus dem Grunde begehrt wird, weil sie als Konsequenz des Streitprogrammes erscheint, sondern deswegen, weil sie einem tatsächlichen, alltäglichen, sachlich begründeten Bedürfnisse entspricht"[170]).

Aus diesem Grunde würden die Polen ein solches Programm auch für durchführbar halten: „Wir vergeben unseren politischen Prinzipien durch Annahme des Programms gar nichts und es verlangt niemand ein Aufgeben der politischen Prinzipien, was auch tatsächlich unmöglich wäre"[171]).

---

167) Ebd. 998f. An dieser Stelle seiner Rede erfolgte massiver Applaus auf der Rechten, insbesondere von den Polen, wie das Stenographische Protokoll vermerkt: Das nationale und politische Selbstverständnis der Polen, wie es Madeyski skizzierte, deckte sich offensichtlich mit dem, das die Stańczyken entworfen hatten und in Galizien durchsetzen wollten. Auch der *Przegląd Polski* legte ein ähnliches Bekenntnis ab: „Immer schon handelte der Polenklub unter Beachtung des und mit Rücksichtnahme auf das allgemeine Staatsinteresse und die Wünsche der maßgebenden Kreise in Wien ..." *Przegląd Polski* 100 (1891) 187.

168) Madeyski, 20. 6. 1891, Sten. Prot. Abgeordnetenhaus, XI. Session, 26. Sitzung, 999.

169) Ebd.

170) Ebd. 1000.

171) Ebd.

Nachdem Madeyski den gegenwärtigen Standort des Polenklubs nach allen Seiten hin beleuchtet hatte, ging er zum eigentlichen Motiv und zum Kern seiner Rede über: zur „Politik der freien Hand", dem neuen politischen Motto des Polenklubs.

Es galt hier, den in seinen Grundzügen schon von Jaworski umrissenen Kurs zu präzisieren: Unter grundsätzlicher Beibehaltung der Grundsätze der Autonomie, die auch im Regierungsprogramm nicht angegriffen worden seien, umschrieb Madeyski die „Politik der freien Hand" als eine Politik der „Unabhängigkeit und Selbständigkeit", einer Selbständigkeit jedoch, wie er betonte, „ebenso nach links wie nach rechts"; denn: „Stecken wir einmal den Säbel in die Scheide, dann lieben wir nicht mehr, mit dem Säbel zu rasseln"[172].

Auf den Vorwurf des jungtschechischen Abgeordneten Julius Grégr, die Polen würden eigentlich mit einem Bündnis mit den Deutschen liebäugeln und nur in Hinblick darauf einer Politik der freien Hand bedürfen, entgegnete Madeyski geschickt, daß „die Polen mit der deutsch-liberalen Partei eine Allianz bisher weder in politischer noch in geschäftlicher Beziehung abgeschlossen" hätten, daß aber „nicht so sehr Sympathien oder Antipathien zwischen den Völkern eine Grundlage für politische Freundschaft" seien, als „Rücksichten auf die Politik selbst und namentlich auf das Staatsinteresse"[173].

Unabhängig von ihren taktischen Absichten, enthält Madeyskis Rede vom 20. Juni auch eine grundsätzliche Aussage über das politische Selbstverständnis der Polen in Österreich: Zwei Fäden durchziehen Madeyskis Gedankengänge — zwei Leitmotive der polnisch-galizischen Politik, die für Madeyski nicht unabhängig voneinander sind, sondern zwei sich ergänzende und einander bedingende Teilmomente einer einzigen politischen Theorie bilden: der Grundsatz der Autonomie einerseits, der Grundsatz der Staatseinheit und der Loyalität gegenüber dem Staatsganzen andererseits:

Wenn nämlich die Erhaltung der Staatseinheit für Madeyski das Hauptanliegen der Polen in Österreich war — und in diesem Sinne bezeichnete er ja die Polen als „staatserhaltendes" Element und als „Element, auf welches der österreichische Staat sein Ansehen, seine Würde und seine Machtstellung nach außen hin mit voller Zuversicht stützen kann"[174] — so war die Autonomie doch die Voraussetzung für dieses Bestreben: Denn die Autonomie, die sich ja innerhalb des staatlichen Rahmens bewege und nur mit Hilfe des Staates als solche bestehen könne, bilde nur ein zusätzliches Moment der Staatseinheit.

Nur im Rahmen einer breiten Autonomie, die „die Polen erst in die Lage versetzt" habe, im Lande „doch Namhaftes zur Hebung desselben beizutragen"[175], könnten Staat und Regierung effizient unterstützt werden; umgekehrt könne nur im Rahmen der Einheit des Staates die Autonomie gefestigt werden.

Aus diesem Schema ergab sich für Madeyski eine politische Praxis, die diesem Selbstverständnis des Polenklubs als Staatspartei entsprechen würde: eine Politik, die

---

172) Ebd.
173) Ebd.
174) Ebd. 999.
175) Ebd. 998.

spezifische Bedürfnisse des Landes und der Nation mit den Bedürfnissen und Zwecken des Staates zu vereinen wüßte und sie beide gleichermaßen berücksichtigen würde.

Zur praktischen Illustration dieses politischen Ideals, das der Polenklub ohnehin schon, wie Madeyski betonte, zu verwirklichen verstanden habe, führte er das Verhalten der Polen in der zu dieser Zeit brisanten Frage der Schulpolitik an:

Seit langer Zeit schon forderten die Mitglieder der ehemaligen konservativ-klerikalen Parlamentsmajorität eine Revision des Reichsvolksschulgesetzes, das 1869 unter der Herrschaft der Liberalen durchgesetzt worden war. An seiner Stelle verlangten sie die gesetzliche Einführung der konfessionellen Volksschule für das gesamte Reichsgebiet.

Der Polenklub habe sich konsequent für die Aufrechterhaltung des liberalen Gesetzes ausgesprochen, obwohl — betonte Madeyski — dieser zum Zeitpunkt seiner Durchsetzung kein Anhänger davon gewesen sei. Diese Haltung sei von den Bündnispartnern als Verrat angeprangert und als Versuch ausgelegt worden, den Deutschen näherzukommen; in Wirklichkeit aber sei sie nur eine logische Konsequenz der Tatsache gewesen, daß Galizien die Frage des konfessionellen Volksschulwesens auch im Rahmen des geltenden Reichsvolksschulgesetzes gelöst habe: „Auch auf Grundlage des bestehenden Reichsvolksschulgesetzes haben wir Mittel und Wege gefunden, um mittels der Exekutive und der Landesgesetzgebung eine religiös-sittliche Erziehung der Volksjugend in unserem Lande sicherzustellen"[176]). Madeyski empfahl daher den anderen Kronländern eine analoge Regelung[177]).

Noch vor Jahresende kam es zu weiteren offiziellen Stellungnahmen des Polenklubs, die allesamt die „Politik der freien Hand" bekräftigen wollten, wenngleich immer deutlicher die Bereitschaft durchklang, an der Bildung einer eventuellen Regierungsmehrheit zusammen mit den Liberalen und dem Hohenwartklub mitzuwirken[178]).

Ein halbes Jahr nach seiner großen Plenarrede im Parlament erstattete Madeyski seinem alten Freund Bobrzyński einen weiteren Lagebericht aus dem Polenklub: der neue Kurs der Politik der freien Hand habe hier zunächst Chaos und Desorganisation ausgelöst; erst der Beschluß einer endgültigen Direktive, die den Beitritt der Polen zu einer künftigen Koalition mit den Deutschen und dem Hohenwartklub ausdrücklich in Aussicht stellte, habe die interne Krise überwinden können[179]).

---

176) EBD. 1002.

177) Laut Kolmer soll Madeyskis Erklärung im Polenklub nachträglich als zu entgegenkommend den Deutschen und zu ablehnend den ehemaligen slawischen Bündnispartnern gegenüber empfunden und mißbilligt worden sein. Vgl. KOLMER, Parlament und Verfassung V, 45. Zweifellos fühlten sich die alten Bündnispartner der Polen von diesen jetzt verraten: in der neuen Haltung sahen sie ein Indiz für die „Saturation" der polnischen Nation und die „Käuflichkeit" der Polen als politische Partei. In diesem Sinne meinte der jungtschechische Abgeordnete Grégr (wobei er sicher nicht nur seinen eigenen Landsleuten aus der Seele sprach!): „Ich begreife die Herren aus Galizien, daß sie unter die treuesten Anhänger dieser Regierung gehören, denn kein Volk und kein Land dieser Reichshälfte hat aus seiner Regierungsfreundlichkeit, seiner Regierungsergebenheit einen so großen Nutzen gezogen wie die Herren aus Galizien ..." Abg. GRÉGR, 24. 2. 1891, zit. in KOLMER, Parlament und Verfassung V, 98.

178) Die Bedingung lautete, daß „die polnischen autonomistischen Grundsätze und die nationale Tradition des Polenklubs in der Koalition entsprechende Berücksichtigung finden würden". Siehe KOLMER, Parlament und Verfassung V, 60f.

179) MADEYSKI, Brief an Bobrzyński aus Wien vom 3. 12. 1891; in: Korrespondenz Bobrzyńskis 8077, III, k. 538—539, Handschriftensammlung der Jagellonischen Bibliothek, Kraków.

Für Madeyski verlief die nächste Zeit sehr still. Einige Zeilen aus einem weiteren Brief an Bobrzyński geben die psychische Verfassung wider, in der sich der Polenklub während der schwierigen Übergangsmonate befand: „Ich bin gestern [in Wien] angekommen und muß gestehen, daß mich die Atmosphäre im Parlament beklemmt ..."[180]. Diese „Beklemmung" war vermutlich die Folge der Klubtaktik, eine günstige politische Entwicklung abzuwarten: Denn die Übergangsphase zog sich nun schon über ein Jahr hinaus — ein Umstand, der sowohl bei Madeyski als auch bei seinen Kollegen Gefühle der Verunsicherung und Gereiztheit auslöste. Nicht zuletzt bewirkte das anhaltende Warten auf die entscheidende politische Wendung auch allgemeine Ermüdung: Deutlich manifestiert sich diese Bewußtseinslage in einem anderen Brief, den Madeyski damals an Bobrzyński schrieb: „Ich weile nur selten in Wien, da ich es dort nicht mehr aushalten kann: Desorganisation, Demoralisierung und allgemeine Auflösungserscheinungen schreiten in einem so fürchterlichen Tempo voran, all das ist schon so zur Gewohnheit geworden und sogar zum System erhoben worden, daß ich den Eindruck habe, mich schon selbst überlebt zu haben". Und Madeyski fuhr fort: „Seriöses Denken, ernsthafter Wille, Ziele irgendwelcher Art, Pläne im allgemeinen — all das sind heute Dinge der Unmöglichkeit. Ich selbst habe nur einen — einen sehr persönlichen — Wunsch; möglichst schnell von dort zu fliehen. Aber da hilft eben nichts. Bis die Zeit kommt, muß geduldig ausgeharrt werden ..."[181].

Allerdings hat Madeyski zu diesem Zeitpunkt noch nicht ahnen können, welche entscheidende Wende schon in den folgenden Monaten in seinem Leben als Politiker eintreten würde:

Am 20. März 1893 wurden Neuwahlen zum Präsidium des Abgeordnetenhauses abgehalten[182]. In einem harten Wahlkampf, der zwei Durchgänge erforderte, besiegte im Polenklub Madeyski den Gegenkandidaten David Abrahamowicz und wurde dem Abgeordnetenhaus als Kandidat zum zweiten Vizepräsidenten vorgestellt: Mit 207 gegen 194 Stimmen wurde Madeyski gewählt[183].

Der klubinterne Konkurrenzkampf zwischen Madeyski und Abrahamowicz hatte politische Motive gehabt und wurde auch von der Presse aufgegriffen[184]: Es wurde bekannt, daß Madeyskis Kandidatur von einem beträchtlichen Teil der Mitglieder des Polenklubs (wie übrigens auch des Hohenwartklubs) wegen seiner schon bekannten deutschfreundlichen Gesinnung bekämpft worden war, und der Polenklub sich erst nach

---

180) Madeyski, Brief an Bobrzyński aus Wien vom 2. 7. 1892; in: Korrespondenz Bobrzyńskis 8078, III, k. 252—255.

181) Madeyski, Brief an Bobrzyński aus Krakau vom 8. 2. 1893; in: Korrespondenz Bobrzyńskis 8079, III, k. 30—31.

182) Vgl. Sten. Prot. Abgeordnetenhaus, 20. 3. 1893, XI. Session, 227. Sitzung.

183) Zum Präsidenten des Abgeordnetenhauses wurde als Nachfolger des 81-jährigen Franciszek Smolka Johann Chlumecký, zum ersten Vizepräsidenten Theodor Kathrein gewählt.

184) So schreibt der *Przegląd Polski*: „Wir wollen uns in keine Diskussion darüber einlassen, ob Herr Madeyski oder Herr Abrahamowicz geeigneter war, als Kandidat zum Vizepräsidenten des Hauses aufgestellt zu werden. Doch erachten wir es als unsere Pflicht, vor den schädlichen Folgen zu warnen, die dem Polenklub und seiner Stellung eine Publikmachung der klubinternen Auseinandersetzung zufügt". 108 (1893) 207.

dem zweiten Wahldurchgang entschloß — im ersten war auf beide Kandidaten die gleiche Stimmenzahl gefallen —, Madeyskis Kandidatur zu bestätigen[185]).

Kurze Zeit später wurde Madeyskis politischer Aufstieg durch ein weiteres Ereignis gekrönt: Im November 1893 wurde er als Minister für Kultus und Unterricht in das Kabinett Windischgrätz berufen. Mit der Ernennung zum Minister hatte Madeyski die letzte Sprosse der politischen Karriereleiter erklommen.

Fünfzehn lange Jahre eines mühsamen Aufstieges — in Krakau, Lemberg und Wien — hatten ihre Früchte getragen.

Betrachtet man die relativ kurze Zeitspanne der politischen Kursänderung des Polenklubs aus der Perspektive der weiteren politischen Laufbahn Madeyskis, erhält diese entscheidende Bedeutung: Denn erst aufgrund dieser Entwicklung wurde es Madeyski möglich, sich mit der Politik der galizischen Delegation in Wien zu identifizieren und zu ihrer Verwirklichung beizutragen; und erst durch sie konnte er, trotz und gerade wegen seiner „deutschfreundlichen Gesinnung", an politischem Einfluß gewinnen und beginnen, eine politische Rolle zu spielen.

Die Vizepräsidentschaft im Wiener Abgeordnetenhaus hat Madeyski dem politischen Machtzentrum sicher nähergebracht. Doch die Ernennung zum Minister bedeutete den Eintritt in das eigentliche Machtzentrum des Reiches.

---

185) KOLMER, Parlament und Verfassung V, 25.

IV. AM GIPFEL DES ERFOLGES? MADEYSKI ALS ÖSTERREICHISCHER MINISTER (4. 11. 1893—18. 6. 1895)

> „Ich bestreite ja keineswegs, daß ich Minister werden wollte, als ich in mir ein bestimmtes, mir von Gott geschenktes Talent dazu entdeckte ... Doch den inneren Leitfaden meiner Kandidatur bildete die Hoffnung, als Minister — da mich das Schicksal schon einmal in die Politik geworfen hatte — unvergleichlich mehr für das Gemeinwohl, mein Land und den Staat leisten zu können, denn als einfacher Abgeordneter".
>
> MADEYSKI, Luźne uwagi [Lose Bemerkungen]

1. Zur Vorgeschichte der Koalition

Die nach den Reichsratswahlen 1891 einsetzende Amtsperiode des Kabinetts Taaffe wurde zum Wegbereiter, wenn nicht Geburtshelfer der „Koalitionsregierung" der Jahre 1893—1895[1]):

Die solide Regierungsmehrheit des „Eisernen Ringes" war unter dem Druck der die Wahlergebnisse begleitenden politischen Kräfteverschiebung zerbrochen[2]).

Die österreichische Innenpolitik stand im Zeichen einer zur Tugend erhobenen Richtungslosigkeit — der Politik der „freien Hand".

Hinter den Kulissen wurde allerdings angestrengt an der Schaffung klarer parlamentarischer Mehrheitsverhältnisse gearbeitet: die einzelnen Parteien suchten nach neuen Bündnispartnern, der Ministerpräsident nach einer stabilen Stütze für seine Regierung[3]).

---

[1]) Siehe EUGENIUSZ LIPNICKI, [Pseudonym für Eugeniusz Puffke], Polacy ministrowie w Austrii. Od Gołuchowskiego do Gołuchowskiego [Die polnischen Minister in Österreich. Von Gołuchowski zu Gołuchowski], in: *Biblioteka Warszawska* 1900, I, 321—356, insb. 342.

[2]) Vgl. oben S. 117 Anm. 146. Obwohl der Auflösungsprozeß des „Eisernen Ringes" schon früher begonnen hatte, stellte erst der Wahlsieg der Jungtschechen über die konservativen Alttschechen bei den Wahlen zum Reichsrat 1891 das auslösende Moment für den endgültigen Zusammenbruch dieses Mehrheitsblocks dar. Vgl. WILLIAM A. JENKS, Austria under the Iron Ring 1879—1893 (Charlottesville, Virginia 1965).

[3]) Wie sehr dem Grafen Taaffe an einer solchen „Arbeitskoalition" gelegen war, illustriert auch sein Schreiben vom 1. 1. 1893 an den Grafen Kálnoky, wo er diesem „im engsten Dienstvertrauen" im Anschluß an eine mündliche Unterredung ein Exemplar der „von S. M. im Prinzip genehmigten Punktationen" übersandte, aufgrund welcher „ein Einverständnis mit den Obmännern der hervorragenden Klubs des Abgeordnetenhauses zum Zwecke der Herstellung einer festen Majorität angestrebt werden" sollte. Siehe ARTHUR SKEDL, Der politische Nachlaß des Grafen Eduard Taaffe (Wien u. a. 1922) 306. Auch Skottsberg hebt hervor, „wie stark Taaffe die Notwendigkeit einer stabilen Mehrheit fühlte" und „zur Bildung einer Koalition mahnte". Siehe BRITA SKOTTSBERG, Der österreichische Parlamentarismus (Göteborg 1940) 78.

Im März 1893 führte Taaffe vertrauliche Gespräche mit den Obmännern der stärksten Parlamentsparteien — Polenklub und Vereinigte Deutsche Linke —, um eine „Arbeitskoalition" zustande zu bringen[4]). Doch der Versuch scheiterte am offenen Unwillen beider Parteien, sich zu einer Zusammenarbeit zu entschließen: das gegenseitige Mißtrauen von früher schien unüberbrückbar. Vom parteipolitischen Standpunkt allerdings übte der Gedanke einer Kooperation zweifellos auf beide Lager einen starken Reiz aus: Die Vereinigte Deutsche Linke war der langjährigen „unfruchtbaren" Opposition müde[5]), im Polenklub wurde ein politisches Bündnis mit den Liberalen schon seit langem von einem Teil der Mitglieder — darunter auch Madeyski — erwogen[6]).

Getrübt wurde die kooperative Grundeinstellung auf deutschliberaler Seite durch den Umstand, daß auch der konservativ-klerikale Hohenwartklub in das eventuelle Bündnis hineingenommen werden sollte: „Bei aller Mäßigung", erinnert sich Ernst Plener, „konnten wir uns nicht zu einer Verbindung hergeben, die ... uns mit einer Gruppe zusammengeführt hätte, welche in der Vergangenheit in zu vielen wichtigen Punkten in grundsätzlicher Gegnerschaft gegen unsere Überzeugung gestanden war"[7]). Auf polnischer Seite wiederum hatte man Bedenken, die ehemaligen Bundesgenossen für eine Allianz mit den bis dahin heiß bekämpften Liberalen zu verlassen, zumal Hohenwart ja an einer Erweiterung seines Klubs arbeitete.

Da Taaffe aber auf einem Bündnis bestand, das die „gemäßigten" Vertreter aller drei Parteien umfassen würde[8]), blieb man bei der Politik der „freien Hand". Nicht, daß Polen und Deutschliberale nun ihre Annäherungsversuche eingestellt hätten; im Schoße des Polenklubs unternahm Madeyski weitere Schritte zu einer deutsch-polnischen Verständigung: Denn seine Sensibilität für gegebene politische Realitäten und sein Mut zu einer individuellen Meinung, die sich nicht in das Korsett einer Partei zwängen ließ[9]), ließen ihn weit besser als viele seiner Kollegen die Notwendigkeit einer slawisch-deutschen Kooperation erkennen. Seine Briefe an Bobrzyński aus dem Jahre 1891 sowie seine Rede vom 20. Juni 1891 im Abgeordnetenhaus liefern hierfür eindeutige Beweise.

Im November 1892 hatte sich die politische Lage schon soweit entwickelt, daß die Idee einer Koalition mit den Deutschliberalen nicht nur im Polenklub offen diskutiert wurde, sondern auch die meinungsbildende Presse des Landes ernsthaft beschäftigte: „Die deutsche Linke", schreibt der *Przegląd Polski*, „will gemeinsam mit den Polen und den Mitgliedern des deutschen Großgrundbesitzes, die dem Hohenwartklub angehören,

[4]) Zu den Biographien von Apolinary Jaworski vom Polenklub und Johann Chlumecký sowie Ernst Plener von der Vereinigten Deutschen Linken siehe SIGMUND HAHN, Reichsraths-Almanach für die Session 1891—1892 (Wien 1891) 138f., 228.

[5]) „Mir und vielen von uns war es darum zu tun, unsere Partei aus der unfruchtbaren Opposition herauszuführen. Wir erklärten, wir wünschten eine Majoritätsbildung auf politischer Grundlage und hielten eine solche, bestehend aus den Deutschen, den Polen, dem Coroniniklub, weiters dem konservativen böhmischen Großgrundbesitz mit Anschluß noch der einen oder anderen ganz kleinen Fraktion, für durchführbar und zweckentsprechend". ERNST PLENER, Erinnerungen (Stuttgart—Leipzig 1921) II, 455.

[6]) Auch die Deutschen wußten von dieser Einstellung im Polenklub. Vgl. PLENER, Erinnerungen III, 1, 27.

[7]) EBD. II, 547.

[8]) EBD. II, 455.

[9]) Vgl. LIPNICKI, Polacy ministrowie [Polnische Minister] 342.

eine parlamentarische Mehrheit aufstellen. Gleichzeitig fordert sie aber, daß der Rest des Hohenwartklubs vom Bündnis ausgeschlossen bleibt ... Dadurch erhofft sie sich eine Sprengung dieses Klubs. Daß in diesen Plänen der Polenklub eine Schlüsselrolle spielt, kann man nicht abstreiten. Unsere Einstellung dazu ist denkbar einfach: die Polen haben keinerlei Interesse, sich in irgendeiner Weise an der Zerstörung des Hohenwartklubs zu beteiligen, nachdem sie mit diesem durch lange Jahre hindurch treu verbunden waren und ihm auf jeden Fall näher stehen als der deutschen Linken. Deshalb werden die Polen sicher nicht an der Bildung einer Majorität mitarbeiten, aus welcher der Hohenwartklub, solange dieser besteht, ausgeschlossen bleibt. Eine solche Haltung sind wir diesem Klub schuldig ... im Namen aller Slawen, denn sie ist der Ausdruck unserer grundsätzlichen Verpflichtungen ihnen gegenüber"[10]).

Nur einen Monat später war der Ton des Blattes konzilianter; wohl wären die Polen an der geplanten Koalition mit den Deutschen interessiert; dies jedoch nur unter der Bedingung, daß die „Grundsätze, die den Polenklub bis dahin stets geleitet haben, durch die Schaffung einer solchen Mehrheit nicht gefährdet" würden[11]).

In Wien schleppten sich die Verhandlungen weiter: Ende März 1893 rief der *Przegląd Polski* die polnische Delegation abermals eindringlich auf, ihre Beziehungen zum Hohenwartklub zu pflegen und an der Politik der freien Hand festzuhalten. Expressis verbis stellte das Blatt fest: „... eine andere Politik wäre Selbstmord"[12]).

Zum Katalysator der nach zweijährigem Lavieren doch noch zustande gekommenen Verbindung der Vereinigten Deutschen Linken, des Polenklubs und des Hohenwartklubs wurde ein politisches Ereignis, das außerhalb des bekannten Diskussionsrahmens stand: Am 23. 10. 1893 legte die Regierung dem Parlament einen Gesetzesentwurf zur Reform der Wahlordnung zum Reichsrat vor[13]). Taaffe erwartete, daß sich aufgrund dieser Vorlage endlich eine vernünftige Regierungsmehrheit herauskristallisieren würde; doch sie wurde ihm zum Verhängnis: Zwar gelang es tatsächlich, die von Taaffe angestrebte Koalition der drei großen Parlamentsparteien zu verwirklichen, diese wurde aber nicht zur Mehrheit der Regierung, sondern zur Mehrheit der Opposition. Die einmütige, geschlossene Ablehnung der Wahlreformvorlage durch alle drei Parteien wurde nicht zur Basis jener konstruktiven Arbeitskoalition, die sich Taaffe gewünscht hatte, sondern zum unmittelbaren Anlaß seines eigenen Sturzes und zur Grundlage einer neuen Regierung.

Obwohl die Frage einer Reform des Wahlrechts zum österreichischen Reichsrat schon lange zur Diskussion gestanden war[14]), reagierte die Regierung auf diese Impulse erst, als der 1891 zum Nachfolger Julian Dunajewskis ernannte Finanzminister Emil Steinbach ein entsprechendes Reformprojekt ausarbeitete[15]):

---

[10]) *Przegląd Polski* 106 (1892) 664.

[11]) *Przegląd Polski* 107 (1892) 244. Gleichzeitig warnte das Blatt allerdings vor einer Koalition, die den Hohenwartklub ausschließen würde: „... der Polenklub ist mit diesem Klub durch zwei ihnen gemeinsame Grundsätze engstens verbunden: dem der Autonomie und jenem des Konservatismus".

[12]) *Przegląd Polski* 108 (1893) 207.

[13]) KOLMER, Parlament und Verfassung V, 348.

[14]) EBD. 340. Allein innerhalb der 1885 eröffneten X. Legislaturperiode waren neunzehn verschiedene Anträge in das Parlament eingebracht worden.

[15]) Mit dem Namen Emil Steinbach sei „eben die Wahlreformvorlage von 1893 der Regierung Taaffe engstens verbunden" gewesen. HANTSCH, Geschichte Österreichs II, 451.

Im Rahmen des geltenden Kuriensystems sah dieser Entwurf eine beträchtliche Ausdehnung des Wahlrechts auf alle steuerzahlenden und einer ständigen Beschäftigung nachgehenden männlichen Staatsbürger über 24 Jahre in den Städten und Landgemeinden vor[16]). Auf Regierungsseite wurde angenommen, daß diese Konstruktion den sicheren Widerstand der bürgerlichen und bäuerlichen Interessenvertreter brechen könnte, zugleich aber den Großgrundbesitz und die Handels- und Gewerbekammern nicht herausfordern würde.

Der Regierung eröffnete dieser Entwurf die letzte Chance, eine sichere Mehrheit auf sich vereinigen zu können und die ins Stocken geratene parlamentarische Arbeit wieder in Gang zu setzen. Doch der Entwurf kam zu spät: Er war zu spät für eine Politik der „ausgleichenden Mitte“[17]), zu spät für schrittweise, halbe Reformen in einer Zeit der anwachsenden politischen und sozialen Radikalisierung innerhalb wie außerhalb des parlamentarischen Forums[18]).

Die Ära der Kompromisse und einer von oben steuerbaren Demokratisierung war endgültig vorbei: den einen war die Vorlage zu wenig radikal, den anderen zu demokratisch; bei den einen verhinderten nationale, bei den anderen ständische Rücksichten die Annahme einer Ausdehnung der Wählerbasis[19]). Die Vorlage fiel. Mit ihr fiel aber auch jene Regierung, die sich vierzehn Jahre lang durch die Politik kleiner taktischer Zugeständnisse halten hatte können und „das sogenannte Fortwursteln zur Virtuosität gesteigert“ hatte[20]).

Schon die erste Lesung der Vorlage — sie löste im Abgeordnetenhaus große „Bewegung und Unruhe“ aus — förderte die neuen politischen Fronten zutage: die drei großen Parlamentsparteien stimmten geschlossen dagegen[21]), die Jungtschechen und die übrigen „radikalen“ Fraktionen hingegen „schienen sehr erfreut“[22]).

Die Vereinigte Deutsche Linke wollte in diesem Entwurf eine „Bedrohung des politischen Besitzstandes des Bürger- und Bauernstandes im allgemeinen, jenes des deutschen Volkes insbesondere“ sehen; gleichzeitig mit ihrer Ablehnung dieser Vorlage erklärte sie sich allerdings bereit, an einer Wahlreform mitzuwirken, die „bei entsprechender Vermehrung der Zahl der Abgeordneten den berechtigten Interessen des städtischen und ländlichen Mittelstandes ausreichende Bürgschaften“ bieten würde[23]). Der Klub der Konservativen verkündete ebenfalls seine Ablehnung der Vorlage; doch auch er sei bereit, „zu einer gerechten Ausbildung des aktiven Wahlrechts unter Wahrung seiner autonomistischen Prinzipien die Hand zu bieten“. Der Polenklub schließlich verwarf das Reformprojekt als unverträglich mit seinem „autonomistischen Grundsatz“, wollte sich aber „der Idee einer Erweiterung des Wahlrechts auf dem den

---

16) Ebd.

17) Ebd. 430.

18) Im Jahre 1882 noch hatte die kleine Wahlrechtskonzession zugunsten der „Fünfguldenmänner“ — sie führte die Senkung des Wahlzensus von 10 auf 5 Gulden ein — die Forderungen nach einer Ausdehnung des Stimmrechts befriedigen können. Vgl. Ebd. 451.

19) Ebd.

20) Siehe Zöllner, Geschichte Österreichs 426.

21) „Alle großen Parteien waren höchst betroffen, erstaunt und gereizt ...“ Plener, Erinnerungen III, 90.

22) Ebd.

23) Ebd. 89f.

autonomistischen Anschauungen des Klubs entsprechendem Wege" prinzipiell nicht verschließen[24]).

Die Geburt der Koalition war vollzogen. Ihrer wahren Grundlage waren sich die neuen Bündnispartner vollkommen bewußt: Offen gesteht Plener in seinen „Erinnerungen", daß „die einmütige Erhebung der drei großen Parteien ... ein Zeichen ... einer sonst nicht gewöhnlichen Widerstandskraft der besitzenden Klassen" gewesen sei[25]). Und ebenso nüchtern analysierte der *Przegląd Polski* die tieferen Beweggründe des Polenklubs: „... [I]n unserem Land würde die Durchsetzung dieser Vorlage die Herrschaft der Agrarsozialisten und der katholischen Volkspartei bedeuten, Radikalismus und Kampf gegen das bestehende soziale und politische Gleichgewicht ..."[26]). Zweifellos spielte hier aber auch das nationalpolitische Moment eine nicht unwesentliche Rolle, obwohl es nicht aufgezählt wurde (!): die Polen fürchteten eine erhebliche Zunahme der Einflüsse nichtpolnischer Vertreter in der galizischen Landespolitik — namentlich der Ruthenen und Juden.

Ungeachtet dieser negativen Reaktion beharrte die Regierung auf der Durchsetzung ihrer Gesetzesvorlage: Diese würde, wie Taaffe erklärte, „ein Postulat der Staatsraison" darstellen[27]). Damit allerdings, so Plener, sei „seine Uhr abgelaufen"[28]).

Was ein positives Arbeitsprogramm nicht hatte verwirklichen können, hatte der gemeinsame Widerstand erreicht: die Negation, die Polenklub, Hohenwartklub und Vereinigte Deutsche Linke jetzt zu einer „künstlichen Majorität der Not" zusammengeschweißt hatte[29]), wurde zum Fundament der kommenden Koalitionsregierung[30]).

Die letzten Oktobertage des Jahres 1893 standen im Zeichen intensiver Verhandlungen zwischen den Vertretern der koalierten Parlamentsparteien[31]). Auf den Vorschlag Taaffes hin empfing der Kaiser am 30. Oktober die Obmänner Jaworski, Hohenwart und Plener sowie die Mitglieder des Präsidiums des Abgeordnetenhauses (den Präsidenten Kathrein und die beiden Vizepräsidenten Chlumecký und Madeyski) zu einer vertraulichen Besprechung über eine eventuelle Regierungsbildung auf Grundlage der

---

24) Siehe KOLMER, Parlament und Verfassung V, 346f. und PLENER, Erinnerungen III, 90.

25) PLENER, Erinnerungen III, 90.

26) *Przegląd Polski* 110 (1893) 452ff. Auch ein Oppositionsblatt, das Presseorgan der Christlich-Sozialen, warf den drei Koalitionsparteien vor, daß ihre Vereinigung „im Zeichen der Verweigerung jener politischen Rechte gestanden" habe, die Taaffe „den Enterbten der Gesellschaft" verleihen habe wollen. *Reichspost*, 1. 1. 1894. Und ebenso beurteilt Plener — im Prinzip sehr richtig — die politischen Motive des Polenklubs zur Ablehnung der Taaffe'schen Wahlreformvorlage: „... im Polenklub war die leitende Stellung der Gutsbesitzer der Angelpunkt seines politischen Einflusses, den er durch das stärkere Eindringen von ruthenischen Bauern, Agrarsozialisten und jüdischen Revolutionären nicht gefährden lassen wollte". PLENER, Erinnerungen III, 93.

27) KOLMER, Parlament und Verfassung V, 348.

28) PLENER, Erinnerungen III, 94.

29) HEINRICH Ritter von HALBAN, Unveröffentlichte Erinnerungen, im Besitz von Adam Wandruszka 8. Vgl. ADAM WANDRUSZKA, Die Krisen des Parlamentarismus 1897 und 1933. Gedanken zum Demokratieverständnis in Österreich; in: Beiträge zur Zeitgeschichte. Festschrift Ludwig Jedlicka zum 60. Geburtstag, hrg. v. Rudolf Neck und Adam Wandruszka (St. Pölten 1976) 61—80.

30) PLENER, Erinnerungen III, 103. Auch Halban schreibt — nicht ohne Zynismus — daß das Wahlreformprojekt „zunächst seinen Urheber umgebracht und dann das Ministerium Windischgrätz geboren" habe. HALBAN, Erinnerungen 115.

31) Siehe PLENER, Erinnerungen III, 98f.

parlamentarischen Koalition[32]). Im Prinzip gab der Kaiser einem solchen Kabinett sein Placet.

Die offizielle Ankündigung der bevorstehenden Regierungsbildung löste nicht nur bei den slawischen Gruppen, den Deutschklerikalen und allen radikalen Fraktionen des Hauses Mißbilligung aus[33]). Auch innerhalb der verbündeten Großparteien herrschten Skepsis und angstvolle Erwartung: Während sie sich nämlich offiziell verpflichtet hatten, eine neue Wahlreform durchzubringen, waren sich doch alle drei im klaren darüber, daß sie nicht mehr verband, als die Ablehnung der Taaffe'schen Vorlage. Nicht nur leiteten sie gegensätzliche Anschauungen und politische Ziele; auch ihre jeweiligen Vorstellungen von der versprochenen Wahlreform divergierten in wesentlichen Punkten.

Madeyski, der bekanntlich ein Gegner der Politik des „Eisernen Ringes" war und sich seit 1891 zum engagierten Wortführer der Koalitionsidee profiliert hatte, sah diese Schwierigkeiten damals allerdings noch nicht voraus: Aus einem — unter vier Augen geführten — Gespräch mit dem Kaiser, das in seinen „Erinnerungen" festgehalten ist, spricht überzeugter Optimismus: Seinen Aufzeichnungen zufolge unterstrich er damals die Notwendigkeit einer Regierung, welche die koalierten „gemäßigten" Parlamentsparteien vertreten würde, und präsentierte sich dem Kaiser als langjähriger Verfechter dieses Gedankens. Habe er anfangs aber noch gehofft — so Madeyski —, diese Regierung unter der Leitung des amtierenden Ministerpräsidenten zu verwirklichen, erscheine ihm diese Lösung in der seit Oktober herrschenden Konstellation nicht mehr realistisch. Im weitern Verlauf des Gespräches erklärte Madeyski, daß sich das Stärkeverhältnis im Kabinett auf ein relatives Interessengleichgewicht der in ihm vertretenen Parlamentsparteien stützen müsse. In Hinblick auf die Besetzung des Ministerpräsidentenpostens, auf die ihn der Kaiser angesprochen haben soll, riet Madeyski von der schon erwogenen Ernennung des galizischen Statthalters Kazimierz Badeni entschieden ab. Auf eine Anspielung des Kaisers hinsichtlich des Wertes parlamentarischer Regierungen hob er in höflicher Form ihre Vorteile hervor[34]).

Nicht so deutlich wie Madeyskis optimistische Vision einer Koalitionsregierung geht aus diesem Gespräch der Standpunkt Franz Josephs hervor. Zwar hätte er schon damals eine gewisse Zurückhaltung, wenn nicht Skepsis gespürt, erklärte Madeyski später; aber die Bedeutung der grundsätzlichen Abneigung des Kaisers gegen parlamentarische Regierungen habe er erst nach dem Sturz des Koalitionskabinetts in ihrem vollem Ausmaß erkannt[35]).

---

32) *Czas*, 1. 11. 1893. Vgl. auch KOLMER, Parlament und Verfassung V, 354.

33) KOLMER, Parlament und Verfassung V, 354.

34) Wann Madeyski den Inhalt dieses Gespräches zu Papier brachte, ist nicht festzustellen: unmittelbar nach der Audienz beim Kaiser, wodurch diese Quelle mit hoher Wahrscheinlichkeit abgesichert erschiene, oder aber erst zur Zeit der Abfassung seiner „Erinnerungen"? Bedauerlicherweise liegt keine Sekundärquelle vor, die Madeyskis Aufzeichnung dieses Gespräches — das unter vier Augen stattgefunden haben soll — bestätigen könnte. Die „Audienz beim Kaiser" ist in Dialogform gehalten und in deutscher Sprache niedergeschrieben. Aufgrund seines historischen Wertes wird dieses Gespräch zur Gänze im Annex wiedergegeben. Siehe unten S. 323.

35) Mit Bitterkeit schreibt er in seinen „Erinnerungen": „Der Kaiser war parlamentarischen Regierungen, also selbstverständlich auch dem Koalitionskabinett, feindlich gesinnt ... die Koalitionsregierung konnte daher nicht wirklich sein Vertrauen gewinnen". Nur der Marquis Olivier von Bacquehem, Minister des Innern, soll — laut Madeyski — von der negativen Einstellung des Kaisers gegenüber dem Koalitions-

Im Oktober 1893 jedenfalls scheint Madeyski dieser Zurückhaltung noch nicht diese Aufmerksamkeit geschenkt zu haben, zumal der Kaiser der Regierungsbildung ja keine Hindernisse in den Weg stellen wollte und eine zunächst abwartende Position einnahm.

Was Madeyski zum Zeitpunkt dieses Gesprächs allerdings nicht wissen konnte, war die Tatsache, daß er selbst zu einem Träger jener Regierung würde, die er so warm empfahl! Doch schon am 1. November kolportierte die Tagespresse verschiedenste Gerüchte über die personelle Zusammensetzung des neuen Kabinetts: *Czas* berichtete, daß schon am Vortag einige Ministerlisten vorgelegen hätten, diese aber allesamt angefochten worden seien, da namentlich die Besetzung des den Polen zugedachten Postens des Unterrichtsministers Spannungen ausgelöst hätte[36]).

Am 2. November erfuhr die Öffentlichkeit von der Ernennung des Fürsten Alfred Windischgrätz zum neuen Ministerpräsidenten; in den Mittelpunkt der Verhandlungen rückte jetzt die Person des Unterrichtsministers: Der Polenklub hatte ursprünglich den Vizepräsidenten des galizischen Landesschulrates Michał Bobrzyński als Kandidaten vorgeschlagen, stieß damit aber bei den deutschen Bündnispartnern auf heftigsten Widerstand, da Bobrzyński als streng klerikal galt[37]).

Die Deutschen ihrerseits forderten an seiner Stelle Madeyski, den auch der liberale Flügel des Polenklubs unter Führung Kazimierz Badenis unterstützte: Madeyski stand ihnen politisch näher. Nach langen internen Kämpfen im Polenklub wurde schließlich — „in unserem Sinne“, wie Plener betont — Madeyskis Kandidatur bestätigt[38]).

---

kabinett sogar noch vor seinem Amtsantritt gewußt haben; doch erst 1899 habe Madeyski von Bacquehem erfahren, daß der Kaiser diesem damals gesagt hätte: „Ich habe nicht das mindeste Vertrauen in dieses Kabinett“. MADEYSKI, Erinnerungen, Lose Notizen. Zur selben Zeit soll der Kaiser Madeyski eines Tages gesagt haben, daß sein Mißtrauen nicht den einzelnen Ministern der Koalitionsregierung gelte, zu diesen habe er Vertrauen, sondern nur dieser Regierungsform“. MADEYSKI, Moje rozmowy z Markizem Bacquehem, 12 i 21. 4. 1899 [Meine Gespräche mit Marquis Bacquehem vom 12. und 21. 4. 1899]; in: Nachlaß IV, 5—6. Auch andere bestätigen Madeyskis Beurteilung des Kaisers. Plener: „Der Kaiser sah in der Koalition einen parlamentarischen Handstreich, der ihm ein nicht vom ihm gewähltes Ministerium aufnötigte, dem er sich augenblicklich anbequemte, den er uns aber nicht vergaß“. PLENER, Erinnerungen III, 299 sowie Halban: „Die Krone soll für das Ministerium Windischgrätz nie besondere Sympathie gehabt haben ...“ HALBAN, Erinnerungen 5 und nicht zuletzt auch Madeyskis Landsmann und späterer Finanzminister Leon BILIŃSKI: „... dem Kaiser war das Koalitionsministerium die ganze Zeit über ein Dorn im Auge“. LEON BILIŃSKI, Wspomnienia i dokumenty [Erinnerungen und Dokumente] (Warszawa 1924) 71. Laut Madeyski führte der Kaiser die Gründe seiner Antipathie gegen die Koalitionsregierung sogar selbst einmal an: Bei der letzten Ministerratssitzung des Kabinetts Taaffe soll der Kaiser erklärt haben: „... Das Kabinett, welches jetzt demissioniert, war ein Kabinett des Kaisers; das künftige wird das Kabinett des Parlaments sein und nicht eines des Kaisers — und es ist nicht vorauszusehen, wann wieder der Augenblick für ein wahres Kabinett des Kaisers kommen wird“. MADEYSKI, Gespräche mit Marquis Bacquehem 5.

36) *Czas*, 1. 11. 1893.

37) Plener schildert den internen Kampf im Polenklub genauer: „Die Hauptschwierigkeit bei der Ministerwahl lag im Polenklub. Dort waren zwei Gruppen in großer Gegnerschaft untereinander. Die Konservativen wünschten den Eintritt von Professor Bobrzyński, die liberale Fraktion unter dem Einfluß von Kazimierz Badeni unterstützte den Abgeordneten Madeyski. Gegen Bobrzyński waren auch bei uns die Liberalen“. PLENER, Erinnerungen III, 106. Auch der Pole Chłędowski erwähnt dieses Ereignis: „Bei den Polen brodelte es wie in einem Kessel anläßlich der Wahl eines Kandidaten für das Amt des Unterrichtsministers ... Mißgunst und Neid unter den vorgeschlagenen Abgeordneten kannten keine Grenzen“. CHŁĘDOWSKI, Pamiętniki [Memoiren] II, 152.

38) PLENER, Erinnerungen III, 107.

Die übrigen Minister wurden — hier ist die Metapher eines galizischen Zeitgenossen durchaus angebracht — „wie Tanzpartner" gewählt[39]). Ihre Ernennung erfolgte reibungslos.

Anlaß zu dem scharfen Konflikt um die Auswahl des polnischen Ministers für Kultus und Unterricht hatte bei den Liberalen nicht nur die Befürchtung gegeben, mit dem streng katholischen Bobrzyński eine entsprechende Unterrichts- und Kultuspolitik in Kauf nehmen zu müssen, sondern auch ihre Sympathie für den ihnen schon seit langem als deutschfreundlich bekannten Madeyski[40]). Auf polnischer Seite wiederum wurde aus denselben Gründen Madeyskis Kandidatur vom konservativen Flügel des Polenklubs nur mit Vorbehalt bestätigt. Den deutschen Ministerkandidaten Gundacker Wurmbrand und Ernst Plener wurde hier allerdings ungeteiltes Mißtrauen entgegengebracht.

Gleiche Unzufriedenheit auf allen Seiten löste die Besetzung des Ministerpräsidentensessels aus: Windischgrätz galt als schwach und übermäßig gutmütig; überdies hielt man ihm seinen Mangel an politischer Geschicklichkeit vor[41]).

Dessen ungeachtet wurde das neue Kabinett schon am 12. November vereidigt: Das Ressort für Inneres erhielt Marquis Olivier Bacquehem, die Justiz Graf Friedrich Schönborn, die Finanzen Ernst von Plener, den Ackerbau Graf Julius Falkenhayn, die Landesverteidigung Graf Zeno Welsersheimb, den Handel Graf Gundacker Wurmbrand; die Polen stellten den Unterrichtsminister Madeyski und den Minister für Galizische Angelegenheiten Apolinary Jaworski.

Im Parlament erfreute sich das Regierungskabinett keiner Sympathie: Jene Parteien, die nicht in die Koalition eingetreten waren, gingen sogar so weit, ihre eigene „Antikoalition" (auch „Koalition der Unzufriedenen" genannt) zu schaffen[42]).

Aber auch die Mitglieder der Koalitionsparteien fühlten Unbehagen, obwohl sie sich mit den neuen Ministern bald abfanden und sie nach außen hin konsequent unterstützten.

Und die neuen Minister? Wie beurteilten sie selbst die Zusammensetzung ihres Kabinetts? Die Antworten entbehren nicht der Pikanterie: So schreibt Madeyski später: „... [D]rei Minister entnahm man dem soeben gestürzten Kabinett; Bacquehem, der alle Voraussetzungen für einen Handelsminister mitbrachte, bekam das Ministerium für Inneres; Schönborn, ein Mensch ohne Entschlußkraft, behielt die Justiz, und der Chef war noch schwächer als er. Falkenhayn, ein ‚Klotz am Bein', ein Mann ohne Qualifikation und ein Mensch, von dem ich wußte, daß er ein Parteimann der Rechten, ein verbissener Feind der Linken und darüber hinaus Hohenwart ergeben war —, kurzum, ein sturer Bock —, wurde ebenfalls aus dem alten Kabinett übernommen. Und um schließlich zu mir selbst zu kommen — mir gab man den Unterricht, obwohl ich alle Voraussetzungen für einen Justizminister hatte"[43])!

---

39) Chłędowski, Pamiętniki [Memoiren] II, 191.
40) *Czas*, 12. 11. 1893.
41) Chłędowski, Pamiętniki [Memoiren] II, 152.
42) Kolmer, Parlament und Verfassung V, 357.
43) Madeyski, Erinnerungen II, 204.

Tatsächlich herrschte in den polnischen Kreisen allgemeine Verwunderung darüber, daß Madeyski nicht mit dem Justizressort betraut worden war[44]).

Doch waren hier vermutlich weniger sachliche, als vielmehr strategische Momente maßgebend gewesen: bekanntlich war ja über die Aufteilung der einzelnen Ressorts unter die drei verbündeten Parteien noch vor der Auswahl der einzelnen Minister entschieden worden.

Auch Bacquehem soll, Madeyski zufolge, mit dem Ressort für Inneres nicht glücklich gewesen sein: Nur auf Drängen des Kaisers hin habe er sein Amt damals angenommen. Denn der Kaiser habe ihm versichert, daß das Koalitionskabinett „ohnehin nicht lange bestehen" würde[45]). Um dieses Bild abzurunden, sei erwähnt, daß selbst der unpopuläre Windischgrätz sich zunächst geweigert haben soll — wie aus dem Gespräch Madeyskis mit dem Kaiser hervorgeht —, die Leitung des Kabinetts zu übernehmen[46]).

Welche Einflüsse standen wohl hinter der so unvorteilhaften Besetzung der Ministerien des Koalitionskabinetts? Welche Kräfte waren für diese „Mißgeburt", die jetzt die Regierungsgeschäfte Österreichs übernehmen sollte, zur Verantwortung zu ziehen? Die Betroffenen vermochten diese Fragen damals noch nicht zu beantworten.

Auf inoffizieller Ebene wurde im polnischen Lager aus der Unzufriedenheit über die personelle Zusammensetzung der Regierung übrigens kein Hehl gemacht: unverblümt sprach der Bruder des amtierenden Statthalters, Stanisław Badeni, im Kreise seiner Freunde von einem „Haufen Trotteln", und speziell auf Madeyski bezogen, von einem „Hanswurst"[47]).

Ganz anders gab man sich in der offiziellen Presse: Obwohl Madeyskis persönliche Feinde im Klub seit seiner Ernennung zum Minister auf eine „ganze Legion" angewachsen sein sollen[48]), wurde er hier aufs wärmste unterstützt. Allerdings wurde gleichzeitig auch versucht, seinem politischen Profil einen Schliff zu geben, der ihm in den Augen der galizischen Konservativen noch fehlte: Allem voran wollte man sein Image des „deutschfreundlichen" und „liberalen" Politikers zerschlagen. In Anbetracht der vielen Gerüchte, die darüber in der Wiener liberalen Presse und in den Organen der Katholiken und Konservativen kursierten, bemühte sich die galizische Presse, durch gezielte Berichte und Dementis etwaige Befürchtungen der konservativen und katholischen Kreise zu zerstreuen und alle Anspielungen auf Madeyskis „Liberalismus" als bloße „Unterstellung" oder Folge „falscher Informationen" abzuwehren. Mehr noch: Von den Stańczyken wurde Madeyski jetzt zum idealen Parteimann, zum treuen Sohn der katholischen Kirche und zum Freund der slawischen Solidarität hochstilisiert[49]).

---

44) Siehe BILIŃSKI, Wspomnienia i dokumenty 70. Vgl. auch die Nachrufe auf Madeyski; in: *Przegląd Polski* 177 (1910) 127, *Czas* 21. 6. 1910, *Biblioteka Warszawska* 1910, III, 192f.

45) MADEYSKI, Gespräche mit Marquis Bacquehem 4. Die gleiche Erklärung gab Bacquehem übrigens auch J. M. Baernreither: Vgl. JOSEPH MARIA BAERNREITHER, Der Verfall des Habsburgerreiches und die Deutschen. Fragmente eines politischen Tagebuches 1897—1917, hrg. v. Oskar Mitis (Wien 1939) 101, Anm. 2.

46) Siehe MADEYSKI, Audienz beim Kaiser vom 30. 10. 1893 im Annex S. 324.

47) CHŁĘDOWSKI, Pamiętniki [Memoiren] II, 187.

48) EBD. 152.

49) Um nur ein Beispiel dieser „Imagemanipulation" herauszugreifen: *Czas* schreibt etwa: „Alle Bedenken, die aus diesem Grunde [Madeyski sei „liberal", J. R.] für oder gegen Herrn Madeyski angeführt werden,

Trotz der angestrengten Bemühungen, Madeyski zu „rehabilitieren" und damit nicht zuletzt auch die Einheit des Polenklubs zu demonstrieren, gelang es nicht, über den wirklichen Sachverhalt hinwegzutäuschen: Daß Madeyskis Kandidatur von einem bedeutenden Teil der galizischen Konservativen angefochten worden war, wußte bereits die Öffentlichkeit.

Ob oder inwieweit Madeyski den Ministerposten angestrebt hatte, läßt sich nicht eindeutig feststellen: Während er in seinen „Erinnerungen" gesteht, er habe es sich zwar gewünscht, in dieser Richtung aber nichts unternommen[50]), stellen ihn die Memoiren seines Klubkollegen Leon Biliński als Anwalt in eigener Sache dar[51]).

Zweifellos empfand es Madeyski als große Ehre: Noch in seinen „Erinnerungen", in denen ja nicht selten seine hohe Selbsteinschätzung aufklingt[52]), bemerkt er mit Stolz, daß er sich die eigene Karriere noch immer nicht „ganz erklären" könnte, „nachdem doch allgemein bekannt ist, daß in Anbetracht der aristokratischen Gesinnung des Kaisers ... bei der Verleihung der höchsten Staatsämter die Priorität in der Regel den Trägern großadeliger Namen eingeräumt wird ... ich selbst aber nur ein besitzloser Kleinadeliger war"[53]).

---

sind unbegründet. Der neue Unterrichtsminister ist keineswegs ‚in die Hände der Liberalen' gefallen ..." Derartige Gerüchte, liest man weiter, seien nur die Folgen von Mißdeutungen und unzulänglicher Information: Madeyski sei zu ihrem Opfer geworden. Also mögen alle Konservativen und Katholiken beruhigt sein, denn Madeyski, daran „könne keinen Augenblick gezweifelt" werden, werde die religiösen Bedürfnisse der Bevölkerung als Unterrichtsminister am gewissenhaftesten berücksichtigen. *Czas*, 18. 11. 1893. Ähnliche Motive leiteten auch einen weiteren Bericht des *Czas*: Es handelte sich um den Empfang einer Delegation der geistlichen Mitglieder des Polenklubs beim neuen Unterrichtsminister. *Czas* kommentierte: Madeyski sei „so bewegt" gewesen, daß er „vor Rührung" nicht sprechen habe können und nur erklärt hätte, daß „die Wohlwollenskundgebung dieser Delegation ihn stärker als alle Sympathiebeweise bis dahin ergriffen" hätte. Der Bericht schloß mit der triumphalen Bemerkung: „Dieses Ereignis ist von großer Bedeutung angesichts der zahlreichen Gerüchte, die über Madeyskis Einstellung zur Kirche kursieren". *Czas*, 28. 11. 1893. Um auch etwaige Befürchtungen der Slawen zu zerstreuen, erinnerte *Czas* im gleichen Artikel auch an die berühmte parlamentarische Kampagne des Jahres 1884, in der Madeyski als Wortführer der Majorität des Sprachenausschusses die deutsche Staatssprache bekämpft hatte und zum wahrhaftigen Nationalheld der Slawen erhoben worden war.

[50]) MADEYSKI, Luźne uwagi [Lose Bemerkungen] 6.

[51]) Madeyski soll damals die Funktion des „Vermittlers" übernommen und seinem Klubkollegen Biliński angeboten haben, das Handelsministerium, dann — auf dessen Ablehnung hin — das Finanzministerium zu übernehmen. Doch Biliński läßt dabei deutlich durchklingen, daß Madeyskis „Vermittlung" eher Wahlwerbung in eigener Sache war! Vgl. BILIŃSKI, Wspomnienia i dokumenty [Erinnerungen und Dokumente] 70.

[52]) Sehr oft spricht Madeyski von „begnadeten Talenten", wenn er seine Qualifikation für die Ministerschaft erörtert. Vgl. MADEYSKI, Luźne uwagi [Lose Bemerkungen] 6.

[53]) MADEYSKI, Erinnerungen II, 190. Anders als Madeyski sieht — aus der historischen Perspektive — Grodziski des Kaisers Präferenzen bei der Anstellung seiner höchsten Beamten: „Aus Galizien wurde jener Typ von Politiker nach Wien geliefert, der sich allgemein durch einen weiten kulturellen und wissenschaftlichen Horizont, genauso aber durch eine konservative Weltanschauung auszeichnete — Eigenschaften, die solche Politiker ... unmittelbar mit dem Milieu des aristokratischen Großgrundbesitzes verbanden. Dies erklärt die politische Rolle, die soziale Stellung und nicht zuletzt auch die Sympathie, die viele von ihnen beim Kaiser genossen. Denn der Kaiser griff des öfteren nach unbekannten Namen (trotz der Überraschung in der Wiener öffentlichen Meinung), denen er so den Aufstieg zu den höchsten Positionen ermöglichte. Nicht verwunderlich ist es demnach, daß gerade diese Männer zu treuen Anhängern der austro-polnischen Lösung wurden". GRODZISKI, Polen in den zentralen Organen 186.

Feststeht, daß Madeyski im November 1893 an einem Höhepunkt seiner politischen Laufbahn angelangt war: Trotz der Hindernisse, die ihm seine eigenen Parteikollegen in den Weg gelegt hatten, trotz seiner für den Polenklub oft unbequemen Ansichten, stand er jetzt auf einer der höchsten Sprossen der sozialen Prestige- und politischen Machtleiter. Nicht nur sein persönlicher Ehrgeiz war gestillt — Madeyski träumte seit seiner Jugend von einer Karriere in Wien —, auch sein großes politisches Ziel war Wirklichkeit geworden: Slawen und Deutsche, Konservative und Liberale trugen gemeinsam eine Regierung, deren Arbeiten im Zeichen der „Mäßigung" stehen würden. Und er selbst, einer ihrer Bauherren, sollte zur Verwirklichung ihrer Grundsätze beitragen.

Schon im Jahre 1891 hatte Madeyski in einem Brief an Bobrzyński die Koalition als den einzigen Ausweg aus den fruchtlosen und sich ständig verschärfenden nationalen Kämpfen bezeichnet und angesichts der fortschreitenden Radikalisierung und Polarisierung der politischen und ideologischen Richtungen als die einzig vernünftige Regierungsform für Österreich erkannt: Denn nur die Verbindung aller „gemäßigten" politischen, ideologischen und nationalen Faktoren sei imstande, die unüberbrückbaren Antagonismen in allen Bereichen des öffentlichen Lebens zu überwinden. Die Idee der Koalition war für Madeyski darüber hinaus auch die logische Konsequenz eines Grundsatzes, den er schon zehn Jahre früher vertreten und in der galizischen Zentrumspartei praktisch umgesetzt hatte: Es war der Grundsatz der Mäßigung und der Versöhnung, ein Grundsatz, wonach nur eine Synthese aus den verschiedenen politischen und ideologischen Zielrichtungen und Parteien eine „gesunde" und „fortschrittliche" politische Entwicklung gewährleisten würde: Denn alle Antagonismen und Divergenzen würden in die Idee des „Kompromisses" kanalisiert und auf diese Weise versöhnt.

Von der offiziellen Presse wurde die Regierung unerwartet freundlich aufgenommen[54]). Trotz aller Vorbehalte — sie waren in keinem der drei Lager zu übersehen — bemühten sich die Organe der koalierten Parteien, dem Kabinett eine gute Starthilfe zu leisten: Nicht nur die einzelnen Regierungsmitglieder wurden unterstützt. Auch die „Koalition" mitsamt ihren ideologischen Prämissen (Mäßigung, Versöhnung, Kompromiß) rechtfertigte man jetzt angesichts der konkreten politischen Verhältnisse im Parlament als unverzichtbare Axiome[55]), obwohl die Verbündeten im Grunde an der praktischen Durchführbarkeit dieser Direktiven zweifelten: Würden sich diese Prinzipien nicht — in der Praxis — in Verzicht, Negation und Passivität verwandeln[56])?

Die politischen Beobachter ihrerseits sahen vor allem im parlamentarischen Charakter der neuen Regierung ein gefährliches Indiz: man fürchtete hier nicht nur die Ingerenz der Koalitionsparteien in die Regierungsgeschäfte, sondern auch und vielmehr eine allgemeine Verstärkung des parlamentarischen Druckes auf die Regierung[57]).

---

[54]) PLENER, Erinnerungen III, 111.

[55]) *Przegląd Polski* 111 (1893) 673ff.

[56]) EBD. 675.

[57]) „Bei der Koalition handelt es sich nicht um einen einfachen Kabinettwechsel, sondern vielmehr um eine Verschiebung des Kräfteverhältnisses und Einflußbereiches zwischen Parlament und Regierung. Die parlamentarische Entstehung des Kabinetts impliziert einen wachsenden Einfluß des Abgeordnetenhauses auf die Regierung. Die Zügeln des Staates geraten unwillkürlich in die Hände des Parlaments". *Przegląd Polski* 111 (1893) 674.

Die Polen schließlich waren sich darüber hinaus schon unmittelbar nach Aufteilung der einzelnen Ressorts des „künstlichen" Charakters jenes Kräfte- und Parteiengleichgewichts bewußt geworden, das im Kabinett theoretisch angestrebt wurde: De facto würde das deutsche Element dominieren, da allein schon das Zahlenverhältnis der im Kabinett vertretenen Parteien „nur nach außen hin" richtig bemessen worden sei und der „politische Einfluß eines Plener sicher größer als jener eines Falkenhayn" würde[58]).

Dem eigenen Sorgenkind, Madeyski, der bis zu seiner Ernennung zum Minister Redaktionsmitglied des *Przegląd Polski* war, prophezeite der Herausgeber der Zeitschrift Stanisław Tarnowski in einer „politischen Rundschau" beträchtliche Schwierigkeiten, die sich aus seiner nationalen und konfessionellen Zugehörigkeit ergeben würden: Zwar empfahl er Madeyski, sich dieser Identität dennoch stets bewußt zu bleiben und auch seine Ministerschaft in den Dienst jener Prinzipien zu stellen, die diesen Koordinaten entsprechen würden. Doch einen Grund, Madeyski zu seinem neuen Amt zu beglückwünschen, sah Tarnowski angesichts dieser Umstände nicht: „Denn wir können uns kaum eine heiklere Position als jene des künftigen Unterrichtsministers vorstellen: Pole und Katholik!" Zweifellos werde man Madeyski mit größter Zuversicht als Minister begrüßen — „... wir wissen sehr wohl, wie außerordentlich schwierig die Aufgabe sein müßte, die ... er nicht zu bewältigen imstande wäre"[59]) —; aber bei den Liberalen würden die Vorteile seines nationalen und konfessionellen Standortes, nämlich die stärkere Sensibilität für die Bedürfnisse der außerdeutschen Nationalitäten des Reiches und eine stärkere Berücksichtigung der katholischen Interessen, mit Sicherheit auf Widerstand und Ablehnung stoßen. Notgedrungen würde Madeyski deshalb als Mitglied einer Regierung, die auf der Idee des Kompromisses aufbaute, niemanden voll zufriedenstellen können. In diesem Dilemma würde sich für Madeyski daher eine einzige Verpflichtung ergeben: den eigenen Überzeugungen und dem eigenen Gewissen zu folgen. Dafür bedürfe es aber mehr als des Verstandes und der politischen Geschicklichkeit: es bedürfe darüber hinaus der „Tugend". Und nur mit Hilfe dieser Tugend, schloß Tarnowski, würde es Madeyski gelingen, „ohne Schaden zwischen Szylla und Charybdis hindurchzuschiffen"[60]).

Groß waren die Erwartungen, die in Madeyski gesetzt wurden. Doch ebenso groß war das Mißtrauen, das ihm von allen Seiten entgegengebracht wurde: Die Vielfalt und Divergenz der politischen und ideologischen Vorstellungen, die auf Madeyski projiziert wurden, die zahlreichen Facetten seiner komplexen Persönlichkeit, von denen jeweils nur eine willkürlich zu seinem politischen Profil stilisiert wurde, schränkte seinen politischen Spielraum schon im vorhinein ein. Der Druck der Opinion-leaders in der Presse, der Druck seiner Parteikollegen, der öffentlichen Meinung und der übrigen Kabinettsmitglieder würden seine Bewegungsfreiheit ebenfalls stark beeinträchtigen.

---

58) „... Plener ist der Kopf der Vereinigten Deutschen Linken ... Bacquehem koquettiert unmißverständlich mit der Vereinigten Deutschen Linken". *Przegląd Polski* 111 (1893) 675.

59) Ebd. Auf ähnliche Weise rühmte auch *Czas* Madeyskis Fähigkeiten. Vgl. *Czas* 14. 11. 1893.

60) *Przegląd Polski* 111 (1893) 680. Auch von deutsch-nationaler Seite wurde Madeyski Mißtrauen entgegengebracht: „Das Werk der Koalition", so Abgeordneter Hauck, stelle sich für die Deutsch-Nationalen „traurig" dar, insbesondere nachdem das Unterrichtsministerium einem „fremdsprachigen Manne in die Hände gefallen" sei und zu befürchten sei, daß „eine polnische Wirtschaft einreißen wird". Abgeordneter Hauck, 23. 11. 1893, Sten. Prot. Abgeordnetenhaus, XI. Session, 244. Sitzung 11546.

Doch zum Zeitpunkt seines Amtsantrittes standen die „Idee der Koalition“ und der Glaube an ihr Gelingen wohl noch im Vordergrund seiner Gedanken.

Ebenso stark wie Madeyski glaubte übrigens auch sein deutscher Amtskollege Ernst Plener an die Fruchtbarkeit der Mäßigung und der Versöhnung. Plener, der sich zu Madeyskis symmetrischen politischen Pol entwickelte, sah in der Koalition die Chance, die inner- und außerparlamentarischen Verhältnisse zu sanieren, die Chance, eine gesamtösterreichische Politik und ein übernationales „Österreichertum“ zu verwirklichen[61]).

2. Das Experiment der Koalition

a) Die neue Regierung

Mit der Verlesung seines Regierungsprogramms stellte sich das Koalitionskabinett am 23. November 1893 dem Parlament vor[62]): Wie erwartet, stand an der Spitze des Programms die Ausarbeitung und Durchführung einer umfassenden Wahlrechtsreform; mehr noch: bis zu ihrem Zustandekommen sollten „alle großen politischen Fragen ruhen“. Obwohl Ministerpräsident Windischgrätz ausdrücklich darauf hinwies, daß die geplante Wahlrechtsreform im Einvernehmen mit den koalierten Parteien ausgearbeitet würde, skizzierte er ihre Ausrichtung in gröberen Umrissen schon in der Regierungserklärung: Unter Aufrechterhaltung der derzeit bestehenden verfassungsmäßigen Vertretung der Interessengruppen und mit genauer Berücksichtigung der Verhältnisse in den einzelnen Königreichen und Ländern sollte durch die Heranziehung bisher vom Stimmrecht ausgeschlossener Volksschichten und insbesondere der Arbeiter eine wesentliche Ausdehnung des Wahlrechts herbeigeführt, zugleich aber das bisherige Schwergewicht der politischen Rechte des Bürger- und Bauernstandes gesichert werden[63]).

---

61) Noch vor seinem Eintritt in die Koalitionsregierung hatte sich Plener — ähnlich wie Madeyski vor 1891 (!) — von seiner Partei immer stärker distanziert und — ebenfalls wie Madeyski — an der Aussöhnung von Deutschen und Slawen namentlich in Böhmen gearbeitet: „Die Partei und ich waren innerlich und sachlich auseinandergekommen. Sie war nationaler geworden und in vielen Dingen noch von der Kampfstimmung erfüllt, die sie in den Jahren der Opposition beherrscht hatte“. Plener, Erinnerungen III, 284. Diese „Wandlung“ ist Plener von deutscher Seite übrigens auch vorgeworfen worden: nicht nur die Vereinigte Deutsche Linke mißbilligte die politische Kursänderung ihres Obmannes; auch die Christlich-Sozialen verhehlten nicht ihre Verwunderung über diesen Gesinnungswechsel: „Ein Mann, der es offen sagt: ‚ich habe eine Wandlung vollzogen‘ und genau das Datum anzugeben weiß — 1890 —, der verdient auch den Respekt seiner Gegner ... Diese Wandlung hat einen sonderbaren Beigeschmack ...“ Karl Lueger, 28. 3. 1895, Sten. Prot. Abgeordnetenhaus, XI. Session, 361. Sitzung, 17941, 17942.

62) Das Programm war von einem kleinen Regierungskomitee — Madeyski, Plener, Schönborn und Bacquehem — ausgearbeitet und verfaßt worden. Siehe Plener, Erinnerungen III, 114.

63) Weitere Punkte des Regierungsprogramms kündigten die Weiterführung der Steuerreform an, die Herstellung der metallischen Währung, sowie sozialpolitische-, Justiz- und Schulreformen, die Anhebung der „sittlichen und materiellen“ Verhältnisse der Bevölkerung und damit auch ihrer Bildung und ihres Wohlstandes. Die Regierung verpflichtete sich darüber hinaus, an einer wirksamen Förderung „der berechtigten wirtschaftlichen Interessen“ und einer „auf der Höhe der Zeit stehenden Verwaltung“ zu arbeiten; sie nahm sich auch vor, „alle den Frieden des Staates und der allgemeinen Wohlfahrt störenden Elemente“ entschieden abzuwehren. Alfred Windischgrätz, 23. 11. 1893, Sten. Prot. Abgeordnetenhaus, XI. Session, 242. Sitzung, 11529.

Das Programm löste im Parlament scharfe Reaktionen aus: Schon in den ersten Sitzungen kristallisierten sich aus den Stellungnahmen der einzelnen Parteien jene Fronten heraus, die die parlamentarischen Mehrheitsverhältnisse des folgenden Jahres bestimmen würden.

Die Opposition, die ihrer grundsätzlichen Ablehnung der Koalition durch eine umfassende Kritik an konkreten Punkten des Regierungsprogramms Ausdruck verlieh[64]), setzte sich im wesentlichen aus den Mitgliedern der „Antikoalition" zusammen und bildete von Anfang an einen solidarischen Block. Diese neuartige Schöpfung, die auf eine Initiative der Jungtschechen zurückging und unter ihrer Leitung stand, erfaßte auch die Christlich-Sozialen. Obwohl es zunächst sozialpolitische Gegensätze waren, die die Opposition zur Ablehnung des Koalitionskabinetts bewogen — die neue Regierung vernachlässige das Kleinbürgertum und die Handwerker zugunsten der besitzenden Klassen[65]) — spielte hier zweifellos auch der parteipolitische Machtkampf der Christlich-Sozialen gegen die Liberalen eine nicht unwesentliche Rolle[66]).

Die dritte Fraktion der Opposition bildeten die Deutsch-Nationalen, die „an sich schon Gegner aller Versuche einer parlamentarischen Regierung waren"[67]). Ihnen schlossen sich die kleine Gruppe Schönerers an, die „die deutsch-nationale Ideologie bis zur völligen Entfremdung von Österreich trieb"[68]), einige Demokraten, einige Ruthenen und jener Teil der Südslawen, die aus dem Hohenwartklub ausgetreten waren.

Soweit der Querschnitt durch die „Koalition der Unzufriedenen", deren Grundlage weniger das konkrete Programm der Regierung bildete als vielmehr das politische System, welches sie verkörperte: Denn ein System, das auf der Idee der Versöhnung und Kooperation von Nationalitäten, Ideologien und Zielsetzungen aufbaute, die sich bislang bekämpft hatten, verstanden die oppositionellen Gruppen lediglich als Versuch, tatsächlich bestehende Antagonismen zu verwischen und damit auch schon zu verleugnen. In einem weiteren Kontext empfanden sie diese Devise sowie das Postulat, „alle großen politischen Fragen ruhen" zu lassen, als Vergewaltigung des Prinzips der im Parlament legitimen Kampffreiheit. Nicht zuletzt befürchteten die einzelnen Parteien auch, daß die

---

64) Die Kritik der Opposition betraf insbesondere den Passus, wonach „bis zum Zustandekommen der Wahlreform die Regierung dafürhält, daß alle anderen großen politischen Fragen ruhen ... und sie sich in dieser Zeit ... mit aller Tatkraft den wirtschaftlichen und finanziellen Aufgaben zuwendet". Dieser Programmpunkt wurde namentlich als Versuch ausgelegt, die nationale Frage — „diese wichtigste und essentiellste Frage in Österreich" — totzuschweigen und aus dem Parlament zu verbannen. Siehe insbesondere Abgeordneter HEROLD, 23. 11. 1893, STEN. PROT. Abgeordnetenhaus, XI. Session, 242. Sitzung, 11536 sowie Abgeordneter FERJANČIĆ, 15. 12. 1893, ebd. 255. Sitzung, 12188 und Abgeordneter BRZORÁD, 14. 12. 1893, ebd. 254. Sitzung, 12154.

65) Abgeordneter Kaizl sprach offen von „Klassenregierung" und „Klassenmajorität", der man eine Koalition „all jener" entgegenstellen müsse, „welche sozialpolitisch, politisch und national enterbt sind. Abgeordneter KAIZL, 23. 11. 1893, STEN. PROT. Abgeordnetenhaus, XI. Session, 242. Sitzung, 11538.

66) Für Plener war die christlich-soziale Opposition nur der Ausdruck des „alten Hasses" dieser Partei gegen die alte liberale Partei, jetzt übertragen vom Wiener Gemeinderat auf den Reichsrat. PLENER, Erinnerungen III, 297.

67) Allein schon ihre Konstituierung zu einer Partei habe einen „großen Riß im Gefüge der alten Verfassungspartei dargestellt": Im „bewußten Gegensatz zur liberalen Partei" hätten die Deutsch-Nationalen eine „Staatsformel mit radikal-nationaler Gesinnung" entwickelt. PLENER, Erinnerungen III, 297.

68) EBD.

angestrebte Kooperation der Gemäßigten verschiedenster politischer Provenienz zu einer Spaltung aller Gruppierungen in „radikale“ und „gemäßigte“ Flügel führen könnte, was zweifellos mit einer Schwächung der einzelnen Parteien und einer Beeinträchtigung ihrer grundsätzlichen Zielrichtungen bezahlt werden müßte.

Solche und ähnliche Argumente waren es vermutlich, die eine Solidarisierung der Oppositionsparteien ermöglicht haben: denn ein anderer gemeinsamer Nenner zwischen Jungtschechen und Deutsch-Nationalen war wohl äußerst schwierig zu finden! Daß solche taktischen Überlegungen übrigens begründet waren, legt eine Bemerkung nahe, die Madeyski anläßlich eines Banketts in Lemberg im Jahre 1894 machte: Er erklärte damals, daß die Koalitionsregierung aus einer „natürlichen Abwehrreaktion“ der „vernünftigen und gemäßigten Elemente des Parlaments gegen den wachsenden Radikalismus“ entstanden und demnach im Grunde als „Schöpfung des Radikalismus“ zu verstehen sei[69]). Für die Opposition hingegen bedeutete der Versuch, den rechten wie den linken Radikalismus in einer „Koalition der Mäßigung“ zu neutralisieren, lediglich die Verewigung des Status quo auf dem Wege teilweiser Verzichte und zweckentfremdeter Kompromisse.

Der an große Erwartungen geknüpfte Antritt der neuen Regierung endete mit ihrer ersten Niederlage: Prophetische Bedeutung in diesem Zusammenhang gebührt dem Schlagwort vom „totgeborenen Kabinett“, das ein Abgeordneter der Opposition damals prägte[70]).

Nicht nur die Parteien der Koalition waren unzufrieden: Obwohl ihr eigener Vertreter in der Regierung, Madeyski, an der Ausarbeitung des Programms mitgewirkt hatte, verschwieg die konservative galizische Presse nicht, daß es die Polen „nicht begeisterte“[71]). Auch entspreche ihnen die Form nicht, in der sich die Koalition in der Regierung verkörperte: „In einem ménage à trois muß einer immer zum Betrogenen werden“, mahnte der *Przegląd Polski*; daher müsse der Polenklub gerade den schwächsten Bündnispartner, den Hohenwartklub, „wie seinen eigenen Augapfel hüten“, da im Falle einer Reduktion des Dreibundes auf einen deutsch-polnischen Zweibund der Polenklub „als Schwächerer einem Stärkeren gegenüber“ stünde[72]).

Trotz dieser Vorbehalte und Bedenken, trotz des unüberwundenen Mißtrauens gegen den deutschen Koalitionspartner, gab der Polenklub dem Regierungsprogramm in einer offiziellen Resolution seine Unterstützung[73]). Ebenso tat es die Vereinigte Deutsche Linke. Im Hohenwartklub allerdings, den der Eintritt in die Koalition ja bedeutend geschwächt hatte, konnte der Widerstand der katholischen und der im Klub verbliebenen slowenischen Mitglieder erst durch die Rücktrittsandrohung des Klubobmannes Hohenwart zumindest teilweise gebrochen werden.

Somit war auch die vom Kabinett vorausgesetzte Unterstützung durch seine jeweiligen Parlamentsparteien de facto nur bedingt erfolgt. Zum Nutznießer dieses —

---

[69]) *Przegląd Polski* 112 (1894) 433. Ähnlich rechtfertigte auch Hohenwart die Koalition: sie habe eine „antiradikale“ Grundtendenz. Vgl. Carl Sigmund HOHENWART, 15. 12. 1893, STEN. PROT. Abgeordnetenhaus, XI. Session, 255. Sitzung, 12192.

[70]) Abgeordneter BAŠATÝ, 23. 11. 1893, STEN. PROT. Abgeordnetenhaus, XI. Session, 242. Sitzung, 11543.

[71]) *Czas*, 25. 11. 1893.

[72]) *Przegląd Polski* 111 (1893) 684.

[73]) KOLMER, Parlament und Verfassung V, 363.

übrigens in der Folge noch anwachsenden — Spannungsverhältnisses zwischen Koalitionskabinett und Koalitionsparteien wurde die Opposition: Obwohl sie gegenüber dem in wesentlichen Fragen sozialpolitischer und staatsrechtlicher Natur doch harmonierenden Lager der Koalition den entscheidenden Nachteil hatte, weit auseinanderklaffende politische Zielrichtungen in sich zu vereinen, eröffnete ihr diese Entwicklung die Chance, den Block der Koalition zu schwächen.

Madeyski setzt sich weder in seinen Veröffentlichungen noch in seinen persönlichen Aufzeichnungen mit seiner Ministerschaft auseinander: Hie und da tauchen Rechtfertigungen in konkreten Fragen auf, die seine eigene Person betrafen, seltener kurze Teilanalysen der damals herrschenden politischen Verhältnisse. Die Protokolle der Sitzungen des Ministerrates, die über seine konkreten Ansichten zu aktuellen Problemen Aufschluß geben könnten, sind großteils nicht mehr erhalten und nur für das Jahr 1895 greifbar. Auch die Akten des Unterrichtsministeriums sind für die Erforschung politischer Entscheidungsprozesse wenig ergiebig. Demnach muß sich die Analyse seiner Amtstätigkeit im Koalitionskabinett vornehmlich auf die Protokolle der Sitzungen des Abgeordnetenhauses, auf Presseberichte und die „Erinnerungen" des damaligen Finanzministers Plener beschränken.

Am 23. November gab die *Neue Freie Presse* den Wortlaut der feierlichen Ansprache wieder, in der Madeyski anläßlich seiner Ernennung zum Minister im Polenklub von seinen politischen Funktionen als Abgeordneter Abschied nahm: „Nachdem ich durch die Gnade S. M. in das Ministerium berufen wurde, lege ich hiermit meine beiden Mandate, die ich vom Polenklub erhalten habe, das Mandat des Vizepräsidenten des Hauses und das des Mitgliedes der parlamentarischen Kommission, nieder".

Damit war Madeyski formell aller seiner bisherigen Pflichten entbunden: im Namen seines neuen Amtes hatte er sich von der politischen Vertretung seines Landes und seiner Nation lossagen müssen.

In der Praxis war eine solche „Metamorphose" freilich nicht möglich: In den Augen der Öffentlichkeit und seiner politischen Umwelt blieb Madeyski auch als österreichischer Minister Pole und „Galizianer": Weder die Wiener Blätter noch die galizische Presse kommentierten seine Schritte, ohne diese auch auf ihre Konformität mit bzw. Abweichung von seinem Standort als Pole, Katholik und Autonomist zu prüfen und aus diesem Blickwinkel zu bewerten. Doch nur selten bemühten sich die öffentliche Meinung oder die parlamentarischen Parteien darum, sein Handeln auch vom Standpunkt des gesamtstaatlichen Nutzens zu beurteilen[74]).

Daß aber Madeyski selbst fest daran glaubte, seine Ministertätigkeit in den Dienst der Koalitionsidee stellen zu können, steht außer Zweifel: Diese entsprach doch seiner Ansicht nach am ehesten dem Staatsinteresse. Und die „österreichische Staatsraison" stand in seinem politischen Credo bekanntlich an höchster Stelle.

---

[74]) Man denke nur an den Artikel vom 30. 11. 1893 im *Przegląd Polski*, wo ausdrücklich festgestellt wird, daß „es keine Kleinigkeit" sei, daß gerade ein Pole zum Unterrichtsminister ernannt wurde, sondern vielmehr eine Chance, „unsere Nation in den Augen der Weltöffentlichkeit zu bewähren und zu bestätigen". Madeyski würde „kein gewöhnlicher" Minister sein können. Siehe Przegląd polityczny [Politische Rundschau]; in: *Przegląd Polski* 111 (1893) 682.

Zu seinem Unglück deckte sich diese fürwahr idealistische Vorstellung von seinem neuen Amt nicht mit den Plänen des Polenklubs: über Madeyskis Position erhoffte sich dieser zunächst Vorteile für Galizien und die Stańczyken.

Die Frage nach dem Ausmaß, in welchem Madeyski glaubte, durch seine Ministerschaft seine Zugehörigkeit zum Polenklub und allgemein seine nationale Identität transzendieren zu können, entzieht sich selbstverständlich der Überprüfung; sie ist deshalb aber nicht weniger bedeutend oder wirklichkeitsfremd: Denn Madeyski wäre nicht der erste Pole gewesen, der als hoher Staatsbeamter versucht hätte, sein Nationalbewußtsein und seine nationalen Verpflichtungen dem „Österreichertum" zu opfern[75]).

Aber gab es dieses „Österreichertum" überhaupt? War es möglich, „österreichisch" zu denken oder „österreichisch" zu empfinden? In Madeyskis Fall könnte man diese Frage in einem gewissen Sinn sogar bejahen — dann nämlich, wenn man den Begriff des „Österreichertums" nur in seiner streng politischen und staatsrechtlichen Bedeutung versteht: Denn für Madeyski bedeutete die „österreichische Idee" soviel wie die „Staatsidee" überhaupt; nur aus diesem Verständnis heraus war er stets bereit, die Interessen seines Landes und seiner Nation, also die Interessen der Autonomie, im Namen des „Staates", sprich Österreichs, zurückzustellen.

Seiner nationalen Identität hingegen wollte sich Madeyski niemals entledigen — auch nicht als österreichischer Minister: Denn die Idee der Koalition, also der dauerhaften Kooperation von Slawen und Deutschen in Österreich, war für ihn nur eine logische Implikation dieses spezifisch galizischen nationalen Selbstverständnisses. Kein Wunder daher, daß letzteres in entscheidenden Momenten die Idee der Koalition in den Schatten gestellt hat[76]).

Aus Madeyskis eigenen Aufzeichnungen oder Publikationen erfährt man zu dieser Frage wenig: Sowohl als galizischer Abgeordneter als auch als österreichischer Minister habe er, schreibt er in seinen „Erinnerungen", stets nur den eigenen Überzeugungen Folge geleistet; niemals sei er imstande gewesen, „bloßes Instrument und willenloses Objekt einer Fremdbestimmung zu sein"[77]).

Überhaupt werden im Laufe der folgenden Untersuchung viele Fragen keine eindeutige Anwort finden: Denn die offiziellen Erklärungen und Amtshandlungen Madeyskis im Rahmen der Koalitionsregierung waren niemals — das muß stets berücksichtigt werden — ausschließlich der unmittelbare Niederschlag seiner eigenen

---

[75]) So stellt ein galizischer Beobachter fest, daß „alle Polen, die einen Ministersessel erhielten, ihren österreichischen Standpunkt immer wieder mit größtem Nachdruck und aller Beharrlichkeit betonten und darüber das Land vergaßen, das sogar eine ‚österreichische Gerechtigkeit' zu fördern verpflichtet ist"! Chłędowski, Pamiętniki [Memoiren] II, 201. Auch Buszko und Pilch meinen rückblickend, man könne keinesfalls sagen „daß sich die Polen als österreichische Minister nach polnisch-nationalen Ideen gerichtet" hätten. Vielmehr seien sie, ganz im Einklang mit ihrer politischen Doktrin, gute und loyale Untertanen des Kaisers gewesen, die eindeutig an die Interessen jener Schicht dachten, die sie auch selbst vertraten. Siehe Buszko/Pilch, Udział Polaków w Austrii [Die Beteiligung der Polen in Österreich] 172.

[76]) Übrigens stellt Madeyski hier keine Ausnahme dar: In ihrer Analyse des österreichischen Parlamentarismus streicht Skottsberg den nationalen Faktor im Parteiensystem des konstitutionellen Österreich ganz besonders heraus: Die Nationalitätenfrage habe das parlamentarische System hier besiegt; mit dem Auflodern des nationalen Streites habe auch die übernational organisierte Koalition zerbrechen müssen. Siehe Skottsberg, Parlamentarismus 84—87.

[77]) Madeyski, Erinnerungen II, 208.

Überzeugungen, sondern Ergebnisse regierungsinterner Diskussionen und oft scharfer Auseinandersetzungen mit anderen Kabinettsmitgliedern: In die Öffentlichkeit gedrungen sind nur seine endgültigen, durch das Sieb des gesamten Kabinetts gefilterten und einvernehmlich gebilligten Stellungnahmen. Nicht erhalten hingegen sind die ursprünglichen Fassungen seiner Reden, seine verschiedenen Diskussionsbeiträge, Initiativen, oder Reaktionen in den unzähligen Sitzungen des Ministerrates, die für die Analyse seines politischen Profils doch von weit größerer Bedeutung wären:

Daß die Verwirklichung des „Kompromisses" im Schoße des Koalitionskabinetts nämlich zumeist nur um den Preis höchster Spannungen und Konflikte gelang, mehr: sogar die „gelungenen" Kompromisse grundsätzlich keinen der Koalitionspartner voll zufriedenstellen konnten — das zeigten die Tage, in denen sich das Experiment der Koalition vollzog, nur allzu deutlich.

In Madeyskis Fall muß in diesem Zusammenhang allerdings betont werden, daß seine Stimme zumindest in jenen Angelegenheiten von entscheidender Bedeutung war, die unmittelbar sein eigenes Ressort betrafen: Denn letztlich war er es, der sich für ihre Erledigung zu verantworten hatte. Mehr noch: der Umstand, daß gerade sein Ressort in den Mittelpunkt der Amtshandlungen der Koalitionsregierung gerückt ist, hat die Bedeutung seiner eigenen politischen Rolle noch wesentlich erhöht[78]).

Mit der Ernennung zum Minister erfolgte auch der Sprung in die gesellschaftliche Elite Österreichs: War Madeyski für die Übernahme der Repräsentationsverpflichtungen qualifiziert, die mit seinem neuen Amt einhergingen? Den Aussagen einiger Zeitgenossen zufolge soll Madeyski allein schon aufgrund seines einnehmenden äußeren Erscheinungsbildes — hochgewachsen und schlank, mit schwarzem Haar und dunklem Teint, einer feinen, aristokratischen Nase, hoher Stirn und dunklen, lebhaften Augen — den Eindruck eines energischen Mannes gemacht haben und sich großer Sympathie und Achtung erfreut haben[79]).

Anläßlich des traditionellen Ministerempfanges, den Madeyski — wie ein Zeitgenosse berichtet — noch vor dem Ministerpräsidenten gab, konnte sich Madeyski auch als vorzüglicher Gastgeber auszeichnen und sein „savoir vivre" in höheren Kreisen unter Beweis stellen. Anders seine Gattin: Trotz ihres langjährigen Aufenthaltes in der Reichshauptstadt hätte sie die deutsche Sprache nicht hinreichend beherrscht und ihre „kleinbürgerliche Herkunft" in Gesellschaft nicht verleugnen können. Das Image ihres Ministergatten soll sie nicht zuletzt auch durch ein unvorteilhaftes Äußeres beeinträchtigt haben: "... sie war fettleibig, aufgedunsen und plump"[80]).

[78]) Siehe ERNST C. HELLBLING, Landesverwaltung in Cisleithanien; in: Die Habsburgermonarchie 1848—1918 II, 243f. Unmittelbar vor seiner Ernennung zum Unterrichtsminister soll ihm Kazimierz Badeni gesagt haben: „Wenn Sie das Justizministerium erhalten, werden Sie sich länger halten können. Wenn Ihnen allerdings das Unterrichtsressort zufällt, ja, das wird für Sie gefährlich werden". MADEYSKI, Erinnerungen II, 204.

[79]) CHŁĘDOWSKI, Pamiętniki [Memoiren] II, 155. In schillernden Farben schildert Chłędowski in seinen von Witz, Bosheit und Klatsch durchsetzten Memoiren das erste offizielle Festessen beim Unterrichtsminister Madeyski: „... die Koalitionsminister bemühten sich, ihre Stellung auch in der Anzahl und Großzügigkeit ihrer Empfänge zu unterstreichen". EBD.

[80]) Boshaft schreibt Chłędowski: „... durch ihre Fettleibigkeit wirkte sie wie eine Köchin, die sich herausgeputzt hatte, eben herbeigeeilt vom Kotelettehacken ... sie war gewöhnlich, ordinär ... An ihrer Gestalt zerbrach die Energie ihres Gatten, Herrn Madeyskis ..." CHŁĘDOWSKI, Pamiętniki [Memoiren] II, 156.

b) Geburt der verhängnisvollen Konflikte

Mit der Generalbudgetdebatte, die am 14. Dezember 1893 im Abgeordnetenhaus eröffnet wurde, nahm die Koalitionsregierung ihre eigentliche Tätigkeit auf: Die parlamentarischen Beratungen über das Regierungsbudget hatten schon traditionell vornehmlich politischen Charakter. Nicht nur boten sie den einzelnen Parteien die beste Gelegenheit, ihre allgemeine Einstellung zur Regierung zu artikulieren[81]); darüber hinaus lag in der Bewilligung bzw. Ablehnung des Kostenvoranschlages, den die Regierung aufstellte, auch eines der wichtigsten Machtinstrumente des Parlaments: Wenn das Parlament hier sein Veto einlegte, war die Regierung in ihrer Tätigkeit automatisch gelähmt. Die Ablehnung des Regierungsbudgets kam also einem Mißtrauensvotum gegen die gesamte Regierung gleich.

Am 15. Dezember bewilligte das Parlament der Koalitionsregierung ein dreimonatiges Budgetprovisorium — eine freilich ungewöhnliche Regelung; noch ahnte niemand, daß sie unter der Koalitionsregierung zur ausnahmslosen Regel würde[82]): Die Regierung war somit gezwungen, alle drei Monate um die neuerliche Bewilligung ihres Budgets anzusuchen; die so verstärkte parlamentarische Abhängigkeit hemmte ihre Bewegungsfreiheit und diskreditierte sie in der öffentlichen Meinung.

Die Opposition ließ es sich dennoch nicht nehmen, der Regierung ihr Mißtrauen offen zu bezeugen. Auch die Koalitionsparteien gaben ihr nur mit Vorbehalt Unterstützung: Denn die Polen befanden sich jetzt im Dilemma, die slawischen Gruppen bekämpfen, ihre Antipathie gegen die deutschen Bündnispartner aber unterdrücken zu müssen. Die deutschen Liberalen wiederum bekämpften jetzt ihre Stammesgenossen, Deutsch-Nationale und Christlich-Soziale: Unwidersprochen mußten sie sich „Zwitterpartei“ schimpfen lassen — eine Wortschöpfung der Christlich-Sozialen übrigens[83]).

Somit hatte schon die erste Parlamentsdebatte die Unmöglichkeit einer praktischen Solidarität der neuen Bündnispartner geoffenbart. Der Regierung blieb angesichts dieses Sachverhaltes nichts mehr übrig, als dem Parlament zuzurufen, daß sie, „wenngleich sie den Kampf nicht wolle, nicht zurückschrecken würde vor der revolutionären Sprache der führenden Männer“[84]). Da das Budget aber zumindest für die nächsten Monate bewilligt worden war, machte sich das Kabinett an die Arbeit: zunächst galt es, die versprochene Wahlrechtsreform in Angriff zu nehmen[85]).

---

[81]) Vgl. PLENER, Erinnerungen III, 132. Auch Helmut Rumpler bemerkt in einer neueren Untersuchung, daß „das Budgetrecht in verschiedenen Formen das wirksamste Mittel blieb, mit dem sich der Parlamentarismus in Österreich schrittweise durchsetzte“. HELMUT RUMPLER, Der Kampf um die Kontrolle der österreichischen Staatsfinanzen 1859/1860. Ein Beitrag zur Geschichte des parlamentarischen Budgetrechtes; in: Gesellschaft, Parlament und Regierung. Zur Geschichte des Parlamentarismus in Deutschland, hrg. v. Gerhard A. Ritter (Düsseldorf 1974) 188.

[82]) KOLMER, Parlament und Verfassung V, 366.

[83]) EBD. 370.

[84]) EBD. 368.

[85]) Ironisch kommentiert Halban: „Auch in der Geschichte liegt manchmal Humor. Für diesen war gesorgt, als das Ministerium Windischgrätz, welches nur infolge der Ablehnung der Wahlreform Taaffes auf die Bildfläche trat, und nur durch dieses negativ einigende Band künstlich zusammengehalten wurde, sich mit Rücksicht auf die öffentliche Meinung gezwungen sah, in seiner programmatischen Erklärung die Wahlreform als seine erste und wichtigste Aufgabe zu bezeichnen“. HALBAN, Erinnerungen 116.

Und wirklich lag ein entsprechender Entwurf — er baute im wesentlichen auf der Schaffung einer zusätzlichen Wahlkurie des allgemeinen Wahlrechts auf — schon im März 1894 vor: auf vertraulicher Ebene wurde er alsbald den Obmännern der koalierten Parteien zur Bestätigung vorgelegt[86]). Doch Hohenwart lehnte den Entwurf ab. Der Ministerrat wiederum verwarf dessen Gegenentwurf: Das Kabinett stürzte in die erste grundsätzliche Krise[87]).

Solange diese Unstimmigkeit nicht aufgehoben war, konnte die Regierung ihren Entwurf nicht offiziell vorstellen: sie hatte die Durchsetzung der Wahlrechtsreform ja an das Einvernehmen aller Bündnispartner geknüpft! Doch in der Öffentlichkeit und insbesondere in jenen parlamentarischen Kreisen, die auf die Demokratisierung des Wahlrechts drängten, wurde diese Verzögerung lediglich als taktisches Manöver der Regierung ausgelegt; allgemein löste dieser erste Zwischenfall ernste Zweifel an der Kompetenz des Koalitionskabinetts aus.

Auch im Schoße der Koalitionsparteien wurde die Krise zum Anlaß genommen, die praktische Umsetzung des Kompromißgedankens in Frage zu stellen: Spätestens in diesem Augenblick erkannten die Bündnisparteien wohl, daß es schwieriger war, gemeinsam zu arbeiten, als sich gemeinsam gegen ein Projekt zu verbünden, das ihnen gleichermaßen ungelegen kam.

Die kritische Lage spitzte sich zu: Auf der Bildfläche der parlamentarischen Szene tauchte die „Cillier Frage" auf: „Wahlrechtsreform" und „Cilli" würden den symbolischen Faden bilden, der die gesamte Ära der Koalition durchzog und sich allmählich zu einem so komplexen Netz verknotete, daß die Regierung schließlich in ihm gefangen blieb[88]).

Ebenso wie die Wahlrechtsreform war auch die Cillier Frage ein Erbe der Regierung Taaffe: 1880 war den Slowenen aus dem Hohenwartklub versprochen worden, in der Stadt Cilli (Celje) ein selbständiges slowenisches Untergymnasium zu errichten oder slowenische Parallelklassen an das dort bestehende deutsche Gymnasium anzugliedern. Nachdem das Versprechen nicht erfüllt worden war, forderten die Slowenen nun von der Regierung Windischgrätz dessen nachträgliche Einlösung[89]).

In erster Linie betraf diese Frage das Ressort für Kultus und Unterricht: Von Madeyski, einem Polen, erwarteten sich die Slowenen zweifellos größeres Verständnis und Entgegenkommen. Doch Madeyski, in dessen Augen die Angelegenheit politischer

---

[86]) *Czas*, 1.3. 1894. Für die neue Wahlkurie waren im Entwurf 35 bis 43 Mandate vorgesehen; die Ausdehnung des Wahlrechts sollte durch die Schaffung einer neuen Wählerklasse stattfinden, die ohne Unterscheidung von Stadt und Land gebildet würde. Siehe PLENER, Erinnerungen III, 135.

[87]) *Czas*, 10.3. 1894.

[88]) Siehe PLENER, Erinnerungen III, 143.

[89]) SUTTER, Badenische Sprachenverordnungen I, 108f. Siehe auch Abgeordneter FERJANČIĆ, 15.12. 1893, STEN. PROT. Abgeordnetenhaus, XI. Session, 225. Sitzung, 12188. Plener vermutete, daß ein Teil der Slowenen nur deshalb nicht aus dem Hohenwartklub ausgetreten sei, um diese Forderung unter der Koalitionsregierung durchzusetzen. Siehe PLENER, Erinnerungen III, 145. Allgemein siehe VASILIJ MELIK/FERDO GESTRIN, Slovenska zgodovina od konca osemnajstega stoletja do 1918 [Slowenische Geschichte vom Ende 18. Jahrhunderts bis 1918] (Ljubljana 1966) sowie JANKO PLETERSKI, Die Slowenen; in: Die Habsburgermonarchie III/2, 801—838.

Natur war, setzte sie auf die Tagesordnung des Ministerrates — wohl, um sie einer der Koalition „würdigen" Lösung zuzuführen[90]).

Worin lag nun die politische Bedeutung dieser nach außen hin schuladministrativen Frage? „Cilli" hatte schon eine lange Vorgeschichte. Im slowenischen Teil der Südsteiermark gelegen, war Cilli ein national heftig umstrittener Ort: Während innerhalb der Stadt Cilli die Deutschen bei weitem die Mehrheit stellen konnten, dominierten im Gerichtsbezirk und in der Bezirkshauptmannschaft von Cilli (also im größeren umliegenden Land) eindeutig die Slowenen. Wie aus diesen Stärkeverhältnissen allein schon hervorgeht, war es sehr einfach, die nationalen Herrschaftsansprüche zugunsten des einen oder anderen Lagers auszulegen: Die Folgen waren jahrzehntelange, ideologisch geschürte Machtkämpfe um den „nationalen Besitzstand" in Cilli[91]).

Vor diesem Hintergrund erst erhielt auch der slowenische Anspruch auf ein eigenes Untergymnasium bzw. eigene Schulklassen am bestehenden Gymnasium in Cilli seine volle Bedeutung: Die Deutschen wollten hier einen weiteren Versuch ihrer nationalen Gegner sehen, die „Slowenisierung" der Stadt voranzutreiben und sträubten sich gegen die — vom heutigen Standpunkt mehr als gerechtfertigten — slowenischen Wünsche mit aller Vehemenz[92]).

Noch problematischer gestaltete sich dieser Sachverhalt für die Koalitionsregierung: Nachdem damals — und leider nicht nur damals — weniger sachliche als vielmehr politische Argumente das „für" und „wider" in nationalen Angelegenheiten bestimmten, ging es auch jetzt weniger darum, die slowenische Forderung auf ihre sachliche Berechtigung zu überprüfen. Es galt vielmehr, die eventuellen politischen Implikationen ihrer Erledigung abzuwägen: Schließlich waren in diesem Fall beide Streitparteien — Slowenen und Deutsche — Mitglieder der Koalition!

Die einzige Chance, den Cillier Schulstreit beizulegen, ohne durch die Reizung eines der beiden Bündnispartner die Koalition zu gefährden, lag daher theoretisch in einem Versuch, den obersten Grundsatz der Koalitionsregierung — den Kompromiß — jetzt in die Praxis umzusetzen. Auch Madeyski dachte vermutlich an diesen Weg, als er die Cillier Frage dem gesamten Kabinett zur Lösung vorlegte. Daß es ihm dabei aber nicht darum ging, die Verantwortung abzuschieben, beweist die Tatsache, daß er seinen Kollegen auch schon einen fertigen Entwurf der Erklärung präsentierte, die er im Budgetausschuß abgeben wollte:

Nach Ansicht des Finanzministers Plener war Madeyskis Konzept „geschickt und unvorgreiflich", da er darin vor nationalen Konflikten gewarnt und, ohne auf den Streitfall einzugehen, die Bereitwilligkeit der Regierung ausgedrückt habe, solchen Wünschen unter der Voraussetzung entgegenzukommen, daß sie in einem Beschluß des

---

90) Der Inhalt der betreffenden Debatten im Ministerrat ist uns leider nur aus den „Erinnerungen" Pleners bekannt.

91) Siehe SUTTER, Badenische Sprachenverordnungen I, 107f. sowie Rüdiger MALLI, Die steirischen Abgeordneten im österreichischen Reichsrat 1897—1901 (phil. Diss. Graz 1972) 260.

92) „Die Forderung der Slowenen war umso berechtigter, als das Zahlenverhältnis zwischen den Schülern deutscher und slowenischer Nationalität seit der 1851 erfolgten Reform und Umgestaltung des Gymnasiums mit Ausnahme lediglich zweier Schuljahre zugunsten der Slowenen sprach". SUTTER, Badenische Sprachenverordnungen I, 108. Eine genauere Darstellung der Genese des nationalen Macht- und Konkurrenzkampfes um Cilli bei MALLI, Steirische Abgeordnete 261ff.

betreffenden Landtages ihre Anerkennung fänden oder aber sich aus einer entsprechenden Übereinkunft der beiderseitigen Vertreter im Parlament ergeben würden. Mit der Begründung, daß diese Erklärung „ziemlich unverbindlich" sei, stimmte das gesamte Kabinett dem Entwurf zu[93]).

Somit war der erste Schritt getan: Es war Madeyski gelungen, ein Konfliktlösungsmodell auszuarbeiten, das zumindest theoretisch alle Koalitionspartner im Kabinett zufriedenstellte. Obwohl es keinem Zweifel unterliegt, daß Madeyski seiner Erklärung bewußt in einer Weise konzipiert hatte, die keinen Bündnispartner herausfordern konnte, lag seinem vorsichtigen Vorgehen vermutlich auch ein anderes Motiv zugrunde: Wollte Madeyski hier nicht auch einen anderen grundsätzlichen Programmpunkt der Koalitionsregierung verwirklichen? Man erinnere sich: Die Koalitionsregierung hatte im Zusammenhang mit der Wahlrechtsreform das Postulat aufgestellt, „alle großen politischen Fragen ruhen" zu lassen; diese Forderung schloß ebenfalls Fragen nationalpolitischer Natur ein, was übrigens von vielen Seiten kritisiert wurde. Indem nun Madeyski in seinem Modell die Regelung nationaler Streitfragen an die konkret betroffenen Landtage bzw. die parlamentarischen Vertreter der streitenden Parteien delegierte, hob er die nationale Frage ja aus dem Kompetenzbereich der Regierung heraus: Zweifellos knüpfte sich an diese Konstruktion die Hoffnung, die Regierung von der Verpflichtung zu befreien, allein über die einzelnen Streitfragen entscheiden zu müssen. Nicht zuletzt sollte dadurch aber auch die Gefahr eines neuerlichen Konfliktes im Schoße des Kabinetts (bzw. zwischen den verbündeten Parteien im Parlament) gebannt werden — eine im Hinblick auf den Spezialfall „Cilli" wichtige Überlegung, da dieser ja zwei Koalitionspartner tangierte.

So spitzfindig Madeyskis Konzept auch anmutete — die Slowenen wollten sich mit seinem Vorschlag nicht zufrieden geben: Über ihren Mittelsmann und Klubobmann Hohenwart, den sie durch ihre Austrittsandrohung unter Druck zu setzen wußten, teilten sie der Regierung mit, daß ihnen eine Zusage „auf unbestimmte Zeit" nicht genügte. Hohenwart verlangte daher von Madeyski, im Budgetausschuß die Einlösung des Versprechens für den Schulanfang 1895/96 anzusetzen[94]).

Die neue Sachlage veranlaßte die Einberufung einer vertraulichen Konferenz zwischen Hohenwart, Windischgrätz, Plener, Bacquehem und Madeyski (5. März), bei der beschlossen wurde, der ursprünglichen Fassung von Madeyskis geplanter Erklärung einen Zusatz anzufügen: Mit Bezug auf „Cilli" sollten, in Übereinstimmung mit der Erklärung des Unterrichtsministers Gautsch aus dem Jahre 1893, Berichte über die Erfolge der Parallelklassen in Marburg abgewartet werden. Erst im Falle eines positiven Ergebnisses sollte mit entsprechenden Vorschlägen an die Legislative herangetreten werden[95]). Plener zumindest war mit dem Ausgang der Konferenz zufrieden: Madeyski habe sich hier „noch gut gehalten"[96]).

Im neuen Zusatz lag allerdings schon ein grundsätzliches Versprechen, wenn damit auch weiterhin kein konkreter Termin für seine Einlösung ausgesprochen war.

---

93) Plener, Erinnerungen III, 145.
94) Sutter, Badenische Sprachenverordnungen I, 108.
95) Plener, Erinnerungen III, 144.
96) Ebd.

Schon am folgenden Tag legte Madeyski dem Ministerrat seinen revidierten Entwurf vor: „Wollte man keine Hohenwartkrise heraufbeschwören“, würde dieser einen „nicht so ungeschickten Ausweg bieten“, zumal auch der Widerstand der Deutschen im Laufe von zwei Jahren sicherlich abnehmen würde.

Die neue Erklärung wurde einstimmig bewilligt; laut Beschluß sollte Madeyski sie dem Klubobmann Hohenwart und den slowenischen Vertrauensmännern noch vor der entscheidenden Sitzung im Budgetausschuß bekanntgeben und hinzufügen, daß die Regierung die Absicht habe, mit der Errichtung eines slowenischen Untergymnasiums in Cilli tatsächlich schon im Schuljahr 1895/96 vorzugehen, sich an diesen Termin jedoch nicht binden lasse[97]).

Plener seinerseits verhandelte noch mit zwei Vorstandsmitgliedern der Vereinigten Deutschen Linken aus der Steiermark, Graf Karl Stürgkh und Alfred J. Heilsberg, um sich vor einem eventuellen Widerspruch von dieser Seite abzusichern. Man wollte, wie sich aus diesem Vorgehen des Kabinetts ersehen läßt, die „verhältnismäßig geringfügige Angelegenheit“ — Cilli — auch als solche behandelt wissen[98]).

Und doch löste Madeyskis Erklärung im Budgetauschuß den ersten parlamentarischen Zusammenstoß im „unglücklichen Cillier Handel“ aus[99]): Der deutsch-nationale Abgeordnete Ernst Bareuther, ein Deutschböhme, protestierte gegen die Entscheidung der Regierung mit Berufung auf das Regierungsprogramm, das doch die Zurückstellung aller politischen Fragen sowie die Wahrung des bestehenden nationalen Besitzstandes postuliert habe[100]).

Kurze Zeit später allerdings versprach Madeyski einer vom Bürgermeister von Cilli angeführten Abordnung abermals die Errichtung eines eigenständigen slowenischen Untergymnasiums: Wie Plener berichtet, sei Madeyski davon überzeugt gewesen, durch diese Zusage eine weitere Eskalation der Frage verhindert zu haben, zumal er glaubte, mit der Schaffung einer slowenischen Schulanstalt den Deutschen einen Gefallen zu erweisen! Denn seiner Ansicht nach barg die bloße Angliederung von slowenischen Parallelklassen an das bestehende Gymnasium die Gefahr, daß durch die Person des Direktors, der ja der slowenischen Sprache mächtig sein müßte, also höchstwahrscheinlich Slowene wäre, der „deutsche Charakter“ des Gymnasium beeinträchtigt würde[101]).

Madeyski hat aber die „Voreingenommenheit der Deutschen in dieser Frage“ damals stark unterschätzt[102]). Denn die Deutschen fürchteten slowenische Parallelklassen weniger als ein selbständiges utraquistisches Untergymnasium, das in letzter Konsequenz einen Präzedenzfall für die Errichtung analoger Schulen für Minderheiten auch in solchen Gebieten schuf, wo die Deutschen eindeutig die Mehrheit stellten.

---

[97]) „Das war eine grundsätzliche Bereitwilligkeitserklärung der Regierung, allerdings mit dem Vorbehalt, daß der steirische Landtag oder die beiderseitigen Vertreter der zwei Volksstämme im Abgeordnetenhaus übereinstimmend den Plan gutheißen würden“. SUTTER, Badenische Sprachenverordnungen I, 109.

[98]) Plener, zit. in SUTTER, ebd.

[99]) PLENER, Erinnerungen III, 147.

[100]) SUTTER, Badenische Sprachenverordnungen I, 109.

[101]) Madeyski, zit. in PLENER, Erinnerungen III, 146.

[102]) PLENER, Erinnerungen III, 147.

c) Nach dem ersten Quartal — Madeyskis erste Ministerrede

Als im April 1894 die neuerliche Bewilligung des Regierungsbudgets auf der Tagesordnung der Parlamentsberatung steht, ist „Cilli" schon zu einem Politikum geworden:

Während der deutsch-steirische Abgeordnete Foregger die Bewilligung der slowenischen Forderung als Verletzung des deutschen Besitzstandes und weiteren Vorstoß zur Slowenisierung der Untersteiermark ablehnt[103]), solidarisieren sich die Tschechen mit den Slowenen.

Von der slawischen Kritik bleibt auch Madeyski nicht verschont: In einer herausfordernden Anspielung auf die Teilnahme des Polenklubs an der Koalition spricht ihm der tschechische Abgeordnete Grégr „Familiengefühl" ab: Als Pole und Mitglied einer Nation, die „sich lieber an eine Nationalität anschmiegt, welche die ... entschiedenste Gegnerin des Slawentums" sei, würde Madeyski wohl nicht „als Slawe, also Stammesgenosse" zu einer Parteinahme für die Slowenen zu bewegen sein. Grégr beschließt daher, Madeyski als Vertreter der nationalen Gleichberechtigung anzurufen, denn für diese habe er sich in der erinnerungswürdigen Debatte über die Staatssprache doch eingesetzt: Als Chef der Unterrichtsverwaltung werde Madeyski nun „reichlich Gelegenheit finden, seine Liebe und Begeisterung für die nationale Gleichberechtigung praktisch zu bekunden und die schreienden Ungerechtigkeiten abzuschaffen, welche gerade in seinem Ressort gegen die nationale Gleichberechtigung täglich begangen werden". Madeyskis bisherige Wirksamkeit habe allerdings nicht gezeigt, daß er „seiner Vergangenheit und seinen Grundsätzen treu zu bleiben gedenkt"[104]).

Sogar die Polen üben an seinem Lösungsmodell für „Cilli" scharfe Kritik:

Von der konservativen Presse Galiziens kommt der Vorwurf, er hätte in seiner Erklärung vor dem Budgetausschuß „den Deutschen vielleicht etwas zuviel Höflichkeit

---

103) „Es handelt sich da vielmehr um zwei Dinge: vor allem darum, daß diese Errichtung einer neuen slowenischen Lehranstalt im steirischen Unterland die von den Slowenen angestrebte vollständige Slowenisierung des Unterlandes, die Vernichtung der bedeutenden deutschen Sprach- und Kulturinseln herbeiführen soll ... Aber die Cillier Frage hat noch in einer anderen Beziehung eine größere Bedeutung. Es handelt sich da nicht bloß um die Slowenisierung eines Landesteiles, welcher seit Jahrhunderten der deutschen Steiermark angehörte, es handelt sich da um ein Prinzip der Regierung, welche in ihrem Koalitionsprogramm ausgesprochen hat, daß die großen nationalen, staatsrechtlichen Fragen in den Hintergrund gestellt werden sollen. Die Regierung muß auch konsequent bei diesem Prinzip bleiben ..." Abgeordneter FOREGGER, 6. 4. 1894, STEN. PROT. Abgeordnetenhaus, XI. Session, 269. Sitzung, 12825.

104) Abgeordneter GRÉGR, 10. 4. 1894, STEN. PROT. Abgeordnetenhaus, XI. Session, 271. Sitzung, 12967. Ähnlich Abgeordneter Mezník, der in Madeyskis Vorschlag das Machwerk einer „deutsch-polnischen Compagnie" mit dem Zutun des Zentrums „in der Eigenschaft eines stillen Gesellschafters" sehen wollte, also einen solidarischen Akt zweier saturierter nationaler Lager, die so versuchen würden, ihren jeweiligen nationalen Besitzstand zu wahren und diesen gegen die Anstürme derjenigen zu verteidigen, die „um gleiches Recht in Österreich ringen, und zwar gegen die Böhmen, gegen die Kroaten, und gegen die Slowenen". Abgeordneter MEZNÍK, 11. 4. 1894, EBD. 272. Sitzung, 12980. Ebenso scharf griff der Abgeordnete Adámek den Unterrichtsminister an: Madeyski, der „seinerzeit in so glänzender Weise den wohldurchdachten Vorstoß ... gegen das Fundament des gleichen Rechtes der Völker dieses Reiches ... abwehrte", habe sehr schnell den Beweis erbracht, „daß er sich in den Rahmen der neuen Koalition außerordentlich leicht hineinzuschmiegen verstand". Abgeordneter ADÁMEK, 21. 4. 1894, EBD. 278. Sitzung, 13283.

und Entgegenkommen bekundet"; die Slowenen hätten hingegen „allen Grund, gegen ihn einen berechtigten Groll zu hegen": denn gerade in den Ländern und Landtagen mit deutschsprachiger Mehrheit könne es doch niemals zur Gründung nichtdeutscher Schulen kommen[105]).

Der Vorwurf war legitim: Tatsächlich hatte Madeyski die Erfüllung nationaler Wünsche in gemischtsprachigen Ländern an die Zustimmung der betreffenden Landtage geknüpft. Daß zunächst taktische Erwägungen seinen Standpunkt bestimmten, rechtfertigte ihn bei keiner der slawischen Nationalitäten.

Angesichts der wachsenden Spannungen im Parlament und zwischen den Koalitionsparteien trat in diesen Tagen ein gemeinsamer Ausschuß der Parlamentsmajorität ins Leben, der „den Gefahren parlamentarischer Improvisationen vorbeugen" und die „Beziehungen zwischen dem Kabinett und der Parlamentsmajorität verengen und festigen" sollte[106]). De facto ging es lediglich darum, das Koalitionskabinett zu stärken[107]): Denn solidarisches Vorgehen der koalierten Parteien war im Hinblick auf die nahende Budgetdebatte, die wachsende Aggressivität der Oppositionsparteien und nicht zuletzt auch das sinkende Vertrauen der öffentlichen Meinung entscheidend: Tatsächlich hatten die ersten Enttäuschungen in der Wahlreformfrage und die wachsenden Spannungen im Zusammenhang mit „Cilli" die grundsätzliche Schwäche der Koalition schon aufgedeckt: den Widerspruch zwischen dem Grundsatz des Kompromisses und einer Praxis, die Uneinigkeit, Entscheidungsschwäche und Ambivalenz dokumentierte.

Am 21. April 1894 hält Madeyski die erste offizielle Rede in seiner Eigenschaft als Leiter der Unterrichtsverwaltung und Kultuspolitik der Koalitionsregierung — demnach ein Grundsatzreferat von entscheidender politischer Bedeutung[108]):

Selbstverständlich stand die Verteidigung seiner Märzerklärung[109]) über die nationale Schulfrage im Mittelpunkt seiner Ausführungen über die Richtlinien der neuen Unterrichtspolitik: Er stellte sie zunächst in den Gesamtzusammenhang des österreichischen Nationalitätenproblems. Auf dem Schulsektor liege die Schwierigkeit und Komplexität dieser Frage namentlich darin, daß es kein „verläßliches" Kriterium für die Unterscheidung zwischen „wirklich kulturellen Bedürfnissen" und „rein politischen" Machtansprüchen gebe, nachdem diese in der Praxis immer innig verquickt seien.

Zweifellos ist Madeyskis Beobachtung richtig: zweifellos wurde Kulturpolitik namentlich in gemischtsprachigen Ländern oft als Vehikel für macht- und parteipolitische Kämpfe mißbraucht. Und vermutlich dachte Madeyski dabei auch an „Cilli", denn das Kriterium, das er nun als künftige Richtlinie der Regierung bei der Erfüllung kultureller Forderungen der einzelnen Nationalitäten des Reiches präsentierte, war offensichtlich auf „Cilli" zugeschnitten: Als Voraussetzung erklärte er hier, wie schon im März, die „Emanation eines Landtages, welche unter Mitwirkung der Vertreter beider Nationalitäten zustandegekommen ist, ... aber auch eine übereinstimmende Willenserklärung der beiderseitigen Vertreter im Abgeordnetenhause".

---

[105]) *Czas*, 13. 3. 1894.

[106]) *Czas*, 24. 4. 1894.

[107]) Vgl. Chłędowski, Pamiętniki [Memoiren] II, 151f.

[108]) Madeyski, 21. 4. 1894, Sten. Prot. Abgeordnetenhaus, XI. Session, 278. Sitzung, 13302f.

[109]) Unmittelbar vor seiner eigenen Rede hatte ihn Abgeordneter Adámek des Verrates an der Sache der nationalen Minderheit beschuldigt. Vgl. Anm. 104.

Zweifellos entsprach diese Lösung den autonomistischen Grundsätzen Madeyskis: Wiederholt bildete die Überzeugung, daß die Reichspolitik von den Bedürfnissen und Wünschen der einzelnen Länder auszugehen hätte, den Ausgangspunkt seiner Argumentation in reichspolitischen Fragen[110]). Doch ebenso zweifellos spielten hier taktische Überlegungen hinein: Als Mitträger der Koalitionsregierung war es Madeyski in erster Linie darum zu tun, die Gefahren auszuschalten, die sich zwangsläufig ergeben mußten, wenn sich dieses Kabinett mit nationalen Streitfragen befaßte: Indem er die nationalen Angelegenheiten der einzelnen Länder grundsätzlich aus dem Kompetenzbereich des Reichsrates herauslöste, schloß er damit das Parlament von der Austragung der vielleicht wichtigsten innenpolitischen Konflikte Österreichs aus. Vermutlich beabsichtigte Madeyski damit zunächst eine Entlastung von Regierung und Parlament; sicherlich gründete dieser Schritt in seinem — gewiß nicht weltfremden — Zweifel an der sachlich - nüchternen Behandlung nationaler Fragen im Abgeordnetenhaus angesichts ihrer emotionalen Überfrachtung. Doch in erster Linie leitete ihn hier wohl die Angst vor der großen Verantwortung, die eine Regierung wie die Koalitionsregierung mit der Annahme einer Schiedsrichterrolle in nationalen Fragen übernehmen würde: Angesichts der mehrnationalen Zusammensetzung des Kabinetts konnte jeder nationale Konflikt den Zusammenbruch der Regierung heraufbeschwören.

Allein, wenn der Sinn seiner Märzerklärung auch seinen tiefsten politischen Überzeugungen entsprach, so standen die Worte, die er den österreichischen Nationalitäten jetzt zurief, doch im krassen Gegensatz zu seiner wiederholt bekundeten Treue zur nationalen Gleichberechtigung: „... Hat man denn in der Tat das Vertrauen in die ethische Kraft der eigenen Freiheit gänzlich eingebüßt und muß nun alles von oben kommen“[111])?

Denn offenkundig ignorierte Madeyski (wenn er es nicht vielmehr ignorieren wollte), daß die nationalen Minderheiten aller Länder des Reiches durch die geltende Wahlordnung zum Landtag und insbesondere das Funktionsprinzip dieser Körperschaft — das Mehrheitsprinzip — grundsätzlich majorisiert wurden. Für sie stellte demnach die Übertragung ihres nationalen Kampfes auf die Plattform des Zentralparlaments die einzige Chance dar, ihre Wünsche zu artikulieren und vielleicht erhört zu werden: Nicht mangelndes Vertrauen „in die ethische Kraft der eigenen Freiheit“, sondern bittere Erfahrung war es demnach, was die Minderheiten zwang, die Gerechtigkeit „von oben“ zu suchen. Auf Landesebene stand ihnen nämlich nur eine „Tür“ offen: der demonstrative Austritt und damit die politische Selbstaufgabe.

Keine der Nationalitäten, die Madeyski angesprochen hatte, konnte diesen Vorwurf unwidersprochen lassen: Der berechtigte Protest der Slawen ließ nicht auf sich war-

---

[110]) Doch zweifellos hing sehr viel von der konkreten Auslegung dieses Grundsatzes ab. So lehnten die Jungtschechen Madeyskis Interpretation entschieden ab. Siehe etwa Abgeordneter ADÁMEK, 21. 4. 1894, STEN. PROT. Abgeordnetenhaus, XI. Session, 278. Sitzung, 13287: „Die Berufungen S. E. auf die Mitwirkung der Landtage bei der Lösung dieser Frage und bei der Regelung der Verhältnisse auf dem Gebiete des Mittelschulwesens scheint einen autonomistischen Anstrich zu haben ...“ (meine Hervorhebung).

[111]) MADEYSKI, 21. 4. 1894, ebd. 13305.

ten[112]). Nur die Deutschen fanden Worte zur Verteidigung des Unterrichtsministers[113]).

Einen eigenen Teil seiner Antrittsrede widmete Madeyski dem kirchenpolitischen Aspekt der Schul- und Unterrichtspolitik: Diese Frage gehörte damals zu den heikelsten politischen Materien, da sie das komplexe Problemfeld der Beziehungen von Staat und Kirche im allgemeinen sowie ihre konkreten Kompetenzen im Schulbereich betraf:

Mit der Verabschiedung des Reichsvolksschulgesetzes am 14. 5. 1869 (RGBl. 62) als eine Folge des Sieges der Liberalen waren der Kirche ihre seit dem Konkordat 1855 bestimmenden Einflüsse auf dem Unterrichtssektor endgültig entzogen worden. Seit damals kämpften Konservative und Katholiken um die Wiedergewinnung der kirchlichen Schlüsselposition im österreichischen Schulwesen[114]): Sie forderten die Aufhebung des liberalen Gesetzes und die gesetzliche Einführung der konfessionellen Schule.

Nachdem diese Frage dem Reichsrat schon seit langem explosiven Zündstoff lieferte[115]), war auch die neue Regierung gezwungen, ihre Beziehungen zur katholischen Kirche und dem Vatikan — insbesondere in Ansehung der künftigen Unterrichtspolitik — zu skizzieren:

Grundsätzlich sprach sich Madeyski für das damals herrschende Ideal der „vollständigen Trennung" der beiden Gewalten aus. Er betonte aber, daß er dieses Ideal in seiner praktisch – politischen Umsetzung nicht bis zur äußersten Konsequenz verwirklichen wolle: Denn „Selbständigkeit und Unabhängigkeit der beiden Gebiete, das ist ja auch für die Kultusverwaltung schon vom Standpunkte des bestehenden Rechtes gewiß ein unanfechtbarer Grundsatz. Allein Selbständigkeit bedeutet nicht notwendig Scheidung, und Unabhängigkeit muß und darf nicht in einer vollkommenen Gleichgültigkeit ausarten"[116]).

---

112) In erster Linie wurde Madeyski von den Jungtschechen angegriffen: Abgeordneter ADÁMEK, 21. 4. 1894, STEN. PROT. Abgeordnetenhaus, 13286, beschuldigte ihn, die kulturellen Interessen der Völker auf politische Streit- und Kampfgegenstände reduzieren zu wollen und damit die Exekutive de facto unter den „Terrorismus der einzelnen politischen Parteien und Fraktionen zu stellen". Der Abgeordnete ŠPINDLER, 27. 4. 1894, EBD. 282. Sitzung, 13566, argumentierte noch schärfer: „Die Befriedigung nationaler Wünsche auf dem Gebiete des Schulwesens in solchen Königreichen und Ländern, welche vom Rassenhaß und vom Nationalitätenhader am tiefsten durchwühlt sind ... von der Zustimmung der Vertreter beider Nationalitäten abhängig machen zu wollen, hieße eben so viel, als die Minoritäten den Majoritäten preiszugeben und die Erfüllung aller noch so berechtigter Wünsche trotz der gesetzlich gewährleisteten Gleichberechtigung aller Völker und aller Sprachen Österreichs nur der providentiellen Fügung anheimzustellen. Die im Volksschulwesen bereits saturierten Volksstämme, namentlich der deutsche, polnische und italienische, könnten vielleicht durch solche Maßnahmen in materieller Hinsicht profitieren ..." Und Abgeordneter Žáček erklärte knapp: „Ich kann nur bedauern, daß ein österreichischer Unterrichtsminister, seit langer, langer Zeit der erste slawischer Abkunft, sich so rasch in seinem Amte die Ideen seiner sämtlichen deutschen Amtsvorgänger angeeignet hat". Abgeordneter ŽÁČEK, 21. 4. 1894, EBD. 13314.

113) Der deutsche Abgeordnete Hofmann von Wellenhof erklärte sich mit Madeyskis Lösungsmodell voll einverstanden und übernahm sogar ein Fragment aus Madeyskis Argumentation, um es auf den Fall Cilli anzuwenden. Siehe HOFMAN VON WELLENHOF, 21. 4. 1894, STEN. PROT. Abgeordnetenhaus, 13311f.

114) Siehe ERIKA WEINZIERL, Die österreichischen Konkordate von 1855 und 1933 (Wien 1960) 112ff.

115) So meinte Abgeordneter Treuinfels kurz vor Madeyskis Ansprache, er erwarte sich von der Unterrichtsverwaltung, daß sie darauf achte, daß „die Lehrerschaft das Ziel ihrer Arbeit als das verstehe, was es selbst im bestehenden Volksschulgesetz hingestellt wird, nämlich als die sittlich-religiöse Erziehung der Kinder". Zit. bei KOLMER, Parlament und Verfassung V, 423.

116) MADEYSKI, 21. 4. 1894, STEN. PROT. Abgeordnetenhaus, XI. Session, 278. Sitzung, 13302.

Diese Auslegung des formell anerkannten Verhältnisses von Staat und Kirche ermöglichte es Madeyski, einerseits die Forderungen der konservativen und katholischen Gruppierungen des Hauses abzuwehren, andererseits aber und zugleich einem Dialog mit der Kirche und den ihr nahestehenden politischen Kräften den Weg zu ebnen. Ausdrücklich erklärte er in diesem Zusammenhang, daß ein solcher Dialog notwendig sei, „da Staat und Kirche nicht etwa als einander vollständig gleichgültig gegenüberstehende Institutionen aufgefaßt werden können, sondern dieselben in mannigfachen, für die Menschheit und für die gesellschaftliche Ordnung höchst bedeutsamen Beziehungen aufeinander und namentlich auf die gegenseitige Unterstützung angewiesen sind“[117]).

Im Namen der Regierung versprach Madeyski in diesem Sinne, die Bedürfnisse der Kirche auf dem Schulsektor innerhalb der geltenden Gesetze zu berücksichtigen, wobei er es nicht unterließ, andeutungsweise anklingen zu lassen, daß er diesen gesetzlichen Rahmen zugunsten der Kirche auslegen würde: Auf dem Gebiet der Volksbildung und Volkserziehung sei „ein einträchtiges Zusammenwirken der Kirche und des Staates erforderlich“; „auch bei dem Bestande der gegenwärtigen Reichsgesetzgebung über das Volksschulwesen“ sei nämlich „eine sittlich-religiöse Erziehung des Volkes möglich“[118]).

Die Ansicht, die Madeyski hier vertrat, hatte nicht nur pragmatischen Charakter: sie war zugleich auch das Ergebnis der konkreten Erfahrungen Galiziens, die Madeyski in diesem Zusammenhang schon 1891 erwähnt hatte[119]).

Die Reihen seiner politischen Gegner verdichteten sich aufgrund seiner kirchenpolitischen Ausführungen um ein Beträchtliches: Obwohl das Organ der galizischen Konservativen Madeyskis „meritorische und rhetorische Glanzleistung“ lobend erwähnte[120]), häuften sich gegen ihn die Ausfälle der Christlich-Sozialen, die sich auch nicht beruhigen ließen[121]), als es der Regierung gelang, für die Thesen Madeyskis ein Wohlverhaltenszeugnis vom Heiligen Stuhl zu erwirken[122]). Nur der katholisch-konservative Flügel der Rechten gab sich mit der Erklärung zufrieden[123]). Tatsächlich hatte das päpstliche Schreiben den kirchenpolitischen Kurs der Koalitionsregierung

[117]) Ebd. 13303.

[118]) Ebd.

[119]) Madeyski hatte sich damals im Namen des Polenklubs von den Forderungen der ehemaligen Bündnispartner distanziert: Die Ablehnung des Polenklubs, das Reichsvolksschulgesetz aufzuheben oder auch nur zu revidieren, begründete er damals damit, daß zum ersten eine reichsgesetzlich bestimmte Konfessionalisierung der Volksschulen im Widerspruch zum Grundsatz der Autonomie stehe, zum zweiten auch innerhalb des bestehenden gesetzlichen Rahmens eine konfessionelle Erziehung möglich sei. Vgl. S. 125.

[120]) *Czas*, 24. 4. 1894.

[121]) Czedik, Geschichte der Ministerien II, 32.

[122]) In einem Schreiben an die österreichischen Bischöfe lobte Papst Leo XIII. die Rede des Unterrichtsministers vom 21. April: sie hätte der Kirche in unmißverständlicher Weise das Entgegenkommen der Regierung bewiesen, Madeyski hätte sich darin sowohl für die Vermeidung des „Kulturkampfes“ als auch gegen die Unterordnung des Staates unter die Kirche ausgesprochen. Siehe Friedrich Engel-Janosi, Österreich und der Vatikan 1846—1918 (Wien 1958) I, 274f., 282, 299 sowie Czedik, Geschichte der Ministerien II, 32.

[123]) So liest man etwa im *Czas* vom 13. 6. 1894: „Das Schreiben des Hl. Stuhles ist ein politischer Akt von erstrangiger Bedeutung. Allein schon seine politische Tragweite beweist die Richtigkeit der Worte, die der Unterrichtsminister Madeyski am 21. April über die Untrennbarkeit von Staat und Kirche ausgesprochen hat. Der Hl. Vater hat diese Worte mit großer Freude vernommen ... Die Worte des Hl. Vaters sind eine unermeßlich große Aufmunterung für alle politisch gemäßigten Katholiken“.

bestätigt: Zweifelsohne war diese Regierung der Kirche ja grundsätzlich schon gefällig, da eventuelle Konflikte mit dem höheren Klerus den Absprung des katholisch-konservativen Koalitionspartners heraufbeschwören konnten.

Allein die deutschen Liberalen nahmen Madeyskis kirchenpolitischen Standpunkt mit Freude zur Kenntnis [124]).

Die Prophezeiung der Kollegen vom *Przegląd Polski* hatte sich erfüllt: Madeyskis erster Auftritt im Parlament — besser, seine gesamte Ministertätigkeit der vergangenen sechs Monate — war durchwegs zur Quelle grundsätzlicher Konflikte mit fast allen politischen Lagern geworden:

Als „Slawe" hatte Madeyski versagt: die Tschechen warfen ihm den Verrat an der „slawischen Solidarität" und am Grundsatz der „nationalen Gleichberechtigung" vor und beschuldigten ihn des „Paktierens" mit den Deutschen.

Als „Autonomist" hatte er versagt: dieses Lager warf ihm vor, hinter einem „autonomistischen Anstrich" und einer autonomistischen Fassade deutsch-zentralistische Politik zu betreiben.

Sogar als „Liberaler" hatte er versagt: diese Seite griff wiederum sein „konservatives" und, wie auch gesagt wurde, „reaktionäres" Schulprogramm an, in dem er das Schwergewicht auf die humanistischen Fächer gelegt hatte.

Schließlich hatte er als „Katholik" versagt: In den Augen der Klerikalen hatte er durch seine Ablehnung der Aufhebung des Reichsvolksschulgesetzes einen Verrat an den Interessen der katholischen Kirche im ganzen Reich begangen.

Und als „Pole"? Hatte Madeyski auch als Vertreter des Polenklubs versagt? — Dies muß entschieden verneint werden: Der gesamte Komplex seiner politischen Stellungnahmen als Minister war nämlich zweifellos der unmittelbare Niederschlag des traditionellen Denkens der galizischen Konservativen und damit auch des Polenklubs, den sie ja beherrschten:

Auf nationaler Ebene verstanden sich die galizischen Polen seit der Teilung ihres Nationalstaates als privilegierte, weil „historische" Nationalität unter den slawischen Völkern der Monarchie. Seit der Autonomie ihres Landes dachten sie überdies in den Kategorien einer „saturierten" Nation: Im Unterschied zu den Tschechen in Böhmen oder den Slowenen in der Steiermark und Kärnten brauchten sie um die Erlangung nationaler Rechte nicht mehr zu kämpfen. Denn durch die Landesautonomie hatten sie zumindest im Verständnis der Stańczyken das Optimum an realisierbarer nationaler Freiheit schon erreicht.

Deshalb wohl ihr sichtlicher Mangel an Solidarität mit den anderen österreichischen Slawen.

Auf politischer und ideologischer Ebene plädierte der Polenklub seit ebenso langer Zeit für die Überantwortung nationaler Streitfragen an die betroffenen Landesvertretungen sowie ihre Herauslösung aus dem Kompetenzbereich des Reichsrates. Dies im Namen des „autonomistischen" Prinzips, dessen Auslegung, wie schon dargelegt,

---

124) Siehe Abgeordneter FUX, 21. 4. 1894, STEN. PROT. Abgeordnetenhaus, 13576, der Madeyski für seine Aussagen „vollste Achtung und Sympathie" entgegenbrachte und Abgeordneter WELLENHOF, 21. 4. 1894 EBD. 13304, dem sowohl Madeyskis allgemeine Äußerungen zum Verhältnis von Staat und Kirche als auch dessen Plädoyer für die Aufrechterhaltung des Reichsvolksschulgesetzes zusagten.

selbstverständlich nur den Interessen des polnischen Großgrundbesitzadels diente. Madeyski übernahm demnach bei seinem Lösungsversuch in der Cillier Frage lediglich den Standpunkt des Polenklubs.

Schließlich vertrat Madeyski auch in seiner kirchenpolitischen Einstellung lediglich jenen Kurs, den der Polenklub im Frühjahr 1891 eingeschlagen hatte[125]).

Demnach galten die Angriffe und Vorwürfe, die Mißbilligung und die Kritik, die Madeyski jetzt von verschiedenster Seite erfuhr, im Grunde nicht so sehr ihm als vielmehr der politischen Ausrichtung des Lagers, dem er angehörte: Denn die galizischen Konservativen waren von Madeyski fürwahr nicht verraten worden! Sie waren es ja, die sich aus realpolitischen Überlegungen heraus von den Tschechen distanziert hatten. Und sie waren es auch, die sich gegen die Konfessionalisierung der Schule gestellt hatten, um ihre Beziehungen zu den deutschen Liberalen nicht aufs Spiel zu setzen. Sie waren es schließlich, die im Namen des „heiligen nationalen Egoismus" dafür plädierten, daß nationale Konflikte in den Landtagen ausgetragen werden, um so zunächst ihrer eigenen nationalen Minderheit den Weg in das Zentralparlament zu versperren. Dennoch fanden auch in diesem Lager — trotz aller Übereinstimmung zwischen Madeyskis eigenen Standpunkten und der allgemeinen politischen Orientierung des Polenklubs — weder die März- noch die Aprilerklärung des Unterrichtsministers die erwartete Anerkennung:

Denn der Polenklub war keineswegs jener „Monolith", den man allgemein in ihm aufgrund seiner beispiellosen politischen Disziplin zu sehen glaubte: De facto war er in zwei einander oft diametral gegenüberstehende Flügel aufgespalten[126]).

Nur der „liberale" Flügel begrüßte im Jahre 1891 die politische Kursänderung und die Allianz mit der Vereinigten Deutschen Linken; nur der „liberale" Flügel willigte in das Koalitionsabenteuer ein. Der „konservative" Flügel hingegen hatte die Folgen der Auflösung des Eisernen Ringes und der Loslösung von den alten Bundesgenossen gefürchtet und die neue Linie — wie die Kampagne gegen Jaworski im Frühjahr 1891 beweist — zu bekämpfen versucht.

Zwar beugte sich dieser „proslawische" Flügel schließlich dem politischen Programm der „Liberalen", um die Einheit des Klubs nicht zu gefährden. Zwar bestätigte er — wenn auch nach langem Widerstand — die Kandidatur Madeyskis zum Vizepräsidenten des Abgeordnetenhauses und anschließend zum Minister, die der „liberale" Flügel unterstützte. Zwar verzichtete er im Namen der Klubsolidarität auch auf öffentliche Kritik im Plenum. Doch schufen all die internen Dissonanzen unter den Mitgliedern des Polenklubs ein spannungsgeladenes, gereiztes Klima.

Eine weitere Quelle der Unzufriedenheit des Polenklubs mit seinem Vertreter in der Koalitionsregierung bildete die ihm allzu deutschfreundlich dünkende Regelung der Cillier Frage: Hier war Madeyskis Standort aber wiederum Ausdruck seiner persönlichen Treue zur Idee der Koalition und der deutsch-slawischen Versöhnung. Vermutlich spielte hier überdies sein Selbstverständnis als Träger eines Amtes eine wesentliche Rolle, das im Dienste der „österreichischen Staatsraison" stand: Als Vertreter der

---

[125]) Vgl. oben S. 155 Anm. 119.

[126]) Chłędowski, Pamiętniki [Memoiren] II, 319.

Regierung fühlte er sich wohl verpflichtet, Sonderinteressen einzelner Kronländer bzw. Nationalitäten zugunsten des „Staatswohls" zurückzustellen.

Selbstverständlich war keine der slawischen Nationalitäten bereit, derlei Argumente gelten zu lassen. Sie waren enttäuscht: In Madeyski hatten sie, wie aus zahlreichen Plenarreden und Pressekommentaren dieser Monate deutlich hervorgeht, immer noch jenen Helden der „nationalen Gleichberechtigung" zu sehen gehofft, zu dem sie ihn im Anschluß an die erfolgreiche Anti-Staatssprachenkampagne erhoben hatten.

Mit dem Abschluß der Budgetberatungen vom April 1894 war die politische Entwicklung der folgenden Monate jedenfalls schon vorweggenommen: Es lagen jetzt sachliche Angriffsflächen frei, die den Oppositionsparteien konkrete Anhaltspunkte für die Stoßrichtungen ihres Kampfes gegen das ihnen verhaßte Koalitionssystem lieferten.

d) Die Entwicklung der Cillier Frage

Im Sommer 1894 begann die Cillier Frage auch für die Regierung „eine ernste Gestalt anzunehmen"[127]): Am 19. August enthüllte Madeyski im Ministerrat, daß er Hohenwart auf vertraulicher Ebene — über die für März vereinbarte Erklärung hinaus — eine bindende Zusage bezüglich des Zeitpunktes für die Errichtung eines slowenischen Untergymnasiums in Cilli gemacht habe[128]). Er beantragte daher, die Kosten für diese Schulanstalt schon in das für Jahresanfang 1895 angesetzte Budget des Unterrichtsministeriums hineinzunehmen.

Laut Plener — das betreffende Ministerratsprotokoll existiert nicht mehr — rechtfertigte Madeyski diesen eigenwilligen Schritt mit dem Argument, daß die offizielle Bekanntgabe dieser Zusage damals wie eine „bloße Unterwerfung unter das Verlangen Hohenwarts" ausgesehen hätte. Er selbst habe allerdings schon damals gemeint, mit seiner Erklärung nicht ein hinauszuschiebendes Versprechen, sondern ein tatsächliches Zugeständnis geben zu müssen[129]).

Madeyskis unerwartetes „Geständnis", das die festgefahrenen Beratungen über Cilli wieder ins Rollen brachte und das Kabinett zu entschlossenem Handeln zwang, wirft ein neues Licht auf seine bis dahin doch wenig profilierte und eher ambivalente Haltung in dieser Frage:

Wenn man annimmt, daß Madeyski tatsächlich schon im März entschlossen war, die slowenische Forderung zu erfüllen und angesichts der ambivalenten Haltung der restlichen Kabinettsmitglieder die Entscheidung der Regierung im Alleingang vorwegnahm, dann erhebt sich natürlich die Frage, warum er nicht schon früher das Kabinett davon informierte: Am wahrscheinlichsten erscheint die These, daß Madeyski hier ein

---

[127]) PLENER, Erinnerungen III, 179.

[128]) EBD.

[129]) EBD. Madeyski soll seine grundsätzliche Entscheidung zugunsten „Cilli" mit den positiven Erfahrungen des Marburger utraquistischen Gymnasiums begründet haben, die ja als Voraussetzung für eine analoge Einrichtung in Cilli aufgestellt worden waren. Seinen Entschluß, den Cillier Budgetposten schon in das diesjährige Budget hineinzunehmen, soll Madeyski damit gerechtfertigt haben, daß eine weitere Verzögerung sinnlos sei, nachdem er seine „unzweideutige Erklärung" nun schon gemacht hatte, weiters die einzelnen Minister sich mit der Zeit nur immer mehr festlegen würden und eine Umkehr dann unmöglich würde; schließlich habe schon die derzeitige Verschleppung einer Entscheidung diese Frage „unverdient zu einer solchen Wichtigkeit aufgebauscht".

taktisches Manöver anwenden wollte, um einerseits seine eigene Überzeugung nicht zu verraten, andererseits aber die Koalition nicht zu gefährden. Durch eine vertraulich, aber im Namen der Regierung ausgesprochene Zusage hatte er wohl gehofft, Hohenwart und die Slowenen beruhigen zu können, gleichzeitig aber Zeit zu gewinnen, um das Kabinett zu der ihm genehmen Entscheidung zu führen. Nachdem diese Rechnung aber nicht aufgegangen war, und das Kabinett noch im August keinen derartigen Beschluß gefaßt hatte, sah sich Madeyski vermutlich gezwungen, seine Karten offenzulegen. Inwieweit sein „Geständnis" auch die Funktion haben sollte, das Kabinett zu einer nachträglichen Bestätigung seiner Initiative zu zwingen, muß dahingestellt bleiben; denn es wäre ja durchaus auch denkbar, daß dieses Geständnis nur seinem Gefühl der Resignation entsprang.

Ein ganz anderes Bild ergibt sich hingegen, wenn man annimmt, daß Madeyski seine vermeintliche Zusage an Hohenwart in Wirklichkeit gar nicht gemacht hatte: Tatsächlich stünde das Verhalten, zu dem er sich am 19. August bekannte, in krassem Widerspruch zu seiner Koalitionstreue! Soll Madeyski das Kabinett wirklich hintergangen haben? Soll er sich den massiven Angriffen und Vorwürfen, die auf seine offizielle Erklärung erfolgt waren, freiwillig ausgesetzt haben, um im stillen an der Durchsetzung eines entgegengesetzten Standpunktes zu arbeiten?

Nach Abwägung beider Thesen erscheint jene Annahme plausibler, derzufolge erst die negativen Reaktionen der Slawen und namentlich der Polen auf seine offizielle Erklärung Madeyski bewogen, seinen Standpunkt zu ändern. Ob Madeyski Hohenwart dieses Versprechen nun überhaupt nicht oder erst später als im März gab, läßt sich allerdings nicht feststellen. Für die erste Annahme würde die Vermutung sprechen, daß Madeyski sein „Geständnis" nur als Druckmittel einsetzen wollte, eine Vermutung, die umso plausibler wird, wenn man bedenkt, daß Madeyski sich durch diese Konstruktion auch vor dem Vorwurf schützen konnte, seinen Standpunkt erst nachträglich — unter slawischem Druck — geändert zu haben: Denn es kann als sicher gelten, daß Madeyski eine Kompromittierung vor seinen Stammesgenossen mehr fürchtete als einen Prestige- und Vertrauensverlust von seiten der Kabinettsmitglieder.

Übrigens stellt auch der Finanzminister Plener Madeyskis Mitteilung vom 19. August als „nachträgliche Schwenkung" dar[130]): Madeyski sei noch im Juli in Ischl gewesen, um vom Kaiser die Genehmigung für sein Unternehmen zu erwirken. Dieses Argument ist freilich schwer nachweisbar: Tatsache ist, daß Madeyski am 26. Juli auf seiner Reise von Wola Justowska bei Krakau nach Wien einen zweitägigen Aufenthalt in Ischl einschob[131]). Nicht überprüfen läßt sich aber, ob er mit dem Kaiser auch wirklich über „Cilli" sprach und überdies das Kaiserliche Placet für seine Initiative erhielt: In Madeyskis sonst peinlich genau aufgezeichneten Gesprächen mit dem Kaiser fehlt jeder Hinweis auf diese vermeintliche Unterredung. Diese konnte in seinen Augen entweder nicht genug bedeutend, oder umgekehrt, zu bedeutend gewesen sein, um sie schriftlich festzuhalten. Für letzteres sprechen allerdings mehrere Vermutungen: daß Madeyski seine „Aktion" nicht als Folge einer Fremdbestimmung erscheinen lassen wollte; daß der

---

130) PLENER, Erinnerungen III, 179f., 319.

131) *Fremden-Blatt*, 26. und 28. 7. 1894, Tagesneuigkeiten.

Kaiser diesbezüglich um Diskretion bat; daß Madeyski seine Aussage, wonach er seine bindende Zusage schon im März gab, als unwiderrufbar verstand.

Wie dem aber auch sei — die Ereignisse nahmen ihren Lauf: Zwar wurde von seiten Pleners und seines Landsmannes Wurmbrand heftigster Einspruch gegen Madeyskis Eigeninitiative erhoben, aber letztlich mußten auch sie sich mit dem neuen Tatbestand abfinden.

Um die Koalition nicht durch eine weitere Eskalation des Cillier Konfliktes zu gefährden, leitete Plener vertrauliche Verhandlungen mit einflußreichen Persönlichkeiten seiner Partei ein, wobei auch nicht gescheut wurde, persönliche Kompensationen als Druckmittel einzusetzen, um die Abgeordneten zu einer konzilianten Haltung zu bewegen[132]).

Als im Oktober 1894 die Beratungen über das Budget für das erste Quartal des kommenden Jahres eingeleitet wurden, hatte sich zwar schon herausgestellt, daß die Schachzüge Pleners auf die Deutschen „keinen Eindruck" gemacht hatten[133]), doch die Opposition ließ es sich deshalb nicht nehmen, die Personalentscheidungen in Zusammenhang mit der Cillier Frage für eine öffentliche Bloßstellung der Regierung zu benützen[134]). Ein wiederholtes Dementi, das gerade Madeyski als Verantwortlicher für die im Unterrichtsministerium erfolgten Personalverschiebungen abgab[135]), trug nur dazu bei, die Opposition herauszufordern.

---

[132]) PLENER, Erinnerungen III, 180f. Namentlich den deutschen Abgeordneten aus der Steiermark Foregger und den Cillier Abgeordneten, den späteren Ministerpräsidenten Karl Stürgkh (ebenfalls aus dem deutschen Lager) wollte Plener derart zur Kooperation bewegen. Obwohl der Kaiser in einer von ihm selbst präsidierten Ministerratssitzung von einem „unkorrekten" Verhalten sprach, läßt sich auch Pleners Rechtfertigung nicht von der Hand weisen: „... leider hatte die parlamentarische Praxis der Taaffschen Zeit Begehrlichkeiten ... der politischen Parteien genährt ..., denen in vielen Fällen eben durch solche Ernennungen von Abgeordneten auf hohe Staatsanstellungen Rechnung getragen wurde". PLENER, Erinnerungen III, 195.

[133]) EBD. Nachdem Foregger an Stelle des gemäßigten Bürgermeisters der Gemeinde von Cilli den radikalnationalen Vizebürgermeister Julius Rakusch vorgefunden hatte, der ihn „unter Druck zu setzen" gewußt habe, legte er nicht nur seine Vermittlerrolle ab, sondern verwandelte sich selbst in einen engagierten Verfechter der „nationalen" Sache der Deutschen. Siehe SUTTER, Badenische Sprachenverordnungen II, 110.

[134]) Schon am 12. 11. 1894 beantragte der jungtschechische Abgeordnete KRAMÁŘ, „... den § 18 des Gesetzes vom 2. 4. 1873 im Sinne einer Vervollständigung durch ein neues Alinea zu ändern, welches sagen will, daß jeder Abgeordnete, der während seiner Mandatsdauer zu einem administrativen Staatsbeamten ernannt wird, sein Mandat verliert". STEN. PROT. Abgeordnetenhaus, XI. Session, 316. Sitzung, 15508. Die Christlich-Sozialen beeilten sich, den Antrag zu unterstützen: Karl LUEGER, EBD. 15509: „Ich erblicke im jungtschechischen Antrag die mahnende Stimme des Gewissens. Es soll im Parlament zum Ausdruck gebracht werden, daß man mit derartigen Vorgängen, wie sie sich in der letzten Zeit abgespielt haben, nicht einverstanden ist und nicht einverstanden sein kann". — Eindeutig spielte der Antrag auf die Ernennungen an, die im Zusammenhang mit der Cillier Frage vollzogen worden waren: die des deutschsteirischen Abgeordneten Stürgkh zum Sektionsrat mit Hofratstitel im Unterrichtsministerium, des slowenisch-steirischen Abgeordneten Šuklje zum Hofrat mit Zuweisung des Volksschulwesens im gleichen Ministerium. Siehe PLENER, Erinnerungen III, 195, 181.

[135]) Schroff erklärte Madeyski, daß die Regierung „keinen Anlaß" fände, „heute schon gegenüber dieser Frage definitiv Stellung zu nehmen" und stritt jeden Zusammenhang zwischen den „erfolgten Ernennungen der zwei ... Herrn Ministerialbeamten und den schwebenden politischen oder parlamentarischen Fragen" ab. MADEYSKI, 12. 11. 1894, STEN. PROT. Abgeordnetenhaus, XI. Session, 316. Sitzung, 15512. Ein zweites Dementi erfolgte kurze Zeit später. Siehe MADEYSKI, 15. 12. 1894, EBD. 334. Sitzung, 16423.

e) Madeyski und die Christlich-Sozialen

Namentlich die Christlich-Sozialen gingen jetzt zum offenen Kampf über, wobei insbesondere der Unterrichtsminister zur Zielscheibe ihrer Angriffe wurde; in einer polemischen, mit scharfen Einwürfen Luegers gespickten Rede warf der christlich-soziale Parteimann Monsignore Scheicher der Regierung vor, „die katholische Kirche und die gesamte Geistlichkeit ... am Zügel zu führen", und forderte, daß „die Kirche einmal nicht immer aus den Kanzleien ... und den Ministerien dirigiert werde"[136]). Diese Worte richteten sich unmißverständlich gegen Madeyskis Plädoyer für die Kooperation von Staat und Kirche vom 21. April:

Seit dieser denkwürdigen Erklärung sahen die Christlich-Sozialen in Madeyski ihren größten Feind unter den Mitgliedern der ihnen verhaßten Koalitionsregierung. Die Rede Scheichers erregte allgemeines Aufsehen im Plenum. Madeyski, der sich persönlich angegriffen fühlte, hielt es für angebracht, in die Debatte einzugreifen[137]), um von seinem Platz aus „die gesamte Geistlichkeit in Österreich ... in Schutz zu nehmen"[138]). „Dazu drängt mich", sagte er, „nicht bloß die tiefempfundene Verletzung meiner persönlichen Gefühle als Katholik, sondern auch vom Standpunkt der staatlichen Interessen die Achtung für die legitimen Vertreter der katholischen Kirche"[139]).

Mit Vehemenz versuchte Madeyski dann, die Angriffe Scheichers als ein Machwerk „des eifrig gesäten Geistes der Auflehnung gegen die Autorität der katholischen Geistlichkeit" bloßzustellen. Er erklärte, daß auch solche Versuche nicht imstande sein würden, diese Autorität „vom einträchtigen Mitwirken an der Erfüllung der ethischen und sozialen Aufgaben" abzuhalten, deren Lösung — Madeyski beharrte auf seinem Standpunkt — „... vom Staat und von der Kirche gemeinsam anzustreben" sei[140]).

Die unmißverständliche Antwort des Unterrichtsministers hatte klare Fronten geschaffen. Sie wurde als ein „Schlag" gegen die gesamte ideologische Ausrichtung der christlich-sozialen Bewegung verstanden[141]).

Dabei hatte Scheichers Rede eigentlich nur provokatorischen Charakter gehabt: In den Mittelpunkt der Angriffe rückte bald ein konkret gegen die Person des Unterrichts-

---

[136]) „... die Regierung betrachtete den Klerus als eine Art Jagdhund; jetzt läßt sie ihn los, dann zieht sie wieder die Leine an, wenn es ihr nicht mehr genehm ist ... Solange der Klerus vom Bischof bis zum letzten Kooperator vor der Welt nur erscheint als Mittel der Polizei, allerdings der schwarzen Polizei, so lange ist es unmöglich, daß er eine religiöse Wirksamkeit habe ..." Abgeordneter SCHEICHER, 14. 12. 1894, STEN. PROT. Abgeordnetenhaus, XI. Session, 333. Sitzung, 16364.

[137]) „Madeyski hielt sich für verpflichtet, als Kultusminister die ungebührlichen Äußerungen Scheichers ... nachdrücklich abzuwehren", PLENER, Erinnerungen III, 211.

[138]) MADEYSKI, 15. 12. 1894, STEN. PROT. Abgeordnetenhaus, XI. Session, 334. Sitzung, 16422.

[139]) EBD. 16423.

[140]) EBD.

[141]) Im Organ der Christlich-Sozialen, der *Reichspost*, liest man am 18. 12. 1894: „Herr von Madeyski hat den Ruf eines Diplomaten, eines geschickten, vorsichtig angelegten Mannes. Am Samstag [15. 12. J. R.] hat er diesen Ruf nicht neu bekräftigt ... Warum sich Madeyski eigentlich so exponierte, ist uns ... nicht ganz klar; glaubt er sich damit die Bischöfe zu verbinden"? Im Schlußwort wird Madeyski der Kampf angesagt: „... die Affäre ist noch nicht abgetan. Bei Philippi sehen wir uns wieder"! Drei Tage später, am 21. Dezember, erneuerte die *Reichspost* ihre Angriffe auf Madeyski: „... daß aber ausgerechnet der österreichische Kultusminister sich zum Verteidiger der kirchlichen Autorität aufwirft, das noch dazu dem Fachtheologen Scheicher gegenüber, stand ihm schon ganz herzlich schlecht an".

ministers gerichteter Pfeil, den Karl Lueger, der Anführer der Christlich-Sozialen, in einer als Verteidigungsrede für seinen Parteifreund Scheicher stilisierten Rede in das Plenum warf: In gehässiger Form wurde Madeyski des Nepotismus bezichtigt und darum als nicht berechtigt erklärt, „in diesem Hause gegenüber einem Abgeordneten in der Weise, wie es ihm beliebt hat, aufzutreten, insolange er nicht die Geschichte von seinem Schwiegersohne Dunajewski und von der Nichte der Koalition, von Herrn Dr. Rosner, berichtigt" habe[142]).

Es ist klar, daß einer so schwerwiegenden Anklage eine ebenso schwerwiegende Absicht zugrunde lag:

Nicht genug damit, daß die Anschuldigung, Nepotismus zu betreiben, den vielleicht schlimmsten Vorwurf bildet, der gegen einen hohen Staatsbeamten vorgebracht werden kann, hatte diese Anklage in jenen Jahren auch eine politische Funktion: Die Opposition pflegte den persönlichen Amtsmißbrauch einzelner Regierungsmitglieder als Mittel einzusetzen, um die damals vom Gesetz nicht anerkannte „politische" Ministerverantwortlichkeit praktisch geltend zu machen[143]). Wie sich bald herausstellen sollte, war dies auch im konkreten Fall geschehen.

Ein neuer Skandal war geplatzt.

Obwohl Lueger vom Präsidenten des Hauses sofort zur Ordnung gerufen wurde[144]), ließ er es sich nicht nehmen, seine Anschuldigung zwei Tage später zu wiederholen und vom Präsidenten zusätzlich zu verlangen, Madeyski aufzufordern, sich vom Vorwurf des Nepotismus zu „reinigen". Als Madeyski nicht reagierte, entschloß sich Lueger am 20. Dezember zu einem weiteren Schritt: Gemeinsam mit den Jungtschechen brachte er einen Dringlichkeitsantrag ein, in dem das Haus aufgerufen wurde, dem Minister Madeyski wegen Nepotismus die Mißbilligung auszusprechen. Das Haus sei dazu berufen, „die Exekutive zu überwachen und zu kontrollieren"[145]).

Auf der Regierungsbank konnte man nicht mehr schweigen; das Kabinett war gezwungen, sich vor dem Parlament zu verantworten. Es war aber nicht — wie allgemein erwartet wurde — der Ministerpräsident, der als oberster Regierungsvertreter die Verteidigung des Unterrichtsministers übernahm, sondern der Minister des Innern

---

142) LUEGER, 18. 12. 1894, STEN. PROT. Abgeordnetenhaus, XI. Session, 336. Sitzung, 16453.

143) Tatsächlich kannte das Gesetz vom 25. 7. 1867, RGBl. 101 über die Ministerverantwortlichkeit nur die juridische Verantwortlichkeit. Daher mußte eine Opposition, der das Recht abgestritten wurde, die Regierungshandlungen auf ihre Zweckmäßigkeit zu prüfen, eine juridische Ministerverantwortlichkeit zu ursprünglich nicht vorgesehenen Zwecken benützen. Siehe SKOTTSBERG, Parlamentarismus 80.

144) 18. 12. 1894, STEN. PROT. Abgeordnetenhaus, XI. Session, 336. Sitzung, 16453.

145) LUEGER, 20. 12. 1894, STEN. PROT. Abgeordnetenhaus, 338. Sitzung, 16782 und Abgeordneter BAŠATÝ, EBD. 16784. Namentlich zwei Fragmente aus den Reden der beiden Abgeordneten illustrieren den leidenschaftlichen Ton, in dem diese Debatte geführt wurde: LUEGER, 16782: „... ein Mann, der so kühn ist wie S. E. der Herr Unterrichtsminister, ein Mann, der es gewagt hat, gegen einen meiner Freunde, der tadellos dasteht, jawohl, der tadellos dasteht, die Denunziation vorzubringen, als ob er gegen seine Kirchenobersten ketzern würde, ein solcher Mann muß auch streng auf sich selbst sehen". Und BAŠATÝ, 16784: „Niemand mißgönnt es ihm [Madeyski, J. R.], daß er es vom Notar und Professor zum Minister brachte. Aber umsomehr ist es notwendig, daß er die Richtigstellung der Sache veranlasse, da ich höre, daß er auch bei zwei Bahnen Verwaltungsrat ist. Übrigens sollten die Herren Polen selbst für die Dringlichkeit eintreten, in ihrem eigenen Interesse. Sie wissen ja, wie viele ihrer Kollegen aus dem parlamentarischen Leben befördert worden sind ..."

Olivier Bacquehem: „... die zwei besagten Beamten", stellte er richtig, würden „als politische Beamte ausschließlich ihm unterstehen" und Dr. Rosner sei „nicht der Gatte der Nichte des Unterrichtsministers, wohl aber sei die Gemahlin des Betreffenden die Nichte der Schwiegermutter der Tochter des Unterrichtsministers". Aus diesem Tatbestand folge aber, daß „... dieses Familienverhältnis sowohl nach den Bestimmungen des bürgerlichen Gesetzbuches als auch nach dem gewöhnlichen Sprachgebrauch nicht als Verwandschaft gelten" könne[146]).

Die etwas dünne und wenig überzeugende Stellungnahme Bacquehems — Lueger replizierte sofort, die Nichte der Koalition sei immerhin die Kusine des Schwiegersohnes des Unterrichtsministers — befriedigte die Opposition[147]) natürlich nicht[148]).Dazu kam, daß der Haß der Christlich-Sozialen gegen den „klerikalen" Madeyski nur kurze Zeit später neue Nahrung erhielt.

Ende März 1895 ließ Lueger im Plenum eine Bombe platzen, die der Affäre des „Nepotismus" um nichts nachstand:

Nach einem grundsätzlichen Bekenntnis zur Feindschaft seiner Partei gegen die Koalitionsparteien und somit auch gegen die „geehrten Herren, die auf der Ministerialbank sitzen", verlangte er von der Regierung Aufklärung über das Gerücht, wonach sie in Zusammenhang mit der Reise des Kardinals Schönborn nach Rom im Februar 1895 die christlich-soziale Partei beim Papst „angeschwärzt" und um dessen Intervention gegen sie angesucht hätte[149]).

Daß er selbst wohl zu wissen glaubte, wo die Verantwortlichen für diesen Schritt zu suchen waren, wollte Lueger übrigens nicht verschweigen: ohne Zögern wies er auf die seiner Partei „feindlich gesinnten deutschen Liberalen" und auf „einige Mitglieder der Regierung", unter welchen er expressis verbis auch den Unterrichtsminister nannte[150]).

In Anbetracht dieser Hochspannung konnte Madeyski nicht länger schweigen.

Schon die Anschuldigung der Christlich-Sozialen, er würde Nepotismus betreiben, habe ihn, schreibt er rückblickend in seinen „Erinnerungen", „geschmerzt"; sie sei „absolut ungerechtfertigt und gemein" gewesen[151]). Noch schmerzlicher aber habe er

---

[146]) Olivier BACQUEHEM, 20. 12. 1894, EBD. 16786, 16788.

[147]) Die Jungtschechen schlossen sich der Hetzkampagne der Christlich-Sozialen vornehmlich deshalb an, weil sie sich in der Hochbürokratie den Polen gegenüber zurückgesetzt fühlten. Siehe WALTER GOLDINGER, Das polnische Element in der Wiener Hochbürokratie 1848—1918; in: Studia Austro—Polonica I (1978) 70—71.

[148]) Die *Reichspost* widmete dem „protektionistischen Vorgehen des katholischen Unterrichtsministers" am 22. 12. 1894 einen weiteren Artikel, in dem u. a. auch auf Bacquehem's Verteidigung angespielt wurde: „... bei der Auflösung der Nichte der Koalition in ihre verwandtschaftlichen Bestandteile ... bleibt es sich nicht gleich, ob die Protektion der Nichte oder dem Cousin oder dem Schwiegersohn oder sonst irgendeinem Verwandten oder Verschwägerten zuteil wird"?

[149]) LUEGER, 28. 3. 1895, STEN. PROT. Abgeordnetenhaus, XI. Session, 361. Sitzung, 17932. Mit einer köstlichen Metapher schildert Lueger die Verleumdung seiner Partei beim Papst: „Was würden Sie sagen, wenn in einer Familie, die aus mehreren Geschwistern besteht, ein Streit ausbricht, und es würden sich — sagen wir, es seien zwölf Geschwister — zehn Geschwister finden, welche wissen, daß der andere Bruder in der Ferne einen Freund hat, einen weisen, ehrwürdigen Priester, und wenn sich nun diese zehn Brüder sagen würden: wir werden den einen Bruder, der uns unbequem zu werden beginnt, bei dem weisen Priester belügen, wir werden dem weisen Priester sagen, daß dieser eine Bruder ein solcher ist, der stört, die Gesellschaft untergräbt, und welcher auch dem weisen, greisen Priester schädlich ist ..." (17946).

[150]) EBD.

[151]) MADEYSKI, Erinnerungen II, 219.

das laue und überaus vorsichtige Verhalten seiner politischen Freunde empfunden, als es um seine Rehabilitierung ging: Windischgrätz habe „geschwiegen“, Bacquehem habe „die Sache mit Witz und Humor abzutun geglaubt“, vom Polenklub habe nur ein einziger Abgeordneter, Dr. Abrahamowicz, die Stimme für ihn erhoben, doch auch da nur, „um dagegen Protest einzulegen, daß man einen Minister, der für den Staat noch von Nutzen sein konnte, in derartiger Weise angriff“[152])!

Offenbar war es in einem solchen Gefühl der Enttäuschung, daß Madeyski schließlich beschloß, seine Verteidigung selbst zu übernehmen.

Nachdem er seinem Schmerz über den Niedergang der parlamentarischen Sitten und die Demoralisierung der Politik im allgemeinen in Worten tiefer Trauer Ausdruck verliehen hatte, rechtfertigte er sein bisheriges Schweigen kurzerhand damit, daß er es „unter seiner Würde“ finde, auf die Vorwürfe einzugehen. Darüber hinaus bekenne er sich zu den „anerkannten Traditionen jeder Zivilisation“, wonach „eine gewisse, die Persönlichkeit umgebende Lebenssphäre als ein höchst persönliches Gut dieses Menschen angesehen wird, welches gegenüber jedem Dritten als fremdes Gut zu gelten hat und daher unantastbar ist“. Jede Vergewaltigung dieses Grundsatzes mache die Zusammenarbeit auf dem Forum einer politischen Körperschaft wie des Parlaments unmöglich[153]). Abschließend fügte er aber hinzu, daß die Ernennung Rosners nichts mit Nepotismus zu tun habe, sondern eine gerechtfertigte Belohnung für die Tüchtigkeit dieses Beamten gewesen sei[154]).

Die Ankläger legten Madeyskis Stellungnahme als „volles Schuldbekenntnis“ aus und forderten ihn abermals auf, vor dem Hause „Rede und Antwort zu stehen“: Seine Erklärung sei „ein Faustschlag gegen das parlamentarische Recht des Parlaments eines jeden Volkes“[155]).

Anders dachten die deutschen Bündnispartner: Im Presseorgan der Vereinigten Deutschen Linken las man schon am folgenden Tag, daß Madeyski sich mit so „bitterem Ernst verteidigt“ habe, als ob er daran glaubte, „daß Skorpione durch Psalmen zu verscheuchen“ seien. Der Kommentar schloß mit den Worten: „Ist das politische Leben

152) Ebd. Tatsächlich sagte der galizische Abgeordnete nur, daß die Anschuldigungen der Christlich-Sozialen gegen Madeyski ein „Unrecht“ seien, „welches man sowohl an unserer Partei als auch an meinem Heimatland versucht ... Wir haben des öfteren den Beweis erbracht, daß uns das Wohl des Staates auf jedem Gebiet am Herzen liegt. Es kann uns daher nicht gleichgültig sein, wenn ein Mann, der dem Staat große Dienste leisten kann, gleich zu Beginn seiner Tätigkeit durch ungerechte Anschuldigungen in dieser seiner Tätigkeit gewissermaßen behindert werden soll“. David Abrahamowicz, 28. 3. 1895, Sten. Prot. Abgeordnetenhaus, XI. Session, 361. Sitzung, 17954.

153) Madeyski, ebd. 17947.

154) Wörtlich definierte Madeyski seinen in bezug auf alle Beamten „unterschiedlos“ angewendeten Maßstab für ihre Beförderung als „nicht den des äußeren Zufalles, ob der betreffende Beamte früher oder später zur Welt gekommen ist, sondern den der persönlichen Tüchtigkeit, der individuellen Verdienste und jener persönlichen Eigenschaften, welche ich nach meinem besten Wissen und Gewissen im Interesse des Staatsdienstes als angemessen erachte und als ausschlaggebend zu berücksichtigen berechtigt und verpflichtet bin“. Madeyski, 28. 3. 1895, ebd. 17947. Daß Dr. Ignacy Rosner auch wirklich ein guter Beamter war — ungeachtet dessen, daß er ohne Prüfung für den politischen Verwaltungsdienst in das Präsidium des Unterrichtsministeriums befördert wurde — bestätigt seine weitere Laufbahn, in der er immer wieder verantwortungsvolle Funktionen übertragen erhielt. Vgl. Goldinger, Das polnische Element in der Wiener Hochbürokratie 71.

155) Lueger, 28. 3. 1895, Sten. Prot. Abgeordnetenhaus, XI. Session, 361. Sitzung, 17948.

in Österreich schon wirklich so weit, daß die Ministerbank schwankt, wenn ein Lueger an ihr zu rütteln versucht? ... Nur herzhaftes Gelächter konnte diesen Spuk verscheuchen, aber es wurde tragisch genommen"[156]).

Die konservative Presse Galiziens wiederum hoffte, daß Madeyskis „energische und entschlossene" Antwort endlich einen Schlußstrich unter die „konspiratorische und verleumderische Intrige" ziehen würde[157]). Über den konkreten Inhalt der Angriffe der Christlich-Sozialen schwieg man sich aus.

Auch Madeyski, der sich in den „Erinnerungen" mit seinem Konflikt mit den Christlich-Sozialen auseinandersetzte, wollte diese politischen Zusammenhänge nicht sehen: er vermutete hinter Luegers Angriffen vielmehr eine von seinen Feinden aus dem Polenklub inszenierte Intrige. Insbesondere die Affäre um die „Nichte der Koalition" sei das Machwerk einiger Parteigenossen gewesen, die diesen Stoff der Opposition zugespielt hätten, um ihn selbst und die dem konservativen Flügel des Polenklubs seit jeher schon suspekte Koalitionsregierung zu stürzen[158]).

Übrigens wird in diesem Zusammenhang dem damaligen galizischen Statthalter Kazimierz Badeni die Rolle des advocatus diaboli zuteil: er sei es gewesen, der Madeyski „systematisch in eine Kabale verstrickt" habe, um seine eigene Ministerpräsidentschaft vorzubereiten; Madeyski sei damals auch „ahnungslos" in sie hineingefallen und habe erst viel später erfahren, daß Badeni ihn schon zu Beginn seiner Ministerschaft bei seinen Parteifreunden Bobrzyński und Jaworski als „zu linksfreundlich und zu liberal" hingestellt hatte[159]). Auch in der Affäre um seinen Schwiegersohn Stanisław Dunajewski[160]) habe vornehmlich Badeni seine Hand im Spiel gehabt: Zwar gestand Madeyski, daß er sich tatsächlich darum bemüht habe, seinen Schwiegersohn „in irgendeinem Ministerium" unterzubringen; er habe seine Anstrengungen aber sofort eingestellt, als er die damit zusammenhängenden Schwierigkeiten erkannte. Es sei dann Badeni gewesen, der unter dem „Vorwand", ihm „helfen zu wollen", die Anstellung Dunajewskis im Handelsministerium über die Vermittlung des Ministers für Handel Wurmbrand erwirkt habe. Die wahren Zusammenhänge dieses „Freundschaftsdienstes" habe er aber erst durchschaut, als die Opposition diese Angelegenheit gegen ihn ausspielte[161]).

Soweit Madeyskis eigene Auslegung: Eindeutig apologetisch angelegt, darf ihr zwar nur mit Vorbehalt Rechnung getragen werden; dennoch wirft sie ein neues Licht auf die niemals geklärte Affäre um die „Nichte der Koalition".

---

156) *Neue Freie Presse*, 29. 3. 1895.

157) *Czas*, 30. und 31. 3. 1895.

158) MADEYSKI, Erinnerungen II, 196. Diese These ist auch von anderer Seite bestätigt worden. Vgl. CHŁĘDOWSKI, Pamiętniki [Memoiren] II, 187ff., 227 und HALBAN, Erinnerungen 80f.

159) Diese These ist vor allem in Anbetracht dessen interessant, daß es bekanntlich doch gerade Badeni war, der Madeyskis Kandidatur zum Minister im Polenklub durchsetzte!

160) Stanisław Dunajewski, der Sohn des früheren Finanzministers Julian Dunajewski, war der Gatte von Madeyskis einziger Tochter Zofia. Chłędowski zufolge soll Stanisław „leichtsinnig" und dumm gewesen sein. Die Ehe mit Zofia — die aufgrund der gezielten Anstrengungen von Frau Madeyski zustandegekommen sein soll — hätte „beiden Familien kein Glück gebracht". Siehe CHŁĘDOWSKI, Pamiętniki [Memoiren] II, 110. Dieses scharfe Urteil wird durch Dunajewskis weitere Laufbahn bestätigt. Siehe GOLDINGER, Das polnische Element in der Wiener Hochbürokratie 71.

161) MADEYSKI, Erinnerungen II, 152, 203, 210.

Der Öffentlichkeit hat Madeyski die persönlichen Hintergründe dieser Affäre niemals preisgegeben: Ob sein Stolz ihm gebot, hier zu schweigen? Ausdrücklich hatte er ja erklärt, daß er es „unter seiner Würde" fände, sich zu rechtfertigen. Ob es die Befürchtung war, durch die Enthüllung dieser Zusammenhänge noch mehr in die Kabale verstrickt zu werden, überdies die Rache des mächtigen Badeni auf sich zu ziehen? Auch politische Motive konnten hier eine ausschlaggebende Rolle gespielt haben: Hatte der Polenklub nicht die bedingungslose Solidarität seiner Mitglieder zum obersten ethischen und politischen Grundsatz seiner Politik erhoben? Madeyski hätte diesen Grundsatz durch die Aufdeckung einer Intrige, die seine eigenen Kollegen gegen ihn gesponnen hatten, zweifellos gebrochen. Mehr noch: Nachdem der konservative Flügel des Polenklubs bekanntlich schon seit jeher die Koalition mißbilligte und jede Gelegenheit zu ergreifen bereit war, das verhaßte System zu Fall zu bringen, hätte die Enthüllung dieser Sachverhalte die nur mühsam aufrechterhaltene Einheit des Klubs ernstlich gefährdet.

Wie dem auch sei: Für Zeitgenossen und Nachwelt bleibt der Name Madeyski untrennbar mit der „Nichte der Koalition" verbunden[162]).

Für die Klärung der tieferen politischen Zusammenhänge dieser Affäre ist die neuerliche Untersuchung dieser Episode indes von großer Bedeutung: Zwar läßt sich nicht leugnen, daß das Protektionswesen — damals wie zu jeder anderen Zeit — zu den unbestreitbaren Übeln jedes bürokratischen Systems gehört, und daß auch die Koalitionsregierung, wie ihr die Opposition zurecht vorwarf, die Personalpolitik oft als Instrument von Einflußnahme und Druck in politisch delikaten Fragen benutzte. Ebenso wenig kann bestritten werden, daß Madeyski seine Einflüsse und Beziehungen wohl zu nutzen wußte, wenn es um die Förderung von ihm nahestehenden Personen ging: Dies geht allein schon aus der Fülle jener Briefe hervor, die er mit der Bitte um die Einstellung seiner Verwandten oder Bekannten in die Zentralämter Galiziens an seinen Freund Bobrzyński sandte, der damals Vizepräsident des galizischen Landesschulrates war[163]).

---

162) Siehe Goldinger, Das polnische Element in der Wiener Hochbürokratie sowie Josef Scheicher, Erlebnisse und Erinnerungen V/2. Aus dem politischen Leben (Wien—Leipzig 1907) 220—250 zum „Onkel der Koalition", Madeyski. Interessant übrigens, daß Scheicher für seine Verteidigung durch Lueger und dessen Polemik gegen Madeyski keine anderen Gründe erkennen konnte als die Gerechtigkeitsliebe Luegers: „Madeyski wurde gestürzt. Das war eine Leistung Dr. Luegers, der als Repräsentant der Gerechtigkeit über den Onkel der Koalition gerade darum die Schale des Zornes ergoß, weil jener jede Grenze des Anstandes und der Gerechtigkeit gegen mich überschritten hatte". Ebd. 250.

163) Die Anzahl der Ansuchen um Beförderung, die er allein an Bobrzyński adressierte, ist beträchtlich: am 16. 5. 1891 für seinen Bruder Eduard (Magister der Chirurgie); am 3. 12. 1891 für zwei Schuldirektoren aus Galizien, mit denen er „befreundet" war; am 29. 2. 1892 für den Sohn eines alten Freundes seiner Eltern; am 9. 9. 1896, am 9. 11. 1899, am 6. 12. 1899 und am 22. 10. 1900 für andere Bekannte; am 23. 1. 1910 schließlich, wo er sich in rührender Weise für Bobrzyńskis Protektion im Falle seines Schwiegersohnes Stanisław Dunajewski (!) bedankte. Siehe Korrespondenz Bobrzyńskis, Nr. 8077, III, 8078 III, 8079 III, 8081 III, 8082 III, 8085 III, 8086 III, 8087 III, 8093 III; in: Handschriftensammlung der Jagellonischen Bibliothek, Kraków. Nur in einem einzigen dieser Briefe versuchte Madeyski, die Häufigkeit seiner Ansuchen um Protektion zu rechtfertigen und zu entschuldigen: Am 9. 9. 1896 schreibt er Bobrzyński: „... Ich bitte Sie, mir zu verzeihen, wenn ich Sie von Zeit zu Zeit bemühen muß, sich in verschiedenen Angelegenheiten für mich einzusetzen, die Ihr Ressort betreffen. Aber es fällt mir unter den gegebenen Bedingungen schwer, alle Bitten abzuschlagen. Ich filtere diese Ansuchen ohnehin schon durch ein Sieb ... irgend etwas bleibt aber immer übrig ..." Madeyski, 9. 9. 1896, ebd. 8082, III., k. 307.

Daß aber ausgerechnet Madeyski zum Opfer eines Skandals wurde, der die Ausmaße der Affäre um die „Nichte der Koalition“ erreichte, daß ausgerechnet er von der Opposition dazu auserkoren wurde, die an sich zweifellos gegebene Korruption in der Personalpolitik der Koalitionsregierung zu verkörpern, das muß auch andere Gründe gehabt haben als Neid und Feindschaft von Parteikollegen oder die Gerechtigkeitsliebe eines Lueger[164]).

f) Die Affäre „Vatikan“ und die „Nichte der Koalition“

Der Korruptionsskandal, der als Affäre der „Nichte der Koalition“ in die politische Geschichte eingegangen ist, muß tatsächlich noch in einen weiteren — parteipolitischen und ideologischen — Kontext gestellt werden. Erst vor diesem Hintergrund erhält diese für Madeyski und die Koalitionsregierung so peinliche Episode nicht nur in der Beurteilung der Ministerschaft Madeyskis, sondern auch im Rahmen des politischen Kampfes der christlich-sozialen Opposition gegen das Koalitionskabinett und namentlich den Unterrichtsminister ihren wahren Stellenwert:

Diesen politischen Kontext bildet die schon erwähnte Mission des Kardinals Schönborn in Rom: die Christlich-Sozialen vermuteten hier eine verkappte Aktion der Regierung und namentlich Madeyskis zur Verleumdung ihrer Partei vor Papst Leo XIII.[165]) Mit seiner Polemik gegen Scheicher hatte der Unterrichtsminister ja deutlich genug seine Einstellung zur christlich-sozialen Bewegung unter Beweis gestellt.

Der Verdacht der Christlich-Sozialen war begründet: Tatsächlich hatte Madeyski auf Wunsch der Bischöfe im Einvernehmen mit dem Kabinett eine Denkschrift verfaßt, die an den österreichisch-ungarischen Botschafter im Vatikan, Graf Revertera, weitergeleitet werden sollte, und in der auf die bedenklichen Seiten der christlich-sozialen Agitation hingewiesen und um eine Intervention des Papstes ersucht wurde[166]). Wie Madeyski darin argumentierte, würde diese Partei die Konservativen ebenso wie die Autorität der

---

[164]) Ähnlich wurde diese Affäre auch in der *Arbeiter-Zeitung* vom 20. 6. 1910 ausgelegt. Der Artikel wurde aus Anlaß des Ablebens Madeyskis veröffentlicht: „Auch seinen Ruhm als Unterrichtsminister verdankte er eigentlich einem ‚Zwischenfall‘: einer Protektionsgeschichte, die als ‚Nichte der Koalition‘ bekannt geworden und bekannt geblieben ist ... Das wurde ihm mit großem Nachdruck vorgeworfen, und derjenige, der darüber am meisten spottete, war Herr Lueger. Aber seither sind wir namentlich von Gott-Nimm-Bekennern an ganz andere Dinge gewöhnt worden, und haben ganz andere Protektionsgeschichten erlebt ...“ Und am nächsten Tag, dem 21. 6. 1910, las man im gleichen Blatt: „Der Tod des Herrn von Madeyski erinnert uns, wie sehr wir seither fortgeschritten sind. Welchen Lärm machte einmal die ‚Nichte der Koalition‘, die wirklich bescheidene Tatsache, daß der Minister einem seiner entfernten Verwandten zu einem unbeträchtlichen Amte verholfen hatte! Und heute ...? Die Protektionsgeschichten bleiben ... Heute würde Madeyski den Spott der Christlich-Sozialen nicht zu fürchten haben“.

[165]) Durch „diesen Versuch hatte sich Madeyski das Mißfallen von Lueger und seinen Genossen zugezogen ... es wurde ihm ebenso verübelt wie vergolten“. CZEDIK, Ministerien II, 31.

[166]) In seinen „Erinnerungen“ verschweigt auch der damalige Finanzminister diesen Sachverhalt nicht: „Die Anregung zu unserem Versuch, die römische Kurie über die christlich-soziale Bewegung aufzuklären ... ging vom Unterrichtsminister aus“. PLENER, Erinnerungen III, 219. Siehe auch ENGEL-JANOSI, Österreich und der Vatikan I, 282, 284 sowie JOHN W. BOYER, Political Radicalism in late Imperial Vienna (Chicago 1980) 347. Eine genauere Darstellung namentlich des regen Briefverkehrs zwischen Regierung und Klerus bei NORBERT MIKO, Zur Mission des Kardinals Schönborn, des Bischofs Bauer und des Pater Albert Maria Weiß, OP., im Jahre 1895; in: Römische Historische Mitteilungen 5 (1961/62) 181—224.

Bischöfe angreifen, durch ihre wüsten Auftritte und persönlichen Verunglimpfungen (sic!) das öffentliche Leben vergiften und in diesem Sinn den Staat und die Autorität der Kirche bedrohen[167]).

Obwohl also feststeht, daß Madeyski in der dem Koalitionskabinett „unterstellten" Kampagne gegen die Christlich-Sozialen sogar als ein Hauptakteur aufgetreten ist, weigerte er sich, dies offiziell zu bestätigen. Indirekt gestand er, daß eine Intervention stattgefunden habe, als er zu einer Interpellation eines christlich-sozialen Abgeordneten Stellung nahm, in der ihm vorgeworfen wurde, den Schritt des Episkopats auch politisch ausgenützt zu haben, womit der Fall der Ingerenz einer fremden Macht in die inneren Angelegenheiten Österreichs vorliege[168]). Doch lehnte er es ab, die Teilnahme der Regierung an diesem Unternehmen offiziell zu bestätigen: Es müsse schon der Regierung überlassen werden, erklärte er schroff, „was sie zu dementieren habe"[169]). Diese ausweichende Antwort[170]) war allerdings mehr als ein Versuch, einem weiteren Konflikt mit den Christlich-Sozialen vorzubeugen. Vielmehr zwangen ihn hier konkrete politische Überlegungen, sich einer grundsätzlichen Stellungnahme zu entziehen:

Zunächst war die „Aktion" beim Hl. Stuhl gescheitert: die römische Kurie begleitete die Bestrebungen der Christlich-Sozialen „mit Wohlwollen"[171]). Daher war ein nachträgliches Bekenntnis der Regierung nur dazu angetan, den Christlich-Sozialen einen weiteren Triumph zuzuspielen, sich selbst aber zu kompromittieren. Weiters, und viel wichtiger, war sich auch die Regierung der außenpolitischen Tragweite ihrer Mitwirkung an der Aktion des österreichischen Episkopats bewußt: Warum sonst hätte sie das offiziell als Bericht des Episkopats deklarierte Memorandum vor seiner Weiterleitung dem Minister des Äußern Kálnoky zur Durchsicht und eventuellen Korrektur vorgelegt[172])? Warum sonst hätte sich Madeyski, wie er in seinen „Erinnerungen" freimütig gesteht, gerade von Kálnoky in der „katholischen Frage in intensiven Gesprächen" beraten lassen[173])?

Daß sich die Regierung dennoch dazu entschloß, an der Aktion des Episkopats teilzunehmen, zeugt von der Bedeutung, die sie der Gefahr beimaß, die von den Christlich-Sozialen für die bestehende politische und soziale Ordnung ausging: Tatsächlich barg der Kampf der Christlich-Sozialen gegen die „Kirchenfürsten", die sie als

---

167) Siehe MIKO, Mission 192—194 (Abdruck des Memorandums der Regierung).

168) *Czas*, 29. 3. 1895 und Vgl. KOLMER, Parlament und Verfassung V, 413. Siehe auch Abgeordneter KAIZL, Bericht aus dem Budgetausschuß im Plenum des Parlaments. 28. 3. 1895, STEN. PROT. Abgeordnetenhaus, XI. Session, 361. Sitzung, 17953.

169) *Czas*, 29. 3. 1895.

170) Madeyski schloß mit den Worten: „der Schritt der Episkopats entzieht sich überdies der Diskussion im Budgetausschuß". Siehe KAIZL, 28. 3. 1895, STEN. PROT. Abgeordnetenhaus, 17953.

171) PLENER, Erinnerungen III, 229. Vgl. ENGEL-JANOSI, Österreich und der Vatikan I, 281 und ZÖLLNER, Geschichte Österreichs 426, sowie BOYER, Political Radicalism 348 und MIKO, Mission 185. Miko analysiert die Ursachen des Scheiterns der Mission des Kardinals Schönborn folgendermaßen: „Von Rom aus wurde gerade Anfang der neunziger Jahre in Zusammenhang mit der Hinwendung zu Frankreich den demokratischen Bewegungen große Beachtung geschenkt ... Im speziell österreichischen Falle begrüßte man vom Hl. Stuhle aus die Entstehung der christlich-sozialen Bewegung, weil diese unabhängig von der Regierung war". (EBD. 185).

172) Siehe ENGEL-JANOSI, Österreich und der Vatikan I, 281f.

173) MADEYSKI, Erinnerungen II, 216.

Vertreter der Interessen der herrschenden Schichten anprangerten, ja in letzter Konsequenz die Gefahr einer bedeutenden Schwächung der Autorität der katholischen Kirche[174]). Dies wiederum würde nicht nur die traditionelle, mit den konservativen Interessen konforme Politik der Kirche ins Wanken bringen, sondern auch die Einheit der Gläubigen sprengen, da die christlich-soziale Bewegung einen populistischen Katholizismus förderte.

Wie wichtig es also für das katholisch-konservative Lager und für die Regierung als Vertreterin des Status quo war, dieser „von unten“ kommenden Bewegung Einhalt zu gebieten, ist verständlich. Dies umso mehr, als die gesellschaftspolitische Relevanz der katholischen Kirche damals entscheidend war: Für die Erhaltung der bestehenden Ordnung war die Erhaltung ihrer Einheit und Stärke wesentlich.

Ebenso verständlich war freilich die Reaktion der Christlich-Sozialen: sie waren jetzt fest entschlossen, den politischen Schachzug der Regierung nicht nur zu rächen, sondern auch parteipolitisch auszuspielen[175]) — was ihnen übrigens vortrefflich gelang[176]).

---

174) „Von staatlicher Seite sah man in der christlich-sozialen Bewegung eine unerwünschte Erscheinung: Die Christlich-Sozialen waren stark antiliberal, antisemitisch, sie riefen also den Widerspruch der führenden Finanz- und Wirtschaftskreise auf den Plan. Sie waren demokratisch, hatten also die Feudalen unter den Konservativen als Gegner“. MIKO, Mission 183.

175) Tatsächlich versuchte die christlich-soziale Parteil ihre parlamentarische Opposition auch parteipolitisch auszunützen: Man bedenke, daß sich diese Partei formal erst unter der Regierung Windischgrätz konstituiert hatte und ihr Parteiprogramm erst am 1. 3. 1894 herausgab. Somit stellte sie die jüngste Partei des Hauses dar und war auch anfänglich nur schwach vertreten: 14 Abgeordnete von 353, also nur 4% der Mandate. Siehe KNAUER, Das österreichische Parlament, Annex. Zunächst versuchten die Christlich-Sozialen, im Parlament ihr ideologisches und parteipolitisches Gedankengut zu propagieren, so etwa, indem sie die ohnehin unpopuläre Koalitionsregierung als „Klassenregierung“ zu bekämpfen angaben und sich als Vertreter der ärmeren Volksschichten, insbesondere aber des Kleinbürgertums und des kleinen (deutschen) Beamtentums zu profilieren versuchten. Aus diesem Selbstverständnis heraus stellten sie ihre Kritik an der „Korruption“ der Regierung als Schutz des deutschen Beamtentums dar, das ja damals als Wählergruppe ausschlaggebend war! Gegenüber den immer stärker den Staatsapparat infiltrierenden slawischen „Eindringlingen“, so Lueger wörtlich (28. 3. 1895, STEN. PROT. Abgeordnetenhaus, XI. Session, 361. Sitzung, 17948) eignete sich die Aufdeckung der Bevorzugung nichtdeutscher Beamter durch einen polnischen Minister (die Fälle Dunajewski und Rosner) zur Gewinnung der Stimmen der deutschen Beamtenschaft, um die ja auch die Liberalen warben! So wußte auch *Czas* (31. 5. 1895), daß die Angriffe der Christlich-Sozialen gegen Madeyski im Grunde „Angriffe gegen all jene Polen waren, die in Wien im Staatsdienst standen“. Nicht zuletzt wollten die Christlich-Sozialen ihren Kampf gegen die Koalitionsregierung auch für ihren parteipolitischen Konkurrenzkampf mit den deutschen Liberalen ausnützen, die ja ebenfalls in dieser Regierung vertreten waren: Für April 1895 waren die für sie besonders wichtigen Wiener Gemeinderatswahlen angesetzt, in denen sie die Liberalen endlich zu besiegen hofften. Zweifellos sollte also der verschärfte Kampf der Christlich-Sozialen im Zentralparlament während der letzten Monate vor dem Gemeinderats-Wahltermin ihrer parteipolitischen Wahlpropaganda dienen. Siehe auch *Czas*, 14. 5. 1895 und BOYER, Political Radicalism 337, 342. Dieser analysiert diese Strategie folgendermaßen: „After November 1893 the antisemites found themselves with a ready-made target of inestimable value ... Antisemitic politics between November 1893 and July 1895 assumed a much harsher, more uncompromising aura, precisely because the party's antagonist — the Liberals — held a significant share of state power“ (337). Und einige Seiten weiter: „In 1894 a series of collisions between the Christian Socials and the coalition occurred which became more significant as the municipal elections of 1895 approached“ (342). Vgl. auch DERS., Veränderungen im politischen Leben Wiens. Die Großstadt Wien, der Radikalismus der Beamten und die Wahlen von 1891; in: Jahrbuch des Vereins für Geschichte der Stadt Wien 36 (1980) 95—173, 37 (1981) 117—176.

176) Dies illustrieren sowohl die Ergebnisse der Wiener Gemeinderatswahlen 1895, aus denen die Christlich-

Die Episode „Vatikan“, die erst vor dem soeben skizzierten politischen und parteipolitischen Hintergrund ihre volle Bedeutung erhält, ist in den Wirren der lawinenartig auf die Koalition hereinbrechenden Ereignisse nicht hinreichend beachtet worden: Und doch war gerade sie es, die im wesentlichen die beispiellose Härte des christlich-sozialen Kampfes gegen Madeyski erklärt.

Auch im Hinblick auf die Untersuchung der politischen Persönlichkeit Madeyskis ist die Episode „Vatikan“ aufschlußreich. Seine starke Exponierung und sein manifestes Engagement in der anti-christlich-sozialen Kampagne löst einen weiteren Stein aus dem komplexen Mosaik seiner politischen Silhouette heraus: seinen grundsätzlichen Standort in der „katholischen Frage“.

Allein aus der Denkschrift an die römische Kurie geht Madeyskis Mißbilligung und Ablehnung der christlich-sozialen Bewegung schon eindeutig hervor: Sie wird darin, ebenso wie die Sozialdemokratie — da beide Bewegungen unter dem Banner des „sozialistischen“ Gedankenguts kämpfen würden — als Anarchie hingestellt. Den Radikalismus der Christlich-Sozialen assoziiert Madeyski überdies mit jenem der „fortschrittlichen Demokraten“ Galiziens und der Sozialisten: sie würden gleichsam versuchen, die traditionelle Gesellschaftsordnung zu „zerrütten“. Schließlich lehnt Madeyski als Politiker der „alten Schule“, die ihre Traditionen noch aus den Anfängen des Konstitutionalismus und Parlamentarismus in Österreich schöpfte, auch den politischen Kampfstil der Christlich-Sozialen ab: Diesen kennzeichnen eine „scharfe Tonart“, „radikale“ politische Agitation und „dogmatische“ parteipolitische Propaganda. In den Augen Madeyskis waren solche Methoden aber lediglich dazu angetan, das Klima der parlamentarischen Beratungen zu vergiften, unnötige Spannungen hervorzurufen und Unruhe in der Öffentlichkeit zu stiften.

Selbstverständlich beschränkte sich Madeyskis Kritik der Christlich-Sozialen nicht auf die äußere Form ihres politischen Kampfes. In erster Linie waren es ihre ideologischen Ziele, die auf seine grundsätzliche Ablehnung stießen:

Aus seinem Selbstverständnis als Katholik heraus fühlte sich Madeyski moralisch dazu verpflichtet, die christlich-soziale Bewegung zu bekämpfen ... Wie sagte er doch im Anschluß an die provokante Rede Scheichers? „Die tiefempfundene Verletzung“ seiner „persönlichen Gefühle als Katholik“ sei es, die ihn zwinge, in die Debatte einzugreifen. Tatsächlich bildet Madeyskis Katholizismus — obwohl sich dieser entschieden vom extremen Klerikalismus abhob (man denke nur an das Mißtrauen, das ihm gerade von diesem Lager entgegengebracht wurde) — ein konstitutives Grundelement seiner Weltanschauung. Dies allerdings nur, wenn man diesen Katholizismus in seiner spezifisch polnischen Ausprägung begreift:

Sozialen als entschiedene Sieger hervorgingen, als auch ihr Mandatszuwachs nach den Neuwahlen zum Reichsrat 1897 (von 4% auf 6%). Durch die allmähliche Monopolisierung der Stadt Wien und die Verdrängung der katholischen Konservativen aus ihren alten Stützpunkten in den Alpenländern wuchs die christlich-soziale Partei bald zu einer der mächtigsten politischen Kräfte Österreichs an. Siehe BOYER, Political Radicalism 349f. sowie GAVIN LEWIS, Kirche und Parteien im politischen Katholizismus. Klerus und Christlichsoziale in Niederösterreich 1885—1907 (= Veröffentlichungen des Instituts für kirchliche Zeitgeschichte am Internationalen Forschungszentrum für Grundfragen der Wissenschaften 2/4, Salzburg 1977). Siehe auch ADAM WANDRUSZKA, Österreichs politische Struktur. Die Entwicklung der Parteien und politischen Bewegungen; in: Geschichte der Republik Österreich, hrg. von Heinrich Benedikt (Wien 1954) 289—485.

In der polnischen Tradition stellte der Katholizismus, anders als bei anderen Nationalitäten des Reiches, auch eine politisch-ideologische Kategorie dar und erfüllte als solche die Funktion eines Korrelats zum polnischen Nationalbewußtsein und Nationalismus[177]).

In Galizien bildete darüber hinaus die Treue zur katholischen Kirche neben der Treue zum österreichischen Herrscherhaus das Fundament des ideologischen Gerüstes der Konservativen: Neben und unabhängig von ihrer Funktion als nationales Identifikationsmoment für die staatenlosen Polen sicherte die Kirche nämlich auch jene Gesellschaftsordnung und jene Machtverhältnisse, die die traditionellen Eliten des Landes geschaffen hatten; in diesem Sinn aber diente sie zugleich auch den konkreten wirtschaftlichen und machtpolitischen Interessen der polnischen Großgrundbesitzaristokratie. Und eben diese Rolle der katholischen Kirche war es, die allen konservativen Kräften, zu allererst aber den galizischen Stańczyken eine passive Haltung den Christlich-Sozialen gegenüber unmöglich machte: Mit der Wiederannäherung der Kirche an das „Volk“ mußte notwendig auch ihre politische Neuorientierung einhergehen. Allein das aber würde schon die traditionelle Solidarität der weltlichen und geistlichen Machthaber erschüttern. Madeyskis Forderung nach einer „allgemeinen Kooperation von Staat und Kirche“ liefert eine prägnante Illustration für diese Auffassung.

Erst aus der Perspektive dieser Anschauung erhält Madeyskis persönlicher Kampf gegen die Christlich-Sozialen seine eigentliche Bedeutung: Wie für alle galizischen Konservativen stellte diese Bewegung auch für ihn eine weit ernstere Gefahr dar als der atheistische, „nihilistische“ Sozialismus. Denn der militant populistisch gefärbte Katholizismus der Christlich-Sozialen wollte (in dieser Sicht) den Klassenkampf ja sogar in die bislang stabilste Stütze des Status quo hineintragen, nämlich in die Kirche:

Aufgrund der tiefen Religiosität der bäuerlichen Kernbevölkerung Galiziens sowie der gelungenen Umfunktionierung der Kirche zu einer institutionellen Kontrollinstanz des Status quo durch die galizischen Machthaber hatte das sozialistische Gedankengut bisher nur unter den — im agrarisch-feudalen Galizien noch kaum entwickelten — Schichten der städtischen Intelligenz, des ärmeren Bürgertums und der Arbeiterschaft Fuß fassen können. Das Gedankengut der Christlich-Sozialen hingegen, das ja vornehmlich die Interessen der ärmeren Volksschichten reflektierte und ganz besonders die Vertreter der niederen Geistlichkeit ansprach, drohte — eben über die dem „Volke“ am nächsten stehende niedere Geistlichkeit — auch die Bauern zu erfassen und diese gegen den Adel aufzuwiegeln.

Wie begründet diese Ängste waren, beweist auch der Umstand, daß sich die Christlich-Sozialen in diesen Jahren offen mit der galizischen Volksbewegung Stanisław Stojałowskis solidarisierten: Da der Polenklub und der polnische Episkopat gegen Stojałowskis „Agrarsozialismus“ einen intransigent harten Kurs verfolgten, hatte dieser demonstrative Akt wohl eine alarmierende Signalwirkung[178]).

---

[177]) Vgl. Kap. I.

[178]) BOYER, Political Radicalism 344.

g) Unbewältigte Aufgaben — Die Niederlage der „Koalitionsidee"

Die offene Konfliktaustragung zwischen den Christlich-Sozialen und der Regierung lenkte das Interesse der öffentlichen Meinung für eine Weile von anderen politischen Fragen ab und rückte auch die auf der Tagesordnung des Parlaments stehenden Angelegenheiten in den Hintergrund.

Unterdessen liefen die Ausschußarbeiten und Verhandlungen in den Cillier- und Wahlreformfragen allerdings ungehindert weiter. Nach dem Abklingen der „Skandale" traten beide Problemkomplexe erneut in den Brennpunkt der politischen Diskussion:

Im Frühjahr 1895 lag noch immer keine Entscheidung bezüglich der Errichtung einer slowenischen Schule in Cilli vor. Alle Versuche der Regierung, durch Kompromißvorschläge einen Konsens zu erzwingen, waren fehlgeschlagen, die zahlreichen vertraulichen „Tauschgeschäfte" waren fruchtlos geblieben. Auch die Wahlreform, zu deren Ausarbeitung sogar ein spezielles Komitee eingesetzt worden war und der man zahllose Ministerratssitzungen widmete, war ihrer Verwirklichung nicht näher gerückt: „das Subkomitee kam nicht vorwärts ..."[179]); im Ministerrat scheiterten die Beratungen an den stark divergierenden, oft unversöhnlichen Vorstellungen der einzelnen Kabinettsmitglieder oder ihrer jeweiligen Parteien.

Wie schon in der Cillier Frage, war es auch hier Madeyski, der die festgefahrenen Verhandlungen wieder in Bewegung setzte und die erstarrten Fronten sprengte:

Nachdem er, wie er später schrieb, die traurige Lage der Regierung als „so peinlich" empfunden habe, daß ihm „jede Freude an der Arbeit und jede Einsatzbereitschaft verging", sei er zu der Überzeugung gelangt, daß nur „entschlossenes Handeln" die Regierung retten könnte. Die nötigen Initiativen beschloß er selbst zu ergreifen[180]):

Am 4. März 1895 forderte Madeyski die Regierung im Ministerrat auf, die Hoffnung auf eine Einigung der drei Koalitionsparteien im Wahlreformausschuß aufzugeben und die Gesetzesvorlage zu einer Wahlreform im Alleingang auszuarbeiten, um, wie er ausdrücklich erklärte, von „den Ereignissen nicht überrollt" zu werden[181]).

Nun stand diese Anregung aber in Widerspruch zu der Bedingung, welche die Regierung in ihrem Antrittsprogramm an die Durchführung einer Wahlreform geknüpft hatte: Als Voraussetzung für die Vorlage eines diesbezüglichen Gesetzesentwurfes im Parlament war „das Einvernehmen mit den koalierten Parteien" gestellt worden!

Dennoch hielt Madeyski seinen Vorschlag für „zulässig": Den betreffenden Passus der Regierungserklärung könne man nämlich auch anders als bisher interpretieren; in der neuen Auslegung würde die Wahlreformklausel eine Regierungsvorlage zumindest nicht illegitim erscheinen lassen.

Konkret schlug er vor, den betreffenden Passus „nicht mehr in dem vom Ministerpräsidenten schon andere Male ausgesprochenen Sinn zu verstehen, daß die Regierung von Beginn an und durchwegs an dieses Einvernehmen mit den Parteien gebunden sei", sondern lediglich so auszulegen, daß dieses Einvernehmen „erst bei der Abstimmung über das Gesetz im Hause stattfinden müsse".

---

179) Plener, Erinnerungen III, 221.
180) Madeyski, Erinnerungen II, 219.
181) Madeyski, 4. 3. 1895, Protokolle der Sitzungen des Ministerrates 1891—1895, KZ 19, AVA.

Die Regierung hätte dann „nur die Pflicht, eine solche Reform abzulehnen, die so zustande kommt, daß nur zwei der Koalitionsparteien zum Beispiel dafür, die dritte aber dagegen stimmt, und die erforderliche Majorität durch andere, der Koalition nicht angehörige Elemente erreicht wird“[182]).

Wieder einmal war es Madeyski dank seiner juristischen Spitzfindigkeit gelungen, politische Hindernisse zu beseitigen — diesmal, um die Regierung ohne Bruch eines ihrer Grundsätze aus ihrer Gebundenheit an das „Einvernehmen der Koalitionsparteien“ zu befreien.

Tatsächlich eröffnete Madeyskis Neuauslegung der Wahlreformklausel der Regierung einen legitimen Weg, die auf Parteienebene nicht geglückte Einigung über die konkrete Ausführung einer Wahlreform in ihrem eigenen Schoß zu erreichen und damit die festgefahrene Lage zu überwinden. Vollkommen befreite aber auch die neue Interpretation der Klausel nicht vom Konsens der koalierten Parteien: Nur den Zeitpunkt für die Erfüllung dieser Bedingung hatte Madeyski verschieben können, nämlich vom Moment der Ausarbeitung des Gesetzesentwurfes auf den Termin der Abstimmung über den schon fertigen Gesetzesentwurf. Diesen würde die Regierung selbst erstellen und dem Parlament als Regierungsvorlage zur Annahme empfehlen. Damit blieb als notwendige Voraussetzung für die Durchsetzung der versprochenen Wahlreform nur mehr die Bedingung aufrecht, daß bei der Abstimmung über die Regierungsvorlage keine der Koalitionsparteien gegen diese stimmt.

Die tiefere Absicht dieses Lösungsvorschlages war offenkundig. Doch vermied es Madeyski geschickt, seine Kollegen aufzuklären. Vielmehr spielte er bei der Begründung seines Vorschlages nur jene Fälle durch, bei denen die Regierungsvorlage entweder gar nicht durchkommen oder erst unter einer anderen, von dieser Bedingung nicht belasteten Regierung beschlossen werden konnte[183]). Nicht erwähnt hat Madeyski aber den Fall, wo einer der Koalitionspartner die Regierungsvorlage zwar ablehnt, aber sich bei der Abstimmung der Stimme enthält: Nun wäre die Regierung hier nicht mehr gezwungen, abzudanken, wenngleich das Wahlreformgesetz in diesem Fall nicht mit den Stimmen aller drei Koalitionsparteien, sondern nur einer oder zwei von ihnen mit den zusätzlichen Stimmen koalitionsfremder Fraktionen beschlossen würde.

Vermutlich hat Madeyski diese Alternative aus taktischen Gründen nicht vorgeführt, um jene Koalitionspartei nicht herauszufordern, die in diesem Falle die Vorlage ablehnen würde: Erst für den Fall, daß sich tatsächlich die Konstellation ergab, wo die Vorlage mit einer Mehrheit angenommen würde, in der neben koalitionsfremden Elementen nur zwei der Bündnispartner vertreten wären, sollte diese Alternative ins Treffen geführt werden. Auf dem Weg mehr oder minder vertraulicher Verhandlungen könnte die dritte Koalitionspartei vielleicht dazu gebracht werden, sich bei der Abstimmung der Stimme zu enthalten, um das Kabinett zu retten, die versprochene Wahlreform endlich durchzuführen und die bis dahin ja „eingefrorenen“ großen politischen Fragen in Angriff nehmen zu können.

Auf der nächsten Ministerratssitzung (am 6. März) plädierte Madeyski neuerlich für die Annahme seines Vorschlages. Er erhoffe sich von ihm „günstige Resultate“, nachdem

---

182) Ebd.

183) Ebd.

die Parteien sich „gewiß viel eher einigen werden", wenn die Regierung ihr eigenes Projekt auch selbst „zu vertreten entschlossen ist"[184]).

Überdies befänden sich „die koalierten Parteien in der Verfassung, daß sie forciert zu werden wünschen". Namentlich der Polenklub „scheue sich trotz bestem Willen und loyalsten Absichten vor der Verantwortung für ein Wahlreformprojekt" und würde, wie Madeyski betonte, „eine douce violence der Regierung leicht vertragen"[185]).

Tatsächlich bot Madeyskis Vorschlag den Koalitionsparteien einen eleganten Ausweg aus ihrem Dilemma: Im Falle einer Regierungsvorlage waren sie nicht mehr gezwungen, im Namen des Kompromißprinzips „einen Teil ihrer jeweiligen Wünsche und Ansichten ..., die sie nicht aufgeben wollten", zu opfern und ihren Parteikurs zu verraten. Sie wären lediglich verpflichtet, für oder gegen diese Vorlage zu stimmen[186]).

Madeyskis Initiative beschränkte sich nicht auf theoretische Vorschläge: Als Regierungsvorlage empfahl er seinen Kollegen die Grundrisse eines bereits fertigen Gesetzesentwurfes, den der Minister des Innern Bacquehem dem Kabinett bereits im November des Vorjahres unterbreitet hatte. Der Entwurf hatte damals nur geteilte Zustimmung erhalten und war schließlich vom verantwortungsscheuen Windischgrätz verworfen worden[187]).

Bacquehems Projekt zufolge sollte an der Seite jeder Handels- und Gewerbekammer eine selbständige Arbeiterabteilung errichtet werden, die mit ungefähr gleichen Befugnissen wie die bestehenden Kammern ausgestattet wäre und mit diesen unter Umständen zu gemeinsamen Beratungen zusammentreten könnte. Wahlberechtigt für diese Arbeiterabteilung wären alle des Lesens und Schreibens kundigen Männer über 24 Jahre, die eine mindestens zweijährige Mitgliedschaft in einer Krankenkasse und geregelte Beschäftigung nachweisen könnten. Im Abgeordnetenhaus sollten diesen Arbeiterabteilungen 22 Sitze eingeräumt werden[188]).

Das Kabinett erklärte sich einverstanden, diesen Entwurf zum Ausgangspunkt einer Gesetzesvorlage zu nehmen. Schon am nächsten Tag, dem 7. März — es war nun Eile geboten, da der Druck der öffentlichen Meinung ständig wuchs —, fand die entscheidende Sitzung des Ministerrates statt: Einmal mehr war es der Kaiser, der den Vorsitz übernahm. Windischgrätz gab die konkreten Vorschläge bekannt, die die einzelnen Minister im Namen der Regierung dem Subkomitee des Wahlreformausschusses übermitteln sollten[189]). Gemäß dem überarbeiteten Rahmenentwurf Bacquehems sollte die

---

184) MADEYSKI, 6. 3. 1895, Ministerratsprotokoll, KZ 20.

185) EBD.

186) Tatsächlich war der „ergebnislose Stand der Beratungen und die Stagnation des Subkomitees" das Resultat immer schärferer Gegensätze zwischen den Mitgliedern der drei koalierten Parteien. Siehe PLENER, Erinnerungen III, 221.

187) Windischgrätz rief daraufhin den speziellen Wahlreformausschuß ins Leben (27. 11. 1894), der die Aufgabe erhielt, einen alle drei Koalitionsparteien zufriedenstellenden Gesetzentwurf auszuarbeiten. PLENER, Erinnerungen III, 198. In diesem Kontext wird auch Madeyskis Anklage gegen Windischgrätz verständlich: er gab diesem die volle Schuld an der „traurigen Lage" der Wahlreformfrage. Siehe MADEYSKI, Erinnerungen II, 219 und CHŁĘDOWSKI, Pamiętniki [Memoiren] II, 152.

188) Eine genauere Beschreibung dieses Entwurfes bei PLENER, Erinnerungen III, 198.

189) Alfred WINDISCHGRÄTZ, 7. 3. 1895, Ministerratsprotokoll KZ 23. Tatsächlich waren die Minister per Kabinettsbeschluß ermächtigt worden, als Teilnehmer an den Verhandlungen des Subkomitees, innerhalb gewisser Rahmen, die Stellung der Regierung in der Wahlreformfrage zu erläutern.

neue Wählerschaft in zwei Kategorien geteilt werden: einerseits die Gruppe der kleinsten Steuerträger, andererseits die Gruppe der versicherungspflichtigen Arbeiter, wobei die Zahl der Wahlberechtigten in den Steuerklassen um 1,2 bis 1,3 Millionen angehoben werden sollte, jene der neuen „Arbeiterklasse" auf nur 600000 bis 700000 bemessen wurde. Im Ganzen gäbe es somit 2 Millionen neuer Wähler bei einer Vermehrung der Abgeordnetenhausmandate um 56 Sitze[190]).

Offenkundiges Ziel einer neuerlichen Wahlreform war es gewesen, den bisher vom Stimmrecht noch ausgeschlossenen Bevölkerungsschichten im Sinne einer Demokratisierung des Wahlrechts die Wahlberechtigung zu gewähren. Doch die Konzessionen, die der Entwurf des Koalitionskabinetts in Aussicht stellte, dienten de facto lediglich der vorbeugenden Hintanhaltung des allgemeinen Wahlrechts: Wie so oft in der Geschichte, wurde auch hier versucht, durch geringfügige Reformen im bestehenden System die wachsende Unzufriedenheit der Bevölkerung zu mildern, eine echte Demokratisierung im Sinne der vollen Teilhabe des Volkes an der politischen Willensbildung aber zu verhindern und die bestehenden Macht- und Herrschaftsverhältnisse zu erhalten. Tatsächlich kam das neue Wahlreformprojekt dem allgemeinen Wahlrecht mit Absicht nicht näher: Mit aller Deutlichkeit hatte Windischgrätz bereits im Vorjahr erklärt, daß die Regierung „allen Vorschlägen, die in irgend einer Weise auf das allgemeine, gleiche und direkte Wahlrecht hinzielten, ihre Zustimmung nicht erteilen" könnte[191]).

Der Kaiser zumindest befürwortete den Entwurf, und seiner Meinung schlossen sich die einzelnen Minister an. In Anlehnung an Madeyskis Ausführungen wurde daraufhin einstimmig beschlossen, auf das Subkomitee „geradezu Druck" auszuüben, um die Vorlage durchzusetzen[192]).

Hinter vordergründigem Optimismus herrschte indes Skepsis: Plener fand, so gestand er später, daß „bei der großen Schwierigkeit, eine Einigung der Parteien in dieser Frage zu erzielen, das Ministerium an der Wahlreform zugrundegehen" würde[193]). Madeyski erklärte seinerseits schon am 10. Mai vor dem Ministerrat, daß er „nicht sehr daran glauben könne, daß die Vorlage die notwendige Zweidrittelmehrheit auf sich vereinigen" würde. Dennoch beharrte er damals darauf, daß die Regierung „den betretenen Weg nun konsequent weitergehen" müsse[194]).

Madeyskis persönliche Einstellung zur Demokratisierung des Wahlrechts geht aus seinen zahlreichen Wortmeldungen im Ministerrat allerdings nicht hervor: Daß er die damals vom Koalitionskabinett beschlossene Erweiterung des Wahlrechts nur als „notwendiges Übel" angesehen hatte (damit lag er übrigens auf der Linie des Polenklubs), erfährt man zunächst aus seinen „Erinnerungen": Grundsätzlich habe er die Einführung eines allgemeinen und gleichen Wahlrechts schon seit jeher abgelehnt: „Diese Idee ist von ihrer Vorraussetzung her schon falsch ..."[195]). Namentlich in Galizien, wo die

---

190) PLENER, Erinnerungen III, 208, 222.

191) *Reichspost*, 29. 11. 1894.

192) PLENER, Erinnerungen III, 224.

193) Dieses Ende erachtete Plener allerdings als „weniger unrühmlich als den Zusammenbruch des Kabinetts aus Anlaß der slowenischen Parallelklassen in Cilli" (sic!). PLENER, Erinnerungen III, 265.

194) MADEYSKI, 10. 5. 1895, Ministerratsprotokoll KZ 38, MRZ 36.

195) MADEYSKI, Pamiętniki rządu Badeniego [Tagebuch aus der Regierungszeit Badenis]; in: Nachlaß VII, 6.

„Landbevölkerung dafür noch gar nicht reif" sei, würde das allgemeine Wahlrecht lediglich die radikale Agitation unter den Bauern schüren; letztere seien ja — wie er „mit Kummer festgestellt" habe — „ohnehin schon in die Hände gefährlicher Elemente gefallen"[196]).

Öffentlich bekannte sich Madeyski erst nach seinem Rücktritt als Minister zu diesen Ansichten: Als die Regierung Badeni ernsthaft daran ging, im Rahmen ihrer Wahlreform eine Kurie des allgemeinen Wahlrechts zu schaffen, stimmte er der Gesetzesvorlage — er sprach allerdings im Namen des Polenklubs — nur mit Vorbehalt zu: „Schweren Herzens" seien die Polen der „gebieterischen Lage der Gegenwart" gefolgt. Unter den gegebenen Verhältnissen und in „diesem" Parlament sei eine „autonome Gestaltung des Wahlrechts", wie sie dem autonomistischen Gedanken entsprechen würde, nicht durchführbar — nämlich die Rückkehr zum Wahlrecht der Landtage, das mit der Einführung der direkten Wahlen zum Reichsrat im Jahre 1873 aufgehoben worden war. Damals hätten sich die Länder das Wahlrecht noch „ganz nach den eigenartigen Bedürfnissen" so einrichten können, daß in der Vertretung des Zentralparlaments ein treues Abbild derjenigen Potenzen zur vollen Geltung gelangte, die den „eigenartigen Charakter des Landes" bildeten. Für die Annahme der Badenischen Wahlreformvorlage habe eine andere Überlegung gesprochen: Die Einführung der V. Kurie des allgemeinen Wahlrechts hebe nämlich nicht das Prinzip der Interessenvertretung auf, das doch „zumindest annäherungsweise der tatsächlichen Gruppierung der Bevölkerung" entspreche. Das allgemeine Wahlrecht hingegen führe nur zum Sieg der „nackten Ziffer" oder „einseitiger Klasseninteressen", letzteres „unter bedenklicher Gefährdung der teuersten und heiligsten Güter des Volkes: der Religion und der Nationalität": Denn: „man kann sich doch der Täuschung nicht hingeben, daß eine gesetzlich fingierte Gleichheit die tatsächlichen Unterschiede, welche so mannigfaltig und in einer vom Willen der Individuen vollkommen unabhängigen Weise die Stimmberechtigten trennen, irgendwie mit einem Schlage verwischt werden ..."[197]).

---

[196]) Madeyski dachte hier namentlich an die radikale, sozialistisch geprägte Volks- und Bauernbewegung unter Führung von Stanisław Stojałowski (1841—1911), eines Priesters, der später die christliche Volkspartei Galiziens gründete. Siehe Mały słownik historii Polski [Kleines Lexikon der Geschichte Polens] 347. Im Prinzip decken sich Madeyskis Argumente mit denen der galizischen Konservativen: „... ein gleiches Wahlrecht für alle kann aus der Natur der Sache allein schon von keinem Vorteil für Österreich sein. Dem optimalen Wahlrecht am nächsten steht jenes, das jedes Kronland für sich selbst aufgrund seiner eigenen Verhältnisse beschließt und diesen auch anpassen kann". Przegląd polityczny [Politische Rundschau] 30. 6. 1895; in: *Przegląd Polski* 117 (1895) 282. Nicht, daß es nicht präzisere Erklärungen gegeben hätte: „Wir sind grundsätzlich keine Anhänger einer Erweiterung des Wahlrechts auf die Massen. ... Ein Wahlrecht, das den Massen das Stimmrecht verleiht, gibt der Zahl und damit der Unwissenheit das Vorrecht über Bildung und Besitz. Die Massen sind immer und überall radikal gesinnt ... mehr noch, die Massen müssen sogar immer radikal gesinnt sein, denn sie gehören zum größten Teil nicht zu den Besitzenden ..." Przegląd polityczny [Politische Rundschau] 30. 11. 1894; in: *Przegląd Polski* 114 (1894) 711.

[197]) Madeyski, 20. 4. 1896, Sten. Prot. Abgeordnetenhaus, XI. Session, 478. Sitzung, 24217—24219. In seinen persönlichen Aufzeichnungen argumentierte Madeyski allerdings weniger diplomatisch: „... das Badenische Wahlreformprojekt beunruhigte uns ..." Madeyski, Pamiętniki rządu Badeniego [Tagebücher aus der Regierungszeit Badenis] 6. Über seine prinzipielle Einstellung zum allgemeinen, gleichen Wahlrecht gibt auch ein Interview mit dem Petersburger *Kraj* vom 7. (20.) 2. 1903 Auskunft (*Kraj* [Land] war 1882 von zwei bekannten Publizisten, Włodzimierz Spasowicz und Erazm Piltz als Wochenzeitschrift

Am 5. Juni 1895 begannen im Wahlreformausschuß die Verhandlungen über den Entwurf Bacquehems. Wie vereinbart, empfahl ihn der Ministerpräsident dem Subkomitee zur Annahme. Anders als vereinbart fügte er jedoch hinzu, daß dieser Entwurf „nicht aus der Initiative der Regierung hervorgegangen sei, wenn diese ihn gleichwohl als Regierungsvorlage vertrete"[198]). Damit hatte Windischgrätz den strategischen Plan vereitelt, wonach der Entwurf als Gemeinschaftswerk der Regierung präsentiert werden sollte, um so die koalierten Parteien zu seiner Annahme zu zwingen: Bitter schreibt Plener später, daß Windischgrätz „wieder den alten Fehler gemacht" habe, die Führung nicht in die Hand zu nehmen. Dabei sei zum damaligen Zeitpunkt „Entschlossenheit noch nötiger als im früheren Verlauf der Verhandlung" gewesen[199]).

Auch Madeyski, der eigentliche Initiator der Idee von einer „Regierungsvorlage", war empört: „... Windischgrätz hatte nicht genug Verstand, um zu begreifen, was er da angerichtet hat"[200]).

Wie recht beide Minister hatten, zeigte sich schon zwei Tage später: wieder gelang es nicht, im Wahlreformausschuß die Koalitionspartner zu einigen[201]). Auf Widerstand stieß der Entwurf übrigens nicht nur in diesem Gremium; auch auf der Straße wurde protestiert: Unter dem Banner des allgemeinen und gleichen Wahlrechts veranstaltete die enttäuschte Arbeiterschaft in Wien am 9. Juni eine Massendemonstration[202]).

---

gegründet worden und stellte sich die schrittweise Integration der polnischen Territorien in das russische Reich zum Ziel. *Kraj* wurde von Aristokratie, Großgrundbesitz, Handels- und Industriebürgertum und höherem Klerus unterstützt und entsprach in seiner politischen Ausrichtung in etwa *Czas*.): „Jene haben recht, die die Einführung der direkten Wahlen zum Reichsrat im Jahre 1873 als schwerwiegenden Fehler ansehen ... Die indirekten Wahlen haben zwei Vorteile gehabt: Erstens und vor allem repräsentierten die Abgeordneten die Länder, also nicht individuelle, sondern gemeinschaftliche Interessen und wirkten daher allein schon dadurch stärker im Geiste des Gemeinwohles; zweitens waren die vom Landtag durchgeführten Wahlen wie ein Sieb, durch das nur die Besseren durchkamen — und die braucht man ja im Reichsrat. Und dennoch kann heute die Rückkehr zum indirekten Wahlrecht die Bevölkerung nicht mehr befriedigen, ist sie doch schon dreißig Jahre an das Individualrecht gewöhnt worden; heute würde dies schon den Anschein einer Konfiszierung ihrer politischen Rechte haben. Gegebene Rechte einschränken kann man, muß man manchmal vielleicht sogar; aber für einen solchen Schritt muß zunächst ein günstiger psychologischer Augenblick gewählt werden. Ob ein solcher heute vorliegt? Ich bezweifle das sehr stark. Die Idee des allgemeinen, gleichen und direkten Wahlrechts hielt man für unrichtig, weil sie die Herrschaft der Zahl bedeutet — und die Zahl allein ein mechanischer Faktor ist, dem keine Entscheidung übertragen werden kann, wenn es um ein organisches Gebäude geht. Die wirtschaftlichen Gruppen, auf die sich die sogenannte Interessenvertretung stützt, sind zumindest ein wirklicher Samen der historischen Entwicklung der Gesellschaft, haben also etwas wahres an sich und verbinden die Abgeordneten zumindest durch die Gemeinsamkeit der Interessen einer Gruppe. Aber allgemeine Wahlen verbinden die Abgeordneten durch keinerlei Gemeinsamkeit, mehr noch, sie bringen nur lose Atome in den Reichsrat hinein". MADEYSKI, Prawo wyborcze [Das Wahlrecht]; in: *Kraj*, 7. 2. 1903, 12.

198) PLENER, Erinnerungen III, 269.

199) EBD.

200) MADEYSKI, Erinnerungen II, 220.

201) Siehe PLENER, Erinnerungen III, 271: „Die Stimmung war durch die heftige Sprache der Parteipresse, durch die bevorstehende Entscheidung in Cilli, durch die Obstruktion im Hause und die schon lange vorhandene Gereiztheit der Parteien nicht günstig für eine einverständliche Beilegung der Streitigkeiten". EBD.

202) KOLMER, Parlament und Verfassung V, 511. Wie berechtigt die Empörung über den Regierungsentwurf war, bestätigt auch folgender Kommentar: „Die Absurdität dieses durch die tiefgreifenden sozialen Umschichtungen im Grunde bereits überholten ständischen Wahlsystems nach Kurien, das unter den gegebenen Umständen dem nationalistischen Kleinbürgertum besonders günstige Chancen einräumt,

Ebenso kläglich waren die Verhandlungen über „Cilli“ gescheitert[203]): Unausgetragen kam die Angelegenheit am 11. Juni vor den Budgetausschuß[204]), wo die Deutschen wie erwartet die Streichung[205]), die Jungtschechen und Polen wiederum die Bewilligung[206]) der 1500 Gulden für die Errichtung eines slowenischen Untergymnasiums in Cilli beantragten.

Der Unterrichtsminister soll sich in der anschließenden Debatte, dem Bericht Pleners zufolge (im betreffenden Protokoll der Budgetausschußsitzung wurde sie nicht ausführlich wiedergegeben), auf einen „ganz formalen Standpunkt gestellt“ haben: Die Regel vom Konsens beider Parteien im Parlament bzw. vom einvernehmlichen Beschluß des betreffenden Landtages, die er im Vorjahr für die Errichtung nationaler Schulen ausgesprochen hätte, habe sich nicht auf „Cilli“ bezogen. „Cilli“ sei ein Ausnahmefall. Im übrigen sei ein entsprechender Beschluß des steirischen Landtags ohnehin gefallen, dies jedoch bei Abwesenheit der slowenischen Abgeordneten, sodaß man hier nicht von einer beiderseitigen Meinungsäußerung sprechen könne[207]). Abschließend soll Madeyski mit aller Deutlichkeit erklärt haben, daß die Regierung den Slowenen bereits im Vorjahr ihr Wort gegeben habe und daher auch jetzt vor dem Veto einer einzigen Partei nicht zurückweichen werde. Pleners Kommentar ist unmißverständlich: „Madeyski war in seinen Ausführungen nicht glücklich ... auf die Vertreter der Vereinigten Deutschen Linken haben sie einen denkbar schlechten Eindruck gemacht ...“[208]).

---

wurde durch diese Teilreform eigentlich erst voll in das Licht der Öffentlichkeit gerückt“. WOLFGANG MOMMSEN, Das Zeitalter des Imperialismus (Frankfurt a. Main 1969) 139.

203) Noch im Februar hatten vertrauliche Verhandlungen stattgefunden zwischen Regierung, slowenischen Abgeordneten, steirischen Konservativen und Vertretern der Vereinigten Deutschen Linken: Sie scheiterten, und Sutter nennt den Unterrichtsminister als Hauptverantwortlichen dafür: auf einen annehmbaren Vermittlungsvorschlag der deutsch-konservativen Abgeordneten hätte er damals nicht reagiert und so seine Ablehnung dokumentiert. Siehe SUTTER, Badenische Sprachenverordnungen I, 115. Auch weitere „Tauschgeschäfte“ sollen fruchtlos geblieben sein. Siehe auch PLENER, Erinnerungen III, 272.

204) PLENER, Erinnerungen III, 273.

205) EBD. Siehe auch PROTOKOLL der Sitzung des BUDGETAUSSCHUSSES des Abgeordnetenhauses vom 11. 6. 1895 (Parlamentsarchiv, Wien): Unter der Präsenzliste dieser Sitzung — mit dem Verweis „(Cilli!)“ neben dem Datum, vermerkte der Protokollführer: „Der erste ganz vollständige Ausschuß“ — ein wohl unmißverständlicher Hinweis auf die politische Brisanz dieser ersten Sitzung zur Abstimmung über den Budgetposten „Cilli“! Grundtenor der Argumentation des deutschen Lagers (insbesondere die Abgeordneten Beer, Hawlik, Menger): Verletzung des nationalen Besitzstandes, Gefahr der Slowenisierung der überwiegend deutschen Stadt Cilli — daher „Nein“ zum Budgetposten.

206) EBD. Grundtenor der Argumentation des slawischen Lagers (insbesondere die Abgeordneten Herold — Jungtscheche — und Piniński — Pole): die Befriedigung der slowenischen Forderung entspreche den „Bedürfnissen der nationalen Gerechtigkeit“ — daher „Ja“ zu Cilli.

207) Tatsächlich hatten die Slowenen am 8. 2. 1895 im Anschluß an eine feierliche Erklärung, wonach ihr Verbleiben im Landtag mit der Würde des slowenischen Volkes nicht vereinbar sei, unter Protest den Landtag verlassen — eine Reaktion auf den Antrag des Bürgermeisters von Graz, Wilhelm Kienzl, vom 7. 2. d. Jahres, daß der steirische Landtag sich sowohl gegen die geplante Errichtung eines Staatsuntergymnasiums mit deutscher und slowenischer Unterrichtssprache als auch gegen slowenische Parallelklassen am Staatsgymnasium von Cilli und überhaupt gegen jegliche Maßnahmen aufs entschiedenste ausspreche, die unter dem Vorwand kultureller Bedürfnisse oder pädagogischer Rücksichten sich doch nur als neuer Vorstoß in das deutsche Sprachgebiet in der Untersteiermark darstellen würden. Siehe SUTTER, Badenische Sprachenverordnungen I, 113f.

208) PLENER, Erinnerungen III, 274.

Nach dieser ersten Frontenklärung im Budgetausschuß schien der Zusammenbruch der Koalition bereits unabwendbar[209]): Die Aufregung des deutschen Koalitionspartners nahm jetzt, geschürt von den täglichen Hetzartikeln der *Neuen Freien Presse* und dem Druck der fanatisierten deutschen Wählerschaft, drastische Formen an und übertrug sich bald auch auf die Christlich-Sozialen und klerikalen Deutschen. Das Parlament war aufgebracht[210]).

Nur zwei Tage nach der ersten „Cillier“-Sitzung im Budgetausschuß beschloß die Vereinigte Deutsche Linke auf einer außerordentlichen Parteiversammlung, im Falle der Bewilligung des Cillier Budgetpostens in der entscheidenden Budgetausschußsitzung am 18. Juni die Koalition zu verlassen: hier würde es sich um eine „Ehrensache“ handeln und um eine „nationale Pflicht“[211]). Gleichzeitig bedrängte die Partei „ihre“ Minister — Plener und Wurmbrand —, das Versäumte nachzuholen und in ihrem Sinne vorzugehen.

Unter diesem Druck beschloß Plener noch am 14. Juni — „um mir nicht den Vorwurf zu machen, nicht auch im letzten Augenblick noch einen Ausweg gesucht zu haben“[212]) — einen Kompromiß auszuhandeln: Er schlug im Ministerrat vor, auf eine frühere Anregung seines Kollegen Wurmbrand zurückzugreifen und den leidigen Budgetposten zwar zu bewilligen, das slowenische Untergymnasium jedoch nicht in Cilli, sondern an einem anderen Ort zu errichten. Mit der Begründung, dies „würde einem Zurückweichen der Regierung gleichkommen“, lehnte Windischgrätz ab. Madeyski schloß sich letzterem mit dem Argument an, daß dieser Vorschlag „seinem Versprechen an Hohenwart zuwiderlaufe“. Loyal fügte er allerdings hinzu, daß er sich „im Falle eines anderen, beiderseitig annehmbaren Vermittlungsvorschlages nicht unbedingt ablehnend verhalten“ würde[213]).

Doch für jedes Einschwenken war es bereits zu spät: Als am 16. Juni der Ministerrat unter dem Eindruck der sich überstürzenden Ereignisse wieder zusammentrat, war das Schicksal der Koalition schon besiegelt, wenngleich krampfhaft versucht wurde, das Unvermeidliche doch noch zu verhindern. Indes hatten die Polen bereits offiziell verkündet, daß sie im Interesse der „slawischen Solidarität“ auch im Parlament für den Cillier Posten stimmen würden[214]).

Nach dem Scheitern weiterer, übrigens nicht mehr ernstzunehmender Vermittlungsvorschläge beschloß das Kabinett, seine Demission einzureichen. Offen blieb nur die Frage, ob zunächst die deutschen Minister zurücktreten würden oder das Kabinett geschlossen abdanken sollte:

Das Wort ergriff Plener: Keiner der Kompromißvorschläge könne die Deutschen noch zu einer „Schwenkung“ bringen; im Falle der Bewilligung des Cillier Budgetpostens würden sie bedingungslos aus der Koalition austreten und damit allein schon der gegenwärtigen Regierung ihre politische Daseinsberechtigung entziehen. Für die intran-

---

209) Siehe KOLMER, Parlament und Verfassung V, 519.

210) CZEDIK, Geschichte der Ministerien II, 11.

211) PLENER, Erinnerungen III, 274.

212) EBD. 276.

213) EBD. 277. Diese Information ist nur bei Plener festgehalten, da das betreffende Ministerratsprotokoll nicht mehr existiert.

214) KOLMER, Parlament und Verfassung V, 522.

sigente Haltung seiner Partei machte er in diesem Zusammenhang zunächst die „Meinungen" verantwortlich: denn „es handelt sich hier nicht mehr um den inneren Wert des Streitgegenstandes"[215]). Jedes Einschwenken würde daher für die Vereinigte Deutsche Linke im derzeitigen Augenblick „den sicheren Verlust der Hälfte ihrer Mandate bedeuten"[216]). Davon abgesehen wollte Plener aber nicht verschweigen, daß auch andere Momente als „Cilli" die politische Lage derart zugespitzt hätten: „Offen gesagt ... ist auch das Stadium, in dem die Wahlreform sich befindet, so, daß es auch ohne Klubabstimmung evident ist, daß sie nicht zustandegebracht wird, da eine Einigung der drei Parteien sich auch hier als Ding der Unmöglichkeit erwiesen hat"[217]).

Bilanz zog auch Madeyski. Allerdings griff er vorerst noch einen Kompromißvorschlag auf, den Windischgrätz dem Kabinett soeben als „Rettungsring" zugeworfen hatte: Um den Austritt des deutschen Koalitionspartners doch noch zu verhindern, solle die Regierung auf ihre ursprüngliche Absicht zurückgreifen und die Aktivierung von Parallelklassen am Cillier Gymnasium ins Auge fassen. Nicht nur entfiele damit die Votierung der „leidigen Budgetpost"; zugleich könnte die Regierung auf diese Weise ihr Versprechen schon für das kommende Jahr einlösen. Madeyski griff diesen Vorschlag auf, erinnerte jedoch daran, daß es die Deutschen gewesen seien, die sich gegen diese Lösung ausgesprochen hatten: Slowenische Parallelklassen, wie sie die Slowenen ja ursprünglich gefordert hatten, seien von den Deutschen mit dem Argument zurückgewiesen worden, daß dadurch der „deutsche Geist des Gymnasiums abgeschwächt" würde. Diese Bedenken hätten auch ihm eingeleuchtet; doch jetzt lehnten die Vereinigte Deutsche Linke und die Deutschen im allgemeinen ja auch die Alternativlösung eines eigenständigen utraquistischen Untergymnasiums ab. Vom Standpunkt der Unterrichtsverwaltung, betonte Madeyski, gebe es weiterhin „keinen Anstand" gegen slowenische Parallelklassen. Denn „der Zweck dieser Maßnahme — die Vorbereitung der slowenischen Schüler auf das deutsche Gymnasium — bliebe sich in beiden Fällen gleich". „Allein", gab Madeyski abschließend zu bedenken, habe er „keine Hoffnung, daß die Linke auf die Parallelklassen eingehen" werde, denn sowohl in Cilli selbst als auch unter den Abgeordneten der Linken seien die Ansichten darüber geteilt; mehrmals habe man schon auf dieser Seite Parallelklassen für gefährlicher gehalten als ein slowenisches

---

[215]) Diese Ansicht erläutert Plener folgendermaßen: „Die deutsch-liberale Partei folgte den von ihren Rivalen ausgegebenen nationalen Schlagworten und übersah, daß das slowenische Verlangen angesichts der Nationalitätenverhältnisse des dortigen Landesteiles keine solche Ungeheuerlichkeit war und daß in der Steiermark vermöge der überragenden Stellung der Deutschen im Lande der utraquistische Unterricht nicht die bedenkliche Bedeutung hatte wie in Böhmen ..." PLENER, Erinnerungen III, 291.

[216]) Diese taktische Überlegung hatten auch die galizischen Konservativen als ein wichtiges Motiv für das intransigente Verhalten der Deutschen erkannt: „Das deutsche Verhalten in der Cillier Frage war die Folge einer internen Uneinigkeit der Vereinigten Deutschen Linken: teils hielt sich die Partei an ihre Minister, teils aber leistete sie ihnen Widerstand — aus Angst, bei den kommenden Wahlen zum Reichsrat einen bedeutenden Anteil ihrer Mandate an die Sozialdemokraten und Antisemiten zu verlieren. Und so meinte die Partei, ihren Wählern am besten zu gefallen, indem sie sich zur Verfechterin des deutschen Patriotismus und der nationalen Interessen der Deutschen profilierte ..." *Czas*, 30. 6. 1895.

[217]) PLENER, 16. 6. 1895, Ministerratsprotokoll KZ 51. Unmittelbar vor dieser Sitzung hatte noch eine vertrauliche Sitzung des Wahlreformkomitees stattgefunden, bei der einmal mehr eine Einigung der Koalitionspartner scheiterte. Siehe SUTTER, Badenische Sprachenverordnungen I, 117.

Untergymnasium[218]). Er selbst jedenfalls habe „keine Einwände" gegen den Vermittlungsvorschlag des Ministerpräsidenten.

Diese Aussage war unmißverständlich: In Madeyskis Augen hatten im Falle „Cilli" die Deutschen den Grundsatz der Koalition verraten. Dennoch sprach er diesen Vorwurf nicht offen aus. Mit Grund: Hatte er nicht selbst seine Bündnispartner mit seinem „Versprechen an Hohenwart" überrumpelt? Deshalb wohl fügte Madeyski denn auch loyal hinzu, daß tatsächlich nicht „Cilli" allein den Zusammenbruch der Koalition bewirkt hatte: Allgemein sei die „parlamentarische Situation auf der ganzen Linie unhaltbar" geworden[219]).

Die Koalitionsregierung war in seinen Augen nicht mehr in der Lage, aus dem Koalitionssystem für den Staat noch Nutzen zu ziehen. Obgleich die „objektiven Voraussetzungen" dieses Systems weiterhin gewährleistet seien — daran wollte Madeyski keinen Zweifel lassen —, erfordere jede erfolgreiche Lösung der konkreten Konflikte um „Cilli" und die „Wahlreform" den Bruch eines der Grundsätze der Koalitionsregierung. Demnach könne nur eine andere Regierung in diesem Sinne vorgehen —, diese Regierung aber müsse zurücktreten.

Auch Madeyski hatte kapituliert. Doch kapitulierte er nur als Mitglied einer obsolet gewordenen Regierung, deren oberster Grundsatz — der Kompromiß — den Ansprüchen einer konfliktgeladenen Wirklichkeit nicht gerecht geworden war. Der Politiker in ihm hatte nicht aufgegeben: Noch in derselben Stunde rief er seine Kollegen auf, vor dem Rücktritt noch „die Budgetposten für Cilli durchzusetzen", damit diese Frage zumindest die kommende Regierung nicht lähme, wie er argumentierte[220]).

Schließlich einigte man sich auf den Vorschlag Jaworskis, erst dann abzudanken, wenn „die Tatsache gegeben sei, die einen Rücktritt politisch notwendig mache" — im Klartext also, wenn der formelle Austritt der Vereinigten Deutschen Linken (im Falle der Bewilligung des Cillier Postens bei der Abstimmung im Budgetausschuß am 18. Juni) erfolgt war[221]).

Keiner der Minister versuchte mehr, in die Ereignisse einzugreifen. Willenlos ließen sie sich von der Eigendynamik des Geschehens mitreißen. Der Preis, den sie für die theoretisch mögliche Rettung der Koalition zu zahlen hätten, war zu hoch: Ein Kompromiß setzte die Befreiung aus ihrer jeweiligen Parteiabhängigkeit und die prinzipielle Bereitschaft voraus, einen Teil ihrer politischen und ideologischen Zielsetzung zu opfern. In der Praxis hatten die parteipolitischen Gegensätze der Bündnispartner aber bereits ihre eigene Dynamik entwickelt, deren Mechanismen sich der Kontrolle der einzelnen Minister entzogen: Keines der Regierungsmitglieder war jetzt noch in der Lage, sie in den Griff zu bekommen; mehr noch: keiner war gewillt, im Namen der Koalition von seiner eigenen Partei zum Verräter gebrandmarkt zu werden.

All das wußte auch Madeyski. Doch waren es andere Momente, die ihn davon überzeugt hatten, daß die Regierung fallen mußte: Die Erkenntnis, daß der Kaiser dem

---

218) MADEYSKI, 16. 6. 1895, Ministerratsprotokoll KZ 51.

219) EBD.

220) Diesem Vorschlag widersprach Minister Falkenhayn aufs schärfste: er forderte die Streichung des Cillier Budgetpostens im Interesse, so ausdrücklich, des nachfolgenden Kabinetts, das frei zu sein habe, sich so oder anders zu entscheiden. Siehe FALKENHAYN, 16. 6. 1895, Ministerratsprotokoll KZ 51.

221) Siehe SUTTER, Badenische Sprachenverordnungen I, 117, 118.

Koalitionskabinett in strategischen Schlüsselmomenten seine Hilfe verweigert hatte[222]) und zweifellos kein Interesse daran hatte, die Koalitionsregierung zu halten, war in diesem Zusammenhang sicherlich entscheidend. Ebenso entscheidend waren hier aber persönliche Überlegungen: Madeyski hoffte damals, in das nachfolgende Kabinett übernommen zu werden, zumal es sein Landsmann und Parteikollege Kazimierz Badeni sein sollte, der — wie in wohlinformierten Kreisen laut wurde — die nächste Regierung leiten würde. Rückblickend schreibt Madeyski allerdings mit unverhohlener Enttäuschung: „... Badeni zeigte mir im Laufe meiner Ministerschaft derartiges Wohlwollen, daß ich tatsächlich überzeugt war, er würde bei der Bildung seines eigenen Kabinetts fest mit mir rechnen“[223]).

Am 18. Juni fand im Budgetausschuß die mit Spannung erwartete Abstimmung über „Cilli“ statt: Mit 19 gegen 15 Stimmen wurde der Cillier Budgetposten bewilligt[224]). Am Tag darauf überreichte Ministerpräsident Windischgrätz dem Kaiser die Demission seines Kabinetts. Plener zufolge nahm dieser sie sofort an. „Er sprach sein Bedauern aus, daß es so gekommen sei, er sehe aber ein, daß die Verhältnisse dieselbe rechtfertigten, fand einige Worte der Anerkennung für das scheidende Ministerium und bemerkte, daß dasselbe in allen Ehren entlassen werde“[225]).

Die Enthebung des Koalitionskabinetts ging „gespenstisch rasch“ vor sich[226]). Bereits am 20. Juni war eine provisorische Regierung unter der Leitung von Erich Graf Kielmannsegg aufgestellt, ihre Minister vereidigt und dem Parlament vorgestellt.

Verständlich ist demgegenüber die Erbitterung der scheidenden Minister: „... so schnell war der Ersatz ... geschaffen“, klagt Plener[227]); „... dem Kaiser hat der Sturz

---

[222]) Madeyski belegt diese Feststellung in seinen „Erinnerungen“ durch zahlreiche Beispiele: Anläßlich einer Demonstration der Arbeiter für das allgemeine Wahlrecht habe der Innenminister das Militär einsetzen wollen und sei deshalb zum Kaiser gegangen. Der Kaiser soll ihm knapp entgegnet haben: „Sollen sie sich doch vorerst mit der Polizei schlagen ...“ Eine ähnliche Abfuhr habe er erhalten, als er zum Kaiser ging, um über die Wahlreform zu sprechen: „Als ich in dieser Frage zur Überzeugung gelangt war, daß die vertraulichen Verhandlungen mit den Parteien zu nichts führen würden, schlug ich im Ministerrat vor, daß die Regierung eine eigene Gesetzesvorlage ausarbeitet. Bekanntlich konnte dieser Vorschlag eine Mehrheit der Stimmen auf sich vereinigen — nur Windischgrätz widersetzte sich ihm aufs entschiedenste und vertagte die Sitzung. Ich ging daraufhin unverzüglich zum Kaiser und sagte ihm: ‚Wenn man diese Reform durchführen will — und sie soll doch durchgeführt werden, nachdem sich die Regierung in ihrem Antrittsprogramm dazu verpflichtet hat —, dann ist es notwendig, daß die Regierung eine eigene Vorlage einbringt. Wenn das Kabinett nun in diesem Sinne entscheidet, wird Windischgrätz seine Demission einreichen. Dann aber wird E. M. mir die provisorische Leitung des Kabinetts anvertrauen, und ich verpflichte mich, die Wahlreform durchzuführen ...‘“ Der Kaiser soll abgelehnt haben. Siehe MADEYSKI, Gespräche mit Marquis Bacquehem, 6.

[223]) MADEYSKI, Erinnerungen II, 207. Auch Chłędowski erwähnt in seinen Memoiren, daß Madeyski erbittert war, als ihn Badeni nicht in sein Kabinett holte. Siehe CHŁĘDOWSKI, Pamiętniki [Memoiren] II, 227. Eine Pikanterie am Rande: Auch der Finanzminister Plener gesteht, daß er gehofft hatte, in Badenis Kabinett aufgenommen zu werden. Badeni hätte ihm vorgespiegelt, daß es sich bei der Aufstellung des neuen Kabinetts zunächst nur um einen Ersatz für Windischgrätz handeln würde und die Mehrheit der Minister bleiben würde: „... das war einfach unwahr, er hatte damals schon ganz andere Pläne und dachte an Biliński für das Finanzministerium, zog es aber vor, mich irrezuführen“. PLENER, Erinnerungen III, 280.

[224]) Siehe Protokoll der Budgetausschußsitzung vom 18. 6. 1895 (Parlamentsarchiv Wien).

[225]) PLENER, Erinnerungen III, 281.

[226]) LIPNICKI, Polacy ministrowie [Polnische Minister] 343.

[227]) PLENER, Erinnerungen III, 281.

unseres Kabinetts nicht schnell genug vor sich gehen können ...“ pflichtet Madeyski bei[228]).

Die Koalitionsregierung gehörte der Vergangenheit an, der „Kompromiß“ war an der politischen Praxis gescheitert.

Doch nicht nur Ideen und Ideale hatten versagt. Auch die Politiker, die an sie geglaubt und in ihrem Namen gehandelt hatten, waren an der Wirklichkeit zerbrochen:

Plener, für den das Scheitern der Koalition eine „persönliche Niederlage“ bedeutete[229]), hatte schon am Tage der entscheidenden Abstimmung über „Cilli“ im Abgeordnetenhaus[230]) sein Reichsratsmandat niedergelegt. Noch am selben Tage wurde er zum Präsidenten des gemeinsamen Obersten Rechnungshofes ernannt: „... man hat nicht verstehen wollen, daß ich das Scheitern der Koalition so ernst aufgefaßt habe“[231]).

Madeyski folgte dem Beispiel seines Amtskollegen nicht: Bei seinem Rücktritt noch mit dem Orden der Eisernen Krone und der Geheimratswürde ausgezeichnet — zynisch spricht sein Landsmann und Zeitgenosse Lipnicki von einer „Abspeisung“[232]) — setzte er sich wieder in die Bank der Abgeordneten des Polenklubs.

Die Bilanz seiner zweijährigen Amtszeit als Minister ist nüchtern: „Ich bin ein abgerackerter Mann“[233]).

Das Koalitionsabenteuer war zu Ende gegangen. Die Koalitionspartner atmeten auf[234]), die Koalitionsgegner triumphierten.

Über der gestürzten Regierung hing ein großes Fragezeichen: Hatte das System versagt? Hatten die Mitglieder des Kabinetts versagt? Hatten nicht zuletzt „Cilli“ und die „Wahlreform“ den Zusammenbruch der Koalition bewirkt? Tatsächlich war es äußerst schwer, die logischen Zusammenhänge des Sturzes der Koalitionsregierung zu rekonstruieren: in den letzten Tagen ihrer Amtstätigkeit hatten sich die Vorgänge zu einem schier unlösbaren Knoten verdichtet.

Die galizische konservative Presse wollte die Hintergründe des Zusammenbruches der Koalition in den Fundamenten ihres Systems schlechthin erblicken: Ein solches System, meinte der *Przegląd Polski*, sei nicht lebensfähig gewesen, denn „... lebensfähig hat es schon aus der Natur der Sache nicht sein können; eine parlamentarische Mehrheit

---

228) MADEYSKI, Gespräche mit Marquis Bacquehem 6.

229) PLENER, Erinnerungen III, 283.

230) Am 10. Juli 1895 fand die Abstimmung über den Budgetposten für Cilli im Abgeordnetenhaus statt: ein Teil der katholischen Konservativen und der Christlich-Sozialen stimmten dagegen, was ihnen von slawischer Seite (sie waren doch Bundesgenossen der Jungtschechen in der „Antikoalition“!) sehr übelgenommen wurde. Doch mit einer knappen Mehrheit von 173 gegen 143 Stimmen wurde „Cilli“ in das Budget aufgenommen — aber eben schon unter der provisorischen Regierung Kielmannsegg. Vgl. SUTTER, Badenische Sprachenverordnungen I, 121.

231) PLENER, Erinnerungen III, 536, 288.

232) LIPNICKI, Polacy ministrowie [Polnische Minister] 343.

233) MADEYSKI, 21. 1. 1896, Brief aus Wien an Bobrzyński; in: Handschriftensammlung der Jagellonischen Universität, Kraków 8082, III, k. 21—22.

234) „Der Eindruck, den der Sturz des Koalitionskabinetts zurückläßt, ist ambivalent: Einerseits ein Gefühl der Erleichterung darüber, endlich aus einer Lage herauszukommen, die immer falscher wurde. Andererseits das peinliche Empfinden einer sinnlos vergeudeten Zeit für einen ohnehin so sinnlosen Versuch ... Wir können der Koalition nicht nachweinen ... wir haben an sie niemals geglaubt“. Przegląd polityczny [Politische Rundschau] 30. 6. 1895; in: *Przegląd Polski* 117 (1895) 282.

und eine Regierung, die von Parteien zusammengesetzt werden, welche sich auf gegensätzliche Grundsätze und Ziele stützen, können ihre Gegensätze nur auf ganz bestimmte Zeit verdrängen. Im Augenblick, wo die Umstände auch solche Fragen aufwerfen, die nur grundsätzliche Stellungnahmen und grundsätzliche Entscheidungen erfordern, weil sie eben nur grundsätzlich gelöst werden können ..., müssen sie zerbrechen"[235]).

Czas verstand den Sturz des Koalitionsministeriums als Bankrott eines Systems, das die „Mäßigung" zum ausschließlichen Prinzip erheben hatte wollen: „Mäßigung", argumentierte das Blatt, sei weder imstande, Grundsätze zu übertünchen noch Differenzen zu überbrücken: Ein solches Programm sei „zukunftslose Utopie"; daher habe auch die Koalitionsregierung nur solange bestehen können, als sie sich „nicht vom Platz bewegte. Bei ihrem ersten Gehversuch fiel sie um"[236]).

Im krassen Gegensatz zu der systemanalytischen Interpretation der galizischen Konservativen steht die Auffassung des deutschen Koalitionsministers Plener: Für ihn bleiben sowohl die Idee als auch das politische System der Koalition über jeden Zweifel erhaben: „Die sachlichen Voraussetzungen für das Gelingen der Koalition wären vorhanden gewesen". Schuld am Scheitern der Koalition waren vielmehr, seiner Ansicht nach, die „Menschen", die „nicht alle reif für die neue Verbindung" gewesen seien, Menschen, denen „es an der innerlichen Durchdringung mit dem politischen Gedanken der neuen Schöpfung gefehlt" habe[237]). Solche Menschen hätten auch in der Regierungsbank gesessen: Namentlich die beiden polnischen Minister Madeyski und Jaworski „seien vom ursprünglichen Gemeinschaftsplan abgerückt, als die Schwierigkeiten kamen", wiewohl Plener ihnen zugesteht, „anfänglich ehrlich ein Gelingen gewünscht" zu haben[238]).

Da der Minister für galizische Angelegenheiten Apolinary Jaworski im Kabinett nur eine untergeordnete Rolle gespielt hatte[239]), richtet sich Pleners Urteil unmißverständlich gegen Madeyski. Zweifelsohne ein nicht ungerechtfertigter Vorwurf: hatte nicht eben Madeyski im Laufe der Behandlung der Cillier Frage das Kabinett durch seine eigene Initiative hintergangen? Ausdrücklich schreibt Plener, dem tatsächlich nicht

---

[235]) „... die Koalition hat nur ein zeitlich beschränktes Heilmittel sein können; fruchtbar allerdings konnte sie schon von ihrer Voraussetzung her nicht sein, denn sie besaß nicht die hierfür notwendige Einheit von Denken und Willen". EBD. 280.

[236]) *Czas*, 21. 6. 1895. Vgl. auch *Czas*, 23. 6. 1895: „... die Verständigung und das Einvernehmen der Parteien beschränkte sie [die Koalition, J. R.] auf ihr ‚Entstehen' und ‚Stehenbleiben'. Doch die Schritte zu setzen, die sie versprochen hatte, war ihr nicht mehr möglich ..." Auch der *Przegląd Polski* sah im Widerspruch zwischen gegensätzlichen Parteien einerseits und dem Prinzip der „Verständigung" andererseits eine „Sachlage, die zu ihrem [der Koalition, J. R.] Gebrechen wurde und sie zum Krüppel gemacht hat". Przegląd polityczny [Politische Rundschau] 30. 6. 1895; in: *Przegląd Polski* 117 (1895) 280.

[237]) PLENER, Erinnerungen III, 297.

[238]) EBD. 299.

[239]) „Jaworski kannte sich überhaupt nicht aus, also erledigte ich alles und ersuchte ihn dann nur mehr um seine Unterschrift ... Im Ministerrat unterwarf sich Jaworski vollkommen dem Minister Madeyski und ging mit diesem fast immer Hand in Hand. Wenn die Beratungen zu lange dauerten, nickte der Alte ein; wenn er dann wieder aufwachte, wollte er unbedingt sprechen, wobei er nur das wiederholte — wenngleich mit eigenen Worten —, was vor ihm schon Madeyski gesagt hatte". CHŁĘDOWSKI, Pamiętniki [Memoiren] II, 153.

abgesprochen werden kann, der Koalition bis zum Ende loyal gedient zu haben — dies ungeachtet der Kritik seiner Partei und ihrer Presse! —, vom „unsicheren Charakter“ Madeyskis: „Dieser versuchte zwar in der Regel, eine mittlere Linie einzuhalten und das gute kollegiale Einvernehmen nicht bloß zu pflegen, sondern auch zwischen den anderen Ministern herzustellen, aber in entscheidenden Momenten entschlüpfte er der Verantwortlichkeit“[240]).

Doch nicht nur einzelne, auch die Parteien als kollektive politische Körperschaften waren, laut Plener, für die Koalition noch nicht reif gewesen: Sowohl die Vereinigte Deutsche Linke[241]) als auch der Hohenwartklub[242]) hätten für die Koalition kein richtiges Verständnis aufgebracht und ihr Gelingen erheblich beeinträchtigt.

Wurde Madeyski von seinem deutschen Amtskollegen einer harten Kritik unterzogen, stellte ihm seine eigene Partei wiederum ein gutes Zeugnis aus: „Wie in jedem anderen Bereich, hat sich Madeyski auch in seiner Tätigkeit als Minister durch seine Tüchtigkeit auszeichnen können. Unter anderem verteidigte er bis zum Schluß eine richtige und politisch vernünftige Sache — „Cilli“ — wenn er auch durch dieses Verhalten gemeinsam mit allen anderen Ministern zurücktreten mußte“[243]).

Übrigens dürfe nicht er — wie *Czas* ausdrücklich schreibt —, sondern der Finanzminister Plener in der konkreten Angelegenheit „Cilli“ zur Verantwortung gezogen werden[244]).

Allgemein könne höchstens dem Polenklub ein Vorwurf gemacht werden: denn er habe die Polen überhaupt in die Koalition „hineinmanövriert“: „... und die Verbindung mit den Deutschen hat für das Land und für den Staat nur schädliche Folgen gezeitigt“[245]).

Bleibt noch Madeyskis eigene Einschätzung seiner Rolle im zweijährigen Koalitionsexperiment: In den Passagen seiner „Erinnerungen“, die dieser Phase seines Lebens gewidmet sind, fällt zunächst der Mangel an kritischer Distanz zu seiner Vergangenheit und damit an der notwendigen Nüchternheit des Urteils auf. Es scheint, daß Madeyski sich niemals mit dem abrupten Ende seiner Ministerschaft abgefunden hat und noch lange Zeit über die möglichen Ursachen seiner persönlichen Niederlage und des Scheiterns der Koalition nachdachte.

Was ihn selbst angeht, schiebt Madeyski die Verantwortung für sein damaliges Handeln vor allem dem Alter zu, mit dem er die Ministerschaft angetreten hatte:

---

240) PLENER, Erinnerungen III, 113.

241) „... Für die Linke war der Übergang von der Opposition zur Regierungspartei zu rasch gekommen ...“

242) „... noch mehr galt dies für den Führer der klerikalen Fraktion: auch Hohenwart konnte sich zu einer dauernden koalitionsfreundlichen Haltung nicht erheben ... er suchte in der neuen Verbindung nach Genugtuung für die Zurückstellung in den siebziger Jahren“. EBD. 298.

243) *Przegląd Polski* 117 (1895) 280.

244) „Der Schuldige ist Plener ... nicht, weil er mit dem strittigen Entschluß der Regierung einverstanden war, sondern weil er bei seinem Einverständnis nicht geblieben ist, als seine Partei plötzlich zu opponieren begann, und sich gemeinsam mit ihr dem deutschen Chauvinismus unterwarf. Plener war nicht mutig genug, seine Einwilligung zur Errichtung des slowenischen Untergymnasiums auch vor seinem eigenen Klub zu vertreten ... Zunächst verabsäumte er es, seine Pflichten gegenüber der eigenen Partei zu erfüllen, dann aber, als es dieser gelang, ihn umzustimmen, entschloß er sich, seine Pflichten als Koalitionsminister zu vergessen, um das Vertrauen der Partei zurückzugewinnen“. *Czas*, 21. 6. 1895.

245) *Przegląd Polski* 117 (1895) 281.

„... ich war noch sehr jung ... und kannte prinzipiell kein Mißtrauen ... Ich war unfähig, die Vielfalt jener Momente zu erkennen, die gegen die Annahme eines solchen Amtes sprachen. Denn es ist allgemein bekannt, daß ein fähiger Mensch, der relativ früh die Chance erhält, Minister zu werden, dazu neigt, das Vertrauen in die eigene Wirkungskraft und die eigene Begabung zu überschätzen. Die Ruhe und Nüchternheit, die hier von Nöten wären, sind schon Privilegien eines höheren Alters“ [246]). Seiner „Jugend“ will Madeyski auch seine politische Unerfahrenheit zuschreiben: Erst im Zuge seines ersten Amtsjahres, seines Lehrjahres, wie er schreibt, hätten die Erfahrungen, die er als Parlamentarier gesammelt hatte, ihre Vervollständigung gefunden: „Erst durch die Synthese dieser beiden Erfahrungsbereiche erwarb ich einen Maßstab für die Machbarkeit und Nützlichkeit politischen Handelns; erst da entdeckte ich das Bindeglied zwischen den so verschiedenartigen Einzelerscheinungen des Lebens; erst da offenbarte sich mir jener logische Schlüssel, der diese scheinbar zusammenhanglosen Erscheinungen verbindet ... Vom psychologischen Standpunkt drang mein Blick von dieser gehobenen Position aus viel tiefer in die Menschen ein: ich entdeckte die Triebfedern des Handelns und die Zielsetzungen von Individuen und Massen ... Ich erwarb auch eine gewisse Geschicklichkeit und Vorsicht in meinem Umgang mit Menschen — Eigenschaften, die mir halfen, die zahlreichen Hindernisse zu beseitigen, die sich mir bei der Ausübung meines Amtes in den Weg stellten; denn dieses Amt, das doch über so vielen steht, streben ja so viele an“ [247]).

Als Madeyski endlich jene Erfahrungen gesammelt hatte, die ihm bei seinem Amtsantritt noch fehlten, sei es zu spät gewesen: „Als ich endlich daran gehen konnte, sie in meinem Amt nützlich umzusetzen, entzog man mir die Werkstatt“ [248]). Nicht alle Zeitgenossen teilten diese Selbsteinschätzung: Mehrmals wurde in der Presse seine Qualifikation für dieses Amt herausgestrichen; allgemeine Anerkennung fanden seine fachlichen Kompetenzen [249]).

Ganz anders beurteilt Madeyski seine konkreten Mißerfolge als Minister der Koalition; diese seien nicht eigenen Fehlern zuzuschreiben, sondern der Niederschlag der dem System der Koalition selbst inhärenten Schwächen. Und hier muß ihm Recht gegeben werden: Unter ungünstigen Bedingungen entstanden, hat die Koalition allen Regierungsmitgliedern eine ähnliche Niederlage bereitet.

3. Bilanzen und Erkenntnisse

Es ist problematisch, die Periode der Ministerschaft Madeyskis mit seiner früheren politischen Tätigkeit zu vergleichen: Als Mitglied eines Regierungskabinetts war seine

---

246) MADEYSKI, Erinnerungen II, 207.

247) EBD. 215.

248) EBD.

249) Vgl. LIPNICKI, Polacy ministrowie [Polnische Minister] 343. Zwar streicht Lipnicki mit Nachdruck Madeyskis Qualifikation zum Minister heraus; doch mit Bedauern fügt er hinzu, daß ihm „die notwendige Routine noch gefehlt“ habe, die man „erst mit der Zeit erwerben kann, und die Madeyski daher noch nicht erwerben hatte können, da ihm die notwendige Zeit nicht zugestanden worden war“. EBD.

Bewegungsfreiheit eingeschränkt. Zweifellos hat Madeyski die Politik der Koalitionsregierung wesentlich mitgestaltet. Doch dieser Einfluß war begrenzt: Wie aus der Analyse der Koalitionsära der Jahre 1893—1895 hervorgeht, wirkten verschiedenste Faktoren sowohl auf sein eigenes Handeln als auch auf die Politik der gesamten Regierung ein — Faktoren, die letztlich zum Scheitern des „Experiments" der Koalition führten:

Da die Regierung der Koalition eine „parlamentarische" war und damit im Rahmen des damals geltenden, staatsrechtlich verankerten Regierungssystems eine Ausnahme darstellte, hatte sie zusätzliche Hindernisse zu überwinden[250]). Diese erkannte auch Madeyski in einem niemals veröffentlichten, in deutscher Sprache verfaßten Aufsatz aus dem Jahre 1899 als die wesentlichen systemimmanenten Ursachen des Zusammenbruchs der Koalition: Ausdrücklich stellte er fest, daß „eine parlamentarische Regierung dem Wesen des politischen Lebens in Österreich nicht entspricht"[251]). Denn eine parlamentarische Regierung sei nur auf einer zweifachen Basis denkbar: entweder auf Grund von bestimmten, der Majorität bzw. den Majoritätsparteien gemeinsamen Prinzipien oder aber aufgrund eines ihnen gemeinsamen Kompromißgedankens[252]). Im erstgenannten Fall würde es in der österreichischen Praxis lediglich zu einer Verschärfung der Konflikte zwischen den Parteien kommen — eine Entwicklung, die in letzter Konsequenz die „Opferung des Staatsinteresses" im Namen „partikulärer" Interessen der einzelnen Parteien zur Folge hätte. Im zweiten Fall — einer Majorität, die sich aufgrund des „Kompromißgedankens" zusammenschlösse — müsse vorausgesetzt werden können, daß sich ihre Mitglieder vom extremistischen Flügel ihrer jeweiligen Parteien nicht provozieren ließen und diesem Druck standhielten. Hier zeige aber die Praxis und namentlich die Koalitionsära der Jahre 1893—95, daß ein solches Postulat undurchführbar war: In den bestehenden Verhältnissen sei es den Parteien nämlich unmöglich, den „teilweisen Verzicht" zum Grundgedanken ihres politischen Programmes zu erheben. Darüber hinaus falle es der jeweiligen Opposition in diesem Fall nicht schwer, den gemäßigten Trend im Schoß der Majorität mit der Behauptung zu diskreditieren, daß die respektiven parteipolitischen Grundsätze verraten würden. Es sei daher außerordentlich schwierig, Politiker für das Kabinett zu finden, die der extremistischen Position im eigenen Lager die Stirn bieten würden[253]).

Unabhängig von diesen systembedingten Hindernissen, deren Bedeutung Madeyski hier glänzend nachgewiesen hat, beeinträchtigten auch andere Faktoren die Koalition:

---

[250]) Skottsberg bezeichnet die österreichische Version des Parlamentarismus zur Zeit Franz Josephs als „Pseudoparlamentarismus": Das englische Modell sei in Österreich wegen der Unreife und Heterogenität der damaligen politischen Parteien gescheitert, sowie aufgrund der zersetzenden Nationalitätenfrage, nicht zuletzt aber auch an der Person des Kaisers: Dieser habe schon anläßlich der Aufstellung der ersten „parlamentarischen" Regierung der konstitutionellen Ära, der Regierung Auersperg, gezeigt, wie wenig ihm am Parlamentarismus gelegen war: Er sei es gewesen, der „die Rolle spielte, die im parlamentarischen System der Volksvertretung allein zukommt". SKOTTSBERG, Parlamentarismus 58.

[251]) MADEYSKI, Zur politischen Lage im Mai 1899; in: Nachlaß VI, nicht numeriert; siehe auch Annex S. 325. Halban bezeichnete die Koalitionsregierung sogar als „das einzige Ministerium, das diesseits der Leitha auf wirklich parlamentarischem Wege zustandegekommen ist". HALBAN, Erinnerungen 115.

[252]) MADEYSKI, Zur politischen Lage im Mai 1899.

[253]) EBD. Übrigens decken sich Madeyskis Ansichten im wesentlichen mit den Schlußfolgerungen der Politologin Skottsberg! Vgl. SKOTTSBERG, Parlamentarismus 85f., 115.

— Schon die willkürliche Verteilung der einzelnen Ressorts spielt hier eine nennenswerte, wenn auch nicht unmittelbar ausschlaggebende Rolle.
— Wichtiger in diesem Zusammenhang war die Besetzung des Ministerpräsidentenpostens durch den Fürsten Windischgrätz, der als schwach, ängstlich und verantwortungsscheu galt und sich als Politiker auch als solcher erwies: Allein schon aus der Gegenüberstellung seiner Persönlichkeit mit der seines Vorgängers, des Grafen Taaffe, sticht das kleine politische Format von Windischgrätz klar hervor.
— Auch das mangelnde Verständnis einzelner Minister für die Idee und die Grundsätze der Koalition muß in diesem Kontext erwähnt werden[254]).
— Große Hindernisse stellte der Kaiser dem Koalitionskabinett in den Weg: Im konkreten staatsrechtlichen System der österreichischen Monarchie konnte der Kaiser die Reichs- und Regierungspolitik und im engeren Sinn auch die Zusammensetzung der jeweiligen Regierungen wesentlich beeinflussen. Die von parlamentarischen Kräften durchgesetzte Koalitionsregierung[255]) konnte die Sympathie des Kaisers schon grundsätzlich nicht gewinnen[256]).
— Nicht zuletzt müssen auch die persönlichen Intrigen hinter den Kulissen der politischen Szene erwähnt werden: Namentlich der galizische Statthalter und Vertrauensmann des Kaisers, Graf Kazimierz Badeni, soll hier eine gewisse Rolle gespielt haben[257]).

Erst das Zusammenspiel all dieser Faktoren sowie jener, die sich aus den komplexen wechselseitigen politischen Beziehungen innerhalb des Parlaments ergaben, liefert den Rahmen, der Madeyskis politischen Spielraum bestimmte:

Madeyski spielte schon in der Vorbereitungsphase der Koalition in den Jahren 1891—93 eine bedeutende Rolle. Seit Anbeginn seiner politischen Laufbahn hatte er sich zu einem Verfechter der deutsch-slawischen Annäherung und der Versöhnung von Konservativen und Liberalen profiliert. Im Namen dieser Ideale unternahm er schon in den achtziger Jahren auf allen Ebenen seiner politischen Tätigkeit beständig Schritte, die im polnischen Lager damals noch unpopulär waren[258]).

---

[254]) Während Madeyski vor allem Hohenwart und Plener ein mangelndes Verständnis für die Idee der Koalition vorwarf, klagte Plener wiederum Hohenwart und namentlich Madeyski an. Siehe PLENER, Erinnerungen III, 113. Aus der historischen Perspektive erscheinen solche wechselseitigen persönlichen Anklagen übrigens nicht ganz gerechtfertigt. Denn das „Unverständnis" hätte nicht den einzelnen Ministern, sondern den politischen Körperschaften vorgeworfen werden sollen, die diese jeweils vertraten. Wie auch Skottsberg richtig feststellt, hatten die „Initiatoren der Koalitionsregierung bei ihrem Versuch, das parlamentarische System in das ‚Österreichische' zu übersetzen und in seinem Geiste ein parlamentarisches Koalitionskabinett aufzustellen, übersehen, daß so ausgeprägt nationale Parteien, wie es die österreichischen waren, sich nur schwer zu einer Gemeinschaft zusammenfinden könnten". SKOTTSBERG, Parlamentarismus 87.

[255]) Schon die Entstehungsgeschichte dieser Regierung berechtige sie, so Skottsberg, die Bezeichnung „parlamentarische Regierung" zu führen: Denn das Parlament habe hier nicht nur eine Regierung beseitigt, die das Vertrauen der Volksvertretung verwirkt hatte, sondern auch ein Ministerium geschaffen, das aus der siegreichen Parlamentsmehrheit hervorging. Siehe SKOTTSBERG, Parlamentarismus 88, 85f.

[256]) Vgl. EBD. 86f.

[257]) So schreibt auch Halban: „Viele Herren [aus dem Koalitionskabinett J. R.] hatten mit ihm [Badeni J. R.] noch eine besondere Abrechnung zu pflegen ob der Art und Weise, in welcher das Ministerium Windischgrätz vom Schauplatz verschwunden war". HALBAN, Erinnerungen 80. Siehe oben S. 165.

[258]) Vgl. oben S. 63ff., 120ff.

Daß seine Idee von einer „Koalition“ Anfang der neunziger Jahre dann tatsächlich auf fruchtbaren Boden fiel, muß allerdings in erster Linie einer günstigen politischen und parlamentarischen Konstellation zugeschrieben werden.

Eine Schlüsselrolle im Koalitionskabinett spielte er durch die Bedeutsamkeit der Aufgaben, die gerade damals in das Ressort des Unterrichtsministeriums fielen: Diese Rolle wäre vermutlich wesentlich kleiner gewesen, wenn er das Justizressort erhalten hätte, das seiner Qualifikation ja am ehesten entsprach. Allerdings hätte er als Justizminister wiederum — spielt man diese These konsequent durch — zweifellos größere Chancen gehabt, nach dem Sturz des Koalitionskabinetts Minister zu bleiben.

Seinen Einfluß verdankte Madeyski zweifellos auch persönlichen Charaktereigenschaften: Er war ein Politiker, der alle Ziele, die er sich einmal gesteckt hatte, konsequent und mit unerschütterlicher Energie zu erreichen versuchte.

Madeyski war aber auch ein elastischer Politiker, der „Mäßigung“ und „Kompromiß“ zu seiner Devise erhob. Allerdings erwies er sich in der Praxis — als Jurist, Parlamentarier, Hochschullehrer und Minister — als Verfechter von derart gemäßigten Reformen, daß diese zwar eine Anpassung an veränderte Verhältnisse ermöglichten, die Strukturen des herrschenden Systems aber grundsätzlich nicht angriffen: Von der kleinen, gemäßigten Reform erhoffte sich Madeyski die Festigung des Status quo.

Eine bloß „reaktive“, von externen Impulsen bestimmte und durch den Funktionsverlust seines Amtes[259]) in den neunziger Jahren noch eingeschränkte Tätigkeit hat den politischen Ehrgeiz Madeyskis nicht befriedigt: Abgesehen davon, daß er in allem, was über administratives Detail hinausging, vom Ministerpräsidenten oder dem Gesamtministerium abhängig war, gibt der Aktenbestand des Präsidialbüros des Ministeriums für Kultus und Unterricht auch über seine monotone Routinearbeit Aufschluß: Die Papiere, die sich täglich vor ihm aufstapelten, betrafen zum Großteil Ansuchen um Auszeichnungen, Ehrungen, Ernennungen, Versetzungen, Entlassungen oder Pensionserhöhungen, die Madeyski regelmäßig, mit seinem Signum — „M“ — versehen, zur Erledigung weiterleiten ließ. Wichtigere personalpolitische Entscheidungen bedurften der Unterschrift des Kaisers: In den „allerunterthänigsten Vorträgen des treugehorsamsten Ministers für Cultus und Unterricht“ überprüfte Madeyski diese Ansuchen auf ihre Berechtigung, um sie dann mit seiner Empfehlung dem Kaiser zur Bestätigung vorzulegen[260]).

---

259) „Es sind seit 1880 nicht die Unterrichtsminister, ... welche die faktische Leitung der Unterrichtspolitik ausüben, sondern hierüber entscheiden ... entweder der Ministerpräsident oder das unter dessen Leitung stehende Gesamtministerium ...“ STRAKOSCH—GRASSMAN, Geschichte des Unterrichtswesens 298.

260) Um nur ein Beispiel zu nennen, sei auf den Fall eines Ansuchens der Lemberger Statthalterei verwiesen, den Bischof von Tarnow auszuzeichnen, der sich namentlich bei der Bekämpfung der „umstürzlerischen, gegen Adel und höhere Geistlichkeit gerichteten, agrarsozialistischen Bewegung des Stanisław Stojałowski“ ruhmreich verhalten habe. Das besondere Verdienst des Bischofs Ignaz Lobos sei es gewesen, so der Bericht, nach zahlreichen Kundgebungen seiner Diözese gegen die „systematisch“ von Stojałowski betriebene „Verhetzung des Landvolkes“, die Herausgabe eines gemeinsamen Hirtenbriefes aller galizischen Kirchenfürsten gefördert zu haben, in dem den Gläubigen die Lektüre der von Stojałowski herausgegebenen Zeitschriften *Wieniec Polski* [Polnischer Kranz], „*Pszczółka*“ [Bienchen] und *Dzwon* [Glocke] untersagt wurde. Auch der Beschluß des Lemberger Erzbischofs Morawski, über Stojałowski eine „suspensio a sacris“ zu verhängen, müsse als Verdienst des Bischofs Lobos bezeichnet werden. Nun, Madeyski, ein verschworener Feind des Sozialismus im allgemeinen, insbesondere aber eines Sozialismus populistischer Prägung, unterstützte dieses Ansuchen in einem entsprechenden „Vortrag“ an den Kaiser,

Auch Berichte von politischer Bedeutung aus den einzelnen Statthaltereien oder Meldungen der Polizeibehörden wurden dem Unterrichtsminister lediglich „zur Einsicht“ oder „zur Kenntnisnahme“ vorgelegt.

Dort aber, wo Madeyski als oberster Leiter der cisleithanischen Unterrichtspolitik eigene Initiativen setzen konnte, waren ihm keine namhaften Erfolge beschieden: Nur einmal hörte man von einem Reformprogramm des Lehrplanes für die Mittelschulen des Reiches. Die Liberalen verwarfen es als „reaktionär“[261]). Eine Teilreform der Studienordnung für die katholisch-theologischen Fakultäten in Wien, Graz, Innsbruck, Krakau, Lemberg, Olmütz und Salzburg, die Madeyski für das Studienjahr 1894/95 erließ, enthielt keine nennenswerte Änderung[262]).

Allgemein kann man sich demnach durchaus der Meinung anschließen, daß das Ministerium Windischgrätz für die Geschichte des österreichischen Unterrichtswesens „ohne Belang“ war[263]).

Bei weitem aktiver zeigte sich Madeyski indes in jenen Fragen, die die politischen und weltanschaulichen Grundlinien der österreichischen Unterrichtspolitik betrafen: In diesem Zusammenhang ist sein Einsatz in der „Vatikanaffäre“ von besonderem Interesse. Madeyski scheute nicht davor zurück, eine Initiative zu ergreifen, von der er sehr wohl wußte, daß sie seine eigene Stellung gefährden und politische Konflikte von unabsehbarer Tragweite auslösen konnte. Denn eine eventuelle Unterstützung der Regierung durch den Vatikan hätte viel dazu beitragen können, den Kampf gegen die „sektiererische“ christlich-soziale Bewegung erfolgreich zu beenden: Die Regierung hätte ihre Autorität festigen können, die Christlich-Sozialen wären als politische Opposition nicht mehr gefährlich, und auch die Position des Episkopats und allgemein der katholischen Kirche — dieses wesentlichen Faktors der Stabilität und Stabilisierung des bestehenden Gesellschaftssystems — wäre wieder gestärkt worden.

Madeyskis zentrales Anliegen — die Erhaltung des Status quo — klang auch bei anderen Anlässen deutlich durch: Mehrmals mahnte er, die Jugend im Geist der traditionellen christlich-katholischen Ethik und des Autoritätsglaubens zu erziehen. Oft benutzte er die Gelegenheit einer Plenarrede, um — ähnlich wie zu Zeiten seines Rektorats an der Jagellonischen Universität — vor den Symptomen einer politischen Radikalisierung der Jugend zu warnen und die Schädlichkeit der „nihilistischen, materialistischen und positivistischen“ Einflüsse aus Westeuropa aufzuzeigen. Immer wieder unterstrich er die Bedeutung und Notwendigkeit einer aktiven Teilnahme der

den er mit folgender Empfehlung schloß: „... da der Bischof außerdem als ein Priester reich an Tugenden, von echt christlicher Gesinnung beseelt und von hoher geistiger Begabung geschildert wird, so erlaube ich mir unter ehrerbietigster Bezugnahme auf den Beschluß des Ministerrates vom 1. Februar letzten Jahres die ... Bitte wagen zu dürfen: Geruhen Eure Majestät dem römisch-katholischen Bischof von Tarnow ... die Würde eines Geheimen Rates ... allergnädigst zu verleihen“. MADEYSKI, in: Präsidialakten des Ministeriums für Kultus und Unterricht, Nr. 192, 30. 1. 1894 und Nr. 269, 9. 2. 1894 (U. Präsidium 207/1894, AVA). Franz Joseph gab der Bitte statt. Vgl. HOF- UND STAATSHANDBUCH der Österreichisch-Ungarischen Monarchie für 1895 (Wien 1896) 187.

261) Siehe STEN. PROT. Abgeordnetenhaus, 21. 4. 1894, XI. Session, 278. Sitzung, 13303, 13335.

262) Siehe Präsidialakten des Ministeriums für Kultus und Unterricht vom 10. und 11. 1. 1894; in: U. Präsidium 73/1894, Z. 113.

263) STRAKOSCH—GRASSMANN, Geschichte des Unterrichtswesen 299.

Gesellschaft am großen Erziehungswerk von Staat und Kirche, das die Jugend vor der Ansteckung durch die neuen Werte bewahren wolle. In diesem Zusammenhang prägte Madeyski die — übrigens für seine gesamte politische und weltanschauliche Einstellung charakteristischen — Worte, wonach es für ihn „keinem Zweifel" unterliege, daß es „hoch an der Zeit" sei, in das öffentliche Leben „in der Tat recht viele Tropfen idealistischen Öles zu gießen"[264]).

Madeyskis kulturpolitische Ansichten waren ebenfalls von seiner galizisch-konservativen Weltanschauung geprägt: Trotz seiner Flexibilität im Sinne einer aufrichtigen Bereitschaft zu Zugeständnissen und Konzessionen im Namen der Idee der Koalition stand keiner seiner Schritte auf diesem Gebiet in Widerspruch zu seinen offen deklarierten Grundsätzen. Auch als Minister der Koalition vertrat Madeyski das Prinzip der Landesautonomie und die Rechte nationaler Minderheiten. Exemplarischen Charakter hat in diesem Kontext der Fall „Cilli", in dem er — trotz gewisser Schachzüge — an der Berechtigung der slowenischen Schule festhielt, obwohl er diese Frage — ob nun im Namen der Koalition oder seiner eigenen Karriere — auch in eine andere Richtung hätte steuern können.

---

264) Madeyski, 21. 4. 1894, Sten. Prot. Abgeordnetenhaus, XI. Session, 278. Sitzung, 13306.

V. EINE POLITISCHE EMERITIERUNG STANISŁAW MADEYSKIS LEBENSABEND

> „Meine politische Tätigkeit war seit meiner Ministerschaft so unfruchtbar, daß sie mir keine innere Befriedigung mehr geben konnte".
>
> MADEYSKI, Rok 1899 [Das Jahr 1899]; in: Nachlaß, V.

1. ZURÜCK IN DER BANK DER ABGEORDNETEN

„On revient toujours à ses premiers amours ..."[1]). Mit diesen Worten nahm Stanisław Madeyski im Juli 1895 seine parlamentarische Tätigkeit wieder auf. Durch die Erfahrungen der vergangen zwei Jahre gereift, hoffte er, seinen alten Einfluß im eigenen Klub und im Parlament wiederzugewinnen.

Doch die Zeit war nicht stehengeblieben: Eine veränderte politische Konstellation im österreichischen Reichsrat drängte den Exminister allmählich an den Rand des politischen Geschehens. Madeyski erlebte die stille Tragödie der „entlassenen" Politiker:

Im Polenklub hatten sich die politischen Kräfteverhältnisse stark verschoben. An Stelle der Stańczyken, die drei Jahrzehnte lang die galizische Politik beherrscht hatten, gaben seit 1896 die „Neokonservativen" unter W. L. Jaworski[2]) den Ton an.

Neue Ideen, neue politische Strategien und Programme leiteten den Polenklub — neue Politiker kämpften um die Macht.

Auch in Galizien hatte eine allgemeine politische Umwälzung stattgefunden: Nach und nach hatten die bis dahin politisch unmündig gehaltenen oder nur schwach repräsentierten Interessen- und Bevölkerungsgruppen an politischem Einfluß gewonnen. Dies fand nach den Reichsratswahlen 1897, an denen sich schon die Wähler der V., der allgemeinen Wahlkurie, beteiligten, auch in der Zusammensetzung der galizischen Delegation seinen Niederschlag:

Neben dem Polenklub, der bislang alle politischen Fraktionen des Landes in sich eingeschlossen hatte, traten zwei neue Parteien in die Arena des Zentralparlaments: obwohl der Polenklub weiterhin (mit 59 Mandaten) die stärkste Partei blieb, waren die Fraktionen der christlichen Volkspartei (mit 6 Mandaten) und der polnischen Volkspartei (mit 3 Mandaten) eindeutige Beweise einer politischen Machtverschiebung[3]).

---

[1]) MADEYSKI, 10. 7. 1895, STEN. PROT. Abgeordnetenhaus, XI. Session, 410. Sitzung, 20343.

[2]) Vgl. zum Neokonservativen Klub oben S. 33f.

[3]) Aus den Reichsratswahlen des Jahres 1901 ging der Polenklub noch geschwächter hervor: er mußte 10 weitere Mandate an die Konkurrenzparteien abtreten, die nun schon über 25 Sitze innerhalb der galizischen Vertretung verfügten. Dieser Trend verstärkte sich später übrigens: 1907, als erstmals das

Allerdings stellten die Veränderungen innerhalb der galizischen Vertretung keine Sondererscheinung dar; vielmehr spiegelten sie eine Entwicklung wider, die das gesamte Parlament durchmachte: Tatsächlich war es durch die Spaltung bestehender politischer Gruppierungen oder das Hinzukommen bislang nicht repräsentierter Interessenvertretungen zu einer bedeutenden Vermehrung der politischen Parteien gekommen. Namentlich die sozialdemokratische Partei, die im Jahre 1897 15 Sitze errungen hatte, spielte in diesem Zusammenhang eine bedeutende Rolle.

Ungeachtet des Widerstandes der noch immer herrschenden politischen Kräfte war das neue Parlament unbestreitbar ein Ausdruck der fortschreitenden Demokratisierung des politischen Lebens in Österreich[4]), obwohl sich diese Entwicklung im Jahre 1895 erst in Ansätzen abzeichnete: manifest wurde damals lediglich der Trend zur ideologischen Radikalisierung aller Parteien.

Das Experiment der Koalition hatte die öffentliche Meinung und die parlamentarischen Parteien von der Unmöglichkeit überzeugt, den nationalen Versöhnungsgedanken und den politischen Kompromiß zu verwirklichen: Erneut wurde zum Wettkampf um die Macht gerüstet; die Wählerschaft verlangte von ihrer politischen Vertretung entschlossenes und konsequentes Vorgehen.

Auch der Polenklub hatte aus der „Koalition" seine Lehre gezogen. Unter dem nachfolgenden Regierungskabinett Badenis suchte er wieder reumütig die Annäherung zu seinen ehemaligen Bündnispartnern auf der Rechten des Hauses und kehrte — im Namen des Konservatismus, der Autonomie und der slawischen Solidarität — zu seinem altbewährten Kurs von ante 1891 zurück.

Für Madeyski war in diesem Schema kein Platz mehr: Hatte der Polenklub dem „Neuling" die heikelsten politischen Referate anvertraut und seinen Aufstieg gefördert, schob er den routinierten Parlamentarier und Ex-Minister jetzt allmählich von der aktiven Politik ab: Mit dem Scheitern der Koalition und dem Zusammenbruch ihrer Regierung war auch Madeyski in den Augen seiner politischen Genossen nicht mehr geeignet, die Politik des Polenklubs mitzugestalten. Als Verfechter einer deutsch-slawischen Kooperationspolitik hatte er vom Polenklub die Chance erhalten, diesen Gedanken zu verwirklichen, als die Ära der nationalen und politischen Versöhnung angebrochen war. Diese Chance hatte er durch das Mißlingen des Versöhnungsversuches verwirkt.

Darüber hinaus wollten die ehemaligen Bündnispartner alle Spuren jener peinlichen Vergangenheit verwischen: Rasch wurden die Führungsgarnituren ausgewechselt, die „Gespenster der Koalition" in den Hintergrund gedrängt.

Madeyskis Auftritte im Plenum wurden immer seltener: Auch anläßlich der gesetzlichen Einführung des mündlichen und öffentlichen Zivilprozeßverfahrens im

allgemeine Wahlrecht galt, entfielen auf die galizischen Konservativen nur mehr 16 von insgesamt 70 Mandaten, hingegen schon 25 auf die Sozialdemokraten, 17 auf die polnische Volkspartei und 12 auf das polnische Zentrum. Vgl. KNAUER, Parlament Annex.

[4]) Während im österreichischen Reichsrat des Jahres 1867 nur 3 politische Lager für insgesamt 187 Abgeordnete vorhanden waren (Linke 118 Abgeordnete, Föderalisten 57 und Konservative 11), gab es 1873 schon 9, 1885 bereits 11 und 1891 schon 16 politische Parteien für insgesamt 353 Abgeordnete, 1897 und 1901 dann 18 bzw. 17 für nun insgesamt 435 Abgeordnete und 1907 auf insgesamt 514 Abgeordnete 34 und 1911 schon 37 verschiedene politische Parteien. Vgl. KNAUER, EBD.

August 1895 — eine Reform, für die Madeyski sechzehn Jahre lang im Abgeordnetenhaus, im Landtag, in den Ausschüssen und in der Fachpublizistik gekämpft hatte — war es ihm als langjährigem Referenten des Justizausschusses für den Zivilprozeß nur mehr gegeben, „jetzt, da das große Werk seiner Vollendung entgegengeht, es auf das wärmste zu begrüßen und allen Faktoren und Personen, die daran mitwirkten, aufrichtigsten Dank zu sagen“[5]).

Jeden Schritt, den Madeyski noch unternahm, um sich auch unter den neuen personellen und politischen Verhältnissen durchzusetzen, legte man aber als neuerlichen Versuch aus, die Koalition wiederauferstehen zu lassen: Als er zum Beispiel zu Beginn der neuen Legislaturperiode im Jahre 1897 im Adreßausschuß des Abgeordnetenhauses die Grundsätze der Autonomie und der Rechte der nationalen Minderheiten verteidigte, die der Adreßentwurf enthielt, griff ihn der deutsche Abgeordnete Pergelt mit einer Anspielung auf die Zeit an, in der er doch „angeblich mit den Deutschen gegangen“ sei. Madeyski konterte mit der knappen Bemerkung, daß er der Koalition „ehrlich und loyal gedient“ habe, solange es für sie Zeit gewesen sei, ohne deshalb seine politischen Grundsätze verraten zu haben[6]).

Die häufigen Anspielungen auf seine politische Vergangenheit im Koalitionskabinett waren indes berechtigt: Tatsächlich arbeitete Madeyski in den Jahren 1895—1897 an der Wiederbelebung des nationalen Versöhnungsgedankens — ungeachtet der hierfür ungünstigen politischen Konstellation:

Die Regierung Badeni hatte eine Politik eingeschlagen, die dem Kurs der Koalitionsregierung diametral gegenüberstand: An die Spitze ihres Programms stellte sie die Lösung der akuten deutsch-tschechischen Frage in Böhmen — einen Punkt, den das Koalitionskabinett bekanntlich a priori ausgeschlossen hatte — sowie die konsequente Durchführung einer demokratisch ausgerichteten Wahlrechtsreform, von der das Koalitionskabinett ebenfalls nichts hatte wissen wollen.

Als dann Badeni im April 1897 die Sprachenverordnungen für Böhmen herausgab, die die Stellung der Tschechen wesentlich verbessern sollten, leitete man auf deutscher Seite eine parlamentarische Obstruktionspolitik ein. Um diesen Widerstand zu brechen, setzte die Regierung bekanntlich mit Hilfe ihrer slawischen Parlamentsmajorität die „Lex Falkenhayn“ durch, ein Gesetz, das im Falle einer parlamentarischen Obstruktion das Einschreiten der Polizei und die gewaltsame Entfernung der obstruierenden Abgeordneten aus dem Beratungssaal legitimierte[7]).

---

[5]) MADEYSKI, 10. 7. 1895, STEN. PROT. Abgeordnetenhaus, XI. Session, 410. Sitzung, 20343.

[6]) ZOLL, Madeyski 29.

[7]) Die starke Zersplitterung der deutschen Parteien ermöglichte u. a. auch die Durchsetzung der „Lex Falkenhayn“: neben der Deutschen Volkspartei gab es den Fortschrittsklub, die Katholische Volkspartei, die Christlich-Soziale Vereinigung, die deutschen Mitglieder der Sozialdemokratischen Partei, den Verfassungstreuen Großgrundbesitz und die Freie Deutsche Vereinigung. Erst die Ereignisse im Zusammenhang mit den Badenischen Sprachenverordnungen erhoben das nationale Moment zum „allbeherrschenden“ und führten zu einer solidarischen Blockbildung auf nationaler Grundlage: Der deutsche Fortschrittsklub, die Deutsche Volkspartei, der Verfassungstreue Großgrundbesitz, die Christlich-Soziale Vereinigung und die Freie Deutsche Vereinigung konstituierten sich zur „Deutschen Gemeinbürgschaft“, einem reinen Zweckbündnis im Kampf um die Wahrung des „deutschen Besitzstandes“. Siehe DIETHILD HARRINGTON—MÜLLER, Der Fortschrittsklub im Abgeordnetenhaus des österreichischen Reichsrates 1873—1910 (Wien—Köln—Graz 1972) 45f. sowie MALLI, Steirische Abgeordnete 5—68.

Madeyski protestierte gegen den Gesetzesentwurf im Polenklub[8]) und im „Exekutivkomitee" der Rechten, enthielt sich bei der betreffenden Abstimmung aber der Stimme, nachdem die Rechte für das Gesetz eintrat, ihm selbst aber durch die Klubdisziplin die Hände gebunden waren. Als das erwartete Ergebnis schon vorlag, trat er ostentativ aus dem „Exekutivkomitee" aus[9]): Denn „scharfe parlamentarische Verwicklungen" würden sich „nur auf dem Wege des Kompromisses, nicht aber der Gewalt lösen lassen"[10]).

Von polnischer Seite wurde ihm dieser Protestakt übelgenommen: *Czas* legte „den hochdiplomatischen Schritt" als „Dokument der Treue zur Koalitionsidee" aus und sprach unverblümt vom „Versagen des nationalen Instinktes"[11]). Madeyski sind diese Angriffe wohl sehr nahe gegangen: er reagierte unverzüglich mit einer offiziellen Rechtfertigung, die er unter dem Titel *Sprawozdanie poselskie na rok 1899* [Rechenschaftsbericht als Abgeordneter für das Jahr 1899] im Eigenverlag herausgab.

Der Angriff des *Czas* hatte indes nicht so sehr dem „unsolidarischen" Verhalten Madeyskis gegolten, als vielmehr dem politischen Kurs, den man dahinter vermutete: Das Lager der galizischen Konservativen hatte seit dem „Koalitionsabenteuer" die Fronten radikal gewechselt: Der Polenklub und die Jungtschechen — früher seine verbissensten Feinde — bildeten jetzt gemeinsam den Grundstock der neuen Parlamentsmehrheit. Und tatsächlich billigte Madeyski dieses neue Bündnissystem nicht: Da in seinen Augen die Deutschen ein wesentliches „staatstragendes" Element und überdies den Einigungsfaktor schlechthin des Reiches bildeten, hielt er auch nach dem Scheitern der Koalition an der Idee einer slawisch-(und insbesondere polnisch-)deutschen Zusammenarbeit fest[12]).

In seinem „Rechenschaftsbericht" griff er den neuen Kurs des Polenklubs als Niederschlag einer gefährlichen und für ihn unannehmbaren Ideologie an: Das Motto der „slawischen Solidarität", das dem neuen Bündnissystem zugrunde lag, sei nur der politische Ausdruck der Idee des Panslawismus, die, wie Madeyski erinnerte, „sowohl von der jahrhundertealten polnischen Tradition als auch von der österreichischen Staatsraison bekämpft" werde[13]). So gesehen, sei das neue Frontensystem kein politisches

---

8) Kolmer, Parlament und Verfassung VI, 317.

9) Madeyski wirft den Mitgliedern des „Exekutivkomitees", die ebenso dachten wie er, Mangel an Mut vor: sie hätten es nicht gewagt, ihn offen zu unterstützen und mit ihm zusammen gegen die „Lex Falkenhayn" zu kämpfen. Madeyski, Rok 1899 [Das Jahr 1899]; in: Nachlaß V, 4.

10) Ebd.

11) Zoll, Madeyski 31.

12) Madeyski, Pamiętniki rządu Badeniego [Tagebuch aus der Regierungszeit Badenis] 7.

13) Madeyski, Sprawozdanie poselskie na rok 1899 [Rechenschaftsbericht als Abgeordneter für das Jahr 1899] (Kraków 1899) 12. Tatsächlich förderten die neuen Mehrheitsverhältnisse, die das slawische Bündnis auf der Rechten geschaffen hatte, ein Bild zutage, das der Staatsrechtslehrer Georg Jellinek folgendermaßen umschreibt: „Einer deutschen Minderheit ... steht seit einer Reihe von Jahren eine slawische Mehrheit ... gegenüber. Es haben sich daher unabhängig von aller gesetzlichen Normierung durch die Macht der nationalen und politischen Gegensätze im Reichsrat gleichsam ein ‚Corpus Germanorum' und ein ‚Corpus Slaworum' gebildet". Georg Jellinek, Das Recht der Minoritäten. Ein Vortrag (Wien 1898) 30, 31. Es ist klar, daß Madeyski eine solche Konstellation für das gesamtstaatliche Interesse als verhängnisvoll empfand, nachdem er doch stets von der Annahme ausging, daß in Österreich die Kooperation von Slawen und Deutschen unerläßlich war!

Bündnis, das — zur Durchsetzung konkreter politischer Ziele geschlossen — nach Erfüllung seiner Aufgabe wieder aufgelöst würde, sondern die politische Umsetzung einer Solidarität, die eine übergeordnete, sachfremde Idee impliziere, der sich die eigenen Ziele unterwerfen müßten. Mit Ausnahme des Falles, in dem diese übergeordnete Idee die Festigung des österreichischen Staatsgedankens[14]) wäre, sei für den Polenklub jede „Solidaritätspolitik" verhängnisvoll, da sie sein „eigenes Schicksal an das Schicksal fremder politischer Parteien" binde[15]). Die Idee des Panslawismus aber habe den Polen ohnehin seit jeher geschadet, den Polenklub überdies in der Lösung wichtiger innergalizischer Probleme gehemmt[16]). Nicht zuletzt stehe diese Idee auch in Widerspruch zu den höchsten Imperativen der Politik der Polen im Reichsrat: der Erhaltung von nationaler Einheit und Eigenständigkeit.

Seinen Austritt aus dem „Exekutivkomitee" brachte er allerdings nur mit seiner grundsätzlichen Ablehnung der „Lex Falkenhayn" in Zusammenhang: Dieses Gesetz sei verfassungswidrig, verfehle darüber hinaus aber seinen Zweck: Zum ersten würde eine vollständige Revision der Geschäftsordnung des Abgeordnetenhauses die Obstruktionspraxis bei weitem effizienter bekämpfen, zum zweiten werde das Gesetz der konkreten Situation nicht gerecht, in der und für die es geschaffen wurde: Während diese Situation politischer Natur sei, liege das Wesen der deutschen Obstruktion nämlich auf nationaler Ebene. Konflikte emotionaler Natur würden aber durch die Anwendung des parlamentarischen Mehrheitsprinzips niemals wirklich gelöst werden: Bei den Überstimmten könne es nur das Gefühl des nationalen Unrechts erwecken — was auch die Deutschen in die Obstruktion getrieben habe[17]): Denn „weder Regierungen noch parlamentarische Mehrheiten sind Tribunale der Gerechtigkeit, die die Macht und die Befähigung hätten, ihren Entscheidungen allgemeine Anerkennung zu sichern"[18]).

Nur auf dem Weg der Verständigung und des Ausgleichs zwischen den Vertretern der streitenden Nationalitäten innerhalb oder — besser noch — außerhalb des parlamentarischen Forums würden nationale Konflikte gelöst werden können. Im konkreten Falle könne die deutsche Obstruktion also nur durch die Einigung zwischen den deutschen Abgeordneten und der Regierung — „die sie ja verschuldet habe" — aufgehoben

---

[14]) „Denn die österreichische Staatsraison stellt das Wesen der Politik der polnischen Nation in Österreich dar: Sie ist die Quelle ihrer Kräfte und ihrer politischen Stellung in Staat und Parlament". MADEYSKI, Sprawozdanie poselskie [Rechenschaftsbericht] 4.

[15]) EBD. 13.

[16]) EBD.

[17]) EBD. 5. Ähnliche Ansichten auch bei Jellinek: „Wo nationale Gegensätze in einer Legislatur von erhebender Bedeutung sind, da wird jede Majorisierung in nationalen Dingen als Brutalisierung empfunden ... Denn ... das Mehrheitsprinzip beruht auf der Annahme von einer inneren Einheit des Volkes im politischen Sinne. Aber dort, wo diese Einheit mangelt, kann auch das Mehrheitsprinzip nicht durchgeführt werden. Noch weniger aber kann das reine Mehrheitsprinzip dort seine Anwendung finden, wo Gegensätze vorhanden sind, die ein Volk ein für allemal derart scheiden, daß jene Voraussetzung der Gleichwertigkeit der Individuen hinfällig wird ... Solche Gegensätze sind aber heute die nationalen ... Die Lehre, daß, wie in anderen, so auch in nationalen Fragen die Mehrheit zu entscheiden habe, ist nichts anderes als eine in der Politik so häufig vorkommende Deduktion aus ungenügend fundierten Prämissen. Es wird nämlich die für das Majoritätsprinzip notwendige innere politische Einheit des gesamten Volkes in einem Punkte vorausgesetzt, in dem sie nicht vorhanden sein kann". JELLINEK, Minoritäten 28—30.

[18]) MADEYSKI, Sprawozdanie poselskie [Rechenschaftsbericht] 5.

werden[19]. Die Einmischung des Polenklubs in diesen Streit — zumal als Verteidiger des tschechischen Standpunktes im Namen einer fragwürdigen „slawischen Solidarität" — sei somit unnötig und falsch. Die Aufgabe des Polenklubs sei es, im Gegenteil, „eine Vermittlungsinitiative zu ergreifen" und einen parlamentarischen Ausgleich zwischen den streitenden Parteien einzuleiten[20].

Gegen den Vorwurf, der ihm offenbar von polnischer Seite gemacht wurde, daß Konzessionen an die obstruierenden Deutschen einer Kapitulation der Regierung sowie allgemein des parlamentarischen Systems gleichkommen würden, verwahrte sich Madeyski mit der Feststellung, daß „Konzessionen, welche die parlamentarische Mehrheit freiwillig zugesteht, meistens nur der Ausdruck der Erfüllung ihrer wohlverstandenen Verpflichtungen dem Gemeinwohl gegenüber" seien oder aber „eine Sache der politischen Vernunft". Auf keinen Fall bedeute Konzession aber schon Demütigung und Abdikation[21].

Die Vorfälle des Jahres 1897 gaben Madeyski neuen Auftrieb: Von den laufenden Ereignissen stimuliert, widersetzte er sich der ihm auferlegten Apathie und arbeitete auf eigene Faust an der Durchsetzung seines nationalen Versöhnungsprogramms. Allerdings fanden seine Klubkollegen für die plötzliche Regsamkeit des Ex-Ministers nur Worte des Mitleids: „Der arme Madeyski intrigiert ohne Unterlaß ..."[22].

Die Zeitspanne zwischen 1897 und 1899 stand im Zeichen des spektakulären deutsch-tschechischen Konflikts in Böhmen[23]. Dieser zog auch das Parlament in seinen Bann: Die hartnäckige Obstruktionspolitik der Deutschen führte zum Sturz des Kabinetts Badeni, dann der Übergangsregierung Gautsch, die vergeblich versucht hatte, die Deutschen durch eine Entschärfung der Badenischen Sprachenverordnungen aus der Obstruktion zu locken. Nach einer weiteren Übergangsregierung wurde Graf Franz Thun mit der Regierungsbildung beauftragt: Mit der Absicht, die beiden böhmischen Nationalitäten endlich auszusöhnen, schuf er ein „Konzentrationskabinett", in dem sowohl Deutsche als auch Tschechen vertreten waren[24]. Es wurden vertrauliche Verständigungskonferenzen mit den beiden Streitparteien eingeleitet, um einen beiderseitig annehmbaren Entwurf zu einem neuen Sprachengesetz für Böhmen auszuarbeiten[25]. Doch auch dieser Versuch scheiterte an der Intransigenz beider nationalen Vertretungen. Thun verzichtete auf weitere Initiativen[26].

Verständlich, denn „die nationalen Leidenschaften waren schon so sehr entfesselt, daß auch einsichtsvolle Politiker nicht mehr den Weg der Verständigung gehen konnten ..."[27]. Madeyski hingegen blieb optimistisch: er wollte dem neuen Führungs-

---

19) Ebd. 7.

20) Ebd.

21) Ebd. 8f.

22) Chłędowski, Pamiętniki [Memoiren] II, 261f.

23) „Die gesamte Geschichte Österreichs ist zwischen Badeni und Thun nur ein Schaukelspiel zwischen Deutschen und Tschechen". *Przegląd Polski* 131 (1899) 312.

24) Joseph Maria Baernreither vom Verfassungstreuen Großgrundbesitz und Josef Kaizl vom Lager der Jungtschechen.

25) Namentlich im Juni 1898.

26) Vgl. Czedik, Geschichte der Ministerien II, 176.

27) Zöllner, Geschichte Österreichs 431.

team, das endlich wieder die nationale Versöhnung an die Spitze seines Programms gestellt hatte, seine Dienste anbieten[28]): Seinen Erinnerungen zufolge leitete er damals Gespräche mit dem Minister des Äußern Agenor Gołuchowski ein[29]), um über dessen Vermittlung mit einem Entwurf zur Lösung der Nationalitäten- und Sprachenfrage in Böhmen zu Thun vorzudringen[30]).

Mit diesem Entwurf wollte Madeyski, wie er später erklärte, den Staat vor der „immer näher heranrückenden staatsrechtlichen Krise bewahren", die eine alternierende Obstruktionspolitik der Deutschen und Tschechen auslösen könnte. Seine „Kompromißlösung" biete demgegenüber das einzige Mittel zur „Gesundung des österreichischen Parlamentarismus"[31]). Auf den Inhalt dieser Kompromißlösung, die er in seinem unveröffentlichten Aufsatz „Zur politischen Lage im Mai 1899" ausführlich beschrieb, wird noch an anderer Stelle eingegangen.

Madeyskis persönliches Unterfangen ist nicht lange geheim geblieben: Seine beunruhigten Kollegen beschlossen, die Aktion zu sabotieren. Noch in den letzten Junitagen des Jahres 1899 las man von „seltsamen Versuchen einiger sogenannter polnischer ‚Liberaler', den Polenklub in die Umarmung des militanten Germanismus zu treiben und ein deutsch-polnisches Bündnis zu schließen, bei dem die anderen slawischen Volksstämme selbstverständlich geopfert würden ..."[32]).

Madeyski, der ohnehin mit heftigstem Widerstand von Seiten seiner Klubkollegen gerechnet hatte, glaubte sich dahingehend aber abgesichert zu haben: Er erklärte dem Ministerpräsidenten Thun, daß er seinen Entwurf nicht selber in das Parlament einbringen könne, da ihm als Mitglied des „solidarischen" Polenklubs die Hände gebunden seien; doch sei er bereit, sich im Polenklub für dessen Annahme einzusetzen, wenn er als Regierungsvorlage präsentiert würde[33]).

Madeyskis Initiative trug keine Früchte: „Thun hat von meinem Entwurf keinen Gebrauch machen wollen"[34]). Doch er gab nicht auf. Wie aus seinen „Erinnerungen" hervorgeht, ließ er unmittelbar danach seinen Aufsatz „Die Nationalitätenfrage in Österreich und ihre Lösung" verlegen[35]). Tatsächlich erschien dieser bald darauf als eigene Broschüre. Der erhoffte Nachhall blieb jedoch aus: Madeyskis Vermittlungsvorschläge paßten weder dem Polenklub noch der slawisch dominierten Parlamentsmajorität.

Nicht genug damit, beschlossen die führenden Persönlichkeiten des Polenklubs, sich seiner jetzt endgültig zu entledigen: in Madeyskis eigenwilligen Aktionen sah man eine

---

28) MADEYSKI, Rok 1899 [Das Jahr 1899] 8.

29) EBD. Notiz vom 5. 1. 1899, 7.

30) „Ich selbst konnte als Mitglied des Polenklubs eine solche Initiative nicht ergreifen". EBD. 7.

31) EBD. 8.

32) Przegląd polityczny [Politische Rundschau] 30. 6. 1899; in: *Przegląd Polski* 133 (1899) 176.

33) MADEYSKI, Rok 1899 [Das Jahr 1899] 8.

34) EBD.

35) EBD. In diesem Zusammenhang notierte Madeyski auch am 5. 1. 1899, daß er dem Verleger Jerzy Freytag in einem Brief erklärt habe, daß es jetzt dringend sei, die Notwendigkeit einer nationalen Versöhnung in Österreich aufzuzeigen, „um Politik und Parlament zu gesunden, nicht zuletzt aber auch einer staatsrechtlichen Krise vorzubeugen, die zur Auflösung des Reiches führen könnte".

Gefährdung der offiziellen Parteilinie[36]). Unmittelbar vor seiner Abdankung empfahl Thun ihn dem Kaiser für die Mitgliedschaft auf Lebenszeit im Herrenhaus — eine Ehre, die damals unbequem gewordenen Parlamentariern nicht selten zuteil wurde[37]).

Madeyski versuchte, die Hintergründe seiner unerwarteten Berufung in das Herrenhaus in seinen „Erinnerungen" zu analysieren:

„Wessen Werk, wessen Idee das war, vermag ich nicht mit Sicherheit zu sagen; und doch hege ich einen wohlbegründeten Verdacht: Während der Parlamentsferien verfaßte ich drei große politische Aufsätze („Politische Betrachtungen"), in denen ich, auf prinzipielle Argumente und klare Beweisführungen gestützt, die Richtigkeit und Notwendigkeit einer Revision unseres parlamentarischen Systems nachweisen konnte. Trotz meines Drängens sind diese Artikel nicht veröffentlicht worden. Ich hatte sie dem ‚Fremdenblatt' geschickt. Der Redakteur dieses Blattes, Hofrat Frydman, ein Pole übrigens, schrieb mir nach einer Weile, daß er diese Artikel verlegt hätte und nicht mehr finden könne. Lange Zeit später schickte er sie mir wieder zurück, mit der Erklärung, sie seien so lang nicht auffindbar gewesen, daß es nun wohl keinen Sinn mehr habe, sie zu veröffentlichen ... Dabei waren zwei der drei Artikel schon gedruckt worden! Da Frydman nun ein Schulfreund von Adam Jędrzejowicz ist, der jetzt das Ministerium für Galizien leitet, Frydman mir überdies selbst einmal erzählte, daß er Jędrzejowicz grundsätzlich alle Artikel mit aktuellem politischen Inhalt vor ihrer Veröffentlichung zur Durchsicht gab, um ihm gefällig zu sein, habe ich wohl guten Grund anzunehmen, daß Jędrzejowicz auch meine Artikel las. Adam (ein Dummkopf) hatte höchstwahrscheinlich Angst vor den Gedanken, die ich in meinen Artikeln ausgedrückt habe und die er nicht verstand. Darüber hinaus ist es nicht unwahrscheinlich, daß auch Jaworski sie gelesen hat. Zweifellos dachten sich dann die drei, daß es wohl am sichersten wäre, *diesen Vogel, den es zum Fliegen drängt, in den Käfig des Herrenhauses zu sperren*"[38]).

Madeyskis vermeintlich „häretische" Gedanken waren indes nicht neu: Einmal mehr hatte er in diesen Aufsätzen auf die „verfehlte" Nationalitätenpolitik der vergangenen Jahre hingewiesen und den nationalen Kompromiß als einzig fruchtbaren Ausweg aus der trostlosen Lage des deutsch-tschechischen Konfliktes angeboten[39]):

Bisher habe die Regierung die Obstruktionspolitik der Deutschen rein politisch verstanden und dementsprechend bekämpft; in Wirklichkeit seien die Deutschen aber nicht in ihrer „politischen Empfindlichkeit", sondern im „nationalen Nerv der deutschen Volksseele" verletzt worden[40]). Der Irrtum der Regierungen Badeni und Gautsch, die deutsche Obstruktion von ihrem „Entstehungsgrund" losgelöst zu haben, müsse daher „wieder gut gemacht" werden: „Nur im Einvernehmen und im gegenseitigen

---

36) Darüber war sich Madeyski im klaren: „Seit meiner Ministerschaft war meine politische Arbeit im Polenklub ohnehin so fruchtlos, daß sie mir keine innere Befriedigung mehr geben konnte". EBD. 12.

37) Auch Chłędowski spricht offen davon, daß Madeyski in das Herrenhaus „abgeschoben" worden sei, CHŁĘDOWSKI, Pamiętniki [Memoiren] II, 319. Vgl. GERALD STOURZH, Die Mitgliedschaft auf Lebensdauer im österreichischen Herrenhaus 1861—1918; in: Mitteilungen des Institutes für österreichische Geschichtsforschung 73 (1965) 86, Anm. 85.

38) MADEYSKI, Rok 1899 [Das Jahr 1899] 13. Meine Hervorhebung.

39) Diese Aufsätze erschienen unter dem Titel „Politische Betrachtungen" (Wien—Prag 1900).

40) MADEYSKI, Politische Betrachtungen 20.

nationalen Entgegenkommen liegt eine Chance, das Verfassungsleben und den Parlamentarismus in Österreich zu sanieren ... denn für die Regelung nationaler Angelegenheiten reicht das parlamentarische Majoritätsprinzip allein nicht aus"[41]).

Da der Polenklub an einer deutsch-tschechischen Annäherung damals bekanntlich nicht interessiert war[42]), ist es nur zu verständlich, daß Madeyskis Aufsätze erst im Jahre 1900 veröffentlicht wurden: Zu dieser Zeit hatte sich der politische Wind wieder gedreht, und unter der Regierung Koerber wurde die nationale Versöhnung wieder aktuell. Madeyskis Vermutung über die Hintergründe seiner Berufung in das Herrenhaus scheinen demnach richtig zu sein.

Es fragt sich natürlich noch, warum Madeyski den „Tritt nach oben" widerstandslos hinnahm, wo er doch — wie auch ein Zeitgenosse bestätigt — seine Berufung „mit Empörung und Verbitterung" aufgenommen haben soll[43]): Madeyskis eigener Darstellung zufolge habe er gefürchtet, durch seine Auflehnung die politische Karriere seines Sohnes Jerzy zu gefährden, die sich schon damals vielversprechend ankündigte[44]). Das Argument ist zweifellos plausibel. Dennoch darf es nicht darüber hinwegtäuschen, daß Madeyski zu dieser Zeit selbst schon erkannt hatte, daß seine politischen Grundsätze in einer „radikalisierten" politischen Umwelt keine Daseinsberechtigung mehr hatten.

2. Madeyski als Mitglied des Herrenhauses des Österreichischen Reichsrates

a) Im Herrenhaus

Am 29. November 1898 war Madeyski aus den Reihen des Abgeordnetenhauses zum ständigen Mitglied des Reichsgerichtes gewählt und dem Kaiser zur Ernennung vorgeschlagen worden. Ein Jahr später, am 22. November 1899, wurde er zum Mitglied des Herrenhauses auf Lebenszeit ernannt.

---

41) Ebd. 22.

42) Vgl. Sutter, Badenische Sprachenverordnungen I, 212.

43) Vgl. Anm. 37.

44) „Ich hätte zwar ablehnen können, tat es aber nicht, nachdem mir Thun in einen Brief die ganze Angelegenheit so dargestellt hatte, daß ich anzunehmen gezwungen war, daß auch der Kaiser von der Absicht wußte, mich in das Herrenhaus zu berufen. In diesem Fall war es selbstverständlich, daß mich eine Ablehnung in den Augen des Kaisers in ein ungünstiges Licht gestellt hätte, und gerade das wollte ich vermeiden — aus Rücksicht auf meinen Sohn Jerzy, der jetzt im Dienst der Regierung steht und sich wohl höchstwahrscheinlich für immer dem Dienst im Ministerium widmen wird. Ich wollte also nicht, daß sich mein Name beim Kaiser mit einer mir zwar nicht bekannten, aber zweifellos unvorteilhaften Erinnerung verbindet ..." Madeyski, Rok 1899 [Das Jahr 1899] 13. Als Bemerkung am Rande: Jerzy Madeyski gelang es tatsächlich, politische Karriere zu machen. Zunächst folgte er den Fußstapfen des Vaters: Zögling des Melkerstiftsgymnasiums und des Akademischen Gymnasiums in Wien, absolvierte auch er das Rechtsstudium. 1913 wurde er Ministerialrat im Ministerium für Kultus und Unterricht, dann, am 2.7. 1918 Unterrichtsminister im vorletzten Regierungskabinett der Monarchie. 1921 wurde Jerzy außerordentlicher Botschafter und bevollmächtigter Minister der polnischen Rzeczpospolita in der Weimarer Republik. Er starb 1939 in Krakau. Seine Tochter, Frau Zofia Fudakowska, lebt heute in Krakau. Siehe Lechicki, Jerzy Viktor Madeyski (1872—1939); in: Polski słownik biograficzny [Polnisches biographisches Lexikon] XIX/1/80, 121f. — Doch Madeyski wollte nicht verschweigen, daß es noch einen weiteren Grund für seinen Entschluß gab: „Meine Arbeit im Polenklub verleidete mir auch ein anderer Umstand — der Haß und der Neid, die ich ständig von seiten Jaworskis spürte und die mich in

Am 27. November sprach Madeyski dem Kaiser auf einer Audienz seinen Dank für die ihm erwiesene „Ehre" aus. Der Kaiser soll ihm „weitere Erfolge" gewünscht haben[45]).

Im Herrenhaus nahm Madeyski dann auf der Rechten Platz und wurde schon in der ersten Sitzung zum Mitglied des ständigen politischen Ausschusses gewählt[46]).

Die letzten Jahre seines Lebens widmete Madeyski nicht nur seiner Arbeit im Reichsgericht (sie wird im letzten Teil dieser Arbeit ausführlich behandelt), wo er sich vor allem mit den politischen und hier insbesondere den nationalen Rechten der Staatsbürger beschäftigte, sondern auch der publizistischen Verwertung seiner politischen und juristischen Praxis. Überdies begann er auch an seinen „Erinnerungen" zu schreiben und seine — ebenfalls nicht zur Publikation bestimmten — tagespolitischen Kommentare zu verfassen.

Wiederholt wurde er auch vom Herrenhaus in die österreichische Delegation des Reichsrates gewählt.

Schließlich kehrte er nach seiner Ministerschaft wieder in den Aufsichtsrat der Bodenkreditanstalt in Wien zurück: obwohl dieses Amt nur repräsentativen Charakter hatte, sicherte es ihm zusätzliches — und nicht unbedeutendes — Einkommen[47]).

Als Politiker im engeren Sinn war Madeyski nach seinem Austritt aus dem Abgeordnetenhaus bedeutungslos: Es war allgemein bekannt, daß jede wirklich politische Tätigkeit im Herrenhaus eigentlich eine Fiktion war[48]). So gesehen, ist die Untersuchung seines Wirkens in diesem Gremium nur für die Abrundung seiner politischen Silhouette von Interesse:

Madeyski sprach im Herrenhaus nur sehr selten[49]). Von Bedeutung ist nur seine Rede vom 6. 3. 1900, in der er im Namen der Rechten[50]) das Regierungsprogramm des

---

meiner Tätigkeit im Klub lähmten. Denn wenn dieser Unwillen Jaworskis, ohne dessen Einwilligung diese Berufung nicht hätte beschlossen werden können, so weit geht, daß er mit Freuden in die Abwesenheit jenes Mannes einwilligt, der ihn bisher im Klub am aufrichtigsten unterstützte und ihm wirklich erfolgreich half, dann bereitet die ganze Arbeit kein Vergnügen mehr ..." MADEYSKI, Rok 1899 [Das Jahr 1899] 13.

45) MADEYSKI, Rok 1899 [Das Jahr 1899] 2.

46) Siehe STENOGRAPHISCHE PROTOKOLLE über die Sitzungen des Herrenhauses des österreichischen Reichsrates, 18. 10. 1899, XVI. Session, 1. Sitzung, 7, 13.

47) Biliński schreibt in seinen Memoiren, daß er es gewesen sei, der dem Direktor der Bodenkreditanstalt in Wien, Thaussig, vorschlug, Madeyski an seiner Stelle in den Aufsichtsrat der Bank aufzunehmen. Denn Madeyski habe, so Biliński „ein zusätzliches Einkommen gebührt", darüber hinaus sei er auch sein Freund gewesen. Er selbst habe damals allerdings ablehnen müssen, da er „allen Versuchungen dieser Art, Einkommen ohne entsprechende Arbeit zu beziehen, immer zu widerstehen gewußt" habe (!). Siehe BILIŃSKI, Wspomnienia i dokumenty [Erinnerungen und Dokumente] 438. — Tatsächlich gehörte es zu den „Usancen" im alten Österreich, daß sich die Verwaltungs- und Aufsichtsräte großer Banken oder Aktiengesellschaften großteils aus Mitgliedern der aristokratisch-bürokratischen Elite zusammensetzten. Übrigens übt Chłędowski an Madeyskis „Profitsucht" und seiner Anhäufung solcher „Ehrenämter" scharfe Kritik. Siehe CHŁĘDOWSKI, Pamiętniki [Memoiren] II, 155.

48) Vgl. STOURZH, Mitgliedschaft auf Lebensdauer im Herrenhaus 101.

49) Madeyski sprach im Herrenhaus noch am 7. 12. 1904 (XVII. Session, 43. Sitzung) und am 1. 7. 1907 (XVIII. Session, 3. Sitzung).

50) Es gab vier Mitgliederkategorien im Herrenhaus: die erblichen Mitglieder, die Mitglieder des Episkopats, die Mitglieder des Kaiserhauses und die Mitglieder auf Lebensdauer, deren Ernennung aufgrund besonderer Verdienste für den Staat erfolgte. Politisch war dieses Oberhaus in drei politische Lager

Kabinetts Koerber verteidigte[51]): Diese Regierung, die sich übrigens vier volle Jahre (!) hielt (1900—1904), hatte sich die Aufgabe gestellt, durch die bewußte Akzentsetzung auf wirtschaftliche und sozial-politische Fragen vom lähmenden Nationalitätenkonflikt zwischen Deutschen und Tschechen abzulenken. Diese Frage sollte außerhalb des parlamentarischen Forums, auf dem Wege vertraulicher sowie offizieller Verständigungskonferenzen zwischen den Vertretern der beiden Nationen behandelt werden[52]). Um ihre parlamentarische und parteipolitische Abhängigkeit möglichst einzuschränken, setzte sich diese Regierung überdies ausschließlich aus Staatsbeamten zusammen: Durch die bewußte Betonung ihrer „übernationalen" und „überparteilichen" Gesinnung hoffte sie, das radikalisierte Klima im Parlament zu mildern und ihre Politik der „Verständigung" erfolgreich durchzusetzen[53]).

Wie war es zu dieser plötzlichen politischen Kursänderung gekommen? Ebenso wie die „Koalition" hatte auch die radikale, nationalistische Linie Schiffbruch erlitten: die politischen und nationalen Fronten hatten sich verhärtet, das Parlament stürzte von einer Obstruktion in die andere und war praktisch funktionsunfähig geworden. Nachdem der Weg des Widerstandes offensichtlich in eine Sackgasse gemündet war, gelang es unter der Regierung Koerber im Jahre 1902 — zum ersten Mal nach vier Jahren —, ein Budget wieder parlamentarisch zu erledigen (22. 5.)[54]).

Madeyski sah nun im Antrittsprogramm des Kabinetts Koerber die letzte Chance für die Sanierung des parlamentarischen Systems in Österreich[55]): An Stelle des kompromißlosen Machtkampfes zwischen „partikulären" Interessen würde die „Versöhnung" im Namen des staatlichen Gemeinwohls treten; der Mißbrauch parlamentarischer Freiheiten würde der Einsicht weichen, daß „im staatlichen Leben Rechte mit Pflichten so innig und so organisch verknüpft sind, daß sie voneinander nicht losgelöst werden können und daher, wer auch immer die Pflichten mißachtet, auch seine Rechte damit gefährdet, weil er eine gemeinsame Voraussetzung der beiden, nämlich die stetige verläßliche Verwendbarkeit der Freiheit für Staatszwecke damit schon tatsächlich in Frage stellt"[56]).

Im Rahmen seiner Kritik an der parlamentarischen Praxis der letzten Jahre entwickelte Madeyski auch eine interessante These über die Wurzeln der Problematik des österreichischen Parlamentarismus: In Anbetracht der „Verschiedenartigkeit und Mannigfaltigkeit der tatsächlichen Bedürfnisse der Bevölkerung" und der gleichzeitigen „relativen Berechtigung" aller Interessen wäre die Fülle der „Interessenkollisionen" größer als in jedem anderen Staat[57]). Für Madeyski ergab sich aus dieser spezifisch

---

gegliedert: die Rechte (mit der höchsten Mitgliederzahl), die Linke und das Zentrum. Siehe GUSTAV KOLMER, Das Herrenhaus des österreichischen Reichsrates. Nach seinem Bestande von 1906 (Wien—Leipzig 1907) VI sowie STOURZH, Mitgliedschaft auf Lebensdauer im Herrenhaus.

51) MADEYSKI, 6. 3. 1900, STEN. PROT. Herrenhaus, XVI. Session, 6. Sitzung, 96ff.

52) ZÖLLNER, Geschichte Österreichs 432. Siehe auch ALFRED ABLEITINGER, Ernest von Koerber und das Verfassungsproblem im Jahre 1900 (Graz—Wien 1973).

53) CZEDIK, Geschichte der Ministerien II, 320. Siehe ebenfalls *Wiener Zeitung*, 19. 1. 1900.

54) CZEDIK, Geschichte der Ministerien II, 326.

55) MADEYSKI, 6. 3. 1900, STEN. PROT. Herrenhaus, XVI. Session, 6. Sitzung, 96.

56) EBD. 97.

57) EBD.

österreichischen Schwierigkeit die Konsequenz, daß die unreflektiert von anderen Staaten übernommenen parlamentarischen Usancen an die österreichischen Verhältnisse erst angepaßt werden müßten: „Es gehört dazu ein eigenes heimisches System, ein eigener österreichischer Geist des öffentlichen und staatlichen Lebens"[58]). Namentlich das parlamentarische Majoritätsprinzip, das in national einheitlichen Staaten „eine Lösung der politischen Fragen ... mit Leichtigkeit" zutage fördere, würden die „komplizierten österreichischen Verhältnisse einfach nicht vertragen"[59]). In Österreich müßten die politischen Parteien „geeignet und gewillt" sein, von ihren, „wenn auch sachlich begründeten Sonderansprüchen so viel abzugeben, als nötig ist, um in erreichbarem und gerechtem Maße die berechtigten Bedürfnisse aller Interessenkreise zu befriedigen und dabei auch dem gemeinsamen Staatsinteresse Rechnung zu tragen"[60]).

Um diese Voraussetzung zu erfüllen, sei es theoretisch notwendig, dem „Staatsinteresse" ein eigenes Gebiet einzuräumen, „welches von jeder Einwirkung der Sonderinteressen ausgenommen und unabhängig von politischen Fluktuationen bei der Betätigung der Freiheit von jedermann respektiert"[61]) und dem Prinzip der „Ordnung und Autorität" dienen würde: Innerhalb seiner Grenzen könnten die kollidierenden Interessen versöhnt werden[62]). Da es in der komplexen politischen Wirklichkeit aber unmöglich sei, ein Kriterium zu konstruieren, das den Bereich eines Staatsinteresses vom Bereich der übrigen Interessen trennen würde und den Parteien verbieten könnte, diese Grenze zu übertreten, sei es notwendig, einen nur gedachten Bereich des „Gemeinsinnes" freiwillig anzunehmen und zu respektieren[63]). Konkret plädierte Madeyski für die Stärkung des ethischen Moments in der parlamentarischen Praxis Österreichs: Denn nur unter Berücksichtigung dieses „Gemeinsinnes" könne verhindert werden, daß „ausgleichbare Differenzen zu unüberbrückbaren Gegensätzen zugespitzt werden, und in der Bevölkerung ein Parteigeist gezüchtet wird, welcher die Mißachtung der Bedürfnisse anderer und die Unterdrückung des Gemeinsinnes fast zu einer Mannestugend der Überzeugungstreue erhebt und als dogmatischen Ausgangspunkt für die politische Tätigkeit überhaupt hinstellt"[64]).

Der langen Rede kurzer Sinn: „salus republicae suprema lex" bleibt auch im Jahre 1900 Madeyskis politische Devise[65]).

Madeyskis Hoffnung, unter Koerber das parlamentarische Leben wieder im Geiste der Kooperation aufblühen zu sehen, hatte freilich auch einen konkreten Grund: Lagen hier nicht günstige Voraussetzungen für sein eigenes politisches Ziel: die Wiederbelebung des Koalitionsgedankens? Tatsächlich nahm Madeyski hinter den Kulissen der politischen Szene eine rege Tätigkeit auf: In den Herbstmonaten des Jahres 1902 konferierte er mit einigen Kollegen aus dem Polenklub (David Abrahamowicz und

58) Ebd.
59) Ebd.
60) Ebd.
61) Ebd.
62) Ebd.
63) Ebd.
64) Ebd. 98. Vgl. Zoll, Madeyski 45.
65) *Kraj*, Nr. 6, 7. 2. 1903, Z rozmów i wrażeń [Aus Gesprächen und Eindrücken], Bericht eines Interviews mit Madeyski.

Andrzej Wodzicki), einigen Vertretern der Jungtschechen (hier insbesondere Karel Kramář) und der deutschen Liberalen (namentlich Joseph Maria Baernreither) über eine eventuelle deutsch-tschechisch-polnische Koalition[66]) unter der Präsidentschaft Koerbers, der ja als „Beamter“ das Vertrauen des Kaisers viel eher als ein Parlamentarier gewinnen würde[67]). Angeblich fand Madeyskis Initiative bei allen Konferenzteilnehmern großen Anklang: Koerber allerdings soll das Koalitionsprojekt „nur kühl“ aufgenommen haben[68]), was Madeyski dazu bewog, im November die Vermittlung des Ministers des Äußern Gołuchowski zu erbitten, um Koerber von der Notwendigkeit dieser parlamentarischen Koalition zu überzeugen[69]).

Madeyskis Unternehmen blieb nicht ohne Widerhall: Bald schon wußte man, daß er an einer neuen Koalition arbeitete. Madeyski reagierte darauf mit Humor: „Mein Name geistert in den Couloirs des Parlaments ... es kursieren schon Gerüchte über sechs mögliche personelle Kombinationen für das nahende deutsch-tschechisch-polnische Koalitionskabinett, in denen überall auch ich genannt werde ... Natürlich amüsiert es mich sehr, daß ich noch immer Furcht errege ...“[70]).

Weniger muß es Madeyski allerdings „amüsiert“ haben, daß Koerber sich — trotz der Versicherung der Tschechen, in eine Koalition einzuwilligen — von dem Koalitionsprojekt distanzierte und jede weitere Diskussion in diese Richtung ohne Einschränkung ablehnte[71]).

Dennoch wurden die deutsch-tschechischen Gespräche, die Madeyski eingeleitet hatte, bald auf offizieller Ebene weitergeführt — unter der Leitung Baernreithers. Madeyski erhoffte sich von diesem Unternehmen wenig: Es würde nur dazu beitragen, den extremistischen Flügeln der beiden nationalen Parteien eine neue Angriffsfläche und ein neues Agitationsinstrument zu liefern; die Konferenzteilnehmer würden sich einer solchen Aktion nur schwer erwehren können[72]).

Erst als sich die letzte Hoffnung auf das Zustandekommen dieser Koalition zerschlagen hatte, kapitulierte auch Madeyski: Das deutsch-tschechisch-polnische Koalitionsprojekt unter Koerber ist seine letzte Initiative geblieben.

---

66) Madeyski, Rok 1902 [Das Jahr 1902]; in: Nachlaß V, 6f.

67) Madeyski hatte aus der Koalition der Jahre 1893—95 gelernt: die neue Koalitionsregierung durfte keine parlamentarische mehr sein. Der Ministerpräsident mußte Beamter sein, denn „nur ein Beamter wird das volle Vertrauen des Kaisers gewinnen können, nur er wird energisch das mehrnationale Kabinett führen können, nur er wird imstande sein, die Differenzen zwischen Ministern und Majoritätsparteien (Polen, Tschechen, Deutsche Volkspartei, Fortschrittsklub, Verfassungstreuer Großgrundbesitz) zu versöhnen. Schließlich kann nur ein Beamter solche Beziehungen zu der parlamentarischen Opposition anknüpfen, daß sie die Arbeit der Majorität nicht lähmt“. Madeyski, Rok 1902 [Das Jahr 1902] 6, 7.

68) Madeyski, Eintragung vom 10. 10. 1902, ebd. 7.

69) Ebd. 7f.

70) Ebd. 1. Auch *Kraj* war aus der Wiener Presse von Madeyskis eventueller Rolle im neuen Koalitionsprojekt unterrichtet: „Zwar ist Madeyski schon seit drei Jahren aufgrund seines Eintrittes in Herrenhaus und Reichsgericht von der unmittelbaren politischen Szene verschwunden. Doch das will für ihn noch lange nicht Erholung von der Politik heissen ... Die öffentliche Meinung sieht in seinem derzeitigen Rückzug aus dem aktiven politischen Leben lediglich eine Übergangsphase, nachdem erst neulich wieder von ihm die Rede war, als man über die Zusammensetzung des neuen Kabinetts sprach ...“ *Kraj*, Nr. 6, 7. 2. 1903, Z rozmów i wrażeń [Aus Gesprächen und Eindrücken].

71) Madeyski, Rok 1902 [Das Jahr 1902] 17.

72) Eintragung vom 22. 11. 1902, ebd. 22.

In seinen „Erinnerungen" schreibt er die Niederlage des Projekts im wesentlichen den systemimmanenten Mängeln des österreichischen Parlamentarismus zu — ein Thema, das er schon in seiner Rede im Herrenhaus im Jahre 1900 behandelt hatte und das ihn offensichtlich sehr lange beschäftigte: Im Organ der Petersburger polnischen Konservativen, dem *Kraj* [Land], erschien noch drei Jahre später ein ausführlicher Aufsatz, den Madeyski diesem Fragenkomplex widmete und den er mit folgenden Worten einleitete: „Die Idee des Parlamentarismus ist gesund und lebensfähig. Doch die Gestalt, die sie bei uns in der Praxis annimmt, hat sich zweifellos überlebt"[73]).

Wie schon in seiner Herrenhausrede versuchte Madeyski auch hier nachzuweisen, daß das klassische englische Modell des Parlamentarismus unter den spezifischen Bedingungen Österreichs seine Funktion nicht adäquat erfüllen könne. Sein Vorwurf richtete sich namentlich gegen die Schöpfer der österreichischen Verfassung, die es verabsäumt hätten — sie wären damals „vom Geist der Freiheit zu stark durchdrungen" gewesen —, dieses Modell in Hinblick darauf hinreichend zu überprüfen[74]). Als Konsequenz sei der Stand des österreichischen Parlamentarismus untragbar: Partikularistische Interessen würden das Gemeinwohl gefährden, es fehle das „richtige Maß" zwischen Freiheit und Zwang. Denn „Ordnung und Ruhe, zwei Grundbegriffe jeder menschlichen Gesellschaft", würden sich nur dann einstellen können, wenn weder Zwang noch Freiheit regierten, sondern zwischen ihnen „ein gesundes Gleichgewicht" bestünde. Zwang ohne Freiheit oder Freiheit ohne Zwang hingegen würden zu Willkür führen: statt Ordnung herrsche dann Chaos und Anarchie[75]).

Konkret leide der österreichische Parlamentarismus an der „übermäßig liberalen" Geschäftsordnung des Abgeordnetenhauses — einem Erbe des Freiheitsfanatismus aus der Zeit der konstitutionellen Kämpfe[76]). Zweifellos fehle es aber vielen Abgeordneten auch an politischer Qualifikation und Sachverständnis.

Madeyskis Schlußfolgerung ist denkbar einfach: Er forderte eine umfassende Korrektur des parlamentarischen Systems in Österreich[77]) bei gleichzeitiger Einbremsung des politischen Demokratisierungsprozesses, der den Reichsrat in seiner bestehenden Form bedrohe (!).

---

[73]) MADEYSKI, Parlamentaryzm w Austryi [Parlamentarismus in Österreich]; in: *Kraj*, Nr. 6, 7. 2. 1903, 11.

[74]) EBD.: „In einen dafür völlig unvorbereiteten Boden setzte man eine Pflanze ein, die in einer fremden Erde das für sie geeignete Leben gefunden hatte. Dieses Leben war die Selbstverwaltung ..., deren erzieherische Wirkung das englische Parlament bis zum heutigen Tage mit Lebenssäften nährt. Denn im Wesen der Staatsgewalt liegt ... die notwendige Tendenz, Individualinteressen unter die gemeinsamen Interessen des Gemeinwohls zu stellen. Wenn den Mitgliedern des Parlaments der Sinn dazu allerdings fehlt, dann nimmt ihre gemeinsame Tätigkeit den Charakter eines Kampfes um separatistische Interessen an, die so weit gestreut und so atomisiert sind, daß entweder reiner Zufall, oder eine momentane bzw. dauernde Allianz, die vom Egoismus diktiert wird, darüber entscheiden, ob diese oder jene Gruppe den Sieg davonträgt. Doch das Gemeinwohl, das den Leitgedanken der parlamentarischen Tätigkeit bilden müßte, verschwindet im Getümmel dieses Kampfes aus den Augen".

[75]) EBD.

[76]) Den Zustand, der infolge des willkürlichen Mißbrauchs der „zu" liberalen Geschäftsordnung des Abgeordnetenhauses eingetreten sei, bezeichnet Madeyski als „konstitutionelle Revolution", die im Mutterland des Parlamentarismus, wo die Mittel des Zwanges sogar bis zur Annullierung der persönlichen Freiheit gehen würden, nicht möglich sei. EBD. 11.

[77]) Besondere Aufmerksamkeit schenkte Madeyski dem § 14 des Grundgesetzes über die Reichsvertretung aus 1867, der den Fall betraf, daß das Parlament nicht tagte und gewisse Fragen dennoch sofort erledigt zu

Überhaupt sah Madeyski die politische Bedeutung und Funktion des Herrenhauses jetzt aus einer völlig neuen Perspektive: Als Parlamentarier hatte ihn dieses Gremium nicht beschäftigt; höchstwahrscheinlich war seine Einstellung zu diesem „Oberhaus" negativ gewesen[78]). Doch schon im Jahre 1900 erklärte er ausdrücklich, daß es nicht außerhalb des Berufes des Herrenhauses liege, „das Gemeinwohl vor Übergriffen des politischen Lebens zu schützen". Denn es sei eine wesentliche Funktion dieses Gremiums, „dem Staat in seiner Aktion zur Herstellung und Aufrechterhaltung eines gesunden und kräftigen Verfassungslebens eine Stütze zu geben"[79]). Mehr noch: Madeyski wollte den verfassungsmäßig bestimmten Kompetenzbereich des Herrenhauses jetzt sogar erweitern — ein Wunsch, der einmal mehr die Richtigkeit der wohl bekannten These bestätigt, daß Sein das Bewußtsein bestimmt.

Sein wichtigster Vorschlag in diesem Zusammenhang — er äußerte sich dazu in den Spalten des *Kraj* — zielte darauf ab, das verfassungsmäßig beiden Häusern des Reichsrates zuerkannte Recht, Gesetze zu beschließen, dem Herrenhaus zu übertragen, wenn das Abgeordnetenhaus funktionsunfähig oder arbeitsunwillig war. So beschlossene Gesetze sollten nur mehr der Kaiserlichen Sanktion bedürfen, um rechtsgültig zu werden[80]). Wie Madeyski argumentierte, würde eine solche Klausel „die Kontinuität im Staats- und öffentlichen Leben gewährleisten"[81]): denn selbst wenn das Parlament durch Obstruktion gelähmt war, würde die Gesetzgebungstätigkeit des Staates deshalb nicht aussetzen müssen.

---

werden hatten — der also in der engeren Auslegung den Fall sogenannter „Staatsnotwendigkeiten" abdeckte. Doch dieser grundsätzlich als Notverordnungsrecht gedachte § 14 war im Zuge der vergangenen 10 Jahre von den österreichischen Regierungen, wie auch Madeyski richtig feststellte, für andere Situationen mißbraucht worden, insbesondere hier zur Überwindung der Funktionsunfähigkeit des Parlaments im Falle anhaltender parlamentarischer Obstruktion. Allerdings mußte Madeyski hinzufügen, daß diese Praxis der illegitimen Anwendung des § 14 auf keine Widerstände gestoßen sei und schweigend hingenommen werde. Aufgrund dieser Beobachtungen forderte er die gesetzliche Abänderung dieses Paragraphen entsprechend seiner neuen Bedeutung, oder aber seine grundsätzliche Aufhebung und Ersetzung durch ein völlig neues Gesetz. Wie aus diesen Ansichten geschlossen werden kann, ging es Madeyski hier um zweierlei: die Anpassung des positiven Rechts an die politische Praxis, im weiteren aber um die Institutionalisierung der — bisher nur von der „Not" diktierten — neuen Bedeutung des § 14 zur Vorbeugung gegen eine allfällige Eskalation der Obstruktionspolitik im österreichischen Parlament. Siehe MADEYSKI, O paragrafie § 14 [Über den § 14]; in: *Kraj*, Nr. 26, 29. 6. (12. 7.) 1903. Mit dem „berüchtigten" Notverordnungsrecht des § 14 hat sich übrigens nicht nur Madeyski in diesen Jahren auseinandergesetzt: Als der Mißbrauch des § 14 zwischen der Regierungszeit Badenis und Thuns alle Grenzen überschritten hatte, begann sich das Parlament im Anschluß an den Sturz des Kabinetts Thun intensiv mit seiner Aufhebung oder Abänderung zu beschäftigen: Der § 14 stand im Mittelpunkt der Presseberichte und der Parlamentsdebatte. Siehe SUTTER, Badenische Sprachenverordnungen II, 150.

78) Man denke nur an seine Reaktion auf die eigene Berufung in das Herrenhaus!

79) MADEYSKI, 6. 3. 1900, STEN. PROT. Herrenhaus, XVI. Session, 6. Sitzung, 96.

80) MADEYSKI, O paragrafie § 14 [Über den § 14].

81) EBD.: „Für den Fall, daß der gute Wille des Parlaments die Arbeit verweigert, sollte die Staatsgewalt die Aufgaben, die der Staat erledigen muß, eben ohne Parlament erledigen dürfen ... es wäre besser gewesen, wenn schon die Verfassung für solche Fälle vorgesorgt hätte. Denn warum soll das Herrenhaus untätig bleiben, wenn sich doch die Staatsgewalt aus zwei selbständigen Häusern zusammensetzt und das Herrenhaus arbeiten will und arbeiten kann, während das Abgeordnetenhaus nicht arbeiten will? In solchen Fällen müßte doch der Beschluß des Herrenhauses und eine zusätzliche Kaiserliche Sanktion für die Rechtsgültigkeit von Gesetzen ausreichen. Die gesetzgebende Gewalt würde dadurch keinen Schaden erleiden, der Staat keine verhängnisvollen Erschütterungen erfahren. Schließlich müßte eine solche

Daß die Verwirklichung dieses Vorschlages das System des Parlamentarismus bedenklich gefährdet hätte, muß wohl nicht näher ausgeführt werden: Allein schon die Tatsache, daß damit dem Herrenhaus — diesem ausgeprägt konservativen, von Aristokratie und Hochbürokratie getragenen und vom Volkswillen grundsätzlich unabhängigen Gremium — ein unermeßliches Druckmittel gegen das Abgeordnetenhaus zugespielt worden wäre, hätte jeden Demokratisierungsprozeß in Frage gestellt.

Eine andere Anregung Madeyskis — sie tangierte die Organisationsstruktur des Herrenhauses — setzte sich allerdings durch: Als Mitglied der „Rechten" gelang es ihm, die Polen in eine eigene Unterabteilung zu konzentrieren, der sich später auch die polnischen Mitglieder der „Mittelpartei" anschlossen. Ihr Programm stützte sich zwar auf „konservative" Gedanken, doch leiteten sie vornehmlich nationale Interessen[82]). Madeyski wurde zum Obmann dieser Unterabteilung gewählt.

Sogar der Polenklub sprach Madeyski für diese Reform seinen Dank aus und gedachte ihrer noch an seinem Grab: „Du hast versucht, im Herrenhaus den gesunden Gedanken von der Notwendigkeit eines ständigen und engen Kontaktes zwischen seinen polnischen Mitgliedern und dem Polenklub zu verwirklichen ..."[83]).

b) Madeyski als Mitglied der österreichischen Delegation des Reichsrates

Die „gemeinsamen Delegationen" waren im Anschluß an den österreichisch-ungarischen Ausgleich 1867 zur formalen Koordinierung der Politik der beiden Gliedstaaten geschaffen worden und wirkten in beratender Funktion bei der Gesetzgebung über die „gemeinsamen Angelegenheiten" mit: Sie waren in diesem Sinn nicht ein gemeinsames Zentralparlament, sondern vielmehr eine „torsoartige gemeinsame Legislatureinrichtung der beiden Gliedstaaten und ein ihnen in höchst künstlicher Art beigeordneter Verwaltungsapparat"[84]). Zwar konnten die Mitglieder der sie konstituierenden Ausschüsse, die von beiden Parlamenten auf der Basis einer vollkommenen Parität gewählt wurden[85]),

---

Klausel auch auf das Abgeordnetenhaus positiv einwirken, da in diesem Falle der Antrieb zur Obstruktion entfiele, deren Androhung von den politischen Parteien doch als Druckmittel gegen die Regierung verwendet wird". Solche Vorstellungen sind übrigens nicht nur dem Kopf eines Madeyski entsprungen: So stand etwa im Frühjahr 1906 eine Denkschrift ähnlichen Inhaltes aus der Feder des Obmannes der Verfassungspartei des Herrenhauses, Fürst Karl Auersperg, zur Diskussion. Und sie waren nicht ganz unbegründet; wie auch Gerald Stourzh richtig feststellt, warf die Lähmung des Abgeordnetenhauses damals „auch auf das Herrenhaus ihre Schatten": „In einem Zweikammersystem ist die schwächere Kammer immer von der im Grunde stärkeren abhängig, auch (oder gerade), wenn die stärkere Kammer schwere Krankheitssymptome aufweist". Dennoch verkannten aber derartige Vorstellungen, wie auch Stourzh einsieht, „die Natur des Herrenhauses". Mehr noch kann man hinzufügen: sie mußten schon zum damaligen Zeitpunkt als anachronistisch im Hinblick auf das Entwicklungsstadium des demokratischen Denkens gelten. Siehe STOURZH, Mitgliedschaft auf Lebensdauer im Herrenhaus 101 und insbesondere Anm. 137.

[82]) CZEDIK, Geschichte der Ministerien II, 32, 33.

[83]) *Czas*, Nr. 282, 20. 6. 1910. Grabrede des Vizepräsidenten des Polenklubs Czaykowski.

[84]) ROBERT A. KANN, Die Habsburgermonarchie und das Problem des übernationalen Staates, in: Die Habsburgermonarchie II, 132.

[85]) Die Mitglieder der österreichischen Delegation — insgesamt 60 — setzten sich zu einem Drittel aus Herrenhausmitgliedern, zu zwei Dritteln aus Mitgliedern des Abgeordnetenhauses zusammen. Siehe Gesetz vom 21. 12. 1867, Nr. 146, bei DIE ÖSTERREICHISCHEN VERFASSUNGSGESETZE SAMT ERLÄUTERUNGEN, hrg. von EDMUND BERNATZIK (Wien [2]1911).

hier in der Regel keine politische Tätigkeit im engeren Sinne entfalten: Ihre Arbeit beschränkte sich gewöhnlich auf die Sachbearbeitung der einzelnen Beratungsgegenstände und die Kontrolle der Akte der Gemeinsamen Minister[86]). Dennoch wurde die Wahl zu ihren jährlichen Tagungen angestrebt: Sie bot ihren Mitgliedern die Gelegenheit, über die innenpolitischen Fragen der beiden Reichshälften hinaus auch Fragen von gesamtstaatlicher und vor allem außenpolitischer Tragweite zu erörtern (so z. B. die Finanz-, Zoll- und Heerespolitik der Doppelmonarchie). In Zeiten politischer Spannungen zwischen beiden Gliedstaaten oder innerhalb dieser Körperschaft erhielt die Tätigkeit der einzelnen Delegationsmitglieder indes selbstverständlich größere Bedeutung.

Madeyski war noch als Mitglied des Abgeordnetenhauses (1898) in die österreichische Delegation gewählt worden[87]); als Mitglied des Herrenhauses gehörte er ihr bis zum Jahre 1908 regelmäßig an.

Die Tatsache, daß sowohl das Abgeordnetenhaus als auch das Herrenhaus als konstitutive Körperschaften des Reichsrates ihre Vertreter in die österreichische Delegation wählten, löste im Jahre 1904 eine scharfe Kontroverse unter den österreichischen Delegationsmitgliedern aus: Die Delegierten des Abgeordnetenhauses warfen den Delegierten des Herrenhauses vor, in ihren Reden und Stimmabgaben allein schon deshalb von der Regierung abzuhängen, weil sie ihre Mandate nicht der Wahl, sondern der Ernennung verdankten[88]).

Selbstverständlich stand dieser Konflikt in engstem Zusammenhang mit der gesamten innenpolitischen Entwicklung der österreichischen Reichshälfte dieser Jahre: Im Rahmen des Kampfes um die Demokratisierung des Wahlrechts wurde auch die Forderung laut, die Mitglieder des Herrenhauses ebenso durch Wahlen zu bestimmen wie jene des Abgeordnetenhauses.

Madeyski, der schon als Abgeordneter der Delegation angehört hatte und jetzt auch als Herrenhausmitglied an ihr teilnahm, griff den Streitgegenstand sofort auf, um nachzuweisen, daß ihn seine Berufung in das Herrenhaus keineswegs zu einem Instrument der Regierung gemacht hatte: Die „Unbefangenheit des Urteils“ eines Delegationsmitgliedes, erklärte er, würde weder von der Ernennung noch von der Wahl abhängen, sondern sei vielmehr eine Frage der „Charakterfestigkeit und des Mutes seiner Überzeugung“, also etwas ganz „Individuelles“[89]).

Als dieser Konflikt im Jahre 1907 abermals ausbrach, meldete sich Madeyski erneut zu Wort — ein deutliches Anzeichen dafür, daß ihn der Vorwurf der „gewählten“ Delegierten persönlich getroffen hatte: „Ich habe seit langer Zeit die Ehre, der

---

[86]) Die Delegationen spielten keine selbständige verfassungspolitische Rolle: es ging von ihnen keine politische Initiative aus und sie waren Adressaten von Maßregeln, die von den Gemeinsamen Ministern oder den Regierungen der beiden Reichsteile unterbreitet wurden. Siehe HANS MOMMSEN, Die Rückwirkungen des Ausgleichs mit Ungarn auf die zisleithanische Verfassungsfrage; in: Der österreichisch-ungarische Ausgleich. Materialien der internationalen Konferenz in Bratislava, hrg. v. L'udovit Holotík (Bratislava 1971) 354, 355.

[87]) Siehe STENOGRAPHISCHE PROTOKOLLE ÜBER DIE SITZUNGEN DER ÖSTERREICHISCHEN DELEGATION des Reichsrates 1898, XXXIV. Session, 5. Sitzung: Madeyski sprach damals in Eigenschaft des Berichterstatters zum Gegenstand der Gewährung zusätzlicher Kredite für die Beschaffung von Kriegsmaterial und Fortifikationen.

[88]) Diesen Vorwurf sprach der Delegierte Carl Stransky am 31. 5. 1904 aus. Vgl. ZOLL, Madeyski 49.

[89]) MADEYSKI, 31. 5. 1904, STEN. PROT. österr. Delegation, XL. Session, 4. Sitzung, 317.

Delegation anzugehören; ich habe ihr angehört als Reichsratsabgeordneter, dann als Mitglied des Herrenhauses und ich versichere Sie, ich habe in dem Momente, als ich gewechselt habe, in meinem Gewissen irgend eine Wandlung absolut nicht gespürt und nicht bemerkt. Man erfüllt seine Pflicht eben so, wie man sie nach bestem Wissen und Gewissen zu erfüllen glaubt"[90]).

Madeyski argumentierte 1904 auch auf staatsrechtlicher Ebene: Die gemischte Zusammensetzung der Delegation würde sich aus den jeweiligen Funktionen der zwei Vertretungskörper ergeben und sei deshalb sogar notwendig: Während das aus der Wahl hervorgehende Abgeordnetenhaus grundsätzlich den Standpunkt der „Individualinteressen" zu vertreten habe, die Regierung wiederum jenen der „Gesamtheit", bilde das Herrenhaus, wie Madeyski betonte, einen „selbständigen Faktor" zwischen Regierung und Abgeordnetenhaus: Gerade seine Unabhängigkeit von der Wählerschaft ermögliche es diesem Hause, „das öffentliche Wohl, den Staat und die Bevölkerung vor einer separatistischen Zersplitterung der Interessen zu schützen"; gerade seine Unabhängigkeit von den „momentanen Wechselströmungen des rasch pulsierenden Alltagslebens „garantiere die Erfüllung" seiner „eigentlichen Mission": das „Gesamtinteresse" zu hüten[91]). Denn der Zusammensetzung der gesetzgebenden Körperschaften liege „die Absicht zugrunde, die zwei entgegengesetzten Gesichtspunkte, von welchen aus Angelegenheiten des öffentlichen Interesses betrachtet und beurteilt werden können — den Gesichtspunkt der Gesamtheit der Interessen und jenen der Individualinteressen — zu vereinigen, um einen Durchschnitt zu bekommen, von dem man erwartet, daß er das Richtigste in der Richtung des allgemeinen Wohles des Staates am ehesten trifft"[92]).

Man beachte, daß Madeyski an seiner These von der Funktion der „Provenienzen" der zwei Mitgliederkategorien der Delegation auch noch im Jahre 1907 festhielt — dem Jahr der Einführung des allgemeinen, gleichen und direkten Wahlrechts für das Abgeordnetenhaus[93]).

Von wesentlich größerer Bedeutung war die Rede, die Madeyski unter dem Eindruck des „Września-Prozesses" in Preußen im Jahre 1902 im Plenum der Delegation gehalten hat: Im Rahmen der preußischen Germanisierungspolitik war 1901 an allen polnischen Schulen im preußischen Teil des ehemaligen Polen der deutschsprachige Unterricht eingeführt worden. In Września (Wreschen), einer Stadt im Posener Gebiet, kam es darauf hin zu einem spontanen Widerstand der polnischen Schüler. Obwohl dieser mit der Auspeitschung der Kinder schnell gebrochen wurde, erhielt die Elternschaft, die gegen diese Behandlung protestiert hatte, Gefängnisstrafen[94]).

Dieser spektakuläre Vorfall löste selbstverständlich auch in den anderen Teilen Polens Empörung und Protestkundgebungen aus: Insbesondere die polnischen Teilnehmer an der österreichischen Delegation fühlten sich verpflichtet, ihre nationale Solidari-

---

[90]) Madeyski, 7. 1. 1907, Sten. Prot. österr. Delegation, XLI. Session, 19. Sitzung, 1275.

[91]) Madeyski, 31. 5. 1904, Sten. Prot. österr. Delegation, XL. Session, 4. Sitzung, 317.

[92]) Ebd.

[93]) Madeyski, 7. 1. 1907, Sten. Prot. österr. Delegation, XLI. Session, 19. Sitzung, 1275. — Das Herrenhaus wurde von dieser Wahlreform nur wenig in „Mitleidenschaft" gezogen: es erfolgte hier nur eine Reform, die das Ernennungsrecht der Krone einschränkte. Näheres zu dieser Reform bei Stourzh, Mitgliedschaft auf Lebensdauer im Herrenhaus 94ff.

[94]) Vgl. Kieniewicz, Historia Polski [Geschichte Polens] 411f.

tät zu bekunden; denn wie auch der *Przegląd Polski* einmal richtig bemerkt hatte, waren der Polenklub und die polnische Delegation im österreichischen Reichsrat nicht eine nationale Organisation wie jede andere: „Sie ist vielmehr die einzige parlamentarische Vertretung der polnischen Nation, die einen gewissen Einfluß auf die Politik der Großmächte ausüben kann ...; denn in Rußland existiert ein Parlament überhaupt nicht, und in Deutschland ist unsere parlamentarische Vertretung viel zu schwach. Es bleibt nur Österreich, dieses Österreich, in dem die Polen von der Tribüne eines Parlaments herunter zu Europa sprechen können ...“[95]).

Madeyski, der auch in diesem Jahr in die Delegation gewählt worden war, wurde in Anbetracht der Vorgänge in Preußen zum Vorsitzenden einer Konferenz gewählt, die sich aus galizischen und preußischen Politikern polnischer Nationalität zusammensetzte und über das Vorgehen der polnischen Delegationsmitglieder in der Września-Frage, aber auch allgemein in der preußischen Polenpolitik beriet[96]).

Madeyski wurde daraufhin beauftragt, im Plenum eine Protestkundgebung im Namen der polnischen Nation zu organisieren — eine äußerst heikle Aufgabe, da das Deutsche Reich einer der Bündnispartner der Monarchie im „Dreibund“ war: Wie ein Mitglied der Delegation treffend bemerkte, stellte Preußen „den Grundpfeiler der auswärtigen Politik des Reiches“ dar[97]).

Auf Anweisung des Kaisers teilte daher der Minister des Äußern Gołuchowski (ein polnischer Landsmann!) den polnischen Delegierten mit, daß sie die Września-Frage im Plenum nicht erörtern dürften, da sonst der Fall einer Einmischung in die innenpolitischen Angelegenheiten eines anderen Staates und zugleich eines Bündnispartners vorläge. Die Präsidenten der österreichischen Delegation und des Budgetausschusses waren noch deutlicher: sie würden sich gezwungen sehen, allen Rednern, die dieses Verbot übertraten, den Ordnungsruf zu erteilen und in letzter Konsequenz das Wort zu verbieten[98]).

„Wir beschlossen daher“, schreibt Madeyski in seinen Aufzeichnungen, „daß der polnische Redner, der als Mitglied des Budgetausschusses über das Budget des Ministeriums des Äußern im Plenum referiert, nur auf jene Schikanen der preußischen Regierung eingehen würde, die galizische Polen betrafen (nämlich jene, die Kontakte zu Landsleuten in Deutschland unterhielten). Als weiteres Manifest unserer Solidarität ... beschlossen wir bekanntzugeben, daß sich kein Pole — aus Rücksicht auf die Septemberereignisse — den Wahlen zum Präsidenten der Delegation stellen werde, da er sich als Präsident, insbesondere bei der traditionellen Ansprache an den Kaiser, in einer äußerst schwierigen Lage befände: aus Rücksicht auf den Dreibund wäre es ihm ja nicht gestattet, die Stellungnahme abzugeben, zu der ihn sein nationaler Patriotismus verpflichtet“[99]).

---

[95]) Przegląd polityczny [Politische Rundschau] 31. 12. 1898; in: *Przegląd Polski* 131 (1899) 199.

[96]) Madeyskis Aufzeichnungen zufolge war der Berliner Abgeordnete polnischer Nationalität Dziembowski Initiator dieser Konferenz. Siehe MADEYSKI, Rok 1902 [Das Jahr 1902] 1.

[97]) Delegierter BARWIŃSKI, 26. 5. 1904, STEN. PROT. österr. Delegation, XL. Session, 2. Sitzung 53.

[98]) MADEYSKI, Rok 1902 [Das Jahr 1902] 8.

[99]) Doch der tiefere, bei weitem nicht so ehrenhafte Grund für diesen Beschluß war ein anderer, wie Madeyski gesteht: der Minister des Äußern Gołuchowski soll starken Druck auf den Präsidenten des Polenklubs Apolinary Jaworski ausgeübt haben, um diesen daran zu hindern, sich als Kandidat zum

Die heiklen Referate erhielten schließlich die besten Rhetoriker der polnischen Vertretung zugewiesen: Madeyski und Wojciech Dzieduszycki: Seine eigene Rede, schreibt Madeyski, habe er vorzeitig redigiert, um sie noch vor dem Termin der Budgetdebatte dem Minister des Äußern zur Durchsicht geben zu können; er habe sie nämlich nur unter der Voraussetzung vortragen wollen, daß sie „weder Gołuchowski noch dem Kaiser Schwierigkeiten bereitete". Gołuchowski soll die Rohfassung des Referats kritiklos angenommen haben.

Tatsächlich war es Madeyski darin gelungen, die Politik der preußischen Regierung gegen ihre polnische Bürger schärfster Kritik zu unterziehen, ohne die Września-Frage auch nur erwähnt zu haben[100])! Mit der Feststellung, daß die internationale Politik der Gegenwart im Zeichen der „Friedensidee" stehe und diese den Staaten auch eine neue Methode zur Lösung internationaler Probleme auferlege, leitete Madeyski seine mit Spannung erwartete Plenarrede ein[101]). Auch die „nationale Idee", die das vergangene Jahrhundert beherrscht habe und zum bedeutendsten Konfliktherd der mitteleuropäischen Politik geworden sei, müsse in diesem Sinne — da sie auch noch im 20. Jahrhundert nach einer Lösung dränge — einer neuen Betrachtung unterzogen und einer dem „Friedenszweck" dienenden Lösung zugeführt werden: Die Politik des „Mißtrauens" der Nationalitätenfrage gegenüber, eine Politik, die von der Angst vor der „staatenbildenden Kraft der nationalen Bewegungen" diktiert werde, müsse von einer Politik abgelöst werden, die „Wirkungen historischer Notwendigkeiten" als solche anerkennt und „sie auf friedlichem Wege sich vollziehen" läßt[102]): Denn „Ziehen wir ... die Geschichte zu Rate, so erfahren wir, daß, wo immer eine solche Mißtrauenspolitik bestand, diese weder zur Vernichtung noch zur Befriedigung der Nationen geführt hat. Nur von der staatsrechtlichen Regelung der gemeinsamen Beziehungen zwischen Staatsgewalt und Nationen hängt es unter solchen Verhältnissen ab, ob die unter allen Umständen unausbleiblichen Wirkungen der nationalen Idee dem gesamtstaatlichen Interesse zugute kommen oder aber für den Staat, gewiß nicht zu seinem Vorteile, ganz verloren gehen"[103]).

In der nationalen Idee, erklärte Madeyski, ruhe „eine unvergängliche Quelle einer kulturellen und politischen Potenz"; doch die staatenbildende Wirkung dieser Idee sei an Voraussetzungen geknüpft, welche tatsächlicher Natur seien, einen objektiven Charakter

---

Präsidenten der Delegation aufstellen zu lassen. Aus diesem Grunde hätten die Polen, so Madeyski wörtlich, „aus der Not eine Tugend gemacht" und erklärt, daß sie sich weigern würden, ein Mitglied der polnischen Vertretung in diese Wahlen zu entsenden. Siehe MADEYSKI, Rok 1902 [Das Jahr 1902] 9.

100) MADEYSKI, 26. 5. 1902, STEN. PROT. österr. Delegation, XXXVIII. Session, 2. Sitzung 50.

101) „... was die modernen Staatenbündnisse charakteristisch unterscheidet, das beruht darauf, daß der egoistische unmittelbare Veranlassungszweck von Haus aus von einem weiteren über den Egoismus der Staaten hinausgehenden, auf das allgemeine Wohl der Menschheit gerichteten Zweck begleitet wird, dem Zweck nämlich, Völkern und Nationen eine friedliche Entwicklung zu sichern, um ihnen die Möglichkeit zu bieten, ihre geistigen und materiellen Kräfte voll zu entfalten und dadurch dem allgemeinen Kulturfortschritte dienstbar zu machen. Dieser höhere Friedenszweck dominiert so sehr die modernen Staatenbündnisse, daß, wenn auch mit der Zeit das unmittelbare Veranlassungsinteresse an Aktualität eingebüßt hat, trotz alledem der höhere Friedenszweck jenen unmittelbaren überdauert". MADEYSKI, 26. 5. 1902, STEN. PROT. österr. Delegation, ebd. 51.

102) EBD. 52.

103) EBD.

hätten und daher „vorwiegend außerhalb des bloßen Gesamtwillens“ lägen[104]). Wenn diese Voraussetzungen allerdings gegeben seien, würde die Entstehung von Nationalstaaten zu einer „historischen Notwendigkeit“, die an die Staaten „als Postulat herantritt“ und gegen die „der Kampf ein vergeblicher“ sei[105]).

Ohne diese Ausführungen zu konkretisieren, verurteilte Madeyski dann unmißverständlich die preußische Nationalitätenpolitik, indem er von jener sprach, die die österreichische Reichshälfte praktizierte: Hier würden durch einen „staatsrechtlich prinzipiell festgelegten“ gerechten Ausgangspunkt „die Vorbedingungen für eine gedeihliche Lösung ... bei weitem günstiger liegen als in manchen anderen Staaten“[106]), wo eine „absichtliche Verirrung der Staatspolitik“ dahingehe, daß „einzelne Volksstämme wegen einer vermeintlichen Staatsraison prinzipiell verfolgt würden“[107]).

Am Schluß seiner Rede wurde Madeyski deutlicher: „Ich halte es ... als Pole für eine Pflicht der Loyalität und zwar nach allen Seiten hin, insbesondere gerade gegenüber den verbündeten Staaten, um allfällige politische Mißdeutungen auszuschließen, die allgemein bekannte, in meinem Heimatlande tiefgehende Erregung nicht mit Stillschweigen zu übergehen, sondern an dieser Stelle offen als eine höchst betrübende Erscheinung zu konstatieren“[108]). Auch scheute er nicht davor zurück, die von ihm indirekt angegriffenen Staaten vor den Konsequenzen ihres mangelnden Verständnisses für die historische Entwicklung der nationalen Frage zu warnen: „Es ist eine Erfahrungstatsache, daß, wenn ein Stachel in das Herz einer Nation sich tief hineinlegt, Empfindungen entfesselt werden können, die nach den unaufhaltsamen Wirkungen der Massenpsychologie zu einer mächtigen Strömung anwachsen. Die Wirkung einer solchen Strömung stört dann den normalen Verlauf der agrarischen Kulturtätigkeit der Nation und des Landes, was den kulturellen Zwecken der friedlichen Tätigkeit der Verbündeten nicht entspricht. Die Wirkungen einer solchen Strömung erschweren aber auch in erheblichem Maße eine besonnene und nüchterne Erwägung von wirtschaftlichen und politischen Interessen; nun sollten nur letztere für Staatenbündnisse maßgebend sein, nicht aber Gefühle“[109]).

Sogar der Kaiser soll Madeyskis rhetorisch-diplomatische Glanzleistung gewürdigt haben[110]).

---

104) Ebd. 51f.

105) Ebd.

106) Natürlich konnte Madeyski bei dieser Gelegenheit nicht verschweigen, daß auch in Österreich „das zaghafte Ausweichen vor einer endlichen Lösung der Nationalitätenfrage nur zu lange dauert und den Volksstämmen sowie dem Staate empfindlichen Schaden beigebracht hat“; doch entschärfte er diesen Vorwurf sofort, indem er hinzufügte, daß Mißgriffe und Fehler „mit Rücksicht auf die außerordentliche Schwierigkeit und Komplizierung der Verhältnisse ... wohl mit einer gewissen Nachsicht zu beurteilen“ seien. Ebd. 52.

107) Ebd.

108) Ebd. 53.

109) Ebd.

110) Anläßlich eines feierlichen Mittagessens, das der Kaiser für die Delegationsteilnehmer noch am selben Tag gab, wurden auch die Ereignisse des Tages erörtert. Madeyski zufolge soll der Präsident der diesjährigen Delegation, Baernreither, auf die Frage des Kaisers, „wie es denn stehe“, entgegnet haben: „Die Polen haben heute den Vogel abgeschossen“. Und die nächste Frage des Kaisers: „Aber sie haben doch nicht über Września gesprochen“? soll folgende Antwort von Baernreither erhalten haben: „Sie haben in einem

Im Anschluß an seine Vizepräsidentschaft im Jahre 1907 wurde Madeyski 1908 zum Präsidenten der österreichischen Delegation gewählt: Gerade in diesem Jahr gestaltete sich die Leitung der Delegationsberatungen sehr schwierig, da sich diese vor dem Hintergrund eines Ereignisses abspielten, das für die österreichische Reichspolitik von größter politischer Bedeutung war: die endgültige Annexion Bosniens und der Herzegowina, die die Monarchie de facto zwar schon seit 1878 besetzt hielt, doch die bis 1908 rechtlich noch dem türkischen Sultan unterstanden. Erst infolge der türkischen Revolution dieses Jahres sollten diese Territorien in den formellen Besitz der Monarchie übergehen.

Durch den Einsatz seiner mediatorischen Fähigkeiten gelang es Madeyski, die Beratungen trotz starker interner Spannungen und leidenschaftlicher Debatten zu einem positiven Abschluß zu führen: Wie aus den Dankesworten hervorgeht, die dem Präsidenten im Namen der gesamten Delegation ausgesprochen wurden[111]), war es nicht zuletzt Madeyski zu verdanken, daß es zu keinen Ausschreitungen gekommen war[112]).

Die Delegation hatte der Annexion ihre volle Zustimmung erteilt: Wie Madeyski in der Schlußsitzung erklärte, habe sie damit „in Übereinstimmung mit der gesamten öffentlichen Meinung Österreich-Ungarns der Überzeugung Ausdruck gegeben, daß die nunmehr erfolgte Sanktionierung des tatsächlich bestandenen Rechtszustandes ... eine historische, eine politische Notwendigkeit war ...“[113]).

Ganz im Geiste seiner Rede vom Jahre 1902 rechtfertigte Madeyski dann die Angliederung Bosniens und der Herzegowina als „nichts weiter“ als „die friedliche Anpassung unserer Mission an die historische Entwicklung der tatsächlichen Verhältnisse“. Demnach habe dieser Schritt „allgemein als ein Friedenszweck anerkannt und gewürdigt“ zu werden[114]).

Wie sehr Madeyski irrte, als er das Streben dieser Nationalitäten nach Selbstbestimmung bagatellisierte und die Angliederung ihrer Territorien an die durch ihre Nationa-

vollen Meisterstück von Reden den Preußen alles gesagt, was sie ihnen zu sagen hatten, ohne Preußen oder Września oder auch die Innenpolitik der Preußen genannt zu haben“. Nachdem auch der Minister des Äußern die Reden Madeyskis und Dzieduszyckis gelobt hatte, soll sich der Kaiser direkt an Madeyski gewandt und gesagt haben: „Sie haben heute sehr zweckmäßig gesprochen“. Madeyski schreibt, er habe dem Kaiser daraufhin für seine Worte gedankt und hinzugefügt, daß er die Politik der Preußen gegen die Polen vom eigenen Standpunkt nicht verstehen könne, da diese die Polen „nur in die Arme der Moskalen ... treiben“ würde. Worauf der Kaiser entgegnet habe, daß aus der antipolnischen Politik Preußens „tatsächlich nichts Vernünftiges resultieren“ könne. MADEYSKI, Rok 1902 [Das Jahr 1902] 10.

111) MORSEY, 31. 10. 1908, STEN. PROT. österr. Delegation, XLIII. Session, 6. (Schluß-)Sitzung, 631: „Im Einvernehmen mit den verschiedensten Seiten dieser hohen Delegation und nach Fühlungnahme mit den verschiedenen Gruppen darf ich wohl im Namen Aller Seiner Exzellenz, unserem hochverehrten Herrn Präsidenten, unseren wärmsten Dank aussprechen. Die Aufgaben der gegenwärtigen Delegation waren außerordentlich große, und es war eine wichtige Zeit ... Trotzdem ist es den außergewöhnlich liebenswürdigen, konzilianten Formen ... des Herrn Präsidenten, seiner großen Geschäftskenntnis, seinem klaren Blick, seiner unermüdlichen Ausdauer und seinem stets bewiesenen Entgegenkommen gelungen, heute, an dem ersehnten Termine zur rechten Zeit fertig zu werden. Dieses große Ziel konnte, wie gesagt, nur erreicht werden durch die außergewöhnlich glänzenden Eigenschaften unseres ... Präsidenten, von denen wir schon bei seiner Wahl zum Vorsitzenden überzeugt waren, und die er auch diesmal in so hervorragender Weise an den Tag gelegt hat ...“

112) ZOLL, Madeyski 50.

113) MADEYSKI, 31. 10. 1908, STEN. PROT. österr. Delegation, XLIII. Session, 6. Sitzung, 631.

114) EBD. 632.

litätenkonflikte ohnehin schon geschwächte Monarchie vorbehaltlos billigte, das haben bereits die folgenden Jahre bewiesen.

3. Stanisław Madeyskis Lebensende

Bei aller Liebe zur Politik stand Madeyski im letzten Abschnitt seines Lebens im Schatten der politischen Ereignisse. Er selber führte dies auf seinen zunehmend schlechter werdenden Gesundheitszustand zurück:

In den ersten Jahren seiner Zwangspensionierung im Herrenhaus hatte er Bobrzyński noch geschrieben, daß er „glücklich" sei, sich wieder mit vollem Einsatz seiner wissenschaftlichen Arbeit widmen zu dürfen. Allerdings schwang schon damals etwas Bitterkeit in seinen Worten mit: „Beide suchen wir nun in der wissenschaftlichen Arbeit eine stille Befriedigung nach den zahlreichen Eindrücken des öffentlichen Dienstes ... Doch in meinem Fall bedeutet diese Phase aus der Natur der Sache und dem Vorrecht des Alters allein schon das Finale"[115]).

Nur zwei Jahre später teilte er dem Freund mit, daß er seit langer Zeit krank und „nicht mehr in der Lage" sei, „wirklich zu arbeiten oder auch nur zu lesen"[116]). Sogar die Politik sah er jetzt mit anderen Augen: „Von der Politik halte ich mich fern. Ich weiß nicht — kann ich für sie kein Verständnis mehr aufbringen oder ist es Ekel, den ich ihr gegenüber empfinde? ... Jedenfalls bin ich froh, daß es mir vergönnt ist, am Rande zu stehen"[117]).

Es wurde still um Stanisław Madeyski:

Am 23. Jänner 1910 setzte der 69jährige Politiker noch einmal eine zittrige, kaum mehr lesbare Unterschrift unter einen maschinegeschriebenen (offensichtlich diktierten) Brief an seinen alten Freund: „... Ich bin schwer krank und muß die Geschwüre in meiner Lunge bekämpfen ..."[118]).

Noch im gleichen Jahr, am 19. Juni, starb Madeyski in seiner Sommerresidenz auf der adriatischen Insel Lussin (Lošinj). Sein Grab liegt am Friedhof Salwatorski in Krakau.

Auf dem Begräbnis trafen sich noch einmal die alten Weggenossen. Um den Sarg versammelt standen die politischen Freunde, die politischen Neider, die politischen Gegner[119]), um des so umstrittenen, so vielseitigen und brillanten Mannes zu gedenken, der vielleicht zu schnell vergessen worden war.

---

115) Madeyski, Brief an Bobrzyński vom 14. 4. 1901 aus Wien VIII., Lammgasse 4; in: Handschriftensammlung der Jagellonischen Bibliothek, Kraków, Nr. 8087, III., k. 92—93.

116) Madeyski, Brief an Bobrzyński vom 3. 4. 1903 aus Wien VIII., Lammg. 4, ebd., Nr. 8088, III, k. 102—103.

117) Ebd.

118) Madeyski, Brief an Bobrzyński vom 23. 1. 1910 aus Wien VIII., Lammg. 4, ebd., Nr. 8093, III, k. 25.

119) Auf dem Begräbnis fanden sich hohe Würdenträger von Staat und Land ein: Abgeordnete, Bürger, Bischöfe; in Vertretung des Kaisers der Pole Chotkowski, Minister Stürgkh, der galizische Statthalter und langjährige Freund Madeyskis, Michał Bobrzyński, eine Abordnung des Polenklubs, Vertreter der Jagellonischen Universität, schließlich die Witwe des Verstorbenen und seine drei Kinder: Zofia, Jerzy und Robert, sowie der Schwiegersohn Stanisław Dunajewski. Grabreden hielten der Hochschulprofessor der Jagellonischen Universität Czerkawski sowie der Vizepräsident des Polenklubs Czaykowski. Siehe *Czas*, 20. 6. 1910.

Im *Czas* las man am 21. Juni: „... der Tod Stanisław Madeyskis hat der politischen Szene eine außerordentliche Persönlichkeit und eine sehr typische Gestalt für die galizisch-österreichische Geschichte der vergangenen Jahrzehnte entrissen"[120]).

Die sozialdemokratische Wiener *Arbeiter-Zeitung* hingegen kommentierte den Tod des „polnischen Schlachzitzen" mit einem Seufzer der Erleichterung: „... Nun ist freilich die Zeit für die Madeyskis ... auch in Österreich vorüber"[121]).

---

120) Ebd.

121) *Arbeiter-Zeitung*, 20. 6. 1910.

TEIL 2

STANISŁAW MADEYSKI UND DIE NATIONALITÄTENFRAGE IN ÖSTERREICH

„Was im Vordergrund der Zeit stand,
stand auch im Vordergrund seines Lebens.
Die Geschichte der nationalen Frage war
auch die Geschichte dieses Mannes“[1]).
Alois CZEDIK über Ernest v. Koerber

Die politische Biographie eines österreichischen Staatsmannes der konstitutionellen Ära wäre unvollständig (wenn nicht verfehlt), würde sie sich nicht auch mit dessen Standort in der nationalen Frage auseinandersetzen: denn diese beherrschte zunehmend die gesamte innenpolitische Entwicklung Cisleithaniens.

Im Leben und Wirken des austro-polnischen Politikers Stanisław Madeyski spielte die nationale Frage darüber hinaus eine hervorragende Rolle: Seine polnisch-galizische Herkunft hatte ihn für die Bedeutung und Vielschichtigkeit des nationalen Phänomens verstärkt sensibilisiert. Auf dieser Prädisposition baute eine langjährige wissenschaftliche sowie praktische Beschäftigung mit dem österreichischen Nationalitätenproblem auf.

Wie sein allgemein-politisches Denken gründete auch sein Standort in der Nationalitätenfrage in den theoretischen Annahmen des galizischen Konservatismus; — Annahmen übrigens, die keineswegs isoliert, sondern als konstitutive Bausteine des politisch-philosophischen Denksystems der polnisch-galizischen Autonomisten zu betrachten sind und sich in ihr gesamtes Weltbild harmonisch einfügen.

Da sich Madeyski nicht nur als Politiker, sondern auch als Wissenschaftler mit dem Phänomen der Nationalität auseinandersetzte, erscheint es legitim, seinen grundlegenden Anschauungen zum österreichischen Nationalitäten- und Sprachenrecht einen eigenen Abschnitt zu widmen.

Speziell zur Nationalitätenfrage veröffentlichte Madeyski — neben den zahlreichen Reden und Ansprachen, die er im Zuge seiner politischen Tätigkeit im galizischen Landtag, im Wiener Abgeordnetenhaus, später im Herrenhaus und in der österreichischen Delegation gehalten hat — folgende Schriften:
— 1884: „Die deutsche Staatssprache oder Ist Österreich ein deutscher Staat“?
— 1899: „Die Nationalitätenfrage in Österreich und ihre Lösung“.
— 1900: „Politische Betrachtungen“.
— 1900/1901: „Studien zur Rechtsprechung des Reichsgerichtes über die Verletzung politischer Rechte“.

Zwei weitere Abhandlungen sind niemals veröffentlicht worden und sind auch nicht datiert. Ihrem Inhalt nach zu schließen, sind beide Arbeiten in den Jahren 1899—1900 entstanden:
— „Zur politischen Lage im Mai 1899“, die Madeyski in deutscher Sprache verfaßte (Nachlaß Nr. VI).
— „O zasadzie narodowości“ [Zum Prinzip der Nationalität] (Nachlaß Nr. VIII).

Selbstverständlich ist auch bei Madeyski ein enger Zusammenhang zwischen wissenschaftlichem Werk und politischen Erfahrungen gegeben: Daher wird der erste Abschnitt vornehmlich seine politischen, der zweite seine theoretischen und wissenschaftlichen Beiträge zur österreichischen Nationalitätenfrage behandeln.

[1]) CZEDIK, Geschichte der Ministerien II, 352.

VI. MADEYSKI UND DIE ÖSTERREICHISCHE NATIONALITÄTENPOLITIK

„Es ist eine Erfahrungsthatsache, daß, wenn ein Stachel in das Herz einer Nation sich tief hineinlegt, Empfindungen entfesselt werden können, die nach den unaufhaltsamen Wirkungen der Massenpsychologie zu einer mächtigen Strömung anwachsen."
MADEYSKI, 26. 5. 1902, in: STENOGRAPHISCHE PROTOKOLLE der österr. Delegation, XXXVIII. Session, 2. Sitzung.

1. IDEOLOGISCHE UND POLITISCHE SCHULUNG — ERSTE KONFRONTATION MIT DER ÖSTERREICHISCHEN NATIONALITÄTENFRAGE: DIE „DEUTSCHE STAATSSPRACHE"

„Die deutsche Staatssprache oder Ist Österreich ein deutscher Staat"? — so lautet der Titel der ersten politischen Abhandlung, die der galizische Reichsratsabgeordnete Stanisław Madeyski im Jahre 1884 veröffentlichte.

Ihre Geschichte ist zugleich auch die Geschichte einer der berühmtesten nationalpolitischen Kontroversen, die seit der Verankerung des nationalen Gleichberechtigungsgebotes im Artikel XIX des Staatsgrundgesetzes über die allgemeinen Rechte der Staatsbürger vom 21. Dezember 1867 die Aufmerksamkeit des österreichischen Reichsrates und der öffentlichen Meinung Cisleithaniens in ihren Bannkreis zogen.

Es ist dies die Kontroverse um die Feststellung der „deutschen Staatssprache" für Cisleithanien, die am 10. Mai 1880 von den deutschliberalen Abgeordneten Wurmbrand und Genossen im Rahmen ihrer Forderung nach einem Ausführungsgesetz zum Artikel XIX beantragt wurde: Ausdrücklich verlangten sie, den „Gebrauch der landesüblichen Sprachen in Amt, Schule und öffentlichem Leben" unter „Festhaltung der deutschen Sprache als Staatssprache" zu regeln[2]).

Für das Verständnis dieser schwerwiegenden Forderung — sie tangierte den Wortlaut des Artikels XIX und erschütterte damit das durch die Verfassung des Jahres 1867 eben erst geschaffene nationale Gleichgewicht — muß ein kurzer historischer Rückblick auf die innenpolitischen Ereignisse der vorangegangenen Jahre eingeblendet werden:

Im Dezember 1879 bewirkte der Verzicht der Tschechen auf einen weiteren Boykott des Reichsrates eine grundlegende Verschiebung der nationalen und politischen Kräfteverhältnisse im Parlament. Die plötzliche Stärkung des außerdeutschen Blocks erschütterte die bislang unangezweifelte Führungsposition der deutschen Liberalen: zum ersten Mal sahen sich diese in die Rolle der parlamentarischen Minderheit gedrängt. Nicht genug damit, verfügten die Taaffe-Stremayrschen Sprachenverordnungen vom April 1880 als Gegenleistung für die tschechische Kooperationsbereitschaft die Anerkennung des Tschechischen als „landesübliche Sprache" für das gesamte Territorium Böhmens:

[2]) Siehe GERALD STOURZH, Die Gleichberechtigung der Nationalitäten und die österreichische Dezember-Verfassung von 1867; in: Der österreichisch-ungarische Ausgleich von 1867. Vorgeschichte und Wirkungen, hrg. v. Peter Berger (Wien—München 1967) 206 sowie DERS., Die Gleichberechtigung der Volksstämme als Verfassungsprinzip 1848—1918; in: Die Habsburgermonarchie III/2, 1041—1049.

damit erfolgte die Gleichstellung des Tschechischen mit dem Deutschen auf dem Gebiet der äußeren Amtssprache in ganz Böhmen. Angesichts dieser Entwicklung fühlten sich die Deutschböhmen, insbesondere in ihren relativ geschlossenen Siedlungsgebieten, diskriminiert. Sie rüsteten zum Abwehrkampf: Die gesetzliche Feststellung des Deutschen als Staatssprache sollte allen weiteren Vorstößen in Richtung auf die Gleichstellung der deutschen Sprache mit den übrigen „Landessprachen" des Reiches einen Riegel vorschieben[3]).

Da für Cisleithanien — im Gegensatz zu Transleithanien, wo das Nationalitätengesetz von 1868 eine ungarische Staatssprache proklamiert hatte — keine entsprechende Regelung in Artikel XIX unternommen worden war[4]), versuchten die Deutschen, dieses „Versäumnis" auf dem Boden der geltenden Verfassung nachzuholen: Nichts schien einfacher, da der Artikel XIX — das Endprodukt langwieriger, erbitterter Kämpfe der einzelnen nationalen und politischen Kräfte des Reiches um eine möglichst ihren eigenen Interessen nachkommende Ausgestaltung des Nationalitätenrechts — breiten Spielraum für juristische Auslegungen bot. Als verhängnisvoll erwiesen sich jetzt der unpräzise Wortlaut seiner Bestimmungen sowie die Unschärfe der verwendeten Rechtsbegriffe: Folgen nicht nur des Kompromißcharakters seiner endgültigen Fassung[5]), sondern auch des Versuches, seinen Bestimmungen durch eine elastische Formulierung für die Zukunft Gültigkeit zu sichern. Denn keinen der österreichischen Volksstämme hatte die endgültige Fassung des Artikel XIX vollends zufriedengestellt: jeder Anlaß war ihnen deshalb willkommen, um durch eine geschickte Auslegung seiner verschwommenen Bestimmungen ihre jeweiligen nationalpolitischen Vorstellungen doch noch in die Praxis umzusetzen.

Den ersten bedeutenden Vorstoß in diese Richtung wagten allerdings, im Jahre 1880, die deutschen Liberalen:

Die Forderung nach einer deutschen Staatssprache wurde mit der These begründet, derzufolge Artikel XIX den Gebrauch der landesüblichen und Landessprachen nur innerhalb der Länder nach dem Prinzip der Gleichberechtigung in Aussicht genommen hätte: Die „Bedeutung und Geltung der deutschen Staatssprache" werde demzufolge durch seine Bestimmungen „gar nicht berührt". Die deutsche Sprache sei „nur in ihrer zweiten Eigenschaft als Landessprache den übrigen Landessprachen gleichgestellt worden"[6]).

[3]) Stourzh, Gleichberechtigung der Nationalitäten 206.

[4]) Ebd. Dieses „Versäumnis", meint Stourzh, könne daraus erklärt werden, daß „einerseits den deutschen Abgeordneten der tatsächliche Primat des Deutschen gegeben erschien, andererseits eine Verärgerung der im Reichsrate verbliebenen nichtdeutschen Abgeordneten, deren Zustimmung zum Gesamtwerk der Dezember-Verfassung und des Ausgleichs man benötigte, tunlichst vermieden werden sollte". Vgl. Ders., Gleichberechtigung der Volksstämme als Verfassungsprinzip 1042.

[5]) Siehe weiters zu dieser Frage: Fischel, Das österreichische Sprachenrecht 64; — Harold Steinacker, Die geschichtlichen Voraussetzungen des österreichischen Nationalitätenproblems und seine Entwicklung bis 1867; in: Das Nationalitätenrecht des alten Österreich, hrg. v. Karl Gottfried Hugelmann (Wien—Leipzig 1934) 1—78; — Stourzh, Gleichberechtigung der Nationalitäten 190—205 und Ders., Gleichberechtigung der Volksstämme als Verfassungsprinzip 1011—1015.

[6]) Siehe Alfred Fischel, Materialien zur Sprachenfrage in Österreich (Brünn 1902), Ausschußberichte 20 sowie Ders., Das österreichische Sprachenrecht LXLX. Als weiterführende Literatur: Peter Burian, The State Language Problem in Old Austria 1848—1918; in: Austrian History Yearbook 6/7 (1970/71) 71ff. Stanisław Starzyński, Uwagi o prawnej stronie równouprawnienia narodowości w Austrii [Bemerkungen zum rechtlichen Aspekt der Gleichberechtigung der Nationalitäten in Österreich] (Lwów 1883).

Die parlamentarischen Vertreter der außerdeutschen Nationalitäten fürchteten, daß sie mit der Annahme dieses Antrages auch der Wiederherstellung des deutschen Primats in Österreich zustimmen müßten, der doch erst 1867 endgültig beseitigt worden war. Für sie galt es daher, die deutsche These vom bloßen „Verheißungscharakter“ des Artikel XIX zu widerlegen: Demnach mußten sie nachweisen, daß Artikel XIX keiner Ausführungsgesetze bedurfte; denn im Rahmen solcher speziellen Gesetze hatten die Deutschen ja die deutsche „Staatssprache“ gefordert. Nur durch den Beweis für die unmittelbare Rechtswirksamkeit des Artikel XIX wäre die gesetzliche Verankerung dieses Antrages verfassungswidrig.

Volle drei Jahre beherrschte diese als juristischer Auslegungsstreit getarnte machtpolitische Kontroverse die politische Szene in Österreich. Sie wurde außerdem zum Gegenstand der ersten Konfrontation des galizischen Parlamentariers Madeyski mit der „Nationalitätenfrage“.

a) Vorbereitung auf die Staatssprachenkampagne

Bekanntlich wurde Madeyski vom Präsidenten des Polenklubs Kazimierz Grocholski in den Sprachenausschuß des Abgeordnetenhauses berufen und mit dem Referat der außerdeutschen Ausschußmajorität betraut[7]).

Als Jurist war Madeyski für diese Aufgabe zweifellos bestens vorbereitet: vordergründig handelte es sich beim Streit um den Staatssprachenantrag ja um die juristische Auslegung eines Verfassungsgesetzes. Die politische Tragweite dieses Konfliktes zu erkennen und seine Implikationen zu durchschauen, das allerdings mutete Grocholski dem damals politisch noch ungeschulten und unerfahrenen Abgeordneten nicht zu:

Tatsächlich schreibt Madeyski in seinen „Erinnerungen“, daß Grocholski ihm damals die „allgemeinen Richtlinien“ vorgegeben habe, an die er sich bei seiner Beweisführung für die Verfassungswidrigkeit des Staatssprachenantrages zu halten hätte. Grocholski soll ausdrücklich verlangt haben, daß er die Ablehnung dieses Antrages zunächst durch die Berufung auf die Inkompetenz des Reichsrates begründe, den Artikel XIX gesetzlich zu regeln, anschließend aber die Überflüssigkeit eines solchen Antrages aufzeige, da die deutsche Sprache in der Praxis ohnehin und auf freiwilliger Basis eine privilegierte Stellung genieße.

Madeyski gesteht auch, daß die erste Fassung seines Referats den Vorstellungen Grocholskis nicht entsprach: „Dieser liebte politische Argumente“[8]). Er selbst habe hingegen eine systemtheoretische und staatsrechtliche Beweisführung vorgezogen und empfohlen, die Inkompatibilität der deutschen Staatssprache mit dem Geist der österreichischen Verfassung aus dem Nachweis abzuleiten, daß der deutsche Charakter des österreichischen Staates mit der Proklamation der Gleichberechtigung aller Sprachen der österreichischen Volksstämme endgültig aufgehoben worden sei.

EUGENIUSZ LIPNICKI, Kwestia językowa w Austryi [Die Sprachenfrage in Österreich]; in: Biblioteka Warszawska (1884) I 329ff. ADOLPH FISCHHOF, Die Sprachenrechte in den Staaten gemischter Nationalität (Wien 1885). — Zum Antrag Wurmbrand siehe auch KOLMER, Parlament und Verfassung III, 244ff. sowie CZEDIK, Geschichte der Ministerien II, 406ff.

[7]) Vgl. oben S. 66.

[8]) MADEYSKI, Erinnerungen II, 152.

Seinen Vorschlag, darüber hinaus die gesetzliche Regelung der Sprachenfrage mit Rücksicht auf die „ungünstige politische Situation“ abzuwehren, da ein solches Werk das „harmonische Zusammenwirken“ aller hier kompetenten Faktoren (Reichsrat, Landtage und Regierung) voraussetze, soll Grocholski kategorisch abgelehnt haben. Dabei erteilte er dem politischen Neuling die Lehre, daß „man in der Politik kein Wort über das unbedingt Notwendige hinaus sagen“ dürfe: über den Nachweis der Inkompetenz des Reichsrates zu einer gesetzlichen Regelung des Artikel XIX hinaus seien demnach keinerlei Aussagen über die Aufteilung der diesbezüglichen Kompetenzen angebracht[9]).

Auf den Einwand des damals noch ausschließlich juristisch denkenden Madeyski, er wolle sich als Jurist nicht dem Vorwurf aussetzen, „nicht zu wissen, wer zu einer gesetzlichen Regelung der Sprachenfrage kompetent“ sei, soll Grocholski mit einer weiteren politischen Weisheit geantwortet haben: „Die eigenen Meinungen nicht auszusprechen, heißt noch lange nicht, daß man keine hat“[10])!

Madeyski fügte sich und korrigierte sein Referat im Sinne dieser neuen Erkenntnisse[11]). Die zweite Fassung soll Grocholski „mit großer Zufriedenheit“ angenommen haben.

Ein juristisches Referat hatte politisches Format erhalten, ein Jurist wurde zum Politiker.

b) Im Sprachenausschuß

Die deutschliberale These, derzufolge Artikel XIX die deutsche Staatssprache „nicht berührte“, widerlegte Madeyski als Berichterstatter der Ausschußmajorität durch die Gegenthese, daß Amt, Schule und öffentliches Leben „gerade dasjenige öffentlichrechtliche Gebiet“ bildeten, „auf welchem die Staatssprache überhaupt zur Anwendung“ gelangen könne; dieses Gebiet habe Artikel XIX aber „im Sinne der Gleichberechtigung aller Sprachen geregelt“[12]).

Die Auslegung der deutschen Ausschußminorität, wonach der Reichsrat kompetent wäre, die Sprachenfrage durch Ausführungsgesetze zu regeln, widerlegte die Ausschußmajorität mit Berufung auf das Gesetz über die Reichsvertretung, in dem die Regelung der Sprachenfrage nicht unter den taxativ aufgezählten Kompetenzen des Reichsrates aufscheint[13]).

Den neuralgischen Punkt des deutschen Antrages traf jedoch die Aufforderung der Ausschußmajorität, den „legalen Begriff der Staatssprache ... seinem Inhalt und Um-

---

[9]) Ebd. II, 153.

[10]) Ebd.

[11]) Doch wäre es weit verfehlt, aus diesem Verhalten auf eine persönliche Charaktereigenschaft Madeyskis zu schließen: Im Rahmen der eisernen Disziplinarstatuten des Polenklubs galt es unter der Präsidentschaft Grocholski als allgemeine Regel, daß ein junger Abgeordneter so lange zu „folgen“ hatte, bis ihn Grocholski „zur Arbeit rief“ und ihm damit den Weg zu einer Karriere öffnete. Vgl. Buszko/Pilch, Udział Polaków w Austrii [Beteiligung der Polen in Österreich] 171.

[12]) Fischel, Materialien, Ausschußbericht der Majorität des Sprachenausschusses 14. Noch deutlicher formuliert Madeyski dieses Postulat in seiner Broschüre zur Staatssprache aus: Mit dem Artikel XIX habe die Verfassung Österreichs „den nationalen Sprachen sämtlicher Volksstämme die gleiche Berechtigung eingeräumt, auf allen Zweigen des Staatslebens in autoritativer Eigenschaft der Staatssprache zu konkurrieren“. Stanisław Madeyski, Die deutsche Staatssprache oder Ist Österreich ein deutscher Staat? (Wien 1884) 50.

[13]) Fischel, Materialien, Ausschußbericht der Majorität 14.

fange nach festzustellen"[14]), um der Debatte durch die Erstellung einer Arbeitsdefinition eine konkrete Grundlage zu verschaffen.

Dieser Aufforderung kamen die Deutschen — trotz mehrmaligen Drängens — allerdings nicht nach, was sich bald als schwerwiegende taktische Schwäche erwies, da diese Haltung das ohnehin große Mißtrauen gegen den deutschen Antrag nur steigerte: „Daß eine Arbeitsdefinition der Staatssprache im Bericht der Ausschußminorität nicht geliefert worden ist, kann nur als ein Mangel an Aufrichtigkeit und als wohlüberlegter politischer Kunstgriff der Deutschen betrachtet werden"[15]). Eine Überlegung, die wohl nicht nur der polnische Beobachter Łoziński anstellte, zumal die Stichhaltigkeit seiner Begründung schwer in Abrede gestellt werden kann: „... Unter den Vertretern der Deutschen im Sprachenausschuß gibt es genügend hervorragende Juristen, denen es sicherlich nicht schwergefallen wäre, weitaus kompliziertere Rechtsbegriffe zu definieren als jenen der Staatssprache. Daß sie trotz wiederholter Aufforderung keine derartige Definition ausgearbeitet haben, beweist also unmißverständlich, daß hinter dieser Haltung ein politisches Motiv steht. Es kann sich dabei nur um den Versuch handeln, sich den größtmöglichen Spielraum für eine spätere Auslegung dieses Begriffes zu sichern"[16]).

Grocholskis Anweisungen gemäß verabsäumte der Bericht der Ausschußmajorität aber nicht, der theoretisch doch allen übrigen Sprachen in Österreich gleichgestellten deutschen Sprache wesentliche Zugeständnisse zu machen: „Aus der staatsrechtlichen Vereinigung der Länder, in welchen die verschiedenen Volksstämme verteilt sind, ergibt sich eine natürliche Interessengemeinschaft, welche eine einzige Sprache als allen Volksstämmen gemeinsames Verständigungsmittel zu einer stetigen, über momentane politische Fluktuationen erhabenen Staatsnotwendigkeit macht. Als die einheitliche Sprache in diesem Sinne ist die deutsche Sprache, ohne daß sie jeder legislativen Stütze bedurft hätte, von den Volksstämmen stets und freiwillig anerkannt worden. Die hervorgehobenen Momente sowie die langjährige Übung und Gewöhnung bieten eine weit höhere Gewähr als ein Gesetz, welches durch seinen Zwang das Nationalgefühl der nichtdeutschen Volksstämme leicht verletzen, die Grenzen des der deutschen Sprache zu überweisenden Gebietes gegen die natürlichen Bedürfnisse verrücken könnte, ohne doch die Möglichkeit oder sogar die Gefahr eines durch politische Strömungen vielleicht gegen das allgemeine Staatsinteresse hervorzurufenden Wechsels auszuschließen"[17]).

---

[14]) Ebd.

[15]) Bronisław Łoziński, Die „deutsche Staatssprache" von Stanisław Madeyski; Buchrezension in: Biblioteka Warszawska (1884) II, 468. Eine ähnliche Ansicht in der anonymen Broschüre „Sine Ira": „Daß die Deutschen wußten und wissen, daß die Sache und der Name einander nicht decken, ist deutlich, denn warum sonst hätten sie ein solches Insistieren, wenn doch die Slawen sich so sträuben gegen den Namen Staatssprache? ... Als Staatssprache gilt in ihrem Sinne etwas ganz anderes als die bloße Amts- und Armeesprache. Es fällt schwer, den Gedanken los zu werden, daß es den Deutschen hier vor allem darum zu tun ist, das Wort ‚Staatssprache' in einem Gesetz aufgenommen zu sehen, wenn vorläufig auch nur aufgrund einer nicht erschöpften Definition, und daß später einmal, in einem günstigeren Augenblick, diese Diskrepanz zwischen dem Wort und der nicht erschöpften Definition dadurch beseitigt würde, daß das Wort behalten, die unzulängliche Definition aber durch eine richtige ersetzt würde"! Sine Ira. Der sogenannte Sprachenkampf in Österreich (Zürich 1888) 38.

[16]) Łoziński, Die „deutsche Staatssprache" 468ff.

[17]) Madeyski, Bericht der Ausschußmajorität; in: Fischel, Materialien 16.

c) Die Staatssprachendebatte im Abgeordnetenhaus

Am 24. Jänner 1884 wurde im Anschluß an die Beratungen des Sprachenausschusses die öffentliche Debatte über den Staatssprachenantrag im Abgeordnetenhaus eröffnet. Sie nahm fünf volle Sitzungen in Anspruch.

Während Madeyski als Berichterstatter der Ausschußmajorität die Debatte lediglich einleiten durfte und am 29. Jänner, unmittelbar vor der Abstimmung, noch zusammenfassende Schlußworte sprach[18]), rollte die parlamentarische Verhandlung in einer zunehmend leidenschaftlichen Atmosphäre ab:

Der in den Ausschußberatungen noch dominierende sachlich-juridische Aspekt des Streitgegenstandes entpuppte sich im Zuge der Debatte als bloßer Deckmantel für die dahinterliegende politische Kontroverse. Wie auch Madeyski später offen sagte, habe es „sich nur äußerlich, dem Namen nach, um einen Sprachenkampf" gehandelt; im Wesen hingegen sei es um einen politischen Machtkampf gegangen[19]).

Nicht verwundern kann es daher, daß Madeyski unmittelbar vor der Abstimmung im Plenum erklärte, daß es ihm „völlig egal" sei, wie das Ergebnis der Debatte ausfallen würde[20]): Denn „Nationalitätenfragen, wenn sie auch nur im Prinzip, nur akademisch im Parlament gelöst werden, haben nur dann eine wirkliche Lösung gefunden, die Beschlüsse des Parlaments haben nur dann bestimmendes Gewicht, wenn sie entweder mit Einstimmigkeit oder mit imposanter Mehrheit gefaßt werden konnten. Das hat man aber voraussehen können, daß dieser Zeitpunkt, diese Zusammensetzung des Parlaments nicht danach ist"[21]).

In seinem Schlußwort zog Madeyski Bilanz: „Wenn es aufgefallen ist, daß eine Debatte, welche sich uns als eine Erörterung über die Ausführung des Gleichberechtigungsprinzips angekündigt hat, sich dann lediglich in eine Staatssprachengesetzdebatte verwandelt hat ..., so muß ich sagen, daß es so kommen mußte, und daß es so gekommen ist, bestärkt mich noch mehr in der Richtigkeit meiner staatsrechtlichen Auffassung über die Bedeutung dieses Antrages"[22]). Die Debatte habe nämlich „vollständige Klarheit" über Bedeutung und Tragweite des Antrages gebracht[23]): „Ist einmal die Staatssprache in der Weise geregelt, wie es von dieser [deutschen] Seite verlangt wird, dann ist ein Nationalitätengesetz zur Durchführung der Gleichberechtigung überflüssig, auch nicht möglich". Für ein Nationalitätengesetz bliebe dann nämlich „rein gar nichts"[24]).

Für Madeyskis persönlichen Einsatz in die österreichische Nationalitätenproblematik blieb diese Einsicht von bestimmender Bedeutung.

Der formale Abschluß des Staatssprachenstreites — er brachte tatsächlich keine definitive Entscheidung, nachdem sowohl der Antrag Wurmbrand als auch alle Gegen-

---

[18]) Madeyski sprach am 24. Januar 1884, Sten. Prot. Abgeordnetenhaus, IX. Session, 321. Sitzung, 11105 und am 29. Januar, 325. Sitzung, 11268—11281.

[19]) Madeyski, Deutsche Staatssprache 103.

[20]) Madeyski, 29. 1. 1884, Sten. Prot. Abgeordnetenhaus, IX. Session, 325. Sitzung, 11279.

[21]) Ebd. Zweifellos hat Madeyski hier auf die — ihm übrigens äußerst „unsympathische — Kräfteverteilung im Parlament anspielen wollen. Vgl. oben S. 63f.

[22]) Madeyski, 29. 1. 1884, Sten. Prot. Abgeordnetenhaus, IX. Session, 325. Sitzung, 11280.

[23]) Ebd.

[24]) Ebd.

anträge fielen — hatte Madeyski nicht befriedigt. Wie vielen anderen Abgeordneten der außerdeutschen Majorität war auch ihm die tiefere Bedeutung dieses Ergebnisses klar: das Scheitern des deutschen Antrages war nur ein Pyrrhussieg gewesen, die Gefahr einer eventuellen Wiedereinbringung des Staatssprachenantrages in einer für die Deutschen günstigeren parlamentarischen Konstellation war nicht gebannt[25]).

Madeyski beschloß, die Staatssprachenfrage nicht ruhen zu lassen.

d) *„Die deutsche Staatssprache"*

Noch im gleichen Jahr veröffentlichte Madeyski seine Broschüre über die deutsche Staatssprache: Über eine bloße Rekapitulation des Verlaufes der Ausschußberatungen und der Parlamentsdebatte hinaus enthält diese Arbeit auch eine bemerkenswerte system- und verfassungstheoretische Analyse der Staatssprachenfrage — eine Argumentationsebene, die Madeyski in seinem Ausschußbericht nur gestreift hatte.

Da in dieser Abhandlung nicht zuletzt auch Madeyskis eigene Ansichten deutlicher zum Ausdruck kommen als im Ausschußbericht, wo er in erster Linie den offiziellen Standpunkt des Polenklubs und der übrigen außerdeutschen Parteien vertrat, erschien es legitim, sie zum Ausgangspunkt der Untersuchung seines persönlichen Standortes zu nehmen.

---

25) Sehr richtig stellt Łoziński fest: „Das Scheitern des deutschen Antrages sowie des Gegenantrages Grocholskis auf „motivierten Übergang zur Tagesordnung" beweist einzig und allein, daß die Deutschen nicht imstande waren, die beabsichtigte Verfassungsänderung durchzusetzen, die Autonomisten ihrerseits wiederum nicht stark genug waren, die autonomistische Komponente der geltenden Verfassung zu kräftigen (insofern die Regelung von Angelegenheiten wie der Sprachenfrage ja nicht in die Kompetenz des Reichsrates fallen), und gleichzeitig auch zu schwach waren, nachzuweisen, daß es nur eine freiwillige Konzession der Nichtdeutschen ist, die der deutschen Sprache ihre Vorrangstellung einräumt ... Der Fall beider Anträge hat die Frage weder gelöst noch endgültig abgeschlossen. Für das autonomistische Lager ist das ein trauriger Ausgang, denn die Deutschen können jetzt den gleichen Antrag von einem Tag auf den anderen neuerlich einbringen". ŁOZIŃSKI, Die „deutsche Staatssprache" 468. — Auch das Organ der Liberalen erkannte die Chance für eine „Wiederauferstehung" der Staatssprachenfrage: „So subtil die Unterscheidung zwischen Ablehnung des Wurmbrandschen Antrages und dem Übergang zur Tagesordnung über denselben erscheinen mag, sie erhält hiedurch einen Inhalt. Sie bedeutet, daß die Majorität im Stande war, die Verwirklichung des Antrages zu verhindern, nicht aber, ihn von der Tagesordnung abzusetzen. Nein, die Forderung nach einem Sprachengesetz und nach Codifikation der deutschen Staatssprache bleibt auf der Tagesordnung; sie wird wiederkehren und wiederkehren bis sie verwirklicht ist". *Neue Freie Presse*, 30. 1. 1884, 1. Was Łoziński befürchtete, die *Neue Freie Presse* aufmunterte, geschah wirklich: 1886 schon wagten die Deutschen einen neuerlichen Vorstoß zur Durchsetzung der deutschen Staatssprache in Österreich: Der Antrag Scharschmid vom 8. 2. 1886 enthielt sogar einen vollständig ausgearbeiteten Sprachengesetzentwurf, der unter Festhaltung einer deutschen Staatssprache Ausführungsbestimmungen zum Artikel XIX normierte. Obwohl der Antrag im Sprachenausschuß sogar zur Behandlung kam, scheiterte der Versuch. Noch im gleichen Jahr wurde aus den Reihen der Mittelpartei des Herrenhauses ein Antrag eingebracht (April 1886), mit dem das Deutsche zur „Vermittlungssprache" erklärt werden sollte. Auch dieser Versuch scheiterte. Der weitaus bedeutendste Vorstoß der Deutschen erfolgte aber im Jahre 1899: Im Rahmen des „Pfingstprogrammes" wurde gefordert, die deutsche Sprache als „allgemeine Vermittlungssprache" festzustellen. Mit dem Scheitern dieses dritten Versuches endete der Kampf um die deutsche Staatssprache in Österreich. Siehe RUDOLF SIEGHART, Die letzten Jahrzehnte einer Großmacht. Menschen, Völker, Probleme des Habsburgerreiches (Berlin 1932) 409 sowie STOURZH, Gleichberechtigung der Nationalitäten 207 und DERS., Gleichberechtigung der Volksstämme als Verfassungsprinzip 1047ff., weiters KARL GOTTFRIED HUGELMANN, Das Nationalitätenrecht nach der Verfassung von 1867. Der Kampf um ihre Geltung, Auslegung und Fortbildung; in: Das Nationalitätenrecht des alten Österreich 152 und ÖSTERREICHISCHE PARTEIPROGRAMME 212, 145.

Wenngleich gemutmaßt wurde, Madeyski hätte sein Buch nur veröffentlicht, um den Vorwurf slawischer Kollegen abzuwehren, im Parlament nicht den Mut gehabt zu haben, „ganz offen gegen die deutsche Staatssprache aufzutreten“[26]) —, wenngleich Madeyski wiederum in seinen Erinnerungen angibt, die Anregung zu dieser Publikation vom Präsidenten des Abgeordnetenhauses Franciszek Smolka erhalten zu haben[27]) —, dürfte hier auch ein drittes Motiv eine Rolle gespielt haben: Hatte Madeyski nicht schon im ursprünglichen Entwurf zu seinem Referat auf die Bedeutung des staatsrechtlichen Zusammenhanges hinweisen wollen, in dem der Antrag Wurmbrand stand? Damals hatte ihn Grocholski davon abgehalten, seine Argumentation auf diesen Aspekt der Frage zu stützen. Doch in seinem eigenen Buch, das er ja nicht mehr in seiner Eigenschaft als Mitglied des Polenklubs verfaßte, stand es ihm frei, diesen für ihn offensichtlich kardinalen Begründungszusammenhang auszubauen. Und tatsächlich liefert gerade der theoretische Teil seiner Abhandlung den wertvollsten Beitrag zum Verständnis und zur Beurteilung der Tragweite des Staatssprachenantrages.

Wenn Madeyski diesem darüber hinaus noch einen polemischen Teil anschloß, so lag das wohl — wie er anläßlich einer früheren Sprachendebatte in Zusammenhang mit dem Antrag Bulat über die Gerichtssprache in Dalmatien als Berichterstatter erklärte — „nur in der Natur der Sache“: „Man sagt, hochpolitische Fragen hätten wir hineingemengt in die Verhandlung ... Ja, ich kann wirklich nicht begreifen, wie man sachlich diesen Gegenstand ohne politische Rücksichten in Erörterung ziehen kann. Denn ... seit Erlassung des Artikel XIX des Staatsgrundgesetzes ist es der Legislative nicht mehr gestattet, bei Erlassung eines Gesetzes, in welchem die Sprachenfrage berührt wird, den Artikel XIX außer Betracht zu lassen; und daß Artikel XIX ein politisches Gesetz ist, ist ja selbstverständlich; es ist eben ein Gesetz, womit politische Rechte den Staatsbürgern eingeräumt werden. Ich bitte mir also zu erklären, wie es denn möglich wäre, sachlich vorzugehen, ohne die Sache zu beachten? Das Entgegengesetzte müßte ich gerade als schwierig bezeichnen und sagen, wenn jemand einen Gegenstand nicht berühren will, trotzdem er zum Wesen der Sache gehört, so muß etwas dahinter sein ...“[28]).

Dennoch bildete die wissenschaftliche Untersuchung der systemtheoretischen Prämissen des Gleichberechtigungsgebotes der Dezemberverfassung den Schwerpunkt und das wahre Anliegen dieses Buches: in diesem Kontext wollte er die Verfassungswidrigkeit einer deutschen Staatssprache nachweisen[29]).

Als Ergebnis einer vergleichenden Studie der staatsrechtlichen Regelung der Nationalitäten- und Sprachenfrage in verschiedenen polynationalen Staatswesen arbeitete Madeyski zwei Grundtypen von Lösungen heraus, die sich aus der Anerkennung bzw. Ablehnung einer Staatssprache[30]) als wesentlichem Einordnungskriterium ergaben:

---

[26]) So laut SUTTER, Badenische Sprachenverordnungen I, 90.

[27]) MADEYSKI, Erinnerungen II, 156.

[28]) MADEYSKI, 7. 5. 1883, STEN. PROT. Abgeordnetenhaus, IX. Session, 312. Sitzung, 10875.

[29]) Auch ŁOZIŃSKI, Die „deutsche Staatssprache“ 447, sah darin das wirkliche Verdienst des Buches.

[30]) MADEYSKI, Deutsche Staatssprache 22. In einem ersten Schritt versuchte Madeyski den bis dahin bekanntlich unzureichend definierten Begriff der Staatssprache für die weitere Untersuchung zu operationalisieren: Mit der brillanten Logik des Rechtstheoretikers wies er nach, daß der Antrag Wurmbrand nur die „innere“ Staatssprache betraf, welche die Beziehungen zwischen Staatsgewalt und Staatsangehörigen regelte, während die „nach außen“ gerichtete Staatssprache den diplomatischen Verkehr und die

— Das erste Modell, das Madeyski mit den Beispielen Preußens und Ungarns illustrierte, gründet auf der staatstheoretischen Prämisse, „wonach von allen innerhalb des Staates seßhaften Volksstämmen nur einem einzigen in politischer Hinsicht das Recht auf Nationalität eingeräumt wird, und der nationale Charakter dieses Volksstammes dem Staat selbst aufgedrückt wird“[31]). Hier führen „Bürokratismus“ und „einheitlich nationalstaatliches Denken“ zu einer Verleugnung der nationalen Gleichberechtigung; im Namen der Staatseinheit und des „nationalen Charakters“ des Staates wird nur einer einzigen Sprache der autoritative Charakter der Staatssprache eingeräumt. Die nationale Gleichberechtigung ist in diesem Modell „nur im negativen Sinn gewährleistet, insofern alle Sprachen mit Ausnahme der privilegierten Staatssprache das gleiche Schicksal teilen, von dem Anteil an der Autorität der Staatssprache ausgeschlossen zu sein ... Wenn auch alle Staatsbürger ohne Unterschied der Stammeszugehörigkeit vor dem Gesetz gleich sind, wird im Namen einer einheitlichen Nation, die sich mit dem ganzen Staatsgebiet deckt, ihre nationale Sprache geopfert“[32]).

Diese Charakteristika kennzeichnen die staatsrechtliche Lösung der Nationalitätenfrage *nach dem nationalen Staatsprinzip*. Die logischen Implikationen dieses Systems sind empirisch nachweisbar: „Das nationale Staatsprinzip entzieht allen jenen Volksstämmen, welchen das Recht auf Nationalität abgesprochen wurde, die Freiheit in Ansehung ihrer Sprache und somit opfert es unbedingt den entsprechenden Bestandteil der staatsbürgerlichen Freiheit den Staatsrücksichten“. Das nationale Staatsprinzip schließt demnach „sowohl die nationale Gleichberechtigung als auch eine Mehrzahl von Staatssprachen aus“[33]).

— Das zweite Modell, das Madeyski mit den Beispielen der Schweiz, Belgiens und Österreichs nach 1848 illustrierte, hat die Nationalitätenfrage im Geiste des *nationalen Freiheitsprinzips* geregelt: Es geht von der staatsrechtlichen Prämisse aus, „entweder mehreren Volksstämmen ein politisches Recht auf Nationalität einzuräumen oder sämtlichen Staatsbürgern ohne Unterschied der Stammeszugehörigkeit ein verfassungsmäßiges öffentliches Recht auf Gebrauch einer Stammessprache gegenüber der Staatsgewalt zu verbürgen“[34]).

Da das österreichische Beispiel in Madeyskis weiterer Untersuchung einen zentralen Stellenwert einnimmt, soll auch an dieser Stelle näher darauf eingegangen werden:

— Das vorkonstitutionelle Österreich reihte Madeyski vorbehaltlos in den Typus des

internationalen Beziehungen betraf. Ebd. 22. Diese hier von Madeyski getroffene Unterscheidung zwischen „innerer“ und „äußerer“ Staatssprache ist nicht zu verwechseln mit der üblichen Unterscheidung zwischen „innerer“ und „äußerer“ Amtssprache!

31) Ebd. 87.

32) Ebd. 71.

33) Ebd. Auffallend ist in diesem Zusammenhang die Schärfe seiner Kritik an der ungarischen Regelung der Nationalitätenfrage, wo er doch die für Kroatien vorgenommene Regelung im Sinne des nationalen Freiheitsprinzips anerkennend hervorstrich! Tatsächlich galt für Kroatien nicht der Gesetzesartikel XLIV vom 6. 12. 1868, sondern ein eigenes Ausgleichsgesetz (Artikel XXXV). Dennoch reiht Madeyski Ungarn ohne Einschränkung unter die Staaten, die die Nationalitätenfrage im Sinne des nationalen Staatsprinzips gelöst hatten: denn allein schon der Artikel XLIV proklamiere aufgrund der „Fiktion“ einer „einheitlichen, unteilbaren ungarischen Nation“ das Ungarische als Staatssprache (im § 1). Ebd. 79f.

34) Ebd. 68.

„nationalen Staatsprinzips" ein. Denn im Namen von zwei „Staatszwecken" der absolutistischen Regierungspolitik des aufgeklärten Absolutismus — nämlich des Ideals einer österreichischen Kulturgemeinschaft und des Ideals des zentralistischen Einheitsstaates — habe Österreich der deutschen Sprache den „autoritativen Charakter der Staatssprache" verliehen[35]). Die übrigen Volksstämme hingegen seien auf „Volkssprachen" reduziert und vom Gebiet der Staatssprache ausgeschlossen worden: Sie durften nur mehr im „Privatbereich" weiterleben[36]).

— Erst die nationale Revolution des Jahres 1848 habe in Österreich die entscheidende Wende eingeleitet: Die außerdeutschen Völker des Staates hätten sich damals gegen das „autoritative" Privileg der deutschen Sprache aufgelehnt und als „untrennbaren Bestandteil der zu erkämpfenden politischen Freiheit"[37]) die Gleichstellung ihrer Sprachen mit der deutschen gefordert, um den „freien Zutritt" in das bisher von dieser monopolisierte Gebiet der Staatssprache zu erlangen. Wie Madeyski hier ausführt, habe „die Erfahrung ... diesen Völkern gezeigt, daß nur die der Staatssprache zustehende staatliche Autorität die Kraft hatte, die Entwicklung der eigenen Nationalität zu ermöglichen und zugleich auch, wenn sie allen Volksstämmen Österreichs gleichmäßig zuerkannt würde, dieselben gegenseitig vor Suprematie schützen konnte"[38]). Daher müsse das Postulat der „nationalen Gleichberechtigung" als Ausdruck dieser Einsicht verstanden werden, zumal ihnen diese Forderung auch aus diesem Verständnis heraus gewährt worden sei: Sie habe nämlich auf den zwei geistigen Grundpfeilern des Jahres 1848, auf „Freiheit und Gleichheit im politischen" Sinne gefußt.

In Artikel XIX des Staatsgrundgesetzes über die allgemeinen Rechte der Staatsbürger habe die „nationale Gleichberechtigung" schließlich ihre Verankerung gefunden. Wie Madeyski mit Nachdruck unterstrich, müsse dieses Postulat auch hier in seiner ursprünglichen Bedeutung verstanden werden[39]): „In diesem Artikel sind die Forderungen der außerdeutschen Volksstämme nach nationaler Gleichberechtigung unbedingt gewährt worden, und damit wurde auch das einst von der deutschen Sprache behauptete Gebiet der Staatssprache zur gleichen Betätigung der nationalen Freiheit an sämtliche Volksstämme des Staates ausgeliefert. Den nationalen Sprachen sämtlicher Volksstämme ist darin die gleiche Berechtigung eingeräumt worden, auf allen Zweigen des Staatslebens

---

[35]) Doch sei dieser Zustand keineswegs, so Madeyski, das Produkt „eines natürlichen geschichtlichen Prozesses, in dem Sinne, als ob sich die deutsche Sprache durch eigene Kraft, ohne Beistand der Staatsautorität eine bevorzugte Stellung verschafft" hätte. Im Gegenteil, ihr sei diese Stellung lediglich dadurch gesichert, „daß ihr der autoritative Charakter der Staatssprache ausschließlich verliehen wurde". Ebd. 26.

[36]) Ebd. 28.

[37]) Nach Ansicht Madeyskis ist Österreich durch die Durchsetzung der Dezemberverfassung dem Strom gefolgt, der die Idee der Freiheit von Amerika nach Europa brachte: „... die nationale Idee hat ihren Ursprung in der Idee der Freiheit, sie teilte mit dieser in den letzten Jahren des Absolutismus ein wechselhaftes Schicksal, und fand dann im Staatsgrundgesetz mit ihr gemeinsam ihre Verwirklichung". Madeyski, Polityczne prawo wolności narodowej [Das politische Recht der nationalen Freiheit]; in: *Czasopismo prawnicze i ekonomiczne* 3 (1902), 373.

[38]) Madeyski, Deutsche Staatssprache 30.

[39]) Ebd. 45.

in autoritativer Eigenschaft der Staatssprache zu konkurrieren"[40]). Demnach beruhe die sprachliche Gleichberechtigung „nicht auf der Gleichstellung aller Staatsbürger ohne Ansehung ihrer Stammesangehörigkeit vor der Staatsgewalt, sondern auf der Gleichberechtigung der kollektiven Einheiten der Volksstämme, deren Träger die Staatsbürger sind"[41]).

Mit Artikel XIX sei Österreich zum Typus des „nationalen Freiheitsprinzips" übergegangen. Madeyskis Folgerung war schlüssig: Die staatsrechtliche Regelung der Nationalitätenfrage nach dem „nationalen Freiheitsprinzip" schließe die Möglichkeit einer einzigen Staatssprache unbedingt aus; im Gegenteil, sie impliziere eine „Mehrheit von Staatssprachen nebeneinander"[42]).

Spätestens jetzt wird Madeyskis Absicht offenkundig: Seinem dichotomischen Schema zufolge verwandelte die Einführung einer Staatssprache in Österreich die ab 1867 dem „Freiheitsprinzip" zugeordnete staatsrechtliche Regelung der Nationalitätenfrage automatisch in eine dem „Staatsprinzip" verhaftete Lösung, da ja die „Staatssprache" das Kriterium dieser Klassifikation bildet!

In diesem Licht erscheint der deutschliberale Antrag nicht mehr als Gegenstand einer tagespolitischen, macht- oder parteipolitischen Auseinandersetzung: Es handelt sich vielmehr um ein verfassungsrechtliches Problem, das die Fundamente des konstitutionellen Österreich in Frage stellte.

Über diese grundsätzliche Bedeutung des Staatssprachenantrages wollte Madeyski die öffentliche Meinung aufklären: Der Verharmlosung des Antrages gegenüber, um die sich die deutsche Presse angestrengt bemühte[43]), fühlte Madeyski sich verpflichtet, vor den schwerwiegenden Implikationen der Anerkennung einer Staatssprache in Österreich zu warnen.

Den zweiten Teil seiner Broschüre widmete Madeyski der Begründung der Verfassungswidrigkeit des Staatssprachenantrages: Aufgrund seiner theoretischen Voruntersuchung fiel es ihm jetzt nicht mehr schwer, den Antrag im Rahmen der geltenden Verfassung, „in dem sich das österreichische Staatsrecht verkörpert"[44]), als „absolut undurchführbar" zu erklären: Er widerspreche dem Prinzip, auf dem diese Verfassung fuße und entbehre daher jeder staatsrechtlichen Begründung[45]).

Diese Beweisführung forderte Madeyski allerdings zu einer weiteren Schlußfolgerung heraus: Wenn die „Begründung" des Antrages nicht auf staatsrechtlicher Ebene gegeben war, mußte sie woanders gesucht werden. Und er fand sie — auf politischer Ebene: Dem Staatssprachenantrag würde nur die Absicht zugrunde liegen, „die nationale Gleichberechtigung prinzipiell zu vernichten", da eine Staatssprache die „nationale Eigenschaft aller anderen Sprachen konsumieren" müßte[46]).

Doch gründe seine grundsätzliche Ablehnung des Antrages nicht im Mißtrauen gegen die Beteuerungen der Deutschen, daß sie den übrigen Sprachen im Falle der

40) Ebd. 50.
41) Ebd. 56.
42) Ebd. 69.
43) Siehe die Leitartikel vom 19.—30. 1. 1884 in der *Neuen Freien Presse*.
44) Madeyski, Deutsche Staatssprache 92.
45) Ebd. 88.
46) Ebd. 101.

gesetzlichen Feststellung der deutschen Staatssprache auch weiterhin den Zutritt in das „Gebiet der Staatssprache" gewähren wollten. Vielmehr leite ihn hier die tiefe Überzeugung, daß „dem Wesen selbst desjenigen Prinzips, in welchem die Anerkennung einer Staatssprache wurzelt, eine natürliche, unbezwingbare Expansionskraft inhäriert, welche solange tätig bleibt, bis das gesamte der Staatssprache begrifflich zugehörige Gebiet in Besitz ergriffen worden ist"[47]). Denn gleichzeitig mit der Anerkennung einer Staatssprache müßten sich auch all jene staatsrechtlichen Grundsätze „als Wirkungen der einen Staatssprache von selbst einstellen", die „die unentbehrliche innere Prämisse einer solchen Anerkennung bilden, wenn sie auch nicht kodifiziert worden sind"[48]).

Aus der Einsicht heraus, daß die Staatssprache eine von politischen Kräfteverhältnissen unabhängige Eigendynamik entwickelte, warnte Madeyski ausdrücklich vor allen Beschwichtigungs- und Verharmlosungsversuchen — mochten diese auch im guten Glauben erfolgen: Denn „hat einmal der Staat die Fiktion, als ob mehrere Volksstämme nur eine Nationalität besäßen, zum staatsrechtlichen Prinzip erhoben, vermag er dann nicht, sich der Neigung zu erwehren, die Fiktion zur Wahrheit werden zu lassen"[49]).

Somit lag für Madeyski die Gefahr des Staatssprachenantrages nicht so sehr in der grundsätzlichen Anerkennung einer Staatssprache, als vielmehr in den Implikationen ihrer Anerkennung: In Österreich, sah er voraus, würden diese „unbezwingbaren" Wirkungen zur gewaltvollen Durchsetzung einer „deutschen Staatsnationalität" und zur Gründung eines „deutsch-nationalen Staates" führen[50]); mehr noch: in letzter Konsequenz würde diese Entwicklung die „Zertrümmerung" der nationalen Gleichberechtigung mit sich bringen. Denn: „Nur solange die Autorität der Staatssprache jedem Volksstamm zusteht, solange erscheint das nationale Gleichgewicht der Völker gesichert. Jeder Volksstamm besitzt ein gleiches Mittel, seine eigene Nationalität zu vertreten und zu verteidigen, welches ihn dadurch schon gegenüber der gleichen Tendenz anderer Volksstämme vor Entnationalisierung oder Unterdrückung zu schützen geeignet ist ... Wird dieses Macht- und Schutzmittel nur einem einzigen Volksstamm verliehen, allen anderen dagegen entzogen, dann stehen letztere gegenüber den einseitig nationalisierenden Wirkungen des Machtmittels eines einzigen Volksstammes schutzlos gegenüber"[51]). Und Madeyski scheute nicht davor zurück, die konkreten Auswirkungen dieses Zustandes aufzuzählen: „Dann wird, was noch heute jedem Volksstamm im Gebrauch seiner Sprache in der Schule oder im Amt ... gerne gewährt werden will, für morgen völlig unsicher, weil zugunsten eines derartigen Begehrens eine verfassungsmäßig gewährleistete, demnach staatsrechtlich begründete Legitimation, ein Recht, nicht mehr angeführt werden kann ... Übrig bleibt statt Recht Gnade oder Ungnade, Willkür oder politische Konjunktur der jeweiligen Parlamentsmajorität, Regierung und Staatsgewalt ... Die Rechtsfrage wird zu einer Machtfrage"[52]).

---

47) Ebd. 102.
48) Ebd. 113.
49) Ebd. 114.
50) Ebd. 118.
51) Ebd. 114.
52) Ebd. 103.

In Fettdruck, einem Aufruf gleich, zog Madeyski in seinem Schlußsatz Bilanz: „*Für die deutsche Staatssprache ist in Österreich, wie es ist, kein Platz*“[53])!

Madeyskis erste Publikation hat die Würdigung, die ihr zweifellos zustand, nicht erhalten: Von den Polen geschickt als Manifest der slawischen Solidarität ausgelegt[54]), wurde sie von deutscher Seite wiederum aufs schärfste angegriffen[55]). Der wissenschaftliche Wert seiner staatsrechtlichen Untersuchung ist in der Hitze des politischen Kampfes kaum beachtet worden. Nur Łoziński, ein Rezensent dieses Buches, wußte ihre Bedeutung zu schätzen[56]).

Schade, denn erst der theoretische Teil der Broschüre stellte den emotional überfrachteten nationalen Macht- und Prestigekampf um die Staatssprache auf eine rationale, politisch greif- und auswertbare Ebene, die nicht zuletzt auch die volle Tragweite dieser Frage offenbart.

Schade auch übrigens, daß die Slawen, die sich noch viele Jahre später an die heldenhafte Kampagne Madeyskis gegen die deutsche Staatssprache erinnern werden[57]), die Ideologie nicht durchschauten, die er in seiner Argumentation „verpackt“ hatte. Vielleicht wäre ihnen die große Enttäuschung erspart geblieben, die Madeyskis spätere Publikationen und Äußerungen zur nationalen Frage bei vielen von ihnen hervorgerufen haben!

2. Die ideologischen und politischen Grundsätze Madeyskis

Angesichts der „deutschen Gefahr“ hatten sich im Jahre 1884 alle außerdeutschen Völker Österreichs zusammengeschlossen, um die nationale Gleichberechtigung zu verteidigen, die ihnen 1867 verfassungsmäßig garantiert worden war.

Doch nur kurzer Zeit später öffnete sich jene Kluft wieder, die das außerdeutsche Lager seit 1848 gespalten hatte. Die slawische „Solidarität“ war nur eine zeitgebundene Koalition der Not gewesen: In den Mittelpunkt der nationalen Kämpfe rückte wieder der machtpolitische und ideologische Streit zwischen den Vertretern der „historischen“ und jenen der „ethnischen“ Auslegung des nationalen Gleichberechtigungsgebotes:

Während die Vertreter der schwächeren Nationalitäten im Sinne der „ethnischen“ Auslegung die nationale Gleichberechtigung absolut verstanden wissen wollten, versuchten die Repräsentanten der politisch schon etablierten Nationalitäten mit Hilfe der Ideologie vom „historischen Staatsrecht“ und von der „historisch determinierten“ Priorität gewisser Volksstämme die nationale Gleichberechtigung relativ auszulegen,

---

53) Ebd. 123.

54) Łoziński, Die „deutsche Staatssprache“ 447.

55) Hier namentlich Fischel: „Die Ansicht, daß die Verfassung Österreichs im Artikel XIX des oft zitierten Staatsgrundgesetzes den nationalen Sprachen sämtlicher Volksstämme die gleiche Berechtigung eingeräumt hat, auf allen Zweigen des Staatslebens in autoritativer Eigenschaft der Staatssprache zu konkurrieren, ist im höchsten Grade unhistorisch, unrichtig, ja monströs“. Fischel, Sprachenrecht LXIX.

56) „... jener Teil des Buches, der sich mit der Definition und dem Wesen der Staatssprache auseinandersetzt, hat das Format einer formal-wissenschaftlichen Abhandlung, der auch in der rechtswissenschaftlichen Literatur ein entsprechender Platz gebührt“. Łoziński, Die „deutsche Staatssprache“ 448.

57) Vgl. oben S. 158.

um sich eine bevorzugte rechtliche Behandlung zu sichern: Den als „geschichtslos“[58]) stigmatisierten Nationalitäten sprachen sie „schlechthin die Fähigkeit ab, eigene Kulturnationen zu sein oder gar zu werden“[59]).

Schon im Verfassungsausschuß von Kremsier 1848/49 hatte sich gezeigt, daß das „historische“ Recht und das moderne Nationalitätenrecht einander in entscheidenden Punkten widersprachen[60]). Schon damals manifestierte sich die Opposition der als geschichtslos eingestuften Nationalitäten gegen jene, die auf historisch begründete Vorrechte pochten: Während die adeligen Führungsschichten Ungarns und der österreichischen Erbländer an die — „immer noch lebendige“[61]) — Tradition der Kronländereinheiten anknüpfen wollten, strebten die Vertreter der eben erst ins Rampenlicht der Politik gelangten Nationalitäten die Beseitigung dieses „Überbleibsels“ des alten Österreich an[62]): Im Rahmen einer Neuordnung des Reiches, die auf einer reinen Kronländereinteilung aufbauen würde, fürchteten sie — zurecht übrigens — die Fremdherrschaft ihrer jeweiligen Ländermajoritäten[63]).

In Kremsier hatte allerdings noch ein Kompromiß erzielt werden können: Der Verfassungsentwurf sah innerhalb der Kronländereinteilung auch die Schaffung nationaler Kreise mit eigenen Kreisregierungen vor; damit sollte in den einzelnen Ländereinheiten die Macht dezentralisiert, die nationale Machtverteilung vor dem radikalen Mehrheitsprinzip — dieses diskriminierte die jeweiligen nationalen Minderheiten — geschützt werden. Aufgrund dieser Entschärfung des reinen Kronländerprinzips wurden schließlich auch die Vertreter der Länderminderheiten für die Beibehaltung des territorialen Einteilungsmodells bei der Neuordnung des Reiches gewonnen.

Unter dem Druck der adeligen Führungsschichten[64]) setzte sich das historische Recht aber nach dem kurzen absolutistischen Interim 1849—1859 schon im sogenannten Oktoberdiplom des Jahres 1860 durch: Seit damals ist Österreich, trotz der Ablösung

---

58) Zu der ideologisch-politischen Kontroverse zwischen „historischen“ und „geschichtslosen“ Nationalitäten siehe insbesondere KANN, Nationalitätenproblem I, 44ff. sowie WERESZYCKI, Pod berłem Habsburgów [Unter dem Zepter der Habsburger] 109—116. Eine ausgezeichnete Analyse dieser Frage auch beim polnischen Soziologen JÓZEF CHLEBOWCZYK, Procesy narodotwórcze we wschodniej Europie środkowej w dobie kapitalizmu [Nationsbildende Prozesse im östlichen Mitteleuropa im Zeitalter des Kapitalismus] (Warszawa—Kraków 1975) insb. 191—198. Obwohl schon von verschiedensten Seiten auf die „nicht ganz treffende“ — so mit äußerster Vorsicht etwa Redlich — terminologische Gegenüberstellung von „historischen“ und „geschichtslosen“ Nationalitäten hingewiesen wurde, hat sich diese in der Fachliteratur doch bis heute erhalten können. Auch Otto Bauer ist es nicht gelungen, dieser auf Friedrich Engels zurückgehenden Terminologie eine Alternative gegenüberzustellen. Es sei an dieser Stelle daher lediglich darauf hingewiesen, daß die unreflektierte Verwendung dieser Begriffe zu grundsätzlichen Fehlschlüssen in der Analyse der nationalen Frage führen kann, da diese ideologisch belastet sind und mit ihnen auch schon implizit bestimmte politische Prämissen und Werthaltungen übernommen werden. Vgl. JOSEPH REDLICH, Das österreichische Staats- und Reichsproblem. Geschichtliche Darstellung der inneren Politik der habsburgischen Monarchie von 1848 bis zum Untergang des Reiches (Leipzig 1920) I, 135 sowie BAUER, Nationalitätenfrage und Sozialdemokratie, 166.

59) MOMMSEN, Imperialismus 136.

60) REDLICH, Staats- und Reichsproblem I, 317.

61) EBD. 248.

62) BAUER, Nationalitätenfrage und Sozialdemokratie 237.

63) Vgl. ABLEITINGER, Koerber 30 sowie MOMMSEN, Imperialismus 136.

64) Siehe oben.

dieser Verfassung durch das Februarpatent des Jahres 1861 und die Dezemberverfassung des Jahres 1867, ein „Kronländerstaat" geblieben[65]).

Die ab 1867 geltende Regelung der Nationalitätenfrage bestätigte aber weder die „historischen" noch die „ethnischen" Aspirationen vollends. Die Vertreter beider Lager versuchten daher, auf dem Boden der geltenden Verfassung weitergehende Rechte für sich zu erlangen, indem sie die ideologischen Ansätze ausbauten, die sie schon im Jahre 1848 entwickelt und zwischen 1849 und 1867 noch theoretisch ausgestaltet hatten:

Zum wichtigsten Kampfinstrument wurde in diesem Zusammenhang die „absolute" bzw. „relative" Auslegung des nationalen Gleichberechtigungsgebotes in Artikel XIX. Doch rankte sich um diesen kardinalen Konflikt ein weitverzweigtes, vielschichtiges System von logisch verknüpften Grundsätzen, die sich jeweils aus den beiden Grundauffassungen ableiten ließen und die weiteren Konflikte zwischen der „historischen" und der „ethnischen" Richtung bestimmten. Selbstverständlich standen die ideologischen Grundsätze in funktionaler Wechselwirkung mit den konkreten politischen und sozioökonomischen Interessen der sich ihrer jeweils bedienenden Nationalitäten.

An erster Stelle muß in diesem Kontext die Frage des Föderalismus angeführt werden:

Während der „historische" Föderalismus der historischen Nationalitäten von der Anerkennung der territorialen Einheit der „historisch-politischen Individualität" des Landes ausging, um auf dieser Grundlage eine territorial-autonomistische Umgestaltung des Reiches zu legitimieren[66]), fußte der „ethnische" Föderalismus der nationalen Länderminderheiten auf der Anerkennung rechtlich abgegrenzter Sprachgebiete mit Selbstverwaltungsbefugnissen[67]). Dabei forderten die Anhänger der radikalsten ethnischen Föderalismuskonzeption eine grundsätzlich an den nationalen Sprachgrenzen orientierte Umgestaltung des Reiches[68]).

Die herrschenden nationalen Ländermajoritäten wiederum lehnten alle Varianten einer national bestimmten Abgrenzung als „Landeszerreißung" ab[69]).

Hinter diesen ideologisch untermauerten Standpunkten standen freilich konkrete Interessen macht-, wirtschafts- und sozialpolitischer Natur: Hinter der Theorie des „historischen Föderalismus" stand so die nationale Macht- und Expansionspolitik der führenden sozio-ökonomischen und politischen Kräfte der einzelnen Länder, die sich mit den jeweiligen nationalen Mehrheiten deckten: Einerseits sollte die Territorialautonomie der Länder diese vor staatszentralistischen Einflüssen schützen, andererseits wiederum der Zementierung ihrer historisch-legitimierten Privilegien gegenüber den nationalen Minderheiten dienen. Denn ohne entsprechenden Minderheitenschutz (diesen werden sie erst unter dem politischen Druck ihrer Minderheiten zu gewähren bereit sein) waren in der Kronlandautonomie in national uneinheitlichen Gebieten ja nur die Rechte der Mehrheit sichergestellt[70]).

---

65) SIEGHART, Die letzten Jahrzehnte 449.

66) KANN, Nationalitätenproblem II, 34.

67) BAUER, Nationalitätenfrage und Sozialdemokratie 282.

68) Dies, obwohl diese Lösung mit schweren „finanz-politischen Bürden für die Minderheiten" verbunden war! Vgl. ABLEITINGER, Koerber 30.

69) BAUER, Nationalitätenfrage und Sozialdemokratie 282.

70) KANN, Nationalitätenproblem I, 188 und ABLEITINGER, Koerber 30.

Den nationalen Minderheiten wiederum bot der historische Föderalismus wenig[71]. Die „ethnische" Konzeption hingegen eignete sich, in ihren verschiedenen Varianten, als wirksame Waffe gegen ihre jeweiligen Mehrheiten, die sie innerhalb der historischen Ländereinheiten ja majorisierten.

Paradigmatisch für diesen Interessenantagonismus war der innergalizische Konflikt zwischen Polen und Ruthenen: dieser brach 1848 in Zusammenhang mit der politischen Bewußtwerdung der ruthenischen Minderheit aus, die bis dahin als der polnischen Nation zugehörig gegolten hatte:

Die Entwicklung dieses Konfliktes trug auch entscheidend zum theoretischen Ausbau der zwei antagonistischen nationalen Ideologien bei: Hier lag nämlich ein klassischer Fall von zwei slawischen Volksstämmen vor, die sich auf dem gleichen, von beiden seit langem bewohnten Territorium bekämpften.

Die Polen bemühten sich einerseits, die Zweiteilung Galiziens, die von den Ruthenen gefordert wurde, mit Hilfe der Theorie von der Einheit der „historisch-politischen Individualität" der Länder abzuwehren. Andererseits aber und zugleich versuchten sie mit Hilfe des Postulats der Autonomie alle zentralistischen Einflüsse abzublocken, die ihre eigene Herrschaft im Lande einschränken könnten. Bezeichnend in diesem Zusammenhang war es, daß die Polen auch nicht davor zurückschraken — im eben erst angebrochenen Zeitalter der politischen Anerkennung der Nationalität! —, den Ruthenen eine eigene Identität abzusprechen und ihre nationale Sprache auf eine dialektartige Abwandlung der polnischen Kultursprache zu reduzieren[72].

Auch Stanisław Madeyski war von dieser Theorie der konservativen polnischen Führungsschichten Galiziens, die sich im Kontext der oben geschilderten Interessenkollision in Galizien entwickelt hatte, entscheidend geprägt: Ihre Grundannahmen bildeten daher auch den Ausgangspunkt seines eigenen Standortes in der Nationalitätenpolitik und im Nationalitätenrecht: Wie die folgende Untersuchung seiner Stellung in den Konflikten zwischen „ethnischer" und „historischer" Theorie im Jahre 1884 deutlich zeigen wird, standen seine eigenen Überzeugungen im wesentlichen für die Anschauungen des gesamten polnisch-konservativen Lagers Galiziens.

a) Zur nationalen Gleichberechtigung

Mit dem Konzept der nationalen Gleichberechtigung, wie in Absatz 1 des Artikel XIX verankert, hatte Madeyski im Jahre 1884 die Verfassungswidrigkeit der gesetzlichen Feststellung einer deutschen Staatssprache nachgewiesen.

Doch anders als die Polen verstanden diese „Gleichberechtigung" die Ruthenen und die übrigen „geschichtslosen" Nationalitäten. Obwohl Madeyski als Wortführer des gesamten außerdeutschen Lagers verpflichtet war, bei der Staatssprachendebatte die gemeinsamen Interessen aller nichtdeutschen Nationalitäten zu vertreten, verteidigte er schon damals in erster Linie die seiner eigenen Nation:

Vorsichtig, aber deutlich distanzierte sich Madeyski demnach von jenem Verständnis der nationalen Gleichberechtigung, das ihre absolute Durchführung in der Praxis

[71]) Ableitinger, Koerber 30.

[72]) Vgl. oben S. 18ff.

implizierte: „... Die Doktrin ist etwas anderes als das Leben ... Wenn mehrere Sprachen als nationale Sprachen zur Konkurrenz auf dem Gebiet der abstrakten Staatssprache zugelassen sind, das bedeutet, daß virtuell und prinzipiell jede dieser Sprachen das gleiche Machtmittel zum eigenen Schutze besitzt, welches seiner Vertiefung und Entfaltung im Inneren eine Abwehr gegenüber der zweiten Sprache ermöglicht, aber einzig und allein nur ermöglicht"[73]).

Was Madeyski konkret mit dieser als Chancengleicheit verstandenen Gleichberechtigung meinte, erfuhren die österreichischen Völker allerdings erst viele Jahre später: In seiner 1899 veröffentlichten Broschüre „Die Nationalitätenfrage in Österreich und ihre Lösung" erhielten diese Worte ihre volle Bedeutung. Denn während Madeyski 1884 noch erklärt hatte, daß die staatsrechtliche Regelung der Nationalitätenfrage nach dem Typus des nationalen Freiheitsprinzips — wie sie in Österreich durch Artikel XIX gegeben war — „eine Mehrheit von Staatssprachen nebeneinander" impliziere, bestand er hier schon mit aller Deutlichkeit darauf, daß „zwar von vornherein keiner der Volksstämme von dem gemeinsamen Betätigungsgebiete der Staatssprache ausgeschlossen erscheint", doch jeder von ihnen die „entsprechende Stellung" aus eigener Kraft und durch seine „eigene" Betätigung erwerben müsse[74]).

Das Kriterium für diese „Stellung" der einzelnen Volksstämme setzte Madeyski im Wert, in der Entwicklungsstufe und in der Funktion ihrer jeweiligen Sprache an[75]). Die so entstehende Rangordnung — wenn nicht Hierarchie — der Volksstämme sei keineswegs willkürlich, argumentierte Madeyski; vielmehr werde sie nur den „staatlichen, historisch-politischen und kulturellen Exigentien des Reiches und der Länder" gerecht. Denn in Madeyskis Verständnis war eine absolute Gleichberechtigung aller Volksstämme (bzw. Sprachen) in der Praxis eines Vielvölkerstaates (genauso wie übrigens der einzelnen gemischtsprachigen Ländereinheiten, aus denen sich dieser zusammensetzte) undenkbar: Aus den „Exigentien selbst" des Reiches und der Länder würden sich „gewisse Grenzen ergeben, welche eine Einschränkung der Gleichheit der Volksstämme bei der konkreten Durchführung unvermeidlich machen"[76]).

Unabhängig davon glaubte Madeyski an die geistige Fruchtbarkeit des nationalen Konkurrenzprinzips: Nicht nur sah er in der als bloßen Direktive verstandenen Gleichberechtigung aller Sprachen im Bereich der „abstrakten Staatssprache" einen „Motor des Fortschritts", der jede Nationalität zwinge, das „Wesen ihrer Nationalität zu erproben und zu bewähren"[77]). Darüber hinaus begrüßte er diese Konkurrenz auch als ein Mittel, um den Nationalitätenkampf zu „veredeln" und zu einem „kulturellen

---

[73]) Madeyski, 29. 1. 1884, Sten. Prot. Abgeordnetenhaus, IX. Session, 325. Sitzung, 11275.

[74]) Madeyski, Die Nationalitätenfrage in Österreich und ihre Lösung (Wien—Prag 1899) 13.

[75]) Madeyski hatte ja schon 1884 im Abgeordnetenhaus erklärt, daß aus der prinzipiellen Gleichberechtigung allein noch nicht gefolgert werden dürfe, daß „der Polyglottismus bis zu der äußersten Konsequenz getrieben" werden sollte, sondern „je nach dem geschichtlichen, kulturellen, geistigen und politischen Wert der Sprachen eine gewisse Abstufung sich bilden" müsse. Madeyski, 29. 1. 1884, Sten. prot. Abgeordnetenhaus, IX. Session, 325. Sitzung, 11275.

[76]) Ebd. 11280.

[77]) Ebd.

Wettkampf" zu erheben[78]) — solange sich „dieses Ringen nach nationalen Rechten auf legalem Boden bewegte"[79]).

Einer „absoluten" Gleichstellung aller Volksstämme hingegen konnte Madeyski nichts abgewinnen: sie würde die natürliche Weiterentwicklung jener Nationalitäten hemmen, die schon auf einer höheren Kulturstufe standen, und umgekehrt die Entwicklung der schwächeren Volksstämme „künstlich" (sprich ungesund!) beschleunigen.

Zwar erhielten diese Grundannahmen erst in Madeyskis Theorie des Nationalitätenrechts (1900—1901) ihre volle Bedeutung; doch einige ihrer wesentlichen Aspekte klingen schon in der Broschüre zur Nationalitätenfrage in Österreich an: Nicht nur wurde schon hier die Sprache zum bestimmenden Einordnungskriterium der Volksstämme auf der Stufenleiter einer — in seinen Augen zumindest — „natürlichen", weil historisch bedingten nationalen Hierarchie. Ansatzweise waren hier auch schon jene Momente herausgearbeitet, die jeder Sprache ihren Platz in dieser Ordnung zuwiesen: „Vermöge ihrer geistigen Kraft, ihrer historischen, politischen und kulturellen Bedeutung für die einzelnen Länder" hätten die Sprachen von selbst eine Rangordnung geschaffen. Jede Sprache finde darin den Platz, „welchen derselben unter Beachtung der gegebenen öffentlichen Zustände sowie des tatsächlichen Bedürfnisses die innere Bedeutung der Sprache als reale Grundlage des Rechts anweist"[80]).

Die „innere Bedeutung der Sprache als reale Grundlage des Rechts" — diese Worte haben größte Aussagekraft. Konkret enthalten sie nämlich nicht weniger als das Postulat, anstelle der „Gleichberechtigung" die im „wirklichen Leben" bestehende „natürliche Ordnung" der Sprachen zum Ausgangspunkt des Nationalitätenrechts zu nehmen[81])!

Im Jahre 1884 allerdings wagte Madeyski noch nicht, wie schon eingangs erwähnt, die Theorie von der „relativen" Gleichberechtigung der Nationalitäten auszubauen: Noch war die Zeit zur Geltendmachung spezifischer Privilegien für die „historischen" Nationalitäten nicht gekommen. Noch handelte es sich ausschließlich darum, die Geltendmachung von Privilegien für das Deutsche als Staatssprache gemeinsam mit allen anderen außerdeutschen Nationalitäten abzuwehren.

Und doch ebnete Madeyski schon damals einer breiteren, die Deutschen durchaus einschließenden Koalition den Weg: Wenn ihm von deutscher Seite auch vorgeworfen wurde, daß „seine theoretischen Schlußfolgerungen über die Teilhabeberechtigung aller Sprachen im abstrakten Gebiet der Staatssprache ... im höchsten Grade unhistorisch, ja monströs seien, da sie zur Annahme einer Vielfalt von Staatssprachen führten, während doch selbst die Verfechter der vorgeschrittenen nationalen Theorien eine Geltung der Landessprachen über die Grenzen dieses Landes hinaus nicht beanspruchen" würden[82]), so ähnelten sich die Standpunkte Madeyskis und der Deutschen in bezug auf ihre Auffassung der nationalen Gleichberechtigung doch recht verblüffend: Ebenso wie die

---

78) MADEYSKI, Nationalitätenfrage 40.

79) MADEYSKI, Bericht der Ausschußmajorität; in: FISCHEL, Materialien 16.

80) MADEYSKI, Nationalitätenfrage 16.

81) Daß es „unter ungleichartigen Größen keine Gleichheit" geben könne, hatte er schon 1884 ausdrücklich gesagt. Vgl. MADEYSKI, 29. 1. 1884, STEN. PROT. Abgeordnetenhaus, IX. Session, 325. Sitzung, 11276.

82) FISCHEL, Sprachenrecht LXIX.

Polen traten ja auch die Deutschen für eine „relative" Durchführung dieses Prinzips ein[83]).

Diese Übereinstimmung ist keineswegs zufällig. Sie war vielmehr der unmittelbare Niederschlag einer ähnlichen Interessenlage: Beide Nationalitäten strebten — eben mit Hilfe der Theorie von vermeintlich historisch legitimierten Vorrechten — die Erhaltung ihrer traditionellen Führungspositionen und ihres „nationalen Besitzstandes" an.

Es wäre jedoch unrichtig, die Bedeutung der gemeinsamen Interessen der beiden „historischen" Nationalitäten zu überschätzen, denn diese waren zu schwach, um im Jahre 1884 die slawische Einheitsfront zu sprengen und zu schwach, um später eine solide deutsch-polnische Front zu schaffen. Tatsächlich sprach gegen eine solche Verbindung ein weit bedeutenderes Trennungsmoment: Während die Deutschen ihre Vorrechte allen übrigen Nationalitäten gegenüber geltend machen wollten und für sich den Rang der Staatsnation schlechthin in Anspruch nahmen, waren die Polen gezwungen, ebenso wie die übrigen außerdeutschen Nationalitäten, ihre eben erst erkämpfte nationale Freiheit gegen diese neue Variante der Germanisierung zu verteidigen: Die volle Anerkennung der „historischen" Privilegien der Deutschen hätte für die Polen neuerliche nationale Unterdrückung bedeutet.

Aus diesem Dilemma, in dem sich die Polen durch ihre „eingeklemmte" Position zwischen „nationaler Gleichberechtigung" und „historischem Privileg" befanden, rettete sie das Konzept der „Landesautonomie": Ihre Verwirklichung ermöglichte es ihnen, dem deutschen Zentralismus zwar eine unüberschreitbare Grenze entgegenzusetzen, gleichzeitig aber gemeinsam mit den Deutschen gegen eine nationale Gleichstellung mit den schwächeren Nationalitäten weiterzukämpfen.

Allerdings war der Mythos von der „revolutionären" polnischen Nation und ihrer Vorhutstellung im Kampf um die nationale Selbstbestimmung, die seit 1848 die öffentliche Meinung Europas begeisterte, mit einer solchen Position endgültig erschüttert.

Stanisław Madeyski gab seine vorsichtige Haltung im Zuge der Verschärfung des Nationalitätenkampfes auf: Je stärker der politische Druck der „geschichtslosen" Nationalitäten wurde, je gefährdeter die Stellung der „historischen" Nationalitäten erschien, desto mehr radikalisierte und versteifte sich auch sein eigener Standpunkt: Im Jahre 1903 hatte Madeyski keinerlei Bedenken mehr, einem Journalisten des Petersburger *Kraj* gegenüber zu erklären, daß die nationale Entwicklung der schwächeren Nationalitäten „einen künstlich beschleunigten Rhythmus" annahm: Denn sie würden beginnen, sich

---

[83]) So insbesondere Fischhof: „... es ist die Erkenntnis notwendig, daß die völlige Gleichstellung nur bei Gleichbefähigung möglich ist". Siehe FISCHHOF, Sprachenrechte 57 (meine Hervorhebung) und Karl Hugelmann: „Das Rechtsprinzip der Gleichberechtigung, das für alle Volksstämme proklamiert worden ist, ... ist kein absoluter Grundsatz, sondern lediglich der relative Begriff der Gleichheit. Nicht darum handelt es sich, Bedingungen nationaler Entwicklung überhaupt und in allen Beziehungen zu sichern, sondern nur um die Abwehr der Unterdrückung eines Volksstammes durch einen anderen, um die Beseitigung einer nationalen Hegemonie im Staate ... Die österreichischen Volksstämme sind unendlich ungleich in Bezug auf ihre materiellen und geistigen Machtmittel, sie sind unendlich verschieden in ihrem geschichtlichen Verhältnisse zu dem Staatswesen ..." Siehe KARL HUGELMANN, Das Recht der Nationalitäten in Österreich und das Staatsgrundgesetz über die allgemeinen Rechte der Staatsbürger (Graz 1880) 8 (meine Hervorhebung).

„berechtigt zu fühlen, dieselben Forderungen stellen zu dürfen wie die stärker entwickelten Nationalitäten, obwohl weder ihre Bedürfnisse noch die Berechtigung ihrer Wünsche gleich" wären[84])! ... So weit also hatte die Feststellung geführt, daß „die Entwicklungsstufe der nationalen Kräfte der Volksstämme in einem bestimmten Zeitpunkt eine tatsächlich verschiedene" sei, ergo auch die absolute Durchführung der nationalen Gleichberechtigung nicht möglich wäre: Jetzt wollte Madeyski aus der empirisch beobachteten Ungleichheit der Entwicklungsstufen der einzelnen Volksstämme auch eine entsprechende Ungleichheit ihrer Rechte ableiten: „Die Staatsgewalt gibt jedem Volksstamm nur die Möglichkeit, seinen nationalen Charakter frei zu entfalten, wobei aber die nationalen Bedürfnisse jedes Volksstammes seiner tatsächlichen Entwicklungsstufe entsprechen müssen; bei ihrer Befriedigung hat seine historisch-politische Stellung in einem bestimmten Land sowie seine Verbundenheit mit einem einheitlichen Staatsorganismus stets berücksichtigt zu werden"[85]).

Denn in Madeyskis Augen befähigte die Eigenschaft der Nationalität einen Volksstamm noch lange nicht, konkrete nationale Rechte zu beanspruchen: erst die tatsächliche Entwicklungsstufe des betreffenden Volksstammes würde das Ausmaß dieser Rechte bestimmen. Wie sich Madeyski in diesem Zusammenhang die Rolle der Staatsgewalt bei der Befriedigung nationaler Forderungen vorstellte, offenbart wohl der Standpunkt am deutlichsten, den er als Unterrichtsminister der Koalitionsregierung bezüglich der slowenischen Forderung nach einer eigenen Schulanstalt in der steirischen Stadt Cilli einnahm: Entschieden lehnte er damals eine grundsätzlich gleiche Anspruchsberechtigung aller Volksstämme auf staatliche Unterstützung ab: „... die nationale Entwicklung der Volksstämme fällt zunächst und in erster Linie der Selbstbetätigung der eigenen Kraft der Nationen anheim, und erst von einer gewissen Grenze an kann die staatliche Fürsorge ... beansprucht werden"[86]). Selbst dann aber, wenn diese „gewisse" Grenze erreicht war, würde der „Maßstab für den Umfang, in welchem sich die staatliche Fürsorge für nationale Zwecke zu bewegen hat ... kein einheitlicher sein" können[87]).

Fast zynisch klingt, nach obigen Aussagen, der „Trost", den er den schwächeren Nationalitäten spendete, als er einige Jahre später die Verantwortung für die ungleiche Entwicklung — damit aber auch ungleiche Behandlung — der Volksstämme auf die „vom bloßen Willen und vom Gefühl der Menschen und Nationalitäten unbeeinflußbare" Geschichte abwälzte[88])! Denn gerade in dieser beharrlichen Berufung auf eine vom Menschen und seinem Willen unabhängige historische Entwicklung hatten die Vertreter der „historischen" Nationalitäten die geeignete Legitimationsbasis für ihren Anspruch auf bevorzugte Behandlung gefunden.

---

[84]) Madeyski, Sprawa narodowościowa w Austryi [Die Nationalitätenfrage in Österreich]; in: *Kraj*, Nr. 6, 24. 1. (6. 2.) 1903, 2. Damals scheute Madeyski sich nicht mehr, expressis verbis zu schreiben, daß es „nur infolge einer Fiktion der Gleichheit" dazu hätte kommen können, daß „jetzt alle Volksstämme ausnahmslos ihren Anspruch auf nationale Hochschulen geltend machen wollen, ohne Rücksicht darauf, ob sie überhaupt schon die dazu erforderliche wissenschaftliche Basis haben, einen hinreichenden Stab von Lehrkräften aufweisen können und schließlich, ob ihre nationale Wissenschaft die Forderung einer nationalen Universität überhaupt sinnvoll erscheinen läßt". Ebd.

[85]) Madeyski, Sprawozdanie poselskie [Rechenschaftsbericht] 7.

[86]) Madeyski, 21. 4. 1894, Sten. Prot. Abgeordnetenhaus, XI. Session, 278. Sitzung, 13304.

[87]) Ebd.

[88]) Madeyski, O zasadzie narodowości [Zum Prinzip der Nationalität]; in: Nachlaß Nr. VIII, 93.

Es wäre allerdings falsch, Madeyskis theoretische Grundannahmen in der Nationalitätenfrage ausschließlich als Rezeption der politischen Ideologie der polnischen Konservativen zu verstehen: Darüber hinaus — und unabhängig davon — schöpften diese nämlich auch aus dem damals schon weit verbreiteten Gedankengut des Sozialdarwinismus:

Typisch für die Übertragung der Darwinschen Evolutionstheorie auf die Ebene des gesellschaftlichen „Organismus" ist zunächst die Unterscheidung zwischen verschiedenen, „natürlich" gegebenen, vom Menschen nicht beeinflußbaren Entwicklungsstufen der Volksstämme — Entwicklungsstufen, die als unsichtbare, zugleich aber unüberwindbare Grenzen zwischen den einzelnen Nationalitäten verstanden werden.

Dem Sozialdarwinismus entnommen ist auch die These, derzufolge jede „künstliche" Förderung der schwächeren Nationalitäten gewissermaßen der Natur „zuwiderlaufe" und das natürliche Evolutionsprinzip vergewaltige.

Obwohl das „cui bono" hier unbestritten bleibt, müssen diese Thesen — über ihre politischen Absichten hinaus — doch auch im Kontext der geistigen Auseinandersetzung und der philosophischen Diskussion dieser Zeit gesehen werden: In diesem Rahmen reflektieren sie den Versuch, aus Naturgesetzen logisch auch Gesetzmäßigkeiten der „Gesellschaft" abzuleiten, um so die soziale Dimension, die damals theoretisch noch nicht befriedigend erfaßt war, in den Griff zu bekommen: Die Gesellschaft wird infolge dieser Angleichung zum Abbild der Natur, die soziale Entwicklung zur direkten Widerspiegelung der von Darwin erstmals dargelegten biologischen Evolution; der Kampf zwischen den Nationalitäten schließlich wird zur logischen Entsprechung des natürlichen, vom Selektionsprinzip bestimmten Daseinskampfes[89]).

Die konkreten national-politischen Implikationen seiner soeben dargestellten Stellungnahmen zur Frage der nationalen Gleichberechtigung sind aus Madeyskis Publikationen oder Reden nicht zu entnehmen. Doch in seinen persönlichen Aufzeichnungen scheute er sich nicht, seine Wunschvorstellung von einer optimalen Nationalitätenpolitik in Österreich freimütig zu entwickeln: „In der politischen Wirklichkeit, die nur mit dem gegenwärtigen Entwicklungsstand der nationalen Kräfte zu rechnen hat und auch tatsächlich rechnet", könne man nur drei Nationen als jene „historischen und politischen Potenzen" anerkennen, die berechtigt wären, die „Geschicke des Staates zu lenken"[90]). Eine gesunde Staatspolitik erfordere somit die vorrangige Berücksichtigung ihrer Interessen: In Österreich würden demnach die deutsche, die tschechische und die polnische Nationalität als „staatstragende", „historische" Nationen diese bevorzugte Behandlung verdienen. Dies in Hinblick sowohl auf ihre nationale Vergangenheit und ihre kulturellen Beiträge zum Fortschritt der Zivilisation, als auch auf ihre politische Funktion im und ihre Bedeutung für den Staat[91]).

Prioritäten setzte Madeyski allerdings auch innerhalb dieser „Elite". Wieder war es das historische Moment und die allgemeine Entwicklungsstufe ihrer nationalen Kultur,

---

[89]) Siehe HANS-GÜNTER ZMARZLIK, Der Sozialdarwinismus in Deutschland als geschichtliches Problem; in: Vierteljahrshefte für Zeitgeschichte 11 (1963) 246 und vgl. RICHARD HOFSTADTER, Social Darwinism in American Thought 1860—1915 (Philadelphia 1945).

[90]) MADEYSKI, Zur politischen Lage im Mai 1899. Vgl. unten Annex S. 326.

[91]) EBD.

die auch unter diesen schon privilegierten Nationalitäten die Rangordnung bestimmten: Ohne Zögern wies Madeyski der deutschen Nationalität den ersten Platz zu; an zweiter Stelle rangierte die tschechische, obwohl Madeyski sie an einer anderen Stelle — in Hinblick auf die Entwicklung einer eigenständigen nationalen Kultur — erst hinter die polnische Nationalität gesetzt hatte: „... neben der deutschen Kultur kann höchstens noch von der polnischen gesprochen werden ... In der tschechischen Kultur sehe ich heute nämlich nur eine tschechische Übersetzung der deutschen Nationalkultur“[92]).

Die praktischen Folgen einer solchen Hierarchie hat Madeyski wohl selber am treffendsten zusammengefaßt, als er im Ministerrat anläßlich einer Sprachendebatte ohne Vorbehalt erklärte, daß er das Vorrecht der deutschen Sprache allen übrigen Sprachen gegenüber vollends anerkenne und dafür plädiere, daß grundsätzlich alle Völker Österreichs sie erlernten[93]).

Auch in seine politischen Überlegungen sind diese Erkenntnisse eingeflossen: Im Rahmen eines Plädoyers für eine Kompromißlösung im deutsch-tschechischen Konflikt warnte er mit Vehemenz vor einer Regierungspolitik, die eines der beiden nationalen Lager schädigen würde, da beide — Deutsche und Tschechen — gleichermaßen unentbehrliche Stützen des Staates seien[94])!

b) Zum „historischen“ und „ethnischen“ Föderalismus

Im Kreuzfeuer der Diskussion im antideutschen Lager stand neben der nationalen Gleichberechtigung auch die Frage nach der bestmöglichen — die staatsrechtlichen, politischen und nationalen Interessen der einzelnen Völker optimal verwirklichende — Organisation des konstitutionellen Österreich:

Sieht man von den verschiedenen Strömungen ab, die eine vollständige Loslösung von Österreich, also eine totale politische Emanzipation anstrebten, standen seit 1848 im wesentlichen nur zwei Konzeptionen zur Debatte: Die Nationalitäten, die auf eine politisch souveräne Vergangenheit zurückblicken konnten, forderten eine am Modell ihrer alten Territorialstaaten orientierte, also die Kronländer zur Ordnungseinheit einer föderativen Umgestaltung Österreichs erhebende „territoriale Autonomie“. Jene Nationalitäten hingegen, die in den „historisch-politischen Individualitäten“ der Kronländer Minderheiten bildeten oder sich, wie die Slowenen, über eine Vielzahl von Kronländern erstreckten, strebten eine ihrer ethnischen Verteilung im Reichsgebiet gerechtwerdende Neuordnung Österreichs an.

Wie sich paradigmatisch am *polnisch-ruthenischen* Konflikt in Galizien zeigen läßt, waren die Hintergründe dieser staatsrechtlichen Auseinandersetzung machtpolitischer Natur:

Das Konzept der „historisch-politischen Individualität“ der Kronländer tauchte erstmals im verstärkten Reichsrat des Jahres 1860 im Rahmen der Diskussion um die Neuordnung des Reiches auf: Damals verband es der Führer der ungarischen Altkonservativen, Graf Szécsen, mit der Forderung, die territoriale Einheit der historischen Länder

[92]) Madeyski, Erinnerungen II, 184.
[93]) Madeyski, 5. 4. 1895, Ministerratsprotokoll KZ 29, MRZ 29 (AVA).
[94]) Madeyski, Luźne uwagi [Lose Bemerkungen].

zum Ordnungsprinzip des Reiches zu erheben[95]). Dieser Vorschlag setzte sich ohne Hindernisse durch: Denn im verstärkten Reichsrat waren nicht mehr „Volksparteien" (im weitesten Sinne) vertreten, sondern „Faktionen" der sozio-ökonomisch herrschenden Klassen des adeligen Großgrundbesitzes und des deutsch-österreichischen Großbürgertums[96]). Wie Redlich richtig bemerkte, war das Oktoberdiplom des Jahres 1860 ein „Dokument der später als historischer Föderalismus bezeichneten staatsrechtlichen und politischen Ideen, ... der Ausdruck derjenigen Ideen, die sich vor allem in Ungarn, aber auch im österreichischen Adel während des absolutistischen Intermezzos 1849—1859 entwickelt haben"[97]). Tatsächlich entsprang die Ideologie der „historisch-politischen Individualität" der Kronländer der Liebe des Adels zur „halb-mittelalterlichen Vergangenheit", als das ständische Wesen und somit auch seine Privilegien nicht in Frage gestellt wurden: Durch die Verlegung des legislativen und politischen Schwergewichts in die Länder sowie die Anlehnung der künftigen politischen Entwicklung des Reiches an die Traditionen seiner konstitutiven Teile konnte diese Schicht die politische und gesellschaftliche Vormachtstellung wiedergewinnen, die sie im Rahmen der Verfassungswerke des Jahres 1848 (nicht zuletzt durch die Aufhebung der bäuerlichen Leibeigenschaft) eingebüßt hatte[98]).

All dies galt auch für die polnisch-adelige Führungsschicht Galiziens. Doch spielte dieser die Ideologie der „unteilbaren" historischen Einheit des Landes noch eine zusätzliche Waffe in die Hände: Sie fungierte als zentrales Argument gegen die administrative Zweiteilung Galiziens, mit der ihr die Ruthenen drohten.

Nach der zentralistisch ausgerichteten Revision des Oktoberdiploms stellten die Polen das Schlagwort von der „historisch-politischen Individualität" des Landes in den Dienst eines höheren politischen Ideals: der Landesautonomie. Obwohl diese zunächst nur aus außenpolitischen Überlegungen heraus einer vollständigen politischen Emanzipation vorgezogen wurde (wegen der „russischen Gefahr"), verteidigten namentlich die polnischen Führungsschichten Galiziens später die Landesautonomie: sie erhofften sich von ihr konkrete sozio-ökonomische und politische Vorteile. Tatsächlich bot ihnen diese politische Konstruktion ja den wirksamsten Schutz vor der Einmischung der Zentralregierung in die inneren Angelegenheiten des Landes — par excellence hier in die Gestaltung ihrer Minderheitenpolitik[99]).

Zweifellos stand Madeyski — wie seine politische Laufbahn im Rahmen des konservativen Lagers deutlich gezeigt hat — in der Tradition der „historisch-politischen Individualität" der Länder in ihrer spezifisch galizischen Variante: Sowohl seine politischen und ideologischen Argumente zugunsten einer territorialen Autonomie der

[95]) Szécsen verstand darunter den Ausdruck und die Zusammenfassung der gesamten nationalen, historischen und politischen Entwicklung und Lebenstätigkeit der verschiedenen Teile der Monarchie. Dieser Definition schlossen sich auch die Führer des Hochadels der übrigen großen Territorialgruppen an (u. a. Gołuchowski, Clam-Martinic). Siehe REDLICH, Staats- und Reichsproblem I, 470.

[96]) EBD. 526.

[97]) EBD.

[98]) BAUER, Nationalitätenfrage und Sozialdemokratie 251.

[99]) „Wie üblich bei Angelegenheiten politischen Charakters, fungieren Grundsätze lediglich als Argumente und dienen als solche der Rechtfertigung dieser oder jener Interessen, hinter welchen Macht und Herrschaft stehen ..." WERESZYCKI, Pod berłem Habsburgów [Unter dem Zepter der Habsburger] 110.

Kronländer als auch seine Befürwortung einer Nationalitätenpolitik, die den „historischen" Nationalitäten eine Vorrangstellung einräumen würde, schöpfen aus dem Gedankengut der konservativen Kräfte Galiziens:

Die „österreichische Idee" bildete daher auch für ihn die notwendige Voraussetzung nicht nur für die Erhaltung der Einheit des Staates, sondern auch und zugleich für die freie Entfaltung aller Völker, die in diesem Staate lebten; in erster Linie aber verstand auch er sie als realpolitischen Leitfaden der nationalen Politik der österreichischen Polen[100]).

Die territoriale Autonomie der Kronländer stellte auch für ihn die Grundlage einer optimalen staatsrechtlichen Organisation des Staates dar: Denn gerade die „relative Eigenständigkeit" der historischen Einheiten der Kronländer begründete in dieser Sicht die Einheit des Staates: „Staatseinheit neben Länderautonomie, starke Zentralgewalt und gesunde Länderautonomie im Sinne einer größtmöglichen Dezentralisierung der Staatsverwaltung und der Verlagerung des Schwergewichtes der Gesetzgebung in die einzelnen Landtage" — so lautete, in konzentrierter Form, Madeyskis politische Devise[101]).

Grundsätzlich unvereinbar mit dieser Einstellung war die Idee einer konsequent föderalistischen Umgestaltung Österreichs: Dies traf auch für Madeyski zu, obwohl er ein föderalistisches Staatssystem „im Prinzip" als „nicht schlecht" erachtete. Denn es gebe, erklärte er, genügend historische Belege dafür, daß „auch Staaten mit einem solchen System imstande sind, ihre Macht frei zu entfalten und unter den Zivilisationsstaaten eine bedeutende kulturelle Stellung einzunehmen"[102]). In Hinblick auf Österreich aber habe er — wohlgemerkt „nur aus Rücksicht auf das Wohl der Nation, des Landes und des Staates"[103]) — diese Idee konsequent bekämpft[104]). In Anbetracht der gegebenen Verhältnisse habe er nämlich immer gefunden — und bekenne dies „ohne Scham" —, daß Österreich eine derartige Rekonstruktion „gar nicht vertragen" würde, ja diese darüber hinaus nur seine „kulturelle, wirtschaftliche und politische Großmachtstellung schwächen" könnte[105]).

Zunächst würden schon die einzelnen Länder diese Umgestaltung nicht „vertragen"; Madeyski wies hier zwar vor allem auf Galizien hin, aber schloß auch alle anderen Länder ein — mit Ausnahme, „vielleicht", von Böhmen, Mähren und Schlesien: „Für die Länder wäre eine Föderalisierung der sichere Ruin"[106]).

Für den österreichischen Staat wiederum, den Madeyski als „organisches Produkt der historischen Entwicklung Europas" betrachtete[107]), würde der Zerfall „in lose ethnisch organisierte politische Einheiten" die Zersplitterung all jener Kräfte bedeuten, die „sich in der staatlichen Gemeinschaft zu einer gemeinsamen ökonomischen Arbeit zusammengeschlossen haben" — was einen „ungeheuren Anachronismus" darstelle[108]).

---

[100]) MADEYSKI, Sprawozdanie poselskie [Rechenschaftsbericht] 4.

[101]) EBD. 10—11.

[102]) MADEYSKI, Sprawa narodowościowa w Austryi [Nationalitätenfrage in Österreich] 2.

[103]) MADEYSKI, Sprawozdanie poselskie [Rechenschaftsbericht] 9f.

[104]) EBD. 9.

[105]) MADEYSKI, Zur politischen Lage im Mai 1899.

[106]) MADEYSKI, Sprawa narodowościowa w Austryi [Nationalitätenfrage in Österreich] 2.

[107]) MADEYSKI, Nationalitätenfrage, 16.

[108]) EBD. Diese Feststellung klingt etwas befremdend, wenn man sich vor Augen führt, daß es doch gerade die

Sollte diese zerschmetternde Verurteilung des ethnischen Föderalismus für Österreich Madeyskis Position noch nicht hinreichend abgesteckt haben: er sprach in diesem Zusammenhang sogar von einer „Rückbildung"! Denn einer Schwächung Österreichs als Großmacht würde unweigerlich auch seine „Deklassierung" in der Staatenhierarchie folgen: „Das föderalistische Österreich hätte weder die Kraft noch das Prestige, die Integrität seiner Länderstaaten gegenüber den historischen Eventualitäten in Mitteleuropa zu sichern"[109]).

Daß Madeyski hier allerdings nicht nur in den Kategorien der galizischen Stańczyken dachte, zeigen jene Überlegungen am deutlichsten, die er im Rahmen einer nüchternen Analyse der Chancen einer föderativen Lösung in Österreich anstellte. Tatsächlich fand er ein Modell, in dem die — in seinen Augen — verhängnisvollen Konsequenzen einer föderalistischen Umgestaltung Österreichs vermieden werden konnten: Dem neuen föderalistischen Staatenverband müßte eine „völkerrechtlich garantierte *Neutralität*" zugesichert werden! Erst unter dieser Voraussetzung wären die einzelnen Gliedstaaten nämlich vor Angriffen anderer, an ihrer Eingliederung interessierten Großmächte wirksam geschützt.

Leider hielt ihn eine einfache realpolitische Überlegung davon ab, dieses (überaus interessante) Modell weiterzuentwickeln: „... die Anerkennung einer solchen völkerrechtlichen Neutralität erscheint ebenso für die Dynastie unannehmbar als auch sonst im Interesse der europäischen Nachbarstaaten nicht gelegen"[110]).

Auch Madeyskis Hypothesen über die Folgen einer föderalistischen Umbildung Österreichs für sein eigenes Heimatland enthalten interessante Gedanken:

Für Galizien gebe es nur zwei Alternativen — sie würden allerdings „gleichermaßen verhängnisvolle" Folgen nach sich ziehen:

Verbliebe Galizien im föderalistisch organisierten österreichischen Staatenverband, würde es „nicht mehr den Schutz und die Hilfe" erhalten, die es benötige. Denn durch den Abfall der drei reichsten Länder des Reiches — Böhmen, Mähren und Schlesien — wäre der neue Staatenverband entscheidend geschwächt: „Von diesem neuen Staat könnte das arme, industrielose Land mit verschuldetem Großgrundbesitz, ohne entwickeltes Bürgertum und mit einer niedergekommenen Bauernschaft nur als Ballast empfunden werden ... Man würde zweifellos danach trachten, bei der geringsten Auseinandersetzung mit Rußland in der Balkanfrage letzterem dieses Land abzutreten"[111]).

Die vollständige politische Emanzipation Galiziens wiederum — also ein eigenständiges politisches Dasein — würde für dieses Land lediglich „neuerliche Versklavung bedeuten"; denn es sei materiell und finanziell dermaßen geschwächt, daß es sich aus eigener Kraft niemals so entwickeln könnte, wie die Gegenwart es erfordere[112]).

„fortschrittlichen" und demokratischen Kräfte waren, die sich für die radikale föderalistische Lösung aussprachen!

[109]) MADEYSKI, Zur politischen Lage im Mai 1899.

[110]) EBD.

[111]) EBD.

[112]) MADEYSKI, Sprawozdanie poselskie [Rechenschaftsbericht] 9—10.

Daß Madeyski auch hier wieder zunächst an Rußland dachte, steht wohl außer Zweifel: Denn nichts fürchtete er mehr für Galizien als eine eventuelle Annexion durch die slawische Großmacht: Wie die Erfahrungen seiner Landsleute im russischen Teilungsgebiet bewiesen, würde dies ja mit einer sicheren Russifizierungspolitik einhergehen.

Doch wäre der Föderalismus, betont Madeyski, nicht allein für die Polen, sondern auch für die Slowenen und sogar die Tschechen „nur von Schaden". Die nationalpolitischen Bestrebungen der Slowenen — ein politisch unabhängiges „Großslowenien" oder ein „südslawischer Staat" in Verbindung mit den Kroaten — hat Madeyski in diesem Zusammenhang übrigens als „krankhafte Überwucherung des Prinzips der Nationalität" bezeichnet: In seinen Augen waren die Slowenen aufgrund ihrer noch schwach entwickelten nationalen Kultur nämlich gar nicht berechtigt, ihre politische Eigenständigkeit zu fordern[113])! Wie im folgenden Kapitel noch beschrieben wird, war Madeyski ja der Ansicht, daß nur die stark entwickelten Volksstämme (er wird sie als „Nationen" definieren) grundsätzlich befähigt wären, souveräne Nationalstaaten zu gründen.

Im Falle der Tschechen mußte er allerdings anders argumentieren: Denn als hochentwickelter Volksstamm waren die Tschechen in seinen Augen „sogar berechtigt", einen eigenen Nationalstaat anzustreben; hier war es daher die Rücksicht auf das Staatswohl, die ihn bewog, ihre politische Emanzipation energisch abzulehnen: Denn mit der Ausscheidung der Länder der Hl. Wenzelskrone (Böhmen, Mähren und Schlesien) aus dem österreichischen Staatenverband würde „eine radikale Verschiebung der politischen Kräfteverhältnisse" einhergehen, deren Folgen zwar „nicht absehbar wären, aber sicherlich nur nachteilig sein könnten, da sie im öffentlichen Leben des Staates jedenfalls bedeutende Erschütterungen hervorrufen müßten". Von Vorteil für die Tschechen wäre die politische Emanzipation nur „in materieller und finanzieller Hinsicht, stünde doch in diesem Falle nur ihnen allein ihre ergiebige Steuerkraft zur Verfügung"! Davon abgesehen aber, meinte Madeyski, „würde einem solchen Staat sowohl die innere Konsistenz als auch jene Macht fehlen, die ein moderner Staat besitzen muß, um mit dem Fortschritt der Weltzivilisation Schritt halten zu können"[114]).

Auch die „slawische Idee", die mit den Ideen des Föderalismus in engstem Zusammenhang stand und seit 1848 unter den schwächeren slawischen Gruppen Österreichs populär war, lehnte Madeyski — sowohl in ihrer ethnischen als auch politischen Bedeutung — entschieden ab: Die „ethnische" Solidarität der Slawen setzte er einer „Rassenverwandtschaft" gleich, die für ihn weder wissenschaftlich[115]) noch politisch annehmbar war und darüber hinaus in seinen Augen nur auf einer ideologisch legitimierbaren Fiktion aufbaute: Schon in der bloßen Anerkennung der „Rasse" sah Madeyski die grundsätzliche „Aufhebung der Nationalität", deren Wesen für ihn in der „Eigenständigkeit jedes einzelnen Volksstammes aufgrund seiner historisch entwickelten Muttersprache" lag.

---

113) Madeyski, Zur politischen Lage im Mai 1899.

114) Ebd.

115) Madeyski, O zasadzie narodowości [Zum Prinzip der Nationalität] 36. Vgl. Ders., Sprawozdanie poselskie [Rechenschaftsbericht] 11.

In einem weiteren Kontext bezeichnete er die Rassenverwandtschaftstheorie sogar als „Entwürdigung und Demütigung der allgemeinmenschlichen Zivilisation": „Im Gegensatz zum Nationalgefühl, das sowohl hinsichtlich seiner Motivation als auch seines Zieles danach strebt, durch eine vollständige Entfaltung der nationalen Kultur in einem edlen Wettkampf mit anderen Nationen zum allgemeinen Fortschritt der Zivilisation beizutragen, leitet sich das Gefühl der Rasse lediglich vom simplifizierenden Antagonismus der ethnischen Gemeinschaften ab und muß, da es jeder kulturellen Grundlage oder kulturellen Zielsetzung entbehrt, in einen barbarischen Haß gegen jede fremde Rasse ausarten ... Zu einem politischen Hebel verwertet, kann dieses Gefühl zudem nur zur Triebfeder eines rein destruktiven Handelns werden"[116]).

In ihrer politischen Bedeutung wiederum implizierte die „slawische Idee" für Madeyski die unbedingte Unterwerfung der einzelnen slawischen Volksstämme unter die Oberherrschaft der mächtigen russischen Nation, und damit auch schon des russischen Staates. In diesem Sinne war diese Idee für Madeyski „nichts anderes als der Panslawismus", den die jahrhundertealte nationale Tradition der Polen ebenso wie die Politik des österreichischen Staates mit gleicher Vehemenz ablehnen würden[117]).

3. Nationalitätenfrage und Länderautonomie

Für den Autonomisten Madeyski waren die Länder „keineswegs einfache Verwaltungsprovinzen, sondern soziale Produkte der Geschichte, die sich Jahrhunderte hindurch ... unabhängig voneinander entwickelt und zu verschiedenen Zeiten sowie unter verschiedenen Verhältnissen dem Staate angegliedert haben"[118]).

Von dieser Auffassung geleitet, hatte er schon im Jahre 1884 auf die verhängnisvollen staatsrechtlichen Konsequenzen einer deutschen Staatssprache aufmerksam gemacht[119]).

Im Jahre 1899 rückt diese Argumentation nun in den Mittelpunkt seiner Überlegungen zur österreichischen Nationalitätenfrage[120]): Madeyski gelang es, das „gesamte Streitgebiet" der Nationalitätenfrage durch ein zweischichtiges Modell zu erfassen, in

---

116) Madeyski, Sprawozdanie poselskie [Rechenschaftsbericht] 11.

117) Ebd. 12.

118) Madeyski, Nationalitätenfrage 8.

119) „... wenn das Bedürfnis der bevorzugten Stellung der deutschen Sprache sich nach den Bedürfnissen der Staatseinheit richtet", werde sich „ein zunächst unterirdischer, dann aber auch nach außen hin ganz gewiß zum Vorschein kommender Streit entfesseln ... zwischen Zentralisation und Autonomismus und zwar in dem weitesten Umfang der Begriffe". Denn: „Wenn man auf gesetzlichem Wege die Verwaltungssprache schafft, so präjudiziert man dadurch schon den Begriffen vom Zentralismus und von der Autonomie, und besorgen Sie nicht, daß dann die Majorität oder sagen wir, die Mitglieder der Rechten, diejenige Partei, die auf dem Boden dieser Prinzipien steht, vielleicht der deutschen Sprache in einem solchen Gesetze nicht die Geltung zuerkennen werden, als ihr nach dem natürlichen Bedürfnisse allein gebühren würde? Nicht als ob sie das Prinzip, die Einheit leugnen wollte, sondern aus Besorgnis, aus Furcht, aus Vorsorge und zugunsten der Länderautonomie, weil diese ihr Prinzip ist". Madeyski, 29. 1. 1884, Sten. Prot. Abgeordnetenhaus, IX. Session, 325. Sitzung, 11278 (meine Hervorhebung).

120) Ausdrücklich distanzierte sich Madeyski von der offiziellen Meinung des Polenklubs im Vorwort zu seiner Broschüre: er wolle hier nur seine persönlichen Anschauungen darlegen, eine Freiheit, die ja der Klubdisziplin keinen Abbruch täte. Madeyski, Nationalitätenfrage 1.

dem die nationale Frage auf theoretischer Ebene mit den staatsrechtlichen Ideen der „Reichseinheit“ und der „Länderautonomie“ korreliert, dann auf empirisch-praktischer Ebene auf ihre Einwirkungen auf die konkreten machtpolitischen Interessen der einzelnen österreichischen Völker hin geprüft wird:

Das Ergebnis dieser Studie ergab, daß die österreichischen Völker sowohl auf der theoretischen Ebene ihres Kampfes „um den materiellen Inhalt der nationalen Idee“ als auch auf der politischen im Streit um ihren jeweiligen „nationalen Besitzstand“ in zwei grundsätzlich entgegengesetzte Lager gespalten waren: die Deutschen und die Nichtdeutschen[121]).

Den Deutschen sei, wie Madeyski aus ihrer nationalen Geschichte ableitete, in der nationalen Frage „die negative, die Verwirklichung der nationalen Idee erschwerende Stellung zugefallen“. Den Nichtdeutschen hingegen hätten ihre „selbständige soziale und kulturelle Vergangenheit, das durch politische Ereignisse vertiefte und geschärfte Nationalbewußtsein, die historische Unverwüstlichkeit der Nationalität sowie die errungene staatsrechtliche Anerkennung derselben den affirmativen, die Verwirklichung der nationalen Freiheit erstrebenden Standpunkt zugewiesen“[122]).

Auf diesem grundsätzlichen Antagonismus fuße auch der staatsrechtliche Gegensatz zwischen Zentralismus und Länderautonomie, in dem die Deutschen allgemein den zentralistischen, die Polen und Tschechen den autonomistischen Standpunkt vertraten: Auch dieser Konflikt war nach Ansicht Madeyskis ein unmittelbarer Niederschlag des historisch determinierten Unterschiedes im Selbstverständnis der einander gegenüberstehenden Nationalitäten: „Es ist historisch bedingt, wenn jene Volksstämme, die einst in der Geschichte als selbständige Nationen die Geschicke ihrer Heimatländer gelenkt oder auf dieselben den bestimmenden Einfluß geübt haben, sich ihres Selbstbestimmungsrechtes nicht vollkommen begeben konnten, sondern im Gegenteil von Beginn an bestrebt waren, für die Länder des Reiches die Anerkennung einer weitgehenden politischen Selbständigkeit zu erwirken. Die Polen und die Böhmen sind Autonomisten — und sie müssen es sein“[123]).

Ebenfalls historisch bedingt sei der Standpunkt der Deutschen, die sich als jene Nation verstehen würden, von der aus die Schaffung des Reiches ausgegangen war und die dieses Reich dann auf der Grundlage des Zentralismus der Staatsverwaltung organisiert hatten: Die Autonomie sei für sie demnach lediglich ein Experiment, das das Reich gefährde und zur Schwächung seiner inneren Konsistenz sowie seiner Machtstellung nach außen führe[124]).

Den Schlüssel zur Lösung der österreichischen Nationalitätenfrage meinte Madeyski daher in der Untersuchung jener zwei Gegensatzpaare gefunden zu haben, die an der Wurzel dieses scheinbar unentwirrbaren Problemknotens standen. Und tatsächlich gelang es ihm auf diese Weise, die rational nicht mehr kontrollierbare, massenpsychologischen Mechanismen ausgesetzte nationale Frage auf eine einfache Struktur zurückzuführen und in politisch greifbare Dimensionen aufzugliedern: Nunmehr stellte sich die

[121]) Ebd. 3.
[122]) Ebd. 8.
[123]) Ebd. 9.
[124]) Ebd.

Lösung dieser Frage als sachliche Regelung von zwei konkreten Problemen dar: der „Feststellung des Inhaltes der Idee der nationalen Freiheit" und der „Feststellung der Kompetenzgrenzen" zwischen Ländern und Reich, insbesondere Landtagen und Reichsrat:

An sich waren beide Fragen durch entsprechende Bestimmungen der Dezemberverfassung 1867 geregelt worden. Doch selbst Madeyski mußte eingestehen, daß diese „derart allgemein gefaßt, unklar und lückenhaft waren, daß jedermann daraus jene Deutung ableiten zu können glaubt, die dem Prinzip seiner einseitigen nationalen und staatsrechtlichen Stellung entspricht ... Sowohl in den Bestimmungen über die Reichsrats- und Landtagskompetenzen in den §§ 11 und 12 des Staatsgrundgesetzes über die Reichsvertretung als auch in jenen des Artikels XIX über den Inhalt der nationalen Rechte der Volksstämme ... liegt die formale Möglichkeit diametral verschiedener Auslegungen"[125]).

Angesichts dieser Sachlage, folgerte Madeyski, sei die endgültige Regelung der beiden Grundantagonismen „nur auf dem Wege eines friedlichen bilateralen Paktes zwischen den Endpolen des Streitfeldes" bei der Auslegung der ambivalenten Verfassungsbestimmungen möglich[126]). Um die gegensätzlichen Gesichtspunkte der Eigenart der Länder und der Einheit des Reiches zu versöhnen, müßten sich die nationalen Antagonisten daher bereiterklären, auf die Durchsetzung ihrer jeweiligen „einseitigen nationalen und staatsrechtlichen Interessen in der Auslegung der betreffenden Verfassungsgesetze" zu verzichten[127]).

Demnach gelte die Kompromißformel: „dezentralisierter Einheitsstaat mit kräftig entwickelten Ländern und einer starken Zentralgewalt"[128]).

Doch Madeyski beschränkte sich keineswegs darauf, Postulate aufzustellen: Im zweiten Teil seiner Broschüre setzte er sich auch mit den praktischen Folgen seines theoretischen Kompromißvorschlages auseinander; im Geiste des neuen Interpretationsschlüssels versuchte er hier, die wichtigsten Bereiche des strittigen Nationalitätenrechts zu regeln:

Namentlich das Sprachenrecht im Amt beschäftigte ihn in diesem Zusammenhang: Denn auf dem Gebiet der Schule vertrat er als strenger Autonomist den Standpunkt der ausschließlichen Kompetenz der einzelnen Landtage[129]), auf dem Gebiet der Dienstsprache und Verkehrssprache in den Zentralbehörden und den Obersten Gerichtshöfen

---

[125]) Ebd. 12, 13.

[126]) Ebd. 13.

[127]) Ebd. 18.

[128]) Ebd.

[129]) Welche Sprache in einer bestimmten Lehranstalt eines bestimmten Landes als Unterrichtssprache zu gelten habe, ob und welche andere Landessprache dabei als obligater Lehrgegenstand einzuführen sei, für die Entscheidung dieser Frage seien Momente maßgebend, die sich „aus den Beziehungen der das Land bewohnenden Volksstämme sowohl in ihrem gegenseitigen Verhältnisse als auch gegenüber dem Lande als einer politischen Individualität ergeben". Es seien dies Momente „tatsächlicher, lokaler, wirtschaftlicher und sozialer Natur, sowie historische, politische und kulturelle Momente", die in jedem Lande „anders liegen" und eine „höchst eigentümliche Angelegenheit des Landes bilden" würden, daher auch nur von diesem Lande selbst „richtig, d. h. nach dessen wirklichen Bedürfnissen entschieden werden" könnten. Ebd. 20.

wiederum den Standpunkt des Reiches, da diese Bereiche „allen Ländern gemeinsame Angelegenheiten" betreffen würden[130]).

Doch schon in den Fragen der äußeren Dienstsprache der Staatsbehörden[131]) sowie der inneren Dienstsprache[132]) der Staatsbehörden und der Gerichte der unteren Instanzen ergebe sich eine Verquickung der Gesichtspunkte der Länder und des Reiches: Hier dürfe daher, „aus der Doppelnatur der Motive" heraus, die Kompetenzfrage „nicht einseitig ausfallen"[133]). Denn: „verfolgt sie die rein zentralistische Richtung der ausschließlichen Reichsgesetzgebung, so stellt sich ihr die Empfindlichkeit der in den einzelnen Ländern maßgebenden Volksstämme entgegen, welche die Geltendmachung und Wahrung der historisch-politischen Individualität des Landes für eine ihrer vornehmsten nationalen Pflichten erachten. Schlägt sie dagegen den rein autonomistischen Weg der Landesgesetzgebung ein, so verletzt sie die Empfindlichkeit der in der Reichsvertretung vereinigten Deutschen, welche die Wahrung der organischen Einheit in dem Staatsverwaltungskörper als ihren historisch-politischen Beruf ansehen"[134]).

Hier müsse also „in friedlichen Verhandlungen" zwischen den zur Regelung dieser Fragen berufenen Parteien und der Regierung „durch eine entsprechende Combinierung der beiden Gesichtspunkte und jenes der Exekutive eine Vereinigung der wesentlichen Erfordernisse derselben erzielt werden"[135]).

Die gleiche Methode verfolgte Madeyski dann bei seinem Versuch, die Frage des Inhaltes des nationalen Freiheitsprinzips zu regeln. Übrigens schränkte er diese auf das staatliche Gebiet ein, nachdem „im staatsfreien Gebiet des Privat- und öffentlichen Lebens ... eine materielle Regelung des Nationalitätenrechts überflüssig sei"[136]), auf dem der Staatsgewalt vorbehaltenen Gebiet hingegen „der Gebrauch der nationalen

---

130) Ebd. 21.

131) Im Prinzip gestalte sich die Regelung auf dem Gebiet der Geltendmachung der durch Artikel XIX verliehenen nationalen Rechte „sehr einfach": „Jeder Staatsbürger hat nämlich danach das unzweifelhafte Recht, mit seiner Behörde und seinem Gericht in seiner Sprache zu verkehren. Doch die praktische Durchführung dieses Prinzips begegnet ziemlich großen Schwierigkeiten". Madeyski nennt hier die ungleichen Mischungsverhältnisse in nationaler Beziehung in den einzelnen Ländern, die ungleiche Kenntnis der Landessprachen, die Begrenzung der Freiheit der Parteien gegenüber den Behörden durch organisatorische und administrative Postulate der Staatsverwaltung, die sich aus dem „Element der Ordnung" ergeben würden. Ebd. 21 (meine Hervorhebung).

132) „Einerseits führen die Staatsbehörden und Gerichte unterer Instanzen in den Ländern kein selbständiges, von den Zentralbehörden isoliertes Dasein, sondern bilden mit diesen zusammen einen organischen Verwaltungskörper ... Andererseits kann es auch für ein Land nicht gleichgültig sein, welche seiner Landessprachen dazu ausersehen sein soll, als die Sprache des inneren Dienstes in den Staatsbehörden des Landes zu gelten. Denn in dieser Sprache spiegelt sich der Charakter der historisch-politischen Individualität des Landes ab". Ebd. 22.

133) Ebd. 21.

134) Ebd. 22. Bezeichnend ist Madeyskis zweifellos bewußter Ausschluß des Gesichtspunktes der nicht „maßgebenden" Volksstämme: ein wohl eindeutiger Beweis für seine streng autonomistische Position. Das Leitmotiv der nationalen Politik lag für ihn prinzipiell im Wohle des Landes, nicht aber im Wohle aller in diesem Lande lebenden nationalen Elemente, sondern lediglich der das Land „prägenden" Nationalitäten.

135) Ebd. 22.

136) Diese sei, so Madeyski, durch Artikel XIX allein schon „hinreichend" bestimmt worden. Ebd. 23.

Sprachen der österreichischen Volksstämme in Amt und Schule noch geregelt werden" müsse[137]).

Im Geiste seiner Überzeugung von der „inneren, historisch gegebenen Verschiedenheit der Entwicklungsstufe der nationalen Kräfte der Volksstämme und ihrer Bedürfnisse", im Geiste auch seiner Erkenntnis, daß „eine absolut gleiche Verteilung der nationalen Betätigungsgebiete an alle Volksstämme ... an der staatsrechtlichen Einheit der Länder und des Reiches eine unüberschreitbare Grenze" finde, forderte Madeyski hier eine Regelung, in der „im Prinzip keine der Sprachen von der Konkurrenz auf den staatlichen Gebieten der Schule und des Amtes ausgeschlossen werden kann", gleichzeitig aber „manchen der Sprachen eine tatsächliche Begünstigung zuteil werden muß"[138]).

Noch unmißverständlicher formulierte Madeyski diesen Gedankengang übrigens in seinem unveröffentlichten Aufsatz „Zum Prinzip der Nationalität" aus. Ausdrücklich erklärte er dort: „Das gesamte Gebiet des öffentlichen Lebens ist allen Volksstämmen freigegeben worden. Sie dürfen alle gleichermaßen in ihm konkurrieren. Aber ob und wann, und welche von ihnen auf welchem Gebiet eine Teilhabe an konkreten Rechten erhält, das muß und wird die historische Notwendigkeit entscheiden. Das Ausmaß dieser Teilhabe muß sich im Maße der Entwicklung dieser Nationalitäten verändern. Bedingungslos gleich kann sie jedenfalls niemals sein"[139]).

Es fällt nicht schwer zu erraten, welche Sprachen es waren, für die Madeyski eine begünstigte Behandlung beanspruchte: auf dem Gebiet, auf welchem der Gesichtspunkt der „Einheit des Staates" überwog, sollte dieses Privileg der deutschen Sprache eingeräumt werden[140]); in den einzelnen Ländern wiederum würden sowohl die historische Entwicklung der Länder als auch das praktische Bedürfnis der Gegenwart die Bevorzugung einer der Landessprachen als innere Dienstsprache bei den staatlichen Behörden des Landes erfordern[141]). Denn Madeyski verurteilte entschieden die etwaige Alternative einer „doppelten inneren Amtssprache in gemischtsprachigen" Ländern: „Im Prinzip wird nur eine einzige innere Amtssprache der politischen Individualität des Landes gerecht ... In der inneren Amtssprache allein schon spiegelt sich der nationale Charakter des Landes wider ... und die innere Amtssprache ... ist es, die das Fundament der politischen Machtstellung desjenigen Volksstammes bildet, dessen Sprache den Rang der inneren Amtssprache für sich erobern hat können"[142]).

---

137) Die autonomen Behörden schließt Madeyski aus, da die Normierung der Sprachenverhältnisse bei autonomen Behörden und Organen in den Bereich der „Selbstverwaltung" falle. Doch auch hier müsse jede „einseitige" Lösung vermieden werden, d. h. sowohl die Auffassung, wonach irgendein staatliches Sprachgebiet für irgendeinen der Volksstämme als dessen ausschließliches Rechtsprivileg prinzipiell vorbehalten werden soll, als auch jene, die von einer „mechanischen" Auslegung der nationalen Gleichheit ausgehen will. EBD. 24.

138) EBD. 25.

139) MADEYSKI, O zasadzie narodowości [Zum Prinzip der Nationalität] 93.

140) Als Kommandosprache der Armee, als „allgemeines Verständigungsmittel der gebildeten Klassen aller Volksstämme" in ihrer Eigenschaft als „Weltsprache" —, d. h. auf all denjenigen Gebieten, auf welchen „infolge der staatsrechtlichen Zusammenfassung der Länder in ein Reich das Bedürfnis einer gemeinsamen Verständigung für die Volksstämme aller Länder zum Vorschein" trete, könne „nur die deutsche Sprache die Verständigung vermitteln". MADEYSKI, Nationalitätenfrage 25.

141) EBD. 26.

142) MADEYSKI, O zasadzie narodowości [Zum Prinzip der Nationalität] 94. Eine zweisprachige Amtierung hält Madeyski nur in „Übergangsphasen" für zulässig, d. h. zu Zeitpunkten, in denen die Rivalitätskämpfe

Daß diese Argumentation ideologisch stark belastet ist, muß wohl nicht näher begründet werden: Angefangen von der Berufung auf die — fiktive! — Einheit der „Länderorganismen", über jene auf den — selbstverständlich einsprachigen — „nationalen Charakter" der historisch-politischen Individualität der Länder (die über die polynationale Zusammensetzung der einzelnen Länder hinwegtäuschen soll), bis zur Berufung auf die machtpolitische Bedeutung der inneren Amtssprache für die Nationalitäten, die ein mehrsprachiges Land bewohnen — in jedem dieser Argumente offenbart sich Madeyski einmal mehr als Vertreter der altständischen nationalen Führungsschichten der „historischen" Glieder des Staates, insbesondere aber als Repräsentant der polnischen Großgrundbesitzeroligarchie Galiziens: Einmal mehr lag in den angeführten Argumenten die Absicht, die polnische Herrschaft in Galizien zu legitimieren.

Daß auch Madeyski sich der vordergründig ideologischen Natur sowie der politischen Funktion dieser Argumente bewußt war, wird offenkundig, wenn man sie mit jenen vergleicht, die er in seiner veröffentlichten Arbeit anführte: Hier heißt es lediglich, daß es notwendig sei, auf den strittigen Gebieten des Amtes und der Schule die nationale Entwicklungsstufe der Volksstämme in den einzelnen Ländern und die politischen Bedürfnisse der Länder und des Reiches „zum Maßstab des tatsächlichen Bedürfnisses" zu nehmen, um „die Kulturfrage der nationalen Freiheit, die in Ermangelung eines geregelten Bodens zu einer Machtfrage geworden ist, wie es der Charakter eines Rechtsstaates erfordert, in eine Rechtsfrage umzuwandeln"[143]).

Madeyskis Broschüre „Die Nationalitätenfrage in Österreich und ihre Lösung" hat durch die Bloßlegung der historischen und staatsrechtlichen Gegensätze, die die österreichischen Völker in zwei unversöhnliche Lager gespalten hätten, eine der „Wurzeln des Übels" zutage fördern können[144]).

Noch tiefer drang Madeyski in diese Problematik aber anläßlich einer Rede, die er im Jahre 1900 im Herrenhaus hielt:

Hatte Madeyski in seiner Broschüre noch von einer klassisch autonomistischen Position heraus argumentiert und nur die „historischen" Nationalitäten als Dialogpart-

---

zwischen den einzelnen Landessprachen um ihre Vorherrschaft noch nicht abgeschlossen sind. Interessant ist in diesem Zusammenhang Madeyskis vergleichende Analyse der Sprachenfrage in Österreich und der Schweiz, wo eine Regelung bestand, die alle drei Schweizer Nationalitäten „befriedige". Für Österreich sei die Schweizer Lösung aufgrund anders gelagerter Bedingungen allerdings nicht brauchbar: In der Schweiz gravitiere keine der Nationen außerhalb der Staatsgrenze und unterliege in dieser Richtung auch keiner Versuchung. Alle drei Schweizer Nationen stünden in kultureller Beziehung auf der gleichen Stufe der Entwicklung. Infolge konsequenter Dezentralisierung überwiege in den einzelnen Schweizer Kantonen jeweils nur eine der drei Nationen, d. h. jeder Kanton nehme den nationalen Charakter einer der drei Nationen an: die Kantone seien entweder deutsch, französisch oder italienisch. In Österreich aber würden die Ungleichheit der Volksstämme, der Umfang der Länder und das Fehlen einer entschlossenen Entscheidung zur hierfür notwendigen Eigenständigkeit der Länder eine solche Lösung unermeßlich erschweren. Übrigens hielt Madeyski doch eine administrative oder gar politische „Zerreißung" der österreichischen Kronländer im Namen eines nationalen Gleichgewichts ja gar nicht für zulässig! Vgl. MADEYSKI, Sprawa narodowościowa w Austryi [Nationalitätenfrage in Österreich] 2. Denn die Regelung der österreichischen Nationalitätenfrage müsse auf Grundlage „der Kombinierung von drei Leitideen erfolgen: der Einheit des Staates, der Einheit jedes Kronlandes und der lokalen nationalen Autonomie". EBD.

[143]) MADEYSKI, Nationalitätenfrage 27.

[144]) SUTTER, Badenische Sprachenverordnungen II, 406.

ner der Deutschen bei der Lösung der nationalen Frage betrachtet, war er jetzt schon bereit, diesen Dialog allen außerdeutschen Nationalitäten anzubieten: Dies im Namen einer prinzipiellen Berechtigung aller im Staate vertretenen national-politischen Strömungen[145]), zu der ihn wohl nur das politische Erstarken der von den „geschichtslosen“ Nationalitäten getragenen „ethnischen“ Richtung geführt haben konnte!

Das Gegensatzpaar „Zentralismus“ und „Autonomie“ wurde jetzt zu einer „Mannigfaltigkeit von Interessenkollisionen“ erweitert[146]). Als tiefste Wurzel des österreichischen Nationalitätenproblems wurde jetzt kurzum die Komplexität der nationalen Struktur des österreichischen Staates deklariert[147]).

Nur eine Politik, welche die „relative Berechtigung der Interessen eines jeden Volksstammes prinzipiell anerkennt“, bildete jetzt in Madeyskis Augen die Grundvoraussetzung für eine friedliche Kompromißregelung der Nationalitätenfrage; als den Schlüssel zu einer solchen Regelung betrachtete er jetzt die „relative Befriedigung“ eines jeden der im Staate kollidierenden Interessen[148]).

Madeyski hatte also eingesehen, daß sich aus der historisch bedingten Verschiedenheit der Länder, der Nationalitäten, ihres jeweiligen Volkscharakters, eine „so reiche Mannigfaltigkeit der tatsächlichen Bedürfnisse der Bevölkerung und eine so große Fülle von Interessenkollisionen ergibt, wie sie sonst in keinem anderen Staate zu finden ist ... Und darin, in dieser großen Fülle der Interessenkollisionen und in der relativen prinzipiellen Berechtigung der kollidierenden Interessen liegt ... die charakteristische Schwierigkeit der österreichischen Staatspolitik und des österreichischen Verfassungslebens. Um diese Schwierigkeit zu bewältigen ... scheint mir immer nur die Frage maßgebend zu sein, ob die politischen Parteien geeignet und gewillt sind, von ihren, wenn auch im Prinzip sachlich begründeten, Sonderansprüchen so viel abzugeben, als nötig ist, um in erreichbarem und gerechtem Maße die berechtigten Bedürfnisse aller Interessenkreise zu befriedigen und dabei auch dem gemeinsamen Staatsinteresse Rechnung zu tragen“[149]).

Wie zu Beginn seiner politischen Laufbahn bildete auch in den letzten Jahren seiner aktiven Teilnahme am politischen Leben der Kompromißgedanke den Schlüssel, mit

---

145) MADEYSKI, 6. 3. 1900, STEN. PROT. Herrenhaus, XVI. Session, 6. Sitzung, 96.

146) EBD. 97.

147) „Das österreichische Verfassungsleben hat nämlich mit einer großen Schwierigkeit zu kämpfen, welche keinem anderen Staate bekannt ist. Diese Schwierigkeit entspringt der eigenartigen inneren Zusammensetzung unseres Staatswesens: das Reich besteht ja aus Ländern, welche teils einzeln, teils in Gruppen eine staatlich verschiedene Vergangenheit hinter sich haben. Diese historische Verschiedenheit ist dem Bewußtsein der Völker nicht entschwunden und sie könnte nicht entschwinden, weil sie immerfort Nahrung und realen Boden hat an der noch immer bestehenden Verschiedenheit der Nationalitäten und des davon bedingten Volkscharakters, der geographischen und topographischen Lage der Länder, endlich auch der ebenfalls historisch überkommenen Eigenart und Mannigfaltigkeit in der kulturellen, wirtschaftlichen und sozialen Entwicklung der Länder und Völker. Und dagegen hilft weder ein Leugnen, noch ein Verkennen, denn an dem Eigensinne der Tatsachen findet auch der menschliche Wille seine unübersteigbaren Grenzen. Diese Verschiedenheit ist eine historische Tatsache und mit ihr muß gerechnet werden“. EBD. 97.

148) EBD.

149) EBD.

dem Madeyski hoffte, die neuralgischen Fragen des öffentlichen Lebens in Österreich zu lösen.

Mehr noch als ein Ausdruck der Versöhnung aller im Staate artikulierten und prinzipiell gleichberechtigten Interessen und Standpunkte, wurde der Kompromiß für Madeyski zum systembedingten Leitmotiv des politischen Handelns in Österreich überhaupt: Nur der Kompromiß würde der komplexen Struktur dieses Staates gerecht werden.

4. Der nationale Minderheitenschutz

In engstem Zusammenhang mit seinem Modell für eine friedliche Lösung der gesamten Nationalitätenfrage in Österreich standen auch Madeyskis Überlegungen zur Frage des nationalen Minderheitenschutzes.

Bekanntlich haben die im autonomistischen Lager vereinigten „historischen" Nationalitäten im Jahre 1848 auch die schwächeren außerdeutschen Nationalitäten für die territoriale, auf der historischen Einheit der Länder basierenden Neuordnung des Reiches gewinnen können. Mit der Durchsetzung dieser staatsrechtlichen Vorstellungen, die von den altkonservativen adeligen Führungsschichten der einzelnen Kronländer getragen wurden (zunächst im Oktoberdiplom 1860, später, in abgeschwächter Form freilich, in der Dezemberverfassung 1867, die ebenfalls das „historische Recht der Länder" über das „natürliche Recht der Völker" stellte)[150]), zerbrach auch die Front der nichtdeutschen Nationalitäten: Denn in der Praxis war die Frage der nationalen Gleichberechtigung, wie sie in Artikel XIX verbrieft worden war, in eine Frage der Beziehungen zwischen nationalen Mehrheiten und Minderheiten umgewandelt worden[151]).

In mehr oder weniger radikalen Formen begannen sich jene Nationalitäten zur Wehr zu setzen, die im Rahmen ihrer Ländereinheiten majorisiert, sprich diskriminiert wurden. Neben Forderungen nach ethnisch bestimmter administrativer und (oder) politischer Teilung der Länder wurde auch ein institutionalisierter Minderheitenschutz ins Auge gefaßt.

Gerade die Vertreter der Theorie von der Unteilbarkeit der „historisch-politischen Individualität" der Länder waren es deshalb, die unter dem wachsenden politischen Druck der Minderheiten das Schlagwort vom „Minderheitenschutz" in ihr politisches Programm einbauten: um einer eventuellen Zerreißung der politischen Ländereinheiten vorzubeugen[152]), nicht zuletzt aber auch um die populäre Praxis der Minderheiten zu

150) Siehe Alfred Fischel, Nationale Kurien (Wien 1899) 6.

151) Die Minderheitenfrage zu „transzendieren" und damit aufzuheben wäre nur durch eine solche Regelung möglich gewesen, die die nationale Frage von der territorialen Kategorie des „Landes" losgelöst und mit dem „ethnischen" Ordnungsprinzip verbunden hätte. Denn: „wenn die Territorialautonomie in einem national uneinheitlichen Gebiet besteht, das eine starke nationale Minderheit ohne entsprechenden Minderheitenschutz besitzt, dann sind nur die nationalen Rechte der Mehrheit sichergestellt". Kann, Nationalitätenproblem I, 188f. Zur Vertiefung in diese Kontroverse siehe Redlich, Staats- und Reichsproblem I, 230 sowie Fischel, Nationale Kurien 6f. und Stourzh, Gleichberechtigung der Volksstämme als Verfassungsprinzip 1147ff.

152) Die Slowenen forderten die administrative Vereinigung der von ihnen bewohnten Territorien in Krain, Istrien, Görz, Kärnten und Steiermark schon seit 1848: denn nur in der „Nationalitätenautonomie"

unterbinden, ihren im Landtag aussichtslosen Kampf auf das Forum des Reichsrates zu übertragen und so die Autorität der Landtage zu untergraben.

Auch Madeyski war gezwungen, sich jetzt mit dem nationalen Minderheitenschutz auseinanderzusetzen, wollte er an der Wende zum 20. Jahrhundert sein klassisch autonomistisches Lösungsmodell für die Nationalitätenfrage nicht anachronistisch — sprich unannehmbar — erscheinen lassen:

Obwohl seine Überlegungen zu diesem Thema durchaus interessant sind, können sie nicht darüber hinwegtäuschen, daß Madeyskis Denken auch hier den autonomistischen Rahmen nicht gesprengt hat. Auch hier leitete ihn der für die autonomistische Konzeption typische statische Zugang zur nationalen Frage: Ohne Rücksicht auf die historische Dynamik wurde auch die Regelung des Minderheitenschutzes in das Schema einer „eingefrorenen" Momentaufnahme der damals gegebenen Entwicklungsstufen der einzelnen Nationalitäten und der darauf aufbauenden Kräfteverhältnisse eingebettet[153]).

Zwar versuchte Madeyski, sich von dieser Grundauffassung zu distanzieren: „... das Ausmaß der konkreten nationalen Rechte muß sich im Maße der Entwicklung der Nationalitäten verändern, ... infolge der ungleichmäßigen Entwicklung der Volksstämme kann darüber hinaus kein Maßstab für dieses Ausmaß ein für allemal bestimmt werden ..."[154]). Doch wird es nicht schwerfallen, hinter seinen Vorschlägen, die nur vordergründig von der autonomistischen Theorie abweichen, auch ihre klare Absicht zu erkennen: die Privilegien der „historischen" Nation zu retten.

Eines der populärsten Konzepte, das um die Jahrhundertwende dem Abbau der Reibungen zwischen Mehr- und Minderheiten in polynationalen Ländern auf dem Boden der bestehenden staatsrechtlichen Ordnung dienen sollte, bildete das Prinzip der nationalen Kurie:

Da die territoriale Ländereinteilung eine nationale Abgrenzung in Form einer nationalen Kreiseinteilung unmöglich machte, erwog man hier die Einführung einer zumindest funktionalen nationalen Abgrenzung: Im Sinne einer Teilung der Tätigkeiten der gemeinsamen Organe der Länder sollten in den Ämtern nationale Sektionen, in den politischen Vertretungskörpern nationale Kurien geschaffen werden[155]).

Anfangs wehrten sich die herrschenden nationalen Kräfte gegen dieses Projekt mit aller Vehemenz; sogar die Deutschen, die doch keine Gelegenheit versäumten, an der Minderheitenpolitik der herrschenden slawischen Nationalitäten (namentlich der Polen ihrer ruthenischen Minderheit gegenüber) Kritik zu üben, waren sich in diesem Punkt mit den „autonomistischen" slawischen Gruppen einig: Sie sahen hier eine Gefahr „der Auflösung des Staates in lose, nebeneinander bestehende nationale Gruppen" und waren

---

erkannten sie eine nationale Entfaltungsmöglichkeit. Siehe CHLEBOWCZYK, Procesy narodotwórcze [Nationsbildende Prozesse] 191, 193 und SUTTER, Badenische Sprachenverordnungen II, 309. Vgl. PLETERSKI, Die Slowenen 801—804 und siehe Ivan PRIJATELJ, Slovenska kulturnopolitična in slovstvena zgovstvena zgodovina 1848—1895 [Die slowenische kulturpolitische und literarische Geschichte 1848—1895], hrg. von Anton Ocvirk mit politisch-historischen Anmerkungen von Dušan Kermavner I (Ljubljana 1955).

[153]) Siehe CHLEBOWCZYK, Procesy narodotwórcze [Nationsbildende Prozesse] 196.

[154]) MADEYSKI, O zasadzie narodowości [Zum Prinzip der Nationalität] 93.

[155]) SIEGHART, Letzte Jahrzehnte 421.

daher entschlossen, gemeinsam mit den Vertretern der Territorialautonomie jede Reform in national-autonomistischer Richtung abzuwehren[156]).

Unter dem wachsenden Protest und der wachsenden politischen Opposition der nationalen Minderheiten mußten jedoch alle diesen intransigenten Standpunkt aufgeben: So wurden namentlich in Böhmen im Rahmen des Böhmischen Ausgleichs 1890 Landesschul- und Landeskulturrat in zwei nationale Sektionen aufgeteilt. Bis dahin hatte hier nur (1873) die nationale Trennung der Ortsschulräte in gemischten Gemeinden durchgesetzt werden können. Doch einer analogen Zweiteilung der Landtage wurde noch lange stärkster Widerstand entgegengesetzt[157]): Erstmals sind nationale Kurien im Landtag im Rahmen des Mährischen Ausgleichs 1905 eingeführt worden[158]).

Was nun Madeyski betrifft, müssen seine Vorschläge zum nationalen Minderheitenschutz sowie allgemein zur nationalen Frage zunächst im Kontext seiner politischen Erfahrungen als Abgeordneter zum Landtag und zum Reichsrat betrachtet werden:

Aus Galizien kannte er aus nächster Nähe das Ruthenenproblem: Wie die Vertreter aller konservativen Schattierungen des polnischen Lagers, war auch er von der Notwendigkeit überzeugt, die politische und administrative Einheit des Landes zu erhalten. Doch gleichzeitig anerkannte er — hier stand er in der Tradition der Krakauer Konservativen — die nationale Eigenständigkeit des ruthenischen Volksstammes. (Wie schon erwähnt, stand diese Auffassung im Gegensatz zum „non est" — Standpunkt der ostgalizischen Podolaken.)

Im Namen der Länderautonomie wiederum bekämpfte er den Versuch der ruthenischen Abgeordneten, ihren politischen Kampf vom galizischen Landtag in das Zentralparlament zu verlegen, obwohl diese Politik bekanntlich zur Strategie der „Verzweiflung" aller im Rahmen der Landtage grundsätzlich majorisierten Minderheiten avanciert war[159]). Im Rahmen dieser Grundauffassung wollte Madeyski allerdings eine friedliche Kooperation der konservativen Flügel beider nationalen Lager fördern: denn „nicht als Gegner und Feinde der Polen", sondern als ihre „Genossen und ihren Bruderstamm"

---

156) „Aus dem Bewußtsein, daß der Föderalismus der Länder und das historische Recht der Länder dem österreichischen Staatsgedanken noch unendlich näher stünden als der Föderalismus der Nationalitäten dem natürlichen Recht der Völker, und daß ein starkes Bewußtsein der Länderindividualität einem gesamtösterreichischen Staatsbewußtsein noch immer förderlicher sein würde als die Auflösung des Staates in nebeneinander bestehende nationale Gruppen, daß schließlich die nationale Territorialeinteilung zur Bildung nationalstaatähnlicher Körper führen würde, die, wie auch die großen Nationalstaaten des westeuropäischen Modells natürlich die völlige Unabhängigkeit derselben erstreben würden, solidarisierten sich die Deutschösterreicher mit den Vertretern der „historischen" Nationalitäten (insbesondere der Polen) zur Bekämpfung jeder national-autonomistischen Umbildung des Reiches". FISCHEL, Nationale Kurien 8.

157) Nicht durchgesetzt hat sich so die Einführung von Kurien als Schiedsgerichte in nationalen Angelegenheiten innerhalb des gemeinsamen Landtages, was von den Tschechen schon seit 1848 gefordert wurde — ein Versuch, durch die Gewinnung der Vertreter des „ethnischen" Prinzips für die historische Lösung den deutschen Zentralismus effizienter abzuwehren. EBD. 9—12.

158) Siehe STOURZH, Gleichberechtigung der Volksstämme als Verfassungsprinzip 1171ff.

159) „Nur als Landesangelegenheit betrachtet, kann die Nationalitätenfrage in Galizien wirklich aufgefaßt und gedeihlich behandelt werden". MADEYSKI, 19.3. 1885, STEN. PROT. Abgeordnetenhaus, IX. Session, 422. Sitzung, 14738; Siehe auch K. G. HUGELMANN, Das Nationalitätenrecht des alten Österreich 196. Zur ruthenischen Frage in Galizien sei einmal mehr auf den jüngsten Aufsatz von BIHL verwiesen. Vgl. oben S. 18 Anm. 11.

wollte er die (konservativen!) Ruthenen in Galizien verstanden wissen[160]. Für Madeyski lag in diesem Sinne das Ideal des „wahren Landespatriotismus" im „erhabenen einträchtigen und harmonischen Zusammenwirken auf allen Gebieten des öffentlichen Lebens zum Nutzen eines jeden der beiden Volksstämme, zum Heile des gemeinsamen Landes und Reiches"[161].

Von einem ähnlichen Standpunkt ging Madeyski später in der Cillier Frage aus: Hier wollte er die Errichtung einer slowenischen Schulanstalt von einem entsprechenden Beschluß des steiermärkischen Landtages abhängig machen. Schon 1884 hatte er in diesem Sinne — in einer Antwort auf die provokatorische Anspielung eines deutschen Abgeordneten auf die polnische Minderheitenpolitik — vor einer Einmischung des Reichsrates in die inneren Angelegenheiten der Länder gewarnt[162]. Im Laufe der Jahre hatte sich diese Auffassung erhärtet: „Beziehungen zwischen den Nationalitäten eines Landes können nur innerhalb des Landes selbst in einer Weise geregelt werden, die der reellen Sachlage in jedem Land entspricht ..., da die Berufung der Völker zur Mitwirkung an der Reichspolitik im Zentralparlament nicht dazu bestimmt ist, über Angelegenheiten fremder Volksstämme in fremden Ländern zu urteilen; ... und fremd sind den Polen ja die nationalen Beziehungen zwischen Italienern und Kroaten in Dalmatien, den Deutschen aus Tirol wiederum jene zwischen Polen und Ruthenen in Galizien"[163].

Angesichts solcher Statements darf es nicht verwundern, daß Madeyski auch in seiner Vorstellung von einem Minderheitenschutz keine Schiedsrichterfunktion des Reichsrates anerkennen wollte. Wenngleich er also großzügig das Bedürfnis nach einem Schutz der nationalen Minderheiten anerkannte und seine „sachliche Berechtigung" gar nicht in Abrede stellen wollte — meinte er doch selber, wie er erklärte, daß das Funktionsprinzip der Landtage, nämlich der Mehrheitsbeschluß, die Minderheiten nicht „hinreichend" berücksichtigte —, so erschien ihm doch der Reichsrat nicht geeignet, als Schlichtungsinstanz in nationalen Angelegenheiten zu fungieren: Denn „wer einen solchen Schutz gegen die Landtage in dem Reichsrate suchen zu sollen glaubte, der würde sich nicht bloß einer großen Täuschung hingeben, sondern auch, ohne es zu wollen, in die ohnehin die Völker aufreibenden nationalen Kämpfe eine noch größere Nervosität und Verwirrung hineintragen, in denjenigen Ländern, in welchen die Volksstämme noch friedlich beisammen leben, Zwietracht säen und das Parlament dazu verurteilen, daß die gesamte Tätigkeit desselben für immerwährende Zeiten von der nationalen Frage beherrscht würde"[164].

---

160) Die „panslawischen", Rußland-orientierten Ruthenen hingegen betrachtete Madeyski als Gegner der Polen: Wie er auch 1891 im galizischen Landtag offen erklärte, seien die Polen sogar „verpflichtet", Ruthenen dieser Ausrichtung zu bekämpfen, da letztere ja die Grundsätze der polnischen Politik — Treue zu Land, Kirche und Staat — nicht anerkennen würden. Siehe MADEYSKI, Rachunek sumienia [Bilanz des Gewissens] 147.

161) MADEYSKI, 19. 3. 1885, STEN. PROT. Abgeordnetenhaus, IX. Session, 422. Sitzung, 14739.

162) „... wenn man aus unmittelbarer Anschauung die Landesverhältnisse nicht kennt, möge man denn doch vorsichtig sein ..." MADEYSKI, 29. 1. 1884, STEN. PROT. Abgeordnetenhaus, IX. Session, 325. Sitzung, 11278.

163) MADEYSKI, O zasadzie narodowości [Zum Prinzip der Nationalität] 69.

164) MADEYSKI, Nationalitätenfrage 28.

Angesichts der weiter anwachsenden Opposition der nationalen Minderheiten, angesichts auch der Kritik aus dem slawischen Lager, daß er die tatsächlichen Kräfte- und Machtverhältnisse in den Landtagskörperschaften ignorierte — (was in seiner Behandlung der Cillier Frage ja deutlich geworden war)[165]) — mußte Madeyski im Jahre 1899 auch den Landtagen die Kompetenz absprechen, nationale Konflikte zu regeln:

Er schlug in seiner Broschüre daher vor, eigene „Landesnationalräte" zu errichten, die dafür vorzusorgen hätten, daß nationale Minderheiten „in Ansehung der zu stellenden nationalen Ansprüche vor einer Majorisierung in der Legislative sowie einer Verkürzung durch die Regierung geschützt werden"[166]).

Konkret sollte sich diese Körperschaft aus Vertretern aller Volksstämme eines Landes zusammensetzen, die vom Landtag gewählt würden ... Ein harmlos anmutender Ansatz, will man vergessen, daß durch diesen Wahlmodus allein schon die Unabhängigkeit und damit die Bedeutung der Landesnationalräte drastisch eingeschränkt wurden!

Obwohl sich Madeyski bemühte, die Wahl durch den Landtag „nur als Garantie für die Eignung und Vertrauenswürdigkeit der Mitglieder des Landesnationalrates" zu präsentieren[167]), kann der kritische Beobachter nicht umhin, diese Argumentation in Frage zu stellen: Lag hier nicht vielmehr die Absicht vor, in das Konzept des Minderheitenschutzes ein wirksames Kontrollsystem einzubauen? Madeyskis weitere Ausführungen bestätigen diese Vermutung: Durch die Einschaltung des Landtages in die Organisation des Minderheitenschutzes sollte eventuellen Angriffen auf die — für Madeyski ja grundsätzlich unantastbare — Autorität des Landtages (und somit auch seiner Mehrheit!) vorgebeugt werden.

Ganz im Sinne dieser Absicht wurden die Nationalräte auf eine bloße Verlängerung der Landtage reduziert, wobei ihnen zusätzlich eine ausschließlich „moralische" Autorität zugestanden wurde: Nur „in Ansehung der Begründung der konkreten Ansprüche des Volksstammes" sollten demnach die Beschlüsse dieser Körperschaft die gesetzgebenden Organe binden, wobei sie auch im Falle der Feststellung einer solchen Begründung „die praktische Befriedigung dieser als berechtigt anerkannten Ansprüche nicht fordern dürfen"[168]).

---

165) Unter den zahlreichen Vorwürfen von slawischer Seite sind zwei besonders erwähnenswert: Abgeordneter SPINDLER, 27. 4. 1894, STEN. PROT. Abgeordnetenhaus, XI. Session, 282. Sitzung, 13566: „Die Befriedigung der nationalen Wünsche auf dem Gebiete des Schulwesens in solchen [gemischtsprachigen, J. R.] Ländern von der Zustimmung der Vertreter beider Nationalitäten abhängig machen zu wollen, hieße eben so viel, als die Minoritäten den Majoritäten preiszugeben ..." Nur die „im Volksschulwesen bereits saturierten Volksstämme, namentlich der deutsche, polnische und italienische, könnten vielleicht durch solche Maßnahmen ... profitieren ..." Sowie Abgeordneter KAUNIC, 23. 4. 1894, STEN. PROT. Abgeordnetenhaus, XI. Session, 279. Sitzung, 13345, der in pointierter Weise seiner Besorgnis darüber Ausdruck verlieh, daß es im Falle der Einführung dieses Prinzips wohl lange keine Schulerrichtungen mehr geben würde!

166) MADEYSKI, Nationalitätenfrage 33f.

167) EBD. 31.

168) Auch hier ist Madeyski sichtlich bemüht, den Wert seiner Institution, der „Landesnationalräte", zu erhöhen: „... daß die Beschlüsse der Nationalitätenräte nicht verfehlen würden, durch die Autorität dieser Körperschaft eine moralische Wirkung zu üben, dafür bürgt uns die langjährige Erfahrung, die in Österreich mit ähnlichen Aussprüchen unserer höchsten Gerichtshöfe gemacht wurde". EBD. 32.

Spätestens an diesem Punkt seiner Ausführungen steht es außer Zweifel, daß Madeyski auch den Minderheitenschutz im Grunde nur als ein weiteres Instrument zur Erhaltung der bestehenden nationalen Kräfteverhältnisse betrachtete und diese in thesi fortschrittliche Einrichtung zu einer neuen, der veränderten politischen Konstellation angepaßten Waffe der „historischen" Nationalitäten und ihrer „autonomistischen" Ideologie umfunktionieren wollte.

Ebenfalls von großem Interesse ist Madeyskis Vorschlag, auch auf gesamtstaatlicher Ebene einen Minderheitenschutz zu verwirklichen, nämlich durch die Einrichtung eines „Nationalsenates" beim Reichsgericht: Nachdem Madeyski in einem Zusatz aber erklärte, daß sich dieser „Nationalsenat" aus Vertretern des Nationalrates desjenigen Landes zusammensetzen sollte, aus dem ein Volksstamm eine Beschwerde wegen Verletzung seiner nationalen Rechte einbringen würde, muß auch der Wert dieses Projektes in Frage gestellt werden: Denn Madeyski versuchte jetzt auch auf der Ebene der Rechtsprechung eines obersten Gerichtshofes(!), dem Landtag (wenn auch nicht unmittelbar) die Kontrolle über den Minderheitenschutz zu sichern: Aus seiner Idee der Landesnationalräte folgt nämlich logisch, daß wieder nur solche nationale Vertreter die Beschwerden der Minderheit eines gegebenen Landes im Nationalsenat prüfen würden, die dem Landtag — sprich der Landtagsmehrheit — genehm waren: Damit würde in den einzelnen Nationalräten mit Sicherheit der Standpunkt der nationalen Mehrheit des betreffenden Landes überwiegen.

Übrigens liegt auch dem Vorschlag, das Kollegium des Reichsgerichtes nur um die Vertreter desjenigen Landesnationalrates zu verstärken, den die Beschwerde eines in diesem Lande ansässigen Volksstammes jeweils betraf, eine taktische Absicht zugrunde[169]): Denn wenn Madeyski grundsätzlich auch der Ansicht war, daß ausschließlich jene Volksstämme über ihre gegenseitigen Beziehungen zu urteilen berechtigt wären, die gemeinsam das betreffende Land bewohnten, so wollte er in erster Linie wohl doch nur der eventuellen Solidarisierung jener Mitglieder der verschiedenen Landesnationalräte vorbeugen, die jeweils die nationale Minderheit repräsentierten!

Allerdings sollten sowohl die „Landesnationalräte" als auch der „Nationalsenat" beim Reichsgericht Madeyskis Vorstellung zufolge erst nach Durchführung einer grundlegenden Regelung der gesamten Nationalitätenfrage in Funktion treten: Denn spezielle Minderheitenschutzgesetze stellte er in seinem Projekt nicht in Aussicht. Wie er nachzuweisen bemüht war, seien diese ja von dem Augenblick an überflüssig, wo ein institutionalisierter Minderheitenschutz in jenen Fällen eingebaut würde, wo theoretisch eine Verkürzung der nationalen Rechte eines Volksstammes möglich war: Wenn „grundlegende Reichs- und Landesgesetze zum Nationalitätenrecht einmal erlassen sind" würde es nur zwei Fälle geben, in denen der Minderheitenschutz einsetzen müßte:

— Im Falle einer „formalen Rechtsverletzung", die dann bestehe, wenn ein schon geltendes Gesetz von einem ausführenden Organ der Staatsgewalt unrichtig angewendet wurde: Hier müßte der „Nationalsenat" beim Reichsgericht in Funktion treten, da die

---

Zweifellos dachte Madeyski hier vornehmlich an das Reichsgericht, dessen Rechtswirksamkeit bloß kassatorischer Art war. Vgl. Kap. VII.

169) Madeyski, Nationalitätenfrage 33.

„Sanierung einer formalen Rechtsverletzung ihrer repressiven Natur nach in den Bereich der judiziellen Tätigkeit" falle[170]).

— Im Falle eines „materiellen Unrechts" hingegen, das auftrete, wenn „in weiterer Ausführung eines grundlegenden Gesetzes über einen nachher neu erhobenen nationalen Anspruch von einem gesetzgebenden Organe der Staatsgewalt eine unrichtige Entscheidung gefällt wurde", müßten die „Landesnationalräte" eingeschaltet werden[171]). Ihre Tätigkeit setze nämlich in einem Stadium ein, „welches dem Entschluß des gesetzgebenden Organes" vorangehe; dies stelle daher einen „präventiven Schutz dar": Ihre Beschlüsse betreffend die Begründung eines konkreten nationalen Anspruches müßten vom gesetzgebenden Organ bei seiner Entscheidung berücksichtigt werden.

Nachdem Madeyski so die gesamte Frage des Minderheitenschutzes gelöst zu haben meinte, konnte er ungehindert zu seinem eigentlichen Anliegen übergehen: der gesetzlichen Regelung der gesamten Nationalitätenfrage. Madeyski war der Ansicht, daß grundlegende Nationalitätengesetze als „unmittelbares Ergebnis der Verhandlungen der Compaziszenten" über den Inhalt des Nationalitätenrechts (also über das konkrete Ausmaß der nationalen Rechte eines jeden Volksstammes) entstehen sollten. Hier müsse demnach noch keine spezielle Minderheitenschutzvorkehrung vorgenommen werden, da allein schon die Kooperation der gesetzgebenden Körperschaften aller Länder sowie des Reichsrates, die für die Ausarbeitung solcher grundlegender Gesetze erforderlich sei, den Ausschluß jeder schroffen Majorisierung hinreichend garantieren würde: „Denn Gesetze, die auf eine solche Weise entstehen würden, würden das Ausmaß der nationalen Rechte in einer Weise feststellen, daß die nationale Lage der Volksstämme von dem Umstande, ob dieselben in ihrem Heimatlande die Majorität oder die Minorität bilden, und ob sie im Reichsrate zu dieser oder jener gehören, prinzipiell unabhängig gemacht würde"[172]).

Als zusätzliche Garantie sollte hier das „Requisit der qualifizierten Mehrheit" wirken, das im Falle „etwaiger Änderungsbestrebungen der grundlegenden Gesetze bei einer eventuellen Verschiebung der Parteiverhältnisse im Reichsrate sowie in den Landtagen" zur Anwendung gelangen würde[173]).

Das Prinzip der nationalen Kurie hingegen bot nach Madeyskis Dafürhalten keine „empfehlenswerte" Alternative: „Ob auch diese Einrichtung zu erwägen wäre, muß jedem der Länder überlassen werden. Sachlich maßgebend ist diesbezüglich das Stärkeverhältnis der beteiligten Volksstämme sowohl in numerischer Beziehung als auch in Rücksicht auf die soziale, kulturelle, und politische Stellung derselben sowohl im Lande als auch im Landtage. Als allgemeine Regel kann die Institution gerade wegen der Ungleichheit der diesbezüglichen tatsächlichen Verhältnisse nicht empfohlen werden"[174]).

Noch entschiedener verurteilte Madeyski die mit dem nationalen Kuriensystem verknüpfte Zweiteilung des Landtags und damit auch jede Reform der Wahlordnung in

---

170) Ebd. 31.
171) Ebd.
172) Ebd. 29.
173) Ebd.
174) Ebd.

Richtung auf national einheitliche Wahlkreise und ein national getrenntes Wahlrechtssystem. Durch letzteres „würden legale Vertretungen der Volksstämme gewonnen werden, die befugt wären, diese als Rechtssubjekte in nationaler Beziehung darzustellen", — eine Vorstellung, die er einfach für „nicht lebensfähig" hielt[175]).

Hier ist Madeyskis Begründung allerdings nicht von der Hand zu weisen — insbesondere im Hinblick auf die nationalen Verhältnisse in Galizien, wenn man von der ihr zugrunde liegenden politischen Absicht — der Hintanhaltung einer Verschiebung des bis dahin abgesicherten politischen Kräfteverhältnisses in Galizien zugunsten der ruthenischen Minderheit — einmal absehen will:

Von einem klassischen Ansatz der autonomistischen Theorie aus — der These von der Unteilbarkeit der „historisch-politischen Individualität des Landes" — brachte Madeyski gegen die Einführung des national getrennten Wahlrechts schwerwiegende Einwände vor:

„Das nationale Leben stellt nur eine Seite der sozialen Entwicklung der Menschheit dar. Es ist mit allen anderen Zweigen des öffentlichen Lebens so innig verbunden, daß es davon nicht losgelöst werden kann, sofern es sich darum handelt, nationale Fragen vom Gesichtspunkt der Gesamtheit eines Landes oder des Reiches zu erörtern und zu entscheiden. In der Untrennbarkeit der mannigfachen Interessen der staatlichen Gesellschaft liegt auch der Grund, warum für die verschiedenen Seiten des öffentlichen Lebens nicht eigene Vertretungen, sondern für alle nur eine allgemeine politische Vertretung jedes einzelnen Landes, dann die Vertretung des Reiches geschaffen wurden, in welchen alle Interessenssphären unter dem gemeinsamen Gesichtspunkt des öffentlichen Wohles zum Austragen gelangen"[176]).

Auch sein zweiter Einwand war nicht ungerechtfertigt: „Aus der Verquickung der mannigfaltigen Interessen ergibt sich auch die Erscheinung, daß es kaum einen Volksstamm in irgendeinem Lande gibt, welcher nicht durch soziale und politische Gegensätze in mehrere Parteien geschieden wäre. Welcher von diesen Gegensätzen in einem bestimmten Momente am schärfsten und mit welchem Erfolge auftreten wird, kann nicht vorausgesehen werden. Es könnte daher das Ergebnis einer durchgeführten Wahl nie den Zweifel beheben, ob damit eine nationale Vertretung des gesamten Volksstammes oder aber nur die Vertretung einer sozialen oder politischen Partei desselben, welche in der Wahlagitation gerade die Oberhand gewann, erzielt wurde"[177]).

Offensichtlich beziehen sich obige Beobachtungen auf Madeyskis konkrete Erfahrungen in Galizien: Tatsächlich war auch die ruthenische Minderheit nicht als monolithischer Block organisiert, sondern in mehrere politische Gruppierungen aufgespalten. Während zu dieser Zeit die demokratische Strömung die weitaus größte

---

[175]) EBD. 30.

[176]) Es ist interessant, daß der deutsch-österreichische Rechtswissenschaftler Fischel aus eben diesen Gründen das nationale Kuriensystem vorbehaltlos unterstützte! Allerdings verstand Fischel die nationalen Kurien nicht als bloße Abstimmungsmaschinen — auf die sie Madeyski bewußt reduzieren wollte! —, sondern als „selbständige Teilkörper oder wirkliche Sektionen": „Die Einführung nationaler Kurien in den Landtag bildet eine wesentliche Voraussetzung für den nationalen Friedenszweck und bietet zugleich die einzige Möglichkeit, die gemeinsamen, historisch gewordenen Landesgrenzen zu schonen". FISCHEL, Nationale Kurien 15, 24.

[177]) MADEYSKI, Nationalitätenfrage 30.

Anhängerschaft unter den Ruthenen vorweisen konnte, kam für die Polen wiederum nur das konservative ruthenische Lager in Frage, da dieses für sie keine politische Gefahr darstellte[178]).

In dieser Situation würde eine — zweifellos von den Demokraten getragene — gesamtnationale Vertretung der Ruthenen nicht nur die polnisch-ruthenischen Beziehungen einer gefährlichen Belastungsprobe aussetzen (die nationalen Antagonismen deckten sich ja mit politischen und ideologischen), sondern auch zur sozialen und politischen Radikalisierung der gesamten ruthenischen Bevölkerung beitragen[179]).

Das dritte Argument, das Madeyski zur Begründung seiner Ablehnung der nationalen Kurien als Beitrag zum nationalen Minderheitenschutz ins Treffen führte, tangiert eines der Schlüsselprobleme überhaupt des Nationalitätenrechts und der Nationalitätenpolitik: die Feststellung der Kriterien für die Bestimmung des Phänomens der „Nationalität" und namentlich die Unterscheidung zwischen „subjektiver" und „objektiver" Nationalität:

Für Madeyski stand es fest, daß die bloße Anwendung der üblichen, statistisch erfaßbaren Kriterien zur Bestimmung der nationalen Zugehörigkeit der wahlberechtigten und in nationalen Wahlkurien zur Wahl zugelassenen Bevölkerung eine „wirklich nationale Vertretung des Volksstammes" nicht sichern konnte[180]): Denn ein System, das „mit Fatierungen, Ziffern und Durchschnitten" arbeitete, würde „dem Wesen der Nationalität insofern niemals gerecht werden können, als dabei andere wesentliche Elemente dieses Begriffes außer acht gelassen" werden müßten[181]).

---

[178]) „Die Ruthenen arbeiten ... einträchtig mit den Polen im Landtag und auch auf anderen Gebieten des öffentlichen Lebens. Aber diese Männer zähle ich eben zu einer Partei, die ich die vierte Partei der Ruthenen nennen möchte. Ihre Auffassung der Dinge ist ganz dieselbe, wie die der Polen. Sie behandeln die Nationalitätenfrage in Galizien als eine Landesangelegenheit, denn nur als solche kann sie wirklich aufgefaßt und gedeihlich behandelt werden. Diese Männer gehen von der Auffassung aus, daß Ruthenen und Polen nicht Gegner und nicht Feinde sind und sein wollen, sondern Genossen zweier Bruderstämme, daß nicht Streit, Hader und ewiger Krieg das Ziel sei, welches die nationale Freiheit in Galizien anzustreben hätte". MADEYSKI, 19. 3. 1885, STEN. PROT. Abgeordnetenhaus, IX. Session, 422. Sitzung, 14738 und vgl. BIHL, Die Ruthenen 579—583.

[179]) So konterte Madeyski die Anspielung des demokratischen Ruthenenführers Romanowicz, wonach es „wahre" und „falsche" Vertreter des ruthenischen Volksstammes geben würde, mit der Feststellung, daß die Kooperation der „vierten" ruthenischen Partei mit den Polen nicht „Renegatentum" bedeute, wie Romanowicz behauptet hatte, sondern dem Ideal des „einträchtigen und harmonischen Zusammenwirkens ... zum Nutzen eines jeden dieser Volksstämme und des Reiches" entspreche. MADEYSKI, 19. 3. 1885, STEN. PROT. Abgeordnetenhaus, IX. Session, 422. Sitzung, 14738.

[180]) MADEYSKI, Nationalitätenfrage 30.

[181]) Grundsätzlich lehnte Madeyski jene Methoden der Nationalitätenerhebung ab, die statistisch meßbare Kriterien wie die „Muttersprache" oder die seit 1880 in Österreich als maßgeblicher Indikator geltende „Umgangssprache" verwendeten und die übrigens zum Sieg des „objektiven" Prinzips für die Feststellung der nationalen Zugehörigkeit des einzelnen geführt haben. Denn Madeyski war Anhänger des „Bekenntnisprinzips": Seiner Ansicht nach erfaßten die objektiven Kriterien nicht das Wesen der Nationalität und erschöpften den Nationalitätsbegriff nicht völlig. Das gesamte Gebiet der „subjektiven" Nationalität, die der einzelne nach seinem eigenen Willen bestimmen könne, würde hier nämlich nicht zum Tragen kommen. Siehe MADEYSKI, O zasadzie narodowości [Zum Prinzip der Nationalität] 43 sowie GERALD STOURZH, Probleme des Nationalitätenrechts in der Donaumonarchie 1867—1918; in: Donauraum. Gestern, Heute, Morgen, hrg. v. Josef Varga (Wien—Frankfurt—Zürich 1967) 113f.

Solche „andere wesentliche Elemente“ des Begriffes der Nationalität waren für Madeyski das „Nationalgefühl“ und das „Nationalbewußtsein“: Obwohl in Ziffern nicht faßbar, seien sie für die Bestimmung der nationalen Zugehörigkeit des einzelnen doch von ausschlaggebender Bedeutung, da sie deren „subjektive Voraussetzung“ bilden und so das Gebiet der „subjektiven Nationalität“ decken würden, das der einzelne nach seinem eigenen Willen bestimmen dürfe. Die „objektive Nationalität“ hingegen bestimme — wie Madeyski in einer späteren Arbeit erläutert — nur das kollektive Rechtssubjekt der Nation[182]).

Wieder ist das galizische Modell für Madeyskis Überlegungen maßgebend; denn für die nationale Lage in diesem Land hatte dieser Einwand, nachdem die ruthenische Minderheit seit 1848 in zwei Lager gespalten war, größte politische Tragweite: Während sich das eine Lager — trotz eines eigenständigen nationalen Selbstverständnisses — als Teil der politisch verstandenen polnischen Nation begriff[183]), wollte das andere seine „nationale Eigenständigkeit“ auch auf politischer Ebene verwirklichen: das von polnischer Seite immer wieder propagandistisch ausgenützte Schlagwort „gente rutheni, natione poloni“ betrachtete letzteres als Aufruf zur Aufhebung der ruthenischen Nationalität überhaupt.

Offensichtlich auf die innerruthenische Spaltung anspielend, stellte Madeyski daher fest, daß „das Nationalgefühl und das Nationalbewußtsein (wie übrigens auch andere konstitutive Wesenselemente der Nationalität) nicht mit gleicher Kraft auf das Leben und Handeln der einzelnen in den verschiedenen Schichten der Nation wirken“ würden[184]).

Tatsächlich forderte ja nur ein Teil der Ruthenen die politische Gleichstellung mit den Polen; der andere, der den Polen selbstverständlich näher stand, verlangte nur die Berücksichtigung der Sprache und anderer kulturellen Rechte der ruthenischen Nationalität und fühlte sich im übrigen der polnischen Nation zugehörig.

Würde man nun — für die Zwecke einer national determinierten Wahlordnung — ausschließlich die Sprache zum Kriterium der nationalen Zugehörigkeit erheben, das Kriterium eines politischen Nationalbewußtseins hingegen außer acht lassen, würden — eine für die Polen verhängnisvolle Konsequenz — auch jene Ruthenen in das „feindliche“ nationale Lager geschlagen werden, die sich mit den Polen solidarisch erklärten!

Diese Überlegung war es wohl, die Madeyski folgern ließ, daß nur das Nationalbewußtsein die Kraft hätte, den „Antagonismus zu einer fremden Muttersprache“ durch ein großzügigeres Verständnis der Nationalität zu überwinden; dies insbesondere, wie er betonte, wenn es sich dabei um einen Volksstamm handelte, der (wie der ruthenische!) aufgrund seiner eigenen Muttersprache keine eigenständige nationale Kultur entwickeln habe können. Denn ein solcher Volksstamm — dies sprach Madeyski allerdings erst im Rahmen seiner später entwickelten Theorie der Nationalität so klar aus — eigne sich dann in der Regel das Kulturgut eines schon weiter entwickelten Volksstammes an, den Madeyski später als „Nation“ definierte[185]).

---

182) Madeyski, O zasadzie narodowości [Zum Prinzip der Nationalität] 43.
183) Siehe oben S. 19 Anm. 14.
184) Madeyski, O zasadzie narodowości [Zum Prinzip der Nationalität] 30.
185) Ebd. 39.

Nur das Nationalbewußtsein war seiner Ansicht nach also imstande, das Moment der sprachlichen Zugehörigkeit zu schwächen — konkret gesprochen, die Ruthenen davon abzuhalten, eine politische und administrative Zweiteilung des Landes im Namen eines politischen Selbstbestimmungsrechts anzustreben[186]).

Wie stark sich in Madeyskis Einwänden gegen eine national getrennte Wahlordnung die Grundeinstellung der polnischen Führungsschicht Galiziens widerspiegelt, zeigt allein schon die Tatsache, daß in Galizien erst 1914 eine neue Wahlordnung auf Grundlage einer nationalen Trennung der Wählerschaft in Aussicht gestellt werden konnte[187]).

Obwohl Madeyski zum Abschluß seiner Ausführungen über die österreichische Nationalitätenfrage gestand, daß es äußerst schwierig sein würde, dieses Programm unter den herrschenden Verhältnissen zu verwirklichen, war er im Grunde doch von dessen Fruchtbarkeit überzeugt: Von seinem mehrstufigen Lösungsmodell erwartete er sich die „vollständige Erschöpfung" der Nationalitätenfrage und damit die Chance, „im öffentlichen Leben Österreichs für neue Fortschrittsideen ... freien Raum schaffen zu können"[188]). Das Parlament, meinte er, würde „vom Druck und der Aufregung, welche die nationalen Kämpfe verursachen, befreit", während gleichzeitig die „Verwirklichung der nationalen Idee sichergestellt" wäre[189]).

Doch an der Wende zum 20. Jahrhundert fehlten allein schon für die Grundlage seines Programms die objektiven Voraussetzungen: War eine einträchtige Zusammenarbeit aller nationalen und politischen Faktoren bei der gesetzlichen Feststellung des Inhaltes der nationalen Rechte der verschiedenen Volksstämme damals überhaupt noch möglich? Der nationale Emanzipationsprozeß hatte ein Stadium erreicht, in dem die schwächeren Nationalitäten nicht mehr gewillt waren, sich mit „Konzessionen" der sie bis dahin systematisch diskriminierenden „historischen" Nationalitäten zufrieden zu geben. Ein Jahrzehnt zuvor hätte ein solcher Kompromiß vielleicht noch verwirklicht werden können. Nunmehr schien es ausgeschlossen. Zu stark schon hatte die Idee vom Selbstbestimmungsrecht der Nationalitäten die Grundannahmen des traditionellen, die alten Ordnungsstrukturen nicht sprengenden Nationalismus erschüttert[190]); der Natio-

---

[186]) Wie aus dem Vorhergehenden geschlossen werden kann, steht das zuletzt angeführte Argument schon im Kontext einer umfassenden Theorie der Nationalität, die Madeyski erst 1900—1901 systematisierte und in seinem Spätwerk „Studien zur Rechtsprechung des Reichsgerichtes über die Verletzung politischer Rechte" darlegte. Diese Frage wird im folgenden Kapitel behandelt.

[187]) Siehe Stourzh, Gleichberechtigung der Volksstämme als Verfassungsprinzip 1196ff.

[188]) Madeyski, Nationalitätenfrage 34.

[189]) Ebd.

[190]) Siehe Chlebowczyk, Procesy narodotwórcze [Nationsbildende Prozesse] 272, 34f. Der polnische Soziologe entwickelt die These, daß der nationale Emanzipationsprozeß zwei Entwicklungsphasen durchlaufen hat: a) den Kampf um die sprachlich-kulturelle Gleichberechtigung und b) den Kampf um ein eigenständiges institutionelles nationales Dasein, der sich auf zwei Ebenen vollzieht: jener des Bewußtseins und jener des Kampfes um die Identität von Nation und Territorium als Ausdruck des nationalen Selbstbestimmungsrechts. Ohne dieser Theorie ihre Validität absprechen zu wollen, sei hier doch auch auf das stärker differenzierte Phasenmodell des tschechischen Soziologen Miroslav Hroch hingewiesen, der zwischen die Phase A der intellektuell-wissenschaftlichen Aufarbeitung der Geschichte, Sprache und Kultur des unterdrückten Volkes und die Phase C des Eindringens eines neuen Nationalbewußtseins in die Massen des unterdrückten Volkes (sie entspricht Lenins 2. Entwicklungsphase der Nation) eine Zwischenphase B einschiebt, die für ihn die Phase des eigentlichen nationalen Erwachens

nalismus der älteren Zeit wurde jetzt von immer breiteren Bevölkerungskreisen als bloß „nationalistisch angehauchtes Programm der konservativen Kräfte" verworfen[191]).

Zu spät war es, im Jahre 1899, für Konzessionen von oben und billige Kompromisse. Zu spät für eine bloße „Anerkennung" der Rechte nationaler Minderheiten. Wie alle Verfechter des Programms der „historischen" Nationalitäten, stand auch Madeyski auf verlorenem Posten: Nur blinder Glaube an die Möglichkeit eines Ausgleiches zwischen allen nationalen Kräften des österreichischen Staates hat zur Ausarbeitung eines Lösungsmodells verführen können, das auf dem Prinzip der Erhaltung historischer Anachronismen aufbaut[192]).

Nur wirklichkeitsfremde Naivität hat die Überzeugung nähren können, daß die Nationalitäten Österreichs im Namen einer fiktiven Einheit der „staatlichen Familie" und einer nationalen „Versöhnungsidee" noch bereit waren, auf ihre berechtigten nationalen Forderungen und ihre politische Emanzipation zu verzichten, um in einer von den herrschenden Nationalitäten aufgestellten Rangordnung „natürlicher", weil historisch legitimierter, Privilegien den für sie bestimmten Platz einzunehmen!

Doch Madeyski hatte diesen Glauben: „... Unter einer Voraussetzung nur ist jede friedliche Lösung denkbar: ... diese ist rein innerer Natur und nur vom Willensentschluß der Beteiligten bedingt. Soll eine friedliche Ausgleichung des Gegensatzes gelingen, dann dürfen die streitenden Gegner ihre gegenseitigen Forderungen und Ansprüche nicht nach der äußeren Form ihrer Geltendmachung bloß für einen feindseligen Ausbruch des gegenseitigen Hasses betrachten, sondern sie müßten dieselben nach dem sachlichen Wesen ihrer historischen Begründung prüfen ..."[193]).

Und dieser Glaube war tatsächlich „blind": Denn Madeyski vermochte es nicht, den Rahmen des autonomistischen Denkmodells zu transzendieren und seinen Blick, der auf eine historische Vergangenheit gerichtet war, in die konkrete Wirklichkeit der Gegenwart zu lenken.

Doch von einer „weltfremden Naivität" kann bei Madeyski sicher nicht gesprochen werden: Es waren konkrete, realpolitische Überlegungen, Motive und Ziele, die den Grundtenor und die Ausrichtung seines gesamten Programms zur Lösung der Nationalitätenfrage bestimmten.

---

darstellt: Die Phase B hat die Bedeutung eines Katalysators für die Rezeption des nationalen Gefühles durch die national noch amorphen Massen und wird von der bewußten patriotischen Agitation engagierter Nationalisten getragen: die Phase B entscheidet über Erfolg oder Mißerfolg der nationalen Bewegung in der Phase C der politischen Mobilisierung der Massen des unterdrückten Volkes. Siehe Miroslav Hroch, Die Vorkämpfer der nationalen Bewegung bei den kleinen Völkern Europas. Eine vergleichende Analyse zur gesellschaftlichen Schichtung der patriotischen Gruppen (Prag 1968) insb. 24f.

191) Kann, Nationalitätenproblem I, 50. Denn, so Kann: „... die nationalen Ziele der geschichtslosen Nationalitäten konnten nicht einmal auf kurze Sicht im Umfang der bestehenden oder vergangenen historisch-politischen Individualitäten befriedigt werden ..." Ebd. 33.

192) Madeyski, Nationalitätenfrage 35. „... der Ernst der Lage, ein Blick auf die Verheerungen, welche die offene Wunde der nationalen Frage im Staate angerichtet, das düstere Bild der Zukunft, die den Staat bedrohen würde, wenn es nicht gelänge, die auseinandergehenden Glieder einer staatlichen Familie auf einem gemeinsamen Boden zu vereinigen, das sind Motive, die wohl stark genug sein sollten, auf den Willen der Staatsbürger eines Reiches bestimmend einzuwirken". Ebd.

193) Ebd.

Für die einzig aussichtsreiche und zukunftsträchtige Konzeption eines Minderheitenschutzes, nämlich die Idee einer nationalen „Personalautonomie“[194]), die die nationalen Rechte der Nationalitäten nicht mehr vom jeweiligen Territorium abhängig machen wollte, das sie bewohnten, und allein schon dadurch eine Minderheitenfrage theoretisch ausschloß — für diese Idee war weder die Welt der „historisch-politischen Individualität“ der Länder noch jene des „nationalen Einheitsstaates“ und der Ideologie einer „politischen Nation“ offen.

5. Die „Böhmische Frage“

Trotz seiner grundsätzlichen Mißbilligung jeder „fremden“ Einmischung in die nationalen Angelegenheiten eines Landes konnte auch Madeyski nicht umhin, in den späten neunziger Jahren zum deutsch-tschechischen Konflikt in Böhmen Stellung zu nehmen.

Als Mitglied des Reichsrates hatte er aus nächster Nähe die Eskalation dieses Konfliktes namentlich nach der Herausgabe der Badenischen Sprachenverordnungen für Böhmen im Jahre 1897 beobachten können.

Aus der tiefen Überzeugung heraus, daß es sich bei der unmittelbar darauf folgenden deutschen Obstruktionspolitik im Zentralparlament „weder um eine Mißstimmung noch um eine Verstimmung der deutschen Parteien, sondern um eine die gesamte deutsche Nation erfassende emotionale Bewegung“ handelte[195]), widersetzte er sich dem Standpunkt der „Rechten“ und namentlich des Polenklubs, die Deutschen mit parlamentarischen und politischen Mitteln zur Ordnung zu rufen: Nachdem, wie er argumentierte, durch die Sprachenverordnungen der „nationale Nerv der deutschen Volksseele verletzt“ worden sei[196]), müsse der „Zeugungsgrund des elektrischen Stro-

---

194) Siehe Kann, Nationalitätenproblem I, 335 sowie Renner (al. Rudolf Springer), Der Kampf der österreichischen Nationen um den Staat (Leipzig 1902) 42f., 70, 85 und Ders., Die Nation: Mythos und Wirklichkeit 98f.

195) Madeyski, Zur politischen Lage im Mai 1899. — Die erste Verordnung (LGBl. Nr. 12 für Böhmen, Nr. 29 für Mähren) forderte die zweisprachige Amtsführung aller Zivilbehörden. Mit einem Schlage wurde dadurch, von wenigen Ausnahmen abgesehen, das Tschechische als Sprache des inneren Dienstes im ganzen Umfang der Länder Böhmen und Mähren gleichberechtigt neben das Deutsche gestellt. Die zweite Verordnung (LGBl. Nr. 13 für Böhmen, Nr. 30 für Mähren) verfügte, daß Beamte, welche bei den Behörden, die den die Verordnungen erlassenden Ministerien unterstehen und nach dem 1. Juli 1901 angestellt werden, von Ausnahmen abgesehen die Kenntnis beider Landessprachen in Wort und Schrift bei der für den betreffenden Dienstzweig vorgeschriebenen praktischen Prüfung nachzuweisen haben. Allerdings sollte sofort dafür Sorge getragen werden, daß in jenen Zweigen des Staatsdienstes, für welche die erste Verordnung galt, die einzelnen Behörden mit sprachkundigen Beamten nach Maß der Bedürfnisse besetzt würden. Siehe K. G. Hugelmann, Das Nationalitätenrecht des alten Österreich 178f.

196) Madeyski, Zur politischen Lage im Mai 1899 sowie Ders., Sprawozdanie poselskie [Rechenschaftsbericht] 6; — Halban griff Madeyskis Formulierung von der „Verletzung der deutschen Volksseele“ sogar in seinen Erinnerungen auf: „... Ein geistreicher, gegenwärtig der Rechten des Herrenhauses angehörender Politiker (ein Pole) hat die Frage nach dem Grunde der durch die Sprachenverordnungen bei den Deutschen wachgerufenen Erbitterung kurzweg mit den Worten beantwortet: ‚Die deutsche Volksseele ist verletzt worden‘ ... Ist dem so, dann kann man gegen die Bewegung mit Gegenargumenten nicht aufkommen. Dann muß man es glauben, weil man es sieht ...“ Halban, Erinnerungen 267f.

mes, der die deutsche Nation durchfahre“, nämlich der „Badenische Stachel“, wieder entfernt werden[197]).

Nur durch die sofortige Aufhebung der Sprachenverordnungen würde auch die parlamentarische Obstruktion der Deutschen aufgehoben werden können: „... angesichts einer solchen Sachlage war es jedem objektiv denkenden Politiker, der für das Wesen der Nationalität ein richtiges Verständnis hatte, sofort klar, daß da, gleichwohl ob bewußt oder unbewußt, ein Mißgriff geschehen ist, der gutgemacht werden und zu dessen Beseitigung der deutschen Nation von der Regierung eine Genugtuung verschafft werden muß“.

Als politische Kapitulation der Regierung sowie der nichtdeutschen Parlamentsmajorität vor der deutschen Obstruktion wollte Madeyski diesen Schritt aber keineswegs verstanden wissen; im Gegenteil, beteuerte er: „Ein altbewährtes Gebot der politischen Weisheit besagt, daß Konzessionen, die einmal gemacht werden müssen, je früher desto besser gemacht sind, zumal wenn auch, abgesehen von den im gegebenen Fall besonders zu beachtenden, unberechenbaren Wirkungen eines länger andauernden, scharfen Konfliktes zwischen der Staatsgewalt und der mächtigsten Nation im Staate im allgemeinen, der Grad der Demütigung, die in der erzwungenen Gewährung einer Konzession liegen mag, mit der Dauer des größten Zwanges in einem zumindest geraden Verhältnis steht ... Sofortiges Nachgeben, wenn schon einmal nachgegeben werden muß, entwaffnet den Gegner“[198]).

Doch Madeyski beschränkte sich keineswegs darauf, vom taktischen Standpunkt aus zugunsten der Aufhebung der Sprachenverordnungen zu argumentieren: In einer Broschüre, die als Serie von Artikeln ursprünglich im Jahre 1899 erscheinen sollte, dann aber aus politischen Gründen erst ein Jahr später unter dem Titel „Politische Betrachtungen“ veröffentlicht wurde[199]), stellte Madeyski die psychologischen Hintergründe der deutschen Obstruktion als Hauptgrund seiner Forderung nach der sofortigen Aufhebung der Verordnungen dar:

[197]) Madeyski, Sprawozdanie poselskie [Rechenschaftsbericht] 12 und Ders., Zur politischen Lage im Mai 1899; — Zur „Böhmischen Frage“ siehe: Jan Havranek, Sprachliche Gegensätze und Nationalitätenfragen in Böhmen und Mähren bis zum Mährischen Ausgleich; in: Donauraum. Gestern, Heute, Morgen, 147—157; — Jiří Kořalka und R. J. Crampton, Die Tschechen; in: Die Habsburgermonarchie III/1, 489—521; — Sutter, Badenische Sprachenverordnungen sowie Ders., Die politische und rechtliche Stellung der Deutschen in Österreich 1848—1918; in: Die Habsburgermonarchie III/1, 154—339; — Ableitinger, Koerber; — Sieghart, Lezte Jahrzehnte sowie Ders., Die Sprachenfrage in Böhmen und Mähren (als Amtsdruck der österreichischen Staatsdruckerei im Dezember 1899 erschienen); in: Nachlaß Beck, Karton 15, AVA. Die Kenntnis dieser Schrift verdanke ich Univ.-Prof. Dr. Gerald Stourzh, vgl. Stourzh, Gleichberechtigung der Volksstämme als Verfassungsprinzip 1077, Anm. 93.

[198]) Madeyski, Politische Betrachtungen 12. Diese Erklärung ist übrigens auch in anderer Hinsicht bedeutsam: Madeyski fürchtete die Konsequenzen einer politischen Unnachgiebigkeit der österreichischen Slawen. In einer späteren Rede gab er dieses Motiv auch expressis verbis an: „Es ist eine Erfahrungstatsache, daß, wenn ein Stachel in das Herz einer Nation sich tief hineinlegt, Empfindungen entfesselt werden können, die nach den unaufhaltsamen Wirkungen der Massenpsychologie zu einer mächtigen Strömung anwachsen. Die Wirkung einer solchen Strömung stört dann den normalen Verlauf der agrarischen Kulturtätigkeit der Nation und des Landes, was den kulturellen Zwecken der friedlichen Tätigkeit ... nicht entspricht. Die Wirkung einer solchen Strömung erschweren auch in erheblichem Maße eine besonnene und nüchterne Erwägung von wirtschaftlichen und politischen Interessen“. Madeyski, 26. 5. 1902, Sten. Prot. österr. Delegation, XXXVIII. Session, 2. Sitzung, 53.

[199]) Vgl. oben S. 199f.

„Nicht im eigentlichen Wesen der nationalen Konzession, die den Tschechen ... gewährt worden ist, nicht im Inhalt selbst der Bestimmungen" würde der wahre Grund „für die Aufregung der deutschen Nation" liegen[200]): Denn die Deutschen hätten ja schon freiwillig in die prinzipielle Zulassung des Tschechischen zum Gebiet der inneren Amtssprache eingewilligt[201]). Es handle sich also gar nicht darum, den Tschechen diese für sie „ohnehin wesentliche Errungenschaft" wieder streitig zu machen — obwohl Madeyski auch hier gewisse persönliche Bedenken nicht verschweigen wollte: Namentlich die mit der Einführung der inneren tschechischen Amtssprache einhergehende „Verwischung der ... bisher in allen Ländern als fester Grundsatz des Sprachenrechts strengstens gewahrten ... Scheidegrenze zwischen innerer und äußerer Amtssprache" erschien ihm problematisch[202]). Obwohl er sich über die Ursachen dieses Einwandes nicht aussprach, ist es sehr wahrscheinlich, daß er in dieser Erschütterung der Monopolstellung des Deutschen auf dem Gebiet der inneren Amtssprache einen Präzedenzfall sah, dessen politische Konsequenzen (insbesondere für andere Länder, wie Galizien) nicht absehbar waren.

Nein, der wahre Grund für die Erregung der Deutschen lag nach Ansicht Madeyskis in der „Einförmigkeit der Durchführung" dieser Verfügung[203]): denn der Umfang des Geltungsgebietes der inneren tschechischen Amtssprache schloß das gesamte böhmische Territorium ein. Und in der Tat lag eben hier der neuralgische Punkt der Badenischen Sprachenverordnungen: Die Deutschen sahen ihren „nationalen Besitzstand" weniger durch die grundsätzliche Anerkennung des Tschechischen als innere Amtssprache neben dem Deutschen gefährdet, als vielmehr durch die Ausdehnung ihrer Geltung auf die rein deutschen Sprachgebiete des Landes.

Wie Madeyski ganz richtig feststellte, hatte diese „Einförmigkeit" nämlich zur Folge, daß „der Einwohnerschaft und den Beamten dieser Amtssprengel die Kenntnis der ihnen nicht geläufigen böhmischen Sprache aufgenötigt würde ... ein Umstand, der für die an der Amtshandlung beteiligten Deutschen als Zwang empfunden werden muß, für die deutschen Beamten als Zwang zur Erlernung der zweiten Landessprache, deren Kenntnis sonst für den Verkehr innerhalb des Staatsgebietes überflüssig war"[204]).

---

200) MADEYSKI, Politische Betrachtungen 9.

201) „Das böhmische Volk hat sich nämlich durch eine rasche und intensive, mit der jugendlichen Frische einer aufstrebenden Nation ... betätigte Entfaltung der nationalen Idee im Laufe der letzten Jahrzehnte bei den deutschen Landsleuten — wenn auch nach langem Widerstreben und scharfen Kämpfen — Anerkennung erworben. Schon durch den Abschluß der nationalen Ausgleichspunktationen 1890 unter dem Patronat des Grafen Taaffe mit den alttschechischen Vertretern der Böhmen haben die Deutschen ihre Bereitwilligkeit bekundet, der böhmischen Nation gegenüber auf wesentliche Konzessionen einzugehen. Bald darauf aber ist im Parlament die Ablösung durch die Jungtschechen erfolgt und in diesem Zusammenhang die durch diese Partei veranlaßte Widerrufung der Punktationen ... Trotz dessen und trotz der Opposition der neuen böhmischen Vertreter gegen die von 1890 bis 1893 ohne Verband tatsächlich kooperierenden und von 1893 bis 1895 in einem Band koalierten gemäßigten Gruppen vollzog sich allmählich zwischen Deutschen und Böhmen eine wesentliche Annäherung der Anschauungen über die gegenseitigen nationalen Beziehungen ... Es war also die nationale Voraussetzung einer einverständlichen Lösung des Sprachenstreites bereits gegeben ..." EBD. 8f.

202) EBD. 7.

203) EBD.

204) EBD. 9.

Tatsächlich war im Zusammenhang mit der Einführung der tschechischen inneren Amtssprache für ganz Böhmen verfügt worden, daß vom Jahre 1901 an von allen Staatsbeamten des Landes Zweisprachigkeit gefordert würde. Und tatsächlich war es auch nach Ansicht der Historiker diese Verfügung, die das „Faß der deutschen Erbitterung zum Überlaufen“ brachte: „... denn sie richtete nicht nur für jene deutschen Kreise, die sich seit 1868 geweigert hatten, in den Mittelschulen obligatorisch die zweite Landessprache zu erlernen, eine hohe nationale Schwelle vor der Beamtenlaufbahn auf, sondern durchaus auch für die breiteren Schichten, die im subalternen Dienst Aufnahme suchten“[205]).

Die Beamtenfrage, als „Folgeerscheinung, ja Teilaspekt der Sprachenfrage“, machte eine rein verwaltungstechnische Betrachtung der Sprachenverordnungen nämlich unmöglich: Wie Gerald Stourzh in seiner jüngsten umfassenden Studie zur Nationalitäten- und Sprachenfrage im alten Österreich darlegt, ging die sprachliche Qualifikation der Beamtenschaft „über die technische Frage des Erlernens einer oder mehrerer der landesüblichen Sprachen weit hinaus“. Im alten Österreich sei sie „zum Instrument der stärkeren oder schwächeren Beteiligung einzelner Volksstämme an der Bürokratie des Reiches, ... damit zum Machtmittel einzelner Nationalitäten“ geworden[206]).

Übrigens waren nicht nur die Deutschen über die Sprachenverordnungen für Böhmen aufgebracht. Auch Madeyski ließ es sich nicht nehmen, zumindest in seinen persönlichen Kommentaren zum tagespolitischen Geschehen der Ära Badeni, seinen Gefühlen freien Lauf zu lassen: „Als ich sie (die Sprachenverordnungen) in die Hand bekam, wollte ich meinen eigenen Augen nicht trauen. Man gab den Tschechen so viel, daß es schon mehr war, als sie sich ehrlich erhofft haben konnten. Den Deutschen hingegen nahm man, was ihnen rechtlich zusteht, worauf sie nicht verzichten können. Da wird tatsächlich das Prinzip eingeführt, daß ohne Rücksicht darauf, ob ein Amtssprengel rein deutsch, rein tschechisch oder gemischt ist, überall die tschechische innere Amtssprache gilt und das Amtsverfahren von jener Sprache abhängig gemacht wird, in der eine Angelegenheit eingebracht wird ... Mehr noch; wenn ein Prager Advokat am Gericht in Eger, sagen wir, die Sache seines deutschen Klienten gegen einen Deutschen in tschechischer Sprache einbringt, dann muß der Prozeß demnach in tschechisch geführt werden — auch wenn kein einziger Gerichtsbeamter zugegen ist, der tschechisch spricht! ... Das kann wohl niemand ertragen ... das ist ein Schlag gegen die deutsche Nationalität ...“[207]).

Wiewohl die Reaktion der Deutschen auf die Sprachenverordnungen in diesem Lichte verständlicher wird, darf deshalb das machtpolitische — in diesem Zusammenhang zweifellos weitaus bedeutendere — Moment nicht außer acht gelassen werden: Hinter dem Kampf um die „innere Amtssprache“ stand der machtpolitische Kampf zwischen Deutschen und Tschechen um die Hegemonie in Böhmen:

Hinter der tschechischen Forderung nach einer das gesamte Landesgebiet umfassenden zweisprachigen Verwaltung lag die von der Theorie des „böhmischen Staatsrechts“ untermauerte Aspiration nach Wiederherstellung der Einheit der Länder der

---

205) Ableitinger, Koerber 136.

206) Stourzh, Gleichberechtigung der Volksstämme als Verfassungsprinzip 1059.

207) Madeyski, Pamiętniki rządu Badeniego [Tagebuch aus der regierungszeit Badenis] 13.

Hl. Wenzelskrone: Die Verwirklichung dieses Ideals hing zunächst von der Erhaltung der politischen und administrativen Einheit der Territorien ab, die den tschechischen Nationalstaat der Zukunft formen sollten.

In der Eroberung der „inneren Amtssprache" sahen die Tschechen demnach den ersten Schritt zur Institutionalisierung „eines Stückes tschechischen Staates"[208]).

Hinter der deutschen Ablehnung einer allgemeinen zweisprachigen Verwaltung in Böhmen sowie ihrer Forderung nach Berücksichtigung der rein deutschen Sprachgebiete und demnach der administrativen Dreiteilung des Landes in ein rein deutsches, ein rein tschechisches und ein gemischtes Verwaltungsgebiet lag auf lange Sicht die Hoffnung, eine eventuelle Loslösung der vereinigten tschechischen Gebiete verhindern zu können. Auf kurze Sicht stand hier die Angst vor der Majorisierung der deutsch-böhmischen Minderheit, die Angst vor ihrer Verdrängung durch die zweisprachigen Tschechen im Landesbeamtentum, schließlich die Angst vor den unabsehbaren Konsequenzen einer politischen Hegemonie der Tschechen in Böhmen[209]).

Auf diese ideologischen und mehr noch: machtpolitischen Hintergründe des deutsch-tschechischen Konfliktes um die „innere Amtssprache" in Böhmen ist Madeyski grundsätzlich nicht eingegangen. Ganz im Gegenteil, er bemühte sich angestrengt, den Streit auf die nationalpsychologische Ebene zu verlegen und von der „Empfindlichkeit der deutschen Volksseele" her die politischen Ereignisse zu beurteilen:

Aus der Überzeugung heraus, wie er schreibt, daß man sich „in die Lage des Gegners zu versetzen wissen und ihn verstehen muß, um Frieden mit ihm zu schließen", wollte er den böhmischen Nationalitätenstreit psychologisch aufarbeiten, um „das System einseitiger nationaler Maßregeln endgültig abzuschließen" und den Weg zu einem „gegenseitigen nationalen Entgegenkommen" zu ebnen[210]).

In diesem Sinne rief Madeyski zunächst die nichtdeutschen Nationalitäten auf, für „die Eigenart der Empfindlichkeit des Nationalgefühles der Deutschen" Verständnis aufzubringen und namentlich die Sprachenverordnungen auch vom Standpunkt des „Gegners" her zu betrachten: „Keine der slawischen Nationalitäten" sei je in der Lage gewesen, „jahrhundertelang die erste und führende Nation im Staate Österreich zu sein, somit in kultureller und politischer Beziehung den Deutschen gegenüber jene Stellung einzunehmen, welche der deutschen Nation ihnen und insbesondere auch den Böhmen gegenüber in der geschichtlichen Entwicklung Österreichs zugefallen" sei. Denn: „Rechtlosigkeit, Bedrückung und Entbehrung bildeten die nationale Lage, die ihren Volksstämmen in der Vergangenheit Österreichs vom Schicksal beschieden war, während die Deutschen sich stets und ununterbrochen im unverkürzten Vollgenusse der nationalen Freiheit befanden"[211]).

Demnach hätten die Nichtdeutschen vom Standpunkt „eines die nationale Freiheit erst anstrebenden Volkes" in den Sprachenverordnungen ausschließlich einen „Schritt nach vorwärts" gesehen, da den Böhmen „in ihrem Heimatland ein Recht eingeräumt wurde, welches die Deutschen bereits besitzen"; deshalb hätten sie allerdings auch nicht

---

208) Ableitinger, Koerber 93, 96.

209) Siehe Kann, Nationalitätenproblem I, 189f. und Sutter, Badenische Sprachenverordnungen I, 35.

210) Madeyski, Politische Betrachtungen 20.

211) Ebd.

„eingesehen" und nicht „bemessen" können, „in welcher Weise das den Deutschen damit aufgenötigte Opfer auf das Nationalgefühl dieses Volkes eingewirkt hatte"[212]).

Erst nach dieser Einleitung, die nicht nur die Kompromißbereitschaft der Nichtdeutschen fördern, sondern ihn selbst auch vor dem Vorwurf jeder Parteilichkeit schützen sollte, ging Madeyski zur Beschreibung seines Entwurfes einer Lösung der Böhmischen Frage über. Dieses Projekt, das im Geiste des Kompromisses — wie Madeyski diesen verstehen wollte — auf der administrativen Dreiteilung Böhmens fußte, ist bekanntlich 1899 von der Regierung Thun verworfen worden und der unmittelbare Anlaß für Madeyskis „Tritt" in das Herrenhaus durch seine Kollegen aus dem Polenklub gewesen[213]).

Im Unterschied zu der Verfügung der Badenischen Sprachenverordnungen, der tschechischen inneren Amtssprache ein landesweites Geltungsgebiet einzuräumen, schränkte Madeyskis Entwurf dieses Geltungsgebiet auf das rein tschechische und das gemischtsprachige Verwaltungsgebiet ein (hier allerdings neben und gleichberechtigt mit der deutschen inneren Amtssprache)[214]).

Daß ein solches Programm unter den damals herrschenden politischen Verhältnissen auf parlamentarischer Ebene keinesfalls durchsetzbar war, wußte allerdings auch Madeyski: „... sowohl den deutschen als auch den tschechischen Abgeordneten muß es gegenwärtig schwerfallen, im Namen eines gegenseitigen Entgegenkommens einen Kompromiß zu schließen und auf ihre jeweiligen Endziele zu verzichten ... Der nationale Kampf hat hier die Grenzen der Vernunft schon weit überschritten; darüber

---

[212]) Ebd.

[213]) Vgl. oben S. 198ff. Übrigens stand Madeyskis Dreiteilungsentwurf für Böhmen in einem auffallend engen zeitlichen Zusammenhang mit den Sprachenverordnungen der Regierung Gautsch vom 24. 2. 1898. Diese waren in der Hoffnung herausgegeben worden, die auf die Badenischen Sprachenverordnungen für Böhmen folgende Obstruktionspolitik der Deutschen zu brechen: In den neuen Verordnungen wurde zwar die zweisprachige Gleichberechtigung in der äußeren Amtssprache beibehalten, doch wurde für Böhmen eine „regionale Differenzierung" in einsprachige und gemischtsprachige Amtsbezirke eingeführt (die nicht für die äußere Amtssprache galten). Die Clary'schen Sprachenverordnungen vom 14. 10. 1899, stellten dann wieder den Rechtszustand von vor den Badenischen Sprachenverordnungen her, d. h. es galten wieder die Taaffe-Stremayrschen Verordnungen von 1880, die die zweisprachige Gleichberechtigung für die gerichtliche und politische Verwaltung normierten. Vgl. Stourzh, Gleichberechtigung der Volksstämme als Verfassungsprinzip 1084, Anm. 115 sowie K. G. Hugelmann, Das Nationalitätenrecht des alten Österreich 191. Wie auch ein anonymer Beobachter der damaligen politischen Szene bemerkte, wäre die „deutsch-tschechische Verständigung auch für die Herrschaft der polnischen Herrenpartei sowohl im eigenen Land als auch im Reichsrat ... das Grabesgeläut". Der Untergrund des Sprachenhaders in Österreich. Ein Wort zu der Verständigungskonferenz des Ministeriums Koerber, Januar 1900, von einem Reichsrats-Invaliden (Leipzig 1900) 17. Interessant ist auch die These von Chlebowczyk, wonach die polnisch-tschechischen Beziehungen namentlich am Interesse der Tschechen an den ostgalizischen Ruthenen gelitten hätten: eine deutsch-tschechische Versöhnung hätte in diesem Verständnis eine Gefährdung des nationalen und vor allem politischen „Besitzstandes" der Polen bedeutet. Denn tatsächlich hatten die Polen ja bis dahin nicht nur das politische Leben in Galizien frei gestalten, sondern auch im Reichsrat — und gerade in Zusammenhang mit der tschechisch-deutschen Frage — als Zünglein an der Waage fungieren können. Siehe Chlebowczyk, Procesy narodotwórcze [Nationsbildene Prozesse] 245ff.

[214]) Madeyski, Zur politischen Lage im Mai 1899.

hinaus sitzen den Abgeordneten beider nationalen Lager ihre eigenen radikalen Flügel im Genick“[215]).

Angesichts dieses Sachverhaltes hielt Madeyski nur die Regierung für geeignet, sein Programm zu verwirklichen — wohlgemerkt, auch da bei Anwendung einer „douce violence“; denn konkret sah Madeyski nur zwei Wege, auf denen sein Entwurf Gesetzeskraft erlangen könnte: den § 14 oder eine Kaiserliche Entschließung mit provisorischer Gültigkeit, die er dann „aus Rücksicht auf die für eine gesetzliche Regelung dieser Frage auf dem Wege des § 14 ungünstige politische Konstellation“ für aussichtsreicher hielt[216]).

Obwohl Madeyskis Appell an die „Versöhnungsbereitschaft“ des nichtdeutschen Lagers ungehört blieb, ist seine Kampagne in der Böhmischen Frage zumindest für das Verständnis seines eigenen Standortes von großer Bedeutung:

Spätestens wenn man Madeyskis Dreiteilungsmodell für Böhmen in den Kontext seiner allgemeinen Erwägungen im Bereich der nationalen Frage gestellt hat, entpuppt sich die vordergründige psychologische Argumentation als Deckmantel nüchterner realpolitischer Überlegungen: Hatte Madeyski denn nicht wiederholt erklärt, daß er — im Rahmen seiner grundsätzlichen Ablehnung einer föderalistischen Umbildung Österreichs — ein entschiedener Feind sowohl einer österreichisch-ungarisch-tschechischen Föderation als auch eines souveränen tschechischen Nationalstaates war? Stellte die Badenische Konzession an die Tschechen demnach in seinen Augen keine ernste Gefährdung der bestehenden Struktur des Reiches dar?

Die Überlegungen, die Madeyski bei der Ausarbeitung seines Entwurfes anstellte, bestätigen diese Vermutung: Tatsächlich wollte er durch seinen Entwurf, wie er ausdrücklich schreibt, „jene Voraussetzungen“ schaffen, die — wie er aufgrund einer polit-psychologischen Analyse der tschechischen Nationalpolitik der vergangenen Jahrzehnte festgestellt hatte[217]) — die Tschechen immer wieder dazu bewogen hätten, ihr

---

[215]) „Nur heldenhafter Mut kann den Konflikt in einer solchen psychologischen Situation meistern: Entweder findet sich eine genügende Anzahl von Abgeordneten, die bereit sind, dem nationalen Ausgleich zuzustimmen und damit ihre Mandate aufs Spiel setzen — in diesem Fall könnte der Konflikt auf friedlichem Wege und freiwilliger Basis gelöst werden —, oder es findet sich eine Regierung, die ihrerseits bereit ist, ihren Fall in Kauf zu nehmen und eine Regelung aufzwingt, von der sie anzunehmen berechtigt wäre, daß jene, die zwar nicht den Mut hätten, diese zu unterstützen, sie doch zumindest schweigend zur Kenntnis nehmen würden ... tolerari posse“. MADEYSKI, Sprawa narodowościowa w Austryi [Nationalitätenfrage in Österreich] 1.

[216]) MADEYSKI, Zur politischen Lage im Mai 1899, Zusatz.

[217]) Aufgrund dieser Beobachtungen verurteilte Madeyski die Nationalitätenpolitik der Regierung Badeni: denn diese hätte nur die Unabhängigkeitsbestrebungen der Tschechen genährt. Madeyski hingegen wollte solche Voraussetzungen schaffen, bei deren Eintreffen die Tschechen regelmäßig ihr Unabhängigkeitspostulat zurückgestellt hätten. Siehe MADEYSKI, Zur politischen Lage im Mai 1899. Daß seine Beobachtungen richtig waren, bestätigt auch die Analyse eines modernen Historikers: „Nicht einmal den Jungtschechen stand das Stigma, bedingungslose Föderalisten zu sein, für alle Zeiten auf der Stirn. Nur solange sie an die Realisierbarkeit des Böhmischen Staatsrechts glauben durften, die zugleich als Vehikel der Majorisierung des deutschen Elementes in den böhmischen Ländern taugte, stand dies fest. Mit der Verbreiterung des Bewußtseins, daß der Föderalisierung nach tschechischen Vorstellungen jedenfalls eine Reform der Landesvertretung Böhmens in dem Sinne einer nationalen Autonomie, wie sich die Deutschböhmen wünschten, parallel gehen müßte, daß eine allfällige Föderalisierung daher immer nur eine Folge des deutsch-tschechischen Übereinkommens sein könne, nahm der ernsthafte Rekurs auf das historische Recht ... zunehmend ab“. ABLEITINGER, Koerber 30.

Ideal der politischen Eigenständigkeit auf den Territorien der Hl. Wenzelskrone zurückzustellen: Konkret ging es Madeyski hier um die Aufnahme solcher Bedingungen in sein Lösungsmodell, die den Tschechen regelmäßig die Vorteile ihres Verbleibens im österreichischen Staatsverband gezeigt hätten.

Aufgrund seiner eigenen Nachforschungen meinte Madeyski, solche Voraussetzungen durch die Anerkennung der tschechischen inneren Amtssprache im tschechischen und im gemischten Verwaltungsgebiet Böhmens geschaffen zu haben. Ihren Ausschluß aus dem rein deutschen Verwaltungsgebiet dachte er allerdings mit dem Zauberwort des „Kompromisses" allein schon hinreichend begründet zu haben.

Daß aber ein solches Programm im Grunde keineswegs ein „Kompromiß" war, ja diese Frage einen Kompromiß schon grundsätzlich ausschloß, da doch jede sprachenpolitische Maßnahme das bilaterale Verhältnis der betroffenen Sprachen und der ihnen entsprechenden Nationalitäten sofort radikal umkehren mußte[218]), das kann anhand seines Entwurfes mühelos nachgewiesen werden: Unmißverständlich handelte es sich hier um eine grundsätzliche Parteinahme zugunsten des deutschen Standpunktes:

Aus seiner Hochschätzung für die deutsche Nation heraus, die „an der Begründung des Reiches, seiner Konsolidierung, seiner Kultur, schließlich an der Ausgestaltung der Verfassungsfreiheit ... den ersten und leitenden Anteil" genommen habe[219]), aus seiner Antipathie gegen die Jungtschechen heraus, die den Boden der Loyalität zu Staat und Dynastie verlassen hätten und im Namen eines „fiktiven" Staatsrechts das Ideal der Länderautonomie verraten würden, nicht zuletzt auch im Namen der für ihn ja axiomatischen „österreichischen Staatsraison", stand es für Madeyski fest, daß Böhmen geteilt werden mußte, wenn man die Tschechen wieder für Österreich gewinnen wollte[220]).

Allerdings implizierte die Teilung Böhmens die Anerkennung des deutschen Zentralismus als Instrument der Vereinheitlichung des Staates, sowie die Ablehnung einer radikalen Umkehr der bestehenden nationalen Machtverhältnisse in Böhmen, die ja mit der allgemeinen Zweisprachigkeit der Landesverwaltung notwendig einhergehen würde: Mit einem Schlag hätten die Tschechen aufgrund ihrer Zweisprachigkeit die Oberhand über die einsprachigen Deutschböhmen gewonnen.

---

[218]) Prägnant formuliert: „... Usually it is extremely difficult to work out compromises between the demands of heretofore subordinate language groups and the dominant groups. Members of subordinate language groups usually speak fluently the dominant language too, but members of the dominant language group are usually monolingual. Thus all measures that equalize the status of the languages in question actually favour the previously subordinate group". WALTER B. SIMON, A Sociological Analysis of Multilingualism; in: Sounds Canadian. Languages and Cultures in Multi-Ethnic Society, hrg. v. Paul M. Migus (Toronto 1975) 9.

[219]) MADEYSKI, Politische Betrachtungen 9.

[220]) Die strikte Teilung des Landes in national einheitliche Verwaltungseinheiten und die Erhaltung der deutschen inneren Amtssprache entsprachen genau der Forderung der Deutschen. Vgl. KANN, Nationalitätenproblem I, 193. Zudem schuf die Einführung der tschechischen inneren Amtssprache im gesamten Landesgebiet auch das Problem der erforderlich werdenden zweisprachigen Ausbildung des Landesbeamtentums und damit die Existenzängste der Deutschböhmen. Für den tschechischen Beamten hingegen bedeutete die Doppelsprachigkeit eine sichere Hegemonie im böhmischen Beamtentum, sowie eine starke Lockerung der zentralisitischen Einflüsse in den böhmischen Ländern. Siehe MADEYSKI, Zur politischen Lage im Mai 1899.

Madeyski konnte letzteres grundsätzlich nicht billigen: Denn damit würde ja „eine auf einer niedrigeren Stufe der nationalen Kulturentwicklung stehende Mehrheit eine ihr kulturell weit überlegene nationale Minderheit beherrschen“[221])! Aber auch andere Momente bestimmten seinen Standpunkt: In Galizien war die Autonomie gewährleistet. In Galizien war die polnische Sprache mit Ausnahme des Korrespondenzverkehrs mit den Zentralbehörden als innere Amtssprache für das gesamte Landesgebiet anerkannt worden. Fürchtete er nicht, als polnischer Konservativer, daß mit der Einführung der inneren tschechischen Amtssprache neben der deutschen in Böhmen ein verhängnisvoller Präzedenzfall geschaffen würde, in dessen Folge auch die Ruthenen die Anerkennung ihrer nationalen Sprache als gleichberechtigte innere Amtssprache neben der polnischen in Galizien fordern könnten?

... Madeyski hat diesen Gedanken niemals offen ausgesprochen. Obwohl es deshalb nicht weniger wahrscheinlich erscheint, daß auch diese Überlegung in seine Motive für die Ablehnung des tschechischen Standpunktes eingeflossen ist, zog Madeyski es vor, hier auf ideologischer Ebene zu argumentieren: „... Eine doppelte innere Amtssprache kann ausschließlich in einem Übergangsstadium toleriert werden, d. i. in einer Zeit, wo der politische Macht- und Herrschaftskampf zwischen den zwei Volksstämmen, die um die Anerkennung ihrer jeweiligen Sprache als innere Amtssprache konkurrieren, noch nicht abgeschlossen ist ... denn in der Regel drückt sich eben in der inneren Amtssprache der nationale Charakter des Landes als historisch-politische Individualität aus“[222]).

Nicht nur Madeyskis Entwurf zu einer Beilegung des böhmischen Konfliktes scheiterte. Ein ähnliches Schicksal erfuhren auch andere, in die gleiche Richtung gehende Projekte: So insbesondere der vollständig ausgearbeitete Sprachengesetzentwurf der Regierung Koerber vom Jahre 1900[223]). Dennoch wollte Madeyski auch im Jahre 1903 (!) in der Erfolglosigkeit des Dreiteilungsmodells für Böhmen noch kein Symptom für die grundsätzliche Unmöglichkeit eines nationalen Kompromisses auf dieser Basis erkennen: Vielmehr beschränkte er sich darauf, die Motive für die Unversöhnlichkeit der beiden Nationen in den psychologischen Tiefen ihrer „Volksseelen“ und in der „barbarischen Degradierung“ ihres nationalen Kampfes zu einem „primitiven Rassenantagonismus“ zu suchen[224]). Einmal mehr werden in solchen Worten die Grenzen sichtbar, in denen sich das Denken bewegte, dem auch Madeyski verhaftet war:

---

221) Ebd.

222) Madeyski, O zasadzie narodowości [Zum Prinzip der Nationalität] 94.

223) Siehe Sutter, Badenische Sprachenverordnungen I, 309ff. sowie K. G. Hugelmann, Das Nationalitätenrecht des alten Österreich 216. Der Gesetzesentwurf zur Regelung der Sprachenverhältnisse der Staatsbehörden in Böhmen und Mähren der Regierung Koerber, in dessen Rahmen auch die Einrichtung von Kreisregierungen in Böhmen in Aussicht gestellt wurde, war hauptsächlich von Sieghart ausgearbeitet worden. Er fußte auf der peinlich genau in seinem Motivenbericht begründeten Dreiteilung Böhmens und auf der Festhaltung einer deutschen „innersten“ Amtssprache bei gleichzeitiger Anerkennung der tschechischen inneren Amtssprache auch in den deutschen und gemischtsprachigen Verwaltungsgebieten des Landes. Siehe Ableitinger, Koerber 133f., 144 sowie Sieghart, Die lezten Jahrzehnte 415f. Für Sieghart waren die Koerberschen Entwürfe „die erste, letzte und reifste Zusammenfassung des Sprachenrechts, zu der es in der Monarchie gekommen“ sei. Ebd. 417. Trotz der Chance, die dieser Entwurf zu haben schien — er war im Anschluß an die Arbeiten der sogenannten Verständigungskonferenz ausgearbeitet worden, die Koerber am 5. 2. 1900 einberufen hatte —, erlangte auch er niemals Gesetzeskraft. Siehe Kolmer, Parlament und Verfassung VIII, 7.

224) Madeyski, Sprawa narodowościowa w Austryi [Nationalitätenfrage in Österreich] 2.

Auch Madeyski konnte sich den nationalen Frieden nur unter der Beibehaltung des territorialen Einteilungsprinzips der Sprach- und Verwaltungsgebiete vorstellen. Daß zur gleichen Zeit schon ein Alternativmodell auf Grundlage des „Personalitätsprinzips" vorlag, das dem modernen Nationalitätsverständnis gerechter wurde, läßt Madeyskis Verwurzelung im territorialen Verständnis der Nationalität umso schärfer hervortreten[225]).

Und doch begründeten — neben ideologischen Prämissen — zweifellos auch empirische Beobachtungen Madeyskis Entwurf zur Regelung der Böhmischen Frage: Tatsächlich hatten die Tschechen nicht zu allen Zeiten die Dreiteilung Böhmens abgelehnt. Auch sie hatten diese „bei rein technischer Betrachtung des Problems vernünftige Lösung" noch Anfang der sechziger Jahre vertreten[226]). Damals bot ihnen nämlich die Dreiteilung die Chance, zumindest in einem Landesteil ihre nationale Sprache de jure als Amtssprache durchzusetzen, da sie zu dieser Zeit doch nicht einmal die Ämter ihres eigenen geschlossenen Wohngebietes zu besetzen vermochten[227]).

Erst nachdem das Tschechische mit dem Deutschen auf dem Gebiet der äußeren Amtssprache im Jahre 1880 in ganz Böhmen gleichgestellt wurde, und die Tschechen infolge der rapiden sozialen, wirtschaftlichen und kulturellen Entwicklung verstärkt in die Staatsämter eindringen konnten, schlug die tschechische Nationalitätenpolitik einen neuen Kurs ein[228]): Im Namen des Böhmischen Staatsrechts und des tschechischen Nationalstaates der Zukunft wurde die Dreiteilung Böhmens jetzt als „Landeszerreißung" verworfen.

Ebenfalls seit der Anerkennung des Tschechischen als zweite äußere Amtssprache für das gesamte Landesgebiet wollten die Deutschen aber von der administrativen Einheit Böhmens — die sie bis dahin konsequent vertraten — nichts mehr wissen[229]).

Aus dieser historischen Perspektive war Madeyskis Rückgriff auf die Dreiteilung Böhmens, die auch die Tschechen zu einer bestimmten Zeit als „vernünftig" anerkannt hatten, also nicht ungerechtfertigt, zumal er ja seit jeher bemüht war, die emotionale Überfrachtung und die fanatisch-chauvinistische Verzerrung der Sprachenfrage aus seinen eigenen Betrachtungen auszuschalten.

Und dennoch: In den konkreten nationalen und politischen Verhältnissen der späten neunziger Jahre hatte Madeyskis „vernünftiger" Entwurf keine reale Chance mehr: Zu groß war schon die Kluft zwischen den nationalpolitischen Aspirationen der beiden böhmischen Nationalitäten. Die Sprachenfrage war zu einer Frage der Machtpolitik geworden[230]).

---

[225]) Tatsächlich erfolgte in den Jahren 1897 bis 1902 ein „Schub" origineller Beiträge zur Theorie der nationalen Autonomie ... „Die Trennung territorial-staatlicher und national-kultureller Belange war der gemeinsame Nenner dieser Pläne". STOURZH, Gleichberechtigung der Volksstämme als Verfassungsprinzip 1169—1170.

[226]) SIEGHART, Die letzten Jahrzehnte 410.

[227]) EBD. 405. Die Abgrenzung von drei Sprachgebieten in Böhmen ist u.a. schon am 5.4. 1861 im böhmischen Landtag gefordert worden.

[228]) SIEGHART, Die letzten Jahrzehnte 414.

[229]) EBD. 409. Am 28.9. 1884 beantragte der Abgeordnete Herbst die nationale Abgrenzung der Gerichts- und Verwaltungsbezirke in Böhmen.

[230]) „Die Amtssprache war nicht bloß ein gesetzestechnisches Problem, sondern auch eine der Äußerungsformen des Wachstums der Nation(en) sowohl im Raum wie an innerer Reife, ihrer Macht und ihres

Unabhängig davon steht Madeyskis Lösungsvorschlag, der — dies sei nochmals betont — die jüngsten Entwicklungen des nationalitätenrechtlichen Denkens bewußt ignorierte — auch in engstem Zusammenhang mit seiner grundsätzlichen Einstellung zum Ideal der politischen Souveränität der einzelnen Nationalitäten des Habsburgerreiches:

Trotz seiner expliziten Anerkennung des Strebens der österreichischen Völker nach politischer Selbstbestimmung, versuchte Madeyski noch im Jahre 1902 nachzuweisen, daß die hierfür notwendigen Voraussetzungen zumindest in Österreich nicht gegeben wären: War eine solche Argumentation nicht der unmittelbare Niederschlag eines tiefen inneren Zwiespalts? Einerseits trat Madeyski doch im Geiste seiner Überzeugung von der unaufhaltsamen Eigendynamik des Prinzips der Nationalität grundsätzlich für das Selbstbestimmungsrecht der Nationalitäten ein. Andererseits wiederum — und diese Überlegung scheint letztlich überwogen zu haben — bangte er um das Schicksal der galizischen Polen im Falle einer Auflösung des österreichischen Staatsverbandes.

Bei verschiedenen Anlässen betonte Madeyski, daß das „Streben der Nationalität nach ihrer politischen Selbstbestimmung eine natürliche Folge der treibenden Kraft des Prinzips der Nationalität“ sei[231]); ja er sprach im Jahre 1902 sogar von der „staatenbildenden Macht der nationalen Idee“[232])! Doch gerade diese „staatenbildende“ Macht, die er der Nationalität zuschrieb, wurde zum Ausgangspunkt seiner Kampagne gegen die Verwirklichung der politischen Souveränität der österreichischen Völker: Denn der „staatenbildenden Kraft“ der nationalen Idee entspreche logisch ihre „staatenvernichtende Wirkung“[233]). Der Code ist leicht zu entziffern: Die Schaffung von eigenständigen Nationalstaaten aus den einzelnen Territorien des österreichischen Staatsgebietes würde die „Vernichtung“ Österreichs bedeuten.

Für Madeyski, der an die unerschütterliche und unversiegbare Lebenskraft des Staates Österreich glaubte, stand es daher fest, daß nicht der Wille der einzelnen Nationalitäten, sondern erst „objektive Bedingungen“ die Schaffung von neuen Nationalstaaten „historisch notwendig“ machen durften: Erst wenn sich „aus dem gemeinsamen Leben bestehender Staaten unter dem Einfluß der allgemeinen ethisch-kulturellen und politischen Entwicklung eine historische Notwendigkeit ergibt, eine an sich zur Tragung staatlicher Selbständigkeit dauernd geeignete Nation zur Gründung eines eigenen Staatswesens zu berufen“, würden Nationalstaaten entstehen: da „wenn eine historische Notwendigkeit als Postulat an Staaten herantritt, der Kampf dagegen ein vergeblicher ist“[234]).

In Österreich seien solche „objektiven Voraussetzungen“ allerdings nicht gegeben, meinte Madeyski, denn in Österreich sei allen Nationalitäten eine freie Entfaltung

Ehrgeizes, und nicht zuletzt des höheren Strebens der nationalen Intelligenz, der die vollendete Sprachbeherrschung zum Mittel des Wettbewerbes auf dem Arbeitsmarkt wird.“ EBD. 412. Siehe auch BAUER, Nationalitätenfrage und Sozialdemokratie 227 sowie STOURZH, Gleichberechtigung der Volksstämme als Verfassungsprinzip 1059 und SIMON, Multilingualism 9.

231) So scharf allerdings drückt Madeyski diesen Gedanken nur in seinem nicht zur Veröffentlichung bestimmten Aufsatz „Zur politischen Lage im Mai 1899“ aus!

232) MADEYSKI, 26. 5. 1902, STEN. PROT. österr. Delegation, XXXVIII. Session, 2. Sitzung, 51.

233) EBD.

234) EBD.

innerhalb des bestehenden staatsrechtlichen Rahmens ermöglicht worden: „Unsere Regierungen“, argumentierte er, „haben ... die Nationalitätenpolitik ... aus der dem Wesen eines Rechtsstaates immanenten Pflicht des Staates zu schöpfen, seinen Staatsbürgern und zwar allen seinen Staatsbürgern die freie Entfaltung der Kräfte zu gewähren und jene staatlichen Schutz- und Förderungsmittel, welche die einzelnen Volksstämme für ihre kulturellen Zwecke benötigen, derart einzurichten, daß sie keinem derselben vorenthalten bleiben“[235]).

Seine Schlußfolgerung behielt Madeyski allerdings für sich. Doch in seinem unveröffentlichten Aufsatz „Zum Prinzip der Nationalität“ schreibt er mit unmißverständlicher Schärfe: „In Staaten, welche die Nationalität grundsätzlich anerkennen, sind alle Bedingungen für die Entfaltung der Nationalität gegeben ... Sie können die Macht und die Kräfte des Staates zur Entfaltung ihrer eigenen nationalen Kulturen verwenden und bis zu einem gewissen Grade so leben, als führten sie ein eigenständiges politisches Dasein ...“[236]).

Aus der historischen Perspektive hat Madeyski die Macht der „Eigendynamik“ der nationalen Idee zweifellos stark unterschätzt: Denn illusorisch war seine Hoffnung, durch realpolitische Argumente und nüchternes Kosten-Nutzen-Kalkül politische Emanzipationsprozesse zu unterbinden. Stärker als die Angst vor einer unsicheren Zukunft, stärker als das Bewußtsein der Schwäche im Vergleich mit den Großmächten war seit der beispielgebenden Französischen Revolution der Wunsch der unterdrückten Nationalitäten, in einem souveränen Nationalstaat ihre nationale Freiheit vollends zu verwirklichen.

---

[235]) Ebd. 52.
[236]) Madeyski, O zasadzie narodowości [Zum Prinzip der Nationalität] 27.

VII. STANISŁAW MADEYSKI UND DAS NATIONALITÄTENRECHT

„Der normativ-juristische Zugang und der sozial-wirklichkeitsbezogene Zugang zu den Phänomenen des Staatslebens bilden eine geschlossene Einheit, weil auch in der Donaumonarchie das Soziale normativ geformt und das Normative sozial fundiert war".

Monika GLETTLER, Die Wiener Tschechen um 1900. Strukturanalyse einer nationalen Minderheit in der Großstadt (Wien—München 1972) 277.

Ebenso wie die österreichische Nationalitätenpolitik gründete auch das österreichische Nationalitätenrecht in der Auslegung des Artikel XIX des Staatsgrundgesetzes über die allgemeinen Rechte der Staatsbürger vom 21. Dezember 1867[1]).

Recht und Politik bildeten im Hinblick auf die Nationalitätenfrage zwei miteinander engstens verknüpfte und sich gegenseitig abstützende Ebenen des Machtkampfes der einzelnen Nationalitäten des Reiches um die Durchsetzung ihrer jeweiligen (ideologisch legitimierten) Interessen: Während die einzelnen Landtage und der gemeinsame Reichsrat als legale Arena der politischen Konfliktaustragung fungierten, galten Reichsgericht und Verwaltungsgerichtshof als Konfliktschlichtungsinstanzen auf der juridischen Ebene dieses Kampfes[2]).

Sowohl für die Verfassungsgeschichte als auch für die politische Praxis des alten Österreich gilt die Entscheidung „über Beschwerden der Staatsbürger wegen Verletzung der ihnen durch die Verfassung gewährleisteten politischen Rechte" — im Jahre 1867 ein verfassungsgeschichtliches Novum für ganz Europa[3]) — als die bedeutendste Aufgabe des Reichsgerichtes[4]). Da auch die nationalen Rechte in die Kategorie der politischen

---

[1]) Artikel XIX des Staatsgrundgesetzes über die allgemeinen Rechte der Staatsbürger vom 21. 12. 1867, RGBl. 142:

Absatz 1: Alle Volksstämme des Staates sind gleichberechtigt und jeder Volksstamm hat ein unverletzliches Recht auf Wahrung und Pflege seiner Nationalität und Sprache.

Absatz 2: Die Gleichberechtigung aller landesüblichen Sprachen in Schule, Amt und öffentlichem Leben wird vom Staate anerkannt.

Absatz 3: In den Ländern, in welchen mehrere Volksstämme wohnen, sollen die öffentlichen Unterrichtsanstalten derart eingerichtet sein, daß ohne Anwendung eines Zwanges zur Erlernung einer zweiten Landessprache jeder dieser Volksstämme die erforderlichen Mittel zur Ausbildung in seiner Sprache erhält.

Entnommen aus: DIE ÖSTERREICHISCHEN VERFASSUNGSGESETZE mit Erläuterungen, hrg. von EDMUND BERNATZIK (Wien [2]1911) 426f.

[2]) Zur Geschichte des Reichsgerichtes, seiner Organisation und Funktionen siehe KARL HUGELMANN, Das österreichische Reichsgericht; in: Zeitschrift für öffentliches Recht IV (1925) 459ff. sowie FRIEDRICH LEHNE, Rechtsschutz im öffentlichen Recht: Staatsgerichtshof, Reichsgericht, Verwaltungsgerichtshof; in: Die Habsburgermonarchie II, 672ff., 692ff.

[3]) EBD. 684ff.

[4]) Gerade der Einblick in die vor dem Reichsgericht stehenden Nationalitätenfälle ermöglicht es dem Verfassungshistoriker, wie Stourzh in seiner jüngsten Studie zum Sprachen- und Nationalitätenrecht des alten Österreich überzeugend gezeigt hat, „sich ein differenziertes Bild von der Verfassungswirklichkeit

Grundrechte fielen, zog vornehmlich seine Judikatur in Fragen des Nationalitätenrechts die Aufmerksamkeit der öffentlichen Meinung auf sich; sie wurde zum vielleicht wichtigsten Rechtsprechungsbereich des Reichsgerichtes[5]).

Als Stanisław Madeyski im Jahre 1898 zum ständigen Mitglied des Reichsgerichtes gewählt wird, sieht dieses schon auf eine Erfahrung von beinahe drei Jahrzehnten zurück: In dieser Zeitspanne hatte dieser Gerichtshof durch mühsame juridische Auslegungsarbeit jene Direktiven zur praktischen Handhabung nationaler Streitfragen entwickelt, die jetzt das Gerüst des cisleithanischen Nationalitätenrechts bildeten.

Unmittelbar nach seinem Eintritt in das Reichsgericht begann Madeyski die Rechtsprechung dieses Gerichtshofes zu studieren: Schon 1900—1901 entstand als Ergebnis seiner persönlichen Studien ein umfassendes, zweibändiges Werk[6]), dessen Bedeutung nicht nur damals, sondern auch heute noch von Staatsrechtslehrern anerkannt wird[7]): Erstmals wurde darin der Versuch unternommen, anhand der einzelnen Erkenntnisse, die das Reichsgericht im Zuge seiner Tätigkeit auf dem Gebiet des Nationalitätenrechts ausgesprochen hatte, jene Grundsätze herauszuarbeiten, die seine Urteilsfindung leiteten und auch künftig zu leiten hätten.

Es war insbesondere auch ein Verdienst Madeyskis, nachgewiesen zu haben, daß die Judikatur des Reichsgerichtes zur „schöpferischen Fortbildung" des Nationalitätenrechts beigetragen hat: Anläßlich konkreter juridischer Streitfragen, über die zu entscheiden es berufen war, hatte es den praxisfernen Artikel XIX, der allein die ganze Substanz des österreichischen Nationalitätenrechts enthielt, zu einem konkreten, in der juridischen Praxis anwendbaren Normen- und Rechtekatalog entwickelt.

Gegen die Anhänger der „Verheißungstheorie", die in Artikel XIX ein bloßes Prinzip erkennen wollten, das erst durch die Verabschiedung konkreter Ausführungsgesetze Rechtswirksamkeit erlangen würde, wies Madeyski nach, daß aus Artikel XIX auch ohne Ausführungsgesetze konkrete Rechtssätze abgeleitet werden konnten[8]).

---

des Nationalitätenkonfliktes im täglichen Leben der Volksstämme Altösterreichs zu machen". Siehe STOURZH, Gleichberechtigung der Volksstämme als Verfassungsprinzip 1021.

[5]) Dieser Rechtsprechungsbereich „war jene Sphäre, welche die Aufmerksamkeit weitester Kreise am meisten auf sich gezogen hat und in welcher zumal die politische Welt die Bedeutung des Reichsgerichtes vorzugsweise zu suchen geneigt war". Karl HUGELMANN, Reichsgericht 524.

[6]) „... ich habe den Eindruck, daß Klein (Sektionschef im Justizministerium), — es handelt sich um den Rechtswissenschaftler Franz Klein, 1854—1926 (J. R.) — vollkommen recht hat, wenn er meint, daß die verschiedenen Arbeiten, die ich im Laufe meiner Tätigkeit veröffentlicht habe, bestätigen, wie ernst ich die Verpflichtungen nehme, zu deren Erfüllung das Schicksal mich beruft". MADEYSKI, Moje wady w życiu publicznym [Meine schlechten Eigenschaften im öffentlichen Leben]; in: Nachlaß, lose Bemerkungen.

[7]) So vor allem ZOLL, Madeyski, 50, Anm. 1, sowie FRANCISZEK KASPAREK, Rezension von Madeyskis „Studien zur Rechtsprechung des Reichsgerichtes"; in: *Przegląd Polski* 143 (1902) 328ff. und LUDWIG ADAMOVICH, Verfassungsgerichtsbarkeit und Rechtsanwaltschaft; in: 100 Jahre österreichischer Rechtsanwaltskammern 1850—1950 (Wien 1950) 14f. Adamovich schreibt „... aus dem Bereich des Rechts auf Sprache und Nationalität ... sei auch auf die große Leistung des Stanisław Madeyski von Poray verwiesen, der die Rechtsprechung des Reichsgerichtes über die politischen Rechte der Nationalitäten als erster eindrucksvoll verarbeitet hat". (EBD.). Siehe auch LEHNE, Rechtsschutz 686.

[8]) ERWIN MELICHAR, Die Rechtslage der Nationalitäten in Zisleithanien nach der Dezember-Verfassung 1867 im Lichte der Judikatur des Reichsgerichtes; in: Der österreichisch-ungarische Ausgleich 1867. Materialien der internationalen Konferenz in Bratislava, hrg. v. L. Holotík (Bratislava 1971) 413. Vgl. MADEYSKI, Studien II, 51f.

Für die Zwecke einer Untersuchung allerdings, die vornehmlich Madeyskis eigene Anschauungen in der nationalen Frage untersuchen will, sind diese objektiven Verdienste[9]) seiner „Studien zur Rechtsprechung des Reichsgerichtes" nur von zweitrangiger Bedeutung. Madeyskis theoretische Abhandlung über die Grundbegriffe des Artikel XIX hingegen, die den Ausgangspunkt dieses Werkes bildet, wird im folgenden im Mittelpunkt der Betrachtung stehen:

Angesichts der allgemein bekannten — teils beklagten, teils wohl ausgenützten — Unbestimmtheit der Rechtsbegriffe, die in Artikel XIX verwendet wurden, war selbstverständlich auch Madeyskis begriffliche und inhaltliche Klärung der sowohl in der Rechtswissenschaft als auch in der Politik strittigen Konzepte der „Nationalität", des „Volksstammes" und der „Nation" nur eine Auslegung unter den möglichen (und vor allem jeweils nur von bestimmten sozialen Kräften getragenen) Interpretationen[10]). Allerdings liegt in diesem Vorbehalt zugleich auch der eigentliche Wert dieses Werkes: Denn Madeyskis Studie ist weniger vom Gesichtspunkt ihrer logischen Konsistenz oder ihrer Wissenschaftlichkeit als vielmehr vom Gesichtspunkt der ideologischen Prämissen und der politischen Zielsetzungen, die ihr zugrunde liegen, von besonderem Interesse.

Obwohl sich Madeyskis juristischer Standort in den „Studien" streng an die Grundsätze hält, die das Reichsgericht im Laufe seiner Rechtsprechungspraxis entwickelt hatte, ja Madeyski offensichtlich bemüht war, seine persönlichen politischen Überzeugungen aus dieser rechtswissenschaftlich angelegten Studie nach Möglichkeit auszuschließen und höchstens in Fußnoten auf diese zu verweisen, bildet das Kapitel über die „Grundbegriffe" diesbezüglich eine Ausnahme: Denn das Reichsgericht hatte sich selbst niemals zu einer grundsätzlichen Definition des begrifflichen Inhaltes jener Konzepte durchgerungen, die dem Artikel XIX zugrunde lagen. Was konkret unter „Nationalität", „Volksstamm" und „Nation" zu verstehen war, konnte nur aus den verschiedenen Erkenntnissen abgeleitet werden[11]).

---

[9]) Auf den Inhalt des 1. Bandes der „Studien" kann in dieser Untersuchung nicht eingegangen werden: Im wesentlichen handelt es sich hier um einen umfassenden Beitrag zur Klärung und Einschränkung der Ermessensfreiheit der Verwaltungsbehörden gegenüber dem Staatsbürger. Madeyski konnte nachweisen, daß das Reichsgericht auch in diesem Bereich berechtigt war, die in das Gebiet der Ermessensfreiheit fallenden Eingriffsverfügungen der Verwaltungsbehörden auf ihre Rechtmäßigkeit zu prüfen, sofern diese in das Gebiet des „gebundenen" Ermessens fielen, also in jenes Gebiet, in dem die Verwaltungsbehörden durch Rechtsbefehle des äußeren Verwaltungsrechts dem Einzelnen und dessen Individualinteressen gegenüber gebunden waren. Durch diese Kontrollmöglichkeit des Reichsgerichtes sollte der Schutz der staatsbürgerlichen Rechte, zu dem ja das Reichsgericht berufen war, um den zusätzlichen Schutz vor eventuellen rechtswidrigen Handlungen der Verwaltungsbehörden gegenüber dem Individualrecht des Einzelnen erweitert werden. Siehe MADEYSKI, Studien zur Rechtsprechung des Reichsgerichtes I: Das Ermessen der Verwaltungsbehörden (Wien—Prag 1900).

[10]) Diese These wird von einem Rechtswissenschaftler der Gegenwart erhärtet: „... die politische Philosophie [kann] aus dem öffentlichen Recht nicht eliminiert werden, weil und sofern die Grundbegriffe des positiven Verfassungsrechts sozusagen metaphysisch aufgeladen sind ... auch die Grundrechte von 1867 [sind] auf Standes- und Klasseninteressen eines gebildeten und besitzenden Bürgertums zugeschnitten." GUSTAV KAFKA, Referat; in: Verhandlungen des zweiten österreichischen Juristentages II/2: Die Entwicklung der Grundrechte in Österreich. Referate und Diskussionsbeiträge (Wien 1964) 13, 8.

[11]) Siehe MELICHAR, Rechtslage der Nationalitäten 454, sowie STOURZH, Gleichberechtigung der Volksstämme als Verfassungsprinzip 1024f., 1033: Daher hätten „die Fragen, was ein Volksstamm sei, wo er wohne, welche Sprache er spreche, ob er durch Artikel 19 geschützt sei, wo er geschützt sei, ja ob es ihn

1. Zu einer Theorie des Nationalitätenrechts

Auch Madeyski hatte sich in früheren Jahren (etwa 1884) weniger mit dem „Wesen" als vielmehr mit den politischen und rechtlichen Implikationen des Phänomens der Nationalität auseinandergesetzt. Erst in Zusammenhang mit seinem Eintritt in das Reichsgericht und seiner intensiven Beschäftigung mit den Grundfragen des österreichischen Nationalitätenrechts begann sich der Schwerpunkt seiner Interessen allmählich zu verlagern:

Madeyski war jetzt zur Überzeugung gelangt, daß der Kern der Nationalitätenzwiste nicht im Kampf um die Durchsetzung dieser oder jener Auslegung der Bestimmungen des Artikel XIX lag, sondern vielmehr in der Verschwommenheit der diesem Artikel zugrunde liegenden Rechtsbegriffe.

Für ihn stand es daher fest, daß jede seriöse Beschäftigung mit dem österreichischen Nationalitätenrecht zunächst die begriffliche Klärung des Konzeptes der „Nationalität" voraussetzte, in deren Namen ja den österreichischen Völkern besondere Rechte eingeräumt worden waren.

Weit davon entfernt, sich mit dieser Feststellung zu begnügen, stellte Madeyski das Wesen der Nationalität und die Dynamik der nationalen Idee in seinem unveröffentlichten Aufsatz „Zum Prinzip der Nationalität" erstmals in den Mittelpunkt seiner Überlegungen zur nationalen Frage:

Obwohl Madeyski viele der Gedanken, die er in dieser vermutlich in den Jahren 1899—1900 entstandenen Arbeit entwickelte, auch in seine „Studien" aufnahm, ist dieser unveröffentlichte Aufsatz zumindest für das Verständnis der Evolution von vorrangigem Interesse, die sein Denken in der nationalen Frage in den letzten Jahren seines Lebens erfuhr — zumal sich Madeyski darin nicht scheute, auch Zweifel offen auszusprechen, unausgereifte Gedanken oder eigene Widersprüche zu diskutieren und etwaige Kommentare explizit anzuführen.

Übrigens kam diese neue Sicht der österreichischen Nationalitätenfrage auch in den politischen Reden zum Tragen, die er ab 1899 im Herrenhaus oder als Mitglied der österreichischen Delegation des Reichsrates hielt.

a) Die „Nationalität"

Als ob er sich für seine frühere Betrachtung der nationalen Frage entschuldigen wollte, erklärte Madeyski in der Einleitung zu seinem Aufsatz „Zum Prinzip der Nationalität", daß er bisher immer gedacht habe, daß die „Nationalität" zu jenen Begriffen gehörte, „die einer Beschreibung nicht bedurften": Solche Begriffe seien „aus sich selbst entstanden" und würden „den Menschen von Geburt an so stark prägen, daß sie im Augenblick seiner persönlichen Bewußtseinswerdung schon als fertige und inhaltlich bestimmte Begriffe erscheinen, die zu seinem geistigen Schatz gehören und im Innersten der Seele getragen werden"[12]).

überhaupt gebe, immer wieder in konkreten Fällen Verwaltung und Rechtsprechung Cisleithaniens in Atem gehalten". Ebd. 1033.

[12]) Madeyski, O zasadzie narodowości [Zum Prinzip der Nationalität] 1.

Erst die Erfahrung, daß dieser Begriff, als er zum Gegenstand des politischen Kampfes der Völker geworden war, „unterschiedlich verstanden wurde"[13]), habe ihm die Notwendigkeit einer besonderen Analyse dieses Konzeptes aufgezeigt.

Er selbst allerdings, kündigte er anschließend an, wolle die begriffliche und inhaltliche Bedeutung der „Nationalität" ausschließlich vom Gesichtspunkt der Bedürfnisse und Zwecke des Rechts untersuchen: Denn nur aus dieser Perspektive könnte die „Nationalität" „tatsächlich die Grundlage für die konkreten Rechte der Nationalitäten" bilden[14]).

Den Ausgangspunkt seiner Konzeptanalyse bildete die Untersuchung all jener Momente, die von der Wissenschaft als konstitutive Elemente der Nationalität anerkannt wurden; als ihr Ergebnis bezeichnete Madeyski die anschließende Auswahl jener Elemente, die für die Bestimmung der „Nationalität" „wesentlich" seien[15]):

Von den sechs ursprünglich in die Untersuchung aufgenommenen Merkmalen der Nationalität — es sind dies „Abstammung", „Religion", „Sprache", das „eigenständige politische Dasein", „nationale Kultur" und „Nationalbewußtsein" —, die er eingehend in seiner Vorstudie „Zum Prinzip der Nationalität" analysiert, sind auf diesem Wege nur vier davon als „wesentliche Teilelemente" der Nationalität anerkannt worden und in die endgültige Begriffsdefinition eingegangen:

— Die erste Voraussetzung für die Nationalität als Eigenschaft einer menschlichen Gemeinschaft ist — laut Madeyski — die Stammesgemeinschaft, die er — im Gegensatz zu den Anhängern der „anthropologischen oder rassischen Abstammungstheorien" — nicht als Produkt einer Blutsverwandtschaft, sondern als „soziales Produkt der im Laufe der historischen Entwicklung meist durch Kriege und Völkerwanderungen erfolgten Assimilations- bzw. Exterminationsvorgänge" verstanden wissen will: Denn die „nationale Gemeinschaft" verdankt, seiner Meinung nach, nur der Geschichte ihr

---

13) „Als die Wissenschaft begann, in das Wesen der Nationalität vorzudringen, entdeckte man in dieser eine solche Fülle verschiedenartiger Faktoren, Abwandlungen und Schattierungen, daß die Ansichten über die ‚wesentlichen Elemente' der Nationalität ab diesem Augenblick begannen, immer stärker von einander abzuweichen und auseinanderzugehen". EBD. 3. Schon „der Sprachgebrauch war nicht einheitlich, die Begriffe nicht scharf geschieden ... Zudem fluktuierten die Begriffe ‚Volk', ‚Volksstamm', ‚Nationalität' zwischen landschaftlich-staatlichen und sprachlich-ethnischen Bezügen". STOURZH, Gleichberechtigung der Volksstämme als Verfassungsprinzip 980, 981.

14) MADEYSKI, O zasadzie narodowości [Zum Prinzip der Nationalität] 3.

15) Seine methodische Vorgangsweise legte er ausdrücklich dar: „Wenn wir alle Elemente aufzählen, welche die Wissenschaft mit dem Begriff der Nationalität verbindet, und wir diese dann eines nach dem anderen analysieren, werden wir sehr leicht feststellen können, welche von ihnen für die inhaltliche Bestimmung des Begriffes wesentlich und welche nur zufällig sind, d. h. die Nationalität auch ohne sie bestehen kann. Das Ergebnis dieser Untersuchung führt also von selbst zu einer Definition der Nationalität, wie sie im gegenwärtigen Entwicklungsstand vom Recht verstanden wird". EBD. 4. Es ist in erster Linie diese Analyse Madeyskis, die mich berechtigt anzunehmen, daß der Aufsatz „O zasadzie narodowości" [Zum Prinzip der Nationalität] eine Art Vorstudie zu den „Studien zur Rechtsprechung des Reichsgerichtes" bildete. In die veröffentlichte Endfassung sind nur die Ergebnisse dieser Vorstudie eingeflossen. Für das Verständnis der Thesen in seinen „Studien" ist der Rekurs auf diese Vorstudie indes von großer Bedeutung: Nur die Rohfassung enthält zusätzliche Kommentare und Beweisführungen, ja sogar einen eigenen Absatz unter dem Titel „Zweifel"! Außerdem hat Madeyski hier auch einige ursprüngliche Thesen und Schlüsse nach genau niedergeschriebener „Selbstkritik" im Sinne dieser Kritik korrigiert oder präzisiert, und schließlich ist in der Rohfassung die rechtswissenschaftliche Analyse noch nicht von politischen Überlegungen „gesäubert".

Dasein und ist eine Schöpfung der Geschichte. Die Annahme einer anthropologischen Grundlage der Nation würde die Sache, wie er zynisch bemerkte, „zwar sehr vereinfachen, sei jedoch nicht wahr ... und als Grundlage des Rechts unbrauchbar“[16]).

Madeyski versteht die „Abstammungsgemeinschaft“ als „dauerndes Zusammenleben“ einer menschlichen Gemeinschaft auf einem gleichen Territorium: „Dieses Zusammenleben schafft für die Gemeinschaft gleiche Lebensbedingungen und gleiche Einflüsse, gemeinsame Gefahren und gemeinsame Ziele. Erst auf einer solchen Grundlage konnte, wie Madeyski offensichtlich annahm, aus einem losen Aggregat von Menschen eine „soziale Gemeinschaft“ im Sinne einer Schicksalsgemeinschaft entstehen.

— Die zweite Voraussetzung sieht Madeyski in der „Muttersprache“, die auf Grundlage dieses Zusammenlebens im Laufe der Geschichte entsteht: Auch ihre Ausbildung schreibt er der Geschichte zu, nämlich den im Laufe ihrer Entwicklung erfolgten Mischungen von verschiedenen Stämmen. Im Maße dieser Vermischung hätte sich von Generation zu Generation eine Sprache ausgebildet, die schließlich zur „erblichen Muttersprache“ der Gemeinschaft wurde. „An der Ausbildung und Entwicklung dieser Sprache arbeitete und arbeitet die gesamte nationale Gemeinschaft immerfort ... Die erbliche Muttersprache ist ihr geistiger Schatz, den sie von Generation zu Generation überliefert“[17]). Auf der Grundlage dieser Sprache, die „das Denken und Fühlen der nationalen Volksseele veräußerlicht und ausdrückt“[18]), entwickelt sich, und das ist die dritte wesentliche Voraussetzung der Nationalität —:

— ein „eigenartiges Gepräge der geistigen und materiellen Kultur, das in Privat-, Familien- und öffentlichem Leben zutage tritt“[19]). Alle diese geistigen Produkte tragen den „spezifischen Charakter der Sprache der nationalen Gemeinschaft“[20]).

— Die vierte und letzte, zugleich aber auch die grundlegende Voraussetzung der Nationalität sind für Madeyski das nationale Gesamtbewußtsein als Bewußtsein der Zusammengehörigkeit der Stammesgemeinschaft und der damit innig verknüpfte Gesamtwille als gemeinsamer Wille zur Selbsterhaltung und Entwicklung der eigenen Stammesgemeinschaft. Dieser „Wille“ und dieses „Bewußtsein“ gelangen, wie Madeyski annimmt, in der „sozialen Gesamttätigkeit“ der Gemeinschaft zum Ausdruck, und sind als „innere“ Momente der Nationalität für ihn insofern ausschlaggebend, als erst durch

---

16) MADEYSKI, O zasadzie narodowości [Zum Prinzip der Nationalität] 7, 9.

17) MADEYSKI EBD. 20. — Siehe auch Studien zur Rechtsprechung des Reichsgerichtes II: Die politischen Rechte der Nationalität 17. Von der großen Bedeutung, die Madeyski der Muttersprache beimaß, zeugt auch folgende Aussage: „Und da gibt es erfahrungsgemäß und anerkanntermaßen nur ein einziges Mittel, um in die Seele des Menschen den Keim jener Empfindungen und Gefühle zu legen, ohne die die Religion den Menschen zu durchdringen nicht vermag, und dieses Mittel ist die Muttersprache, jene Sprache, in welcher die Mutter dem Kinde die ersten Vorstellungen von Gott gibt, die ersten Gefühlsregungen einer Liebe zu Gott weckt, jene Sprache, in der das Kind zuerst betet. Und wenn es mir gestattet ist, von mir selbst zu sprechen, ich habe den Schulunterricht fast ausschließlich in deutscher Sprache genossen, in meiner juristischen, wissenschaftlichen und politischen Tätigkeit habe ich mich der deutschen Sprache fast in demselben Maße bedient, wie meiner Muttersprache, aber beten kann ich nur polnisch.“ MADEYSKI, 3. 1. 1907, STEN. PROT. österr. Delegation, XLI. Session, 16. Sitzung, 1051.

18) MADEYSKI, O zasadzie narodowości [Zum Prinzip der Nationalität] 20.

19) MADEYSKI, Studien II, 17, 18 (meine Hervorhebung).

20) MADEYSKI, O zasadzie narodowości [Zum Prinzip der Nationalität] 29.

sie die bisher aufgezählten Elemente der Nationalität „sich zu einem ganzen zusammenfügen". Erst sie bilden also die „Voraussetzung überhaupt der nationalen Betätigung"[21]).

Das Nationalbewußtsein ist für Madeyski auch die Voraussetzung der „subjektiven" Nationalität des Einzelnen, da sie — wie schon erwähnt, im Gegensatz zu der objektiven Nationalität der gesamten Nation (über die die Geschichte allein entscheidet) — vom „individuellen Willen" des Einzelnen bestimmt wird[24]).

Erst das gleichzeitige Eintreffen der vier von Madeyski als „wesentlich" erkannten Momente würde einer sozialen Gemeinschaft den Charakter der „Nationalität" verleihen.

Als „zufällig" hingegen (im Sinne von nicht notwendig die Eigenschaft der Nationalität bestimmend) versteht Madeyski zunächst die *Religion*: Sie hätte nur in früheren Zeiten ein „wesentliches Element" der Nationalität dargestellt, da sie „die Quelle der menschlichen Zivilisation und Kultur" überhaupt sei. Doch hätte sie im Laufe der geschichtlichen Entwicklung durch die „Nivellierung aller Religionen" mit dem Sieg des Christentums ihre Rolle als „Kriterium der Nationalität" eingebüßt[23]).

Ebenso will Madeyski das „*eigenständige politische Dasein*" nicht als „wesentliches" Element des Begriffes der Nationalität anerkennen:

Obwohl er zunächst bekennt, daß „kein Machtmittel der Geschichte dem Werden der Nation so förderlich gewesen ist, wie die staatliche Organisierung einer sozialen Gemeinschaft"[24]), lehnt er es doch entschieden ab, die staatliche Souveränität einer sozialen Gemeinschaft als notwendiges Teilelement der Definition der Nationalität gelten zu lassen: „... Wir können nämlich nicht so weit gehen, behaupten zu wollen, daß auschließlich jene Gemeinschaften mit eigener volkstümlicher Kultur als nationale Gemeinschaften bezeichnet werden können, die wenigstens einmal in der Geschichte

---

[21]) „Wenn eine Gemeinschaft alle Voraussetzungen der Nationalität hätte, nicht aber den Willen, diese zu wahren und zu pflegen, wäre sie keine Nation mehr." EBD. 38 (meine Hervorhebung).

[22]) EBD. 44.

[23]) „... Wenn überdies die Geschichte einerseits eindeutig beweist, daß die älteste und kräftigste Quelle der Nationalität in der Religion ruht, so drängt sich andererseits heute doch die Frage auf, ob die Religion nicht, gegenüber der allgemeinen, weltweiten Bedeutung des Christentums, ihre Macht, einen nationalen Faktor zu bilden, schon zur Gänze eingebüßt hat. Beim gegenwärtigen Stand der Dinge können wir antworten, daß bei den Nationen der westlichen Zivilisation die Religion nicht mehr zu den wesentlichen Merkmalen der Nationalität gehört. In der östlichen Zivilisation hingegen, wo die kirchliche Komponente alles durchtränkt, wo sich im Monarchen weltliche und geistliche Macht verbinden, ist es schwierig, die Religion von der Nationalität loszulösen. Man muß daher sagen, daß die Religion gegenwärtig zwar nicht mehr zum Wesen der Nationalität gehört, gleichzeitig jedoch nicht aus diesem Begriff ausgeschlossen werden darf: Demnach gehört die Religion nicht zu den wesentlichen Elementen des Begriffes der Nationalität, sondern zu seinen z u f ä l l i g e n, die zwar sein können, aber nicht müssen." EBD. 25f. Höchstwahrscheinlich dachte Madeyski bei dieser Analyse auch an die Ruthenen, die das konservative Lager in Galizien ja lediglich in Hinblick auf die Religion als verschieden von den Polen anerkannte: Durch eine Definition, die der Religion lediglich einen „zufälligen" Aspekt der Nationalität zugesteht, hat Madeyski diese These zumindest nicht angegriffen und allein schon dadurch die nationale Zugehörigkeit der Ruthenen zu der polnischen Nation nicht abgestritten.

[24]) Das Staatswesen sei es, „das durch die Macht der Dinge alle seine Mitglieder — seien diese anfänglich auch noch so verschieden — einander immer näher bringt, assimiliert und innerlich zusammenschweißt, ... später dann den geistigen Charakter dieser nationalen Gemeinschaft wahrt und pflegt, ... ihre Einheit trotz der inneren Verschiedenheit durch das Bestehen von Klassen und Schichten zu erhalten fähig ist und schließlich die spezifische Kulturentwicklung dieser Nation stimuliert". EBD. 23.

eine eigene politische Existenz geführt haben, also mit anderen Worten, daß eine Nation nur mit Hilfe des Staates überhaupt entstehen kann"[25]): Denn wenn „äußere Umstände es einer Nation bisher auch nicht gestattet haben, ein eigenständiges politisches Dasein zu führen, kann ihr deshalb noch nicht die Fähigkeit abgesprochen werden, virtuell imstande zu sein, ein solches zu führen"[26]). Dieses Argument, das für sich allein schon Aufmerksamkeit verdient, erhält allerdings erst in Verbindung mit weiteren Momenten seine volle Bedeutung:

Zunächst muß in diesem Zusammenhang Madeyskis These von den „vollen Entfaltungsmöglichkeiten" der Nationalität innerhalb polynationaler Staatswesen angeführt werden: Bekanntlich plädierte Madeyski mit Hilfe dieser These gegen die politische Emanzipierung der einzelnen Nationalitäten aus dem österreichischen Vielvölkerstaat. Er wies dabei darauf hin, daß alle Staatswesen, die grundsätzlich die Nationalität anerkannten, derselben bis zu einer „gewissen Grenze" den eigenen Nationalstaat ersetzen konnten, da sie ihr die gleichen Entfaltungsmöglichkeiten schaffen würden, wie ein eigenständiges politisches Dasein[27]).

Noch aussagekräftiger wird dieser Standpunkt, wenn man ihn mit dem Argument verbindet, das Madeyski zur Begründung der „Zufälligkeit" (in Gegensatz zur „Wesentlichkeit") des eigenständigen politischen Daseins einer nationalen Gemeinschaft anführte:

Aufgrund seiner historischen Studien meinte Madeyski, einen neuen Trend in der gesamthistorischen Entwicklung der Zivilisation erkennen zu können: „Es drängt sich mir der Gedanke auf, ob angesichts der seit der rechtlichen Anerkennung der Nationalität mit bewundernswerter Schnelligkeit anwachsenden Kräfte der schwächeren Nationalitäten, die Geschichte nicht im Begriff ist, ihre Entwicklungsrichtung zu ändern ... Wird die Geschichte eines Tages nicht — ebenso wie sie bisher mit Hilfe großer Staatsbildungen große Nationen geschaffen hat — heute erst entstehenden, in der Zukunft aber stärker entwickelten Nationen die Mission erteilen, neue Staatswesen zu schaffen"[28])?

Zweifellos zielte diese These (wenngleich die historische Entwicklung sie tatsächlich bestätigte) nicht darauf ab, die Nationalitäten des Vielvölkerstaates Österreich zu ihrer politischen Emanzipation aufzumuntern. Ganz im Gegenteil: Sie diente vielmehr der theoretischen Legitimierung seiner Überzeugung von der positiven Rolle des konstitutionellen Österreich bei der Förderung der Nationalitäten, die in seinen Staatsgrenzen lebten. Tatsächlich knüpfte Madeyski die politische Emanzipation der Völker ja an bestimmte Voraussetzungen „objektiver" Natur, die in seinen Augen zumindest in Österreich noch nicht gegeben waren, aber infolge der den österreichischen Nationalitä-

[25]) Madeyski polemisiert hier namentlich mit dem polnischen Soziologen Ludwig Gumplowicz. Siehe EBD. 26. Unter anderem beklagt Madeyski das „Unverständnis" von bisher niemals „geschlagenen Nationen" für das Wesen der Nationalität. Als Beleg zieht er das Beispiel der französischen Nation heran: „Bei den Franzosen ist die Nationalität die kollektive Freiheit, die Freiheit des Staatsvolkes als politische Freiheit. Die Rechte des Volkes als einer politischen Gemeinschaft sind bei ihnen ‚nationale' Rechte." EBD. 57.

[26]) EBD. 27.

[27]) EBD. 27.

[28]) EBD. 27f.

ten eingeräumten Entfaltungsmöglichkeiten durchaus noch eintreten konnten und dann ihre politische Emanzipation auch „historisch notwendig" machen würden.

Im allgemeinen freilich werde eine Gemeinschaft mit den „wesentlichen" Merkmalen der Nationalität nicht erst durch die Schaffung ihres eigenen Staatswesens zu einer „Nation". Wie Madeyski argumentierte, erfolge diese Wandlung vielmehr durch die erfolgreiche Absolvierung aller Entwicklungsstufen, die im Prinzip der Nationalität inhärierten. Dieser Weg aber — so Madeyski — stehe ihr auch im Rahmen einer größeren Staatseinheit offen.

Die politischen Nebenabsichten dieser Auffassung wurden schon im letzten Abschnitt dargelegt[29]). Allerdings muß in diesem Zusammenhang noch auf ein weiteres Motiv hingewiesen werden, das Madeyski dazu bewog, das eigenständige politische Dasein als „wesentliches" Merkmal der Nationalität zu verwerfen: Zwar beschränkte er sich darauf, allgemein auf die historische Tatsache hinzuweisen, daß es Nationen gab — wie das polnische Beispiel illustriere —, „die, ihrer Staatlichkeit beraubt, in mehreren Staaten lebten", womit also „nicht immer eine Identifikation von Staat und Nation" gegeben sei — ergo die staatliche Souveränität keine unbedingte Voraussetzung für das Vorhandensein von Nationen bilde[30]). Doch hinter dieser grundsätzlichen Feststellung lag die eindeutige Absicht, die österreichischen Nationalitäten von ihrem Kampf um die politische Souveränität abzubringen: Denn mit der Anerkennung des eigenständigen politischen Daseins als „wesentliche" Bedingung der Nationalität hätte er lediglich die Aspirationen gerechtfertigt, die im Entwicklungsmechanismus des Prinzips der Nationalität (wie Madeyski diesen verstand) ja die höchste Stufe der nationalen Entwicklung darstellten.

Doch gerade diese Aspirationen wollte Madeyski — dessen wissenschaftliches Erkenntnisinteresse nicht selten von politischen Überlegungen beeinträchtigt wurde — zumindest in Österreich ja einschläfern!

Obwohl namentlich den Polen die Hineinnahme der politischen Souveränität in die Definition der Nationalität eine zusätzliche Karte in ihrem ideologischen Kampf gegen die „geschichtslosen" Nationalitäten zugespielt (letztere waren per definitionem niemals unabhängig gewesen) und nicht zuletzt auch eine weitere Begründung für ihre bevorzugte Behandlung verschafft hätte, war hier doch Madeyskis Angst vor anderen Implikationen ausschlaggebend: Nicht nur fürchtete er für Galizien die verhängnisvollen Folgen einer politischen Eigenständigkeit — wie er wiederholt anhand düsterer Zukunftsvisionen dargelegt hatte. Weitaus wichtiger war die Überlegung, daß er mit der grundsätzlichen Anerkennung der politischen Selbstbestimmung als Wesensmerkmal der Nationalität auch der „ethnischen" Theorie einen unschätzbaren Dienst erwiesen hätte!

Madeyski fand einen anderen Weg, um den Anspruch der „historischen" Nationalität auf bevorzugte Behandlung theoretisch zu untermauern: Nicht die politisch unabhängige Vergangenheit, Gegenwart oder Zukunft der nationalen Gemeinschaften, sondern die Entwicklungsstufe ihrer volkstümlichen nationalen Kultur wurde zum wesentlichen Kennzeichen der Stufe, auf der sich diese auf dem Wege zur Nationswer-

---

[29]) Siehe oben S. 274ff.

[30]) Madeyski, O zasadzie narodowości [Zum Prinzip der Nationalität] 28.

dung jeweils befanden. Dieses Kriterium wurde sodann auch zum Maß ihrer respektiven Behandlung durch das Recht (im Sinne des konkreten Ausmaßes ihrer nationalen Rechte) erhoben.

b) „Volksstamm" und „Nation"

Bevor Madeyski zur Definition der weiteren Rechtsbegriffe des Artikel XIX schreiten konnte, mußte er sich mit dem Konzept der „Nationalität" noch in einem anderen Zusammenhang auseinandersetzen: Schon grammatikalisch hatte die „Nationalität" nämlich eine doppelte Bedeutung, da sie „sowohl die Eigenschaft bezeichnet, die einen ‚Volksstamm' zum Volksstamm macht, als auch den Volksstamm selbst"[31]).

Madeyski befreite sich aus diesem Dilemma, indem er erklärte, daß jenes Verständnis, in dem die Nationalität „eine die Eigenschaft der Nationalität besitzende Menschengruppe selbst" bedeutete[32]), „seines Erachtens nach" von einer „vollends unwissenschaftlichen Auffassung des Begriffes" ausgehe und für die Auslegung des Artikel XIX überdies „unverwendbar" sei[33]). In diesem Sinne schränkte Madeyski die Nationalität in seiner eigenen Definition auf ihre Bedeutung als „Eigenschaft" ein[34]).

Die tieferen Gründe für diese „wissenschaftliche" Entscheidung sind naheliegend:

Offensichtlich wollte Madeyski verhindern — wie sich aufgrund seiner weiteren Ausführungen eindeutig nachweisen läßt —, daß die „Nationalität" als Synonym des „Volksstammes" oder der „Nation" verstanden werde, da seine Untersuchung gerade darauf abzielte, zwischen diesen beiden Gemeinschaften mit der Eigenschaft der Nationalität einen grundlegenden Unterschied herauszuarbeiten.

Die Anerkennung der „Nationalität" als Sammelbegriff für „Volksstamm" und „Nation" hätte diese (für Madeyski entscheidende) Unterscheidung zwangsläufig aufgehoben!

In Artikel XIX bildet demnach der „Volksstamm" als soziale Gemeinschaft, die die Eigenschaft der Nationalität besitzt, den Komplementärbegriff der „Nationalität".

Doch Madeyski wollte sich nicht damit begnügen, die Definition des Volksstammes allein aus seiner Definition der Nationalität abzuleiten: Aufgrund der Einsicht, daß die soziale Gemeinschaft, die durch die „Nationalität" gekennzeichnet werde, nicht von anderen Ausprägungen sozialer Gemeinschaften losgelöst werden dürfe, stellte er den „Volksstamm" zunächst in den Kontext aller sozialen Gemeinschaftstypen: Nur in diesem weiten Zusammenhang, so Madeyski, könne das „Wesen" des „Volksstammes" richtig erfaßt werden.

Als das allen Ausprägungen sozialer Gemeinschaften übergeordnete Konzept wählte Madeyski den „Gattungsbegriff" der sozialen Kulturgemeinschaft, unter den „alle

---

[31]) Siehe STOURZH, Gleichberechtigung der Nationalitäten 191, sowie DERS., Gleichberechtigung der Volksstämme als Verfassungsprinzip 981.

[32]) MADEYSKI, Studien II, 5.

[33]) EBD.

[34]) Innerhalb dieses derart eingeschränkten Begriffsverständnisses unterscheidet Madeyski noch zwischen der „objektiven" Eigenschaft als Inbegriff all jener Momente, in denen das Wesen besteht, welches einer Gruppe von Menschen die Qualität einer Nationalität verleiht, und der „subjektiven" Eigenschaft als Angehörigkeit des einzelnen zu einer Nation. Siehe MADEYSKI, Studien II, 6.

im Laufe der allgemein-geschichtlichen Entwicklung der Menschheit geschaffenen natursittlichen Gemeinschaften" subsumiert würden, die sich „für bestimmte Kulturzwecke" verbänden[35]).

Auch der „Volksstamm" sollte demnach, als besondere Ausprägung dieser Grundform der sozialen Gemeinschaft, in Funktion des neuen Oberbegriffes definiert werden.

Neben dem „Volksstamm" arbeitete Madeyski noch weitere Typen der „sozialen Kulturgemeinschaft" heraus: diese würden „das weite Feld der Kulturtätigkeit, das zwischen Individuum und Menscheit liegt, in aufsteigender Bahn ausfüllen"[36]). Es seien dies die „Nation", die „staatliche Kulturgemeinschaft" und die „soziale Gemeinschaft einer bestimmten Kulturrichtung"[37]).

... „In aufsteigender Bahn", hatte Madeyski geschrieben. Und tatsächlich wollte er die verschiedenen Typen der sozialen Kulturgemeinschaft ja keineswegs als gleichwertig nebeneinander bestehende Erscheinungsformen, sondern vielmehr als aufeinanderfolgende Stufen eines „natürlichen Entwicklungsprozesses" verstanden wissen: Dem „Volksstamm" wurde aufgrund dieser Konstruktion sofort der unterste Rang auf dieser Stufenleiter zugewiesen.

Die Absicht, die Madeyski mit dieser Konstruktion verfolgte, wird erst in seiner Untersuchung der „Nation" offenkundig: dieser Ausprägung der sozialen Kulturgemeinschaft wurde nämlich ein höherer Rang als dem „Volksstamm" zuerkannt!

Die zwei anderen Ausprägungen der sozialen Kulturgemeinschaft wurden aus der Betrachtung ausgeschlossen, da Madeyski der Ansicht war, daß beide „dem österreichischen Staatsleben bislang völlig fremd" seien[38]).

Die „Nation" hingegen sei die zweite Ausprägung, die in Österreich noch auftrat. Demnach wollte er sich jetzt nur mehr mit dem „Volksstamm" und der „Nation" befassen. Letztere definierte er übrigens sofort, im Unterschied zum „Volksstamm", als Kulturgemeinschaft „höherer Ordnung".

Das Kriterium für diese Einordnung der beiden in Österreich vertretenen Grundtypen der sozialen Kulturgemeinschaft fand Madeyski im Entwicklungsstand der „eigenen Muttersprache" und damit auch im Entwicklungsstand der auf dieser Grundlage geschaffenen volkstümlichen Kultur:

---

[35]) Ebd. 8 (Madeyskis Hervorhebung).

[36]) Ebd.

[37]) Ebd. 9. Eine staatliche Gemeinschaft werde zu einer „staatlichen Kulturgemeinschaft", wenn das „äußere Band der staatlichen Zusammengehörigkeit auch in dem gemeinsamen Staatsgefühle eine innerliche Kräftigung gefunden hat, und das dadurch bedingte Staatsleben bewirkt, daß die Kultur aller dem Staatsverbande angehörenden Volksstämme und Nationen trotz Wahrung und Pflege der kulturellen Eigentümlichkeit doch noch einen gewissen eigenartigen Gesamtcharakter erhalten und die Staatsangehörigen ohne Rücksicht auf ihre Zugehörigkeit zu den verschiedenen Volksstämmen und Nationen in der sozialen Gesamttätigkeit zur Erhaltung und Entwicklung der gemeinsamen Kulturart vereinigt hat". Eine solche Gemeinschaft verfolge den Zweck, „die durch den gemeinsamen Staatsverband bedingte kulturelle Eigenart zu wahren und zu pflegen". Als „soziale Gemeinschaft einer bestimmten Kulturrichtung" hingegen versteht Madeyski eine besondere Art von sozialen Gemeinschaften, die namentlich in Amerika entstanden seien, und in welchen die „Individuen, unabhängig von ihrer Stammes-, Staats- und nationalen Zugehörigkeit, bloß durch die Gemeinsamkeit der Zwecke eine bestimmte Kulturrichtung (die englische, deutsche, französische) zu pflegen und zu fördern sich geneigt fühlen und zur Verwirklichung dieses gemeinsamen Kulturzweckes eine soziale Gesamttätigkeit entfalten". Ebd.

[38]) Ebd. 10.

Während der „Volksstamm" in diesem Sinn „eine durch geschichtliche Stammesentwicklung gewordene soziale Gemeinschaft" darstelle, „welche aufgrund der gemeinsamen Muttersprache eine niedere Kultur mit eigenartigem Gepräge erlangt hat, und diese ihre Eigenart durch soziale Betätigung des Gesamtstammesbewußtseins und Gesamtstammeswillens von Generation zu Generation überträgt"[39]), sei die Nation schon ein „Volksstamm", „welcher aufgrund seiner Muttersprache eine eigenartige höhere Kultur erlangt hat, und diese Eigenart in seiner Teilnahme an dem allgemeinen Fortschritt der menschlichen Kultur durch soziale Betätigung des nationalen Gesamtbewußtseins und Gesamtwillens von Generation zu Generation überträgt und entwickelt"[40]).

Durch die Konstruktion eines Graduationsschemas der sozialen Kulturgemeinschaft war es Madeyski also gelungen, die „Nation" als „Volksstamm höherer Ordnung" zu definieren. Doch Madeyski entwickelte diese These noch weiter: Während der Volksstamm lediglich den Zweck verfolge, die besondere Stammesart des Kulturlebens zu erhalten und zu pflegen, diene die Nation einem anderen Kulturzweck: der „Förderung des allgemeinen Kulturfortschritts". Denn die Nation sei ein Volksstamm, „dem es gelingt, durch die Gunst der Geschichte und die besondere Veranlagung seiner Genossen seine Muttersprache sowie die Eigenart seines Lebens einer heimischen höheren Kultur zugrunde zu legen"[41]).

Auch die vordergründig nur graduelle Unterscheidung zwischen Volksstamm und Nation entpuppt sich bald als qualitative, wesentliche Abgrenzung: Denn nicht um der wissenschaftlichen Genauigkeit willen oder der logischen Konsistenz seines theoretischen Bewegungsprinzips der sozialen Kulturgemeinschaft unterschied Madeyski die „Nation" aufgrund ihrer „höheren" Entwicklungsstufe vom Volksstamm der „reinen" Ausprägung: Wenngleich er seine Differenzierung explizit als Folge der Unmöglichkeit bezeichnet, „die verschiedenen Ausprägungen der sozialen Kulturgemeinschaft miteinander zu verschmelzen", zumal „weder für die Zwecke der Wissenschaft noch jene des praktischen Rechts diese Ausprägungen in diesem Gattungsbegriff aufgehen" könnten[42]), widerlegt ihn sogar eine eigene Anmerkung: In einer Fußnote schreibt Madeyski: „Meines Erachtens gibt es einen wesentlichen Punkt, welcher in zivilisierten Staaten den Volksstamm von der Nation trennt und mit voller Schärfe zu erkennen ist. Derselbe liegt darin, daß der Volksstamm (in seiner Reinheit) nebst seiner Stammes- als Volkssprache noch eine andere Sprache als Kultursprache besitzt, die Nation dagegen ihre eigene Stammessprache zu der Stufe einer Kultursprache entwickelt und diese ihrer höheren Kultur zugrunde gelegt hat"[43]).

Der Weg von der „Doktrin" zur „realen Wirklichkeit" sei weit, hat Madeyski einmal gesagt. In diesem Falle ist er es nicht: Das Ziel seiner Begriffsanalyse war es nachzuweisen, daß nicht alle Volksstämme gleich waren und folglich auch nicht gleichberechtigt sein konnten.

---

39) Ebd. 10, 11 (meine Hervorhebung).
40) Ebd. 12 (meine Hervorhebung).
41) Ebd. 13.
42) Daher lehnt Madeyski auch die wissenschaftliche Theorie ab, in der das Konzept der Nationalität den Oberbegriff aller nationalen Stammesgemeinschaften bildet.
43) Madeyski, Studien II, 13, Anm. 5.

Den nächsten Schritt zur Begründung dieser Grundanschauung setzte Madeyski, indem er diese theoretischen Erkenntnisse auf die Ebene des praktischen Rechts übertrug: Dem Begriff des „Volksstammes“, wie ihn Artikel XIX verwendete und verstand, mußte aufgrund seiner Konzeptanalyse eine andere Bedeutung zukommen als jener, die er dem Volksstamm „in seiner Reinheit“ gegeben hatte:

Anhand seiner Analyse der historischen Momente, die die Ausarbeitung der Dezemberverfassung von 1867 geprägt, wenn nicht überhaupt bestimmt hätten — ein sicher unanfechtbares, methodologisch anerkanntes juristisches Auslegungsprinzip —, zeigte Madeyski, daß der „Volksstamm“ des Artikel XIX lediglich als Oberbegriff für alle sozialen Gemeinschaften fungierte, die die Eigenschaft der „Nationalität“ besaßen, und demnach sowohl den Volksstamm als auch die Nation erfaßte: Denn dem Gesetzgeber sei es unmöglich gewesen — angesichts der nach 1848 empirisch festgestellten Ungleichheit der einzelnen Völker Österreichs im Hinblick auf ihren Entwicklungsstand und mehr noch: auf die damals schon offenkundige Ungleichheit der Dynamik und Rapidität ihrer jeweiligen Entwicklung — solche „Bestimmungen auszuarbeiten, die am derzeitigen Entwicklungsstand der österreichischen Völker gemessen“ würden[44]): Denn der Gesetzgeber habe ja „nicht voraussehen können, ob und inwieweit den Volksstämmen die angestrebte Umwandlung zu Nationen gelingen würde, ob nicht einer oder der andere derselben bei der bloßen Stammesgemeinschaft verbleiben würde“[45]).

Nur aufgrund dieses konkreten Dilemmas, argumentierte Madeyski, sei es daher zur Aufnahme des Begriffes des „Volksstammes“ als eines übergeordneten Rechtsbegriffes für alle seine in Österreich tatsächlich vorkommenden Ausprägungen gekommen. Das Recht allerdings dürfe die unbestreitbaren Unterschiede zwischen den tatsächlichen Erscheinungsformen des „Volksstammes“ keinesfalls leugnen: Denn während der Gesetzgeber seinerseits verpflichtet gewesen sei, eine Entwicklung vorauszusetzen, in der „sich jeweils eine Vielfalt mannigfaltiger Abstufungen der kulturellen Eigenart der Stammesgemeinschaften vom Volksstamm an bis zur Nation ergeben würde“[46]), habe das Recht die Verschiedenartigkeit der aus den objektiven Unterschieden entspringenden Bedürfnisse und Interessen zu berücksichtigen[47]).

Was logischer also, als im Sinne seines ja wiederholt bekundeten Postulates von der Notwendigkeit, das positive Recht der konkreten Wirklichkeit anzupassen, nicht die umfassende Bedeutung des „Volksstammes“, wie sie dem Artikel XIX zugrunde lag, zum Ausgangspunkt des Nationalitätenrechts zu nehmen, sondern die von diesem Oberbegriff tatsächlich erfaßten und ihm innewohnenden Ausprägungen: den „Volksstamm“ und die „Nation“?

Die Implikationen dieser Forderung sind von beträchtlicher Tragweite: Jene Wirklichkeit nämlich, an der sich das Recht zu orientieren hätte, war nur die Wirklichkeit Madeyskis — die Wirklichkeit der „historischen“ Nationalitäten.

Die Grundlage für die rechtliche Behandlung des Volksstammes hatte Madeyski durch seine Unterscheidung zwischen Volksstämmen „niederer“ Ordnung und „höhe-

---

[44]) Ebd. 13.
[45]) Ebd.
[46]) Ebd.
[47]) Ebd. 10, Anm. 14.

rer" Ordnung schon vorbereitet. Zum Kriterium dieser Unterscheidung erhob er nun das ungleiche Entwicklungsniveau der Muttersprache und die auf dieser aufbauende volkstümliche Kultur.

Die Bedenken, die er dabei hatte und in seinem Aufsatz „Zum Prinzip der Nationalität" festhielt, fiel es ihm allerdings nicht schwer, zu überwinden: Nachdem er sich selbst eingestehen mußte, daß seine Indikatoren aufgrund ihrer „zu großen Unbestimmtheit" fragwürdige Kriterien für die Unterscheidung zwischen Volksstämmen und Nationen waren[48]), beschloß er eben, sie „präziser zu umschreiben". (Daß er seine unbefriedigenden Kriterien aber nicht in Frage zu stellen, oder gar aufzugeben gewillt war, zeugt wohl unmißverständlich von der Bedeutung, die er seiner Unterscheidung beimaß!). Madeyskis „präzisere" Umschreibung: „... *Die höhere* Entwicklungsstufe der volkstümlichen Kultur läßt sich sehr wohl in objektiv faßbaren Größen darstellen ... die Realität des Lebens selbst kommt uns hier zu Hilfe. Die Geschichte ist es, die diesbezüglich eine klar erkennbare Grenze gezeichnet hat: Es gibt nämlich Gemeinschaften — es sind dies jene, die die Eigenschaft der Nationalität besitzen —, die immerfort danach streben, auf der Stufenleiter der Zivilisation die höchste Sprosse zu erklimmen. Die Geschichte hat diese Gemeinschaften in zwei Gruppen geschieden: die einen streben dieses Ziel über die Entwicklung ihrer volkstümlichen Kultur an, die sie aufgrund ihrer Muttersprache geschaffen haben. Die anderen hingegen spüren, daß in ihrer eigenen Kultur die hierfür notwendigen Kräfte nicht vorhanden sind und greifen deshalb nach den Errungenschaften von Kulturen, die fremde Muttersprachen geschaffen haben, um auf diesem Wege ihre eigene zu entwickeln. Die ersteren sind Nationen, die anderen Volksstämme"[49]).

c) „Volksstamm" und „Nation" im österreichischen Nationalitätenrecht

Aufgrund seines neuen Unterscheidungs- und Einordnungskriteriums meinte Madeyski, der Jurisprudenz die Aufgabe erleichtert zu haben, das konkrete Ausmaß jener Rechte zu bestimmen, die den einzelnen Volksstämmen jeweils aus dem Titel ihrer Nationalität zustanden.

Doch aus der Frage nach dem Inhalt der nationalen Rechte aller Volksstämme war im Zuge des „Rationalisierungsprozesses", dem Madeyski den Rechtsbegriff der Nationalität unterworfen hatte, eine Frage nach den Inhalten der nationalen Rechte von „niederen" und „höheren" Ausprägungen des Volksstammes geworden: Aus der Verwirklichung der Idee der nationalen Gleichberechtigung war die Verwirklichung von

---

[48]) MADEYSKI, O zasadzie narodowości [Zum Prinzip der Nationalität] 35, sowie DERS., Studien II, 13, Anm. 5.

[49]) In der Rohfassung hat Madeyski in einem abschließenden Absatz mit dem Titel „Zweifel" seine eigene Vorstellung über das kulturelle Kriterium für die Unterscheidung zwischen Volksstämmen und Nationen dargelegt: „Um die Zivilisationsstufe zu charakterisieren, welche die Voraussetzung für die Anwendung der Bezeichnung ‚Nation' bildet, muß nicht zu einer quantitativen Messung des territorialen Wirkungs- und Einflußbereiches ihrer Kultur Zuflucht genommen werden: Es genügt, wenn eine volkstümliche Kultur eine Kultur ‚höherer Ordnung' ist ... und die Geschichte lehrt uns, daß Gemeinschaften, welche zahlenmäßig sehr schwach sind, oder deren nationale Kultur keinen weiteren Einflußbereich zu erringen vermocht hat oder vermag, ohnehin zu einer solchen ‚höheren' Kulturstufe niemals gelangt sind oder gelangen werden." MADEYSKI, O zasadzie narodowości [Zum Prinzip der Nationalität] 54.

Vorrechten geworden, die im „höheren Entwicklungsstand" gewisser, zu „Nationen" gereifter Volksstämme wurzelten: „Das Wesen der Rechtsgleichheit postuliert nur die gleiche Behandlung unter gleichen objektiven und subjektiven Verhältnissen". Nach Ansicht Madeyskis waren diese Voraussetzungen im Hinblick auf die österreichischen Volksstämme aber nicht gegeben: Da „die objektiven und subjektiven Verhältnisse ungleich liegen und sich ungleich entwickeln, kann auch die Rechtsgleichheit nicht gegeben sein". Rechtsgleichheit könne hier im Gegenteil erst dadurch erreicht werden, daß „jeder Lage und jeder Entwicklungsstufe der Verhältnisse, deren es in Österreich so viele gibt, in dem für sie erreichbarer Maße die Befriedigung der tatsächlichen Bedürfnisse gesichert" würde[50]).

Als gleichberechtigt könne man also die österreichischen Volksstämme, wie Madeyski unterstreicht, nur im Hinblick auf die „rechtserzeugende Kraft für die nationale Rechtsfähigkeit der Staatsbürger als Genossen des Volksstammes" anerkennen. Doch wenn es sich um die „Gewährung eines gleichen Rechtsstandes für die Staatsbürger" handelte, sei allein „die tatsächliche Entwicklungsstufe der einzelnen Volksstämme ... maßgebend"[51]).

Mit dieser Schlußfolgerung endet die Analyse der theoretischen Grundlagen des österreichischen Nationalitätenrechts: Madeyski war es gelungen, die ideologischen und politischen Grundsätze, die seinen Standort in der Nationalitätenfrage ja schon seit 1884 mehr oder minder explizit leiteten, in ein geschlossenes theoretisches System einzubinden und zum wissenschaftlich abgesicherten Fundament seiner realpolitischen und juridischen Vorstellungen über die Durch- und Ausführung der nationalen Rechte zu erheben, die den österreichischen Völkern verfassungsmäßig gewährleistet worden waren[52]).

Die praktischen Rechtsfolgen der so entstandenen theoretischen Prämissen entwickelte Madeyski im zweiten Teil der „Studien". Dieser befaßt sich mit der Rechtsprechungspraxis des Reichsgerichtes:

Grundsätzlich verteidigte Madeyski zunächst den Standpunkt des Reichsgerichtes, wonach Artikel XIX, der die Volksstämme des Staates zwar als Träger des Rechtes auf Wahrung und Pflege der Nationalität bezeichnete, dieselben jedoch mit keiner Rechtspersönlichkeit ausgestattet hätte: Demnach würden seine Bestimmungen nur den einzelnen Staatsbürger als Mitglied eines der Volksstämme des Staates betreffen.

Da das geltende Recht keine Bestimmung enthielt, „welche die Willens- und Handlungsfähigkeit der Volksstämme als Gemeinschaft anerkennen und Organe schaffen würde, die für die einzelnen Volksstämme einheitlich zu wollen und zu handeln berufen wären", folgerte Madeyski, daß auch das Reichsgericht nur zum Schutz der politischen Rechte des einzelnen Staatsbürgers berufen sei: Auch im Hinblick auf die Rechte der Nationalität habe es also nur den Einzelnen als Angehörigen eines Volksstammes der Verkürzung seiner ihm durch die Verfassung gewährleisteten nationalen Rechte zu schützen[53]).

---

50) Madeyski, Studien II, 15.

51) Ebd. 17.

52) Vgl. Wereszycki, Pod berłem Habsburgów [Unter dem Zepter der Habsburger] 110.

53) „Nur in dem Sinne, daß die Nationalität vermöge ihres geistigen Wesens, des kulturellen Wertes und der politischen Kraft ihrer Elemente als eine Potenz dargestellt wird, welche den Staat verpflichten soll, ihr

Von einem streng juridischen Standpunkt war diese Auffassung zweifellos richtig: Tatsächlich war der Gedanke einer eigenen, mit Rechtspersönlichkeit ausgestatteten Organisation der Volksstämme dem Staatsdenken in der Hochblüte des Liberalismus fremd.

Doch schon um die Jahrhundertwende war infolge des politischen Erstarkens der nationalen Idee auch die Kritik an dieser Auffassung zu einer mächtigen, von Wissenschaftlern und Politikern gleichermaßen getragenen Oppositionsbewegung angewachsen: die Forderung nach einer Anerkennung der Rechtspersönlichkeit des Volksstammes war nicht mehr zu überhören[54]).

Ungeachtet dessen blieben die Volksstämme (obwohl das Reichsgericht auch Kollektivpersonen als Träger von Rechten nach Artikel XIX anerkannte) bis zum Zusammenbruch der Monarchie „soziale" Gemeinschaften im Gegensatz zu rechtsfähigen, mit Organen ausgestatteten juristischen Personen[55]).

Es drängt sich demnach die Frage auf, ob Madeyskis konsequentes Beharren auf der von den Verfassungsvätern durchgesetzten Auffassung vom Rechtssubjekt des Artikels XIX nicht auch politisch motiviert war: Obwohl seine eigenen Darlegungen diesbezüglich keine Schlüsse zulassen, erscheint es doch naheliegend, daß Madeyski die politischen Implikationen einer Anerkennung der Rechtspersönlichkeit der Volksstämme fürchtete: Denn es war doch ein Unterschied, ob der Staat die Rechte einzelner Staatsbürger als Angehöriger einer Nationalität anerkannte oder — zumal es sich um einen multinationalen Staat handelte — ganzen Nationen (also Kollektiven) aus dem Titel der Nationalität Rechte einräumte!

Die grundsätzliche Anerkennung von kollektiven Rechten der Volksstämme hätte logisch ihrer politischen Emanzipation Vorschub geleistet und damit allein schon die Staatseinheit einer unzumutbaren Belastungsprobe ausgesetzt.

Daß es tatsächlich ähnliche Überlegungen waren, die Madeyski zu seiner grundsätzlichen Ablehnung der kollektiven Rechtspersönlichkeit der Volksstämme führten, bestätigen folgende Worte: „... [D]ie Aufgabe der Politik ist es doch, die Nationalität der Völker des Staates auf eine solche rechtliche Grundlage zu stellen, daß die Kraft, welche die Nation besitzt und deren Quelle im nationalen Charakter und eben in der Nationalität des Volksstammes ruht, sich weder gegen das Gemeinwohl des Staates noch gegen die angeborene nationale Freiheit kehrt, sondern beiden gleichermaßen dient"[56]).

---

eine rechtserzeugende Kraft zu verleihen, als eine Eigenschaft, welche für den Staatsbürger das natürliche Recht begründen soll, seine Persönlichkeit auch nach dieser Richtung hin frei zu entfalten und zu betätigen und zur politischen Geltung zu bringen, kann von Rechten der Volksstämme und Nationen, von deren Gleichberechtigung, von deren natürlichem Recht der Nationalität gesprochen werden. Allein die nationalen Rechte selbst hat man sich nie anders gedacht, als nur im Genusse der einzelnen Staatsbürger auf Grund ihrer Zugehörigkeit zu einem Volksstamm des Staates. Man verlangte für jeden Staatsbürger die gleiche Freiheit, seine Nationalität zu wahren und zu pflegen, das gleiche Recht, mit amtlichen Organen in der nationalen Sprache zu verkehren, das gleiche Recht, sich in ihrer Sprache ... auszubilden. Auf ein solches Verlangen der Staatsbürger gab der Staat seine Antwort in Artikel XIX." MADEYSKI, Studien II, 26.

[54]) Siehe STOURZH, Gleichberechtigung der Volksstämme als Verfassungsprinzip 1148.

[55]) EBD. 1033, sowie MADEYSKI, Studien II, 22.

[56]) MADEYSKI, O zasadzie narodowości [Zum Prinzip der Nationalität] 78f. (meine Hervorhebung) und siehe namentlich RENNER [al. Synopticus], Staat und Nation (Wien 1899) 13. Renner meinte, daß sich die

Obwohl Madeyski also die Rechtsauffassung vertrat, die nur den einzelnen Staatsbürger als Träger von Rechten nach Artikel XIX anerkannte, wollte er das Ausmaß dieser Rechte jetzt von Kriterien abhängig machen, die eine Anerkennung der Volksstämme als kollektive juristische Personen implizierten:

Tatsächlich hatte Madeyski ja vorgeschlagen, die Rechte, welche dem Staatsbürger aus dem Titel seiner Zugehörigkeit zu einem bestimmten Volksstamm zustanden, nach der historischen Entwicklungsstufe des betreffenden Volksstammes, weiters nach dessen politischer Stellung und geographischen Lage im Rahmen einer bestimmten Landeseinheit zu bemessen!

Von einem logischen Zusammenhang kann hier wohl kaum mehr die Rede sein: Wie kann dem Volksstamm einerseits die Rechtspersönlichkeit abgesprochen, andererseits aber wieder zugestanden werden? Madeyski scheint seinem Widerspruch jedoch keine Aufmerksamkeit geschenkt zu haben.

In seinen „Studien" befaßte sich Madeyski ausschließlich mit der Herausarbeitung konkreter Rechtsgrundsätze, die sich aus dem Inhalt des Artikel XIX des Staatsgrundgesetzes über die allgemeinen Rechte der Staatsbürger vom 21. Dezember 1867 ableiten ließen:

— Den ersten Absatz dieses Artikels, der die Gleichberechtigung aller Volksstämme des Staates aussprach sowie jedem Volksstamm ein „unverletzliches Recht auf Wahrung und Pflege seiner Nationalität und Sprache" gewährleistete, wollte Madeyski vor allem als „ethisches Postulat" verstanden wissen: Der reelle Wert seiner Bestimmungen liege „in der ethischen Kraft dieses Grundsatzes", einer Kraft, die dem Geist dieses Grundsatzes widersprechende Gesetze undurchführbar mache[57]).

Grundsätzlich bilde der Absatz 1 jedoch „keine Quelle konkret bestimmter Rechte", da er nur das „staatsfreie Gebiet" der staatsbürgerlichen Betätigung betreffe: Hier obliege der Staatsgewalt nur die Pflicht, „die nationalen Rechte der Staatsbürger zu respektieren"; dem Staatsbürger stehe dementsprechend nur der Anspruch auf „Berücksichtigung seiner Individualinteressen auf Wahrung und Pflege der Nationalität in allen Zweigen der Verwaltung" zu[58]).

— Erst die Absätze 2 und 3 dieses Artikels würden demnach den Gegenstand konkreter nationaler Rechte des Staatsbürgers bilden: also ihrer „Detailkämpfe um das ihnen zustehende tatsächliche Ausmaß der nationalen Rechte" bilden. Denn diese würden das der Staatsgewalt vorbehaltene „staatliche Gebiet" betreffen, auf welchem die Staatsbürger berechtigt seien, konkrete Ansprüche an die Staatsgewalt zu stellen und

---

österreichischen Nationalitäten „gleichsam im Stande von Naturburschen befinden" würden. Denn sie seien zwar zum ausschlaggebenden Faktor in der Innenpolitik der Monarchie geworden, staatsrechtlich jedoch gebe es sie gar nicht, da es nur nationale Individuen gab!

[57]) „... es kommt in der Praxis vor, daß die Staatsgewalt eine wichtige formale Bestimmung erläßt, die im Widerspruch zum Geiste einer der Grundrechte steht. Zwar wird dann eine solche Bestimmung in Kraft treten können — da sie ja von der physischen Übermacht der Exekutive gestützt wird. Doch wird dieser Zustand nicht lange währen, wenn durch sie ein Grundsatz vergewaltigt wurde, in dem die Staatsbürger ein ihnen teures Gut erblicken — und dem Staat wird sie jedenfalls keine Früchte bringen. Denn die Übermacht der Gewalt ist nicht imstande, dem Staatsbürger das Rechtsgefühl zu nehmen, das die Überzeugung in ihm entstehen ließ, daß ihm unrecht geschah". MADEYSKI, O zasadzie narodowości [Zum Prinzip der Nationalität] 84.

[58]) MADEYSKI, Studien II, 36 (meine Hervorhebung).

konkrete Handlungen von ihr zu verlangen[59]). Das Geltungsgebiet der beiden Absätze beschränke die politischen Rechte der Nationalität allerdings auf die Rechte der Sprache als „ihr wesentliches Merkmal".

Aufgrund der — allseits geteilten — Ansicht, daß die Absätze 2 und 3 allgemein gefaßt worden seien, beschloß Madeyski, ihre Bestimmungen auf dem Wege der Auslegung zu „präzisieren". Doch nahm er gleich vorweg, daß hier „die Anwendung eines streng formalen Maßstabes nur formale Bedenken zeugen" würde, darüber hinaus die beiden Absätze schon grundsätzlich die „äußerste Strammheit des juristischen Formalismus nicht vertragen"[60]).

Denn auch hier wollte Madeyski gemäß seiner alten Devise „das lebendige Bedürfnis und das Wesen der Verhältnisse über die Korrektheit des äußeren, für die juristische Regelung der Lebensverhältnisse bestimmten Gewandes" stellen[61]).

Allein die an sich ja nicht unvernünftigen Vorbemerkungen dienten lediglich dem Zweck, seine eigenen Untersuchungsergebnisse über das konkrete Ausmaß der nationalen Rechte abzusichern und seine historisch-restriktive Auslegung der Absätze 2 und 3 zu legitimieren: Der Zweck stehe über der Form[62]), fügte er in diesem Zusammenhang hinzu. Welchen „Zweck" er wohl selbst dabei im Auge hatte? War es nicht abermals die Durchsetzung der nationalpolitischen Interessen der „historischen" Nationalitäten des österreichischen Vielvölkerstaates? Dem Leser wird eine andere Antwort erteilt: er habe hier in erster Linie nachzuweisen versucht, daß die Bestimmungen der Absätze 2 und 3 des Artikel XIX auch ohne zusätzliche Ausführungsgesetze einen „positiven Rechtsgehalt" hätten[63]). Eine fürwahr löbliche Absicht — hätte es sich tatsächlich nur darum gehandelt!

Von paradigmatischer Bedeutung sowohl für seinen allgemeinen Standort in der Nationalitätenrechtsdiskussion als auch für seine praktische Tätigkeit im Spruchkollegium des Reichsgerichtes sind namentlich Madeyskis Überlegungen zum Sprachenrecht in der Schule, das „seit jeher das Hauptobjekt in den nationalen Kämpfen in Österreich" bildete[64]), darüber hinaus aber bekanntlich zu den wichtigsten Gegenständen seiner Amtstätigkeit als Unterrichtsminister der Koalitionsregierung gezählt hatte.

Obwohl Madeyski seine eigenen Untersuchungsergebnisse im wesentlichen auf entsprechende Erkenntnisse des Reichsgerichtes stützte und mit diesen grundsätzlich auch übereinstimmte, darf dies noch keineswegs als unreflektiertes oder praxisfernes Bekenntnis zu den leitenden Direktiven dieses Gerichtshofes ausgelegt werden. Denn gerade Madeyski war schon als aktiver Politiker und namentlich als Unterrichtsminister mit der Frage des Sprachenrechts in der Schule konfrontiert worden. In dieser Funktion hatte er auch die Gelegenheit gehabt, zur Verwirklichung der entsprechenden Bestimmungen des Artikel XIX beizutragen: Daher sind in einem bedeutenden Ausmaß auch eigene Erfahrungen und praktische Entscheidungen in die Rechtsansichten eingeflossen, die er in seinen „Studien" dargelegt hat.

[59]) Ebd. 51.

[60]) Ebd. 60.

[61]) Ebd.

[62]) Ebd.

[63]) Vgl. Anm. 8 und siehe Madeyski, Studien II, 51f.

[64]) Karl Hugelmann, Das Recht der Nationalitäten 14.

d) Madeyski und das Sprachenrecht in der Schule. Theorie und Praxis

Im Frühjahr 1895 wandte sich der mährische Landtag an das Ministerium für Kultus und Unterricht mit dem Antrag, seiner Resolution betreffend die gesetzliche Einführung der zweiten Landessprache als obligaten Lehrgegenstand sowohl für die Realschulen als auch für die Gymnasien des Landes stattzugeben. Tatsächlich galt der Unterricht in der zweiten Landessprache für die Realschulen seit dem ersten mährischen Realschulgesetz vom Jahre 1869 nur als freier Gegenstand; an den Gymnasien wurde die zweite Landessprache überhaupt nicht unterrichtet.

Da dieser Antrag einerseits im Widerspruch zu den Bestimmungen des Absatz 3 des Artikel XIX stand — dieser sprach doch das Verbot aus, in einem mehrsprachigen Land zur Erlernung einer zweiten Landessprache gezwungen zu werden —, andererseits wiederum einen um die Jahrhundertwende beispiellosen Wunsch nach nationaler Versöhnung bekundete, stand Madeyski als Leiter der Unterrichtsverwaltung zunächst vor einem Dilemma[65]).

Wie alle Fragen, die er als „politisch empfindlich" erachtete, brachte er denn auch den Antrag des mährischen Landtages vor den Ministerrat. Diesem Schritt Madeyskis ist es übrigens zu verdanken, daß eine der interessantesten und politisch vielleicht bedeutsamsten verfassungsrechtlichen Debatten über das Sprachenzwangsverbot des Absatz 3 des Artikel XIX erhalten blieb. Da diese Diskussion niemals in die Öffentlichkeit gedrungen ist, fand die Frage allerdings weder in der Presse noch im Parlament einen Widerhall.

Aus den betreffenden Protokollen des Ministerrates geht hervor, daß Madeyski bereits vollständig ausgearbeitete Lösungsmodelle vorlegen konnte[66]): Offensichtlich erwartete er, daß seine Kollegen seine Entscheidung billigen würden. Doch gelang es ihm nur, für die Änderung des mährischen Realschulgesetzes ihr Einverständnis zu erwirken[67]). Seine analoge Befürwortung der Einführung der zweiten Landessprache als obligaten Lehrgegenstand an den mährischen Gymnasien stieß auf härtesten Widerstand:

---

[65]) Tatsächlich ergaben sich die „schwierigsten Probleme dort, wo das Erlernen der zweiten Landessprache aus Gründen des beruflichen, wirtschaftlichen und sozialen Fortkommens dringend gewünscht wurde". Dies führte ja zwangsläufig zu einem „Dilemma zwischen den Vernunftsgründen für das Erlernen einer zweiten Landessprache einerseits und dem Sprachenzwangsverbot andererseits ..." Stourzh, Gleichberechtigung der Volksstämme als Verfassungsprinzip 1143.

[66]) Madeyski, 19. und 20. 4. 1895, Ministerratsprotokolle, KZ 31, MRZ 31 (AVA).

[67]) Nicht nur unterlagen die Realschulen — zum Unterschied von den ausschließlich im staatlichen Wirkungsbereich liegenden Gymnasien — der Landesgesetzgebung. Überdies konnte Madeyski auch einige Präzedenzfälle zugunsten seines Vorschlages anführen: Schon 1869 erhielt der unbedingt obligate Unterricht in der zweiten Landessprache an den Realschulen in Tirol die Kaiserliche Sanktion. Am 27. 3. 1873 wurde ein entsprechendes Landesgesetz für Dalmatien sanktioniert. Namentlich den dalmatinischen Fall zog nun Madeyski für seine eigene Argumentation heran: auch der damalige Unterrichtsminister Stremayr hatte nämlich vor der Barriere des Sprachenzwangsverbotes gestanden, die sich daraus ergebenden Bedenken aber, wie Madeyski zitiert, mit dem Argument aufgehoben, daß der Gesetzesentwurf des dalmatinischen Landtages einem „lokalen Bedürfnisse entspringe, da in Dalmatien die beiden Volksstämme (der italienische und der slawische) nicht geographisch gesondert voneinander lagern, sondern sich wechselseitig durchdringen, so daß die vollständige Kenntnis und Handhabung beider Landessprachen für jeden ein Bedürfnis ist, welcher höhere Bildung und öffentliche Wirksamkeit beansprucht". Madeyski betonte auch, daß Stremayr damals noch hinzugefügt habe, daß Artikel XIX

Zwar konnte er auch hier auf zwei Präzedenzfälle verweisen: 1871 wurden per Ministerialerlaß an den Gymnasien Dalmatiens das Serbokroatische, Italienische und Deutsche als absolut obligate Gegenstände erklärt; 1872 wurden an der italienischen Abteilung des Staatsgymnasiums in Trient und am italienischen Staatsgymnasium in Rovereto das Deutsche, 1881 dann an der deutschen Abteilung des Gymnasiums in Trient wiederum das Italienische als obligate Lehrgegenstände eingeführt. Freilich riskierte es die Regierung im Falle der Gymnasien nur „in einzelnen Fällen, und zwar in Kronländern in weiter Entfernung vom Ursprung des Sprachenzwangsverbots, von Böhmen", regionale Bedürfnisse über die Bestimmung des Absatz 3 des Artikel XIX zu stellen[68]). Und dies war im Falle Mährens zweifellos nicht gegeben, was wohl auch Madeyski dazu bewog, seine Begründung zugunsten der grundsätzlichen Stattgabe des mährischen Antrages sehr vorsichtig zu formulieren und namentlich die „Sprachenzwangsklausel" des Absatz 3 des Artikel XIX so auszulegen, daß die betreffenden Bestimmungen eine Billigung des Antrages nicht verfassungswidrig erscheinen ließen:

Die radikale Aufhebung der „Zwangsklausel" des Absatz 3 schloß Madeyski — einige Kollegen werden im Laufe dieser Ministerratsdebatte für diese Lösung plädieren — grundsätzlich aus seiner Betrachtung aus: Als vordergründiges Motiv führte er die hierfür „ungünstige politische Situation" an, wobei er später zusätzlich darauf hinwies, daß dieser Klausel ohnedies nur die Bedeutung eines historischen Reliktes zukommen könne, und sie deshalb de facto keine Daseinsberechtigung mehr habe.

Einige Jahre später begründete Madeyski seine Auffassung genauer: Ausdrücklich erklärte er in seinem unveröffentlichten Aufsatz „Zum Prinzip der Nationalität", daß „der Absatz 3 des Artikel XIX, der zum Schutze der Deutschen vor dem Zwang eingeführt wurde, in Böhmen tschechisch lernen zu müssen ... in der Praxis zu der absurden Konsequenz führt, daß zwar die arabische oder chinesische Sprache in jedem Land als Pflichtgegenstand eingeführt werden können — weil sie ja nirgendwo in Österreich Landessprachen sind —, daß die Tschechen oder Deutschen gezwungen werden können, italienisch oder polnisch zu lernen — da dies der nationalen Freiheit im Sinne des Absatz 3 nicht widerspricht —, daß aber ein Deutscher nicht gezwungen werden kann, tschechisch oder ein Tscheche deutsch zu lernen in einem Land, das beide Volksstämme bewohnen, ohne damit gegen die Bestimmungen der Verfassung zu verstoßen"[69])!

„stets nur als Schutz gegen Entnationalisierung angesehen" worden sei. Ebenso sprach daher Madeyski vom „Widersinn", der darin liegen würde, dem Gesuch des mährischen Landtages „lediglich aus dem Grunde nicht stattzugeben, daß die Sprache, deren Bedürfnis allgemein anerkannt ist, im betreffenden Territorium eine Landessprache" sei. MADEYSKI, 19. 4. 1895, Ministerratsprotokoll, KZ 31, MRZ 31. Siehe STOURZH, Gleichberechtigung der Volksstämme als Verfassungsprinzip 1144, 1145.

[68]) STOURZH, Gleichberechtigung der Volksstämme als Verfassungsprinzip 1144. Mit Ausnahme Dalmatiens und des südlichen Tirols würde man die Länder des Reiches „im großen und ganzen in zwei Gruppen" teilen können, meinte Madeyski: In der ersten sei, wie in Böhmen und Mähren, wo in striktester Auffassung des Artikel XIX gar kein Zwang bestehe, der Unterricht in der 2. Landessprache vielmehr als ‚unobligat' völlig freigegeben. In den übrigen Ländern wiederum bestehe entweder gleichfalls vollkommene Freiheit oder ein ‚relativer Zwang', im Prinzip nach der Entscheidung der Eltern, nur in sehr verschiedener Weise. MADEYSKI, 19. 4. 1895, Ministerratsprotokoll, KZ 31, MRZ 31.

[69]) MADEYSKI, O zasadzie narodowości [Zum Prinzip der Nationalität] 91.

Auch eine Abänderung des Absatz 3 des Artikel XIX, durch welche die Regierung die Ermächtigung erhielte, „nötigenfalls in einzelnen Ländern oder Anstalten die zweite Landessprache als obligat zu erklären", hielt Madeyski für nicht sinnvoll: Da ein entsprechender Antrag ja dem Parlament vorgelegt werden müßte, wäre die Regierung „in einer sehr schwierigen Lage", da „ein Kardinalpunkt des Artikel XIX, daß den Nationalitäten überall der Unterricht in ihrer Muttersprache ermöglicht werden soll, tatsächlich zum großen Teil nicht durchgeführt" worden sei (!).

Aufgrund dieser Überlegungen versuchte Madeyski, seinem Vorschlag auf Grundlage der geltenden Bestimmungen eine legale Legitimationsbasis zu verschaffen: Und tatsächlich konnte er hier zwei juristische Argumente anführen:

Das erste bezog sich auf die Frage der legalen Vertretung des Volksstammes, eine Frage — wie er richtig festgestellt hatte —, die in der Verfassung nicht geregelt worden war.

Als überzeugtem Autonomisten fiel es Madeyski nicht schwer, die Gesetzeslücke auszufüllen: Warum sollte nicht der Landtag diese Funktion übernehmen? Dann stünde es der Regierung doch frei, die „Kundgebung des Landtages als Willensäußerung der in ihm vertretenen Volksstämme zu beurteilen"! Tatsächlich ergebe sich im konkreten Fall aus der Anerkennung dieser These die erfreuliche Konsequenz, daß die Resolution des mährischen Landtages als Ausdruck des Willens der zwei in ihm vertretenen Volksstämme verstanden werden könnte, wodurch der Gedanke eines „Zwanges" grundsätzlich ausgeschlossen wäre: Denn „nationale Ansprüche sind ja nicht absoluter Natur, daher nicht unverzichtbar. Den Berechtigten steht es ja frei, sich derselben teilweise zu begeben und Modifikationen zuzulassen"[70]).

Nicht, daß Madeyski bei einer solchen Regelung keine Gefahren sah: Die Regierung wäre unter Umständen gezwungen, „heute Verfügtes morgen wieder aufzuheben", sollte der mährische Landtag plötzlich einen anderen Beschluß fassen. Dies wäre für die Regierung eine unzumutbare Belastung, da sie unwillkürlich in eine nicht absehbare Abhängigkeit von politischen Fluktuationen geraten würde.

Einen Ausweg aus diesem Dilemma eröffnete aber die Verknüpfung dieses ihm dennoch wesentlich erscheinenden Momentes mit einem zweiten, das er ebenfalls aus dem Artikel XIX abzuleiten verstand. Damit hoffte er, der gewünschten Sanktionierung des mährischen Antrages „ihre radikale Spitze" genommen zu haben:

Keinesfalls ergebe sich, argumentierte Madeyski, aus den Bestimmungen des Artikels XIX eine Verpflichtung für die Staatsgewalt, die Unterrichtsanstalten durchwegs im Sinne des Absatz 3 einzurichten: „Die Bewohner eines gemischtsprachigen Landes können wohl verlangen, daß es ihnen möglich sei, ihre Kinder in eine Unterrichtsanstalt zu schicken, wo dieselben in ihrer Muttersprache unterrichtet werden ..., daß aber im ganzen Lande nur rein nationale Anstalten zu bestehen haben, dies halte ich aus Artikel XIX für nicht gegeben".

---

70) Madeyski, 19. 4. 1895, Ministerratsprotokoll, KZ 31, MRZ 31. Diese Auslegung allerdings, die von den Kollegen im Ministerrat angefochten wurde, „verdient, als Hinweis auf eine Tendenz registriert zu werden, die erst ein Jahrzehnt später — im mährischen Ausgleich von 1905/6 — ihren Höhepunkt erreichen sollte: die Tendenz, die Volksstämme des Reiches als Träger der Realverfassung anzuerkennen und den Konsens der Volksstämme als ‚Grundnorm' der nationalen Ausgleichsgesetzgebung anzuerkennen". STOURZH, Gleichberechtigung der Volksstämme als Verfassungsprinzip 1143.

Als praktische Konsequenz dieser Einsicht ergebe sich logisch die Möglichkeit, in Mähren einige Gymnasien im Sinne des Artikel XIX einzurichten, andere wiederum, nach Maßgabe der Zweckmäßigkeit, in anderer Weise einzurichten, „ohne deshalb in Widerspruch zu den Verfassungsbestimmungen zu geraten".

Auf dieser Grundlage könnte die Regierung darüber hinaus die Ermächtigung erhalten, „Befreiungen vom Zwang zu Erlernung der zweiten Landessprache zu bewilligen".

Obwohl es Madeyski theoretisch gelungen war, die positive Lösung einer politischen Frage durch die spitzfindige Auslegung einer störenden Verfassungsbestimmung auf eine legale Grundlage zu stellen, hielten seine Argumente den schwerwiegenden Bedenken seiner Kollegen nicht stand:

Während die beiden deutschen Minister, Wurmbrand und Plener, für die radikale Abänderung des Absatz 3 des Artikel XIX auf gesetzlichem Wege plädierten, gab der Ministerpräsident wiederum zu bedenken, daß „das Reichsgericht im Falle der Anerkennung der subjektiven Klageberechtigung auf Verletzung des nach Artikel XIX Absatz 3 gewährleisteten Rechtes in die Lage kommen könnte, angerufen zu werden und eventuell auf eine solche Verletzung zu erkennen".

Plener wollte darüber hinaus in Madeyskis „kühner" Auslegung nur das „Geständnis" erkennen, daß „das Gesetz verletzt wird, und nur da und dort ein Fähnlein aufgesteckt wird, um diese Verletzung zu decken". Falkenhayn schließlich sprach in diesem Zusammenhang sogar von der „Unaufrichtigkeit, beim Bestand des Artikels XIX, das, was gerade gelegen ist, als durchführbar — das aber, was geniert, als undurchführbar anzusehen"[71]).

Schon am folgenden Tag legte Madeyski dem Ministerrat einen Alternativvorschlag vor: Diesen hatte er auf Grundlage des „relativ obligaten" Gegenstandes entwickelt, einer Kompromißlösung, die schon in mehreren Ländern des Reiches erfolgreich durchgesetzt worden war[72]).

Um jedoch die Effizienz der Neuregelung zu erhöhen, schlug er zusätzlich vor, die Einwilligung der Eltern, die noch vor dem Eintritt ihrer Kinder in das Gymnasium erfolgen müßte, bis zum Abschluß aller Gymnasialklassen für verbindlich zu erklären; die Noten aus diesem Gegenstand sollten als gleichwertig mit jenen aus den übrigen Gegenständen anerkannt werden[73]).

---

[71]) Ministerratsprotokoll, KZ 31, MRZ 31, 19. 4. 1895 (meine Hervorhebungen).

[72]) Der „relativ obligate" Gegenstand als die mittlere Kategorie im damaligen Einteilungsschema der Lehrgegenstände (obligat, bedingt bzw. relativ obligat und frei) erwies sich als „wichtigster Retter in der Not", einen Ausweg aus dem Dilemma zwischen Vernunftsgründen für das Erlernen der zweiten Landessprache und dem Sprachenzwangsverbot zu finden. Siehe STOURZH, Gleichberechtigung der Volksstämme als Verfassungsprinzip 1143.

[73]) „Unterbleibt eine Erklärung der Eltern ..., dann ist die zweite Landessprache obligat für sämtliche 8 Klassen des Gymnasiums wie jeder andere Gegenstand, die Note in derselben hat Einfluß auf die Gesamtklassifikation, womit der moralische Zwang geschaffen und der praktische Zweck einer entsprechenden Erlernung der zweiten Landessprache erreicht wird". MADEYSKI, 20. 4. 1895, Ministerratsprotokoll, KZ 31, MRZ 31. Vom schultechnischen Standpunkt hatte Madeyski nämlich die nicht obligate Erlernung der zweiten Landessprache scharf kritisiert: „Der Erfolg könne kein entsprechender sein, denn die Note der zweiten Landessprache sei als die eines nicht obligaten Gegenstandes ohne Einfluß auf die Gesamtklassifikation, daher fehle der moralische Zwang zu einer intensiven Erlernung, weiters dürfen für

Der Ministerrat nahm den neuen Vorschlag Madeyskis ohne grundsätzliche Vorbehalte an.

Madeyski war hart geblieben: Wenn er die Einwände seiner Kollegen berücksichtigt hatte, so doch nur, um die Bewilligung des mährischen Antrages durchzusetzen: Denn „wenn in einem Lande die Einsicht durchdringt, daß die Erlernung beider Landessprachen wünschenswert ist, dann sollte man diese günstige Anschauung benützen und zu ihrer Verwirklichung mithelfen".

Weit wichtiger als Madeyskis Durchsetzungsvermögen war aber die Tatsache, daß ihm sein Alternativvorschlag darüber hinaus ermöglicht hatte, die Frage der grundsätzlichen Aufhebung des Absatz 3 des Artikel XIX auszuschalten, obwohl dies im konkreten Fall eine bequeme Lösung geboten hätte: Aus realpolitischen Überlegungen heraus hat Madeyski eine so radikale Maßnahme weder befürworten noch verantworten können: Wenngleich der Absatz 3 des Artikel XIX im konkreten Fall Mährens der angestrebten Lösung tatsächlich im Wege stand, hatte er für andere Länder wiederum eine grundlegende Bedeutung. So überlegte Madeyski, daß den einzelnen Nationalitäten ja gerade aus dieser Klausel die Möglichkeit erwuchs, nationale Schulen zu fordern: „Der Nichtzwang erfüllt einen doppelten Zweck. Erstens können dank ihm Schüler nicht gezwungen werden, in einer Schulanstalt die zweite Landessprache zu lernen, zweitens aber kann dank ihm niemand gezwungen werden, seinen ganzen Bildungsweg in einer Sprache durchzumachen, die er zu diesem Zwecke erst erlernen müßte ... Auf diesen zweiten Zweck der Klausel gerade wollen die Nichtdeutschen nicht verzichten, denn die Slowenen halten an ihrem Zukunftsideal fest, slowenische Schulen zu erhalten, die Polen halten am Absatz 3 aus Rücksicht auf ihre Konationalen in Schlesien fest, die Italiener halten daran im Küstenland fest, die Ruthenen und Rumänen in der Bukowina ..." Somit gewähre der zweite Zweck der Klausel, argumentierte Madeyski, diesen Völkern einen wirksamen Schutz vor erzwungener Assimilierung in Gebieten, wo sie die Minderheit bildeten[74]).

Dieses Motiv war es vermutlich, das Madeyski letztlich davon abhielt, auf den Vorschlag seiner deutschen Ministerkollegen einzugehen und der Aufhebung des Absatz 3 des Artikel XIX zuzustimmen, der ja gerade unter dem Druck der Deutschböhmen in den Artikel XIX überhaupt aufgenommen worden war. Madeyski scheute übrigens nicht davor zurück, seine konkreten Bedenken noch vor der Schlußdiskussion auszusprechen.

Wie berechtigt sein Mißtrauen gegen eine eventuelle Aufhebung der „Zwangsklausel" war, zeigten bereits die abschließenden Statements seiner deutschen Kollegen, die tatsächlich wieder einmal daran gedacht hatten, einer deutschen Staatssprache den Weg zu ebnen:

Landesverteidigungsminister Welsersheimb erklärte, daß „der größte Übelstand bei Artikel XIX sich insofern ergebe, als man die gemeinsame Verkehrssprache mit den Landessprachen in einen Topf werfe", dabei aber übersehen werde, daß „die aus vielhundertjähriger Geschichte entwickelte, für die Monarchie unerläßliche gemeinsame

---

nicht obligate Gegenstände keine eigenen Lehrkräfte bestellt werden ... was begreiflicherweise den Unterrichtserfolg auch beeinträchtige." Ebd. 19. 4. 1895.

74) Madeyski, ebd. 20. 4. 1895.

Verkehrssprache als solche und als eine Welt- und Kultursprache erster Ordnung eine ganz andere Rolle einnehme. Daß man dies verkenne, sei ein Fehler der gegenwärtigen Praxis, wie auch der Voraussicht bei der Fassung der Bestimmungen des Artikel XIX ... Als der Artikel geschaffen wurde, sei wohl nicht daran gedacht worden, daß der Spieß sich gegen die deutsche Sprache wenden würde. Aber tatsächlich ist es so gekommen, und dem sollte mit allen Mitteln begegnet werden". Der Minister schloß seine bemerkenswerten Ausführungen mit den eindeutigen Worten: „es sei wünschenswert, den Artikel XIX im Wege der Praxis wo nur immer möglich ad absurdum zu führen"!

Andere Erwägungen lagen der Wortmeldung des ehemaligen Wortführers der Staatssprachenkampagne des Jahres 1884, des Handelsministers Wurmbrand zugrunde: Nicht nur pflichtete er den Ansichten seines Vorredners „vollkommen bei"; darüber hinaus erklärte er unverblümt, daß es möglich sei, „die deutsche Sprache in allen Schulen als obligaten Gegenstand einzuführen, und dies auch eingeführt werden müsse". Erst „dann würden die Deutschen", erläuterte er, „hinsichtlich ihrer Nationalität beruhigt und könnten viel leichter an die anderen Nationalitäten Konzessionen machen, während sie sonst an ihrem Besitzstande zu sehr verlieren. Die Güterverteilung der Nationalitäten sei aber so verstanden worden, daß nur die Deutschen verlieren. Daher immer ihr Gefühl der Angst vor weiteren Verlusten". Er forderte demzufolge die Einführung der deutschen Sprache als obligaten Gegenstand: „Dies sei zulässig, ohne dem Art. XIX Gewalt anzutun, denn diese Einführung würde nicht als Zwang zu einer zweiten Landessprache, sondern in der Eigenschaft der deutschen Sprache als Kultur- und Verkehrssprache geschehen. Wenn die Regierung sich stark genug fühlt, habe sie die legislative Streichung des Absatz 3 einzuleiten".

Sogar der Finanzminister Plener schloß sich diesen Ansichten an und plädierte für eine Revision des Artikel XIX: Auch er wollte noch einmal einen Vorstoß in Richtung auf die Einführung des Deutschen als Staatssprache wagen: „Es scheine ihm, daß die Haltung der Parteien jetzt weniger Schwierigkeiten bieten würde als im Jahre 1881 gelegentlich des Antrages Wurmbrand. Auf die Dauer könne man sich der nationalen Frage nicht entziehen. Eben weil dieselbe nicht geordnet ist, stehe man bei jeder kleinen Frage vor großen Komplikationen. Er gebe zu, daß eine Aktion parlamentarisch schwer durchzubringen und der jetzige Sessionsabschnitt hierzu nicht geeignet wäre, die Sache müsse aber doch in nicht zu ferner Zeit gemacht werden, denn die fortwährenden nationalen Streitigkeiten lähmen jede Regierung und den Reichsrat".

Madeyskis Antwort entbehrt nicht der Pikanterie: Auch er anerkenne das Vorrecht der deutschen Sprache — „nur sei es heute undurchführbar, diese Anerkennung aufgrund des Artikel XIX nur im Wege einer bloßen Interpretation desselben zu erlangen ... Alle Materialien unserer Gesetzgebung sprechen dafür, daß durch Artikel XIX die deutsche Sprache mit den anderen Sprachen gleichgestellt worden sei. In diesem Sinne sei auch der Artikel XIX bisher immer von den jeweiligen Regierungen sowohl als auch vom Parlament aufgefaßt worden". Ebenso sei auch er davon überzeugt, daß es für die Nichtdeutschen notwendig sei, die deutsche Sprache zu erlernen — allein „ist es auch von Vorteil, und liegt im öffentlichen Interesse, daß auch die Deutschen die anderen Landessprachen erlernen".

Waren diese Diskussionsbeiträge nicht die gespenstische Wiederholung der Staatssprachendebatte des Jahres 1884? Sogar die Besetzung der Hauptrollen war die gleiche — wenngleich die Akteure einander im Jahre 1895 als Mitglieder ein und derselben Regierung begegneten!

Die grundsätzlichen Standpunkte hatten sich nicht geändert: Der Wortführer des Staatssprachenantrages, Wurmbrand, hatte es noch im Jahre 1895 nicht aufgegeben, die gesetzliche Einführung des Deutschen als Staatssprache anzustreben. Madeyski wiederum, der Wortführer der ehemaligen Majorität des Sprachenausschusses, hatte auch jetzt nicht aufgehört — trotz seiner Loyalität zum Grundsatz der Koalition und der nationalen Versöhnung mit den Deutschen —, Pole zu sein: Dank seinem — von Erfahrung diktierten — Mißtrauen gegen eine grundsätzliche Revision der Verfassungsbestimmungen des Jahres 1867 gelang es ihm abermals, einen Vorstoß der Anhänger der deutschen Staatssprache abzuwehren.

Dieses Verdienst ist ihm allerdings niemals angerechnet worden: Wie schon erwähnt, ist die Diskussion ja aus den Räumen des Ministerrates nicht hinausgelangt. — Schade, vielleicht hätte das Bekanntwerden seiner persönlichen Aktion das Mißtrauen, das ihm die nichtdeutschen Nationalitäten seit seinem Eintritt in die Koalitionsregierung entgegenbrachten, zumindest schwächen können.

Madeyski war von der Richtigkeit und Ergiebigkeit seines Lösungsmodells für die mährischen Gymnasien tief überzeugt: Noch rückblickend bemerkte er in seinem Aufsatz „Zum Prinzip der Nationalität“, daß seine Lösung der Beweis für die Möglichkeit gewesen sei, auch auf dem Boden störender Verfassungsbestimmungen dem „Bedürfnis des realen Lebens“ und insbesondere dem „gesunden Volksverstand“ gerecht zu werden und gleichzeitig zur nationalen Versöhnung beizutragen: Denn es sei hier gelungen, die „künstliche Mauer“, die durch Absatz 3 des Artikel XIX zwischen die einzelnen Volksstämme eines Landes aufgestellt worden sei, zu „überwinden, ohne sie deshalb niederreißen zu müssen“[75]).

Nicht zuletzt wohl aufgrund dieser Erfahrungen stellt Madeyski in seinen „Studien“ abschließend fest, daß „... so sehr auch die Aufnahme des Zwangsverbotes in den Artikel XIX vom politischen und insbesondere vom gesamtstaatlichen Standpunkt aus zu bedauern ist und heute schon fast von allen Seiten bedauert wird, ... vom juristischen Standpunkt darin ein selbständiger Rechtsbefehl des Artikel XIX erblickt werden muß“[76]).

---

[75]) „Diesem Willen der Völker ist es zu verdanken, daß der italienische Sprachunterricht an kroatischen und deutschen Mittelschulen in Dalmatien und Tirol, der deutsche Sprachunterricht an italienischen Realschulen in Mähren, und der polnische Sprachunterricht an ruthenischen Volksschulen in Galizien eingeführt werden konnte, und zwar unter anderem dank dem, daß die Regierung das Mittel des ‚relativ obligaten Zwanges‘ gefunden hat“! MADEYSKI, O zasadzie narodowości [Zum Prinzip der Nationalität] 91. Übrigens wurde die Allerhöchste Sanktion, für deren Erwirkung der Ministerrat sowohl für die Realschulen als auch für die Gymnasien in Mähren seine Zustimmung gab, nur dem Gesetzesentwurf für die Realschulen erteilt (am 17. 4. 1895). Das Gesetz wurde am 27. 6. 1895 im LGBl. Nr. 62 veröffentlicht und hatte vom Schuljahr 1895/96 an in Kraft zu treten.

[76]) MADEYSKI, Studien II, 99.

2. Madeyskis Tätigkeit im österreichischen Reichsgericht

„Auf Schritt und Tritt nur Lücken — das ist das Kennzeichen der österreichischen Verfassung".
Madeyski, Z praktyki Trybunału Państwa [Aus der Praxis des Reichsgerichtes]; in: *Czasopismo prawnicze i ekonomiczne* 6 (1905) 109.

Als Politiker hat es Madeyski verstanden, das positive Recht den Bedürfnissen des „realen Lebens" anzupassen.

Als Mitglied des Reichsgerichtes ist er diesem Anspruch allerdings nicht immer gerecht geworden.

Die Aufnahme in das Reichsgericht stellte nicht nur eine der höchsten sozialen Ehrungen dar; nicht nur führte sie Madeyski mit bedeutenden Persönlichkeiten aus der Welt der Politik und der Wissenschaft zusammen[77]), nicht nur bildete sie den Höhepunkt seiner juristischen Karriere. Der neue Aufgabenbereich bot dem ausgedienten Politiker darüber hinaus auch die Möglichkeit, weiterhin aktiv am öffentlichen Leben teilzuhaben[78]) und — was vielleicht noch wichtiger war — seine wissenschaftlichen und praktischen Erfahrungen auf dem Gebiet der Nationalitätenfrage zu verwerten:

Seine umfassenden „Studien zur Rechtsprechung des Reichsgerichtes", aber ebenso auch die Artikel, die er zwischen 1902 und 1907 im Krakauer *Czasopismo Prawnicze i Ekonomiczne* [Zeitschrift für Recht und Wirtschaft] zu aktuellen Rechtsfragen und Erkenntnissen des Reichsgerichtes veröffentlichte[79]), zeugen allein schon vom großen persönlichen Interesse, das Madeyski seinem richterlichen Amt entgegenbrachte. Diesen Eindruck bekräftigt überdies die Tatsache, daß er unmittelbar nach seinem Eintritt in das Reichsgericht die bedeutende Funktion des „ständigen Referenten" übertragen erhielt[80])

---

77) „Neben Männern der Judikatur bildete aus der praktischen Justizwelt heraus immer auch die Advokatur ein hervorragendes Element des Reichsgerichtes ... aber das Reichsgericht war auch mit der Welt der Politik und der Wissenschaft engstens verknüpft." Karl Hugelmann, Reichsgericht, 502. Siehe auch Lehne, Rechtsschutz 692.

78) Madeyski war allerdings noch während seiner Zeit als Abgeordneter ins Reichsgericht aufgenommen worden. Vgl. oben S. 200.

79) „Um sich davon überzeugen zu können, wie gewissenhaft Madeyski in seiner Tätigkeit beim Reichsgericht war, genügt es, auf seine zahlreichen Fachartikel hinzuweisen, die er im ‚Czasopismo prawnicze i ekonomiczne' veröffentlichte." Zoll, Madeyski, 51. Tatsächlich sind diese Aufsätze, die Madeyski im Zusammenhang mit seinen eigenen Erfahrungen aus dem Reichsgericht verfaßte, von großem Interesse. Es sind dies:

— Szkic teoryi o „uznaniu" władz administracyjnych w stosunku do orzecznictwa Trybunału Państwa [Grundriß einer Theorie des Ermessens der Verwaltungsbehörden gegenüber der Rechtsprechung des Reichsgerichtes]; in: *Czasopismo prawnicze i ekonomiczne* 2 (1901) 1ff.

— Polityczne prawo wolności narodowej [Das politische Recht der nationalen Freiheit]; ebd. 3 (1902) 369ff.

— O politycznym prawie wartości mienia [Über das politische Recht des Eigentumswertes]; ebd. 4 (1904) 1ff.

— Z praktyki Trybunału Państwa [Aus der Praxis des Reichsgerichtes]; ebd. 5 (1904) 67ff.

— Z praktyki Trybunału Państwa [Aus der Praxis des Reichsgerichtes]; ebd. 6 (1905) 1ff., 109ff., 295ff.

— Czy przeczące spory kompetencyjne pomiędzy władzami autonomicznymi a rządowymi należą do Trybunału Państwa czyli nie? [Gehören die Kompetenzkonflikte zwischen den autonomen Behörden und den Staatsbehörden in den Rechtsprechungsbereich des Reichsgerichtes oder nicht?]; ebd. 8 (1907) 293ff.

80) Dem „ständigen Referenten" oblag die Aufgabe, über jede Beschwerde, die im Reichsgericht einlangte

und diese bis zu seinem Lebensende innehatte. Nicht zuletzt seien hier auch die lobenden Aussagen seiner Kollegen über seine fachliche Qualifikation erwähnt[81]).

Obwohl sich Madeyski als ständiger Referent mit den verschiedensten Streitgegenständen auseinanderzusetzen hatte, die vor das Reichsgericht gebracht wurden, galt sein Interesse primär doch dem Bereich des Schutzes der politischen und insbesondere der nationalen Rechte der Staatsbürger. Diesem Rechtsprechungsbereich des Reichsgerichtes entnahm er auch den Großteil des Stoffes zu seinen Artikeln für das *Czasopismo Prawnicze i Ekonomiczne*, die einer breiteren Öffentlichkeit die Entwicklungen im Nationalitätenrecht zugänglich machen sollten:

Einen besonders detaillierten Bericht veröffentlichte Madeyski über einen Fall, der nicht nur für ihn von großem Interesse war. Vielmehr zeigte sich hier deutlich die allgemeine Einstellung des Reichsgerichtes zur Nationalitätenfrage sowie die Komplexität dieses Rechtsprechungsbereiches überhaupt. Wie Madeyski schon in der Einführung zum betreffenden Artikel erklärte: „Dieser Fall war von immenser politischer Tragweite“[82]).

Konkret handelte es sich um die Forderung der in Niederösterreich und namentlich in der Reichshauptstadt lebenden Tschechen, öffentliche tschechische Volksschulen für ihre schulpflichtigen Kinder zu errichten. Aktuell war diese Frage schon seit den achtziger Jahren infolge der rapide fortschreitenden Industrialisierung und des verstärkten Zuzuges tschechischer Arbeitskräfte in die wirtschaftlich attraktive Reichshauptstadt.

Ein merkwürdiger Zufall wollte es, daß gerade Madeyski sich zweimal und in unterschiedlicher Eigenschaft mit diesem Fall zu befassen hatte: als Unterrichtsminister im Jahre 1895 und als Mitglied des Reichsgerichtes im Jahre 1904.

a) 1895: Madeyski und die tschechische Volksschule in Wien — Zur Vorgeschichte des Reichsgerichtserkenntnisses vom 19. Oktober 1904

Obwohl die tschechische Diaspora in Niederösterreich und Wien keine geschlossenen Gettos entwickelte, wurden gerade die klassischen Arbeiterviertel an der Peripherie

---

und ihm zugewiesen wurde, ein Referat auszuarbeiten, auf dessen Grundlage dann die Verhandlung des Falles erfolgte. Siehe ZOLL, Madeyski 51f., sowie KARL HUGELMANN, Reichsgericht 474. Die Wahl des ständigen Referenten erfolgte alle drei Jahre.

[81]) So Robert Pattai, ein Kollege Madeyskis im Reichsgericht: „Die außergewöhnliche Klarheit seiner Referate, die in kurzen, prägnanten Zügen das Wesentliche des Streites wiedergaben, die entscheidenden Streitpunkte festmachten und sodann in ebenso unparteiliche wie treffend begründete Schlußanträge mündeten, fanden ungeteilte Anerkennung und trugen wesentlich zur Rechtsprechung des Reichsgerichtes bei.“ Zit. in ZOLL, Madeyski 50, Anm. 1.

[82]) MADEYSKI, Z praktyki Trybunału Państwa [Aus der Praxis des Reichsgerichtes] 1905, 44. Abgesehen vom Fall der tschechischen Volksschule in Wien bespricht Madeyski für das Jahr 1904 nur noch einen Fall aus dem Bereich des Nationalitätenrechts: Dieser betraf die Beschwerde ruthenischer Studenten der Lemberger Universität über den Zwang zur Verwendung der polnischen Geschäftssprache an dieser Universität. Madeyski verteidigte vorbehaltlos das entsprechende Erkenntnis des Reichsgerichtes (Nr. 1254 und 1255 vom 22. 4. 1904), wonach die Beschwerde unbegründet sei: denn Studenten hätten als innerhalb der Universität stehende Personen gegenüber dieser Universität die Geschäftssprache der Universität zu verwenden. Parteienrechte würden den Studenten als Angehörigen der Universität nicht zustehen. Auch Madeyski stellte fest, daß die Universität „nicht zu jenen Behörden“ gehöre, „hinsichtlich welcher Artikel XIX den Staatsbürgern ein bestimmtes Sprachenrecht garantiert“ habe. EBD. 12. Siehe auch MELICHAR,

der Reichshauptstadt zu Ballungszentren der tschechischen Arbeiterbevölkerung. Insbesondere der X. Wiener Gemeindebezirk wurde deshalb zum Konfliktherd um die öffentliche tschechische Volksschule:

Schon 1883 hatte der 1872 gegründete „Komenský-Verein zur Errichtung und Erhaltung böhmischer Schulen in Wien" vom Unterrichtsministerium die Bewilligung erhalten, hier eine tschechische Volksschule zu errichten. Zwei Jahre später suchte der Verein erstmals um Öffentlichkeitsrecht für diese Schule an, da diese schon 585 Kinder versorgte und um zwei Stockwerke erweitert worden war. Das Gesuch wurde trotz dreifacher Erneuerung abgelehnt. Als dann der niederösterreichische Landesschulrat im Jahre 1890 eine entsprechende Petition der Eltern der Komenský-Kinder vom X. Wiener Gemeindebezirk aus dem Vorjahr zurückwies, wurde die Beschwerde in zweiter Instanz beim Unterrichtsministerium eingereicht:

Hier ging man allerdings erst mit vierjähriger Verzögerung, nämlich im Februar 1895, daran, die Stellungnahmen der tschechischen Petenten und des niederösterreichischen Landesschulrates zu überprüfen[83]). Als dem amtierenden Unterrichtsminister oblag es nun Madeyski, den Standpunkt des Ministeriums und somit der Regierung auszuarbeiten. Wie schon öfter, brachte Madeyski auch diese Frage vor den Ministerrat, obwohl sein eigenes Urteil zu diesem Zeitpunkt schon feststand: „... Schon der gewöhnlichen, nicht erst juridischen Auffassung allein würde es entsprechen, die Frage, ob der böhmische Volksstamm in Niederösterreich wohnt, sofort zu verneinen"[84]). Madeyski beantragte die Ablehnung des tschechischen Gesuches.

Nun, auch die „gewöhnliche" Auffassung steht nicht im luftleeren Raum ... Doch handelte es sich hier weniger um eine juridische als vielmehr um eine gesellschaftspolitische Frage: Obwohl es die Tschechen selbst waren, die infolge der konsequenten Ablehnung ihres Gesuches durch Bezirksschulräte und Landesschulrat die Theorie ihrer „Wohnhaftigkeit in Niederösterreich" entwickelt hatten, war dies nur geschehen — das muß eigens betont werden —, um den verfassungsmäßigen Bedingungen für die Stattgebung ihres Anliegens zu genügen:

Denn nicht übersteigertem Nationalgefühl war die Forderung der Wiener Tschechen entsprungen; vielmehr war sie die natürliche Folge veränderter objektiver Verhältnisse in Niederösterreich, wo im Laufe weniger Jahrzehnte infolge sozialer Umschichtungsprozesse auch bedeutende Verschiebungen in den nationalen Kräfteverhältnissen stattgefunden hatten: „Ob eine tschechische Minderheit in deutschen Sprachgebieten wächst, das hängt von der Stärke und der Richtung der wirtschaftlichen Entwicklung ab"[85]):

Durch die seit den sechziger Jahren konstant wachsende „Landflucht"-Bewegung aus noch vorwiegend agrarischen Gebieten in die wirtschaftlich damals hoch attraktive Reichshauptstadt Wien und das der industriellen Entwicklung besonders aufgeschlossene Niederösterreich hatte die Zahl der aus Böhmen und Mähren einwandernden Tschechen tatsächlich dermaßen zugenommen, daß fürwahr von einer strukturellen Veränderung

Rechtslage der Nationalitäten 461 sowie STOURZH, Gleichberechtigung der Volksstämme als Verfassungsprinzip 1091.

[83]) MONIKA GLETTLER, Die Wiener Tschechen um 1900. Strukturanalyse einer nationalen Minderheit in der Großstadt (Wien—München 1972) 100—102.

[84]) MADEYSKI, 28. 1. 1895, Ministerratsprotokoll, KZ 9, MRZ 9.

[85]) BAUER, Nationalitätenfrage und Sozialdemokratie 225.

des „nationalen Charakters“ der vormals deutschen Gebiete gesprochen werden konnte[86]).

Doch sind Tatsachen in den emotional überfrachteten nationalpolitischen Kämpfen offensichtlich nicht ins Gewicht gefallen: Anerkennung oder Nichtanerkennung der „normativen Kraft des Faktischen“ — der im Grunde allein maßgebende Aspekt des Konfliktes um die tschechische Volksschule in Wien — ist in der Hitze des ideologischen Rüstungskampfes um nationalen Besitzstand und nationalen Lebensraum untergegangen[87]).

Die Deutschen fürchteten, daß die tschechische „Infiltration“ nicht nur die deutschen Industriegebiete Böhmens, sondern ganz Niederösterreich überfluten würde[88]): Sie beschlossen, jeden weiteren „Vorstoß“ in diese Richtung zu bannen. Die Tschechen wiederum kämpften immer verzweifelter um ihre sachlich berechtigte Forderung[89]). In den neunziger Jahren hatte diese Kontroverse die nationalen Lager bereits in die Sackgasse eines chauvinistisch verblendeten, hysterisch geschürten Machtkampfes[90]) getrieben.

Soweit die Hintergründe des Falles, den Madeyski jetzt zu behandeln hatte.

Die tschechische Beschwerdeschrift, die ihm vorlag, stützte sich zunächst auf das Reichsgerichtserkenntnis vom 19. Oktober 1882, mit dem in drei niederösterreichischen Gemeinden — Unterthemenau, Oberthemenau und Bischofswarth (Charvatská Nová Ves, Poštorná und Hlohovec) —, die überwiegend von slowakisierten Kroaten bewohnt waren, die Berechtigung eines öffentlichen tschechischen Volksschulunterrichtes ausdrücklich mit der Begründung anerkannt worden war, daß die tschechische Sprache dort „vorherrschende Volkssprache“ sei und daher als „landesüblich“ zu gelten habe[91]).

Überdies berief sich die tschechische Begründung auf den § 59 des Reichsvolksschulgesetzes, wonach eine öffentliche Schulanstalt dann zu errichten war, wenn in fünfjährigem Durchschnitt und im Umkreis von einer halben Meile 40 Kinder im schulpflichtigen Alter gezählt wurden.

Die Ablehnungsschrift des niederösterreichischen Landesschulrates wiederum, die ausschließlich an den ersten Punkt der tschechischen Argumentation anknüpfen wollte, stellte fest, daß die Landesüblichkeit der Sprache zwar die notwendige Voraussetzung für die Anspruchsberechtigung auf eine öffentliche Schulanstalt nach § 59 bilde, der tschechische Volksstamm aber „nicht als ein in Niederösterreich wohnender Volksstamm anerkannt“ sei. Im Sinne des Absatz 3 des Artikel XIX seien daher auch die

---

[86]) Von allen Ländern der Monarchie empfing Niederösterreich durch die Binnenwanderung überhaupt die meisten Zuwanderer (zwischen 1856 und 1910), wobei $1/4$ aller Wiener Einwohner an der Wende zum 20. Jahrhundert aus den Ländern der Hl. Wenzelskrone (in ihrer Mehrheit Tschechen) stammten. Vgl. Glettler, Wiener Tschechen 32, sowie Zöllner, Geschichte Österreichs 443f. und Havránek, Sprachliche Gegensätze 154.

[87]) Daß der Kampf um den „nationalen Besitzstand“ nur ein Deckmantel für den eigentlichen Konkurrenzkampf auf wirtschaftlicher Ebene war, hat Bauer vortrefflich nachweisen können. Vgl. Bauer, Nationalitätenfrage und Sozialdemokratie 226ff.

[88]) Ebd. 258.

[89]) „... der Kampf um die tschechische Volksschule in Niederösterreich regte wie nichts anderes die nationale Phantasie an ...“ Glettler, Wiener Tschechen 100.

[90]) Ebd. 102.

[91]) Ebd. 103. Siehe auch Stourzh, Gleichberechtigung der Volksstämme als Verfassungsprinzip 1024f.

„Bedingungen für die geforderte Errichtung einer tschechischen Volksschule in Wien nicht vorhanden", spreche dieser Absatz doch ausdrücklich nur von jenen Ländern, in denen mehrere Volksstämme wohnten.

Auch Madeyski setzte seine Prüfung der tschechischen Begründungsschrift beim Reichsgerichtserkenntnis vom Jahre 1882 an, da die Tschechen dieses als Präjudiz verstanden wissen wollten: Mit Berufung auf andere, in die Argumentation der Petenten nicht aufgenommene Erkenntnisse des Reichsgerichtes, die allesamt unmißverständlich auf die Ablehnung der Wohnhaftigkeit des tschechischen Volksstammes in Niederösterreich deuteten, wollte er dem Erkenntnis von 1882 die Bedeutung eines Präjudizes streitig machen:

„... Es genügt die einfache Tatsache nicht, daß in einem bestimmten Orte eines Landes, das nicht notorisch von mehreren Volksstämmen bewohnt wird, eine bestimmte Zahl von Mitgliedern eines Volksstammes sich aufhalten. Das Reichsgericht verlangt überdies nämlich auch, daß diese in diesem Orte mindestens bedeutend prävaliere und daß ihre Muttersprache mindestens als vorherrschende Volkssprache und landesübliche Sprache in dieser Gemeinde angesehen werde ..." Dies, fuhr Madeyski fort, sei zwar tatsächlich in den genannten drei Gemeinden der Fall gewesen, würde aber nicht für Niederösterreich und namentlich Wien gelten[92])!

Aus anderen Erkenntnissen leitete Madeyski überdies ab, daß das Reichsgericht an die Feststellung des „Wohnens eines Volksstammes in einem bestimmten Lande" noch zusätzliche Bedingungen knüpfe: „... nämlich erstens die Eigenschaft der Eingeborenen oder neben ihrer nationalen Mutter-, Familien- und Umgangssprache auch die betreffende Tracht und Sitte, zweitens das ethnographische Kriterium, dann auch die Notwendigkeit, daß die in der entsprechenden Zahl in einer Gemeinde sich aufhaltenden Andersnationalen ... als zusammenfaßbare Einheit erscheinen, daß diese Niederlassung einen stetigen Charakter an sich trägt, so daß wenigstens ein Grundstock davon jeweilig im Lande geboren ist, daß überhaupt schon durch die Art der Ansiedlung die Erhaltung der Stammesart, Sitte und Sprache über die Generation der Einwanderer hinaus verbürgt wird; das heißt allgemein, daß Momente dafür vorhanden sein müssen, daß die Mitglieder des betreffenden Volksstammes in einer bestimmten Gemeinde des Landes als dortiger Volksstamm wohnen"[93]).

Keine dieser Bedingungen aber, folgerte Madeyski, treffe im speziellen Falle zu.

Bezüglich der Berufung der Petenten auf den § 59 des Reichsvolksschulgesetzes begnügte sich Madeyski mit einer nüchternen Feststellung: „Die Interpretation des Artikel XIX im Zusammenhang mit den Bestimmungen des Reichsvolksschulgesetzes" müßte „zu der widersinnigen Konsequenz führen, daß so wie an irgend einem Orte irgend eines Landes eine Anzahl von 40 Kindern sich melden sollte, deren Eltern einem und demselben Volksstamm angehören, sofort für dieselben eine öffentliche Volksschule mit ihrer nationalen Muttersprache errichtet werden müßte ... Eine solche Interpretation würde der allgemein anerkannten Interpretationsregel des Allgemeinen Bürgerlichen Gesetzbuches widersprechen, wonach jedes Gesetz so auszulegen sei, daß es eine vernünftige Handhabung zuläßt"[94]).

---

[92]) MADEYSKI, 28. 1. 1895, Ministerratsprotokoll, KZ 9, MRZ 9.

[93]) EBD. (meine Hervorhebung).

[94]) EBD.

Merkwürdig, daß die österreichischen Nationalitäten gerade in dieser „widersinnigen" Auslegung ihr Recht auf „Minderheitenschulen" begründeten:

Angesichts der Tatsache, daß es „kein Gesetz gab, das die Bedingungen solcher Unterrichtsanstalten klar umschrieb ... ja, die Gesetzgebung keinerlei Norm für die Errichtung von Schulen für die nationalen Minderheiten aufgestellt hatte", war man ohnehin darauf angewiesen, auf dem Wege der Auslegung bestehender Gesetzesbestimmungen (namentlich hier des § 59 des Reichsvolksschulgesetzes) und ihrer Kombinierung mit Artikel XIX die fehlenden Kriterien zu gewinnen. Überdies entsprach die tschechische Auslegung auch der Auffassung, die der Verwaltungsgerichtshof immer konsequenter vertrat: Demnach war „in einer bestimmten Gemeinde eine anderssprachige Volksschule dann zu errichten, wenn diese von den Eltern der schulpflichtigen Kinder des betreffenden anderen Volksstammes gefordert wird, und die Anzahl der Kinder, für welche sie angestrebt wird, im fünfjährigen Durchschnitt mindestens 40 überschreitet"[95]).

Warum die tschechische Auslegung demzufolge keine „vernünftige Handhabung" zuließ, das meinte Madeyski nicht mehr ausführen zu müssen. Eine entsprechende Begründung hätte vermutlich einmal mehr seine Verwurzelung im territorialen Verständnis der Nationalität offenbart: Rückblickend kann nämlich mit Bestimmtheit behauptet werden, daß gerade diese — für Madeyski „widersinnige" — Auslegung der nationalitätenrechtlichen Bestimmungen zur Überwindung des verhängnisvollen territorialen Verständnisses der Nationalität beitragen und die Entwicklung der nationalen Frage in den folgenden Jahrzehnten vielleicht in eine andere Richtung hätte lenken können: Denn sie fußte auf dem „Personalitätsprinzip", das die Rechte der Nationalitäten vom Territorium, das sie jeweils bewohnten, loslöste. Höchstwahrscheinlich liegt Madeyskis intransigenter Ablehnung der tschechischen Auslegung deshalb in erster Linie die Angst zugrunde, durch eine rein ethnisch determinierte nationalpolitische Organisation des Staates der Sprengung der historischen Ländereinheiten Vorschub zu leisten.

Im Ministerrat zumindest wurde Madeyskis Standpunkt ohne Debatte angenommen.

Durch eine engherzige juristische Interpretation, die sich bewußt den tatsächlichen Anforderungen einer gewandelten Wirklichkeit verschloß, wurde eine bedeutende Chance verspielt, die Nationalitätenfrage zu entschärfen und im Namen eines aufrichtigen Strebens nach der praktischen Verwirklichung des Prinzips der Nationalität die anachronistisch gewordene Ideologie von der territorialen Abhängigkeit der nationalen Rechte der Staatsbürger zumindest zu relativieren.

Stanisław Madeyski, den man im Jahre 1884 zum leibhaftigen Symbol der nationalen Freiheit erhoben hatte, Madeyski, der das Programm des Kompromisses, der nationalen Versöhnung und der Anpassung des positiven Rechts an die Bedürfnisse des „wirklichen Lebens" auf seinem Banner trug, der gleiche Madeyski nützte 1895 als Mitglied der Regierung und Leiter eines Ressorts, das für die nationalen Angelegenheiten wohl am bedeutendsten war, die Chance nicht, dieses Programm in die Praxis umzusetzen.

---

[95]) Siehe ALFRED FISCHEL, Die Minoritätenschulen (Brünn 1900) 3—5 sowie STOURZH, Gleichberechtigung der Volksstämme als Verfassungsprinzip 1131—1136.

Zwei Überlegungen lagen seiner intransigenten Haltung vermutlich zugrunde: Zunächst vertrat Madeyski die Auffassung, daß „über Angelegenheiten eines Landes nur das Land selbst" zu bestimmen habe, da nur dieses Prinzip dem Geiste der Verfassung logisch entsprechen würde: Die Verfassung habe die Völker zur Mitwirkung in ihren eigenen Angelegenheiten berufen, nicht aber zur Beurteilung der Angelegenheiten fremder Völker und Länder[96]). Nun war Madeyski ja Pole: In einem Konflikt, der nur Deutsche und Tschechen in Niederösterreich betraf, fühlte er sich wohl nicht berechtigt, als Schiedsrichter aufzutreten — zumals er ja nicht wünschte, daß sich Tschechen oder Deutsche[97]) in die nationalen Verhältnisse Galiziens einmischten.

Weiters, und dieses Motiv war damals wohl ausschlaggebend, ließen sowohl die Grundsätze als auch die nationale Zusammensetzung des Koalitionskabinetts ein passives Verhalten ratsam erscheinen.

Und dennoch: Sagte Madeyski nicht selbst einmal, daß die Übermacht der Staatsgewalt nicht imstande wäre, dem Staatsbürger sein Rechts- und Gerechtigkeitsgefühl zu nehmen[98])? Auch die Wiener Tschechen fanden sich mit der als „ungerecht" empfundenen Entscheidung des Unterrichtsministers nicht ab: Gesuche folgten auf Gesuche. Ohne Erfolg. Mehr noch, der immer leidenschaftlicher und aggressiver geführte Kampf um die öffentliche tschechische Volksschule trieb die Deutschen in einen dementsprechend wachsenden Widerstand: Um der eventuellen Stattgabe eines der tschechischen Gesuche vorzubeugen, bemühen sie sich ab 1896 immer angestrengter, im niederösterreichischen Landtag die sogenannte Lex Kolisko durchzubringen, die das Deutsche an allen Volks- und höheren allgemeinbildenden Schulen des Landes als ausschließliche Unterrichtssprache einführen sollte[99]).

96) MADEYSKI, O zasadzie narodowości [Zum Prinzip der Nationalität] 85.

97) Wie schon erwähnt, waren die tschechisch-polnischen Beziehungen namentlich nach dem Führungswechsel im tschechischen Lager durch die tschechische Kritik an der polnischen Minderheitenpolitik gegenüber den Ruthenen belastet. Von deutscher Seite wurde auf die polnische Ruthenenpolitik immer dann hingewiesen, wenn nationalpolitische Forderungen der Polen zurückgewiesen werden sollten.

98) MADEYSKI, O zasadzie narodowości [Zum Prinzip der Nationalität] 85. Schon im Plenum des Abgeordnetenhauses war die Reaktion nicht ausgeblieben: Madeyski hatte im Budgetausschuß am 10. März 1895 seine Ablehnung der öffentlichen tschechischen Volksschule damit begründet, daß für ihn bei der Verleihung des Öffentlichkeitsrechtes nur maßgebend sei, „ob eine solche Schule dem öffentlichen Bedürfnisse entspreche"; bei der Komenský-Schule aber werde die Bedürfnisfrage in den breiten Schichten der Bevölkerung, „um deren Interessen es sich dabei" handeln würde, entschieden bestritten. Demgegenüber warf der jungtschechische Abgeordnete Adámek dem Unterrichtsminister vor, sich durch seine Entscheidung „in rührender Übereinstimmung mit unseren politischen und nationalen Gegnern" zu befinden. Für das Bedürfnis der Komenský-Schule führte er insbesondere an, daß sie „vor allem für die Erziehung des gewerblichen Nachwuchses und des Nachwuchses der böhmischen Arbeiter in ihrer Muttersprache und im patriotischen Geist" errichtet worden sei. Dann wies er auf die hohen Kosten für die Erhaltung der Schule hin, auf die Anzahl der Böhmen in der Residenzstadt, die Überlastung der Schule. Direkt an Madeyski gewandt, vergaß er auch nicht zu erwähnen, daß die Pariser Gemeinde polnische Emigrantenschulen errichtet hatte und sie erhielt. Siehe ADÁMEK, 21. 4. 1894, STEN. PROT. Abgeordnetenhaus, XI. Session, 278. Sitzung, 13288.

99) GOLDINGER, The Nationality Question in Austrian Education; in: Austrian History Yearbook III/3 (1967) 150. Siehe dazu auch FISCHEL, Artikel „Nationalitäten"; in: Österreichisches Staatswörterbuch, hrg. v. Ernst Mischler und Josef Ulbrich, III, 696. Die Lex Kolisko hat niemals die Kaiserliche Sanktion erhalten. Erstmals im niederösterreichischen Landtag am 30. Dezember 1896 eingebracht, wurde sie trotz zwölfmaliger Erneuerung (!) nicht angenommen. Erst in veränderter Form konnte sie sich im Jahre 1909 durchsetzen.

Denn mit einer „de facto"-Anerkennung der tschechischen Forderung fürchteten sie auch die „de jure"-Anerkennung des tschechischen Volksstammes als Volksstamm des bis dahin ausschließlich deutschen Niederösterreich.

b) 19. Oktober 1904: Die tschechische Volksschule in Wien vor dem Reichsgericht

Im Jahre 1904 steht der Fall der öffentlichen tschechischen Volksschule endlich vor dem Reichsgericht: In seiner Entscheidung liegt für die Tschechen, deren Gesuch sich mittlerweile auf 20 Einzelgesuche aus 19 Wiener Gemeindebezirken und aus Floridsdorf ausgedehnt hatte und vom Komenský-Verein aktiv unterstützt wurde[100]), die letzte Hoffnung.

Die Verhandlung findet am 19. Oktober unter dem Vorsitz des vormaligen Justizministers Emil Steinbach statt. Unter den Votanten sitzt Stanisław Madeyski.

Fast ein ganzes Jahrzehnt ist vergangen seit dem Tage, an dem Madeyski im Namen der Regierung Windischgrätz das Gesuch der Wiener Tschechen zurückwies. Jetzt ist es der Referent von Aull, der die Ablehnung der tschechischen Beschwerde beantragt.

Wie sich in der anschließenden Debatte unmißverständlich zeigte, stand das Spruchkollegium grundsätzlich hinter dieser Meinung. Offen war nur die Frage nach einer formalen Begründung dieser Entscheidung.

Madeyski trug zu der endgültigen Fassung des Erkenntnisses vom 19. Oktober wesentlich bei: Seit seiner Ministerschaft hatte sich sein Standpunkt in der Frage der öffentlichen tschechischen Volksschule in Wien durch das intensive Studium der Rechtsprechung des Reichsgerichtes gefestigt:

Aufgrund seiner eigenen Definition des Rechtsbegriffes der „Landesüblichkeit" einer Sprache und seiner Auslegungen der Absätze 2 und 3 des Artikel XIX, die er in seinen „Studien" ausgearbeitet und dargelegt hatte, gelang es ihm jetzt, für die Ablehnung der Beschwerde eine juristische Begründung zu finden, die das Reichsgericht auch aus dem Dilemma befreien konnte, in dem es sich durch sein Erkenntnis vom Jahre 1882 befand[101]): Bekanntlich hatte es ja damals die Errichtung öffentlicher tschechischer Volksschulen von der Landesüblichkeit des Tschechischen in drei niederösterreichischen Gemeinden abhängig gemacht.

Madeyski konnte jetzt aber nachweisen, daß das tschechische Gesuch erst in Verbindung mit einer zweiten Bedingung verfassungsmäßig berechtigt war — einer Bedingung, die zwar im Falle der drei Gemeinden erfüllt wäre, nicht aber im vorliegenden Fall: die Ansässigkeit des betreffenden Volksstammes in dem bestimmten Land, für welches er seine Forderungen stellte[102]).

---

[100]) Diese Gesuche waren allesamt in einem Mal von der Bezirksschulräten und vom Landesschulrat 1901 abgelehnt und auch in zweiter Instanz am 29. September 1903 vom Unterrichtsministerium zurückgewiesen worden. Siehe GLETTLER, Wiener Tschechen 278, sowie STOURZH, Gleichberechtigung der Volksstämme als Verfassungsprinzip 1150.

[101]) Das Reichsgericht sei sich voll bewußt gewesen, daß sein Urteil ambivalent war. Allzu einfach zu sehen sei die Unvereinbarkeit dieses Urteiles mit früheren Erkenntnissen in Fällen wie Unterthemenau, Oberthemenau und Bischofswarth gewesen. Siehe GOLDINGER, Nationality Question in Austrian Education 150. Siehe auch STOURZH, Gleichberechtigung der Volksstämme als Verfassungsprinzip 1033.

[102]) MADEYSKI, Z praktyki Trybunału Państwa [Aus der Praxis des Reichsgerichtes] 1905, 41.

Diese Voraussetzung allerdings, meinte Madeyski, würde im gegenwärtigen Fall eine Erörterung der „Landesüblichkeit" — ein Moment übrigens, auf das seine tschechischen Kollegen Randa und Žáček nicht verzichten wollten (ein Versuch, die positive Entscheidung nicht grundsätzlich auszuschließen?) — „überflüssig" machen, nachdem sich die „Landesüblichkeit" in der Auslegungstradition des Reichsgerichtes nur auf einzelne Orte oder Gemeinden, niemals aber auf ein ganzes Land bezogen hätte: Demnach bilde die Existenz von zwei Volksstämmen die wesentliche Vorfrage für die Errichtung von Nationalitätenschulen[103]).

Wenn Madeyski das Argument der „Landesüblichkeit" aus der Begründung grundsätzlich ausschließen wollte, so nicht nur aufgrund seiner Ablehnung des Prozentsatzkriteriums, das vornehmlich Randa für die Landesüblichkeit des Tschechischen in Niederösterreich ins Treffen führte: Madeyski empfand es als „nicht hinreichend" und sah in einer solchen Auslegung überdies die Gefahr eines Präjudizes. Vielmehr leiteten ihn hier seine eigenen Untersuchungsergebnisse auf dem Gebiet des Nationalitätenrechts und seiner Handhabung durch das Reichsgericht:

So hatte er in seinen „Studien" nachgewiesen, daß sich das Sprachenrecht in der Schule auf das Territorium des Landes beschränkte, in dem ein Volksstamm „ansässig" war[104]), wobei er diese Ansässigkeit als die erste Voraussetzung für die Landesüblichkeit einer Sprache in einem bestimmten Land verstand[105]). In seiner anschließenden Definition der „Ansässigkeit" erklärte er ausdrücklich, daß diese nicht bloß als „bedeutende Anzahl von Insassen etwa vorübergehend und vereinzelt" verstanden werden dürfe, sondern als „eine soziale Gemeinschaft, welche dauernd einen integrierenden Bestandteil der sozialen Einheit des Landes bildet"[106]).

Nun stellte aber die tschechische Bevölkerung in Niederösterreich, seiner Ansicht nach, infolge „ihrer zerstreuten Ansiedlung in den verschiedenen Bezirken Wiens" keine solche „sozial verbundene Gemeinschaft" dar, zumal sich ihre Sprache aus diesem Grunde „im Verkehr und im öffentlichen Leben nicht zur Landesüblichkeit aufgeschwungen" habe, womit auch die zweite Voraussetzung für die Landesüblichkeit einer Sprache in einem bestimmten Land nicht gegeben sei[107]).

Im übrigen hat Madeyski dieses Argument in einem späteren Artikel noch präziser gefaßt: „Damit die Bevölkerung eines Volksstammes des Staates, die sich in einem bestimmten Land ansiedelt, zu einem Volksstamm dieses Landes wird, genügt weder

---

[103]) MADEYSKI, 19. 10. 1904, Reichsgerichtsprotokoll der nicht öffentlichen Verhandlung zu den Erkenntnissen Nr. 1284 und 1285 (AVA).

[104]) „... im Gegensatz zum ‚nationalen Freiheitsrecht', das der einzelne, dessen Volksstamm in einem Lande des Staates ansässig ist, in allen dem Staat angehörenden Ländern betätigen darf". MADEYSKI, Studien II, 77.

[105]) Madeyski argumentierte, daß in der Landesüblichkeit schon dem gewöhnlichen Sprachgebrauch nach eine doppelte Beziehung der Sprache zum Land liege: „eine äußere zu dem Landesterritorium sowie eine innere zu dem sozialen Wesen des Landes, zu der sozialen Landesgemeinschaft". Aus dieser Unterscheidung ergebe sich für das subjektive politische Sprachenrecht eine doppelte gesetzliche Voraussetzung für das Vorliegen der „Landesüblichkeit": 1. die Ansässigkeit des Volksstammes in dem Lande (der Volksstamm muß ein Volksstamm des Landes sein) und 2. ein langjähriger dauernder Gebrauch der Sprache des Volksstammes als Umgangssprache im täglichen Verkehr. MADEYSKI, Studien II, 74.

[106]) EBD.

[107]) Siehe Anm. 105 (meine Hervorhebung).

ihre Anzahl oder ihr Prozentsatz im Verhältnis zur Gesamtbevölkerung, noch die gemeinsame Entwicklung seines nationalen Lebens in diesem Lande. Denn wesentlich ist es darüber hinaus, daß die in diesem Lande entstehende Gemeinschaft hier so tiefe Wurzeln schlägt, daß sie [— und hier gebrauchte Madeyski eine Formulierung seines Reichsgerichtskollegen Randa vom Jahre 1904] zu einer nationalen Individualität dieses Landes wird"[108]).

Mit dieser Unterscheidung war — zumindest juristisch — die Anwendbarkeit des Absatz 2 des Artikel XIX widerlegt. Madeyski schlug dem Kollegium daher vor, in der Aufzählung der Entscheidungsgründe den Schwerpunkt auf die Frage der „Existenz zweier Volksstämme" zu legen, da sich die Frage der Landesüblichkeit — auf die sich primär die tschechische Beschwerde berief — überhaupt erst mit der Feststellung der Existenz des tschechischen Volksstammes in Niederösterreich ergebe.

Im Unterschied zu seiner Argumentation aus dem Jahre 1895 hatte sich Madeyski jetzt auf die theoretischen Schlußfolgerungen seiner wissenschaftlichen Untersuchungen stützen können: Erstmals war jetzt die Anwendbarkeit des Absatz 3 des Artikel XIX an das gleichzeitige Eintreffen von zwei Bedingungen geknüpft worden: erstens die Existenz des betreffenden Volksstammes in einem bestimmten Land und zweitens die Landesüblichkeit seiner Sprache in diesem Land.

Madeyskis juridisch zwar von keiner Seite angefochtener Standpunkt ist von seinem tschechischen Kollegen Žáček jedoch als „zu schroff" empfunden worden: Das Reichsgericht habe „bislang noch niemals einen so schroffen Standpunkt eingenommen und ... das Moment des Vorhandenseins von Bevölkerungselementen auch ohne Stammeseigenschaft immer berücksichtigt"[109]). Überdies sah Žáček in der Anerkennung der Auffassung Madeyskis, wonach das Reichsgericht sich ausschließlich auf das Moment des „Volkstums" zu stützen hätte, die Gefahr eines schwerwiegenden Präjudizes. Auch sein Landsmann Randa plädierte für eine „mildere" Auffassung: neben der „Ansässigkeit des Volksstammes" solle die „Landesüblichkeit" als „selbständige Regel" mitberücksichtigt werden.

Allerdings einigte sich das Kollegium im Zuge der immer hitziger geführten Debatte zunächst doch darauf, Madeyskis Standpunkt zur Grundlage seiner Entscheidungsbegründung zu nehmen. Indes sollte dabei — offensichtlich, um dessen „Schroffheit" zu mildern — Madeyskis ursprünglichem Vorschlag der Zusatz beigefügt werden, „daß, wenn die Beschwerdeführer überdies die Landesüblichkeit ihrer Sprache geltend machen, dies auch nicht zutreffe"[110]).

---

108) Madeyski, Z praktyki Trybunału Państwa [Aus der Praxis des Reichsgerichtes] 1905, 40 und vgl. Anm. 103.

109) Tatsächlich hatte das Reichsgericht, wie auch der Votant Randa bemerkte, in den Fällen Brody oder Themenau die Sprachenrechte (der deutschsprachigen jüdischen Bevölkerung von Brody, der tschechischen Bevölkerung der niederösterreichischen Gemeinden Ober- und Unterthemenau) anerkannt, obwohl es zuvor nicht anerkannt hatte, daß die betreffenden Volksstämme in diesen Ländern „wohnten". Siehe Randa, 19. 10. 1904, Reichsgerichtsprotokoll der nicht öffentlichen Verhandlung zu den Erkenntnissen Nr. 1284 und 1285 und vgl. Stourzh, Gleichberechtigung der Volksstämme als Verfassungsprinzip 1026, 1033—1036.

110) Referent von Aull, 19. 10. 1904, Reichsgerichtsprotokoll (meine Hervorhebung).

Konkret wurde die Beschwerde also mit Berufung auf Absatz 3 des Artikel XIX und subsidiärer Beziehung auf Absatz 2 desselben Artikels abgelehnt[111]).

Schon 1895 hatte Madeyski anläßlich seiner Beschäftigung mit der tschechischen Forderung die Unvollständigkeit der Judikatur des Reichsgerichts bemängelt: Zwar war es ihm damals gelungen, dem Erkenntnis, auf das sich die Tschechen stützten, die Bedeutung eines Präjudizes zu nehmen. Allein hatte er als Minister weder die Macht noch die Befugnis, den Grundsätzen, die er zu diesem Zwecke aufgrund anderer Erkenntnisse des Reichsgerichtes aufgestellt hatte, bindende Kraft zu verleihen. Erst in seinen „Studien“ konnte er diese Grundsätze systematisieren und damit die Lücken in der Judikatur des Reichsgerichtes ausfüllen, da ja — wie er ausdrücklich in diesem Werk erklärte — aus dessen Erkenntnissen „nicht ersichtlich“ würde, daß dasselbe „das Vorhandensein jener Voraussetzungen geprüft hat, an welche die geltenden Volksschulgesetze die Neuerrichtung einer Pflichtschule gebunden hat“[112]).

Seine eigenen Voraussetzungen anerkenne indes auch das Reichsgericht, da er diese ja nur aus der Kombinierung zahlreicher Erkenntnisse in diesem Bereich abgeleitet habe.

In die Praxis durfte Madeyski diese theoretischen Grundsätze allerdings erst als Mitglied des Reichsgerichtes umsetzen: tatsächlich gewann sein wissenschaftlich begründeter Ansatz in der Behandlung des Falles vom 19. 10. 1904 die ungeteilte Anerkennung des Kollegiums.

Dennoch setzte sich sein Standpunkt damals nicht vollständig durch[113]): Das Spruchkollegium fürchtete die Implikationen eines Erkenntnisses, das sich streng an diesen Ansatz halten würde: Anders als Madeyski, der seiner Auslegung vermutlich gerne die Bedeutung eines Präjudizes verschafft hätte, wollte das Kollegium nämlich vermeiden, daß hier „ein Prinzip aufgestellt würde, an das sich das Reichsgericht von nun an zu halten hätte“[114]).

Angesichts dieser Bedenken wurde schließlich beschlossen, auf eine Begründung grundsätzlich zu verzichten: Statt dessen wollte man sich darauf beschränken, die von Regierungsseite angeführten Abweisungsgründe zu überprüfen.

Für das Verständnis dieser zunächst unbefriedigend anmutenden Entscheidung kann eine Untersuchung der politischen und ideologischen Hintergründe der juristischen Debatte Aufschluß geben:

Es scheint, daß sich die Mitglieder des Spruchkollegiums in einem schwierigen Dilemma befanden: Ebenso wie die Verneinung des „Wohnens“ des tschechischen Volksstammes in Niederösterreich — was ja allein schon, wie Madeyski brillant nachgewiesen hatte, die Abweisung der tschechischen Beschwerde legitimiert hätte — zog auch eine grundsätzliche Bejahung dieser Frage schwerwiegende Konsequenzen nach sich:

Im Falle einer Verneinung konnte das Reichsgericht den berechtigten Vorwürfen ausgesetzt werden, die tatsächlichen nationalen Verhältnisse in Niederösterreich und

---

111) Diese Konzession war übrigens aus Rücksicht auf die Bedenken des Votanten Randa durchgesetzt worden.

112) Madeyski, Studien II, 115.

113) Siehe auch die Analyse dieser Reichsgerichtsdebatte bei Stourzh, Gleichberechtigung der Volksstämme als Verfassungsprinzip 1038—1041.

114) 19. 10. 1904, Reichsgerichtsprotokoll.

Wien ignoriert zu haben[115]), sowie seiner Aufgabe nicht gerecht zu werden, die verfassungsmäßig garantierten Rechte der österreichischen Völker „zur Wahrung und Pflege ihrer Nationalität" zu schützen!

Eine grundsätzliche Anerkennung der Ansässigkeit des tschechischen Volksstammes in Niederösterreich wiederum hätte nicht nur eine weitere Eskalation der deutschen Opposition nach sich gezogen. Darüber hinaus — und das war noch wichtiger — wäre damit auch anderen österreichischen Volksstämmen die Möglichkeit eröffnet worden, analoge Forderungen zu stellen! Auf juristischer Ebene hätte diese Entscheidung darüber hinaus auch die grundsätzliche Aufhebung jenes Prinzips bedeutet, das bislang das österreichische Nationalitätenrecht bestimmte: die Verknüpfung von Volksstamm und Territorium, sprich Nationalität und historischer Landeseinheit.

Wohl nur angesichts dieser ausweglosen Lage einigte sich das Kollegium schließlich darauf[116]), die Entscheidungsgründe für die Zurückweisung der tschechischen Beschwerde formal so zu fassen, daß sie die tatsächliche Befriedigung der tschechischen Forderung nicht grundsätzlich ausschlossen:

Im Anschluß an die Überprüfung der Abweisungsgründe der Regierung stellte das Reichsgericht demnach zunächst fest, daß „den tschechischen Beschwerdeführern der geltend gemachte Anspruch nicht zustehe, ... die von den Beschwerdeführern behauptete Verletzung ihres verfassungsmäßig gewährleisteten politischen Rechtes nicht stattgefunden habe". Dann aber fügte es — im Sinne seiner vorangehenden Überlegungen — hinzu, daß „die Erörterung der Frage der etwaigen Befriedigung der kulturellen Bedürfnisse der Staatsbürger durch Ermöglichung der Errichtung von Unterrichtsanstalten in einer anderen als der landesüblichen Sprache seitens der öffentlichen Verwaltung, als der Kognition des Reichsgerichtes entzogen, außer Betracht zu bleiben habe"[117]).

Damit hatte das Reichsgericht ausdrücklich zu verstehen gegeben, daß es zwar vom juristischen Standpunkt die Legitimität von tschechischen öffentlichen Volksschulen in Wien nicht anerkennen konnte, ihre kulturelle Berechtigung jedoch nicht leugnen wollte.

---

[115]) Denn die Mehrheit der Votanten wollte die sachliche Berechtigung der tschechischen Forderung gar nicht leugnen: So meinte Votant RANDA: „... das Anstreben des nationalen Unterrichtes sei begreiflich, die Befriedigung dieses Bedürfnisses sei aber nur durch freiwillige Subventionen seitens des Staates und der Gemeinden denkbar. Es wäre das nur ein Pflaster auf die Wunden und entspreche in der Tat nur der Billigkeit, wenn Staat und Gemeinden auch ohne positives Gesetz für eine so zahlreiche Minderheit, welche nationale Schulen dringend begehre, solche Schulen schaffen ..." Und Votant RINTELEN erklärte: „... er habe das Begehren um den Unterricht in der Muttersprache wenigstens für die ersten Kinderjahre immer als ein an sich berechtigtes anerkannt ..." Votant MADEYSKI schließlich: „... eine Verpflichtung der Regierung zur Sorge für die Minorität auszusprechen, gehe wohl nicht an, obgleich die Regierung Anlaß hätte, über die Befriedigung dieser kulturellen Bedürfnisse nachzudenken ..." Alle 19. 10. 1904, Reichsgerichtsprotokoll.

[116]) Der Beschluß erfolgte trotz der Einwände des deutschen Votanten FEISTMANTEL, der „eine streng juristische Begründung" gefordert hatte, da „einen Trost auszusprechen in Entscheidungsgründen höchst bedenklich sei ... gerade dies nämlich auf die Annahme von politischen Nebenabsichten leite", und der auch gegen Madeyskis „schroffe" Auffassung aufgetreten war.

[117]) Erkenntnis Nr. 1284 vom 19. 10. 1904; in: Sammlung der ... Erkenntnisse des k. k. österreichischen Reichsgerichtes, hrg. von Anton HYE Freiherr von GLUNEK und Karl HUGELMANN (Graz—Wien 1907) XIII, 455 (meine Hervorhebung).

Für die Tschechen bedeutete der Ausgang dieses Kampfes allerdings die endgültige Zerschlagung ihrer Hoffnung auf öffentliche tschechische Volksschulen in Wien: Abgesehen davon, daß diese die tschechischen Arbeiterfamilien in Wien finanziell gewaltig entlastet hätten[118]), war es für die tschechischen Nationalistenführer gewiß ein Leichtes, diese Entscheidung als weiteren Versuch der Entnationalisierung und Assimilierung ihrer Landsleute in Niederösterreich auszulegen.

Der Fall der öffentlichen Volksschule für die Wiener Tschechen hat das Reichsgericht mit einer grundsätzlich neuen Fragestellung konfrontiert: Erstmals handelte es sich hier nicht um nationale Konflikte innerhalb von Ländern, die historisch von mehreren Volksstämmen bewohnt wurden, sondern um die nationalen Rechte eines Volksstammes in Ländern, die dieser traditionell nicht bewohnte. Anders gesagt ging es um die grundsätzliche Frage der Anpassung der nationalitätenrechtlichen Bestimmungen von 1867, die von einer statischen Wirklichkeit ausgegangen waren, an eine neue, von Dynamik und Fluktuation geprägte Realität, die eine mit der Industrialisierung einhergehende Binnenwanderung geschaffen hatte.

Gerade der Fall der tschechischen Volksschule in Wien hätte dem Reichsgericht eine Chance gegeben, sich nicht nur als Hüter der Verfassung, sondern auch als Träger einer „schöpferischen Fortentwicklung des Rechts" zu bewähren: Vielleicht hätte er, im Sinne dieses Anspruchs, den nota bene auch Madeyski an die Rechtsprechung des Reichsgerichts stellte, zum Markstein einer neuen Ära in der Verwirklichung der nationalen Rechte der Volksstämme und Staatsbürger Österreichs werden können. Und nicht zuletzt, hätte eine großzügigere Behandlung nicht einmal auch die positive Seite der in der Praxis so beklagten „Allgemeinheit" des Artikel XIX offenbaren können? Die Anerkennung einer rechtlichen Legitimation des tschechischen Gesuches hätte die These, derzufolge „die Allgemeinheit des Artikel XIX für die Zukunft ein viel größeres Maß an Flexibilität ermöglichte"[119]), wohl glaubwürdiger untermauern können, als es die Praxis der Gerichte im konstitutionellen Österreich vermochte.

Madeyskis persönlicher Beitrag zur Lösung dieses Falles darf nicht von seinen politischen Nebenabsichten und ideologischen Konnotationen losgelöst werden. Wie in allen Bereichen, prägte auch hier die Weltanschauung des konservativen Großgrundbesitzadels Galiziens seinen eigenen Standpunkt:

So steht es außer Zweifel, daß er in einer eventuellen rechtlichen Anerkennung der nationalpolitischen Folgen nationaler Umschichtungsprozesse eine grundsätzliche Gefährdung der Rechtsstellung der „historisch" zwar gewordenen, in seinen Augen aber nicht mehr veränderbaren „historisch-politischen Individualitäten" der Kronländer sah: „Obwohl es einerseits in einem Verfassungsstaat jedem Staatsbürger freisteht, von Ort zu Ort, das heißt aber auch von Land zu Land zu siedeln, daher auch jener Fall nicht ausgeschlossen werden kann, daß irgendein Volksstamm, der bisher nur ein bestimmtes oder mehrere bestimmte Länder bewohnt hat, nun auch in ein weiteres Land siedelt", bestand Madeyski doch darauf, wie er auch ausdrücklich in einem Kommentar zum Reichsgerichtserkenntnis vom 19. Oktober 1904 schreibt, daß „andererseits gerade die

---

118) Siehe STOURZH, Gleichberechtigung der Volksstämme als Verfassungsprinzip 1132.

119) STOURZH, Probleme des Nationalitätenrechts 138.

durch eine historische Entwicklung natürlich entstandene und eingebürgerte Lagerung der Nationalitäten in den Ländern auch die natürliche Grundlage der rechtlichen und politischen Normierung in der Gemeinschaft jedes Landes darstellt, in welchem bestimmte Volksstämme miteinander wohnen"[120]).

Ein „plötzlicher Eingriff" in diese „natürliche" Grundlage konnte nach seinem Dafürhalten nur „Erschütterungen auslösen, die den Organismus des Landes und damit auch des gesamten Staates erfassen würden", da ja die Länder die „konstitutiven Teilelemente und die organischen Glieder des Staates" bilden[121]). Denn eben die Länder — strich der überzeugte Autonomist nochmals hervor — seien „jene Fundamente, auf welche die Verfassung die Beilegung nationaler Kämpfe, der Staat die Idee der Nationalität gestellt" hätten[122]).

In diesem Sinne wollte Madeyski auch die tschechische Einwanderung nach Niederösterreich als „Invasion" verstanden wissen: sie habe ja nicht mehr in der Zeit der Ausformung und Ausgestaltung dieses Landes stattgefunden[123]).

Madeyskis Idee vom „evolutionären Fortschritt" fiel damit allerdings der Länderideologie zum Opfer: Daß die soziale Wirklichkeit nicht stillstand, hatte er selbst des öfteren erklärt. Daß aber auch die „Ländereinheiten" als „Schöpfungen der Geschichte" keine statischen Gebilde und mehr noch: invariable Größen waren, wie er sie verstand, sondern ebenfalls der historischen Entwicklung und vor allem Fort-Entwicklung unterlagen, das hat Madeyski im Namen eines historischen Dogmatismus, der sich ausschließlich auf die Vergangenheit beziehen wollte, ignorieren müssen:

Als historische Entwicklungsprozesse wollte er nur jene anerkennen, die Vergangenes in die Gegenwart projizierten und auf die Zukunft übertrugen. Jede Entwicklungstendenz, die nicht an die Vergangenheit anknüpfte, wurde als „künstlicher Eingriff" in den „natürlichen" Geschichtsablauf abgelehnt.

So auch die „Invasion" von Angehörigen des tschechischen Volksstammes in ein Gebiet, das sie in der Vergangenheit nicht bewohnt hatten: „... Schöpfungen der Geschichte und Gebilde, die die Geschichte geformt hat, können auch die Anstrengungen vereinzelter Individuen nicht zerstören, die den Lauf der Geschichte künstlich beschleunigen wollen, ... und sei ihre Zahl noch so groß ..."[124]).

Um den tschechischen Volksstamm als „nationale Individualität" des Landes Niederösterreich anzuerkennen, müsse erst ein entsprechend langer historischer Prozeß erfolgen, im Zuge dessen sich diese Ansiedlung „in die soziale Landesgemeinschaft einfügt und sich ihr einverleibt"[125]).

Die Begründung, die Madeyski dieser Auffassung zugrunde legte, kann allerdings nicht über die ideologischen Prämissen hinwegtäuschen, die sie leiteten, so sehr er sich auch bemühte, im Geiste der „nationalen Freiheit" zu argumentieren: Er wolle lediglich, erklärte er, „der Bevölkerung jedes einzelnen Landes die Beruhigung verschaffen, daß

---

[120]) MADEYSKI, Z praktyki Trybunału Państwa [Aus der Praxis des Reichsgerichtes] 1905, 43.

[121]) EBD.

[122]) EBD.

[123]) Madeyski verwendete hier übrigens eine Formulierung von Karl Hugelmann, um sie seiner eigenen Definition von „Ansässigkeit" entgegenzustellen. Siehe MADEYSKI, Studien II, 74.

[124]) MADEYSKI, Z praktyki Trybunału Państwa [Aus der Praxis des Reichsgerichtes] 1905, 43.

[125]) EBD.

im Maße, in dem sich die Nationalitätenverhältnisse in diesem Lande mit Hilfe der diesem eigentümlichen gemeinsamen Geschichte herausgebildet haben und in ihrem derzeitigen Entwicklungsstand allgemein anerkannt werden, jedem Individuum ein solches Ausmaß an nationalen Rechten bemessen wird, das ihm aus dem Titel seiner Zugehörigkeit zu einem solchen Volksstamm gebührt, der eine der sozialen und nationalen Individualitäten des Landes darstellt"[126]).

Mit einer persönlichen Beurteilung der Entscheidung des Reichsgerichtes schloß Madeyski seinen Kommentar zur Frage der öffentlichen tschechischen Volksschule in Wien. In konzentrierter Form spiegelt sich in diesen Worten seine gesamte Anschauung im nationalen Bereich wider: „Das Erkenntnis vom 19. 10. 1904 ist ganz im Geiste des Artikel XIX ausgefallen ... Denn als nationale Anarchie müßte man jenen Zustand bezeichnen, der sich ergeben würde, wenn die Auslegung des nationalen Gleichberechtigungsprinzips in die Absolutsetzung der nationalen Freiheit des einzelnen mündete ... So wie überall sonst im öffentlichen Leben müssen auch hier, auf dem Gebiet des Nationalitätenrechts, letztlich die Rücksichten auf die Gesamtheit, also auf die sozialen, lebendigen Organismen der Länder überwiegen"[127]).

Übrigens deckt sich diese Auffassung im wesentlichen mit den Meinungen seiner Kollegen: Es ist kein Zufall, daß keiner der Votanten versuchte, aus einer an die „ethnische" Theorie anknüpfenden Auslegung des österreichischen Nationalitätenrechts eine Anspruchsberechtigung der Wiener Tschechen auf öffentliche Volksschulen abzuleiten! Grundsätzlich wäre es ja möglich gewesen, nicht an die Begründungsschrift der Regierung, sondern an die der Beschwerdeführer anzuknüpfen. Grundsätzlich wäre es auch möglich gewesen, durch eine elastische Interpretation der betreffenden Verfassungsbestimmungen das ja an sich anerkannte kulturelle Bedürfnis der tschechischen Bevölkerung in Wien zu befriedigen.

Es ist nicht geschehen: Denn das Reichsgericht war „nicht nur seinen Kompetenzen nach, sondern auch seiner Zusammensetzung nach ein politischer Gerichtshof"[128]):

Tatsächlich hing die Ernennung der Reichsgerichtsmitglieder in letzter Instanz vom Kaiser ab: Er traf aufgrund von Ternavorschlägen beider Häuser des Reichsrates die endgültige Auswahl. Es kann daher kaum verwundern, daß hier neben fachlichen Qualifikationen auch „politische und insbesondere nationalpolitische Momente in sehr bedeutender Weise mitspielten"[129]), Momente, die auch dazu beitrugen, eine Rechtsprechung zu fördern, die den Interessen der herrschenden politischen, sozialen und nationalen Lager zumindest nicht zuwiderlaufen würde.

Tatsächlich ist die richterliche Gewalt im konstitutionellen Österreich ein konservativer Faktor geblieben[130]). Namentlich das Reichsgericht — in den ersten Jahrzehn-

[126]) EBD. (meine Hervorhebung).

[127]) EBD. 44 (meine Hervorhebung).

[128]) MELICHAR, Die Freiheitsrechte der Dezember-Verfassung 1867 und ihre Entwicklung in der reichsgerichtlichen Judikatur; in: Österreichische Zeitschrift für öffentliches Recht N. F. 16 (1966) 258 (meine Hervorhebung).

[129]) Siehe ADAMOVICH, Verfassungsgerichtsbarkeit und Rechtsanwaltschaft 14.

[130]) „Die richterliche Gewalt im konstitutionellen Staat ... war durch die Staatsgrundgesetze abgesichert, in ihrer Ausstrahlungsmöglichkeit aber begrenzt. Sie stellte einen Hort des liberalen Rechtsstaates dar, blieb aber im Grunde ein konservativer Faktor." GOLDINGER, Autoritäre Züge der Verwaltung im Verfassungsstaat; in: Der österreichisch-ungarische Ausgleich 320 (meine Hervorhebung).

ten seines Wirkens noch als Schutzpatron jener nationalen Freiheit gefeiert, die in der Verfassung 1867 verankert worden war und den liberalen Rechtsstaat aus der Taufe hob — hat seine Judikatur der Zeitgebundenheit und damit dem herrschenden Zeitgeist nicht entziehen können:

Dies darf zwar nicht überraschen, ist doch „jede höchstgerichtliche Judikatur stets irgendwie das Spiegelbild der gesellschaftlichen, und jene eines öffentlich-rechtlichen Gerichtshofes insbesondere der politischen Anschauungen und Schwierigkeiten der Zeit“, in der sein Wirken steht[131]). Dennoch muß gerade diese „Zeitgebundenheit“ in einer Analyse des Meinungsbildungsprozesses im Reichsgericht unbedingt mitberücksichtigt werden:

Sicher war im Fall der öffentlichen tschechischen Volksschule das Bemühen gegeben, „nach rein rechtlichen Gesichtspunkten zu urteilen und politische Erwägungen beiseite zu lassen“[132]): Davon zeugt nicht zuletzt auch die Aussage des tschechischen Votanten Randa, der trotz seiner Überzeugung von der Berechtigung der tschechischen Beschwerde und anfänglichen Versuchen, auf ihre positive Lösung hinzuarbeiten, abschließend erklärte, daß er „zwar schweren Herzens, aber nach seiner juristischen Auffassung für den Referentenantrag“ stimmen müsse[133]).

Doch ebenso sicher trug auch ein eskalierender „nationaler Imperialismus“[134]) dazu bei, daß das Reichsgericht im Namen eines Ordnungssystems, das sich allmählich überlebte, den Ansprüchen gewandelter nationaler (wie auch sozialer und politischer) Bedingungen nicht gerecht wurde.

Selbstverständlich würde es die Tatsachen verzerren, wollte man allein aus dem Fall vom 19. 10. 1904 grundsätzliche Schlüsse ziehen: Denn nicht nur das Reichsgericht als solches, sondern auch Madeyski persönlich[135]) haben wiederholt eine „nationalitätenfreundliche“ Rechtsprechung unter Beweis stellen können[136]).

---

131) MELICHAR, Freiheitsrechte 289.

132) EBD.

133) Votant RANDA, 19. 10. 1904. Reichsgerichtsprotokoll.

134) SUTTER, Badenische Sprachenverordnungen II, 436.

135) Madeyski hat wiederholt bewiesen, daß er die Sprachenrechte der Staatsbürger wohl zu verteidigen wußte und dafür sogar bereit war, gewisse Erkenntnisse des Reichsgerichtes anzufechten: *Grundsätzlich* tat er dies beim Erkenntnis Nr. 1202 vom 21. 10. 1903, das die Beschwerde des tschechischen Anwaltes Hlinak aus Reichenberg wegen Verletzung seiner ihm verfassungsmäßig gewährleisteten politischen Rechte zurückwies. Hlinak hatte auf ein Schreiben in tschechischer Sprache an den Statthalter in Prag die Antwort erhalten, daß dieser „tschechisch nicht verstehen“ würde. Sein eigenes Schreiben wurde ihm unbeantwortet zurückgeschickt. Hlinak hatte sich daraufhin an das Reichsgericht gewandt. In seinem Artikel: Z praktyki Trybunału Państwa [Aus der Praxis des Reichsgerichtes] 1904, 81ff. konnte MADEYSKI brillant nachweisen, daß die Entscheidung des Reichsgerichtes nicht richtig gewesen war. Wie aus dem Protokoll über die betreffende Sitzung des Reichsgerichtes hervorgeht, stand Madeyski mit dieser Ansicht nicht allein: Er hatte damals gemeinsam mit 5 anderen Votanten (Randa, Loebl, Palffy, Spann und Bernatzik) gegen den Antrag des Referenten Czyhlarz auf Ablehnung der Beschwerde gestimmt. Erst die Stimme des Präsidenten Joseph Unger (die dieser bei Stimmengleichheit abgeben durfte und die so einem Entscheidungsrecht gleichkam) ließ das Erkenntnis im deutsch-nationalen Sinn ausfallen. Madeyskis Kritik am Ausgang dieser Verhandlung ist demnach umso berechtigter: nur die Zusatzstimme des Präsidenten hatte ja eine solche Entscheidung möglich gemacht! Siehe Reichsgerichtsprotokoll der nicht öffentlichen Verhandlung vom 21. 10. 1903 und das Erkenntnis Nr. 1202 vom 21. 10. 1903; in: Sammlung der Erkenntnisse des Reichsgerichtes XII, 338—345. — *Formale* Kritik übte Madeyski hingegen an der Begründung der Entscheidung des Reichsgerichtes bei den Erkenntnissen Nr. 1254 und 1255 über die

Doch gerade der Fall der öffentlichen Volksschule für die Wiener Tschechen, der zunächst aufgrund Madeyskis bedeutender Rolle eingehender untersucht wurde, ist ja auch allgemein von ganz besonderem Interesse: Wie kein anderer vielleicht, hat er die Grenzen manifest werden lassen, in denen sich die Flexibilität dieses Gerichtshofes und seiner Mitglieder bewegte.

Einmal mehr wurde hier auch der Rahmen sichtbar, in dem Madeyskis Denken sich im nationalen Bereich entwickelte, und den er — trotz seines wiederholt bekundeten Verständnisses für die Veränderung der Wirklichkeit — nicht zu sprengen vermochte: Stanisław Madeyski hat sein politisches und wissenschaftliches Wirken der Festigung und Verbesserung des Bestehenden gewidmet.

Beschwerde ruthenischer Studenten an der Lemberger Universität gegen polnisch ausgestellte Studentenausweise und den polnisch abzulegenden Immatrikulationseid. Siehe MADEYSKI, Z praktyki Trybunału Państwa [Aus der Praxis des Reichsgerichtes] 1905, 9ff.

136) MELICHAR, Rechtslage der Nationalitäten 473.

REFLEXIONEN

Es war ein weiter Weg vom klaren „Nein“ des jungen Aufstandskämpfers Madeyski zur österreichischen Fremdherrschaft bis zum klaren „Nein“ des Reichsgerichtsmitgliedes Madeyski zur tschechischen Volksschule in Wien.

Es war ein Weg der Kompromisse, durch welche er versuchte, feste Grundsätze und Ideale mit einer sich wandelnden Wirklichkeit zu versöhnen.

Der Pole, der nach der großen Enttäuschung des Jahres 1864 die Zukunft Polens nur noch im Rahmen der Donaumonarchie sehen wollte, der Klein-Adelige, der bis zuletzt auf der Position eines „aufgeklärten“ Konservatismus stand, der Politiker, dessen Anschauungen — in diesem Rahmen wohlgemerkt — in den achtziger Jahren immerhin noch als fortschrittlich gelten konnten, ist im Zuge der fortschreitenden gesellschaftlichen und politischen Mobilität von der Wirklichkeit schließlich überrannt worden.

Trotz aller Entwicklungen, die das politische Lager — als dessen Protagonist Madeyski hier verstanden wird — vom Anfang der siebziger Jahre des 19. Jahrhunderts bis zum ersten Jahrzehnt des 20. Jahrhunderts durchgemacht hat, läßt sich eine klare politische Linie erkennen:

Den Rahmen dieses politischen Programms bildete zunächst das Kronland Galizien, das zu dieser Zeit vornehmlich durch seine geopolitische Lage, den Status der „Landesautonomie“ sowie die Interessen seiner polnisch-adeligen Führungsschicht bestimmt wurde.

Als Pole trat Madeyski in erster Linie für die größtmögliche Unabhängigkeit Galiziens von den zentralistischen Einflüssen des Habsburgerreiches ein. Er kämpfte um die vollständige Entfaltungsfreiheit der polnischen Sprache in Gesetzgebung, Verwaltung und Schule.

Gleichzeitig lehnte er allerdings die politische Unabhängigkeit seines Landes ab: Dieser Standpunkt war in erster Linie das Ergebnis des Scheiterns aller nationalen Aufstände. Ihre wiederholte Niederwerfung überzeugte ihn von der Zukunfts- und Aussichtslosigkeit dieser Kämpfe und somit von der Zukunftsträchtigkeit der „organischen Aufbauarbeit“. Dieser Standpunkt war aber gleichzeitig auch ein Ausdruck des bewußten Versuches, die später aufflammenden bürgerlich-liberal und proletarisch-sozialistisch gefärbten Unabhängigkeitsbestrebungen der Polen abzuwehren: in ihrem eventuellen Sieg sah Madeyski nämlich weit verhängnisvollere — weil gesellschaftspolitische — Implikationen, als in einer eingeschränkten nationalen Freiheit. Madeyski fürchtete den Austritt Galiziens aus dem staatsrechtlichen Verband der österreichisch-ungarischen Monarchie noch aus einem dritten Grund: ein politisch unabhängiges Polen würde in der gegebenen internationalen Konstellation zwangsläufig von der zaristischen Großmacht aufgesaugt werden. Diese Vision ist bei Madeyski übrigens auch realpolitisch untermauert: sie stützte sich auf die Erfahrungen seiner Landsleute im russischen Teil des ehemaligen Polen. Diese Vision ist es letztlich wohl auch, die Madeyski zu einem überzeugten Anhänger der österreichischen Großmachtinteressen gemacht hat.

Ebenfalls aus diesem Grunde war Madeyski von der Notwendigkeit einer innerösterreichischen Solidarität aller slawischen Völker nur insoweit überzeugt, als diese den Rahmen der Forderungen nach einer größtmöglichen Autonomie nicht sprengte, das Gefüge des Vielvölkerstaates nicht gefährdete und die Großmachtstellung der Habsburgermonarchie nicht schwächte. Deshalb war Madeyski zwar ein entschiedener Gegner des staatlichen Zentralismus, jedoch kein Anhänger eines extremen Föderalismus: er war ein überzeugter österreichischer Politiker.

Die Grenzen der so verstandenen slawischen Solidarität ergaben sich für ihn überdies aus den Interessen und dem Selbstverständnis einer auf ihrem eigenen Territorium dominierenden Nation: Madeyski trat in diesem Sinne zwar für die vollständige kulturelle Eigenständigkeit und Selbstverwaltung aller starken, sprich „historischen" Nationalitäten des Reiches ein. Nicht bereit war er jedoch, diese Rechte im gleichen Umfang auch den schwächeren nationalen Minderheiten in den einzelnen Kronländereinheiten einzuräumen. Denn als national konservativer Pole war Madeyski ein Gegner des Abbaus der polnischen Privilegien und der polnischen Vorherrschaft zugunsten der ruthenischen Minderheit.

Aus diesem polnisch-galizischen Selbstverständnis heraus vertrat Madeyski die Theorie des Gegensatzes von „historischen Nationen" und „geschichtslosen Volksstämmen": Konsequenter Anhänger der territorialen Autonomie der „historisch-politischen Individualitäten" der Länder war Madeyski nämlich nicht nur aus der Überzeugung heraus, daß Galizien vor deutsch-zentralistischen Einflüssen geschützt werden müsse: In einem weit stärkeren Ausmaß leitete ihn hier der Wunsch, den herrschenden Ländermajoritäten freie Hand im Umgang mit ihren jeweiligen nationalen Minderheiten zu sichern.

Deshalb trat Madeyski auch für den größtmöglichen Kompetenzbereich der Landtage ein: nicht nur aus einer fortschrittlich-nationalistischen Haltung heraus, insofern diese Forderung sich ja gegen die deutsche Zentralgewalt richtete, sondern auch — und in einem weit stärkeren Ausmaß — aus einer rückständig-nationalistischen Haltung heraus, da ihn hier vornehmlich sein Wunsch nach Erhaltung der polnischen Herrschaft über die ruthenische Minderheit leitete.

Trotzdem trat Madeyski für die Einführung eines Minderheitenschutzes ein. Allerdings wollte er diesen lediglich als ausgleichendes Korrektiv im bestehenden System des territorial und historisch bestimmten Ordnungsprinzips verstehen: Allgemein stand er hier in der Tradition der westgalizischen Krakauer Konservativen, die — im Gegensatz zu den ostgalizischen Podolaken (diese sahen als zahlenmäßige Minderheit im Osten des Landes in einer toleranteren Minderheitenpolitik eine Gefährdung ihrer politischen Herrschaft) — eine mildere Nationalitätenpolitik gegenüber den Ruthenen vertraten. Madeyski distanzierte sich in diesem Sinne noch in den letzten Jahren der Herrschaft der polnischen Konservativen in Galizien von der brutalen Repressionspolitik der Stańczyken gegen die Ruthenen: Ihre unfairen Wahlmanipulationen zugunsten der Polen prangerte er auch vor dem Kaiser an[137]).

---

[137]) Unter seinen Aufzeichnungen der einzelnen Audienzen beim Kaiser befindet sich auch eine Eintragung vom Oktober 1902: Bei dieser Audienz soll Madeyski mit dem Kaiser über die politische Lage in Galizien gesprochen haben: Madeyski habe dabei auch scharfe Kritik an der Ruthenenpolitik der Stańczyken geübt

Die soeben skizzierte Haltung Madeyskis in den Fragenkomplexen Zentralismus, Föderalismus, Autonomie und slawische Solidarität ist das Ergebnis der konkreten Interessen seiner Nation, seines Landes und seiner sozialen Schicht (wie er selbst diese verstand). Sie ist zum Leitmotiv seines gesamten Denkens und Handelns geworden; davon zeugen sowohl seine wissenschaftlichen Arbeiten als auch seine praktische Tätigkeit im Landtag, Reichsrat und im Reichsgericht:

Denn im Hinblick auf seine Stellung in allgemein-politischen Fragen sowie sein Weltbild darf Madeyski nicht ausschließlich als Pole und Galizianer betrachtet werden: Seine Herkunft, seine Erziehung, seine Ausbildung, der Verlauf seines Lebens, haben Madeyski überdies zu einem Vertreter der herrschenden sozialen und politische Kräfte gemacht:

Als Mitglied des privilegierten Adels war Madeyski zunächst an der Erhaltung des Status quo interessiert. In dieser Hinsicht Kompromisse zu schließen war er nur dann bereit, wenn diese versprachen, weitergehende Gefahren für die bestehende Ordnung abzuwehren.

Allerdings würde es weder Madeyski noch dem politischen Lager, dem er verhaftet war, gerecht werden, ihn wiederum ausschließlich als Repräsentanten einer Adelspartei zu bezeichnen: denn gleichzeitig vertrat er eine Nation, die um ihr politisches Über- und Weiterleben kämpfte.

Schließlich darf nicht vergessen werden, daß dieser „aufgeklärte Konservative", der die Erhaltung der traditionellen Ordnungsstrukturen und vornehmlich der Autorität von Staat und Kirche als seine höchste Aufgabe verstand und für seine radikal-antisozialistische Gesinnung gerade in diesen Prämissen die Legitimation suchte, zugleich liberal-humanistische und christlich-humane Züge aufweist.

Madeyski vertrat den österreichischen Staatsgedanken ebenso konsequent wie die Interessen des polnischen Galiziens.

Er fühlte sich zugleich als polnischer und österreichischer Patriot: Seine Bewertung der politischen Wirklichkeit sowie sein Denken im allgemeinen gründen in der Überzeugung, daß zwischen der gesamtösterreichischen Staatsraison einerseits und den Interessen Galiziens und der polnischen Nation andererseits zwar spezifische Konflikte auftreten könnten, unüberwindbare Widersprüche aber nicht bestanden:

Stanisław Madeyski war in seinem vielschichtigen politischen Denken und seinem oft widersprüchlich anmutenden Handeln ein typisch austro-polnischer Staatsmann.

---

und vornehmlich an die häufigen Wahlmanipulationen erinnert, die darauf abzielten, eine minimale Anzahl ruthenischer Abgeordneter in den Landtag und in den Reichsrat eindringen zu lassen. Übrigens scheint Madeyski über die Reaktion des Kaisers auf seine offene Kritik enttäuscht gewesen zu sein: Der Kaiser soll lediglich erwidert haben: „Es gibt aber auch schon andere, welche das einsehen". Siehe MADEYSKI, Moje audiencje u Cesarza od czasu dymisji [Meine Audienzen beim Kaiser seit meiner Demission]; in: Nachlaß Nr. IV, 13.

ANNEX

einer solchen Coalition gegenwärtig auf-
gestellt, und trotz mancher Widerwärtig-
keiten, die mir aus diesem Anlasse zu
teil werden mußten, sei es auf gesetz-
lichem Wege, sei es durch mein Wirken
als Abgeordneter, namentlich auch durch
Anbahnung von geeigneten Beziehun-
gen zu der nunmehrigen Linken, ge-
fördert habe. Ich muss daher die Hoffnung
auf das Zustandekommen einer Coalition
mit Freuden begrüßen. Allerdings
hätte ich gewünscht und habe auch er-
wartet, dass es dem Grafen Taaffe
vergönnt sein wird, sein langjähriges
E. M. treuergebenes und für den
Staat verdienstvolles Wirken durch
das Zustandekommen der Coalition
selbst zu krönen ([illegible])
Allein so wie sich die (Dinge ...

[illegible], wäre es nicht ehrlich von mir,
wenn ich vor E. M. verschweigen wollte,
dass auch nach meiner Ansicht das Werk
der Coalition mit dem Graf. Taaffe an
der Spitze kaum mehr gelingen dürfte.

Er: Gewiss – ich sehe es ein – übrigens
will er es selbst auch nicht mehr.

Ich: Ich halte die Coalition für richtig, weil
ich glaube, dass dieselbe dem österr.
Staatsgedanken am nächsten liegt
und ein echt österr. Gepräge trägt:
Zusammenfassung der [illegible]
Verschiedenheiten zu einer Einheit
zum gemeinsamen Wohle des
Staates. Allein so schön und richtig
der Gedanke an und für sich ist,
so schwierig ist seine Durchführung,
und E. M. [illegible]

St. Madeyski, aus: Moja rozmowa z Cesarzem, 30. X. 1893, in: Nachlaß, V.

1. MOJA ROZMOWA Z CESARZEM, 30. 10. 1893
[Mein Gespräch mit dem Kaiser]

In: Nachlaß, Nr. V (deutsch)

Er: Ich habe Sie berufen, um auch Ihre Ansicht und ihren Rath in der heutigen schwierigen Lage zu hören.

Ich: Wenn Seine Majestät mir allergnädigst gestatten, meine Ansicht offen und freimütig auszusprechen ...

Er: (mich unterbrechend): Ja Wohl, ich bitte Sie darum.

Ich: Ich danke E. M. für die huldvolle Gnade, die mir hiemit zuteil wird.
(Nettes Nicken)
Ich bin so sehr von der Richtigkeit und Ersprießlichkeit der Idee einer Coalition der drei gemäßigten Parteien im Parlamente überzeugt, daß ich schon damals, als der Minister von Dunajewski aus dem Cabinete geschieden war, bei der ersten Besprechung der politischen Lage im Polenclub die Idee einer solchen Coalition programmäßig aufgestellt und trotz mancher Widerwärtigkeiten, die mir aus diesem Anlaß zuteil werden mußten, sei es auf publizistischem Wege, sei es durch mein Wirken als Abgeordneter, namentlich auch durch Anbahnung von persönlichen Beziehungen zu der Vereinigten Linken, gefördert habe. Ich muß daher die Hoffnung auf das Zustandekommen einer Coalition mit Freuden begrüßen. Allerdings hätte ich gewünscht und habe auch erwartet, daß es dem Grafen Taaffe vergönnt sein wird, sein langjähriges, E. M. treuergebenes und für den Staat verdienstvolles Wirken durch das Zustandekommen der Coalition selbst zu krönen.
(Er nickt).
Allein so, wie sich die Dinge entwickelten, wäre es nicht ehrlich von mir, wenn ich vor E. M. verschweigen wollte, daß auch nach meiner Ansicht das Werk der Coalition mit dem Grafen Taaffe an der Spitze kaum mehr gelingen dürfte.

Er: Gewiß, ich sehe es ein — übrigens will er es selbst auch nicht mehr.

Ich: Ich halte die Coalition für richtig, weil ich glaube, daß dieselbe dem österreichischen Staatsgedanken am nächsten liegt und ein echt österreichisches Gepräge trägt: Zusammenfassung der tatsächlichen Verschiedenheiten zu einer Einheit, zum gemeinsamen Wohle des Staates. Allein so schön und richtig der Gedanke an und für sich ist, so schwierig ist seine Durchführung, und E. M. mögen es allergnädigst nicht für eine Unbescheidenheit von meiner Seite halten, wenn ich mir eine Bemerkung erlaube ...

Er: Aber ich bitte — nur ganz offen —

Ich: Von dem ersten Schritte ist die Zukunft dieses Werkes zum großen Teil bedingt. Dieser erste Schritt ist die Bildung des ersten Coalitionscabinetes. Was in dieser Beziehung vor Allem Anderen unerläßlich ist, das ist, daß im Schoße des neuen Cabinets zwischen den die coalierten Parteien daselbst vertretenden Persönlichkeiten ein politisches Gleichgewicht, ein Gleichgewicht der Kräfte in Rücksicht auf die politische Tüchtigkeit festgestellt und erhalten werde. Denn sollen Parteien, die einander bisher befehdeten, eine Coalition eingehen, so ist es psychologisch natürlich, daß sie sich nur dann mit

Vertrauen und Schaffensfreude der gemeinsamen Arbeit friedlich widmen können, wenn sie die volle Beruhigung haben, daß die von ihnen zurückzustellenden politischen Sonderansprüche, die sie als ihren politischen Schatz ansehen, unter der Obhut ihrer politisch gleich tüchtigen Vertrauensmänner im Schoße der Regierung wohl aufgehoben sind. Doch in dieser Beziehung sehen wir alle den weisen Entschlüssen E. M. vertrauensvoll entgegen.

Er: Ja freilich! Das ist aber eben nicht so leicht, namentlich sofern es sich um den Nachfolger des Grafen Taaffe handelt. Man hat mir den Fürsten Windischgrätz genannt, aber ich höre, daß er sich weigert.
(Nach kurzer Pause).

Ich: Und wenn mir E. M. noch allergnädigst gestatten, auch als Pole zu sprechen, so haben wir Polen auch in dieser Beziehung die Beruhigung, daß die Cabinetsbildung, sofern es sich um die Besetzung derjenigen Ministerposten handeln würde, die etwa auf die Polen entfallen würden, gewiß in einer Weise erfolgen würde, daß dadurch die so schwierige und wichtige Stellung unseres Statthalters nicht etwa geschwächt, vielmehr, wenn überhaupt möglich, gefestigt werde.

Er: Ah! Gewiß! Das ist ja ein außerordentlich verantwortungsvoller Vorposten. Es ist mir heute von einer Seite Graf Badeni geradezu zum Ministerpräsidenten vorgeschlagen worden. Was würden Sie dazu sagen?

Ich: Wenn ich mich auf den rein egoistischen Standpunct eines Polen zu stellen vermöchte, würde ich sagen: ich wünsche es nicht.
Könnte ich mich als Österreicher lediglich durch Rücksichten auf die innere Politik leiten lassen, so würde ich sagen, daß niemand anderer so sehr geeignet ist, das Ministerpräsidium zu führen wie Graf Badeni. Ich kann mich jedoch andererseits den Bedenken nicht verschließen, die dagegen aus Rücksichten der äußeren Politik sich ergeben dürften, deren Berücksichtigung ich jedoch nur der Weisheit E. M. überlassen muß.

Er: Das ist es eben — ich kann ihn an dem wichtigen vorgeschobenen Puncte des Reiches nicht so leicht entbehren und ersetzen. [Vier Worte unleserlich]. Seine Verwaltung ist so schwierig und wird so glänzend geführt. Er hat ja mit drei Corps zu tun und alle drei Corpskommandanten sind mit seiner Verwaltung so zufrieden.

Ich: Darum habe auch ich den Zweifel, ob er nicht vielleicht heute noch besser verschont ...

Er: (mich unterbrechend — mit reger Geste): „verschont" — das ist der richtige Ausdruck. So ist es — „verschont" — dieser ausgezeichnete Mann wird noch eine außergewöhnliche Mission zu erfüllen haben —
(nach einer Pause):
— In dem Programm der Coalition dürfte aber der negative Theil manche Schwierigkeiten bereiten. Es gibt wirklich gewisse Fragen, welche heute nicht angeregt werden können — so z. B. die kirchenpolitischen Fragen. Ich glaube jedoch, daß die Linke auch schon viel gelernt hat.

Ich: Das glaube ich auch, aber auch die Rechte hat manches gelernt.

Er: Freilich — namentlich der Böhmische Adel, der in einer so bedenklichen Weise mit den Jungtschechen zu coquettieren anfing.

Ich: Dieses Coquettieren hat bei uns Polen eine bedeutende Beunruhigung hervorgerufen. Und es ist ein Verdienst des Grafen Hohenwart, den Adel von jener gefährlichen Richtung abgebracht zu haben.

Er: Es bleibt aber noch immer die Schwierigkeit der Böhmischen Frage, die einmal da ist und nicht weichen will.

Ich: Ich glaube doch, daß die Stellung dieser Frage gegenüber durch die Bildung der

Coalition eine leichtere geworden ist. Denn vorderhand ist ein Stillstand in der Durchführung der Wiener Punktationen gegenwärtig bei der Linken leichter zu erwirken als je zuvor. Dann aber müßte ein neues Einvernehmen zwischen den beiden Nationalitäten Böhmens angebahnt werden.

Er: Doch erst, bis in dem Lande Ruhe hergestellt ist.
(nach einer kurzen Pause):

Ich: Unter allen Umständen glaube ich, daß eine Coalition der gemäßigten Elemente im Parlamente heute mehr denn je Noth thut, indem auf allen Gebieten des öffentlichen Lebens ein gefährlicher Radikalismus das Haupt erhebt.

Er: Ja Wohl, Sie haben recht —
(nach einer kurzen Pause):
— und glauben Sie, daß es gehen wird, wenn in dem Coalitionskabinett eine feste Hand oben fehlt?

Ich: Feste Hand oben und volles Gleichgewicht unten, das wäre wohl das Ideal ... Letzteres scheint mir doch das Wesentliche zu sein.

2. ZUR POLITISCHEN LAGE IM MAI 1899

Fragment 1

In: Nachlaß, Nr. VI (deutsch)

Eine parlamentarische Regierung entspricht dem Wesen des politischen Lebens in Österreich nicht. Eine solche nämlich ist nur auf einer zweifachen Basis denkbar: entweder aufgrund gewisser der Majorität (respekt. Majoritätsparteien) gemeinsamen Prinzipien oder aber aufgrund eines derselben gemeinsamen Kompromißgedankens. Im ersteren Falle ist die Majorität eine ausgesprochene Kampfesorganisation, welche notwendigerweise die Opposition zu einer Gegenorganisation aufgrund entgegengesetzter Prinzipien auffordert, und auf diese Weise die Gegensätze, deren es in Österreich so viele gibt, so sehr verschärft, daß das Regieren mit einem solchen Parlament den größten Schwierigkeiten ausgesetzt ist. Überdies liegt dabei die Gefahr nahe, daß in dem heftigen und erbitterten Kampfe das Staatsinteresse nur zu oft unter der Pression der Majorität dem Interesse der Parteiprinzipien geopfert wird. Überdies ist eine parlamentarische Regierung bei den gegebenen Verhältnissen in der Regel innerlich schwach. Denn sie kann nicht nur aus einer einheitlichen Partei bestehen, sondern immer nur aus einem Verbande mehrerer Parteien. Da gibt es etwa bei den zahlreichen Kontrasten unseres politischen Lebens solche Parteien gar nicht, welche, wenn sie sich zu einer Regierungsmajorität verbünden, auch tatkräftig in allen politischen Grundfragen eines Sinnes wären, und daher politisch eine einheitliche Gruppe bilden könnten.

Eine Kompromißmajorität kann nur dadurch gebildet werden, daß sich Parteien verschiedener politischer Prinzipien auf Grundlage der Mäßigung zu dem Zwecke vereinigen, um eine Ausgleichung ihrer Gegensätze oder Unterschiede zu suchen und die Betätigung extremer Richtungen hintanzuhalten. Und eine solche Organisation hat einen sehr idealen Charakter, ist aber als Unterlage für eine parlamentarische Regierung in der Ausführung unmöglich. Die Koalition der Jahre 93, 94 hat es bewiesen. Es ist nämlich mit dem Wesen des Parteilebens nicht verträglich (wie es heute besteht und aufgefaßt wird), formell und offiziell als programmäßige Aktion der Partei die Absicht zu erklären, von den Prinzipien, welche ihren Inhalt bilden, etwas an die entgegengesetzten Prinzipien abzugeben. Man tut es tatsächlich, man spricht aber nicht davon. Man stellt es nicht als Programm auf. Ferner gibt es kein Mittel, die Scheidung politischer Parteien in Gemäßigte (zu Konzessionen Geneigte) und in Radikale mit Erfolg durchzuführen, woraus folgt, daß in den der Majorität angehörenden Parteien sich radikale Flügel befinden, welche die Kompromißaktion der Majorität behindern und stören. Endlich ist der Kampf der Majorität gegen die Opposition ein äußerst schwieriger, weil gegen Anhänger der gleichen Prinzipien gekämpft werden muß, und es den Oppositionsparteien ein Leichtes ist, die Majorität in der öffentlichen Meinung unpopulär zu machen mit dem Hinweis darauf, daß sie ihren politischen Prinzipien untreu werde. Auch liegt eine große Schwierigkeit in der Unmöglichkeit, den Majoritätsparteien solche Männer behufs Kabinettsbildung zu entnehmen, welchen der Sinn für objektive Ausgleichung der Gegensätze in gleichem Maße eigen ist, und welche den gleichen Mut und die gleiche Energie besitzen, dafür in ihren Parteien und der öffentlichen Meinung gegenüber aufzutreten.

Auch ein reines Beamtenministerium, das völlig über den Parteien steht, ist nicht geeignet, für längere Zeit mit dem österreichischen Parlament zu regieren.

3. ZUR POLITISCHEN LAGE IM MAI 1899

Fragment 2

In: Nachlaß, Nr. VI (deutsch)

... Nur jene Politik ist eine gesunde, welche sich auf die historisch gegebenen Potenzen des Staates stützt. Als solche sind für Österreich anzuerkennen:

a) Vor allem die deutsche Nation, infolge ihrer historischen Bedeutung für den Staat, ihres materiellen Einflusses, der höchsten Bildungsstufe ihrer Nation sowie des Ranges ihrer nationalen Sprache als Weltsprache, endlich auch mit Rücksicht auf den moralischen Rückhalt und Einfluß, welchen die Nachbarschaft des mächtigen Deutschen Reiches auf die Conationalen in Österreich ausüben muß.

Es darf den Deutschen nicht die Freude, bei Österreich zu bleiben, benommen und ihnen kein Anlaß geboten werden, ihre Conationalen im Reich zu beneiden.

Und da ist es nicht gleichgültig, welche der politischen Parteien (da sich die Deutschen kaum je auf nationaler Basis in einer einzigen Partei parlamentarisch verbinden würden) zu den die Regierung unterstützenden Gruppen gehört und dadurch auf die Staatsverwaltung einen Einfluß ausübt. Es müssen dazu solche Parteien herangezogen werden, von welchen die öffentliche Meinung der Deutschen die Empfindung hat, daß sie gerade die Nation vertreten. Im gegebenen Momente sind es die bürgerlichen Parteien der Intelligenz (die Deutschvölkischen und die Deutschfortschrittlichen in erster Linie); da in Gemäßheit der demokratischen Entwicklungsstufe der von Deutschen bewohnten Länder das soziale Schwergewicht in dem intelligenten Bürgerstande liegt.

b) Ferner sind es die Tschechen, die eine sich rasch und kräftig entwickelnde, durch Reichtum, Intelligenz, Culturfrische und Vertiefung der allgemeinen Volksbildung gleich hinter den Deutschen rangierende Nation (bilden).

c) Die Polen, welchen zwar Reichtum und Vertiefung der Volksbildung mangelt, die jedoch auf Grund ihrer alten Cultur, der historischen Rolle in der Politik früherer Jahrhunderte, der unermüdlichen Kraft des Katholizismus, ihres durch Erfahrung von Jahrhunderten eingeschärften staatsmännischen Sinnes, endlich ihrer geographischen Lage und Stellung Rußland gegenüber, dem Staate Österreich und der Dynastie treu sind und treu bleiben müssen, in Folge dessen wohl als eine der unerläßlichsten Stützen für den Staat und dessen wichtige Politik stets verwendbar sind.

4. STANISŁAW MADEYSKI ÜBER DEN PRÄSIDENTEN DES POLENKLUBS KAZIMIERZ GROCHOLSKI

In: Moje wspomnienia (Erinnerungen] 157f. (meine Übersetzung)

Über Grocholski waren die Meinungen geteilt. Was mich betrifft, stimmte ich nicht in allen Fragen mit ihm überein: persönlich teilte ich nicht seinen extremen Konservatismus und sein ‚podolakisch' geprägtes Schlachzitzentum. Aber er war ein seriöser Politiker und ein echter Klubleiter.

Er besaß eine bestimmte Schlauheit, die allen Podolaken eigen ist, doch nützte er diese niemals in brutaler Art und Weise aus.

Wollte er im Klub seine Meinung durchsetzen, setzte er sie auch durch. Ich bewunderte damals seine Art zu argumentieren, und die Argumente seiner Gegner zu zerschlagen: er stützte sich dabei auf seine Menschenkenntnis. Bei jedem wußte er ein anderes Argument vorzubringen. Den Klubmitgliedern gegenüber war er streng und sorgte dafür, daß sie nur im Maße ihrer Erfahrungen zu entsprechenden Stellungen kamen. Die jüngeren hielt er straff.

Im Parlament und bei der Regierung genoß er großes Ansehen. Obwohl er kein Redner war und mit der deutschen Sprache kämpfte, wurde es still im Hause, wenn sich seine Stimme erhob: Freund und Feind lauschten aufmerksam seinen Worten — wohlwissend, daß der ganze Klub durch ihn sprach, und Grocholski immer hielt, was er versprach.

Man sagt, er sei ein Autokrat gewesen. Was die Klubführung anbelangt, tat er recht daran, denn tatsächlich brauchen wir eine feste Hand. Grocholski konnte sich aber auch unterwerfen, wenn er sich davon überzeugt hatte, daß die Ansicht des Klubs nicht ‚verhängnisvoll' war. Das geschah etwa, als sich die Rechte nach dem Rücktritt Dunajewskis aus dem Kabinett Taaffe zu einer schwachen Mehrheit organisierte. Obwohl Grocholski der Ansicht war, daß der Klub jetzt ein parlamentarisches Kabinett der Rechten fordern sollte, gab er doch in loyalster Weise nach, als der Klub eine andere Meinung vertrat. Auch er unterstützte dann das Kabinett Taaffe.

5. STANISŁAW MADEYSKI ÜBER JULIAN DUNAJEWSKI

In: Moje wspomnienia [Erinnerungen] 189f. (meine Übersetzung)

„Zunächst einmal war Dunajewski ein bequemer Mensch. Erst als er Finanzminister wurde (obwohl die öffentliche Meinung des Landes ihm das Unterrichtsressort zugedacht hatte), ging er mit vollem Einsatz an die Arbeit. Damit läßt sich wohl auch der Umstand erklären, daß er anfangs so unerhört abmagerte. Als er sich dann im Ressort schon auskannte, wurde auch sein Temperament spürbar. Er war gleichzeitig sehr nett und unwahrscheinlich kratzbürstig ... Gott gab ihm Glück und praktischen Verstand mit.

Sein wesentliches Verdienst war es, das bis dahin immer passive Budget ins Gleichgewicht gebracht und seine ganze Ministerschaft hindurch auf diesem Stand erhalten zu haben.

... Und doch fühlte ich es sehr gut, als ich selbst Unterrichtsminister wurde, daß Dunajewski, um dieses Ziel zu erreichen, in seinem Ressort so große Sparmaßnahmen getroffen hatte, daß der Augenblick kommen mußte, wo für die Deckung der unvermeidlichen Ressortausgaben so große Summen erforderlich würden, daß auch das Budget aus dem Gleichgewicht geraten mußte.

Ich bin kein Finanzexperte, doch scheint mir, daß die Erzielung des Budgetgleichgewichtes nur einen ersten, wenn auch wesentlichen Schritt darstellt, und diesem noch eine Erweiterung der Einnahmequellen folgen muß: da im Maße der Entwicklung der Zivilisation auch die Staatsausgaben ständig wachsen, muß doch das Budget ebenfalls die Möglichkeit für ständig wachsende

Einnahmen haben. In diesem Sinne reformierte später Biliński die Art des Budgetierens: er teilte das Budget auf ein ordentliches – und ein Investitionsbudget auf. Letzteres deckte er durch die Rente — meiner Meinung nach nichts anderes als ein verschleiertes Defizit.

Aus Dunajewskis Zeiten stammt die Dekoration auf den Pulten vor der Regierungsbank im Abgeordnetenhaus. Ursprünglich waren diese Pulte alle gleich. Doch als Dunajewski sein erstes Finanzexposé hielt, war der Saal überfüllt, und viele Zuhörer lehnten sich über das Pult, auf dem Dunajewski seine Unterlagen ausgebreitet hatte. Diese Vertraulichkeit ärgerte ihn dermaßen, daß nur wenige Tage später eine Balustrade die Regierungspulte schmückte. Seit damals können sich die Abgeordneten nicht mehr aufstützen.

Dunajewski pflegte zu sagen, daß in der Politik falsche Entscheidungen in entscheidenden Augenblicken besser seien als gar keine. Dieser These stimme ich im Prinzip aufgrund meiner späteren Beobachtungen zu. Dunajewski trat zurück, als Taaffes Aktion zur deutsch-tschechischen Versöhnung Fortschritte machte. Er stand bei dieser Sache abseits ... An seine Stelle kam Steinbach, der sofort zum spiritus movens des Kabinetts wurde.

6. STANISŁAW MADEYSKI ÜBER EMIL STEINBACH

In: Moje wspomnienia [Erinnerungen] 141f. (meine Übersetzung)

Meine erste juristische Rede — ich habe mich damit sofort auszeichnen können — war ein Referat über die Regierungsvorlage zum sogenannten Anfechtungsgesetz. Als der Ausschuß mir dieses Referat anvertraute, sagte Emil Steinbach zu mir — er war damals Ministerialsekretär unter Pražak und sprach als Vertreter der Regierung — daß er mir wünsche, dieses Referat binnen sechs Monaten fertigstellen zu können.

Schon damals galt Steinbach als einer der begabtesten Regierungsvertreter im Parlament. Auch er ist übrigens über das Anfechtungsgesetz aufgestiegen. Ein solches Gesetz gab es nämlich in Deutschland schon damals, und auch in unserem Justizministerium wurde ein entsprechender Referentenentwurf ausgearbeitet und veröffentlicht. Steinbach kritisierte dann in irgendeiner Zeitschrift diesen Entwurf auf so scharfe Weise, daß er damit auch die Aufmerksamkeit des damaligen Sektionschefs Benoni auf sich zog. Dieser ließ den damaligen Anwaltskonzipienten Steinbach sofort zu sich rufen und sagte ihm: ‚Wenn Ihnen unser Entwurf nicht paßt, dann schlagen Sie doch einen besseren vor'! Steinbach nahm die Herausforderung an und wurde nach Fertigstellung seines eigenen Entwurfes auf den Vorschlag Benonis hin Vizesekretär im Justizministerium, wo er sehr rasch aufstieg. Schon bald war er Finanzminister, dann Präsident des Obersten Gerichtshofes.

Steinbach hat ganz außergewöhnlichen Verstand, unerhörtes Wissen und bemerkenswerte Allgemeinbildung. Er hat einen praktischen Sinn, gleichzeitig aber die Genauigkeit und Präzision des Wissenschaftlers. Allerdings verleiten ihn sein Scharfsinn und seine Neigung zur Synthese manchmal zu vorschnellen Generalisierungen: dies im Hinblick auf Erscheinungen sowohl des sozialen, rechtlichen und politischen Lebens als auch der Gefühle und Leidenschaften, die menschliches Handeln leiten. Dafür eilt sein Denken dem der Allgemeinheit voraus. Ob in seiner literarischen Tätigkeit oder seiner Arbeit — Steinbach ist bahnbrechend und legt immer neue Wege frei. Darüber hinaus ist er Vizepräsident des Reichsgerichtes, dem auch ich angehöre. Da der Präsident Unger oft erkrankt, übernimmt Steinbach seine Vertretung. Und er leitet die Verhandlungen dann einfach vorzüglich: die Beratungen sind unter seiner Führung immer interessant und anregend.

Als dann Dunajewski zurücktrat, dachte Taaffe — ich weiß nicht warum — gerade an Steinbach, um den vakanten Posten des Finanzministers zu übernehmen. Doch bevor Steinbach das Angebot annahm, gab er Taaffe noch zu bedenken, daß er zum ersten aus einer konvertierten Familie stammte, zum zweiten gerade eine Abhandlung über die Pflichten des Eigentums verfaßt hatte. Worauf Taaffe erwiderte: ‚Daß einer Ihrer Vorfahren Jude war, ist mir gleichgültig, solange Sie selbst getauft sind. Und was Ihre Abhandlung betrifft — ich weiß ja, daß Sie selbst mit ihr nicht zufrieden sind; hätten Sie diese aber nicht schon geschrieben, würde ich selber von Ihnen fordern, sie zu schreiben.‘

So wurde Steinbach Finanzminister, was allgemein als Beweis dafür verstanden wurde, daß Taaffe fest im Sattel saß. Denn man hielt Steinbach für einen Kathedersozialisten und fürchtete, daß er jetzt zum Staatssozialisten würde. Und tatsächlich trug die Regierung unter seiner Ministerschaft irgendwo die Züge des Staatssozialismus. Taaffe verlor dann allerdings zusehends seine bis dahin schier unversiegbaren Kräfte ... Steinbach hingegen sicherte sich durch Bigotterie die Sympathie der Aristokraten ... Er war es dann, der Taaffes Fall bewirkte, als er ihm jenes Wahlreformprojekt vorlegte, über das die Regierung stolperte ... Nachdem das Projekt dem Haus vorgestellt worden war, und alle Entsetzen befiel, hatte ich mit Steinbach ein langes Gespräch, konnte aber seine tiefsten Motive daraus nicht entnehmen. Ich vermute aber, daß Steinbach sich seines Vorgehens voll bewußt war: Denn er war darauf vorbereitet, entweder das Parlament doch noch auf den Weg führen zu können, den er für fortschrittlich hielt oder in allen Ehren zu fallen — als jener, der den Fortschritt ersehnt hatte.

Mit Freude nahm Steinbach dann die Stellung beim Obersten Gerichtshof an, wo er heute übrigens einen bedeutenden Einfluß hat. Überdies arbeitet er weiterhin — literarisch — dem Fortschritt entgegen.

7. MOJE WADY W DZIAŁALNOŚCI PUBLICZNEJ

[Meine Fehler in der öffentlichen Tätigkeit] (meine Übersetzung)

In: Luźne uwagi [Lose Bemerkungen]

Ich kann nicht lügen. Und doch sehe ich, daß man — will man in der polnischen Gesellschaft eine führende Rolle spielen — ohne Lügen nicht auskommt.

Ich bin zu offenherzig, zu durchsichtig. Ich öffne mich und zeige meine Karten.

In gewisser Hinsicht bin ich ein Idealist. Ich halte nämlich die Menschen im allgemeinen für besser und für klüger, als sie es tatsächlich sind.

Die hauptsächlichen Kriterien für meine Beurteilung von Menschen sind: Argumentationskraft, Verstand, die Fähigkeit, Leidenschaften zu beherrschen, Willensstärke, Unterordnung der Eigenliebe unter die Liebe zum Vaterland und der eigenen Interessen unter jene des Gemeinwohls, überhaupt Zurücksetzung des Privatbereichs zugunsten des öffentlichen Wohles.

Ich hasse Schmeichelei und kann auch nicht schmeicheln.

Ich nehme an, daß es mir aufgrund der hier aufgezählten „Fehler“ an „savoir faire“ mangelt. Ich fühle, daß Gott mir die Gaben der Klarsicht, der scharfsinnigen Assoziationsfähigkeit und der überzeugenden Rhetorik verliehen hat. Deshalb denke ich, daß man mich in der Politik am besten dort hätte einsetzen sollen, wo ich nur die Frage „was tun“ beurteilen —, nicht aber die Frage, „wie etwas tun“ entscheiden müßte. Der Entschluß müßte jemand überlassen werden, der meine Fehler nicht hat.

In diesen meinen Fehlern liegt auch der Grund dafür, daß mich fast niemand wirklich kennt, und ich übrigens im allgemeinen (mit wenigen Ausnahmen vielleicht) anders eingeschätzt werde, als ich bin.

So nennt man mich etwa einen „Aristokraten des Verstandes“. Ohne mir Arroganz vorwerfen zu wollen, meint man, daß ich ‚weniger Klugen‘ gegenüber steif wäre. Diese Meinung kann ich mir nur so erklären, daß ich mich im allgemeinen überhaupt niemand persönlich eröffne und auch keinen Hang zur Geselligkeit habe. Ich verbrüdere mich deshalb auch mit niemand und habe eigentlich keinen Freund im Sinne einer dauerhaften Freundschaft, die man unter einzelnen Politikern oft vorfinden kann. Und wenn ich bei meiner Tätigkeit im öffentlichen Dienst öfters mit klügeren Menschen zusammenkomme, so ist das nur ganz natürlich, insbesondere, da es sich um dieselben Kollegen handelt, mit denen ich über die tägliche Arbeit berate. Aber es stimmt, daß ich ‚weniger Kluge' verachte, wenn ich dabei auch gestehen muß, daß ich bei verschiedenen Beratungen im Klub oder in den Ausschüssen oft vom Verstand roher und ungeschliffener Menschen mehr gelernt habe als von den Klugen.

Man sagt, daß ich nur einen kühlen Verstand, aber kein Gefühl hätte. Nur ich allein weiß, wieviel Mühe es mich gekostet hat, mich von der Überempfindlichkeit zu heilen, die ich den Umständen, unter denen sich meine Erziehung vollzog, zu verdanken hatte. Erst meine sehr praktisch orientierte Gattin half mir, sie zu überwinden, und ich bin ihr dafür zu Dank verpflichtet. Aber heute noch fühle ich meine Gefühlsstärke in einem hohen Maße und unterliege innerlich viel zu oft der Rührung. So z. B. bin ich immer unfähig gewesen, Grabreden zu halten. Gleichzeitig halte ich das Gefühl in der Politik aus tiefster Überzeugung für so verhängnisvoll als Antrieb zum politischen Handeln, daß ich auf diesem Gebiet keine Emotionen zulasse. Hier möchte ich mit ruhigem und nüchternem Verstand urteilen und kaltblütig kalkulieren, da nur dann mein Gewissen mich beruhigt, daß ich die Schuldigkeit erfülle, die mir meine Pflicht auferlegt hat, dem Gemeinwohl zu dienen.

Man hält mich für einen „Karrieristen". Ich streite ja keineswegs ab, daß ich wirklich — als ich in mir ein gewisses, von Gott mir schon in die Wiege gelegtes Talent entdeckt habe, und auch erfahrene Parlamentarier wie Grocholski und Ziemiałkowski mich darin bestätigten, daß ich die Voraussetzung für einen Minister hätte — Minister werden wollte. Ich bin auch in meiner politischen Tätigkeit allem ausgewichen, was meiner eventuellen Kandidatur im Wege hätte stehen können — natürlich nur soweit, als die Sache selbst oder das Gemeinwohl es nicht anders erforderten. Ich habe jedoch nichts vorsätzlich zu diesem Zweck unternommen. Daß mir dabei auch — für den Fall, daß mein Wunsch sich tatsächlich erfüllen sollte — die Erhöhung meines Einkommens nicht gleichgültig war, ist selbstverständlich — ist es doch allgemein bekannt, daß ich keinen Besitz habe und in die Ausbildung meiner Kinder sehr viel investiert habe. Trotzdem war der wichtigste Gedanke, der meinen Wunsch genährt hat, Minister zu werden, noch ein anderer: Da mich das Schicksal schon einmal in die Politik geworfen hat, würde ich als Minister zweifelsohne unvergleichlich viel mehr für das Gemeinwohl, den Staat und das Land leisten können, als in der Eigenschaft des einfachen Abgeordneten.

Egoismus wirft man mir vor, weil ich es vorgezogen habe, das Amt des Aufsichtsrates in der Bank und nicht jenes des Präsidenten im „Appellationsgericht" (Oberlandesgericht) in Krakau anzunehmen, da mir ersteres mehr einbringen würde als das zweite. Ich kann dazu nur sagen, daß ich — obwohl ich nach der Organisationsreform des Appellationsgerichtes das Amt des Präsidenten für eher ungeeignet hielt — entschlossen war, es anzunehmen, falls es frei würde und ich zumindest das Gehalt erhielte, das ich noch vor meiner Ministerschaft erreicht hatte. Denn die Heimat kann bestimmt nicht von ihren Bürgern fordern, ihre Kinder zu schädigen, nur um sich formell zu den Landesbeamten zählen zu können, obwohl sie dort ein anderer genau so gut ersetzen könnte. Das ist wirklich nur eine patriotische „Fanfaronade", mit deren Hilfe diejenigen, die es darauf abgesehen hatten, mich in den Augen der öffentlichen Meinung erniedrigen wollten.

Zum Vorwurf, ich würde meine politischen Überzeugungen ändern, möchte ich nur sagen, daß all diese Schlagworte von der Politik der Grundsätze und der Beständigkeit politischer Überzeugungen — wenn jemand an sie glaubt, nur Beweise seiner Beschränktheit sind —, und wenn jemand sich ihrer bedient, ohne daran zu glauben, nur beweisen, daß er ein perverser Intrigant ist. Sowohl die einen als auch die anderen aber befinden sich unter denen, die mir meine politische Unbeständigkeit vorhalten.

Ich gelte als „Tschechenfeind". Ich gebe also zu, daß mir die Tschechen tatsächlich nicht sympathisch sind, dies aber in ästhetischer Hinsicht: ihre Sprache ist für mich eine Karikatur des Polnischen, es stört mich auch der anthropologische Typus des Tschechen ...

... Das alles sind aber nur subjektive Momente ganz privater Natur. Niemand kann in der Politik dafür zur Verantwortung gezogen werden, daß ihm jemand subjektiv und persönlich unsympathisch oder sympathisch ist. In der Politik weiß ich aber auch, daß die tschechische Nation einen mächtigen Faktor in Österreich darstellt.

Der „Slawismus" ist entweder reine Theorie oder aber eine Sache der weitesten Zukunft, für die man (nicht nur, weil sie noch so weit entfernt ist, sondern weil sie unsicher ist) nicht die Gegenwart opfern darf. Man muß also für die Tschechen das tun, was das Staatswohl erfordert, zugleich aber auch die eigenständigen Interessen unseres Landes und unserer Nation hüten. Das war immer meine Devise.

Ich habe das reine Gewissen, daß ich, als ich Minister war, den Tschechen — obwohl diese sich in der schärfsten Opposition befanden und gerade sie den Sturz unseres Kabinetts organisiert haben — nicht nur nichts zuleide getan habe, sondern viel Gutes für sie erwirkte. Noch, als ich die Koalition vorbereitete, pflegte ich zu sagen, daß die Tschechen in ihr auf ihre Rechnung kommen würden, da sie ja zumindest die Polen in der Majorität und in der Regierung vorfinden würden.

Dafür haben Polen und Tschechen die Deutschen zu ihren Freunden. Ich unterscheide hier die Norddeutschen, mit den Preußen an der Spitze — diese verachte ich wegen ihrer hinterhältigen, brutalen und barbarischen Polenpolitik — und die Süddeutschen, die mir ganz sympathisch sind. Was die österreichischen Deutschen anbelangt, so beginnt sich ihr Charakter seit der Geburt der radikal-nationalen Bewegung zu verändern, denn diese ist in ihrem Wesen preußisch und alldeutsch. Die jüngere Generation wird ebenfalls den Preußen immer ähnlicher. Was die ältere Generation betrifft, so scheint es, daß die Deutschösterreicher infolge ihres ständigen Umganges mit anderen Volksstämmen (Italienern, Ungarn, Polen, Slowenen, Kroaten) sowie der Blutvermischung, die sie prägt und aus der Vielzahl der Mischehen in der vorkonstitutionellen Ära resultiert, von diesen Völkern etwas von ihrer Vitalität und Weiche übernommen haben und infolgedessen nicht unsympathisch sind. Was mich vor allem bei ihnen frappiert, das ist ihre Bereitschaft, Talent, Arbeit und Bildung eines jeden Menschen anzuerkennen, ohne Rücksicht auf seine Nationalität. Aber auch hier hat meine persönliche Meinung keinen Einfluß auf mein politisches Handeln.

8. WRAŻENIA Z ŻYCIA PARLAMENTARNEGO

[Eindrücke aus dem parlamentarischen Leben] (meine Übersetzung)

Vortrag vom 15. 3. 1891 in Krakau

... Ebenso wie auf jedem anderen Gebiet des menschlichen Handelns hat auch auf dem Gebiet der parlamentarischen Tätigkeit die Wirklichkeit das Ideal widerlegt. Und dabei liefert sie doch eine solche Fülle von neuen, prägnanten, erfrischenden und vielfältigen Eindrücken, wie sie nur aus dem pulsierenden Leben selbst hervorquellen kann ...

... Wissen (oder Gelehrsamkeit) und Politik, das sind zwei ganz verschiedene, eigenständige Bereiche. In der Politik ist nicht das gut, was absolut vernünftig ist, sondern das, was unter gegebenen Umständen erreichbar ist ...

... Wenn die Logik imstande ist, die Politik manchmal zu ermorden, so gibt die Psychologie ihr hingegen erst das Leben. Es ist notwendig, die menschliche Natur zu kennen ... darüber hinaus muß man ganz besonders die Natur jener Menschen ergründen, mit denen man Politik betreiben soll — ihre Fehler und Vorzüge, ihre Tugenden und Schwächen, ihren Ehrgeiz, ihre Erwartungen und Bestrebungen, ihre Freundschaften und Feindschaften, ihre Widersprüche und ihre Leidenschaften. Alles sind nämlich Sprungfedern des menschlichen Handelns; auf sie muß man drücken, wenn man die Bewegung entlocken will. Man muß in dem so mannigfaltigen Menschenmaterial solche Kräfte wecken und zu einem harmonischen Zusammenspiel zwingen können, welche in einem bestimmten Augenblick notwendig sind, um ein bestimmtes Ziel zu erreichen.

... Im Parlament wirken zwar die Massen, aber es sind Individuen, die denken und steuern ... Menschliche Leidenschaften kann man nur dann mit Erfolg ausspielen, wenn man die eigenen vollkommen beherrscht. Und in dieser Hinsicht gibt es vielleicht kein gefährlicheres Gebiet als das parlamentarische Leben ...

Die parlamentarische Politik ist an sich schon nicht einfach; in Österreich aber ist sie noch schwieriger als anderswo. Die Ursache dafür liegt zum Teil schon im Wesen der Aufgabe selbst, zum Teil aber auch in der Zusammensetzung des österreichischen Parlaments. Es gibt in Österreich so viele Länder, die, ob einzeln oder in Gruppen, einmal ihre eigene politische und kulturelle Geschichte gehabt haben! Auch heute sind ihre nationalen Eigenschaften, ihr Klima, ihre geographische und topographische Lage verschieden. Deshalb sind auch ihre respektiven Bedürfnisse so gegensätzlich, daß ihre Befriedigung auf dem parlamentarischen Forum gleichviel bedeutet, wie Feuer und Wasser vereinigen zu wollen. Darüber hinaus konstituieren sich auch die politischen Lager im Hause nicht auf einer gleichen, ihnen allen gemeinsamen Grundlage, sondern auf verschiedenen, die einen auf der politischen, die anderen auf der nationalen, noch andere auf der sozialen. Wenn diese Lager dann alle gemeinsam zum Kampf antreten, ist ihre Widerstandskraft schon in Hinsicht auf ihr Wesen nicht gleich. Deshalb ist der österreichische Parlamentarismus auch weniger Politik als Diplomatie.

... Der Abgeordnete wird im Plenum des Hauses zum Redner ... Eigentlich sollte man im Parlament immer erst abstimmen, und danach Reden halten ...

... Abgeordnete, deren Individualismus so ausgeartet ist, daß sie niemals von ihrer Überzeugung abzugehen imstande sind, werden niemals Politiker werden ...

... Wenn das Ziel der parlamentarischen Rede es nicht sein kann, Stimmen zu gewinnen, so heißt das noch lange nicht, daß die Rede nicht doch das Ergebnis haben könnte, die Zuhörer von der Richtigkeit des vom Redner verteidigten Standpunktes zu überzeugen. Wenn die Rede eine solche Wirkung tatsächlich erzielt, dann erkennt man das an der Physiognomie des ganzen Hauses ... es ist dann ein moralischer Sieg. ... Das Ziel der parlamentarischen Rede ist ein zweifaches: auf taktischer Ebene geht es darum, den Standpunkt des Klubs in einer bestimmten Frage der Regierung, der Nation und dem Land gegenüber darzulegen. Doch ebenso geht es darum, der Nachwelt und der Geschichte einen authentischen Bericht über die Politik des Klubs zu überliefern.

... Jede Institution, die aus der Idee der Freiheit schöpft, hat die Eigenschaft, daß es von der Qualität jener Menschen abhängt, die zu ihrer Verwirklichung berufen sind, ob ihre Früchte nützlich, unbedeutend oder schädlich sein werden. So hatte auch der Parlamentarismus seine Glanzzeit. Aber die Freiheit hat es in sich, daß sie den Keim der eigenen Vernichtung in ihrem Schoße trägt. Im Leben kann sie nur in Grenzen bestehen, und doch bildet heute der Mangel an Maß und Grenzen das Wesen der Wirkungsprogramme so zahlreicher Individuen, daß sie sich sogar unter verschiedenfarbenen Bannern in eigenständige Lager gruppieren. Auch im österreichischen Parlament gibt es eine Vielzahl solcher Lager. In dieser Sachlage aber zerreiben sich in unfruchtbaren Kämpfen zwischen diesen Lagern sinnlos die besten Kräfte. Das andauernde Zerwürfnis der einzelnen konstitutiven Bestandteile des Parlaments senkt das Niveau, die Ernsthaftigkeit, die Bedeutung und die Kraft des Parlaments als Ganzes ...

BIBLIOGRAPHIE

I. Ungedruckte Quellen

Archiv der Jagellonischen Universität (UJ) in Krakau (Kraków)
Personalakte von Stanisław Madeyski Poraj S II 619
Habilitationsakte von Stanisław Madeyski WP II
Disziplinarakte der UJ IV k. 133—138

Handschriftensammlung der Jagellonischen Bibliothek in Krakau
Korrespondenzmappe von Michał Bobrzyński Nr. 8077 III—8093 III (1890—1910)

Nachlaß von Stanisław Madeyski, im Besitz von Andrzej Madeyski, Warschau (Warszawa):

Der Nachlaß besteht aus teils polnisch, teils deutsch verfaßten Autographen. Madeyski hat keine dieser Schriften datiert. Eine Inhaltsanalyse deutet darauf hin, daß alle erst nach seinem Rücktritt aus dem parlamentarischen Leben im Jahre 1899 entstanden sind.
Der Nachlaß enthält 9 Hefte, die Andrzej Madeyski systematisch ordnete und durchlaufend numerierte, sowie lose Blätter. Alle sind mit Tinte geschrieben und sind offensichtlich keine Reinschriften.
Das „gesamte Material" — schreibt Andrzej Madeyski auf der obersten Seite der Mappe — „ist, soweit mir bekannt ist, weder veröffentlicht noch zum Druck freigegeben worden".
So hat auch Stanisław Madeyskis Biograph Czesław Lechicki von der Existenz dieses Nachlasses nicht gewußt. (Vgl. den Artikel über Madeyski im Słownik polski biograficzny [Polnisches biographisches Lexikon]).

Inhalt des Nachlasses von Stanisław Madeyski

I. Moje wspomnienia [Meine Erinnerungen]
II. Moje wspomnienia [Meine Erinnerungen]
III. Wybór do sejmu 1883. O przekonaniach politycznych [Wahl in den Landtag 1883. Über politische Überzeugungen]
IV. Moje rozmowy z Markizem Olivier Bacquehem 12. i. 21. 4. 1899 [Meine Gespräche mit Marquis Olivier Bacquehem vom 12. und 21. 4. 1899]
Moje audiencje u Cesarza od czasu dymisji 1895—1902 [Meine Audienzen beim Kaiser seit meinem Rücktritt 1895—1902]
V. Rok 1899 [Das Jahr 1899]
Moja rozmowa z Cesarzem 30. 10. 1893 (deutscher Text) [Mein Gespräch mit dem Kaiser am 30. 10. 1893]
Rok 1902 [Das Jahr 1902]
VI. Zur politischen Lage im Mai 1899 (deutsch im Original)
VII. Pamiętniki rządu Badeniego [Tagebuch aus der Regierungszeit Badenis]
VIII. O zasadzie narodowości [Zum Prinzip der Nationalität]
IX. Luźne uwagi [Lose Bemerkungen]

Unveröffentlichte Erinnerungen von Heinrich Ritter von Halban, im Besitz von Adam Wandruszka (Wien)

Allgemeines Verwaltungsarchiv (AVA) (Wien)
Präsidialakten des Justizministeriums 1870
Präsidialakten des Ministeriums für Kultus und Unterricht 1893—1895

Protokolle über die Sitzungen des Ministerrates 1895 (Auszüge) KZ 1/MRZ 1—KZ 52/MRZ 48
Protokolle über die Sitzungen des Reichsgerichtes 1903—1904

Parlamentsarchiv (Wien)
Protokolle über die Sitzungen des Budgetausschusses des Hauses der Abgeordneten des österreichischen Reichsrates 1895

II. Gedruckte Quellen

1. Verzeichnis der Werke von Stanisław Madeyski

a) Monographien

O urządzeniu sądów powiatowych w Galicji [Über die Einrichtung von Bezirksgerichten in Galizien] (Kraków 1869)

Podręcznik sądowy [Gerichtliches Handbuch] (Kraków 1870)

Niemiecko-polski słownik prawniczo-cywilny [Deutsch-polnisches zivilrechtliches Wörterbuch] (Kraków 1870)

Sprawa krajowego zakładu hipotecznego dla włościan [Zur Frage einer Landeshypothekaranstalt der Landwirte] (Kraków 1879)

Die deutsche Staatssprache oder Ist Österreich ein deutscher Staat? (Wien 1884)

Die Nationalitätenfrage in Österreich und ihre Lösung (Wien—Prag 1899)

Sprawozdanie poselskie na rok 1899 [Rechenschaftsbericht als Abgeordneter für das Jahr 1899] (Kraków 1899)

Politische Betrachtungen (Wien—Prag 1900)

Studien zur Rechtsprechung des Reichsgerichtes über die Verletzung politischer Rechte
I. Das Ermessen der Verwaltungsbehörden (Wien—Prag 1900)
II. Die politischen Rechte der Nationalitäten (Wien—Prag 1901)

b) Andere Publikationen

Aforyzmy z praktyki cywilno-sądowej [Aphorismen aus der zivilrechtlichen Praxis]; in: *Czasopismo Poświęcone Prawu i Umiejętnościom Politycznym* 4 (1868) 445—458.
Warschauer Jurisprudenz; in: *Zeitschrift für französisches Civilrecht* 2 (1872) und 3 (1873)

Sterujące zasady projektu do prawa postępowania cywilnego w Austryi [Leitende Grundsätze des Entwurfes zu einer Zivilprozeßordnung in Österreich]; in: *Prawnik* 1 (1870) Nr. 11, 12, 13, 14, 15, 16

O reformie postępowania cywilnego [Über die Reform des Zivilverfahrens]; ebd. 2 (1871) Nr. 1, 2, 11, 13, 15, 24, 27

O nowszych pracach prawodawczych w przedmiocie postępowania sądowego cywilnego [Über neuere Gesetzgebungsarbeiten im Bereich der Zivilprozeßordnung]; in: *Przegląd Sądowy* 1871 Nr. 10

Jurysprudencya cywilna we Francyi i Belgyi we względzie darowizny [Die Zivilrechtsprechung zum Gegenstand der Schenkung in Frankreich und Belgien]; ebd. 1871 Nr. 12

O francuskiej literaturze prawniczej w latach 1868 i 1869 [Über die französische rechtswissenschaftliche Literatur 1868 und 1869]; ebd. 1872

O znaczeniu pisma w ustnym postępowaniu cywilnym [Über die Bedeutung der Schrift im mündlichen Zivilprozeßverfahren]; in: *Prawnik* 3 (1872) Nr. 49, 50, 51

O zubożeniu włościan w Galicji [Über die Verelendung des Bauernstandes in Galizien]; ebd. 8 (1877) Nr. 24, 25, 26, 27, 29, 30, 31

Rozwój instytucyi notaryalnej [Die Entwicklung der Institution des Notariats]; in: *Przegląd Sądowy i Administracyjny* 4 (1879) Nr. 30

Realizm jako następstwo połączenia praktyki z teorią w dziedzinie prawa cywilnego [Realismus als Folge der Verbindung von Theorie und Praxis im Bereich des Zivilrechts]; ebd. Nr. 34, 35, 36

Bestärkungsmittel der Verträge. Eine theoretisch-praktische Studie vom Standpunkte der Verfassung von Verträgen, mit vorzüglichster Berücksichtigung grundsätzlicher Entscheidungen des Obersten Gerichtshofes; in: *Zeitschrift für Notariat und freiwillige Gerichtsbarkeit in Österreich* 1879 Nr. 13 [Dieser Artikel ist in polnischer Sprache als eigene Broschüre erschienen: O układaniu kontraktów. Systematyczne studia z prawa cywilnego (Kraków 1878)]

Die neue Wuchergesetzgebung vom Standpunkte des Notariats; ebd. 1879 Nr. 45, 46, 47, 51

Die Handhabung des mündlichen Zivilprozeßverfahrens; ebd. 1881 Nr. 44—52

Gesetzentwurf betreffend das Verfahren zum Zwecke der Todeserklärung und der Beweisführung des Todes; ebd. 1882 Nr. 15, 16, 34, 35

Zu der Agrar-Reform in Österreich; ebd. 1884 Nr. 17, 18

Die Aussichten unserer Zivilprozeßreform; ebd. 1885 Nr. 1—5

Die Conventionalstrafe und ihre Anwendungsarten bei Verträgen; in: *Österreichische Allgemeine Gerichtszeitung* 1880 Nr. 68—77 (Es handelt sich um die Publikation der Habilitationsschrift Madeyskis)

Po sejmie. Sprawy szkolne [Nach dem Landtag. Schulfragen]; in: *Przegląd Polski* 80 (1886)

Zarys nauki o posiadaniu [Grundzüge einer Lehre vom Eigentum] (Kraków 1887)

O nowej ustawie względem spadków włościańskich [Zum neuen Gesetz über das bäuerliche Erbrecht]; in: *Przegląd Sądowy i Administracyjny* 14 (1889) Nr. 1, 2

Projekt do ustawy o ustnym postępowaniu sumarycznym [Gesetzentwurf zum mündlichen Summarverfahren]; ebd. Nr. 5, 6

Nasza opozycja [Unsere Opposition] (Kraków 1889), Abdruck aus dem *Przegląd Polski* 94 (1889)

Rachunek sumienia [Bilanz des Gewissens]; in: *Przegląd Polski* 100 (1891)

Ustny proces cywilny niemiecki w świetle doświadczenia [Der mündliche deutsche Zivilprozeß im Lichte der Erfahrung]; in: *Przegląd Sądowy i Administracyjny* 16 (1891) Nr. 4, 5

Szkic teoryi o „uznaniu" władz administracyjnych w stosunku do orzecznictwa Trybunału Państwa [Grundriß einer Theorie des Ermessens der Verwaltungsbehörden gegenüber der Rechtsprechung des Reichsgerichtes]; in: *Czasopismo Prawnicze i Ekonomiczne* 2 (1901) 1—25

Polityczne prawo wolności narodowej [Das politische Recht der nationalen Freiheit]; ebd. 3 (1902) 369—400

O politycznym prawie wartości mienia [Über das politische Recht des Eigentumswertes]; ebd. 4 (1903) 1—26

Sprawa narodowościowa w Austryi [Die Nationalitätenfrage in Österreich]; in: *Kraj* 24. 1. (6. 2.) 1903 (Petersburg)

Parlamentaryzm w Austryi [Parlamentarismus in Österreich]; ebd. 7. 2. (20. 2.) 1903

Prawo wyborcze [Das Wahlrecht]; ebd. 7. 2. (20. 2.) 1903

O § 14 [Über den § 14]; ebd. 29. 6. (12. 7.) 1903

Z praktyki Trybunału Państwa [Aus der Praxis des Reichsgerichtes]; in: *Czasopismo Prawnicze i Ekonomiczne* 5 (1904) 67—94 und 6 (1905) 1—43, 109—121, 295—310

Czy przeczące spory kompetencyjne pomiędzy władzami autonomicznymi a rządowymi należą do Trybunału Państwa czyli nie [Gehören die Kompetenzkonflikte zwischen den autonomen und den Reichsbehörden in den Rechtsprechungsbereich des Reichsgerichtes oder nicht]; ebd. 8 (1907) 293—299

c) Vorträge

Wrażenia z życia parlamentarnego [Eindrücke aus dem parlamentarischen Leben]. Vortrag vom 15. 3. 1891 an der UJ (Kraków 1891)

Charakterystyka prawodawstwa cywilnego w Austryi [Charakteristik der Zivilgesetzgebung in Österreich] (Kraków 1892)

Rede zur Eröffnung des akademischen Jahres 1891/92 am 8. 10. 1891; in: Kronika Uniwersytetu Jagiellońskiego 1891/92 [Chronik der Jagellonischen Universität 1891/92] (Kraków 1892)

Rede anläßlich der Immatrikulationsfeier an der UJ am 6. 12. 1891 (Kraków 1892)

Rede zur Eröffnung des akademischen Jahres 1892/93 am 9. 10. 1892; in: Kronika Uniwersytetu Jagiellońskiego 1892/93 (Kraków 1893)

2. Amtliche Quellen

Stenographische Protokolle über die Sitzungen des Herrenhauses des österreichischen Reichsrates (1900—1907), XVI.—XVIII. Session

Stenographische Protokolle über die Sitzungen des Hauses der Abgeordneten des österreichischen Reichsrates (1879—1899), IX.—XIII. Session

Stenographische Protokolle über die Sitzungen der österreichischen Delegation des Reichsrates (1898—1908), XXXIV.—XLIII. Session

Sprawozdanie stenograficzne z rozpraw galicyjskiego sejmu Krajowego [Stenographische Protokolle über die Sitzungen der galizischen Landtages] (1883—1898)

Sammlung der nach gepflogener öffentlicher Verhandlung geschöpften Erkenntnisse des k. k. österreichischen Reichsgerichtes, hrg. v. Anton Hye Freiherr v. Glunek und Karl Hugelmann, XII. und XIII. Teil (Graz/Wien 1907)

3. Periodica

— *Arbeiter-Zeitung* (1910)
— *Czas* [Zeit] (1879—1910)
— *Kraj* [Land] (1903)
— *Neue Freie Presse* (1891—1910)
— *Nowa Reforma* [Neue Reform] (1879—1910)
— *Promień* [Strahl] (1891—1893)
— *Przegląd Polski* [Polnische Rundschau] (1879—1910)
— *Reichspost* (1893—1895)
— *Twórczość* [Kreativität] (1975)
— *Więż* [Fessel] (1975)
— *Znak* [Zeichen] (1975)

III. Literatur

Ableitinger, Alfred
— Ernest von Koerber und das Verfassungsproblem im Jahre 1900 (Graz/Wien 1973)

Adamovich, Ludwig
— Hochschulverwaltung und Universitäten; in: 100 Jahre Unterrichtsministerium 1848—1948. Festschrift des Bundesministeriums für Unterricht in Wien (Wien 1948) 43—52
— Verfassungsgerichtsbarkeit und Rechtsanwaltschaft; in: 100 Jahre österreichischer Rechtsanwaltskammern 1850—1950 (Wien 1950) 14—16
— Handbuch des österreichischen Verfassungsrechts (Wien—New York ⁶1971)

Ajnenkiel, Andrzej
— Parlamentaryzm II. Rzeczypospolitej [Parlamentarismus der II. Republik] (Warszawa 1965)

Allmayer-Beck, Johann Christoph
— Der Konservatismus in Österreich (München 1956)

Baernreither, Joseph-Maria
— Der Verfall des Habsburgerreiches und die Deutschen. Fragmente eines politischen Tagebuches 1897—1917, hrg. v. Oskar Mitis (Wien 1939)

Bartel, Wojciech M.
— Zur Geschichte des galizischen Landesschulrates 1867—1918; in: Anzeiger der Philosophisch-historischen Klasse der Österreichischen Akademie der Wissenschaften 114 (1977) nº 11, 346—356

Barycz, Henryk
— Uniwersytet Jagielloński w życiu narodu polskiego [Die Jagellonische Universität im Leben der polnischen Nation] (Warszawa 1948)

Batowski, Henryk
— Die Polen; in: Die Habsburgermonarchie 1848—1918, hrg. v. Adam Wandruszka/Peter Urbanitsch, III/1: Die Völker des Reiches (Wien 1980) (weiterhin zit. als „Die Habsburgermonarchie" zit.) 552—554

Bauer, Otto
— Die Nationalitätenfrage und die Sozialdemokratie (Wien 1907)

Bernatzik, Edmund
— Die Ausgestaltung des Nationalgefühls im 19. Jahrhundert (Hannover 1912)
— Die österreichischen Verfassungsgesetze mit Erläuterungen, hrg. v. Edmund Bernatzik (Wien, 2. sehr verm. Aufl. 1911)

Bihl, Wolfdieter
— Die Ruthenen; in: Die Habsburgermonarchie III/1 555—584

Biliński, Leon
— Wspomnienia i dokumenty [Erinnerungen und Dokumente] (Warszawa 1924)
— Znamiona polityki narodowej i krajowej tzw. Stańczyków [Die Charakteristika der nationalen- und Landespolitik der sogenannten Stańczyken] (Lwów 1882)

Bobrzyński, Michał
— Pamiętniki [Tagebücher] (Wrocław/Kraków 1957)
— W sprawach naszych gimnazjów [Zu Angelegenheiten unserer Gymnasien]; in: *Przegląd Polski* 69 (1883)
— Z uroczystego dnia [Aus Anlaß eines feierlichen Tages]; ebd. 85 (1887)
— Po sejmie [Nach dem Landtag]; ebd. 87—89 (1888)
— Z chwili rozstroju [Aus einer Stunde der Zerrüttung]; ebd. 93 (1889)

Bobrzyński, Michał/Władysław Leopold Jaworski/J. Milewski
— Z dziejów odrodzenia politycznego Galicji 1859—1873 [Aus der Geschichte der nationalen Wiedergeburt Galiziens 1859—1873] (Warszawa 1905)

Boyer, John W.
— Political Radicalism in Late Imperial Vienna (Chicago 1980)
— Veränderungen im politischen Leben Wiens. Die Großstadt Wien, der Radikalismus und die Wahlen von 1891; in: Jahrbuch des Vereins für Geschichte der Stadt Wien 36 (1980) 95—173, 37 (1981) 117—176

Brix, Emil
— Die nationale Frage anhand der Umgangsspracherhebungen in den cisleithanischen Volkszählungen 1880 bis 1911 (Phil. Diss. Wien 1979)
— Die Erhebungen der Umgangssprache im zisleithanischen Österreich (1880—1910). Nationale und sozio-ökonomische Ursachen der Sprachenkonflikte; in: Mitteilungen des Institutes für österreichische Geschichtsforschung 87 (1979) 363—439

Bujak, Franciszek
— O naprawie ustroju rolnego w Polsce [Über die Agrarreform in Polen] (Warszawa 1918)
— Galicya [Galizien] 2 Bde. (Lwów 1908 und 1910)

Burian, Peter
— The State Language Problem in Old Austria 1848—1918; in: Austrian History Yearbook 6/7 (1970/71) 81—103

Buszko, Józef
— Austro-Węgry 1870—1914 [Österreich-Ungarn 1870—1914] (Warszawa 1957)
— Społeczno-polityczne oblicze Uniwersytetu Jagiellońskiego w dobie autonomii galicyjskiej 1869—1914 [Sozial-politisches Antlitz der Jagellonischen Universität im Zeitalter der galizischen Autonomie 1869—1914] (Kraków 1963)
— Stosunki społeczne w Galicji i na Śląsku Cieszyńskim po uwłaszczeniu [Soziale Verhältnisse in Galizien und in Teschener Schlesien nach Aufhebung der Leibeigenschaft]; in: Historia Polski [Geschichte Polens] III/1 (Warszawa 1967) 295—320

— Galicja i Śląsk Cieszyński w dobie walki o autonomię. Program trójlojalizmu [Galizien und Teschener Schlesien im Zeitalter des Kampfes um die Autonomie. Das Programm des Triloyalismus]; ebd. 320—370
— Die kulturelle und sozial-politische Rolle der Krakauer Universität zur Zeit der Autonomie Galiziens 1869—1918; in: Österreichische Osthefte 6 (1964) 260—272
— Zum Wandel der Gesellschaftsstrukturen in Galizien und in der Bukowina; in: Sitzungsberichte der Philosophisch-historischen Klasse der Österreichischen Akademie der Wissenschaften n° 343 (1978)

Buszko, Józef/Pilch, Andrzej
— Udział Polaków i Polonii w życiu politycznym i gospodarczym Austrii w XIX. i XX. wieku [Die Beteiligung der Polen und der Polonia am politischen und wirtschaftlichen Leben Österreichs im XIX. und XX. Jahrhundert]; in: Polacy w Austrii. Materiały międzynarodowego sympozjum naukowego, które się odbyło w Uniwersytecie Jagiellońskim w dniach 20—22 maja 1975 r. [Die Polen in Österreich. Materialien des internationalen wissenschaftlichen Symposiums, das vom 20. bis 22. Mai 1975 an der Jagellonischen Universität stattgefunden hat], hrg. v. Andrzej Pilch (Kraków 1976) 169—177

Caro, Leopold
— Lichwa wiejska i kredyt włościański w Galicyi [Der Wucher am Lande und der Kredit für die Landwirte in Galizien]; in: *Biblioteka Warszwawska* (1869) III. 478—489

Chlebowczyk, Józef
— Procesy narodotwórcze we wschodniej Europie środkowej w dobie kapitalizmu [Nationsbildende Prozesse im östlichen Mitteleuropa im Zeitalter des Kapitalismus] (Warszawa/Kraków 1975)

Chłędowski, Kazimierz
— Pamiętniki [Memoiren], 2 Bde. (Kraków 1957)

Cottam, Kazimiera J.
— Bolesław Limanowski (1835—1935). A Study in Socialism and Nationalism (New York 1978)

Cywinski, Bohdan
— Historia Polski w Polsce. Z powodu „Sylwetek". [Geschichte Polens in der polnischen Geschichtsschreibung. Aus Anlaß der „Silhouetten"]; in: *Znak* [Zeichen] 1975, 280f.

Czartoryski, J.
— Uwagi o polityce polskiej w Austrii [Bemerkungen zur polnischen Politik in Österreich] (Lwów 1871)

Czedik, Alois v.
— Zur Geschichte der k. k. österreichischen Ministerien 1861—1916, 4 Bde. (Wien/Teschen/Leipzig 1917—1920)

Dmowski, Roman
— Upadek myśli konserwatywnej w Polsce [Der Verfall des konservativen Denkens in Polen] (Warszawa 1914)

Dobrowolski, Henryk/Frančić, Mirosław/Konarski, Stanisław
— Postępowe tradycje młodzieży akademickiej w Krakowie [Fortschrittliche Traditionen der akademischen Jugend in Krakau] (Kraków 1962)

Dulczewski, Z.
— Walka o szkołę na wsi galicyjskiej [Der Kampf um die Schule im galizischen Dorf] (Warszawa 1953)

Dunin-Wąsowicz, Krzysztof
— Struktura demograficzna narodu polskiego 1864—1914 [Demographische Struktur der polnischen Nation 1864—1914]; in: Historia Polski [Geschichte Polens] III/1 (Warszawa 1967) 92—110

Ebert, Kurt
— Die Anfänge der modernen Sozialpolitik in Österreich (Wien 1975)

Engel-Janosi, Friedrich
— Österreich und der Vatikan 1846—1918, 2 Bde. (Graz/Wien/Köln 1958/1960)

Engels, Friedrich
— Briefe an Karl Kautsky vom 7. II. 1882; in: Marks i Engels o Polsce [Marx und Engels über Polen], 2 Bde. (Warszawa 1960) II 118f.

Estreicher, Karol
— 600 Jahre Geschichte der Jagellonischen Universität und ihr Verhältnis zu Österreich; in: Österreichische Osthefte 6 (1964) 179—190

Estreicher, Stanisław
— Michał Bobrzyński (Warszawa 1936)

Feldmann, Wilhelm
— Dzieje polskiej myśli politycznej 1864—1914 [Geschichte des polnischen politischen Denkens 1864—1914] (Warszawa 1933)
— Stronnictwa i programy polityczne w Galicji 1846—1906 [Politische Lager und Programme in Galizien 1846—1906] (Kraków 1907)
— Die Zukunft Polens und der deutsch-polnische Ausgleich (Berlin 1915)
— Zur Lösung der polnischen Frage (Berlin 1914)
— O jedności narodowej [Über die nationale Einheit]; in: *Krytyka* 1/1907

Ficker, Adolf
— Die Volksstämme der österreichisch-ungarischen Monarchie (Wien 1869)
— Gutachten über die Konstatierung der Nationalitäts- und Sprachverhältnisse einer Bevölkerung (Wien 1874)

Fischel, Alfred
— Materialien zur Sprachenfrage in Österreich (Brünn 1902)
— Nationale Kurien (Wien 1899)
— Die Minoritätenschulen (Brünn 1900)
— Das österreichische Sprachenrecht. Eine Quellensammlung, eingeleitet und herausgegeben von A. Fischel (Brünn ^{2}1910)

Fischhof, Adolph
— Die Sprachenrechte in den Staaten gemischter Nationalität (Wien 1885)

Forst-Battaglia, Jakub
— Die polnischen Konservativen Galiziens und die Slawen 1866—1879 (Phil. Diss. Wien 1975)
— Österreich im politischen Denken der Polen Galiziens (1848—1914); in: Österreichische Osthefte 20 (1978) 99—115

Galicja w dobie autonomistycznej 1850—1914. Wybór tekstów w opracowaniu Stefana Kieniewicza [Galizien im Zeitalter der Autonomie 1850—1914. Auswahl von Texten, bearbeitet von Stefan Kieniewicz] (Wrocław 1952)

Gill, Arnon
— Die polnische Revolution 1846. Zwischen nationalem Befreiungskampf des Landadels und antifeudaler Bauernerhebung (München—Wien 1974)

Glassl, Horst
— Das österreichische Einrichtungswerk in Galizien 1772—1790 (Wiesbaden 1975)

Glettler, Monika
— Die Wiener Tschechen um 1900. Strukturanalyse einer nationalen Minderheit in der Großstadt (München/Wien 1972)

Goldinger, Walter
— The Nationality Question in Austrian Education; in: Austrian History Yearbook 3/3 (1967) 136—156
— Autoritäre Züge der Verwaltung im Verfassungstaat; in: Der österreichisch-ungarische Ausgleich 1867. Materialien der internationalen Konferenz in Bratislava 28. 8.—1. 9. 1967. Bearb. von Anton Vantuch, hrg. v. L'udovit Holotík (Bratislava 1971) (weiterhin als Vantuch-Holotík zit.) 315—322
— Das polnische Element in der Wiener Hochbürokratie 1848—1918; in: Studia Austro-Polonica 1 (1978) 63—83
— Die Zentralverwaltung in Cisleithanien. Die zivile gemeinsame Zentralverwaltung; in: Die Habsburgermonarchie II: Verwaltung und Rechtswesen (Wien 1975) 100—189

Grodziski, Stanisław
— Historia ustroju społeczno-politycznego Galicji 1772—1848 [Geschichte des sozialpolitischen Systems in Galizien 1772—1848] (Wrocław/Warszawa/Kraków 1971)
— Udział Polaków w centralnych organach austriackiej administracji i sądownictwa [Die Polen in den zentralen Organen der Verwaltung und des Gerichtswesens in Österreich]; in: Polacy w Austrii [Die Polen in Österreich] 179—186

Grodziski, Stanisław/Partyka, Andrzej
— Die Polen in der österreichischen Rechtspflege 1772—1914; in: Studia Austro-Polonica 1 (1978) 85—105

Grzybowski, Konstanty
— Galicja 1848—1914. Historia ustroju politycznego na tle historii ustroju Austrii [Galizien 1848—1914. Geschichte der politischen Organisation im Rahmen der Verfassungsgeschichte Österreichs] (Kraków/Wrocław/Warszawa 1959)

Hahn, Hans Henning
— Außenpolitik in der Emigration. Die Exildiplomatie Adam Jerzy Czartoryskis 1830—1840 (München 1978)

Hahn, Sigmund
— Reichsraths-Almanach für die Session 1891—1892 (Wien 1891)

Hantsch, Hugo
— Die Nationalitätenfrage im alten Österreich. Das Problem der konstruktiven Reichsgestaltung (Wien 1953)
— Die Geschichte Österreichs II: 1648—1918 (Graz/Wien/Köln [3]1962)

Harrington-Müller, Diethild
— Der Fortschrittsklub im Abgeordnetenhaus des österreichischen Reichsrates 1873—1910 (Wien/Köln/Graz 1972)

Havránek, Jan
— Sprachliche Gegensätze und Nationalitätenfragen in Böhmen und Mähren bis zum Mährischen Ausgleich; in: Donauraum. Gestern-Heute-Morgen. Vorträge und Diskussionsbeiträge des V. Internat. Seminars, hrg. v. Józef Varga (Wien/Frankfurt/Zürich 1967) 147—157

Heindl, Waltraud
— Universitätsreform und politisches Programm. Die Sprachenfrage an der Universität Krakau im Neoabsolutismus; in: Österreichische Osthefte 20 (1978) 79—98

Hellbling, Ernst C.
— Die Landesverwaltung in Cisleithanien; in: Die Habsburgermonarchie II 190—269
— Österreichische Verfassungs- und Verwaltungsgeschichte (Wien 1956)

Hoensch, Jörg K.
— Sozialverfassung und politische Reform. Polen im vorrevolutionären Zeitalter (Köln/Wien 1973)

Hofstadter, Richard
— Social Darwinism in American Thought 1860—1915 (Philadelphia 1945)

Hroch, Miroslav
— Die Vorkämpfer der nationalen Bewegung bei den kleinen Völkern Europas. Eine vergleichende Analyse zur gesellschaftlichen Schichtung der patriotischen Gruppen (Prag 1968)

Hugelmann, Karl
— Das Recht der Nationalitäten in Österreich und das Staatsgrundgesetz über die allgemeinen Rechte der Staatsbürger. Zwei Vorträge (Graz 1880)

Hugelmann, Karl Gottfried
— Das Nationalitätenrecht nach der Verfassung von 1867; der Kampf um ihre Geltung, Auslegung und Fortbildung; in: Das Nationalitätenrecht des alten Österreich. hrg. v. Karl Gottfried Hugelmann (Wien/Leipzig 1934) 79—286
— Das österreichische Reichsgericht. Entstehung, Organisation und Wirksamkeit; in: Zeitschrift für öffentliches Recht 4 (1925) 458—538

Jedin, Hubert (Hrg.)
— Handbuch der Kirchengeschichte VI/1 (Freiburg/Basel/Wien 1971)

Jellinek, Georg
— Das Recht der Minoritäten (Wien 1898)

Jenks, William A.
— Austria under the Iron Ring 1879—1893 (Charlottesville, Virginia 1965)

Kafka, Gustav
— Referat; in: Verhandlungen des Zweiten Österreichischen Juristentages II/2: Die Entwicklung der Grundrechte in Österreich. Referate und Diskussionsbeiträge (Wien 1964) 6—25

Kalembka, Sławomir
— Wielka Emigracja. Polskie uchodztwo polityczne w latach 1831—1862 [Die große Emigration. Die polnischen politischen Flüchtlinge 1831—1862] (Warszawa 1971)

Kaltenbrunner, Gerd Klaus (Hrg.)
— Rekonstruktion des Konservatismus (Freiburg 1972)

Kann, Robert A.
— Das Nationalitätenproblem in der Habsburgermonarchie. Geschichte und Ideengehalt der nationalen Bestrebungen vom Vormärz bis zur Auflösung des Reiches 1918, 2 Bde. (Graz/Köln [2]1964)
— Die Habsburgermonarchie und das Problem des übernationalen Staates; in: Die Habsburgermonarchie II 1—56

Karpiński, Wojciech/Król, Marcin
— Sylwetki polityczne 19. wieku [Politische Silhouetten aus dem 19. Jahrhundert] (Kraków 1974)

Kasparek, Franciszek
— Rezension von „Studien zur Rechtsprechung des Reichsgerichtes" von Stanisław Madeyski; in: *Przegląd Polski* 143 (1902)

Kieniewicz, Stefan
— Historia Polski 1795—1918 [Geschichte Polens 1795—1918] (Warszawa 1969)
— Adam Sapieha 1828—1903 (Lwów 1939)

Kilka słów o Stańczykach i o J. Szujskim. Przyczynek do dziejów i charakterystyki politycznego obozu. [Einige Worte über die Stańczyken und J. Szujski. Ein Beitrag zur Geschichte und Charakteristik eines politischen Lagers] (Kraków 1883)

Kleczyński, Józef
— Wybory do Rady Państwa [Wahlen zum Reichsrat]; in: *Przegląd Polski* 53 (1879)

Knauer, Oswald
— Das österreichische Parlament 1848—1966 (Wien 1969)

Kohn, Hans
— Pan-Slavism. Its History and Ideology (Notre Dame, Indiana 1953)

Kolmer, Gustav
— Parlament und Verfassung in Österreich, Bde. III—VI: 1879—1898 (Wien/Leipzig 1905—1909)
— Das Herrenhaus des österreichischen Reichsrates. Nach seinem Bestande von 1906 (Wien/Leipzig 1907)

Kořalka, Jiří/Crampton R. J.
— Die Tschechen; in: Die Habsburgermonarchie III/1 489—521

Krzywobłocka, Bożena
— Prasa polska 1900—1918 [Die polnische Presse 1900—1918]; in: Zarys historii prasy polskiej [Grundriß der Geschichte der polnischen Presse] (Warszawa 1959)

Księga pamiętnikowa na dziewięćdziesięciolecie dziennika *Czas* [Festschrift zum 90. Jubiläum der Tageszeitung *Czas*] (Warszawa 1938)

Lechicki, Czesław
— Stanisław J. Madeyski, Jerzy V. Madeyski; in: Słownik polski biograficzny [Polnisches biographisches Lexikon] XIX/1 (Wrocław/Warszawa/Kraków/Gdańsk 1974)

Lehne, Friedrich
— Rechtsschutz im öffentlichen Recht: Staatsgerichtshof, Reichsgericht, Verwaltungsgerichtshof; in: Die Habsburgermonarchie II 663—715

Lemayer, Karl
— Die Verwaltung der österreichischen Hochschulen 1868—1877 (Wien 1878)

Lemberg, Eugen
— Wege und Wandlungen des Nationalbewußtseins (München 1934)
— Nationalismus, 2 Bde. (Reinbek bei Hamburg 1964)

Lenin, Vladimir Il'ič
— Über das Recht der Nationen auf Selbstbestimmung (1914); in: Ders., Ausgewählte Werke I (Moskau 1946)

Lewis, Gavin
— Kirche und Parteien im politischen Katholizismus. Klerus und Christlichsoziale in Niederösterreich 1885—1907 (Salzburg 1977)

Lipnicki, Eugeniusz (Pseud. für Eugeniusz Puffke)
— Kwestia językowa w Austryi [Die Sprachenfrage in Österreich]; in: *Biblioteka Warszawska* (1884) I, 329—362
— Polacy ministrowie w Austryi. Od Gołuchowskiego do Gołuchowskiego. [Die polnischen Minister in Österreich. Von Gołuchowski zu Gołuchowski]; in: *Biblioteka Warszawska* (1900) I, 321—356

Łoziński, Bronisław
— Rezension der „Deutschen Staatssprache" von Stanisław Madeyski; in: *Biblioteka Warszawska* (1884) II, 446—451

Lubliński, Jakub
— The Polish-Eastern Dilemma (Thesis, Wayne State Univ. Detroit, Mich. 1977)

Ludkiewicz, Zdzisław
— Ziemia i ludność' rolnicza [Boden und landwirtschaftliche Bevölkerung]; in: Dzieje gospodarcze Polski porozbiorowej w zarysie [Grundzüge der Wirtschaftsgeschichte des geteilten Polen] II, hrg. v. A. Kempner (Warszawa 1920)

Malli, Rüdiger
— Die steirischen Abgeordneten im österreichischen Reichsrat 1897—1901 (Phil. Diss. Graz 1972)

Mały słownik historii Polski [Kleines Lexikon der Geschichte Polens] (Warszawa 1964)

Mayrhofer, Ernst und Anton Pace
— Handbuch für den politischen Verwaltungsdienst, 7 Bde. (Wien ^{5}1895ff.)

Melichar, Erwin
— Die Rechtslage der Nationalitäten in Zisleithanien nach der Dezember-Verfassung 1867 im Lichte der Judikatur des Reichsgerichtes; in: Vantuch-Holotík, Ausgleich 451—474
— Die Freiheitsrechte der Dezember-Verfassung 1867 und ihre Entwicklung in der reichsgerichtlichen Judikatur; in: Österreichische Zeitschrift für öffentliches Recht N.F. 16 (1966) 256—290

Melik, Vasilij/Gestrin, Ferdo
— Slovenska zgodovina od konca osemnajstega stoletja do 1918 [Slowenische Geschichte vom Ende des 18. Jahrhunderts bis 1918] (Ljubljana 1966)

Miko, Norbert
— Zur Mission des Kardinals Schönborn, des Bischofs Bauer und des Pater Albert Maria Weiß, OP., im Jahre 1895; in: Römische Historische Mitteilungen 5 (1961/62) 181—224

Mischler, Ernst/Ulbrich, Josef (Hrg.)
— Österreichisches Staatswörterbuch. Handbuch des gesamten österreichischen öffentlichen Rechtes, 4 Bde. (Wien ^{2}1905—1909)

Molisch, Paul
— Die deutschen Hochschulen in Österreich und die politisch-nationale Entwicklung nach dem Jahre 1848 (München 1922)

Mommsen, Hans
— Die Rückwirkungen des Ausgleichs mit Ungarn auf die zisleithanische Verfassungsfrage; in: Vantuch-Holotík, Ausgleich 353—379

Mommsen, Wolfgang
— Das Zeitalter des Imperialismus (Frankfurt a. M. 1969)

Morawski, Kazimierz
— Kraków przed trzydziestu laty [Krakau vor dreißig Jahren] (Warszawa 1932)

Moszyński, Jerzy
— Rzut oka na politykę austro-polską 1880 [Blick auf die austro-polnische Politik 1880] (Kraków 1880)

Murdzek, Benjamin P.
— Emigration in Polish Social-Political Thought 1870—1914 (New York 1977)

Myśliński, Jerzy
— Studia nad polską prasą społeczno-polityczną w zachodniej Galicji 1905—1914 [Studien zur polnischen sozial-politischen Presse in Westgalizien 1905—1914] (Warszawa 1970)
— Z dziejów konserwatywnej prasy przed 1. wojną światową [Aus der Geschichte der konservativen Presse vor dem 1. Weltkrieg]; in: Rocznik historii czasopiśmiennictwa polskiego [Jahrbuch für Geschichte des polnischen Zeitschriftwesens] IV/1 (Warszawa 1965)

Nahlik, Stanisław E.
— Die juridische Fakultät der Jagellonischen Universität; in: Österreichische Osthefte 6 (1964) 191—202

Najdus, Walentyna
— Szkice z historii Galicji [Skizzen aus der Geschichte Galiziens] I: Galicja 1900—1904 [Galizien 1900—1904] (Warszawa 1958)

Ogris, Werner
— Die Rechtsentwicklung in Cisleithanien 1848—1918; in: Die Habsburgermonarchie II 538—662.

Österreichische Parteiprogramme 1868—1966, hrg. v. Klaus Berchtold (Wien 1967)

Otruba, Gustav
— Die Universitäten in der Hochschulorganisation der Donaumonarchie. Nationale Erziehungsstätten im Vielvölkerreich 1850—1914; in: Student und Hochschule im 19. Jahrhundert. Studien und Materialien, hrg. v. Christian Helfer und Mohammed Rassem (Göttingen 1975) 75—158

Patkaniowski, Michael
— Dzieje wydziału prawa Uniwersytetu Jagiellońskiego [Geschichte der juridischen Fakultät der Jagellonischen Universität]; in: Zeszyty naukowe Uniwersytetu Jagiellońskiego. Prace prawnicze. [Wissenschaftliche Hefte der Jagellonischen Universität. Juridische Arbeiten] LXXIX/13 (Kraków 1964)

Plener, Ernst v.
— Erinnerungen, 3 Bde. (Stuttgart 1911—1921)

Pleterski, Janko
— Die Slowenen; in: Die Habsburgermonarchie III/2 801—838

Popiel, Paweł
— Pisma polityczne [Politische Schriften] (Kraków 1893)

Prijatelj, Ivan
— Slovenska kulturnopolitična in slovstvena zgovstvena zgodovina 1848—1895 [Die slowenische kulturpolitische und literarische Geschichte 1848—1895], hrg. v. Anton Ocvirk mit politisch-historischen Anmerkungen von Dušan Kermavner I (Ljubljana 1955)

Rauchberg, Heinrich
— Die Bevölkerung Österreichs auf Grund der Ergebnisse der Volkszählung vom 31. 12. 1890 (Wien 1895)

Redlich, Joseph
— Das österreichische Staats- und Reichsproblem. Geschichtliche Darstellung der inneren Politik der habsburgischen Monarchie von 1848 bis zum Untergang des Reiches, 2 Bde. (Leipzig 1920—1926)

Regele, Alfred
— Die Einverleibung des Freistaates Krakau 1846 (Phil. Diss. Wien 1951)

Renner, Karl
— Staat und Nation (Wien 1899) (Pseud. Synopticus)
— Der Kampf der österreichischen Nationen um den Staat (Leipzig 1902)
— Die Nation: Mythos und Wirklichkeit. Manuskript aus dem Nachlaß, hrg. v. Jacques Hannak (Wien/Köln/Stuttgart/Zürich 1964) (Pseud. Rudolf Springer)

Rohan, Karl
— Die Judikatur des Obersten Gerichtshofes in der Sprachenfrage (Prag 1898)

Romanczuk, Julian
— Die Ruthenen und ihre Gegner in Galizien (Wien 1902)

Rudnytsky, Ivan L.
— The Ukrainians in Galicia under Austrian Rule; in: Austrian History Yearbook 3/2 (1967) 394—429

Rumpler, Helmut
— Der Kampf um die Kontrolle der österreichischen Staatsfinanzen 1859/1860. Ein Beitrag zur Geschichte des parlamentarischen Budgetrechtes; in: Gesellschaft, Parlament und Regierung. Zur Geschichte des Parlamentarismus in Deutschland, hrg. v. Gerhard A. Ritter (Düsseldorf 1974) 165—188

Scheicher, Josef
— Erlebnisse und Erinnerungen. V/2: Aus dem politischen Leben (Wien 1907)

Sieghart, Rudolf
— Die letzten Jahrzehnte einer Großmacht. Menschen, Völker, Probleme des Habsburgerreiches (Berlin 1932)
— Die Sprachenfrage in Böhmen und Mähren (Amtsdruck der Staatsdruckerei) Dezember 1899; in: AVA: Nachlaß Beck, Karton 15.

Simon, Walter B.
— A Sociological Analysis of Multilingualism; in: Sounds Canadian. Language and Cultures in Multi-Ethnic Society, hrg. v. Paul M. Migus (Toronto 1975) 9ff.

Sine Ira, Der sogenannte Sprachenkampf in Österreich (Zürich 1888)

Skedl, Arthur
— Der politische Nachlaß des Grafen Eduard Taaffe (Wien/Berlin/Leipzig/München 1922)

Skottsberg, Brita
— Der österreichische Parlamentarismus (Göteborg 1940)

Starzyński, Stanisław
— Sejm galicyjski 1885/1886 [Der galizische Landtag 1885/1886] (Lwów 1887)
— Uwagi o prawnej stronie równouprawnienia narodowości w Austrii [Bemerkungen zum rechtlichen Aspekt der Gleichberechtigung der Nationalitäten in Österreich] (Lwów 1883)

Steinacker, Harold
— Die geschichtlichen Voraussetzungen des österreichischen Nationalitätenproblems und seine Entwicklung bis 1867; in: Das Nationalitätenrecht des alten Österreich 1—78

Stourzh, Gerald
— Die Gleichberechtigung der Nationalitäten und die österreichische Dezember-Verfassung von 1867; in: Der österreichisch-ungarische Ausgleich von 1867. Vorgeschichte und Wirkungen, hrg. v. Peter Berger (Wien/München 1967) 186—218
— Probleme des Nationalitätenrechts in der Donaumonarchie 1867—1918; in: Donauraum. Gestern, Heute, Morgen 129—146
— Die Mitgliedschaft auf Lebensdauer im österreichischen Herrenhause, 1861—1918; in: Mitteilungen des Instituts für österreichische Geschichtsforschung 73 (1965) 63—117
— Die Gleichberechtigung der Volksstämme als Verfassungsprinzip 1848—1918; in: Die Habsburgermonarchie III/2 975—1206

Strakosch-Graßman, Gustav
— Geschichte des österreichischen Unterrichtswesens (Wien 1905)

Stronnictwa polityczne w Galicji w przededniu wyborów [Politische Lager in Galizien am Vorabend der Wahlen] (Kraków 1900)

Sutter, Berthold
— Die Badenischen Sprachenverordnungen von 1897, 2 Bde. (Graz/Köln 1960, 1965)

Szujski, Józef
— Kilka prawd z dziejów naszych ku rozważeniu w chwili obecnej [Einige Wahrheiten aus unserer Geschichte zur Betrachtung in der Gegenwart] (Kraków 1867)

Tarnowski, Stanisław
— Studia polityczne [Politische Studien] (Kraków 1895)
— Sesja sejmowa 1883 [Landtagssession 1883]; in: *Przegląd Polski* 69 (1883)
— Porcje [Parzellen]; ebd. 10 (1874)
— Początki nowego sejmu [Anfänge des neuen Landtags]; ebd. 95 (1890)

Der Untergrund des Sprachenhaders in Österreich. Ein Wort zu der Verständigungskonferenz des Ministeriums Koerber, Januar 1900, von einem Reichsrats-Invaliden (Leipzig 1900)

Verhandlungen des Zweiten Österreichischen Juristentages (Wien 1964)

Vilfan, Sergij
— Die österreichische Zivilprozeßordnung von 1895 und der Gebrauch der slowenischen Sprache vor Gericht (Graz 1970)

Wandruszka, Adam
— Die Krisen des Parlamentarismus 1897 und 1933 — Gedanken zum Demokratieverständnis in

Österreich; in: Beiträge zur Zeitgeschichte. Festschrift Ludwig Jedlicka zum 60. Geburtstag, hrg. v. Adam Wandruszka und Rudolf Neck (St. Pölten 1976) 61—80

— Österreichs politische Struktur. Die Entwicklung der Parteien und politischen Bewegungen; in: Geschichte der Republik Österreich, hrg. v. Heinrich Benedikt (Wien 1954) 289—485

— und Peter Urbanitsch (Hrg.), Die Habsburgermonarchie 1848—1918 I: Die wirtschaftliche Entwicklung, II: Verwaltung und Rechtswesen, III/1 und 2: Die Völker des Reiches (Wien 1973, 1975, 1980)

Wandycz, Piotr

— The Lands of Partitioned Poland 1795—1918 (Seattle 1974)

Weinzierl-Fischer, Erika

— Die österreichischen Konkordate von 1855 und 1933 (Wien 1960)

Wereszycki, Henryk

— Pod berłem Habsburgów. Zagadnienia narodowościowe [Unter dem Zepter der Habsburger. Nationalitätenprobleme] (Kraków 1975)

— Historia Austrii [Geschichte Österreichs] (Wrocław/Warszawa/Kraków/Gdańsk 1972)

— Historia polityczna Polski w dobie popowstaniowej 1864—1918 [Politische Geschichte Polens in der nachaufständischen Ära 1864—1918] (Warszawa 1948)

Widman, Karol

— Narodowość a rewolucja [Nationalität und Revolution] (Lwów 1844)

Wyka, Karol

— Teka Stańczyka na tle historii Galicji w latach 1849—1869 [Mappe des Stańczyk auf dem Hintergrund der Geschichte Galiziens in den Jahren 1849—1869] (Wrocław 1951)

Wytrzens, Günther

— Materialien zur Geschichte der Universität Krakau aus den österreichischen Archiven; in: Österreichische Osthefte 6 (1964) 246—259

Zagozda, Andrzej

— Ugoda, praca organiczna i myśl zaprzeczna [Versöhnung, organische Aufbauarbeit und kontroversielles Denken]; in: *Więż* 9 (1975) 10—29

Zaleski, Stefan

— Ciemnota Galicji w świetle cyfr i faktów 1772—1902. Czarna księga szkolnictwa galicyjskiego [Die Bildungsmisere Galiziens im Lichte von Zahlen und Fakten 1772—1902. Das schwarze Buch des galizischen Schulwesens] (Lwów 1904)

Zmarzlik, Hans Günter

— Der Sozialdarwinismus in Deutschland als geschichtliches Problem; in: Vierteljahrshefte für Zeitgeschichte 11 (1963) 246—273

Zoll, Fryderyk

— Stanisław Poray Madeyski (Lwów 1912)

Zöllner, Erich

— Geschichte Österreichs. Von den Anfängen bis zur Gegenwart (Wien ^{6}1979)

NAMENREGISTER